TRAITÉ

DE LA

REVOCATION

DES

DONATIONS,

PAR LA NAISSANCE

OU

SURVENANCE DES ENFANS.

*Par M^e A*** D*** L*** R***, Avocat au Parlement de Provence.*

A PARIS, AU PALAIS,

Chez KNAPEN, Imprimeur-Libraire, Grand'Salle du Palais, au Bon Protecteur.

M. DCC. LIV.

AVEC APPROBATION ET PRIVILEGE DU ROY.

PRÉFACE.

ES differens Traités & Commentaires sur la Loi *Si unquam*, Cod. *De revocand*. faits par un grand nombre de Docteurs, qu'on peut appeller à juste titre les Lumieres de la Jurisprudence, devroient être un obstacle au dessein que j'ai formé depuis plus d'un an d'en donner un au Public de ma façon. Il semble en effet, qu'il n'est plus permis à personne de vouloir rencherir sur tout ce que ces Jurisconsultes François & Latins ont décidé selon l'esprit du Legislateur, & la disposition de cette Loi.

Mais quand on aura lû ce Traité sans aucun préjugé contre son Auteur, j'ose esperer que le Public, toujours juste dans les jugemens qu'il porte sur les Ouvrages que l'on met au jour, suspendra le jugement qu'il est en droit de prononcer contre mon Traité.

On y verra toutes les Questions qui ont un enchainement & une liaison avec la Loi *Si unquam*, décidées par les Loix, les Ordonnances, les Docteurs, & les Arrêts des Parlemens du Royaume, avec autant de sincerité que d'exactitude ; ce qui sans doute ne manquera pas de me justifier dans l'esprit du Public.

J'ai pris soin de faire entrer dans ce Traité, non seulement toutes les Questions qui ont déja été examinées & décidées par nos Auteurs François & par nos Arrêtistes, mais d'autres encore qu'ils n'ont point touchées dans leurs Traités & Commentaires.

Du reste, je n'ai rien voulu prendre sur mon compte dans tout ce que j'ai dit pour établir mon sentiment sur le grand nombre des Questions qui sont renfermées dans ce Traité, parce que je n'ai rien avancé que sur de bons Garands. J'ai la satisfaction que l'ayant fait examiner par un des plus sçavans, des plus illustres & des plus judicieux Magistrats de notre Parlement de Provence, il a porté un jugement favorable à l'Auteur & à son Ouvrage.

J'ai cru que je ne pouvois passer sous silence dans mon Traité de la Revocation des Donations par la naissance ou survenance des Enfans, tout ce qui pouvoit établir la certitude de leur état, pour le mettre dans une évidence à laquelle on ne puisse se refuser, parce que de-là dépend la décision des Questions qui regardent & la vie & la filiation de ces Enfans, qui sont les deux principaux motifs qui peuvent faire revoquer les Donations faites par leurs peres, soit *ex proprio capite*, soit du chef des Donateurs ; ensorte qu'on trouvera par ce moyen plusieurs Questions examinées, traitées & discutées avec beaucoup de circonspection, quoiqu'elles ne l'ayent jamais été par nos Auteurs ; & j'en ai appuyé la décision sur les Edits, les Ordonnances & les Déclarations du Roi, d'une maniere à ne laisser aucun doute, comme on le verra dans les derniers Chapitres de ce Traité.

TRAITÉ
DE LA
REPRESENTATION
ET
DU RAPPEL
EN MATIERE DE SUCCESSION,
Trouvé dans les Manuscrits de Monsieur Ricard.

ARTICLE CXXXIX.

De la Coutume de Senlis.

Item, en succession de ligne directe représentation a lieu, c'est à sçavoir la fille ou fils de frere représenteront leur pere trépassé à l'encontre de leur oncle ou tante en la succession de leur ayeul ou ayeule

ARTICLE CXL.

Item, en ligne collaterale représentation n'a point de lieu.

Voyez les Procès-verbaux de 1506. & 1539. sur ces Articles.

a Idem dico de nepotibus vel neptibus in infinitum, quidquid voluerit vetus consuetudo, quæ denegabat repræsentationem, quæ tamen poterat reservari, & reservata uni filiorum videbatur reservata omnibus. Accidit quod unus filiorum vel filiarum, cui non reservatum in tractatu sui matrimonii, nec aliàs, præmortuus est relictis nepotibus, deinde uni filiorum reservatur, qui moritur relictis liberis; deinde moritur parens: filii & nepotes mortuorum, post reservationem apertam volebant excludere nepotes mortui ante ullam reservationem. Resp. quod simul admittuntur per *text. in Auth. de nupt. col 4. ad fin. & l. posthumus §. ex his ff. de inoffic. test.* & ita judicatum per Arrestum pronuntiatum vigilia sancti Mathiæ, ann. 1345. C. M.

b Quidam sine liberis obiit sub hac consuetudine relictis quatuor patruis, & quatuor nepotibus, & duabus neptibus ex sorore, Resp. quoad mobilia ubicumque sita (quia sequuntur domicilium personæ) omnes veniunt æqualiter. Idem de immobilibus acquisitis sub hac vel simili consuetudine: secùs in consuetudine Valesii, vel simili, ubi soli nepotes & neptes viriliter. Quantum verò ad quæsita per patrem defuncti, vel ejus matrem, qui sunt facta propria in linea acquirentis, patrui nihil habent qui non sunt de linea, sed soli nepotes qui sunt de linea. Quantum ad propria avi vel aviæ defuncti, omnes in capita, & debita solvuntur viriliter, etiamsi non sint æquales. *l. 1. s. si cert. pet.* sic omnia debita activa habent æqualiter ad hoc infrà. §. 49. C. M.

CHAPITRE PREMIER.

SOMMAIRE.

1. *Motifs qui ont porté l'Auteur à faire ce Traité de la représentation.*

2. *Quel ordre il s'est prescrit pour traiter cette matiere.*

3. *Pourquoi on ne trouve aucune définition de la représentation dans le Droit Romain.*

4. *Par quel moyen celui qui est éloigné d'un ou de plusieurs degrés, est appellé à une succession.*

5. *Comment se fait la représentation, & quelles en sont les prérogatives.*

6. *Quels sont les principaux effets de la représentation.*

7. *A quoi il faut avoir recours pour trouver la verité de la question proposée ci-dessus.*

8. *Si toutes les Nations ont observé le droit de représentation, aussi-bien que les Hebreux.*

9. *Quelle difference il y a entre le droit de transmission & celui de représentation.*

10. *Ce qu'il faut considerer pour l'effet de la représentation.*

11. *Quelle chose est requise pour succeder de son chef.*

12. *En quel cas le représentant succede à la place du représenté.*

13. *Suite de la question précedente.*

14. *Si c'est une voye bien certaine que de chercher la connoissance d'une science par ses effets.*

15. *Raisons qui font voir que le représentant ne peut succeder aux droits de celui qu'il représente.*

16. *Si les exemples rapportés ci-dessus pour montrer que la représentation est de droit commun, sont sujets à contredit.*

17. *Autres exemples qui ne font aucune foi, touchant le droit de représentation chez plusieurs Peuples anciens, & même en France avant la réformation des Coutumes.*

18. *Comment les anciens Auteurs ont traité la question de la représentation.*

N'Ayant point trouvé cette matiere des représentations exactement traitée dans aucun de nos Auteurs, j'ai trouvé à propos de la discuter ici particulierement, aussi-bien que celle des rappels, comme connexe & dépendante de cette même matiere, vû que la connoissance en est bien necessaire en cette Coutume, où l'expérience nous fait voir qu'une grande partie des procès prennent leur origine des difficultés qui naissent de ces deux articles.

Pour donc suivre l'ordre que je me suis prescrit, qui est de chercher la connoissance des matieres que j'ai entrepris de traiter jusques dans leur source & leurs principes, pour ensuite venir au détail des questions particulieres, il faut examiner d'abord ce que c'est que la représentation & ses effets en general.

Nous n'avons garde de trouver dans le Droit Romain aucune définition ni description de la représentation, vû que ce mot lui a été inconnu pour l'usage auquel nous nous en servons maintenant, & n'en a pas même employé d'autres pour avoir une pareille signification; comme aussi nous ne voyons pas que nos anciens Praticiens François, & tous nos autres Auteurs, desquels nous tirons quelques vestiges de cette matiere, ayent employé ce mot à cet usage, lequel n'est devenu familier que dans les nouvelles réformations des Coutumes, après que les Docteurs l'ont inventé, & qu'il a été trouvé commode pour signifier ce que le Droit Romain n'avoit expliqué que dans un grand embarras de paroles. Mais quoique plusieurs depuis ce tems se soient servis de ce mot, pas un n'a été assez curieux pour en donner une définition, ou du moins une exacte description qui passe pour définition en Droit: car si quelques-uns l'ont voulu décrire, il se voit que ç'a été avec si peu de soin, que l'occasion d'en parler plusieurs fois en leurs écrits s'étant présentée, ils l'ont énoncé de differentes façons, en confondant la pricipale différence, qu'il est néanmoins très-nécessaire de remarquer.

Premierement, il est constant que par le moyen de la représentation, celui qui se trouve dans l'ordre de la nature, éloigné d'un ou de plusieurs degrés, pour venir à une succession ouverte, y est néanmoins appellé par ce benefice, en le faisant représenter, ses ascendans morts naturellement ou civilement, au tems de la succession échûe, & feignant qu'il est au degré de celui desdits ascendans, qui étoit en degré égal avec ceux qui se présentent lors plus proches pour recueillir une succession. Mais le point de la difficulté est de sçavoir si en consequence il succede non-seulement comme étant au degré du pere, ou autre ascendant, mais aussi comme étant en ses droits, *an ex sua persona vel persona patris;* ce qui est d'une tres-grande importance parmi nous, qui en plusieurs rencontres faisons pour le fait des successions difference du sexe, & avons égard à la naissance.

4. Par quel moyen celui qui est éloigné d'un ou de plusieurs degrés, est appellé à une succession.

Ceux qui défendent l'opinion, qui veut, que celui qui représente prenne entierement la place du représenté, tant pour le degré que pour les prérogatives qui accompagnoient sa personne, soutiennent, que sa représentation se fait par le moyen d'une transmission des droits du représenté en la personne du représentant, & que celui qui est représenté, est censé, en consequence de l'habilité qu'il a eue à succeder, en avoir transmis les droits à celui qui le représente, lesquels demeurent par le moyen de la représentation, conservés en sa personne, & réduits à effet lors de l'ouverture de la succession.

5. Comment se fait la représentation, & quelles en sont les prérogatives.

Ils disent de plus, que les principaux moyens pour reconnoître la nature d'une chose, sont les effets qu'elle produit, & que les effets de la représentation nous font voir que les représentans ne succedent pas comme s'ils venoient de leur chef, comme étant aux droits de celui qu'ils représentent; & qu'ainsi quoiqu'ils soient plusieurs procedans d'une souche, venans par droit de représentation, ils ne passent tous ensemble que pour une tête, de même que la plus grande partie de nos Coutumes l'établissent, & qu'aux autres il passe comme pour droit commun; que les enfans de l'aîné, même quand il n'y auroit que des filles, représentent tellement leur pere avec toutes ses prérogatives en la succession de l'ayeul, qu'ils succedent au droit d'aînesse à l'exclusion de leurs oncles; ce qu'ils ne feroient pas, s'ils venoient de leur chef, & qu'ils n'entrassent pas aux droits de leur pere.

6. Quels sont les principaux effets de la représentation.

Ils ajoutent, que pour trouver dans sa source la verité de cette proposition, on ne peut avoir recours à d'autre voye, que d'examiner si elle est conforme au droit commun, qui est ce que nous pouvons prendre pour principe en cette science, qui n'a autre fondement que la pensée des hommes & les loix qu'ils ont établies, & cependant que l'histoire de tous les Peuples nous apprend que la représentation & l'usage de donner aux représentans pareils droits & prérogatives que ceux qu'ils représentent, est de droit commun; qu'ainsi au Chapitre 13. de la Genese, Abraham ne se contente pas en partageant avec Loth son neveu, les biens que leur avoit laissé Tharé, pere de l'un & ayeul de l'autre, de lui donner part égale à la sienne, *Si ad sinistram ieris, ego dextram tenebo: si tu dextram elegeris, ego ad sinistram pergam,* mais aussi il l'appelle son frere, *fratres enim sumus,* pour montrer que Loth par la mort d'Aram son pere, avoit quitté son degré, & pris celui de son pere, avec tous ses droits & avantages, même la qualité de fils, puisqu'Abraham, qui étoit en ce rang, l'appelloit son frere.

7. A quoi il faut avoir recours pour trouver la verité de la question proposée ci-dessus.

Que le droit des Hebreux n'est point particulier à ceux de cette Nation; que les Grecs l'ont observé de la même sorte, & que Licurgus, qui en sçavoit mieux les loix que pas un autre, ceda par cette raison le Royaume de Lacedemone, après la mort de son pere, à son neveu fils de son frere aîné. De même que dans le Droit Romain les fondemens de la représentation ayant été jettés pour la ligne directe par les loix des douze Tables, le Droit en fut perfectionné par la Novelle 118. de Justinien. Que ce duel fameux ordonné par l'Empereur Othon environ l'an 949. au rapport de Vincent de Beauvais, nous enseigne que tel a été du depuis l'usage de l'Allemagne. Que Covarruvias Docteur Espagnol, *tract. quæst. c. 38.* écrit aussi, que la représention est admise de la même sorte parmi ceux de sa Nation. Que Polidore Virgile nous apprend pareillement, que le même est observé chez les Anglois. Que même en France ce n'est pas d'aujourd'hui que la représentation passe pour un droit commun, ayant été établie par un de nos Rois, sçavoir Childebert, environ l'an 454. ainsi qu'il se voit par les Ordonnances, qui sont à la fin de la Loi Salique; que du depuis ayant été contestée en ce Royaume, nous avons des exemples illustres, par lesquels la représentation a été confirmée, & entr'autres un Arrêt du sept Septembre 1341. par lequel Philippes de Valois séant au Parlement, adjugea le Duché de Bretagne à Jeanne la Boîteuse, après le decès de Jean Duc de Bretagne son oncle

8. Si toutes les Nations ont observé le droit de représentation, aussi-bien que les Hébreux.

paternel, par la représentation de Guy, Duc de Penthievre son pere, & frere puîné du Duc Jean, à l'exclusion de Jean, Comte de Montfort, son oncle, seul restant de trois freres; & enfin que cette opinion a été suivie par la plûpart des Auteurs qui ont traité cette question; laquelle opinion a tellement prévalu en ce Royaume, que l'on tient sans difficulté après les Arrêts qui l'ont jugé, que la représentation est reçûe pour droit commun, & qu'elle a lieu par tout, si les Coutumes particulieres ne l'en excluent.

9. Quelle difference il y a entre le droit de transmission, & celui de la représentation.

Nonobstant ces raisons, qui semblent d'abord plausibles, je tiens l'opinion contraire plus véritable & mieux fondée, sçavoir, que le représentant ne succede qu'au degré du représenté, & non pas à ses droits; & pour être mis au même rang, il ne représente pourtant pas sa personne. Et de fait, ce qui a induit ceux de l'autre opinion dans l'erreur de la proposition qu'ils défendent, est qu'ils ont confondu le droit de la transmission avec celui de la représentation, quoique beaucoup differens l'un de l'autre. Pour donner lieu à la transmission, il suffit qu'il y ait eu deux successions ouvertes & appréhendées du chef de deux differentes personnes, par exemple, Pierre meurt, & laisse Jean habile à lui succeder; & après Jean decede aussi, & laisse Philippes pour heritier; la succession de Pierre est transmise à Philippes, non pas qu'il soit son heritier directement & de son chef, mais cela se fait médiatement, au moyen de ce que Philippes étant heritier de Jean, il trouve dans sa succession les droits qu'il avoit en celle de Pierre, & ainsi Philippes recueille la succession de Pierre par un droit que nous appellons de transmission.

10. Ce qu'il faut considerer pour l'effet de la représentation.

Pour l'effet de la représentation, l'on ne considere que l'ouverture d'une succession, sans qu'il soit besoin que celui qui représente, prenne dans la succession du représenté les droits successifs dont il s'agit, & qu'il emprunte sa qualité d'heritier pour être mis en son lieu & place; il vient de son chef par le benefice particulier de la Coutume, & de la loi qui le rapproche d'un degré pour le rendre habile à succeder, & c'est le point de la controverse, & ce qu'il faut ici prouver.

11. Quelle chose est requise pour succeder de son chef.

Pour y parvenir, il faut premierement supposer ce que personne ne voudroit nier, que pour succeder de son chef, il faut avoir la qualité d'heritier, puisque ces deux mots *succeder* & *être heritier* sont synonimes, & ont une même signification, & ainsi on ne peut pas dire que le représenté ait eu la qualité d'heritier, puisqu'il ne succede pas; donc il ne transfere pas la succession, vû qu'il n'a jamais eu la qualité d'heritier, personne ne pouvant transporter ce qui ne lui appartient pas: de sorte qu'il est vrai de dire, que le représentant ne succede pas du chef du représenté; il faut donc par consequent qu'il succede du sien propre, qui est la proposition dont il s'agit.

12. En quel cas le représentant succede à la place du représenté.

En second lieu, si cette démonstration ne suffit pas, en voici une autre qui n'est pas moins convaincante. Tant s'en faut que le représentant succede du chef de celui qu'il représente, & qui est plus proche que lui, que le droit de proximité est entierement contraire & opposé à celui de représentation; & l'un ne peut avoir lieu que quand l'autre cesse, la représentation ne venant à la succession que quand le représenté ne peut pas y venir de son chef, qui est notre cas de représentation: car autrement & lorsque médiatement une succession parvient à un tiers, il faut que celui du chef duquel il la prend, ait été habile à être heritier lors de la succession échûe, qui est le cas de la transmission, different, même contraire en quelque façon, comme il se voit, au droit de représentation, qui n'a lieu que lorsque celui au degré duquel monte le représentant, n'est point capable de recueillir une succession.

13. Suite de la question précedente.

De plus, il y a de l'impossibilité & des absurdités inévitables dans l'établissement de l'opinion contraire; car pour lui donner lieu, il faudroit que le représentant fût heritier en partie du représenté, puisque ses droits, desquels il profiteroit par le moyen de la représentation, ne pourroient avoir été conservés que dans sa succession; & que d'ailleurs le représentant est reçû à la représentation, quoiqu'il ait renoncé à la succession de celui qu'il représente; & toutefois il est certain que c'est choquer les principes de droit, que d'admettre un heritier en partie, & de le recevoir à accepter une portion d'une succession, & à rejetter l'autre, lorsqu'il est habile à prendre le tout.

14. Si c'est une voye bien certaine que de chercher la connoissance d'une science par ses effets.

On ne doit point aussi considerer les argumens qui ont été ci-dessus proposés pour la preuve de l'opinion contraire. Et de fait, il a été répondu au premier, lorsque la difference qui est entre la transmission & la représentation, a été expliquée.

A l'égard du second, outre que c'est une voye fort incertaine de chercher la connoissance d'une chose par ses effets, & que les preuves qui sont tirées *à posteriori*, disent les Philosophes, n'acquierent jamais qu'une science fort douteuse ; il y a lieu de se servir du même argument avec beaucoup plus d'avantage pour l'opinion que j'ai entrepris de défendre.

Car s'il étoit veritable que le représentant succedât aux droits de celui qu'il représente, ces droits lui seroient acquis indistinctement, & il ne pourroit y avoir de représentation, que le représentant n'entrât *ipso jure*, aux droits du représenté, tant activement, que passivement ; ainsi la succession passant par la personne du représenté, les biens qui se trouveroient en icelle, & celui qui les apprehenderoit, se rendroit infailliblement sujet à ses dettes ; & toutefois cela ne fut jamais prétendu, & la représentation ne produit pas cet effet. Outre cela, le représentant ayant acquis la succession par ce moyen, & comme étant aux droits de celui qu'il représente, ces droits ne pouvoient lui être retranchés en partie, comme ils font quelquefois, & même en quelques occasions pour le tout, l'un arrivant, lorsqu'en collaterale le neveu fils d'un mâle, venant par représentation avec ses tantes, il ne les exclud pas, comme seroit son pere, pour ce qui est des fiefs, mais y vient par concurrence avec elles ; & l'autre, lorsqu'aussi en cette ligne un pere ayant laissé ses enfans en état de succeder à son frere avec d'autres freres par représentation, si celui de la succession duquel il s'agit, survit tous ses freres, le droit de représentation cessera, & n'aura plus de lieu en cette succession, où tous les neveux & niéces viendront par têtes sans représentation ; de sorte que paroissant par ces exemples que le représentant ne conserve pas les prérogatives & avantages du représenté, il s'ensuit qu'il ne vient point en ses droits, qu'il conserveroit indivisibles, comme dit est, s'il les avoit une fois acquis.

Quant au dernier moyen de l'opinion que nous combattons, résultans des exemples que ceux qui la défendent apportent, pour montrer que la représentation est de droit, comme aussi l'usage de donner au représentant les droits & prérogatives du représenté : outre que la plûpart des exemples sont sujets à contredit, l'Histoire nous en fournit du moins autant pour établir l'opinion contraire. Car premierement l'exemple de Loth & d'Abraham n'est pas suffisant, pour en induire que le droit de représentation, & encore moins celui de transmission du droit d'aînesse, ait été reçu parmi les Hebreux, vû que par le partage qu'ils firent, il se voit qu'il ne s'agissoit pas de leur substance qu'ils possedoient à part auparavant, ayant leurs bergers séparés, mais seulement de se quitter l'un l'autre, & de choisir un lieu pour leur habitation, les heritages n'étant pas encore possedés à titre particulier. *Ecce omnis terra coram te est, recede à me, obsecro ; si ad sinistram ieris, ego dextram tenebo*, dit Abraham en cet endroit ; mais les loix des Hebreux se peuvent colliger pour ce regard bien plus à propos du Chapitre 25. de la Genese, où Jacob excitant son frere Esaü à lui vendre son droit d'aînesse, *En morior*, répartit Esaü, *quid mihi proderunt primogenita ?* desquelles paroles on peut conclure que le droit d'aînesse ne reçoit pas de représentation chez les Hebreux, puisqu'Esaü n'avoit pas esperance de la transmettre à sa posterité, quoiqu'il lui eût été prédit auparavant, qu'il devoit être le principe d'une grande génération.

L'exemple de Licurgue ne fait aussi aucune foi pour juger du droit des Grecs touchant la représentation, puisque Plutarque qui récite cette histoire, rapporte, que Polidecte, frere aîné de Licurgue, & au fils duquel il avoit cedé le Royaume, avoit survécu Eunomius leur pere commun. Le duel d'Othon pour l'Allemagne, & l'autorité de Covarruvias pour l'Espagne, comme aussi les loix Romaines, ne concernent que la représentation, & non pas la transmission des droits personnels attachés au représenté. Mais sur tout nos anciennes Coutumes, avant leur réformation, nous font voir que l'Ordonnance du Roi Childebert, n'a jamais passé pour loi, puisque nous reconnoissons par ces Coutumes, qu'en ce Pays, même à Paris, où s'étendoit son Royaume, la représentation, même en directe, n'étoit point admise. Aussi voyons-nous dans nos anciens Chroniqueurs, que l'usage de la représentation étoit exclus de ce Royaume. Comme on voit encore chez Turpin, en la vie de Charlemagne, que Bernard fils de Pepin, aîné de cet Empereur, & decedé auparavant lui, ne succeda pas à l'Empire, & en fut exclus par Louis son oncle, second fils de Charlemagne. De même Robert, Comte d'Artois, ayant laissé Robert fils de son aîné, & Mathilde sa fille, femme d'Othon, Comte de Bourgogne, le Comté d'Artois fut adjugé à Mathilde par le jugement de Philippes le Bel, au rapport de Paul Emile, en la vie de ce Roi.

Pour les Auteurs qui ont traité cette question, outre qu'ils ne l'ont point la plûpart examinée jusques dans le fond, ils se trouvent sur ce sujet partagés dans leurs résolutions, de sorte que ceux de l'opinion contraire n'en doivent pas particulierement tirer avantage, joint qu'il ne s'agit pas de compter de quel côté se trouve un plus grand nombre d'Auteurs, ni si Barthole a été en cela contraire à soi-même, à quoi quelques-uns se sont soigneusement étudiés devant moi, n'étant nullement porté pour ce genre d'écrire, mais bien d'examiner laquelle des deux opinions est la mieux fondée en raison.

CHAPITRE II.

SOMMAIRE.

19. Ce qu'il faut faire pour faciliter les décisions des questions particulieres touchant les représentations.

20. D'où nous pouvons conjecturer que la représentation avoit lieu parmi les Hebreux en ligne directe.

21. Jusqu'à quel tems la représentation n'a point eu lieu en ligne collaterale parmi les Romains,

POur connoître si ce qui est contenu en ces articles, doit être étendu ou restraint, qui est le principal fondement que l'on doit toujours faire, & avant tout examiner en général, pour faciliter les décisions des questions particulieres qui se traitent en chaque matiere, il faut voir comment les représentations ont été pratiquées de tout tems, & si elles sont fondées en raison & en équité naturelle.

Les Chapitres 11. 12. & 13. de la Genese, nous donnent lieu de conjecturer, que parmi les Hebreux la représentation étoit admise du moins en ligne directe, en ce que nous voyons par-là que Tharé ayant amené avec lui son fils Abraham, & son petit-fils Loth fils d'Aram, en la terre de Chanaan, lorsqu'Abraham voulut se separer de Loth son neveu, il lui donna une part égale à la sienne en tous ses biens, *fratres enim sumus,* dit Abraham.

Quant à ce qui est du Droit Romain ou Civil, il a long-tems rejetté la représentation en collaterale, ne l'admettant qu'en ligne directe, descendante seulement jusqu'aux nouvelles Constitutions de Justinien, qui en sa Novelle 118. admet aussi la représentation pour la ligne collaterale; mais avec cette difference, qu'au lieu qu'en la directe elle est admise à l'infini, & avec tous ses effets; en sorte que les petits-enfans, en quelque degré qu'ils soient, succedent avec leurs oncles ou grands-oncles, à leur ayeul ou autre ascendant, comme représentant leur pere; & que même les petits-enfans succedans entr'eux en pareil dégré, sans oncle, ne laissent pas d'y venir par représentation, pour succeder par souches, & non par têtes, *s. cum filius instit. de hæredit. quæ ab int.* au lieu qu'en collaterale la représentation n'a été reçue que jusqu'aux enfans des freres, pour représenter leur pere en la succession de leurs oncles, & ce en trois cas seulement : le premier, leur pere étant mort, ils le représentent en la succession de leur oncle, avec leurs autres oncles survivans : le second, comme par le Droit Romain les freres conjoints des deux côtés excluoient ceux qui ne l'étoient que d'un seulement ; aussi par cette Novelle les freres conjoints des deux côtés étant prédécedés, & ayant laissé des enfans, les enfans sont appellés pour représenter leur pere, & exclure leurs oncles conjoints d'un côté seulement : & le troisiéme est, que les enfans des freres représentent pareillement leur pere en la succession de leurs oncles, contre les oncles du défunt ; en sorte que quoique les neveux ne soient qu'au troisiéme degré, aussi-bien que les oncles, ils sont néanmoins remis au second par la force de cette représentation, & excluent les oncles ; mais tout ce que dessus est limité aux neveux du premier degré, sans qu'il puisse s'étendre en aucun cas aux arrieres-neveux, jusques-là même que les neveux du premier degré succedans entr'eux, sans autres en degré plus avancé, la représentation cesse ; ils viennent *jure suo*, & ne succedent point par souches, mais par têtes. Ce qui reçoit encore une autre limitation, qui est que se même droit recevant les freres conjoints des deux côtés à succeder à leurs freres prédécedés, concurremment avec leur pere, si tous les freres sont morts, leurs enfans ne sont point reçus à les représenter contre leur ayeul. *Nov. Just.* 118.

A l'égard du Droit François, comme cette Monarchie a été établie sur les ruines de l'Empire Romain, ceux qui lui ont donné son commencement, ont pris leur prétexte de délivrer ces Peuples de la tyrannie & injuste usurpation des Romains : il semble que pour leur en donner plus d'aversion, & effacer entierement le souvenir de leur domination, ils ayent pris plaisir à établir des loix contraires, & directement opposées aux leurs. En effet, nous apprenons pour le particulier de la matiere que nous traitons, que par l'ancien droit du Royaume, la représentation non plus en ligne directe qu'en collaterale n'y avoit point lieu, non pas par le titre 62. de la Loi Salique, comme quelques-uns ont voulu dire, quoiqu'il n'en soit parlé en façon quelconque en cet endroit, ni pour l'affirmative, ni pour la négative ; mais l'argument s'en tire d'une Ordonnance du Roy Childebert, vers l'an 434. qui se trouve à la fin de la Loi Salique, par laquelle il ordonne en ses Etats generaux qui se tenoient pour lors tous les ans, que la représentation aura dorénavant lieu en ligne directe ; ce qui fait voir que le contraire étoit alors observé, comme il l'a été encore depuis ce tems-là, nonobstant cette Ordonnance, qu'il est aisé de montrer n'avoir eu aucun lieu ; premierement, par le contenu de deux formules qui sont les 56. & 57. entre celles du Moine Marculphe, par lesquels on apprend que la représentation n'avoit lieu de son tems, qui étoit environ l'an 660. même en ligne directe ; ce qui se trouve confirmé par les anciennes Coutumes de ce Royaume, par lesquelles même celles des Provinces soumises au Roy Childebert (le Royaume étant alors divisé en quatre parties) comme Paris, la représentation n'avoit lieu en maniere quelconque ; ce qui montre cette continuation de Jurisprudence par toute la France, & qu'anciennement jusqu'aux réformations des Coutumes, le droit de représentation, non plus en directe qu'en collaterale, n'avoit point lieu.

22. Si la représentation a été admise dés le commencement de la Monarchie Françoise.

Chez les Allemands, dont les loix & les mœurs ont toujours fort approché des nôtres, ce droit de représentation s'est trouvé si incertain, que la question s'en étant présentée pour la directe du tems de l'Empereur Othon, environ l'an 942. elle fut trouvée si difficile par les Etats generaux où elle fut proposée, qu'ils en commirent la décision à l'incertitude d'un duel, auquel ceux qui tenoient pour la représentation surmonterent leurs adversaires.

23. Comme elle a été introduite en l'Empire d'Allemagne.

A présent en ce Royaume depuis que les sciences y ont été rétablies, & que ceux qui ont rempli les premieres Charges, ont fait reflexion sur la rigueur de notre Droit, & au contraire combien celui des Romains contient d'équité, à cause qu'il a été tiré des sentimens des plus grands-hommes, qui en avoient fait une étude particuliere, & a depuis encore changé, à mesure qu'il s'est trouvé quelque injustice ou quelque incongruité dans l'ancienne disposition : on a commencé en France à en tirer ce que l'on y a trouvé de plus juste ; nous avons réformé nos maximes generales, & bien souvent tout-à-fait changé sur celles du Droit Romain ; de sorte que nous avons été dégoûtés de notre usage, & nous l'avons considéré comme injuste. Les zélés & les sçavans ont demandé les réformations des Coutumes ; & lorsqu'elles ont été faites, on a changé entierement les maximes du Droit François en plusieurs rencontres, pour y établir celles du Droit Civil, tellement que ce qui nous étoit anciennement inconnu, & qui répugnoit entierement à nos mœurs, passe maintenant pour Droit commun sur le fondement du Droit Civil, que nous avons reçu en

24. Quelle a été la cause pour laquelle on a reçu en France le droit de représentation.

ces occasions par une commune approbation autorisée par les Arrêts des Cours Souveraines. Une maxime des plus considerables, & que nous avons admise plus universellement, a été celle des représentations : car quoiqu'anciennement en France elles ne fussent reçues en façon quelconque, comme nous avons dit ci-dessus, néanmoins la Jurisprudence pour ce regard a si fort changé, que les représentations ont été reçúes pour loix generales, jusques-là que les Coutumes n'en disposant pas, la représentation ne laisse pas d'y avoir lieu, tant en collaterale qu'en directe, suivant l'opinion de M. Tiraqueau en son Traité de *Jure primogen.* qu. 40. *num.* 22. & 161. & soit qu'elle soit établie par la Coutume on non, lorsqu'elle n'est point rejettée, elle reçoit son extension ou restriction, suivant la disposition du Droit Romain.

25. A l'égard de quels enfans la représentation est admise en ligne collaterale.

Il faut néanmoins remarquer, qu'encore qu'à l'égard de la ligne directe, nous ayons reçû la représentation indéfiniment, ni plus ni moins qu'il est établi par le Droit Civil, c'est-à-dire à l'infini & avec tous ses effets, toutefois pour ce qui regarde la collaterale, nous ne l'avons pas admise entierement, suivant la disposition de cette Novelle 118. mais seulement à l'égard des enfans des freres qui sont admis aux successions de leur oncle ou tante, avec leurs autres oncles ou tantes survivans, mais non en autre cas, comme pour exclure le frere conjoint d'un coté seulement par le neveu issu d'un frere conjoint des deux côtés ; vû que nous n'admettons pas communément en France la difference du double lien, non pas même entre les freres, lesquels joints d'un côté seulement, succedent aussi-bien que les autres joints des deux, à la reserve des propres qui procedent de la ligne dont ils ne sont pas conjoints : de même les neveux d'un défunt parmi nous n'excluent pas leurs oncles en sa succession ; ce qui est très-nettement expliqué par les articles 320. 321. & & 339. de la Coutume de Paris, laquelle comme ayant été faite après les autres, & composée sur des Arrêts, interprete mieux que pas une autre la Jurisprudence Françoise.

26. Ce qu'il faut observer avant que d'examiner les questions particulieres de ce .raité.

Avant que de passer plus outre, & de discuter les questions particulieres qui peuvent se faire sur cette matiere, il faut examiner si notre Coutume ne contient rien sur ce particulier, & si elle doit subir les mêmes loix & décisions que les autres, qui admettent la représentation indistinctement ; vû que par l'article 139. la représentation est veritablement admise en ligne directe generalement, par les premiers mots qui portent, qu'*en ligne directe représentation a lieu* ; mais ils semblent restraints par les suivans, qui disent : *c'est à sçavoir la fille ou fils du frere représenteront leur pere trépassé, à l'oncontre de leur oncle ou tante en la succession de leur ayeul ou ayeule.* Tellement que je demande si ces mots, *c'est à sçavoir,* sont limitatifs de la premiere proposition, en sorte que par ce qui suit elle soit limitée & restrainte ; & ainsi que la représentation n'ayant lieu en ce cas par cette Coutume, on puisse l'étendre aux petits-fils en la succession de leur bisayeul, leur pere & ayeul étant décedés, pour y venir avec leurs grands-oncles, on même si tous les enfans du premier degré étant morts, les petits-fils venant à la succession de leur ayeul, ils succederont par représentation, *aut jure suo,* pour succeder par souches ou par têtes.

27. Examen de la premiere question.

Ce qui donne lieu à ces difficultés à l'égard de la premiere question, c'est que par la disposition generale de cette Coutume, *le mort saisit le vif son plus prochain habile à lui succeder,* art. 142. c'est indistinctement le plus prochain qui succede, si ce n'est aux cas exceptés, comme par cet article, les enfans du frere trépassé succedent avec leurs oncles en la succession de l'ayeul, en feignant par représentation que les enfans sont transmis au lieu & place de leur pere ; ce qui étant fait par fiction contre la disposition generale, il semble qu'il n'y a pas lieu d'étendre cette disposition aux cas non exprimés.

28. Comment succedent les neveux, quand il n'y a point d'oncles qui se rencontrent avec eux.

A l'égard de la seconde question, lorsque les heritiers viennent à la succession de leur chef sans représentation, comme ils sont aussi proches les uns que les autres, ils succedent par têtes & non par souches ; & ainsi par cette Coutume, si la représentation n'est introduite en ce cas, quand les arrieres-fils succedent seuls sans oncles, on peut soutenir qu'ils doivent succeder par têtes & non par souches.

29. Si le mot, *c'est à sçavoir,* en François, ou *videlicet,* en Latin, est déclaratif ou limitatif.

Or pour connoître si ce mot, *c'est à sçavoir,* ou *videlicet,* est déclaratif seulement, ou aussi limitatif, je ne vois pas d'où nous en puissions tirer une décision bien certaine, parce qu'ayant examiné les endroits des loix où il est employé, j'ai vû qu'en plusieurs il ne peut passer que pour déclaratif, mais aussi en beaucoup d'autres, qu'il doit avoir l'effet de restraindre & de limiter : de sorte que pour en reconnoître veritablement l'effet & la proprieté, il faut plutôt s'arrêter à la disposition de la matiere, & voir quelle interpretation elle peut recevoir, quelle extension ou restriction, que de s'amuser à philosopher sur la proprieté de ce mot. En consequence de quoi

cette

cette question est facile à décider, après ce que nous avons établi ci-dessus, que les représentations étoient favorables, & comme telles reçues generalement en France : tellement que ne voyant pas d'empêchement formel en notre Coutume qui puisse rejetter la représentation en tout cas en la ligne directe, le mot *videlicet*, n'emporte aucune nécessité de part ni d'autre ; j'estime que les premiers mots de notre article doivent passer pour une disposition generale, & que la représentation en ligne directe, est absolument introduite en tous les cas qui lui conviennent par le Droit Civil, qui a été reçu pour reglé à cet égard en ce Royaume, comme il a été dit ; & ainsi ce qui suit en cet article doit être consideré comme déclaratif simplement, & apporté pour exemple, & non pour limiter ; de sorte qu'étant dit par cet article que la représentation en ligne directe a lieu, cela doit s'entendre indéfiniment en tous les cas qui lui conviennent, & avec tous les effets qui lui sont attribués, tellement que cet article doit être réduit aux termes du Droit commun pour ce qui regarde les représentations en ligne directe. Et de fait, M. Charles du Molin sur cet article, tant au corps de la Coutume qu'au procès verbal, résoud ainsi pour ce qui regarde les arrieres-neveux, qu'ils doivent être admis en vertu de cet article à la représentation.

Pour ce qui est de la représentation en collaterale, la Coutume de Senlis la rejette absolument par l'article 140. ce qui doit s'entendre, si ce n'est qu'il y ait rappel, auquel cas lorsqu'il est fait aux termes de Droit, c'est-à-dire, aux cas auxquels nous admettrons la représentation par les maximes generales du Droit François, suivant qu'il a été expliqué ci-dessus, il n'y a point de difficulté que le rappel vaut autant, & a autant d'effet, comme si la représentation avoit été introduite par la Coutume, ce qui a lieu en toutes les Coutumes où elle est expressément rejettée, tant en directe qu'en collaterale.

D'où vient qu'il a été jugé en cette Coutume par Arrêt solemnel rapporté en forme par Bouchel sur cet art. 140. prononcé le 30 Août 1614. & depuis en robes rouges le 23 Décembre audit an, & que la Cour ordonna être lû aux Sieges de Senlis & de Beauvais, pour avoir lieu en cas semblables, & servir de loi generale, qu'un rappel fait en un testament par un oncle, de ses neveux pour venir en sa succession avec ses freres, auroit lieu, non-seulement *in vim legati*, comme soutenoient les freres, mais même suppléeroit absolument la représentation, en sorte que les neveux prendroient telle part en la succession de leur oncle, qu'eût fait leur pere décédé, s'il eût encore été vivant, dont le défunt ne pouvoit disposer par testament, d'autant que sa succession consistoit principalement en propres. La Cour par cet Arrêt infirma la Sentence du Bailly de Beauvais, qui avoit jugé le contraire en faveur des oncles, entre les Bodins parties plaidantes ; ce qui a passé pour loi ; en sorte que le contraire n'oseroit maintenant se soutenir, quoiqu'il se jugeât auparavant, comme il se voit par l'Arrêt rapporté par Peleus, quest. 29. & par Chopp. *de mor. Parif.* l. 6. t. 4. *num.* 8. & comme M. du Val, *de reb. dub. tract.* 20. *num.* 21. 22. témoigne aussi être son avis, parce qu'en effet il ne faut pas considerer le rappel fait par un testament comme un simple legs, mais comme un acte qui leve un empêchement introduit contre le droit commun, duquel toutes choses retournent facilement par la moindre signification d'une volonté contraire de celui qui a le principal interêt, comme est au cas particulier celui de la succession dont il s'agit.

¶ Il y auroit de la justice de présumer le rappel en faveur des enfans des freres & sœurs morts depuis le rappel, qui avoit été fait pour succeder avec eux des enfans dont les peres ou meres étoient morts auparavant ; d'autant que leurs enfans n'eussent pas été moins considerés que les autres, s'ils n'eussent perdu leur pere, qui est consideré comme heritier par le rappel : il y a au contraire des cas où il y auroit sujet de restraindre la représentation, comme nous avons fait voir sur le Prat. de Lange, tit. des successions.]

CHAPITRE III.

SOMMAIRE.

32. *Si le rappel d'un arriere-neveu peut valoir autrement que comme legs.*

33. *Si le rappel se peut faire par quelque acte que ce soit.*

34. *Comment on doit restraindre un rappel, quand il est fait par un acte qui contient les formalités d'une donation entre-vifs.*

35. *En quelles Coutumes le rappel fait de la maniere mentionnée ci-dessus, ne peut avoir lieu.*

36. *Quelles sont les Coutumes qui n'admettent le rappel que du consentement de ceux qui y ont interêt.*

37. *Si ce consentement doit être prêté par une personne capable, & majeure de vingt-cinq ans.*

38. *Raisonnement de l'Auteur, touchant une apostille de Maître Charles du Molin sur la Coutume de Montargis.*

39. *Autre apostille de Maître Charles du Molin sur l'ancienne Coutume d'Orleans.*

40. *Quid, si les heritiers ne veulent pas consentir au rappel que veut faire celui auquel ils doivent succeder.*

32. Si le rappel d'un arriere-neveu peut valoir autrement que comme legs. NOUS avons dit, avec raison, qu'il falloit pour faire que le rappel ait pareille force & vertu que la représentation, qu'il fût fait dans les termes du droit commun : car s'il est fait d'un arriere-neveu, qui par la disposition du droit n'est point admis à la représentation, alors le rappel qui seroit fait de sa personne, ne peut valoir que comme legs, jusqu'à la concurrence de ce que celui qui dispose pour tester conformément à l'apostille de M. Charles du Molin, sur la Coutume de Leproux & Bouge locale de Blois, qui dit : *Quid si quis rappelle pronepotes ex sorore cum nepotibus ex alia sorore ? Respondi, quod isti veniunt jure legati tantum, non veniunt ut hæredes, nec saisiti, quia consuetudo prohibet, sed non impedit, quin valeat jure legati, quatenus legari potest,* conformément à laquelle décision il a été jugé par plusieurs Arrêts, & principalement par un donné en l'Audience le 6. Fevrier 1646. sur les Conclusions de M. l'Avocat General Bignon, plaidant Gautier, Hilaire, Bataille, Deffita, & Perrier, pour l'execution du testament de Christine Boicervoise, demeurant à Beauvais, laquelle ayant ordonné par son testament que ses neveux & arrieres-neveux qu'elle rappelloit à cet effet venans à sa succession, succederoient par souches & non par têtes, les neveux qui étoient le plus en nombre sous leur souche, soutenoient que la testatrice n'avoit pû ordonner une représentation en une Coutume où elle n'est reçue en façon quelconque en collaterale, principalement hors les termes de Droit, & que cette Ordonnance de derniere volonté ne pouvoir avoir lieu comme legs, qui étoit ce qui étoit objecté par les autres, ayant pû disposer de beaucoup plus qu'elle n'avoit fait de ses biens, consistant particulierement en meubles & acquêts, d'autant, disoient-ils, qu'elle n'a voulu ce qu'elle a pû, & a voulu faire ce qu'elle n'a pû ; ce qui rend la disposition nulle ; & ce d'autant plus que les institutions d'heritier n'ont point de lieu en Pays Coutumier : néanmoins comme il demeuroit pour constant entre les Parties que les principaux biens de la succession étoient meubles ou acquêts, la Cour infirma la Sentence du Bailly du Comté de Beauvais ou son Lieutenant, qui avoit ordonné que le testament seroit executé selon sa forme & teneur, jugeant par-là que ces dispositions contenant rappel, même hors les termes de Droit, valoient *jure legali.* Car quoique nous disions en France qu'institution d'heritier n'a point lieu, cela veut dire qu'elle n'est pas necessaire, comme chez les Romains, pour rendre un testament valable ; mais lorsqu'elle se rencontre en un testament, & qu'une disposition de derniere volonté est couchée sous le terme d'institution, elle n'est pas du tout ôtée comme nulle, mais réduite jusqu'à la concurrence de ce qu'elle peut valoir comme legs, suivant la disposition de l'article 209. de la Coutume de Paris. *In dubio enim fieri interpretatio debet pro testamento.*

l. si plures. ff. de inoff. testam. Et ne nous attachons pas si fort aux mots, que quand il se reconnoît par les termes dont a usé le testateur, que son intention a été de disposer en faveur de quelqu'un, soit qu'il se soit servi de mots impropres, comme de donner, instituer, ou tels qu'ils puissent être, pourvû que l'intention paroisse, nous lui donnons toujours son effet, parce que les termes de la disposition ne sont pas cette partie, que nous appellons particulierement la forme d'un testament, en laquelle nous désirons que la moindre syllabe désirée par la Coutume y soit observée, & sans que l'on y puisse satisfaire par des mots équivalans & de même vertu ; vû même qu'en droit, *verba institutionis trahuntur ad fideicommissum in codicillis. l. cum quis. §. Seiam. l. pater filium. §. ult. ff. de leg. 3.*

Le rappel est si favorable, qu'il se peut faire par quelque acte que ce soit, pourvû qu'il paroisse par ce même acte, que telle a été la volonté de celui de la succession duquel il s'agit. *Ista est simplex declaratio,* dit du Molin sur l'art. 139. de la Coutume de Blois, parlant du rappel, *quæ fieri potest coram duobus testibus, vel alias, dummodo constet ;* ce qui doit être entendu des rappels qui se font aux termes de droit : car pour les autres qui se font hors ces termes, comme des arrieres-neveux, que nous avons dit ci-dessus valoir par forme de legs, j'estime qu'il faut qu'il soit fait par acte d'une forme authentique, & qu'il soit capable de produire une donation ou un legs, c'est-à-dire, que si on lui veut donner l'effet d'un legs, il faut qu'il soit fait par un testament, ou par un acte qui contienne les formalités essentielles d'un testament ; & c'est ainsi qu'il faut entendre l'Arrêt donné en la Chambre de l'Edit le 18. Fevrier 1634. rapporté par Brodeau sur M. Louet, lett. R. nomb. 9. par lequel il dit qu'il a été jugé qu'un rappel fait par acte passé pardevant Notaires valoit par forme de legs, étant à conjecturer que l'acte dont parle cet Auteur, & qui a été le fondement de cet Arrêt, contenoit les formalités d'un testament ; & le fond de cette doctrine est, qu'un rappel n'étant pas appuyé de la disposition du droit commun, on ne peut pas prétendre que son effet soit favorable, & qu'il ramene les choses dans la disposition generale, comme nous avons dit des rappels, qui sont aux termes de droit ; de sorte que pour faire qu'un rappel de cette qualité ait lieu, on ne peut pas dire que le terme du rappel ait plus d'effet, que si celui qui dispose avoit usé du terme de *legs* ou de *donation* ; au contraire, pour lui donner son effet, il faut feindre qu'il s'est servi du mot *leguer* ou *donner* ; & ainsi cette disposition ne pouvant passer que pour un legs ou pour un don, il est necessairement requis, que pour faire qu'il puisse avoir lieu, il contienne les formalités d'une donation ou d'un testament, auquel cas j'estime que le rappel aura effet de don ou de legs, selon la forme de l'acte auquel il sera fait, ne nous arrêtant pas aux termes pour juger de l'effet d'un acte, mais bien à la qualité d'icelui : en sorte néanmoins que la disposition couchée en termes de rappel, pourra bien être restrainte, mais non pas étendue ; c'est-à-dire, que si en admettant le rappel, en cas qu'il soit fait par un testament, la part que prendroit le rappellé en vertu d'icelui, excede ce dont le testateur a pû disposer, il sera réduit à ce dont il a pû tester ; mais si les biens sont suffisans & de la qualité, les termes & les bornes du rappel, seront la part que le rappellé n'a pû prendre, supposé qu'il eût été heritier.

Comme aussi si le rappel est fait par un acte qui contient les formalités d'une donation entre-vifs, il doit être restraint aux termes de ce que l'on peut donner par testament, parce ce qu'une donation de cette qualité, qui porte institution en une succession, ou quote-part d'icelle, ne peut passer que pour une donation à cause de mort, étant révocable toutes fois & quantes, quoiqu'elle eût été stipulée irrévocable, joint que toute donation entre-vifs ne peut valoir pour telle, s'il n'y a tradition réelle, ou constitut de précaire, & rétention de l'usufruit : or par ce rappel, celui qui le fait ne donne rien de présent ; de sorte que n'y ayant point de tradition, il ne peut aussi y avoir de rétention de l'usufruit, parce que ce sont des biens futurs & incertains. *L. possidere. §. ult. ff. de acquir. vel omitt. poss.* de sorte qu'elle ne peut pas valoir comme donation entre-vifs ; mais aussi doit-elle valoir comme donation à cause de mort & testamentaire, d'autant qu'encore que nous désirions d'autres solemnités aux testamens qu'en donations entre-vifs, néanmoins nous ne laissons pas, lorsque des dispositions qui sont contenues en une donation entre-vifs, ne peuvent valoir comme telles, pour être révocables ou autrement, de leur donner l'effet d'une disposition testamentaire, lorsqu'elles sont faites par une personne qui est en pleine santé, parce que les solemnités particulieres que nous désirons aux testamens, sont pour raison de ce que se pouvant faire à l'extrêmité de la maladie, il a été à propos de prévenir aux fraudes, & nous avons des Arrêts dans M. Louet, lett. D. nomb. 10. & 11. par lesquels les donations entre-vifs ont été déclarées ne valoir que comme donations à cause de mort ; & l'apostille de Me Charles du

Molin, ſur l'art. 170. de la Coutume de Blois, où il eſt dit que donation pour cauſe de mort ne vaut, *etiam jure legati*, dont quelques-uns concluent, que les donations entre-vifs paſſant pour donations à cauſe de mort, ne peuvent valoir comme teſtamentaires ; ce qui ne peut être tiré à conſequence contre ce qui vient d'être dit, d'autant qu'il paroît aſſez par la raiſon de du Molin, qui ajoute, *juſte inſtitutum eſt odio ſuggeſtionum*, qu'il n'entendoit parler de celles qui ſe font en pleine ſanté & comme entre-vifs, mais de celles qui étoient faites en maladie.

35. En quelles Coutumes le rappel fait de la maniere mentionnée ci-deſſus, ne peut avoir lieu.

Il faut toutefois prendre garde, qu'aux Coutumes qui diſent qu'inſtitutions d'heritiers n'ont lieu par forme de legs ou autrement, tel rappel ne pourroit avoir lieu, puiſqu'elles témoignent aſſez, que *verbis obliquis legari non poteſt*, dans le détroit de ces Coutumes, comme dit Me Charles du Molin, ſur l'art. 101. de la Coutume de Vitry, qui porte, *qu'inſtitution d'heritier par teſtament ni autrement, n'a lieu au préjudice de l'heritier prochain habile à ſucceder* ; ſur lequel il ajoute, *& ſic nec in vim legati valet ſub hac conſuetudine* : néanmoins pour le particulier de cette Coutume de Vitry, qui ne dit pas expreſſément *qu'inſtitution d'heritier par teſtament n'a lieu par forme de legs*, j'aurois de la peine à croire qu'un teſtateur ayant couché une diſpoſition dans ſon teſtament par forme d'inſtitution, ou bien par forme de rappel, elle ne dût valoir du moins *in vim legati* : car qu'eſt-ce à dire, qu'*inſtitution d'heritier n'a point lieu*, aux termes de nos Coutumes, comme dit même celle de Senlis en l'art. 167. ſinon, qu'elle n'eſt pas neceſſaire, ainſi qu'elle étoit par le Droit Romain pour la validité d'un teſtament ; mais au ſurplus, il ſeroit rude de dire, que pour avoir par un teſtateur couché ſa diſpoſition en termes moins propres, qui déclarent pourtant aſſez ſa volonté, elle ne puiſſe pas avoir ſon effet juſqu'à la concurrence de ce qui lui eſt permis par la Coutume, puiſque, comme il a été dit ci-deſſus, nous ne nous attachons point aux mots, & un legs pour être trop ample n'eſt pas vicié, mais ſujet à reſtriction ; & ainſi j'eſtime que cette apoſtille de du Molin eſt contraire à ſon eſprit ordinaire, qui eſt de ramener toutes les diſpoſitions de nos Coutumes, tant qu'il peut, dans une regle generale & dans l'équité, dont il me ſemble s'être éloigné en cet endroit ; mais pour ce qui eſt des Coutumes qui portent expreſſément, qu *inſtitution d'heritier n'a lieu même par forme de legs*, je crois qu'un rappel qui eſt une eſpece d'inſtitution, n'y pourroit auſſi avoir lieu.

☞ Il y a quelquefois des rappels faits par des oncles en conſideration du mariage de leurs neveux, ou arrieres-neveux, en cas de prédécès des peres & meres des mêmes neveux, qui ſont conſiderés comme des inſtitutions contractuelles par la volonté expreſſe ou tacite. Cette difficulté ne peut arriver que lorſque l'inégalité des degrés ceſſe, & que les neveux viennent tous de leur chef, ſçavoir ſi cette clauſe rapproche d'un degré à l'effet de donner lieu au partage par ſouches à l'égard des rappellés, ou ſi ce n'eſt qu'une précaution, pour empêcher que le neveu ou ſes enfans, ne ſoient pas exclus par un plus proche, laquelle demeure inutile & caduque lorſque les choſes reviennent aux termes du droit commun. Il eſt conſtant que tel rappel porté par contrat de mariage n'eſt pas ſujet à révocation, quoique l'oncle puiſſe aliener & hypothequer, & il ne peut pas diſpoſer à titre lucratif au préjudice de cette clauſe, d'autant que les conventions des Contrats de mariage ſont immuables. La Cour a donné effet d'inſtitution à un ſemblable rappel fait par les Srs François & Thomas Courtin en faveur de la Dame Triſtant, par Arrêt du 6. Mars 1660. en l'Audience de la Grand'Chambre. Il faut examiner les termes du Contrat, ſi l'on en peut induire une volonté expreſſe ou tacite d'inſtituer ; & il eſt certain que les Contrats de mariage ſont fort ſuſceptibles de ces ſortes de fictions ; ce qui a lieu principalement, lorſqu'il eſt dit que les neveux auront telle part & portion qu'auroit eu leur pere ou mere s'il étoit vivant, comme dans l'eſpece de l'Arrêt des Courtins, ou ſi n'y ayant que deux oncles ou tantes vivans lors du rappel, qui diſpoſent conjointement en faveur d'un enfant de leur frere ou ſœur encore vivant, en cas qu'il les prédécede ou l'un d'eux, pour venir à la ſucceſſion, comme ſi ſon pere ou ſa mere étoit vivant, comme dans l'eſpece de la diſpoſition faite par Maitre Antoine & Michel de la Court, par le Contrat de mariage de Jacques Prevoſt leur neveu, fils d'Anne de la Court leur ſœur, lors vivante ; la cauſe ayant été plaidée au Rolle de Senlis en l'Audience de la Grand'Chambre les Lundy & Mardy 4 & 5. Fevrier 1692. il a été paſſé Arrêt par appointé, qui a confirmé la Sentence du Bailly du Comté de Beauvais, qui avoit ordonné le partage par ſouches à l'égard dudit Prevoſt ; & néanmoins il eſt obligé de déduire une ſomme certaine pour le tiers des legs, quoiqu'il y en eut d'autres que des legs pieux : la difficulté étoit que ſon Contrat de mariage n'étoit pas inſinué comme celui des Courtins ; mais l'on diſoit que c'étoit une clauſe teſtamentaire dont un contrat de mariage étoit ſuſceptible ; que le donateur avoit pû aliener & hypotequer nonobſtant cette clauſe. Il eſt vrai qu'une inſtitution contractuelle en faveur d'autres que des enfans, est sujette à insinuation; mais ce défaut ne peut être objecté que par un tiers, comme un créancier ou un second donataire, & non pas un heritier *ab intestat*, ou testamentaire, au préjudice de l'heritier institué par contrat de mariage.]

Nous avons quelques Coutumes qui n'admettent le rappel que du consentement de tous ceux qui y ont interêt, comme Montargis; chap. 15. des droits de succession, art. 8. conforme à l'ancienne d'Orleans, art. 248. *quæ suo clauduntur territorio*, parce que, comme nous avons dit ci-dessus, de simples actes de rappel passés par celui de la succession duquel il s'agit, sont suffisans, sans qu'il soit besoin de la presence ou du consentement des habiles à succeder; mais en ces Coutumes qui conservent cette rigueur, & qui requierent le consentement des heritiers, il suffit qu'étant presens ils ne contredisent pas, pour en induire un consentement aux termes de ces Coutumes, ainsi que Lhost sur cet article de la Coutume de Montargis, dit avoir été jugé par Sentence de ce Bailliage le 6. Juin 1564. qui passe toujours pour un acte de notorieté, & doit avoir le même effet qu'une enquête par turbes, puisqu'elle est donnée par ceux qui ont l'intelligence de leur Coutume, & qu'il ne paroit point qu'elle ait été infirmée par Arrêt, laquelle aussi je trouve juste & raisonnable, quoique cet Auteur qui la rapporte, dise qu'elle est contraire à l'apostille de Maitre Charles du Molin sur l'art. 59. de la Coutume de Vitry, ce que je n'estime pas avec lui: car en l'un il s'agit de ramener les choses au droit commun, & en l'autre au contraire d'admettre une disposition contre l'équité & le droit commun, l'article de la Coutume de Vitry portant qu'un homme ou une femme ne peut avantager par legs testamentaires ni autrement l'un de leurs enfans plus que l'autre; & s'ils le font, le legs est nul, s'il n'est fait du consentement des freres & sœurs du legataire; sur quoi Maitre Charles du Molin ajoute, *intellige de consensu mero, spontaneo & libero*, & fait mention d'un Arrêt rendu en ladite Coutume, qui n'a point égard au consentement prêté par un heritier, *metu ne testator pejus faceret*, seulement: par où il paroit veritablement, qu'au cas de la Coutume de Vitry, il faut un consentement non-seulement exprès, mais aussi libre absolument; ce qui n'a aucun rapport au cas par nous proposé; vû que cet Arrêt a jugé qu'il étoit juste de conserver l'égalité entre les enfans, que la Coutume même n'avoit permis le contraire que sous des conditions qui dans un cas odieux alloient plûtôt à étendre qu'à restraindre. Mais ici, où il est question de la restriction des droits doublement rigoureux, puisqu'il ne se contente pas de rejetter la representation en un cas admis par le droit commun, mais même lie la volonté de celui de la succession duquel il s'agit, en sorte qu'il la fait dépendre de celle de ses heritiers; on doit restraindre ces Coutumes tant que l'on peut, & prendre pour consentement le silence de celui dont il est requis, ainsi que nous voyons être fait en droit en plusieurs rencontres; & puisque dans des cas bien plus indifferens, le consentement est de cette façon tiré indirectement, quoiqu'il ne soit pas exprès, comme en l'espece de la loi 26. §. *pater*, *ff. de pignoribus*, à combien plus forte raison le devons-nous induire au cas que nous traitons, puisqu'il mérite, comme nous avons dit, une restriction particuliere.

Il est requis néanmoins que ce consentement soit prêté par une personne capable, & majeure de 25. ans, comme a remarqué du Molin sur cet art. 8. de la Coutume de Montargis, parce que ce consentement emporte avec soi une espece d'alienation & de donation sans cause, dont un mineur est toujours relevé; en consequence de quoi il semble que l'on puisse citer cette autre décision, qu'une femme mariée ne peut aussi prêter ce consentement sans l'autorité de son mari, puisqu'elle ne peut valablement agir & s'obliger sans lui, néanmoins j'estime le contraire, & me fonde sur ce que la femme mariée, de son chef, n'est pas incapable de contracter & d'agir, puisque si elle n'étoit pas mariée, elle le pourroit faire valablement; mais cette autorité du mari n'est qu'un acte accidentel pour l'interêt qu'il a sur les biens de sa femme, qui ne va pas jusqu'à l'essence du contrat, par lequel la femme s'oblige; & de fait, il n'est pas nécessaire que cette autorité du mari intervienne en la passation de l'acte, & qu'elle ait été prêtée auparavant, comme en fait de mineurs pour l'autorité de leur tuteur. *Tutor statim in ipso negotio præsens debet authorfieri: post tempus verò aut per epistolam interposita ejus authoritas nihil agit, l. 9. §. tutor. ff. de auth. & constitut.* parce que l'autorité du tuteur est de la formalité essentielle de l'acte, & sans elle il est *ipso jure* nul & sans effet; de sorte qu'il ne peut valider par l'interposition subséquente de l'autorité du tuteur, *quod enim ab initio vitiosum est, tractatu temporis convalescere nequit:* ce qui n'a pas lieu à l'égard de la femme contractante sans l'autorité de son mari, parce que, comme il a été dit, elle est de soi habile à contracter; de sorte que si le mari séparément d'avec sa femme, & après qu'elle s'est obligée, ratifie, l'acte est très-bon & parfait; de même que la loi derniere *C. ad Senatusc. Mac.* le décide à

Marginal notes:

26. Quelles sont les Coutumes qui n'admettent le rappel que du consentement de ceux qui y ont interêt.

37. Si ce consentement doit être prêté par une personne incapable & majeure de 25. ans.

l'égard du fils de famille, qui de foi étant capable d'agir, ayant contracté contre la volonté de fon pere, fous la puiffance duquel il eft, fi le pere vient à ratifier cet acte, il aura un plein & entier effet ; de forte que n'y ayant point d'empêchement dirimant en la perfonne de la femme mariée de fe pouvoir obliger, je crois qu'elle peut prêter ce confentement, qui n'eft pas une alienation ni une donation formelle ; c'eft un acte incertain, qui peut auffi-tôt lui profiter que lui nuire ; vû que, comme nous dirons ci-après, le rappel étant accordé à l'égard des uns, il profite pareillement à tous ceux qui font en pareil dégré ; de forte que cette femme venant à deceder, fes enfans jouiront de la même grace qu'elle a accordée aux autres ; & ainfi le mari & la femme ont quelque interêt pour leurs enfans à un rappel, qui eft encore une autre raifon pour la validité de ce confentement, parce que nous ne doutons pas que la femme ne puiffe contracter utilement, même fans l'autorité du mari : Boërius fur Berry, *tit. de l'état des perfonnes*, *art.* 4. & ainfi cet acte étant favorable, rappellant pour heritiers ceux qui par le Droit commun en doivent avoir la qualité, on peut dire que la femme n'aliene rien, & qu'elle met les chofes en l'état auquel elles doivent être ; & Choppin fur la Coutume de Paris, *lib. 2. tit. 1. num.* 18. dit qu'il eft de cet avis, en confequence de quoi j'eftimerois même, que fi le mineur avoit prêté confentement par un acte qui ne fût pas nul *ipfo jure*, comme s'il l'avoit fait avec l'autorité de fon tuteur, qu'il s'obligeroit valablement.

38. Raifonnement de l'Auteur, touchant une apoftille de Me. Charles du Molin, fur la Coutume de Montargis.Le même du Molin fur cet art. 8. de la Coutume de Montargis, remarque encore que *hæredes eorum qui confenferunt, & pofteà præmoriuntur. tenentur pacto :* mais je ne vois pas quel effet peut avoir cette apoftille, vû que par le decès de ceux qui ont prêté ce confentement, leurs heritiers ne font plus aux termes d'accorder le rappel, puifqu'ils ne peuvent être plus proches que leurs enfans, qui n'étant que neveux, ont befoin eux-mêmes de rappel, tant s'en faut qu'ils foient capables de le confentir à l'égard des autres.

39. Autre apoftille de Me. Charles du Molin fur l'ancienne Coutume d'Orleans.Mais l'annotation que le même du Molin a faite à ce fujet fur l'art. 249. de l'ancienne Coutume d'Orleans eft fort confiderable, pour dire, que *qui femel confenferunt, non poffunt amplius pænitere, nifi eum de cujus fucceffione agitur, pæniteat, l. ult. C. de pact.* Ce font fes termes, parce qu'à leur égard ayant remis les chofes fuivant la difpofition du droit commun, & ne s'agiffant pas de leur fucceffion, laquelle veritablement doit être à notre difpofition jufqu'à l'extrêmité de notre vie ; ils ne doivent point être admis à varier.

40 *Quid*, fi les heritiers ne veulent pas confentir au rappel, que peut faire celui auquel ils doivent fucceder.Enfin fi les heritiers ne veulent prêter leur confentement, le rappel fait par celui de la fucceffion duquel il s'agit, vaut par forme de legs ou de donation, fuivant ce que nous avons dit ci-deffus : car quand les Coutumes difent que le rappel ne vaut que du confentement de tous ceux qui y ont interêt, cela doit s'entendre pour valoir comme repréfentation, fans être fi fcrupuleux que de dire que pour faire valider ce rappel, il faut commencer par un legs équivalent ou plus grand que la portion de ceux que l'on voudroit rappeller, à la charge que la difpofition de ce legs ceffera, fuppofé que les intereffés veuillent confentir la reprefentation du legataire, ainfi que M. Julien Brodeau en fon Comment. fur M. Louet, lett. P. nomb. 24. donne avis, après Lhofte fur ledit art. 8. de Montargis.

 Il femble que l'âge de tefter fuffit pour pouvoir rappeller *intra terminos juris*, c'eft à fçavoir, à l'égard des enfans des freres, d'autant que ce rappel tient lieu de reprefentation qui eft favorable, & qu'il fe peut faire par toutes fortes d'actes, fans obferver aucunes formalités ; & partant l'âge de 18. ans qui eft la pleine puberté, fuffit dans les Coutumes qui n'exigent pas celui de 20. ans, & celui de 14. eft fuffifant dans les Pays de Droit Ecrit. Autre chofe du rappel des petits-neveux, lequel ne fubfiftant que par maniere de legs, eft aftreint aux formalités des teftamens.]

CHAPITRE IV.

SOMMAIRE.

ON fait ſur cette nature des rappels, une queſtion importante, ſçavoir ſi un ayeul ayant rappellé quelques-uns de ſes petits-enfans, ou un oncle quelques-uns de ſes neveux, y en ayant d'autres non rappellés lors de l'échéance de leurs ſucceſſions, ceux qui n'ont pas été rappellés expreſſément peuvent jouir du rappel fait des autres, qui ſont en même degré & auſſi favorables qu'eux? Cette queſtion a été traitée par pluſieurs de nos Docteurs François, leſquels trop generalement, ce me ſemble, & ſans diſtinction, du moins ceux qui l'ont traitée dans la queſtion generale, l'ont réſolue, les uns pour l'affirmative, & les autres pour la négative.

Pour mon particulier, je voudrois diſtinguer, & dire qu'au regard de la directe abſolument & ſans aucune limitation, le rappel étant fait d'un des petits-fils, tous les autres, ſoit qu'ils ſoient de la même ſouche ou d'une autre, en doivent profiter, parce que les Coutumes qui rejettent la repréſentation en ligne directe, n'étant pas ſeulement contre le droit commun, mais auſſi contre le droit naturel, j'eſtime qu'il ne faut que la moindre ouverture pour ôter entierement cette Loi rigoureuſe & unique à l'égard de tous ceux à qui elle peut ſervir d'obſtacle, & qu'il faut aider par toutes ſortes de voyes cette repréſentation en ligne directe, qui rétablit l'effet de la Loi naturelle, qui doit répandre les biens generalement dans tous les deſcendans, puiſqu'ils n'ont point d'autre moyen de ſubſiſter, que par les bienfaits qu'ils reçoivent de la part de leurs peres: *Pater qui dotem promiſit, pactus eſt, ut poſt mortem ſuam in matrimonio ſine liberis defuncta filia portio dotis apud hæredem ſuum fratrem remaneret. Ea conventio liberis poſtea à ſocero ſuſceptis & hæredibus teſtamento relictis per exceptionem doli proderit: cum inter contrahentes id actum ſit, ut hæredibus conſulatur, & illo tempore quo Pater alios filios non habuit, in fratrem ſuum judicium ſupremum contuliſſe videatur, l. tale pactum* 41. §. *ult. de pactis.* C'eſt auſſi ce qui eſt décidé par la Loi: *Cum avus filium ac nepotem de altero filio hæredes inſtituiſſet, à nepote petiit, ut ſi intra annum* 20. *moreretur, hæreditatem patruo ſuo reſtitueret; nepos liberis relictis intra ætatem ſupraſcriptam vita deceſſit. Fideicommiſſi conditionem conjectura pietatis reſpondi defeciſſe: quod minimè ſcriptum quam dictum fuerat, inveniretur, l. cum avus* 101. *D. de condit. & demonſtr.* Voyez Rouillard, chap. 45. *vide l. cum intervenire, C. de fideic. libert. & l. ſi mater, C. de ineffic. teſtam.* C'eſt le cas de l'Arrêt rapporté par M. Charles du Molin ſur l'article 149. de cette Coutume de Senlis, qui eſt dans une eſpece, ainſi que nous dirons en parlant de la collaterale, en laquelle on pouvoit dire que l'intention du pere avoit été de rappeller les uns au préjudice des autres.

Pour ce qui eſt du rappel en collaterale, j'eſtime pareillement qu'étant fait à l'égard de l'un, il profite aux autres, ſoit de la même ſouche ou d'une autre en pareil degré, ſi ce n'eſt que la volonté de celui qui fait le rappel ne paroiſſe au contraire par l'argument de la Loi *placet,* & la ſuivante, *ff. de lib. & poſthum.* par leſquelles le Juriſconſulte Ulpien dit que ſi un teſtateur inſtitue ſon poſthume heritier, s'il en a plus d'un, ils ſeront tous compris ſous cette inſtitution, par la conjecture de la volonté du pere: de même au cas propoſé, l'oncle ayant déclaré que ſa volonté n'eſt pas d'approuver la diſpoſition de ſa Coutume, mais de remettre ſa ſucceſſion au droit commun, par le rappel qu'il a fait d'un de ſes neveux ou de pluſieurs, dont le pere étoit alors decedé; j'eſtime que ſi quelques-uns de ſes autres freres ou ſœurs viennent à deceder du depuis, leurs enfans doivent jouir de l'effet du rappel fait à l'égard des premiers, & qui en avoient beſoin, lorſque leur oncle, de la ſucceſſion dont eſt queſtion, a fait ſon teſtament, ou autre acte portant le rappel, par la préſomption de la volonté de celui de la ſucceſſion dont il s'agit, & en faveur de ce que les choſes par ce moyen, ſont remiſes au droit commun; mais lorſque la volonté paroît contraire, & qu'il ſe voit que l'intention de celui qui fait le rappel, a été de rappeller les uns & de laiſſer les autres, j'eſtime que les non rappellés ne doivent point profiter du rappel qui a été fait des autres: comme, par exemple, ſi le frere de celui qui diſpoſe étant decedé, a laiſſé pluſieurs enfans, & que l'oncle rappelle les uns, & ne fait point mention des autres; de même s'il y a pluſieurs freres decedés avant le rappel, & que par icelui il n'y ait que les enfans de l'un rappellés, ſi celui qui le fait & qui diſpoſe de ſa ſucceſſion, ſçavoit bien le decès de l'un auſſi-bien que de l'autre, & qu'ils avoient laiſſé les uns pour rappeller les autres, je ne vois pas qu'il y ait lieu d'étendre ce rappel; car tant s'en faut que l'on puiſſe dire que ſa volonté a été de rappeller tous ſes neveux, qu'au contraire il paroît qu'ayant eu le tems de le faire, y ayant ſongé, il a expreſſément rappellé les uns & negligé les autres.

44. Arrêt rendu ſur la queſtion précedente. Ce qui donne lieu de croire qu'il y a eu une prédilection particuliere pour ceux qu'il a choiſis, & qu'il n'a point entendu faire une diſpoſition generale, puiſqu'il lui eſt été facile de rappeller ſes neveux en general, ou bien de nommer les uns auſſi-bien que les autres, & telle eſt à peu près l'eſpece de l'Arrêt 224. de le Veſt, que quelques-uns néanmoins ont pris pour faire une déciſion generale, pour dire qu'un rappel fait d'un neveu ne profitoit point à l'autre, quoiqu'à vrai dire, cet Arrêt étant conſideré dans ſon eſpece particuliere de la Coutume en laquelle il a été donné, on peut dire qu'il ne fait choſe quelconque pour la déciſion des queſtions propoſées; d'autant qu'il s'agiſſoit en cet Arrêt de ce qu'une femme ayant fait un legs conſiderable à quelques enfans d'une ſienne ſœur prédecedée, & laiſſé les autres iſſus de la même ſœur, ſi mieux n'aimoient ſon frere & ſa ſœur ſurvivans, admettre les legataires leurs neveux en ſa ſucceſſion par repréſentation de leur mere, en la Coutume de Montargis, qui n'admet point la repréſentation en ligne collaterale, que du conſentement de tous ceux qui y ont intérêt; en conſéquence de quoi le frere & la ſœur ſurvivans, ayant fait leur déclaration qu'ils conſentoient non-ſeulement que les legataires, mais même que les autres enfans dont il n'avoit point été parlé au teſtament en queſtion, fuſſent reçûs à repréſenter leur mere: les preterits ſoutinrent en conſéquence qu'ils devoient jouir du benefice du rappel, *ex præſumpta mente* de la teſtatrice, & par le conſentement de leurs oncle & tante, dont ils furent déboutés par cet Arrêt, qui ſemble particulier pour cette Coutume: car quoique les legataires priſſent même part en la ſucceſſion que s'ils avoient été rappellés, néanmoins ils ne peuvent paſſer veritablement pour heritiers par repréſentation, d'autant que par la Coutume, il eût été requis le conſentement des heritiers, conjointement avec le rappel de celle de la ſucceſſion de laquelle il étoit queſtion, lequel conſentement la teſtatrice n'auroit pû valablement tirer *pœnæ nomine*; de ſorte que ſa diſpoſition ne pouvoit paſſer que pour un legs, lequel par le fait de l'oncle & de la tante ſurvivans, ne pouvoit être communiqué à ceux qui n'y étoient pas compris: voilà à quoi ſe réduiſoit la conteſtation de cet Arrêt, ainſi qu'il ſe peut voir chez cet Auteur, qui le rapporte bien au long avec les plaidoyers des Parties; ce qui ne revient pas aux queſtions propoſées.

CHAPITRE V.

SOMMAIRE.

LA question n'est pas moins difficile que la precedente, de sçavoir, si la representation accordée entre deux freres, en cas de prédecès de l'un d'eux pour leurs enfans, sans que celui de la succession duquel il s'agissoit ait prêté consentement, est valable ? D'un côté l'on dit, que c'est une paction touchant la succession d'une personne vivante, sans son consentement, reprouvée très-rigoureusement par toutes sortes de droits ; qu'il seroit de mauvais exemple, & contre les bonnes mœurs, d'admettre telles conventions, qui sont de mauvaise odeur, puisqu'elles n'ont pour leur motif, que la pensée sordide de l'esperance d'une succession, & de la mort de leur frere ; & qu'un tel acte ne peut passer pour rappel, parce que personne ne peut rappeller à la succession d'autrui, & les rappels dépendent & sont à la volonté de ceux de la succession desquels il est question.

On dit au contraire, & pour soûtenir l'autre parti, que cette convention est favorable : que les freres en consentant reciproquement cette representation, n'ont point tant regardé leur interêt, & été touchés du mouvement d'usurper une succession, par pactions illicites, qu'ils n'ont eu pour objet, le dessein de nourrir la paix, & de conserver l'égalité dans leur famille, de prévenir une disposition rigoureuse & extraordinaire, pour remettre le tout suivant le droit commun ; puisqu'ils ont renoncé à leurs droits & à leurs propres interêts, qu'ils eussent eu bien plus amples, en ne convenant pas de cette representation, puisque l'un d'eux eût joui de la succession entiere, s'ils n'eussent point preseré cette affection qu'ils ont remoignée par cette paction louable, à leur propre bien : & ainsi que cette convention, n'y ayant aucun argent déboursé, ne peut pas passer comme un acte fait contre les bonnes mœurs, & par un appetit déreglé de s'emparer d'une succession future, qui est ce que les loix ont reprouvé, lesquelles raisons, qui semblent probables de part & d'autre, ont rendu cette question douteuse ; en sorte que s'étant presentée au Parlement, la Cour par Arrêt du 29. Decembre 1556. auroit appointé les parties au Conseil. Il est vrai que Brodeau, lett. R. nomb. 9. qui rapporte cet Arrêt, fait mention d'un autre du premier Juillet 1620. auquel il plaidoit pour l'une des parties, & par lequel il dit, que la question a été jugée, & telle paction declarée nulle : mais cet Arrêt ayant été depuis peu alleguée en une cause, qui s'est presentée en l'Audience le 8. Mars 1650. en laquelle j'étois present, & où Monsieur le Procureur General Bignon porta la parole pour le Roi : cet Arrêt ayant été allegué par l'une des parties, Monsieur l'Avocat General dit, que la Cour n'avoit rien jugé par cet Arrêt, & au contraire qu'elle avoit appointé les parties au Conseil, sur lequel il n'avoit pas appris qu'il fût intervenu aucun Arrêt diffinitif : & d'ailleurs, qu'au cas qui s'étoit presenté en l'an 1620. la question étoit entre de petits-neveux, en quoi il y a grande difference, comme nous avons dit ci-dessus ; parce qu'à l'égard de l'un le rappel ou convention pour la representation réduit les choses aux termes du droit commun, & l'autre est contre la disposition du même droit commun, de sorte qu'il n'est pas favorable. Comme aussi on ne peut pas prétendre, que la question ait été jugée par l'Arrêt qui est intervenu sur l'espece qui se presenta audit an 1650. parce que les neveux qui gagnerent leur cause, se défendoient par d'autres moyens, & même soûtenoient, que la défunte de la succession de laquelle il étoit question, étoit dans la démence plus de trente ans auparavant son decès, auquel cas, ou de quelque autre empêchement semblable, je ne doute pas avec le même Brodeau, que telle convention ne fût valable, comme il sera dit ci-après, où ladite espece sera rapportée.

Mais je demande au cas que telle convention faite entre freres fût valable dans les regles ordinaires, si elle pourroit être faite, au préjudice des creanciers du survivant ? Monsieur Bignon en cette cause jugée le 8. Mars 1650. tint pour l'affirmative & avec grande raison, ce me semble, parce que cet acte ne peut passer que pour une alienation, & le creancier ne peut pas dire, qu'il ait été fait en fraude de sa dette, d'autant que c'est la convention d'une chose incertaine, & qui peut être aussi-bien avantageuse que dommageable au debiteur ; & cette succession n'étant pas encore dans ses biens, le creancier ne peut pas dire qu'il y avoit droit & hypotheque, pour empêcher qu'il ne puisse prendre ce hazard, & faire cette paction, qui, comme nous avons dit, est favorable : mais puisque nous avons fait mention ci-dessus en deux ou trois endroits de l'Arrêt donné sur cette matiere en 1650. il ne sera pas hors de propos d'en reciter l'espece, afin que chacun voye quel fruit il en pourra tirer, n'ayant pas trouvé bon d'en conclure aucune des questions ci-dessus ; parce qu'il y avoit plusieurs moyens en la cause , & je ne serai jamais de ceux qui prennent la confiance de penetrer dans les sentimens de la Cour , & qui nous donnent tous les jours des Arrêts , comme ayant jugé des questions particulieres , quoique bien souvent ils soient rendus sur des particularités & sur d'autres circonstances , par lesquelles la Cour a pu décider le differend des parties.

Pour revenir à notre Arrêt , il faut remarquer , que Madelaine de Saint Disieux , femme de Maître Jean Fortin , Procureur au Parlement de Paris , avoit trois sœurs , Catherine , femme de Jean de Saint Leu , Intendant de la Maison de Ville de Senlis , Genevieve , femme de Martin de Saint Leu , Procureur audit Senlis , & Marthe , femme d'Antoine Langlois Huissier : ladite Madelaine n'ayant point d'enfans , vint demeurer à Senlis , où elle est depuis decedée , & où par conséquent sa succession est échue , & se doit regler par la Coutume du Bailliage de ladite Ville ; & sa fait son testament en 1624. étant indisposée , par lequel elle rappelle Jean Langlois son neveu ; & en cas que Catherine vint à deceder avant elle , elle rappelle aussi ses enfans. En l'an 1635. Genevieve & Catherine font un accord entre-elles , sous seing privé , par lequel elles consentent , qu'en cas que l'une d'elles vint à prédeceder Madelaine leur sœur , que ses enfans viendront à sa succession ; auquel acte il est fait mention , que ladite Madeleine de Saint Disieux est en demence d'esprit. Jean Langlois leur neveu ayant eu avis de cet écrit , les fait assigner , pour voir dire , qu'il sera supprimé , comme étant contre les bonnes mœurs : elles comparent par Procureur , qui déclare pour elles , qu'elles n'ont fait aucun écrit , & que si aucun se trouve , elles protestent de ne s'en vouloir aider. Jean Langlois soûtient , qu'elles doivent comparoir en personne , pour faire cette declaration : Sur quoi le Juge donne acte aux parties de leurs declarations ; les choses demeurent en cet état : depuis Jean Langlois decede , & enfin au mois d'Avril 1645. les trois sœurs tombent malades ; Genevieve decede la premiere des trois , Madelaine ensuite , & après toutes Catherine , & cela en quinze jours de tems : toutefois Catherine avant son décès , executant l'écrit , partage les meubles de la succession de Madelaine avec ses neveux enfans de Genevieve ; il intervint un creancier de Jean de Saint Leu & de ladite Catherine de Saint Disieux sa femme , qui fait saisir tous les effets de ladite succession de Madelaine , comme ayant appartenu à Catherine seule ; les enfans de Genevieve demandent distraction de la moitié , le creancier visite les Registres du Bailliage , il trouve que l'acte passé entre les deux sœurs avoit été regîstré sur le Regîstre de l'an 1641. au bout d'une feuille , ce qui paroissoit avoir été fait par addition ; il en fait sa plainte : le Juge sur la requisition du Procureur du Roi , ordonne que les parties seroient ouyes en personnes , nonobstant qu'il n'y eût inscription en faux formée , & qu'ils declarassent ne vouloir se servir de cette piece. Ils interjettent appel de cette Sentence , le creancier s'inscrit en faux contre ledit enregistrement de l'acte : la cause plaidée en l'Audience ledit jour 8. Mars 1650. avec Requête pour l'évocation du principal , M. Jacques Bataille pour les appellans , dit qu'il y avoit lieu de s'arrêter en l'inscription en faux , parce que ses parties déclaroient ne vouloir se servir de cet enregistrement , & même le désavouoient. Au principal , que l'acte passé entre les sœurs valoit appel , qu'il n'étoit point contre les bonnes mœurs , particulierement si l'on consideroit que celle , de la succession de laquelle il s'agissoit , étoit en démence dès l'an 1624. incontinent après avoir fait son testament : En second lieu , que le rappel fait de quelques-uns des neveux profitoit aux autres ; que la défunte avoit rappellé Jean Langlois son neveu , parce que sa mere étoit decedée ; comme aussi les enfans de Catherine , au cas de prédecès ; d'autant qu'elle paroissoit moribonde , qu'elle n'avoit pas songé à ses parties , parce que leur mere témoignoit une pleine santé.

Maître Michel Langlois pour l'intimé , soûtint au contraire , que l'acte passé entre les sœurs ne pouvoit passer pour un appel , que c'éto t *pactum de successione viventis* ; & telle convention avoit été declarée nulle par un Arrêt de l'année 1620. en laquelle Monsieur Bavin , Conseiller en la Cour , étoit partie ; que le rappel fait de Jean Langlois & des enfans de Catherine de Saint Disieux , nuisoit plutôt aux appellans , que de leur profiter : qu'il témoignoit la volonté de celle de la succession de laquelle il étoit question , de ne point rappeller les enfans de Genevieve , & d'ailleurs , que l'acte prétendu fait entre les deux sœurs étant fait à son préjudice & depuis sa créance , puisqu'il étoit sous seing privé , & par conséquent reputé sans date , ne pouvoit subsister contre lui , & qu'en tout cas ils y avoient renoncé par la Sentence de l'an 1635.

M. Bignon Avocat General dit , qu'à la verité cet acte n'est pas un rappel , qui ne peut être fait que par celui de la succession dont il s'agissoit, que néanmoins cet acte remettant les choses dans le droit commun, étoit favorable ; que ce n'est point proprement *pactum de successione viventis* ; qu'il meritoit d'autant plus de consideration qu'il avoit été fait après que celle de la succession, de laquelle étoit question, étoit tombée dans une imbecillité d'esprit ; que l'Arrêt de l'an 1620. ne vient point à propos, premierement, parce que lors de la plaidoirie, la cause fut appointée ; qu'il n'avoit point entendu dire, que depuis elle eut été terminée par Arrêt diffinitif ; & en second lieu, que la question n'étoit pas entre des neveux, comme au cas qui se présentoit, mais entre des petits-neveux ; que le creancier étoit non-recevable à alleguer que l'acte, dont il s'agissoit, avoit été fait en sa fraude, parce qu'il avoit été fait au hazard, Geneviéve étant encore vivante ; & néanmoins quoique l'inscription en faux ne sit rien pour la décision de la cause, puisque les parties déclaroient ne vouloir se servir de l'acte contre lequel il étoit formé, il croyoit néanmoins qu'il y avoit lieu pour l'exemple public d'approfondir le faux, & cependant declarer l'intimé non-recevable en sa prétention. Sur quoi, la Cour, sans avoir égard à l'inscription en faux, mit l'appellation, & ce dont étoit appellé, au néant ; émendant, évoquant le principal, & y faisant droit, a maintenu les appellans en la moitié de la succession de Magdelaine de Saint Disieux. Suivant le plaidoyé de M. Bignon, il semble par cet Arrêt qu'il ait été jugé deux questions, l'une, que des freres & sœurs peuvent convenir entr'eux de la réprésentation de leurs enfans en la succession d'un autre frere & sœur sans son consentement, *maxime* étant imbecille ; l'autre qu'un creancier reputé antérieur à cette convention, est non-recevable à s'en plaindre, d'autant que ledit Sieur Bignon ne touche en façon quelconque les autres moyens de la cause ; néanmoins parce que la Cour a pû juger sur d'autres fondemens qui avoient été expliqués en la cause par les Avocats, suivant qu'il a été dit ci-dessus, je laisse au Lecteur à faire tel jugement qu'il voudra.

CHAPITRE VI.

SOMMAIRE.

ON fait encore ici une question, sçavoir si un rappel étant fait par un acte, portant les solemnités d'une donation entre-vifs, dûement acceptée & insinuée, peut-être revoqué ? Quant à ceux qui sont faits hors les termes du droit commun, comme des arriere-neveux, je ne fais point de doute, qu'ils ne soient révocables, parce que, comme nous avons dit ci-dessus, ils ne peuvent passer que pour donations à cause de mort, & valoir *jure legati tantum* ; mais à l'égard des autres, qui sont suivant la disposition du droit commun, cette question reçoit une bien plus grande difficulté : Car de la part de ceux qui soutiennent que l'acte est révocable, ils disent qu'il ne peut passer pour un acte entre-vifs, quoiqu'il soit conçu dans les termes ; que nous ne considerons pas pour juger de la qualité d'un acte, en quels termes il est conçu, mais l'effet qu'il peut avoir ; que souvent ce rappel n'est qu'un legs, une institution testamentaire, & en tout cas une disposition qui ne donnant rien de present, met tout son effet après la mort ; que c'est le partage d'une succession, une paction d'une succession d'une personne vivante ; toutes lesquelles choses sont indubitablement révocables jusques à la mort de celui qui les fait. De l'autre part, on dit qu'un rappel de cette qualité ne doit point être consideré comme tous ces actes, desquels on veut tirer argument ; mais que par icelui les choses étant remises au droit commun, il doit recevoir une faveur toute speciale, que celui de la succession duquel il est question, ayant une fois ôté la dureté d'une loi particuliere, il n'est plus en son pouvoir de la faire revivre, & les choses ayant été ramenées par sa volonté au droit commun, il ne peut plus y déroger, elles y doivent demeurer fixement, & la condition des rappellés est faire égale à celle des autres heritiers ; il ne les peut plus priver de sa succession que par les mêmes moyens qu'il en pourroit exclure les autres : que l'on ne peut pas dire que cet acte de rappel ne peut passer que pour un legs, & une donation à cause de mort, vû qu'il paroit qu'on lui donne un bien autre avantage, il n'a pas d'autres bornes dans sa quantité que la portion qui appartiendroit *ab intestat* au rappellé ; & dans sa forme, il n'est requis aucune solemnité, le moindre acte qui puisse justifier la volonté de consentir ce rappel, est suffisant ; & ainsi qu'il n'est pas juste d'en vouloir restraindre les effets sur la mesure de celle d'un testament ou d'une donation à cause de mort. Toutes ces raisons rendroient cette question, à mon avis, extrêmement douteuse, si Brodeau, *lit. R. num. 9.* ne rapportoit un Arrêt, par lequel il a été jugé, à ce qu'il dit, qu'un rappel même en ligne directe, fait par une donation entre-vifs en bonne forme, étoit révocable : il date cet Arrêt du 4. Avril 1626. après que le procès a été parti par deux fois, en la quatriéme & cinquiéme Chambre des Enquêtes, & depuis jugé en la troisiéme : n'estimant pas que l'apostille de M. Charles du Molin, sur l'art. 139 de la Coutume de Blois, que l'on cite à ce sujet, y fasse aucune chose, d'autant qu'il parle en cette note d'un rappel fait en l'absence, & sans l'acceptation de ceux au profit desquels il étoit fait ; comme aussi l'Arrêt rapporté par Robert, *rer. jud. l. 3. c.* 16. par lequel la question a été jugée de même en collaterale, ne pourroit pas servir de décision, parce qu'au tems de cet Arrêt l'on jugeoit que tels rappels faits *intra terminos juris*, ne valoient que comme legs. Mais quoi qu'il en soit, la question, comme dit est, se pouvant soutenir de part & d'autre, & étant intervenu Arrêt sur icelle, il faut s'y arrêter. Ce qui reçoit toutefois une exception, à sçavoir si tel rappel étant fait par contrat de mariage, au profit des futurs conjoints, passeroit pour une institution contractuelle d'heritiers, que les Arrêts ont declaré bonne & valable ; ce qui a été jugé *in terminis* du rappel, par Arrêt du 18. Fevrier 1641. rapporté par Brodeau au même endroit, qui a aussi jugé que ce rappel fait par contrat de mariage, n'empêchoit pas que celui qui l'avoit fait, ne l'ait pû communiquer aux autres neveux, ne pouvant prétendre en vertu de ce rappel, que leur part & portion en la succession, comme si la representation étoit admise par la Coutume.

49. Si celui que l'on rappelle, est saisi de sa part en la succession, & quel est le sentiment de l'Auteur sur cette question.

Je demande encore sur cette matiere, si le rappellé est saisi de sa part en la succession ? Je crois l'affirmative veritable lorsque l'acte du rappel est constant à l'égard de ceux qui sont expressément rappellés par icelui, & dans les termes du droit commun ; parce que pour lors on ne peut pas dire, que le rappellé ne prend part aux biens de la succession, qu'en vertu du testament ou d'un autre acte, d'autant qu'il faudroit dire, si cela avoit lieu, qu'il ne pouvoit donc profiter de cette succession que jusqu'à la concurrence de ce que le testateur a pû disposer par son testament, ce qui n'est pas veritable ; au contraire comme nous avons dit ci-dessus, il y vient comme heritier, & feignant que la loi municipale n'y est pas, qui est censée effacée à son égard, il y vient en vertu du droit commun, comme les autres heritiers ; & ainsi je ne fais pas difficulté qu'il ne doive être saisi jusques à la concurrence de sa part & portion, comme M. Titaqueau en son Traité, *le mort saisit le vif*, p. 2. *decl* 8. le tient à l'égard de la fille exclusé par son contrat de mariage, & qui est rappellée par le testament de son pere. Et je m'étonne comme ceux qui ont tenu l'opinion contraire, se sont fondés sur l'apostille de M. Charles du Molin, sur l'art. 6. de la Coutume locale de Lepuroux, qui ne parle que pour les arriere-neveux, où il dit comme pour un cas special, que les arriere-neveux étant rappellés, comme ils sont hors les termes de droit, le rappel ne vaut que *jure legati*, & qu'ils ne sont point saisis ; dont on peut conjecturer au contraire que son sentiment étoit, que le rappel fait dans les termes du droit commun saisit, puisque comme pour un cas particulier, il remarque qu'il ne saisit point, en un cas, où il remarque la differen-ce qu'il y a entre le rappel dans & hors les termes de droit. Je ne crois pas aussi que l'on puisse tirer en argument l'Arrêt 204. de le Vest, par lequel les parts d'une succession à l'égard des prétendus rappellés, ont été sequestrées, d'autant qu'il n'y avoit pas à leur égard de rappel formel, & ils prétendoient seulement se prévaloir du rappel fait de ceux qui étoient en pareil degré qu'eux ; auquel cas je crois, que l'on ne peut prétendre être saisi : & d'ailleurs, comme nous avons dit ci-dessus, le rappel, dont il étoit question en cet Arrêt, ne pouvoit valoir comme representation, mais comme legs seulement : auquel cas j'estime pareillement que l'on ne peut tirer avantage de cette maxime, *le mort saisit le vif*. Quant à l'Arrêt sans date, dont il est fait mention dans la plaidoirie d'une des parties dudit Arrêt 224. par lequel il est dit avoir été jugé qu'un rappellé n'est point saisi, il faudroit en voir l'espece; & même supposé qu'il fût de la sorte, il ne pourroit être tiré à conséquence, d'autant qu'alors il se jugeoit qu'un rappel *etiam in terminis juris,* n'avoit force, & ne valoit que comme legs.

De sorte que nous pouvons recueillir de tout ce que dessus, que le rappellé dans le terme de droit, tel que nous le recevons en France, a autant droit en la succession échûe, autant de prerogative, de prééminence & de privilege que les autres heritiers, qui y viennent par representation, en vertu des Coutumes; & ainsi que ce qui convient à l'un, peut être semblablement dit de l'autre. [50. Conclusion de tout ce qui est dit ci-dessus.]

CHAPITRE VII.

SOMMAIRE.

NOUS avons dit ci-dessus, que lorsque les neveux succedent seuls entr'eux en pareil & même degré, sans oncles, la representation cesse, de sorte qu'ils y viennent par têtes, & non par souches; c'est vuider en peu de mots une grande question, sur laquelle tous les Docteurs se sont long-tems occupés, & ont fait plusieurs & differentes résolutions: c'est le sujet du grand differend qui a été entre les Sectateurs d'Accurse contre ceux d'Azon: les uns, sçavoir ceux du parti d'Azon, soutenant, qu'il n'y avoit en ce cas aucune representation, & les autres au contraire, qui ont eu pour Sectateurs nos plus grands Jurisconsultes, Balde, Barrole, & les autres sur l'Authentique *Cessante. de suis & legit. hæredib.* & même notre grand du Moulin sur le Conseil 55. du Volume 4. d'Alexandre. [51. Quel a été le differend entre Accurse & Azon, & quels ont été leurs Sectateurs.]

On rapporte aussi un Arrêt du Parlement de Grenoble du 2. Août 1457. mais depuis ce tems-là cette question a été examinée de plus près; l'on a entierement abandonné cette ancienne opinion, pour tenir le contraire, qu'il n'y a en ce cas aucune representation, & que les neveux succedent par têtes: *& vide tandem,* dit Cujas sur cette Authentique *Cessante, quod hoc jus passim receptum est, contra tamen opinionem Doctorum, & merito;* Et de fait puisque cette Authentique introduit un droit nouveau, & dit seulement, que les neveux succedent par souches, lorsqu'ils succedent avec leurs oncles, *vocantur primà fratres, fratrisque præmortui filii in stirpes;* ce sont les termes de l'Authentique: quelle apparence y auroit-il de l'étendre à un autre cas moins favorable, vû que le contraire est expressément établi par la disposition du Droit ancien, qui n'a point été corrigé pour ce regard? *Hæreditas proximo agnato, id est, ci quem nemo antecedit, defertur: & si plures sint ejusdem gradûs, omnibus competit, scilicet ut si duos fratres habui, vel duos patruos, unus ex his unum filium, alius duos reliquit, hæreditas mea in tres partes dividatur,* ce sont les termes du §. *hæreditas, l. 2. ff. de suis & legit. hæredib.* De sorte qu'à present cette question ne reçoit plus de difficulté en France; & ce seroit proposer un paradoxe, que de soutenir maintenant l'opinion d'Accurse. Le premier Arrêt que l'on remarque, & qui a ainsi determiné cette question, est du 13. Mars 1622. suivi d'un autre plus solemnel, donné les Chambres assemblées le 23. Decembre 1626. qui fait mention expresse de l'opinion d'Azon, [52. Quelle Jurisprudence on suit à present sur la question precedente.]

& par lequel il fut arrêté, qu'à l'avenir il seroit ainsi jugé aux lieux où les Coutumes ne disposent point au contraire, & que cet Arrêté seroit delivré à toutes les parties qui le requereroient. Ces Arrêts sont rapportés par du Luc, *lib. 8. tit. 10. Arr. 2.* duquel je ne me lasse jamais d'admirer la pureté & la proprieté du langage, d'autant plus admirable que, comme il témoigne lui-même, il avoit passé une partie de ses années en l'exercice de la Charge de Procureur au Parlement.

☞ Pour reprendre cette matiere suivant les veritables principes du Droit, il faut observer, que si un enfant laisse un pere ou un ayeul paternel, & un ayeul maternel, chaque ligne doit avoir la moitié, la succession se divisant en ce cas par lignes ou souches, en sorte pourtant que le plus proche exclut le plus éloigné. Mais s'il y a des freres du défunt, la succession se partage entr'eux, & les ascendans par têtes, selon le nombre des personnes : c'est pourquoi s'il y avoit un pere, une mere & un frere, elle seroit divisée en trois portions, & il n'y a en ce cas ni representation, ni privilege de sexe, & le pere n'a que sa part dans l'usufruit des biens laissés par son fils.

Et si un défunt laisse un pere, une mere & trois freres, il doit y avoir cinq parts. Les enfans d'un frere ne succedoient pas par l'ancien droit, lorsqu'ils concouroient seuls avec les ascendans ; mais Justinien par sa Novelle 127. *in præfat.* ordonna qu'ils succederoient par souches : de telle maniere que le partage qui entre les freres se fût fait par têtes, se fait par souches à cause des ascendans, de même que celui qui se fût fait par souches entre les ascendans, se fait par têtes à cause des freres & de leurs enfans.

Lorsque les enfans des freres concourent avec un frere du défunt joint d'un côté, il est exclus par les enfans des freres germains : l'on peut dire à la verité que les enfans des freres ne doivent pas jouir de la prérogative du double lien, n'étant joints au défunt que du côté de leur pere, leur mere étant étrangere ; mais l'on répond qu'il profite par droit hereditaire de ce privilege du double lien.

Cette exclusion supposée, ces neveux viendront-ils entr'eux par têtes ou par souches ? Quelques-uns admettent le partage par souches à cause de l'oncle : mais comme l'oncle est incapable, il ne doit être aucunement consideré.]

55. Si les representans jouissent des mêmes prérogatives que ceux qu'ils representent.

Mais l'on demande, si aux cas qu'il y a representation, soit qu'elle soit introduite par la Coutume, ou ordonnée par rappel, les representans jouissent des mêmes prérogatives & des mêmes privileges qu'auroient ceux qu'ils representent : comme par exemple, si le representé étoit l'aîné dans la succession, & que par la Coutume quelque préciput lui fût attribué, soit en fief ou autres biens, si ceux qui le representent jouiront de ce droit d'ainesse ? J'ai traité cette question sur l'art. 135. de la Coutume de Senlis, & j'ai rapporté plusieurs Arrêts sur ce sujet, sur l'art. 322. de la Coutume de Paris, si la fille representant un frere du défunt, peut exercer les mêmes droits qu'eût eu son pere avec les autres freres, & si les neveux issus d'une sœur auroient droit de succeder à leur oncle aux fiefs, concurremment avec leurs cousins germains issus d'un frere. La Coutume de Paris admet en ce cas le fils d'un frere avec sa tante : néanmoins elle donne au fils d'un frere le privilege d'exclure le fils d'une sœur ou la fille d'un frere, eu égard au défaut du representant ou du representé ; mais dans les autres Coutumes qui ne contiennent pas une pareille disposition, comme celle de Mondidier & autres, le representant succede aux privileges de celui qu'il represente lorsqu'il a les mêmes qualités, & partant qu'un neveu fils d'un frere exclut sa tante dans les fiefs, mais que la niece n'auroit pas le même droit d'exclusion au lieu de son pere au préjudice de sa tante : la difficulté est si le neveu fils d'une sœur aînée qui eut eu les quatre quints, les doit avoir préferablement à sa tante sœur du défunt. On peut dire qu'il a le droit d'exclure & de son chef & de celui de sa mere, & d'un autre côté que le droit d'exclusion entre filles ne dépendant que de l'âge, s'évanouit par la mort, & que le neveu n'y vient pas *jure suo*, mais par le benefice de la representation ; mais la premiere opinion semble plus autorisée.]

¶ En un mot, le representant en collaterale a les mêmes privileges & avantages qu'avoit celui qu'il represente, pourvû qu'il n'y ait en lui aucun défaut qui l'en empêche ; c'est pourquoi dans les Coutumes la fille d'un frere n'exclut pas sa tante sœur du défunt, parce qu'il suffit que le défaut du sexe se trouve dans le representant ou dans le representé. Par la même raison le mâle fils d'une sœur est exclus par son oncle qui eut exclus sa mere : il a même été jugé en la Coutume de Mondidier par Arrêt du 22. Juin 1679. que le fils de l'aîné representant son pere, excluoit son oncle frere du défunt. Par la même raison dans les Coutumes d'Amiens & de Mondidier le fils de la sœur ainée exclut sa tante qui eût été exclufe par son ainée : mais la niece fille d'un frere n'exclut pas son oncle qui est plus proche, & qui a l'avantage de la masculinité.

Mais il a été jugé au contraire en la Coutume de Senlis, que Philippe le Barbier femme de Claude Mollain, n'étoit pas exclufe par les fils du sieur Paoul le Barbier Conseiller à Beauvais, qui avoient été rappellés *intra terminos juris.*]

☞ Henrys, tome 1. liv. 6. chap. 5. quest. 34. s'efforce de prouver que le droit d'ainesse n'a pas lieu entre les representans leur pere ou mere, pour la part égale en la portion des puinés. Il se fonde principalement sur ce que cette part n'a jamais été acquise à leur pere ou mere, qu'ils entrent en son degré, & non pas en sa place : qu'il y a difference entre la transmission qui oblige aux faits & promesses d'un défunt, & la representation par laquelle le pere fait plutôt place qu'il ne donne le droit : & le representant succedant de son chef, n'est pas reputé heritier suivant la loi derniere au Code *Si minor se ab hæred. part. abstin.* De-là il conclud que ce n'est pas une nouvelle succession échue à leur pere ou mere, mais qu'ils viennent par souches à la part d'un puiné. C'est le sentiment de M. Tiraqueau *de jure primogen.* & de Coquille sur l'art. 3. du droit d'ainesse de la Coutume de Nivernois. Néanmoins Chopin *de privileg. rustic. lib.* 3. *c.* 9. rapporte deux Arrêts qui ont jugé en faveur du droit d'ainesse : & le même Henrys remarque aussi qu'il y a eu Arrêt contre le sieur Livet Lieutenant Particulier au Siege de Forez, qui a adjugé le droit d'ainesse. Nous avons cité ailleurs d'autres Arrêts conformes.

54. Comment les neveux succedent entr'eux, quand un oncle concourt avec eux pour succeder, & qu'il renonce à la succession.

Quid, s'il y a un frere du défunt de la succession duquel il est question, habile à succeder avec les neveux, si ce frere renonce, sçavoir si les neveux succederont entr'eux par têtes & non par souches ? Chopin sur la Coutume de Paris, *lib.* 12. *tit.* 5. *n.* 5. en rapporte deux Arrêts, l'un du 9. Juillet 1502. donné en la Coutume d'Orleans, par laquelle, art. 318 & 319. les neveux se rencontrant avec leur oncle, succedent par souches, & lorsqu'ils succedent seuls sans oncle, ils succedent par têtes : par lequel Arrêt il dit, qu'il a été jugé, qu'un frere ayant renoncé à la succession de son autre frere comme legataire de son frere, aucun par cette Coutume ne pouvant être heritier & legataire, les neveux ne laisseroient pas de venir par souches en ladite succession. L'autre Arrêt est du 15. Mai 1589. par lequel il dit avoir été jugé, que si par le testament du défunt, qui a legué à son frere quelque chose, il est ordonné, que les enfans de son frere prédecedé partageront ensemble entr'eux sa succession, qu'ils doivent obéir à la volonté du testateur : & en ce faisant diviser sa succession par souches : d'où il tire cette décision generale, que si le frere survivant renonce purement & simplement, sans avoir rien touché des biens du défunt, pour lors les neveux succedent par têtes : mais au contraire, s'ils en profitent, ils viennent par souches ; à moins que le testateur & celui de la succession duquel il est question, n'ait ordonné le contraire, & qu'ils succedent par têtes ; auquel cas, dit-il, il faut suivre sa volonté.

55. Sentiment de l'Auteur sur les Arrêts rapportés au nombre précédent.

Quoique par ce discours Chopin concilie ces deux Arrêts, néanmoins je les estime entierement contraires ; vû premierement, que par le dernier on ne voit pas que la volonté du testateur fût, que ces neveux succederoient par têtes : il avoit dit qu'ils partageroient entr'eux sa succession, cela devoit s'entendre pour partager de la façon qu'elle devoit être divisée par la Coutume ; parce qu'on ne doit pas se détourner si facilement de la disposition des loix, si ce n'est qu'il paroisse, que telle a été la volonté du testateur, qui peut disposer comme il lui plait ; de sorte que le testateur n'ayant ordonné autre chose, sinon que sa succession seroit partagée entre les neveux, il n'avoit rien dit de particulier : mais quand bien même le testateur auroit ordonné expressément, que sa succession seroit partagée entre ses neveux, & qu'ils y viendroient par têtes, & non par souches, supposé que par la loi, & par la Coutume ils dussent succeder par souches, il est évident que cette Ordonnance n'auroit pû être d'aucun effet, sinon *in vim legati* ; parce qu'il est constant, que nous ne pouvons pas ordonner, que nos successions seront partagées d'une autre façon qu'elles le doivent être par la Coutume, & nous ne pouvons pas donner une plus grande part à nos heritiers en notre succession, qu'il ne leur en appartient par la Coutume ; parce que les successions étant de droit public, *privatorum pactis derogari non potest. l.* 3. *de test. & qui test. fac. poss.* Et ainsi la question étoit à juger toute entiere : sçavoir si le frere ayant renoncé, les neveux devoient succeder par têtes ou par souches ? c'est pourquoi ces deux Arrêts étant contraires, j'estime que la question se pourroit encore défendre de part & d'autre, & que les parties auroient chacune un Arrêt de son côté pour appuyer ses prétentions, & je défererois plus volontiers à celui de l'an 1589. parce que le frere ayant renoncé à la succession dont il s'agit, soit qu'il ait reçu quelque chose de la volonté du défunt, ou non, il ne peut être consideré comme heritier, cette qualité ne lui convient aucunement : & de fait, s'il l'avoit, il ne pourroit être legataire : de sorte que quand celui qui est le plus proche & le plus habile à succeder, a renoncé, la loi feint, qu'il n'a jamais été heritier, & transfere de plein droit la succession aux autres qui sont en même degré, ou aux suivans, qui ne sont point obligés de prendre la succession de sa main, d'autant que d'habile qu'il étoit par la loi, il s'est rendu inhabile par son fait, & les autres en sont saisis, comme si celui qui a renoncé, & rejetté la succession n'étoit point au monde. *l. 2. ff. si pars hæredit. petatur*, & *L. defunctis C. de legit. hæred.* & suivant l'opinion de Challanée *in Conf. Burg. tit. de successione. §. 1. verbo* habile : & de Benedicti *in C. Raynutius, verbo mortuo itaque testatore. 2. num. 70. & seqq.* Et ainsi le frere n'étant point heritier, & ne l'ayant jamais été, puisque sa renonciation *retrotrahitur*, avec quelle apparence peut-on dire, qu'il sera consideré en la succession, comme s'il y étoit lors du partage, sans autre effet que de faire bréche à la loi, & que son legs soit censé comme sa part hereditaire, quoiqu'il ne le pût prendre, s'il étoit heritier : Tellement que j'estime qu'il y a plus lieu de s'arrêter aux termes de la Coutume & du Droit commun, pour dire qu'en ce cas les neveux, l'oncle ayant renoncé, succederont par têtes, puisqu'ils succedent seuls, & que la loi n'admet l'effet de la representation, & la succession par souches à l'égard des neveux, que lorsqu'ils succedent avec leurs oncles par representation. C'est pourquoi en ce cas n'ayant que faire du benefice de la representation, ne venant pas en vertu d'icelui, mais *jure suo*, je crois qu'ils doivent succeder par têtes & non par souches.

On ne peut pas même se servir de l'argument contraire, que l'on tire de l'art. 27. de la Coutume de Paris, qui dit, que *si l'aîné pour le don & avantage à lui fait par ses pere & mere, renonce à leurs successions, qu'il n'y aura droit d'aînesse entre les autres enfans*; parce qu'en ce cas le premier demeure toujours l'aîné, il jouit nonobstant cela des privileges de primogeniture, il a les armes pleines, les honneurs & la préséance dans la famille ; joint qu'il paroit, que la Coutume ne la donne que par une raison d'inconvenient, & lorsque l'aîné renonce, *aliquo accepto*, parce qu'en ce cas il arriveroit, si on admettoit encore le droit d'aînesse, qu'il seroit pris deux fois en une même succession, parce que l'heritier ne renoncera pas, qu'il n'ait plus, du moins autant qu'il lui en appartient par la Coutume, & ainsi cela iroit à la foule & à l'oppression des autres enfans, qui sont déja assez grevés par ce premier droit d'aînesse, lequel étant excessif & exorbitant du droit naturel, doit être restraint dans ses termes. Mais comme tous ces inconveniens ne se rencontrent point en la question proposée, & que le frere renonçant n'est point feint prendre part en la succession contre toute raison & équité, que pour faire bréche à la loi dans l'opinion contraire à celle que nous avons établie, je ne pourrois pas y acquiescer facilement.

Et de fait, Benedicti, *cap. Raynutius, verbo in eodem test. relinquens* 1. traitant cette même question en general, si l'aîné renonçant, le second jouit du droit d'aînesse, n'ayant pas fait reflexion sur cette raison d'inconvenient, la résoud indistinctement pour l'affirmative. J'estime aussi, que la conclusion par nous prise auroit lieu, si le défunt, de la succession duquel il est question, avoit en une Coutume où la representation n'a point lieu en ligne collaterale, rappellé ses neveux pour succeder par souches avec son frere, d'autant que cette volonté & ce rappel est relatif & conditionnel, en cas que le frere se porte heritier : car autrement ils ne peuvent pas succeder avec lui, puisqu'il n'est pas heritier ; c'est pourquoi renonçant, les neveux n'y viennent plus en vertu de ce rappel ; mais par le benefice de la loi, comme les plus proches, auquel cas même, comme nous avons dit ci-dessus, le défunt ne l'auroit pû ordonner.

☞ Le frere du défunt qui se tient au legs à lui fait, est censé faire part & concours, à l'effet d'obliger les neveux à partager par souches, d'autant que sa part hereditaire demeure en suspens jusqu'à ce qu'il ait choisi, & il est cependant reputé heritier, supposé qu'il ne soit pas admis à la succession, à cause de la qualité incompatible qu'il a optée, il n'en est pas exclus, & ce n'est que par l'évenement qu'il perd la qualité que la loi lui donne. Il faut faire difference entre celui qui est incapable, d'avec celui qui s'abstient volontairement de prendre ce que la loi lui donne : sa portion hereditaire doit être consideree plutôt pour une part quittée, que pour une part défaillante & caduque. C'est pourquoi encore qu'il n'y ait qu'un seul oncle qui doit repudier sa part, il fait toujours part, & sert à regler celle des autres : car pour repudier la sienne, il faut qu'elle lui soit déferée, & de la maniere qu'il peut succeder : sçavoir par souches, auparavant l'acceptation du legs, sa part n'étoit pas vaeante, mais plûtôt jacente & en suspens ; ce qui suffit pour empêcher l'accroissement, qui n'a lieu que lorsqu'il n'y a personne pour recevoir la part dès le commencement ; au lieu que dans notre espece chacun a eu d'abord sa part, & non pas seulement par concours. L'on tient la même chose en plus forts termes à l'égard de la fille qui a renoncé, laquelle fait part, parce que la renonciation n'empêche pas que sa part ne lui ait été déferée, mais seulement qu'elle la puisse prendre, l'avantage en ce cas tient lieu de part hereditaire ; & quoique le legs ne puisse pas être appellé du nom de portion hereditaire, il est pourtant subrogé au lieu de la part hereditaire, sans que le legataire soit consideré comme étranger, demeurant toujours habituellement heritier ; c'est ce qui a été jugé par Arrêt rapporté par Tronçon, sur l'article 320. de la Coutume de Paris, du 15 Mai 1688. & l'on peut voir ce qu'a remarqué sur ce sujet Henrys, tome 1. livre 5. chap. 4. q. 53.

Quoique les neveux succedent par têtes en la succession de l'oncle qui n'a laissé ni freres ni sœurs, parce qu'ils y viennent de leur chef, néanmoins il y a des cas où les neveux succedent à l'exclusion de l'oncle, & ne laissent pas de venir par souches, comme lorsque l'oncle n'est joint que d'un côté, d'autant que la representation leur est necessaire pour jouir de la prérogative du double lien, & qu'autrement ils ne pourroient exclure l'oncle qui est plus proche. Les neveux ne pourroient pas aussi preferer les grands-oncles, qui sont en même degré, s'ils ne venoient par souches, par le secours de la representation qui les rapproche ; mais lorsqu'il n'y a pas d'oncles, ils viennent toujours par têtes, à la difference de la ligne directe, où la representation est moins restrainte, & où les petits-enfans viennent toujours par souches. On peut voir ce que dit sur ce sujet Henrys, tome 1. liv. 5. ch. 4. quest. 54.

Il est encore certain, suivant les mêmes maximes du Droit Civil, que lorsque les neveux succedent seuls au défaut d'oncle qui concoure, la prérogative du double lien n'est pas considerable, d'autant qu'il n'y a plus lieu de donner effet à la representation ; mais il paroît absurde que les cousins joints d'un seul côté, qui eussent concouru avec les enfans d'un frere germain, soient exclus par l'existence d'un frere uterin du défunt, qui leur sert d'obstacle, quoiqu'il ne puisse succeder ni concourir avec les neveux joints des deux côtés. La solution que l'on donne est, que c'est un effet de la representation qui subroge le neveu aux avantages de son pere que l'on répute vivant, & que cette representation précedant l'exclusion de l'oncle, il est censé faire part, encore qu'il ne prenne pas de part. On peut dire que cette raison ne satisfait pas, parce que celui qui est exclu par la Loi de la succession, ou qui n'a pas été rempli d'ailleurs de sa part, ne peut pas faire part comme pourroit faire un indigne ou incapable. On peut voir sur ce sujet M. d'Olive, liv. 5. de ses questions, chap. 35. & Henrys, tome 1. liv. 5. chap. 4. quest. 56.

L'indigne ou incapable ayant été habile à succeder, mais étant privé de la succession par la Loi, n'est plus compté au nombre des heritiers, & est réputé pour mort ou pour n'avoir jamais été, & le droit qui lui eût pu appartenir accroît aux autres heritiers capables, suivant la Loi unique §. *in primo Cod. de caduc. tollend.* c'est ce qui est decidé en la Loi 1. §. *quidam filium de bonor. possess. contr. tabul.* en faveur des enfans de ceux dont le pere étoit envoyé dans quelque isle pour crime, qui ne laissent pas de succeder à leur ayeul, & cette maxime est encore confirmée par la Loi 3. *de interdictis & relegatis.* C'est pourquoi il a été jugé au Parlement de Bretagne par Arrêt en 1613. rapporté par Frain, chap. 34. que les enfans nés en Espagne d'un pere François & d'une mere Espagnole, étant venus s'habituer en France, y peuvent recueillir les successions de leurs parens, quoiqu'échûes du côté de leur mere.]

CHAPITRE VIII.

SOMMAIRE.

58. Si lorsque les habiles à succeder renoncent à une succession, leurs parts & portions accroissoient à ceux qui sont en un degré inferieur, & rappellés.

ON peut facilement, en consequence de ce qui est dit ci-dessus, résoudre une autre question incidente, qui naît de la précedente, qui est de sçavoir si les habiles à succeder par la Coutume, renoncent à la succession, leurs parts & portions accroissent à ceux qui étant de dégrés inferieurs ont été rappellés pour succeder avec eux à l'exclusion des autres qui sont en pareil degré, mais non rappellés, parce que le rappel n'ayant plus d'effet, les choses étant réduites aux termes de la Coutume, tous ceux qui sont appellés par le benefice de la Loi doivent succeder également, quoique les non rappellés soient dans le cas où ils ne doivent point jouir de l'effet du rappel, suivant ce que nous avons dit ci-dessus, puisque ce rappel n'est plus considerable, étant fait pour un cas qui n'est pas échû ; de sorte qu'au lieu qu'il étoit favorable au tems qu'il rappelloit des neveux avec des oncles, suivant le droit commun, il seroit autant odieux, en ce qu'il prefereroit ceux d'une même ligne aux autres, contre la disposition de la Coutume, & ainsi il seroit impossible de le faire valoir comme rappel, vû que le rappel, suivant l'effet que nous lui donnons, étant un benefice extraordinaire, ne peut être étendu hors les limites que les Arrêts lui ont donné, qui est de produire une representation effective, lorsque des neveux sont rappellés pour succeder avec leurs oncles en la succession d'un autre oncle, tellement qu'il ne peut valoir au plus que comme legs, & ce pourroit être le cas de l'Arrêt rapporté sans date par Brodeau, *lit. R. num. 9.* par lequel il dit qu'il a été jugé en infirmant la Sentence du Bailly de Vitry, que si les vrais & legitimes heritiers renoncent à la succession, leurs parts & portions accroissent à celui qui est rappellé, quoiqu'il soit hors les dégrés de representation, à l'exclusion de ceux qui étant en même dégré que lui, ne sont point rappellés ; car il se voit par ce que cet Auteur rapporte du fait de l'Arrêt, que le rappellé ne pouvoit pretendre que son rappel valût par forme de representation, parce qu'il n'étoit point dans les termes du droit commun ; c'étoit une cousine germaine qui étoit rappellée avec un frere. Il est certain que quand le frere même se seroit porté heritier, que le rappel n'auroit jamais pu valoir que comme legs ; aussi en cette Coutume de Vitry il ne peut y avoir de rappel qui puisse valoir representation, d'autant qu'en ligne collaterale, comme en la directe, la representation y est admise aux termes de Droit, joint encore que je doute beaucoup de la foi de cet Arrêt, suivant qu'il est rapporté par cet Auteur, & il y a grande apparence, comme il le rapporte fans date, qu'il n'en a pas eu grande inftruction, & qu'affurément il a été rendu en une autre efpece ou fur d'autres circonftances particulieres; car comment étendre ce rappel à un cas pour lequel il n'a point été fait ? Le teftateur a ordonné qu'un coufin prendroit même part en fa fucceffion que fon frere; le frere renonce, & par conféquent la condition du rappel ceffant, fon effet ceffe par le même moyen, & en vertu de cet acte le teftateur ayant voulu égaler fon coufin à fon frere en fa fucceffion, le frere ne prenant rien, le coufin par la force de cet acte ne peut rien prendre pareillement, & ce d'autant plus, que réduifant les chofes aux termes de la Coutume, l'égalité s'y trouve. De plus, pour penetrer encore plus avant, il eft certain que le rappellé ne pourroit prétendre, par quelque moyen que ce fût, cet accroiffement de la part de l'heritier renonçant; car pour donner lieu au droit d'accroiffement, la principale condition eft, que celui qui prétend cet avantage, doit être conjoint, *re & verbis*, dans la difpofition du teftateur, avec celui dont il veut avoir la part qu'il répudie, comme le montre doctement à fon ordinaire M. Cujas, *ad l. 2. ff. quemadmodum ufusfr. amitt.* Or un rappellé, qui en ce cas ne peut paffer que pour un legataire, peut-il prétendre être conjoint *re & verbis* avec un heritier legitime ? quoi, peut-on dire que leur condition eft égale, & qu'ils font appellés à une même chofe par une même claufe, vû que l'heritier ne prend rien en vertu du teftament, qui eft néanmoins le feul titre du legataire ou du rappellé ? ce qui produit encore une autre raifon de droit, pour montrer qu'il ne peut y avoir d'accroiffement en ce rencontre, parce qu'il ne peut jamais y avoir lieu à ce droit, fi ce n'eft que l'inftitution & legs ne foit fait par un même teftament, *ex diverfis teftamentis jus conjunctioni non contingit. l. 16. ff. quib. mod. ufusfr. amitt.* Or, comme il vient d'être dit, on ne peut prétendre que les parts qui pouvoient appartenir à l'heritier & au rappellé, leur euffent été acquifes par un même acte; vû que l'un avoit la Coutume pour titre, & l'autre un teftament, & par conféquent il n'y pas de fondement par lequel on pourroit donner la fucceffion entiere au rappellé de cette qualité, au préjudice de ceux qui font en même degré.

J'ai vû fur les mémoires d'un ancien Avocat de Beauvais, qu'il eft fait mention d'un Arrêt du 24 Avril 1562. donné en cette Coutume, par lequel il eft dit qu'il a été jugé que l'article 139. qui introduit la reprefentation en ligne directe, contre la difpofition de l'ancienne, qui la rejettoit, avoit lieu *etiam in præteritis* en une fucceffion échûe avant la rédaction de la Coutume, mais dont le partage n'étoit pas encore fait lors d'icelle rédaction. Il y a pourtant grande apparence que l'Arrêt étoit pour une fucceffion échûe en la Ville de Beauvais, cet Avocat faifant mention qu'il a été donné au profit de fon beau-pere, en laquelle par l'ancienne Coutume, il étoit dit qu'en fucceffion en ligne directe, reprefentation avoit lieu en ladite Ville & Banlieue; & en effet, les loix & Coutumes nouvelles ne reglent *præterita negotia*, qu'en trois cas; le premier, *quando lex pertinet ad litis ordinationem, non litis decifionem;* car pour lors, quoiqu'il s'agiffe de terminer une affaire mûe auparavant la loi, neanmoins les formalités doivent s'inftruire, fuivant ce qui eft prefcrit par cette loi nouvelle, *l. properandum C. de judic. & l. rem nov. §. 1. C. de jurejur. propter cal.* & fuivant cela il a été jugé par Arrêt, que l'article 541. de l'Ordonnance de Moulins fervoit de décifion pour un fujet que l'on prétendoit être arrivé auparavant icelle, mais dont l'inftance étoit inftruite incontinent après. En fecond lieu, lorfque l'origine de l'affaire en laquelle on veut appliquer la loi, eft véritablement auparavant icelle, mais que fes effets font arrivés ou doivent arriver après, comme au fait de fubftitutions reftraintes par l'Ordonnance à quatre degrés; & enfin lorfque par la loi il eft expreffément porté qu'elle fervira de reglement, tant pour les affaires futures que paffées, non encore terminées; mais hors ces cas la loi nouvelle ne fert point pour la décifion de ce qui eft échû auparavant: *leges & conftitutiones futuris certum eft dare formam negotiis, non ad facta præterita revocari, nifi nominatim & de præterito tempore, & adhuc pendentibus negotiis cautum fit. l. 7. C. de legib. & conftit.* & auffi au cas particulier il eft indubitable que la fucceffion fe doit regler felon le tems de l'écheance, & non du partage qui a pu être avancé ou differé felon la volonté des intereffés; ce qui ne fait chofe quelconque pour donner une loi à la fucceffion en laquelle les droits font acquis aux heritiers qui font faifis & en poffeffion dès ce tems-là; de forte que ce qui furvient depuis, ne peut nuire & ôter ce qui leur eft acquis, & dont ils ont même la jouiffance, quoique confufe.

Mais je demande fi au cas que la Coutume ne difpofe rien de la reprefentation

59. Ancien Arrêt rendu en la Coutume de Senlis, qui admet la reprefentation en ligne directe, contre la difpofition de l'ancienne Coutume.

60. Si lorfqu'une Coutume n'admet

ni pour l'admettre ni pour l'exclure, on y doit suppléer ? Je crois que cette question ne peut recevoir aucune difficulté, après l'établissement que nous avons fait ci-dessus, que les représentations passent maintenant parmi nous pour un droit commun ; de sorte que dans nos Coutumes, qui ne contiennent pas un droit general, mais de certaines especes particulieres, lorsqu'un cas ne se trouve pas décidé par ces Coutumes, il faut avoir recours au droit commun, au cas qu'il est reçû en France. Je voudrois néanmoins distinguer cette maxime generale, si ce n'est que par la Coutume, on tire de fortes présomptions que la question qui se propose, doive être décidée autrement, comme a fait l'Arrêt prononcé à Pâques l'an 1585. rapporté par de Montholon, *ar.* 32. & par Robert *lib.* 3. *c.* 15. en la Coutume de Meaux, par lequel, selon l'ancienne, y ayant article exprès qui rejettoit la représentation, tant en ligne directe que collaterale, & par la nouvelle ayant été admise en la ligne directe seulement par article aussi exprès, la Cour jugea qu'elle ne devoit point avoir lieu en collaterale. Néanmoins il me semble qu'il y auroit lieu de douter si la Cour jugeroit à present que les presomptions qui se tirent de cette Coutume de Meaux seroient suffisantes pour exclure la representation en ligne collaterale, en une Coutume semblable ; car lorsqu'elle a jugé de cette façon, la representation en ligne collaterale n'étoit pas encore établie en France ; à peine la Ville capitale du Royaume l'avoit-elle admise, & les Arrêts ne l'avoient pas encore étendue, comme ils ont fait depuis. C'est pourquoi ne se pouvant prévaloir de l'ancien article en cette Coutume de Meaux, puisqu'il a été rayé par l'avis des trois Etats, ainsi qu'il est contenu au procès-verbal, & ayant été écrit, comme il se voit maintenant en la nouvelle Coutume, qui ne parle que de la directe, que peut-on dire autre chose, sinon que c'est un cas obmis qui se doit suppléer par le droit commun ? car si l'on dit que si elle l'eût voulu admettre, elle en eût fait aussi-bien mention que de la directe ; ne peut-on pas dire aussi d'autre part, que si elle eût voulu la rejetter, elle n'eût pas ordonné la rédaction de l'article qui rejettoit l'un & l'autre pour le tout ? Il étoit plus facile de laisser les choses en l'état qu'elles étoient pour une partie, que de mettre quelque chose de nouveau ; & ainsi l'ancien droit de la Coutume étant rayé, j'estime qu'il a été réduit aux termes du droit commun, sinon en ce qui a été ajouté expressément du contraire.

Il se peut encore ici former une question qui est belle en termes du droit, sçavoir s'il est necessaire que celui qui veut représenter, soit conçû du vivant de celui au lieu duquel il veut venir par droit de representation ? Par exemple, Titius a un fils nommé Jean, ce fils en a un autre nommé Pierre, ensuite il meurt : & après sa mort, Pierre a des enfans, & il vient à mourir, & après Titius, de la succession duquel étant question, on demande si les petits-enfans nés de Pierre viendront par representation de leur pere & de leur ayeul à la succession de leur bisayeul, vû qu'ils n'étoient pas conçûs du vivant de l'un de ceux qu'il faut qu'ils representent nécessairement à cet effet, sçavoir de Pierre leur ayeul ? Il semble dans la rigueur de droit que cette question doit être décidée pour la négative, & que ces enfans ne peuvent être admis à cette succession par la representation d'une personne qui est decedée avant qu'ils fussent conçûs, *lex* 12. *tabularum eum vocat ad hæreditatem, qui moriente eo de cujus bonis quæritur, in rerum natura fuerit. l. Titius ff. de suis & legit. hæred.* conforme à la loi premiere, §. *si quis proximior ff. unde cognati.* Néanmoins l'opinion contraire est plus favorable par l'argument de la loi unique *C. de his qui ante apertas tabulas hæred. transmittunt,* par laquelle l'ancienne rigueur des loix est temperée, qui generalement rendoit caduque un legs ou une institution d'heritier, lorsqu'il étoit fait au profit d'une personne qui venoit à deceder *ante apertas tabulas,* & ne la transmettoit point à ses heritiers ; & veut que dorénavant les ascendans instituant leurs enfans, si les enfans decedent avant l'ouverture du testament, ils transferent la succession à leurs enfans, suivant quoi Cynus *in d. l. & ad l. si quis filium C. de inoffic. testam.* dit avoir décidé selon l'avis de son maître Dynus, la question s'étant presentée, qu'un ayeul étant décedé, & ayant laissé un fils qui seroit décedé sans avoir accepté la succession de son pere, que le pere n'avoit pas laissé de transmettre à son fils la succession de l'ayeul, quoique ce fils ne fût pas encore conçû lors de la mort de l'ayeul, laquelle opinion a été aussi suivie par Barthole sur la même loi unique, *C. de his qui ante tab.* Ce qu'étant supposé, je crois que la question proposée ne peut recevoir de difficulté, y ayant plus de raison de soutenir que le petit fils, quoique non conçû du vivant de son ayeul, ne laisse pas de le representer en la succession de son bisayeul, que de dire qu'un fils a transferé à un petit-fils la succession de son ayeul *ante aditionem hæreditatis,* encore que ce fils ne fût pas conçû du vivant de l'ayeul ; d'autant que par le Droit Romain, *hæreditas non adita non erat in bonis* de celui qui étoit habile à succeder, *etiam*, à l'égard des enfans, *post tempus deliberandi*, & ainsi qu'il falloit que ce fût le cas de Cynus ; car autrement il n'y eût pas eu de question, vû que la succession de l'ayeul eût été censée dans la succession du pere *inter tempora* du même pere, & ainsi le petit-fils étant conçû du vivant du pere, il n'y auroit pas lieu de faire la difficulté, *l. un. §. in novissimo C. decad. toll.* de sorte qu'il le faut prendre *in prima successione jacente*, *scilicet* de l'ayeul, & ainsi il y a bien plus d'inconvenient à dire que l'on puisse être heritier de celui pendant la vie duquel celui qui veut être heritier n'étoit pas conçû, que de dire qu'on peut venir à une succession échue après que l'on est *in rerum natura*, par la representation d'une personne pendant la vie duquel celui qui veut la representer, n'étoit pas conçû ; ce qui reçoit d'autant moins de difficulté, que par nos Coutumes il est porté que la representation a lieu à l'infini, sans ajouter aucune charge ; qu'il faut que le representant soit né du vivant du representé. Joint que pour être reçû à representer quelqu'un, il n'est pas necessaire d'avoir été son heritier, & un fils peut representer son pere en la succession de l'ayeul, quoiqu'il ait renoncé à la succession de son pere ; aussi M. Tiraqueau *de retr. lin. §. 2. gl. 9.* est-il de cet avis en un cas bien moins favorable, sçavoir du retrait lignager : néanmoins l'on peut dire que s'il n'est pas necessaire d'être heritier de celui que l'on represente, du moins il faut être habile à lui succeder.

Nous avons dit ci-dessus que l'un des effets de la representation en ligne collaterale, suivant le Droit Romain, étoit de mettre les neveux qui ne sont qu'au troisiéme degré, au second, comme representans leur pere, à l'effet d'exclure les oncles d'un défunt, & de prendre la succession entiere, sans partager avec eux ; & que ce cas de representation n'a été reçû en France pour droit commun ; mais que les Coutumes qui l'admettent, comme Auxerre, art. 243. Valois, art. 87. qui sont en fort petit nombre, sont considerées comme particulieres ; & de fait, la Coutume de Paris en a fait un article exprès, qui est le 339. pour dire que l'oncle & le neveu d'un défunt, qui n'a laissé ni frere ni sœur, succedent également, comme étant en même degré, & sans qu'audit cas il y ait representation ; ce qui n'a pû recevoir de difficulté en cette Coutume, puisque la representation en ligne collaterale n'y est pas encore admise ; & que ce ne peut être que par ce benefice que les neveux excluent les oncles, parce que dans la grande regle des successions, *Proximus hæres esto*, les uns & les autres étant au troisiéme degré, ils doivent succeder également ; c'est ce que nous suivons en France, comme il est dit, sinon aux Coutumes qui en disposent autrement ; & néanmoins il faut avouer que le Droit Romain étoit bien plus excellent que le nôtre, en ce qu'il étoit poussé d'une même conduite, toutes ses parties avoient une admirable liaison les unes avec les autres ; au lieu qu'en ce Royaume notre droit ayant été composé partie de celui des Romains, & partie d'un certain usage qui s'y est introduit, il se trouve qu'il est rempli de grandes répugnances & contradictions ; comme par exemple, au cas qui se presente, où les neveux, au cas qu'il survive quelque frere, succedent avec lui à leur oncle défunt, à l'exclusion des oncles dudit défunt ; & si tous les freres sont decedés, les neveux n'excluent plus les oncles, mais succedent concurremment. Pourquoi n'y a-t-il pas pareille raison d'admettre la representation en un cas qu'en un autre, & les neveux ne sont-ils pas autant favorables en l'un qu'en l'autre ? C'est le mélange de notre Droit qui produit toutes ces contradictions qui font souhaiter il y a long-tems à tous les sçavans & experimentés dans les affaires, qu'il plaise à Sa Majesté assembler des personnes suffisantes pour faire un Droit general dans toute la France ; mais telles que sont les loix, il les faut suivre selon ce qu'elles ordonnent, sans s'enquerir si elles eussent été plus justes d'une façon que d'une autre, jusqu'à ce qu'elles ayent été changées & réformées.

Mais quoique les neveux & les oncles d'un défunt soient appellés pour lui succeder également, cela doit s'entendre à l'égard des biens sur lesquels le neveu n'a aucun privilege particulier, comme sont les propres du côté duquel l'oncle n'est point parent, suivant la regle *paterna paternis*, *materna maternis* ; & outre ce, les propres naissans échûs au défunt par la succession de ses pere ou mere, dont l'oncle étoit frere, le défunt fils, & les neveux petits-fils ; parce que nos Coutumes donnant la succession des propres à ceux qui procedent du côté & ligne dont ils sont avenus & échûs à celui de la succession duquel il s'agit, les descendans de celui dont procedent ces propres sont preferables aux autres, comme ici les neveux qui procedent de l'acquereur, sont preferables aux oncles qui n'en descendent point, quoi-

Ddddiij

62. Quelles Coutumes admettent la representation, & quel est son effet en ligne collaterale, selon le Droit Romain.

63. Comment il doit entendre que les neveux & les oncles d'un défunt sont appellés également pour lui succeder.

qu'ils ſoient réputés du côté & ligne , & les Coutumes qui ajoutent que ceux qui ne ſont pas deſcendans de celui qui a acquis l'heritage , ne laiſſent pas d'être réputés du côté & ligne , doivent s'entendre , lorſqu'il n'y a plus de deſcendans qui ſont toujours préférables à tous autres , à l'effet d'exclure ceux d'une autre ligne , & qui ne ſont aucunement parens de celui qui a acquis l'heritage ; & n'eſt auſſi conſiderable l'objection que quelques-uns ſont contre cette doctrine , que les neveux , non plus que les oncles ne le peuvent être de l'eſtoc & ligne deſdits propres naiſſans , vû qu'à l'égard de l'acquereur il ne lui ſut jamais propre ; & ſi on conſidere celui de la ſucceſſion duquel il eſt queſtion , il n'y en a aucun qui ſoit de ſon eſtoc & ligne , parce que nos Coutumes ne conſiderent pas , pour adjuger les propres , la proximité du défunt de la ſucceſſion duquel il eſt queſtion , & auquel les heritages ont commencé à être propres ; mais bien de celui qui a acquis l'heritage , & l'a mis le premier dans la famille , auquel il ne peut jamais être propre , puiſque c'eſt ſon acquêt. Mais pour ce qui eſt des meubles & acquêrs , enſemble des anciens propres procedans de la ligne dont les oncles ſont deſcendus , auſſi-bien que les neveux , ils y ſuccederont également , comme étant en pareil dégré ; ce qui ne peut plus maintenant recevoir de difficulté , ayant été jugé par un Arrêt rendu en la cinquiéme des Enquêtes , avec très-grande connoiſſance de cauſe , le 27 Mars 1646. pour la ſucceſſion de M. Pierre Martin , Official en l'Abbaye de Saint Germain des Prés , conteſtée entre les oncles & les neveux du défunt , qui l'a jugé conformément à ce qui en a été expliqué ci-deſſus , le même ayant été auparavant jugé en cette Coutume de Senlis , par Arrêt du 14 Août 1570. rapporté par le Veſt , Arr. 107. conformément à l'apoſtille de Maitre Charles du Molin ſur l'article 140. de cette Coutume.

☞ Par Arrêt du 29 Janvier 1660. en l'Audience de la Grand'Chambre , plaidans Langlois & de Montauban , il a été jugé en la Coutume de Vermandois , que les neveux en la ſucceſſion de leur oncle excluoient les oncles du défunt , en interprétant l'art. 75. de la Coutume de Vermandois , qui eſt ſemblable à celle d'Amiens , ſinon qu'il eſt dit en celle de Vermandois , ſuivant la raiſon écrite ; d'où l'on induiſoit que l'on devoit ſe conformer à la diſpoſition de droit en la Novelle 118. qui préfere les neveux aux oncles , quoiqu'en pareil dégré. L'Empereur ayant admis la repréſentation en faveur des enfans des freres , il les rapproche d'un degré par fiction , ſoit qu'ils ſuccedent avec des freres & ſœurs du défunt , ou ſeuls , encore qu'en ce dernier cas ils ſuccedent par têtes , le partage par ſouches n'étant pas un effet de la repréſentation , & l'intention de la Novelle paroit en ce qu'elle veut que les enfans des freres conjoints des deux côtés , excluent leurs oncles joints d'un côté ſeulement ; & les enfans des freres joints d'un côté excluent les oncles du défunt , ſuivant la même Novelle , *cap.* 3. Mais dans nos Coutumes nous ne donnons cette preference aux neveux que pour les propres naiſſans , parce qu'ils ſont deſcendus de l'acquereur , quoique les oncles ſoient en pareil degré ; & à l'égard des meubles & acquêts , & anciens propres , les oncles & neveux ſuccedent concurremment.

Il s'eſt depuis peu preſenté une belle difficulté ſur cette matiere de repréſentation ; ſçavoir ſi elle avoit lieu en la ligne directe aſcendante ; enſorte qu'un particulier étant décédé ſans enfans , & ſans pere & mere , & ayant ſeulement laiſſé ſon ayeul paternel , & ſes ayeul & ayeule maternels , ils devoient ſucceder à leur petit-fils par têtes ou par ſouches ?

L'ayeul paternel qui ſoutenoit que la ſucceſſion devoit être partagée par ſouches , diſoit que la Coutume de Paris , en laquelle la ſucceſſion étoit échûe , ayant obmis ce cas , il falloit avoir recours à la diſpoſition du droit commun , que les Arrêts , comme nous avons dit , ont ſuivi en ce rencontre ; & que par la Novelle 118. la queſtion étoit nettement decidée en ſa faveur , comme auſſi que les Coutumes qui s'étoient aviſées de ce cas , l'avoient décidé de la même façon.

L'ayeul & ayeule maternels au contraire ſoutenoient que la ſucceſſion ſe devoit partager par têtes , & qu'il n'étoit pas ici queſtion d'avoir recours à la diſpoſition du droit écrit , puiſque la Coutume décidoit cette queſtion , lorſqu'elle dit , *le mort ſaiſit le vif* , ſon plus prochain habile à lui ſucceder. Que par cette regle , la plus generale de nos Coutumes , tous ceux qui ſe trouvoient les plus prochains en pareil degré , étoient appellés pour ſucceder de leur chef & par têtes , ſinon aux cas exceptés par nos mêmes Coutumes ; qu'il n'y avoit rien à ſuppléer en la Coutume de Paris , pour les repreſentations , d'autant qu'elle en avoit admis ce qu'elle avoit voulu , & on ne peut pas prétendre que les rédacteurs n'y ayent point ſongé , puiſqu'il y en a article exprès : que d'ailleurs de pluſieurs cas de repreſentation introtduits par le Droit Romain, notre Droit François n'en avoit reçû communément que deux ; sçavoir en la ligne directe descendante, & en la collaterale pour les enfans des freres, qu'il n'y avoit que ces deux cas qui passoient pour droit commun en matiere de représentation en Pays Coutumier ; que celui que l'on vouloit introduire n'étoit pas ainsi une véritable representation ; car si la representation y étoit, les ayeul & ayeule maternels, par exemple, succederoient avec le pere, si la mere étoit prédecedée ; ce qui n'est pas toutefois, & ainsi on ne peut pas dire que ce soit ici un cas de representation que notre Droit François a emprunté du Romain ; aussi seroit-il absurde qu'un ascendant representât son inferieur, & ce seroit contre l'ordre de nature. Que les Coutumes contraires favorisent leurs prétentions ; vû que puisque les autres ne l'ont admis pareillement, quoiqu'ils ayent parlé de la representation, & eu devant les yeux cette Novelle 118. c'est une marque qu'elles ne l'ont point voulu admettre, & laisser ce cas suivant la regle commune, par laquelle les plus prochains succedent par têtes. L'on peut voir sur ce sujet Vigier sur la Coutume d'Angoumois, art. 83. aussi-bien que les articles 86. & 87. de la même Coutume. M. de la Rochessavin, liv. 3. lett. S. rapporte un Arrêt du Parlement de Toulouse, qui a jugé pour la representation. Basmaison sur Auvergne, tir. 12. art. 3. tient au contraire qu'il n'y a pas de representation. Du Molin sur l'ancienne Coutume de Paris, §. 129. nomb. 6. est aussi d'avis du partage par têtes. L'on ne doute plus qu'entre les ascendans le plus proche exclud toujours le plus éloigné, & que néanmoins ils partagent par souches, suivant l'article 312. de la Coutume de Tours ; ce qui est confirmé par l'Auteur du Traité des Successions, liv. 1. chap. 5. sect. 1.

L'on m'a proposé cette question : *Titia* avoit trois sœurs, *Seia*, *Caia*, *Sempronia* ; *Seia* & *Caia* la prédecedent, & laissent des enfans ; sçavoir, *Seia* quatre, & *Caia* deux ; *Titia* auparavant son décès fait son testament, par lequel elle rappelle ses neveux enfans de *Seia* & *Caia*, pour representer leur mere, & succeder avec *Sempronia* leur tante, chacune souche pour un tiers (ce sont les termes du testament ;) quelque tems après elle fait un codicille, par lequel elle ordonne qu'en conséquence du rappel par elle fait par son testament, des enfans de ses sœurs, qu'elle confirme que lesdits enfans, au nombre de six, succederont également aux deux tiers en sa succession, chacun par tête pour un sixiéme. On demande si cette derniere disposition portée en son Codicille, que ces enfans rappelles succederont par têtes, est valable. Le Sieur de * * *, qui me parloit pour ceux de la souche, où ils n'étoient que deux, soutenoit que la défunte n'avoit pas fait ce qu'elle avoit pû, qui étoit de leguer à ceux de l'autre souche, jusqu'à concurrence d'un sixiéme aux deux tiers, & qu'elle avoit fait ce qu'elle n'avoit pû, de rappeller ses neveux & niéces pour partager par têtes entr'eux, y ayant une tante ; qu'il falloit donner l'effet à l'une ou à l'autre de ces dispositions, & choisir celle qui s'accordoit au droit commun ; & outre cela, il se vantoit d'avoir l'avis pour soi de plusieurs Avocats de Beauvais ; néanmoins en ayant conferé avec mes Confreres du banc, nous avons unanimement tous résolu le contraire, attendu qu'elle a pû conditionner son rappel, & que parmi nous, nous ne nous attachons point aux paroles, qu'il le faut prendre *in vim legati*.

☞ Dans les Coutumes où le rappel n'est pas necessaire à l'égard des neveux, l'on tient aussi que les neveux peuvent être rappelles par le testateur à succeder par têtes avec leurs oncles, encore qu'ils n'y doivent venir d'ailleurs que par souches, d'autant que la succession testamentaire doit être reglée par la volonté du testateur, pourvû qu'il ne dispose pas au-delà de ce qui lui est permis par la Coutume. Mais la difficulté est lorsque le testateur appelle ses heritiers également. Plusieurs veulent qu'il est présumé s'être voulu conformer à la disposition du droit, qui appelle les neveux avec les oncles par souches, à cause de l'inégalité des dégrés. Mais à *Sande decis. Trif. lib.* 4. *tit.* 5. *n.* 19. & après lui Henrys, liv. 5. chap. 4. quest. 52. décident que ces termes également doivent être pris avec effet, & qu'il ne faut pas recourir aux conjectures lorsque la volonté est expressément marquée. Il cite un Arrêt contraire du 31 Mai 1642. mais il estime que ces termes (également & sans aucun avantage) avoient été considerés plûtôt comme de stile de Notaire, qu'une véritable disposition.

Cette question s'est presentée depuis peu à Beauvais sur la fin de Novembre 1693. Mævia par son testament fait deux de ses arrieres-neveux, avec huit de ses neveux ou niéces, ses legataires universels, chacun pour un dixiéme, marquant son intention de les égaler. Deux des arrieres-neveux decedent avant la testatrice, & après son décès les neveux renoncent au legs universel pour se porter heritiers *ab intestat*. Question si les deux parts caduques accroissent aux legataires ou aux heritiers ? Les legataires disent que le droit d'accroissement doit avoir lieu en leur faveur par la volonté de la défunte, qui les fait également legataires de tous ses biens, dont elle dispose sans rien reserver aux heritiers *ab intestat*, qui ne peuvent se vanger que sur les quatre quints des propres, que l'on n'a pu *omissa causa testamenti*, demander la succession *ab intestat*, pour éluder l'accroissement de deux parts caduques qui devoient faire partie de leur legs.

Les deux heritiers soutiennent au contraire qu'ils ont usé de leur droit, & que les legataires ne le font que *ex certis partibus*, & ne peuvent rien prétendre au-delà du dixiéme que la testatrice a assigné à chacun d'eux, & que les deux parts vacantes sont demeurées dans la succession *ab intestat* qui leur appartient, & ainsi que c'est moins un accroissement qu'un non décroissement de choses dont ils ont été saisis par la Coutume; qu'il s'agit à leur égard *de damno vitando*, au lieu que les autres agissent *pro lucro captando*; qu'il est inutile d'avoir recours aux principes du Droit Romain, suivant lequel un testateur ne pouvoit deceder *partim testatus*, *partim intestatus*, d'autant que parmi nous la succession *ab intestat* reglée par la loi, est plus favorable que la disposition de l'homme, où la passion a souvent eu la meilleure part. Il est aussi certain qu'il n'y a pas d'accroissement entre ceux *qui ab initio partes habent*, comme ceux qui ne sont conjoints que par les paroles, à qui l'on a legué par égales portions, il n'y a aussi aucune conjonction entre un heritier qui succede dans tout le droit, & un legataire dont la part est limitée; autrement il faudroit dire que les deux parts, même de ceux qui ont renoncé, seroient accrues même aux legataires.

§ Néammoins par Arrêt de la Grand'Chambre du 30 Août 1695. au rapport de M. Meunier, l'accroissement a été jugé en faveur des deux arriere-neveux rappellés, d'autant que les heritiers *ab intestat* ne se réduisant pas aux quatre quints, la disposition doit être suivie pour les biens dont elle étoit permise entre les Hannin de Beauvais; aussi dans les Coutumes où la representation n'a pas lieu pour les enfans des freres, le rappel est de la succession entiere, lorsque les heritiers ne se restreignent pas aux quatre quints, à moins qu'il ne soit limité par le testament à certains biens; & en ce cas on doute encore si le testateur ayant disposé de ses autres biens, les legs caducs accroissent à la succession *ab intestat*, ou si ceux qui sont rappellés pour les biens exprimés, y ont part; ce qui se juge par les conjectures de la volonté.]

Il y a un beau Chapitre touchant la representation dans M. Leprestre, 2. Centurie, chap. 19. On peut voir encore Brodeau sur Paris, art. 25. n. 5. d'Olive, liv. 5. chap. 23. Henrys, livre 6. quest. 34.

CONSULTATION DE MONSIEUR RICARD,
sur la matiere de la Représentation.

SOMMAIRE.

Espece proposée touchant la Représentation en la Coutume d'Amiens, entre des petits-enfans, en la succession de leur ayeul.

Raisons appuyées sur la Novelle 118. de Justinien.

Objection des puînés, inutile.

Raisonnement qui semble leur être favorable.

Pourquoi la question proposée en cette

Consultation, est facile à résoudre.

Anciens Arrêts rendus en faveur de l'aîné, suivant l'opinion de du Molin.

Comment les derniers Arrêts ont jugé pour la ligne collaterale.

Seconde question touchant la récompense faite par l'aîné en argent à ses puînés.

Espece proposée touchant la Représentation, en la Coutume d'Amiens, entre des petits-enfans en la succession de leur ayeul.

LE soussigné, auquel on a proposé la question de sçavoir si les petits-enfans d'une souche, qui sont venus à la succession de leur ayeul, par representation de leur pere puîné, & en cette qualité pris leur part dans le quint d'un fief situé en la Coutume d'Amiens, doivent dans la subdivision qui est à faire entr'eux de leur part dudit quint, partager ensorte que l'aîné de ladite souche y prenne les avantages & prérogatives d'aînesse, de la même façon que si ladite part de quint étoit à partager

dans

dans la succession de leur pere. Et encore si l'état de la question est changé par la consideration de ce que dans la succession dudit ayeul, l'aîné a récompensé ses puinés en argent de leur quint, conformément à la faculté qui lui en est donnée par l'art. 75. de ladite Coutume :

Est d'avis que la prétention de l'aîné est sans difficulté, soit que l'on ait égard à la Jurisprudence Françoise en general, & à l'autorité des choses jugées, ou que l'on s'arrête à l'esprit particulier de la Coutume d'Amiens.

Et en effet, il est constant que les petits-enfans venans à la succession de leur ayeul par représentation & par souche, aux termes du droit commun, auquel l'article 69. de la Coutume d'Amiens s'est conformé pour ce regard, n'ont point d'autre droit que celui de leur pere, puisqu'étant plus éloignés d'un degré, que les autres avec lesquels ils succedent, ils ne sont appellés que par le benefice de la représentation, qui les subroge à leur pere prédécédé, *ut si quem horum descendentium filios relinquentem mori contigerit, illius filios aut filias, aut alios descendentes in propriis parentis locum succedant.* Ce sont les termes de la Novelle 118. de Justinien, de laquelle nous avons tiré le droit de la Représentation. Et le grand Cujas expliquant cette Novelle, se sert de termes qui sont encore plus énergiques, par lesquels il marque que les petits-enfans par le moyen de la représentation, ne succedent pas simplement au degré de leur pere, mais en son lieu & en ses droits, parce que les biens des peres sont tellement destinés pour leurs enfans, que les enfans en sont censés les proprietaires du vivant de leur pere. *Sed simul fratres superstites, fratrumque jam mortuorum filii defuncto ab intestato succedunt, quasi subierint in locum gradumque parentum, & succedunt quidem fratrum filii in stirpes, non in capita.*

Et les puinés de la souche ne peuvent pas objecter, que leur oncle aîné de la famille a pris dans la succession de leur ayeul les avantages que la Coutume donne à l'aîné dans chaque succession, & qu'il seroit absurde d'admettre un double droit d'aînesse dans une même succession, contre la disposition de la Coutume qui n'en donne qu'un, parce que cette objection seroit bonne, si dans la succession de l'ayeul il n'y avoit que les enfans d'un degré qui y fussent appellés, ou que les enfans & les petits-enfans partageassent par têtes, & en vertu d'un même droit : mais y venant tous au moyen de la représentation, en vertu de droits distincts & separés, & les petits-enfans y étant appellés pour succeder par souches au lieu de leur pere ; il faut necessairement qu'il se fasse une seconde division entre les enfans de chaque souche, comme d'une seconde succession, dans laquelle ils ne peuvent prendre d'autre regle ni modele, que de la succession paternelle, puisqu'ils ont succedé aux droits de leur pere, & comme le représentant.

Ce raisonnement est le plus favorable qui puisse être fait en faveur des puinés, d'autant qu'ayant par nécessité un partage à faire avec leur aîné, d'un heritage féodal qui leur est échû à titre successif, il faut que cette division se fasse indispensablement comme en directe ou collaterale, d'autant que la Coutume ne reconnoit point d'autre sorte de partage. Or dans la collaterale les puinés n'y prendroient aucune part, par l'article 34. de ladite Coutume, qui défere tous les fiefs à l'aîné mâle, si bien qu'ils ne peuvent choisir que le partage de la directe, qui est en effet le plus convenable pour l'espece qui se presente, soit que l'on considere la personne du pere, où que l'on ait égard à celle de l'ayeul.

Cette question reçoit si peu de doute pour les successions qui échéent en ligne directe, qu'il ne se voit pas que le droit des aînés y ait jamais été contesté, mais bien en collaterale ; & quoiqu'en cette ligne la contestation fût beaucoup plus favorable pour les puinés, d'autant que les enfans n'y représentent point absolument leur pere dans toutes les prérogatives qui lui appartenoient : néanmoins il a été jugé par divers Arrêts, que dans la division qui étoit à faire entre les enfans d'une souche & l'aîné, le partage devoit être reglé à *l'instar* de la succession paternelle, & que l'aîné de la souche devoit prendre pareils avantages qu'en une succession directe, *ut jam inter se quodammodo non patru, sed patris hæreditatem quique dividerent, placuit in ea subdivisione fratrum maximo suam ætatis nomine ratum esse præcipuum.* Ce sont les paroles de du Luc, qui rapporte le premier de ces Arrêts en datte du 14. Avril 1537. Les autres des 25 Juin 1558. 16. Mai 1567. 24. Mai 1577. & 19. Août 1580. sont rapportés par Maître René Choppin, *de privil. rustic. lib. 3. cap. 9. num. 2.*

Ces Arrêts ont été rendus suivant l'avis de Maître Charles du Molin, en son Commentaire donné au public, sur l'art. 149. de la Coutume de Paris. *Tres erant sorores,* dit-il, *prior moritur relictis filio & filia, deinde secunda sine liberis, & in locis in quibus est repræsentatio, modo in feudis masculus vult excludere sororem suam per articu-*

Tome II.
Ecee

lum ſuperiorem 16. *Rſepondi, melius videtur quod ipſa concedat ſalvo jure primo genituræ.* Et Monſieur Tiraqueau, *traƈt. de jure primogen. quæſt.* 42. après avoir balancé la queſtion à ſon ordinaire, de part & d'autre pour la ligne directe, conclud enfin en faveur de l'aîné.

Comment les derniers Arrêts ont jugé pour la ligne collaterale.

Les derniers Arrêts ont même paſſé plus avant, pour ce qui eſt de la collaterale, & ont jugé que la ſubdiviſion qui étoit à faire entre les enfans d'une ſouche, devoit être faite comme d'un fief en collaterale, c'eſt-à-dire, que les filles n'y prennent rien dans les Coutumes ſemblables à celle de Paris, & que tous les puînés tant mâles que femelles, n'y peuvent rien prétendre dans les Coutumes conformes à celle d'Amiens : l'un de ces Arrêts a été rendu en l'Audience de la Grand'Chambre du 5. Janvier 1617. entre les heritiers de Meſſire Pierre Forget, & l'autre eſt intervenu en la Seconde Chambre des Enquêtes, au rapport de M. Pithou, le 14. Août 1649. & ſont tous deux rapportés par Maitre Julien Brodeau en ſon Commentaire ſur la Coutume de Paris, art. 25. nomb. 5. & 6.

Enfin, la queſtion eſt d'autant plus avantageuſe pour les puînés dans la Coutume d'Amiens, que cette Coutume a favoriſé & étendu le droit d'aîneſſe tant qu'elle a pû, juſqu'à l'admettre auſſi-bien en collaterale qu'en directe, & y recevoir les filles aînées au défaut des mâles.

Seconde queſtion touchant la récompenſe faite par l'aîné en argent à ſes puînés.

Pour ce qui concerne la queſtion ſubordonnée réſultante de la récompenſe en argent, que l'aîné de la famille a donnée à tous les puînés, ladite recompenſe ne change point le fondement de la réſolution, parce que ce qui s'eſt trouvé dans la ſucceſſion de l'ayeul pour les puînés, a été un quint de Fief, & non point de l'argent : de ſorte que ce qui leur a d'abord appartenu, a été leur part dans un fief, & ce qui s'eſt paſſé dans la ſuite, eſt une vente forcée, que les puînés ont faite d'un heritage qui leur appartenoit par un droit de bienſéance que la Coutume a introduit pour la réunion des fiefs. Et ainſi comme le partage ſe fait des biens de la ſucceſſion de la maniere que ſe trouvent les choſes au tems de ſon échéance, il n'y a point de doute que la ſubdiviſion des deniers doit être faite comme d'un fief dont ils ſont le prix, n'étant pas au pouvoir de l'aîné de la famille de changer par ſon fait l'état d'une ſucceſſion, & d'ôter aux aînés des autres ſouches un droit qui leur eſt acquis par la Coutume.

Déliberé à Paris le neuviéme jour d'Oƈtobre 1660.

F I N.

TABLE
ALPHABETIQUE
DES MATIERES
ET DES QUESTIONS
PRINCIPALES DE DROIT,
CONTENUES AUX TRAITÉS DU DON MUTUEL,
des Dispositions conditionnelles, des Substitutions, &c.

Les endroits précedés d'une marque de cette maniere ¶ sont nouvellement ajoutés.

A

Tome II. Eeee ij

E

s'ils

de

S

T

FIN DE LA TABLE DES MATIERES.

COUTUMES
DU BAILLIAGE
DE SENLIS.

TABLE DES TITRES
DE LA COUTUME DE SENLIS.

COUTUMES
DU BAILLIAGE
DE SENLIS.

TITRE PREMIER.

CONTENANT LA DÉCLARATION ET DIVISION

des Duchés, Comtés, Châtellenies Royales du Bailliage de Senlis & autres Ressorts, & des autres Châtellenies particulieres subalternes de chacun de ces Duchés, Comtés & Châtellenies Royales : Quels Ressorts par appellations & autrement, ont & doivent avoir ces Châtellenies Royales & subalternes sous icelles, ensemble des Prevôtés Royales de ce Bailliage.

Ce Titre & les suivans, jusqu'à celui qui traite des Successions, ne contenant que des Réglemens particuliers pour les Jurisdictions soumises à cette Coutume, Monsieur Ricard avoit jugé à propos d'omettre plusieurs Remarques qu'il avoit préparées, parce que la plûpart des questions qui naissent de ces Titres, étant pour lors agitées entre Monsieur l'Evêque de Beauvais & les Officiers du Présidial de la même Ville, il craignit de se rendre suspect à l'une ou à l'autre des Parties, en interposant son jugement sur cette matiere. On a tâché d'y suppléer par de nouvelles observations, desquelles celles de M. Ricard seront distinguées par les lettres de son nom ; *J. M. R.*

NOUVELLE OBSERVATION.

COUTUMES. Nos Coutumes ont tiré leur origine du Droit Romain, qui s'est conservé en ce Royaume, non-seulement depuis Jules César, jusqu'à l'Empereur Honorius, où l'on commença à s'affranchir de la domination que les Romains y avoient usurpée, mais aussi long-tems après pendant la troisiéme Race. En effet, il n'est pas croyable que sous Pharamond, & depuis, l'on se soit contenté de la Loi Salique, qui n'etoit pas suffisante pour régler tous les droits publics & particuliers. Nous lisons même que sous le Roy Dagobert, les enfans du Duc d'Aquitaine encoururent la peine portée par les Loix Romaines contre ceux qui n'avoient pas vangé la mort de leur pere, & furent privés de sa succession. Nous voyons aussi dans Eginhart, en la vie de Charlemagne, que les Peuples étoient gouvernés sous ce Prince par deux Loix, qui étoient apparemment la Loi Romaine & la Loi Salique, comme l'a estimé Ciron, *lib. 5. observat. Juris Canon. cap. 7.* Mais Charlemagne augmenta la Loi Salique de quelques Articles & de ses Capitulaires. Louis le Debonnaire & Lothaire y firent aussi des additions, & les François ont vécu sous ces Loix confuses avec le Droit Romain, long-tems dans la troisiéme Race : Néanmoins nous avons plusieurs preuves que du tems de Louis le Gros, Beauvais aussi-bien que les autres Villes avoient leurs Coutumes, d'autant plus qu'Yves de Chartres en l'Epître 77. se plaint d'un usage introduit en la Coutume de Beauvais, contraire à la disposition des Canons ; mais ces Coutumes ont reçû beaucoup d'altération & de diversité par les irruptions & mélanges de différens Peuples, comme les Francs, les Vandales, les Bourguignons, & autres ; ce qui a conservé long-tems beaucoup de crédit au Droit Romain, qui étoit toujours fixé & certain ; mais les Rois Philippes III. & IV. ne voulurent plus permettre qu'on l'alleguât comme Loi dans ce Royaume.

Le Pape Honoré III. & les Rois Charles IX. & Henry III. ont aussi défendu de l'enseigner dans Paris, afin qu'il ne parût pas que la Capitale d'un Royaume si florissant, eût besoin de Loix étrangeres. Néanmoins on peut dire que le Droit Romain a été long-tems consideré comme le Droit commun de la France, & que les Coutumes des lieux n'étoient qu'un Droit particulier, au défaut duquel on avoit recours aux Loix générales, que les Romains avoient répandues par-tout, & principalement dans les Gaules, où elles s'étoient conservées par tradition, avant même que les Pandectes fussent trouvées par Lothaire le Saxon en l'an 1133. lors du pillage de la ville d'Amalfi, d'où elles furent portées à Pise, & conservées jusqu'en 1406. & de-là elles furent transferées à Florence, & rendues publiques. Mais l'on avoit auparavant le Code Théodosien, qui est cité sous le nom des Loix Romaines en plusieurs endroits des Capitulaires de Charlemagne : Et le Pape Innocent III. au Chapitre *novit*, *de Judic.* dit aussi, que cét Empereur avoit confirmé la Loi de Théodose dont il étoit descendu. C'est de ce même Code Théodosien dont plusieurs Conciles & Peres font l'éloge, & l'on suivoit ces Loix dans les Barreaux, à cause de l'équité de leurs décisions, plutôt que de l'autorité des Législateurs, comme le prouve Arthurus Duk, *de autorit. Jur. Civil. Roman. lib. 2. cap. 5.* C'est pourquoi suivant la pensée d'Innocent Ciron, *cap. super specula. de Privileg. in 5. Compil. Decretal.* le Chapitre 269. du sixieme livre des Capitulaires, qui défend de se servir du Droit Romain pour la décision des procès, mais seulement pour l'érudition, est du nombre de ceux que Benedictus Levita, après la mort de Louis le Debonnaire, vers l'an 844. y avoit ajoutés avec peu de fidélité, & plutôt suivant le Code des Loix des Wisigots, que suivant les véritables Loix des François. Il nous reste aujourd'hui très-peu de vestiges des anciennes Coutumes de nos Provinces. Il est vrai que du tems de César, & encore sous Charlemagne, nos Peres témoignerent une grande répugnance pour les Loix Romaines, qu'ils considéroient comme un joug imposé par leurs ennemis, qui vouloient abolir leurs anciennes Coutumes ; ce qui avoit porté César à rétablir ceux d'Arras dans l'exercice de leurs Loix. Quelques Historiens remarquent que Dagobert avoit fait corriger les Coutumes, dont la rédaction avoit été commencée par Thierry Roi de Metz ou d'Austrasie, & continuée par Childebert & par Clotaire, comme dit du Tillet en son Recueil des Rois de France.

Mezeray dit aussi, que sous les Rois Carlovingiens, outre la Loi Salique & les Ordonnances des Rois contenues aux Capitulaires, il y avoit des usages particuliers tolerés dans chaque Province ; mais les anciennes Coutumes ont souvent souffert des changemens & des altérations. Il ne paroît pas même que depuis il y en ait eu de rédigées par autorité publique. Avant Charles VII. l'on avoit seulement des Mémoires des Praticiens qui étoient contraires les uns aux autres, ou qui ne le pouvoient concilier sans beaucoup de peine. Il est vrai que Charles IV. avoit tenté de réduire toutes les Coutumes à une, mais il en fut empêché par les Evêques, & l'on prétendoit encore pour lors que les Ordonnances des Rois n'avoient lieu que pour les terres de leur Domaine.

Il y avoit dès l'an 1283. une Coutume particuliere du Beauvaisis, écrite par Philippes de Beaumanoir, qui étoit un excellent Ouvrage, dont plusieurs Auteurs ont tiré les plus belles maximes du Droit Coutumier ; mais Charles VII. après avoir chassé les Anglois qui avoient apporté beaucoup de confusion dans le Royaume, voyant que les parties se consumoient en frais, à cause du grand nombre & de la variété des enquêtes par turbes, envoya des Commissaires très-habiles dans les Bailliages, pour réformer les Coutumes, ce qui a été suivi par ses successeurs. Mais comme les Commissions ne s'adressoient qu'aux Bailliss Royaux, & qu'il n'y en avoit pas pour lors à Beauvais, la Coutume a cessé de porter le nom de cette Ville, & s'est confondue avec celle de Senlis, comme étant du ressort du Bailliage de cette Ville, depuis qu'il a été créé ; & au contraire, Clermont qui suivoit la Coutume de Beauvaisis, a conservé la même Coutume du Beauvaisis sous le nom de sa Ville ; tandis que Beauvais qui lui donnoit la Loi, a été assujetti à la Coutume de Senlis : Mais il est certain que Beauvais a toujours été d'une autre considération que Senlis de toute antiquité ; & que l'on y eût bien plutôt établi un Bailliage sans l'opposition des Evêques, la Ville étant pour lors trois fois plus riche, & beaucoup plus peuplée qu'elle n'est aujourd'hui. Je pourrois alleguer plusieurs autres preuves, comme il y avoit une Coutume particuliere du Beauvaisis, qui étoit bornée par la riviere, qui est encore observée aujourd'hui pour la portion avantageuse de l'aîné qui y est moindre ; ce qui étoit encore justifié par l'ancienne Coutume, qui parloit premierement de cette Coutume du Pays de Beauvaisis, & seulement par maniere d'exception, ou de Coutume locale de celle de Senlis. Il paroît aussi par le procès-verbal sur l'article 12, de l'ancienne rédaction, que par la Coutume de Beauvais, représentation avoit lieu, tant en ligne directe que collatérale. Le même procès-verbal sur l'art. 22. de l'ancienne rédaction, fait voir encore un usage particulier du Beauvaisis touchant l'exécution des testamens, ce qui est encore justifié au titre des Decrets, art. 12. de l'ancienne rédaction, qui fait voir qu'il y avoit des formalités particulieres en la Ville de Beauvais, & le Procureur du Roi s'en rapporte à M. de Beauvais, s'il a Coutume locale pour ce sujet, de la faire observer ; néanmoins les Maires & Pairs ont toujours empêché que l'on introduisît aucune Coutume locale dans Beauvais, croyant que Bailliage & Coutume étoient la même chose, & que M. de Beauvais en pourroit tirer avantage, pour soutenir qu'ils seroient ses sujets, ainsi qu'ils ont protesté contre lui par les procès-verbaux.

Nous avons encore une preuve invincible qu'il y avoit une Coutume particuliere pour le Beauvaisis dans les décisions de Jean Desmares, qui vivoit sous les Rois Charles V. & Charles VI. qui atteste en sa décision 251. que *par la Coutume de Beauvaisis se un Vassel son fié vend, le Seigneur puet retenir icelui fié pour le prix qu'un autre en a donné, & sur icelui puet retenir le quint denier.*

Les vingt-quatre Paroisses, Hameaux & Villages qui sont deçà la riviere d'Epte, appellés *les conquêts d'Hué de Gournay*, sont aussi appellés dans la Coutume de Normandie *les speciautez de Beauvaisis*, comme ayant conservé plusieurs usages conformes à la Coutume de Beauvaisis.

J'ai fait un recueil des cas attribués aux Baillifs, Senéchaux, & en même tems des distinctions dont jouissent les Officiers de la Pairie en vertu de titre ou possession. Supposé que j'en aye omis quelques-uns, ou qu'il y en ait que je n'aye pû accorder, eû égard aux intérêts des corps, dans lesquels je me trouve engagé ; je m'en rapporte à ce qui se trouvera décidé par les titres, n'ayant autre intention que de rendre à César ce qui est de César, & aux Seigneurs ce qui est des Seigneurs. Mais il est constant que ces exceptions confirment la régle à l'égard des autres qui n'ont pas de pareils privileges.

ARTICLE PREMIER.

DE l'ancien Ressort du Bailliage de *Senlis*, est le *Duché* de Valois, en ce que consistoit le Comté dudit Valois, auparavant qu'il fût érigé en Duché ; ensemble les Châtellenies de Pierrefons, Berhify & Verbenes, distraites dudit Bailliage de Senlis, pour ériger ledit Comté de Valois en Duché.

NOUVELLE OBSERVATION.

Duché.] Du tems des Rois Carliens, les droits & fonctions des Ducs & Comtes étoient presque les mêmes, & il y avoit des Comtés plus considérables que des Duchés, comme ceux de Toulouze, de Foix, & autres : depuis, l'etenduë des Duchés a été plus grande, & ils devinrent des Dignités beaucoup plus considérables : *Ducatus fastigium & apex dignitatum*, & les Comtes obéissoient aux Ducs, qui sont les vassaux immediats du Roi. Aimoin prétend même qu'un Duc devoit avoir douze Comtes au-dessous de lui ; ce que M. Bignon dit avoir été observé du moins sous le régne de Pepin : néanmoins le même Auteur reconnoît que le Duché de Frejus du tems de Louis de Débonnaire n'étoit divisé qu'en quatre Comtés. *Aimo. lib. 5. cap. 11.* ce qui a fait croire à Hauteserre *De Ducib. & Comit. Provinc. l. 1. cap. 5.* que l'erreur de cet Historien vient du nombre des Villes dont les Provinces Ecclésiastiques étoient composées, c'est à sçavoir de dix ou douze, suivant la Constitution du Pape Pelage, rapportée au Canon *Scitate, 6. quæst. 3.*

La puissance des Ducs a été sujette à plusieurs changemens dans ce Royaume. Ils ont souvent profité de la foiblesse des Rois, jusques-là même qu'ils s'étoient égalés à eux sur la fin de la seconde race, mais leur autorité s'est depuis affoiblie, & principalement pendant le voyage de Syrie de Louis le jeune, & pendant les Croisades de Saint-Louis, tant à cause des dépenses des Ducs, qui étoient obligés d'engager leur bien, que des entreprises des Officiers du Roi, qui s'efforçoient de rétablir les droits de Souveraineté, & de soumettre les membres à leur chef. Leurs propres divisions n'ont pas aussi peu contribué à leur déchet ; ce qui a donné occasion de leur ôter tous les Droits que la Majesté Royale s'est particulierement reservés, pour être exercés par ceux qui agissent suivant ses ordres.

Les Duchés sont unis & acquis à la Couronne par le crime ou par la felonnie du vassal. La même peine est aussi encouruë, lorsqu'il abandonne son Seigneur dans la Guerre : Néanmoins le Roi ne peut retenir que par an & jour les arrieres-fiefs, afin que les Seigneurs ne souffrent aucun préjudice ; & quoique les vassaux des vassaux du Roi soient ses vassaux, néanmoins il est obligé d'aliener les arriere-fiefs qui lui échéent, afin qu'il ne soit pas en même tems superieur & inférieur. L'on prétend que les Duchés tombant en quenoüille, retournent à l'ancien état où étoit la Terre auparavant, à moins qu'il ne soit autrement porté par les Lettres de leur érection.

L'on ne doit pas induire de ce qui est porté dans cet article & dans le troisiéme, que les Comtés de Valois & de Clermont sont de l'ancien-Ressort du Bailliage de Senlis ; que les Coutumes de Valois & de Clermont ne doivent passer que pour Coutumes locales de celle de Senlis, & qu'il y faut recourir comme à la générale dans les cas omis, d'autant que les Coutumes ne suivent pas toujours les Bailliages, encore que les Commissions pour les rediger & les former ayent été presque toujours adressées aux Baillifs ou à des Officiers de la Cour, pour se transporter dans les Sieges capitaux. Mais les Comtés de Valois & de Clermont sont devenus des Bailliages séparés, qui se sont accoutumés à des usages differens ; & il étoit inutile de marquer, lors de la reformation en 1539. que Valois est de l'ancien Ressort du Bailliage de Senlis, puisqu'il n'en étoit plus pour lors ; & même la redaction précédente de l'an 1506. n'en parloit pas ; c'est pourquoi cette remarque étoit plus propre pour l'histoire du Païs, où l'on ramasse ordinairement tous les anciens titres & privileges, que pour grossir le texte d'une Coutume, où l'on ne doit pas regler les droits des Officiers & des Jurisdictions.

II.

Aussi les Terres & Seigneuries assises audit Duché de Valois, appartenans à plusieurs Eglises, tant de Senlis, Compiegne, Soissons qu'autres, sont demeurées exemptes de la Jurisdiction dudit Duché de Valois, & du tout sujettes à la Jurisdiction du Roi :

les aucunes ès Sieges des Bailliage & Prevôté dudit Senlis, & les autres à Compiegne, à cause de la Prevôté, qu'on dit l'exemption de Pierrefons, ressortissans audit Compiegne.

III

De l'ancien ressort dudit Bailliage de Senlis, est le Comté de Clermont, au moins la plûpart d'icelui, mêmement les Châtellenies de Clermont, Bulles, Milly, Goumay sur Arondes, Sacy & Remy, auquel Comté y a de présent Baillif nouvellement érigé.

IV

Sous ledit Comté de Clermont y a plusieurs terres exemptes, réservées à la Jurisdiction du Roi, qui ressortiront respectivement ès lieux, où d'ancienneté elles souloient & ont accoutumé ressortir.

V

Châtellenies Royales qui sont du Bailliage de Senlis.

VI

Senlis, qui est Siege Capital.

VII

Compiegne.

Le Siege de la Ville de Compiegne & des autres Lieux mentionnés aux Articles suivans, sont réellement séparés du Siege capital de Senlis; de sorte qu'il ne suffisoit pas d'insinuer une donation d'héritages situés par exemple dans l'étendue de la Jurisdiction de Compiegne à Senlis; mais il est nécessairement requis pour la validité de la donation, qu'elle soit insinuée au Greffe des Insinuations du Siege de Compiegne. Ainsi jugé par Arrêt du 3 Février 1577. rapporté par Charondas en ses Reponses, liv. 7. chap. 27. où il fait mention d'autres Arrêts semblables. *M. J. M. R.*

VIII

Creil.

IX

Pontoise.

X

Chaumont.

Voyez l'Histoire du Vexin le François, & du Vexin le Normand dans Choppin; *de morib. Parisf. lib.* 1. *tit.* 2. *num.* 7. Aimoin, liv. 5. chap. 53. de l'Histoire de France, & dans les Commentaires de Tournet, & Brodeau sur la Coutume de Paris, art. 3. *M. J. M. R.*

XI

Beaumont sur Oise, de présent étant Comté, comme il a été d'ancienneté, appartenant à héritage à haut & puissant Seigneur Anne de Montmorency, Baron dudit lieu, Connétable & Grand-Maitre de France, à la charge que les Officiers dudit Comté sont demeurés & demeurent Royaux.

Verius ad usumfructum improprium, ut in §. 42. C. M.
Le Comté de Beaumont est du Domaine du Roi, présentement engagé aux héritiers de feu Monsieur le Maréchal de la Mothe-Houdancourt. *M. J. M. R.*

XII

Chambly *le Hautberger.*

NOUVELLE OBSERVATION.

Le Hautberger.] Parce qu'on y fabriquoit autrefois des cottes maillées, dont se servoient les grands Barons, que l'on nommoit *Haulberts, seu celsi Barones, qui lege suæ dignitatis & servitute prædiorum militanti Regi adesse tenebantur loricati, seu cataphracti, ut ait Spelmannus in glossar.* verbo Haubert, *& verbo* Feudum Hauberticum.

XIII

Ausquelles Ville & Châtellenie de Senlis, doivent être résidans & demeurans le Bailly dudit Senlis, son Lieutenant Général & Particulier en son Siege dudit Senlis, qui en l'absence dudit Bailly & son Lieutenant Général, use de pareille prééminence & autorité que ledit Lieutenant Général, & les Avocat, Procureur & Receveur ordinaire en chef. Auquel lieu de Senlis, qui est le lieu capital dudit Bailliage, de tout tems & ancienneté, par Ordonnance du Roi notredit Seigneur, & de Messieurs les Trésoriers de France, dernierement faite, a été accoutumé connoître, discuter & terminer du fait *du Domaine du Roi* de tout le Bailliage, sans que les Officiers & Substituts particuliers esdites Châtellenies en doivent ou puissent connoître.

NOUVELLE OBSERVATION.

Du Domaine du Roi.] Suivant l'Edit de Cremieu, art. 1. Néanmoins le Lieutenant de Chaumont, le Prevôt Vicomtal de Pontoise en connoissent par privilege, & même des cas Royaux, dont la connoissance est interdite aux Prevôts : Mais l'on a depuis créé un Bailliage a Chaumont ; & à l'égard du Prevôt Vicomtal de Pontoise, l'on peut dire qu'il a de droit la même Jurisdiction que les Baillifs, de même qu'en la Prevôté & Vicomté de Paris.

Les Baillifs ne peuvent plus prononcer à l'Audience, suivant l'Ordonnance de Blois, art. 266. au lieu qu'autrefois ils étoient tenus de rendre la Justice en personne, suivant l'Ordonnance de Philippes le Bel de l'an 1302. *Stylo Parlam.* part. 2. *art.* 6. §. 27. Les Seigneurs ne peuvent plus aussi juger eux-mêmes, quoique Gradués, Loys. des Offices, liv. 5. chap. 1. n. 43.

Encore que les Charges de Grand Bailly participent de la Judicature & soient mixtes, néanmoins elles ne sont pas admises au droit annuel, ni affectées aux dettes, & ne peuvent être saisies réellement, d'autant que leur principale fonction est de conduire la Noblesse à l'Armée.

Ces Baillifs d'epée sont plus considérables que n'étoient les Baillifs qui furent institués pour rendre eux mêmes la Justice dans les Provinces où ils connoissoient des appellations des Ducs & des Comtes, & étoient les Gardiens des Droits du Roi & de la Couronne, ainsi que le prouve Spelman, *verbo Baillivi Francici.* Ils ont même jugé en dernier ressort les causes de la Province, avant que le Parlement eût été rendu sedentaire par Philippes le Bel, au lieu qu'auparavant il ne se tenoit qu'une ou deux fois l'an pour les affaires d'Etat. Il est vrai que si l'on veut reprendre les choses de plus loin du tems de la seconde race, les Comtes & les Echevins regloient les Procès dans la Province, sauf à rendre compte de leur conduite aux Etats où présidoient les Commissaires du Roi qui jugeoient les affaires importantes ; mais dans les Provinces, les Echevins assistoient aux plaids du Comté, dont ils étoient comme les Commissaires Enquêteurs ; & néanmoins ils ne laissoient pas d'avoir leur Tribunal separé, & condamnoient à mort indépendamment du Comte ; mais les uns & les autres étoient sujets à la correction des Commissaires appellés *Missi Dominici,* qui tenoier t les Etats. Depuis les Justices étant devenues patrimoniales sous la troisiéme race, les Comtes ont eu les principales prérogatives de la Justice ; & les Echevins n'ont conservé que quelques droits & fonctions en vertu des titres ou possessions, qui sont fort différentes dans chacune Ville.

X I V.

Et pour ce que lesdites Châtellenies de Chaumont, Compiegne & Pontoise, sont distantes dudit lieu de Senlis, Siege capital dudit Bailliage, l'une de huit lieues, l'autre de dix, & l'autre de quatorze lieues ou environ ; & pour relever les sujets desdits lieux, & leur administrer Justice à moindres frais & dépens, a été de tout tems & ancienneté ordonné qu'à chacune desdites Châtellenies, & autres dessus nommées, seroit un Lieutenant Particulier de mondit Seigneur le Bailly, qui pourroit connoitre de toutes querelles, causes & matieres qui pourroient survenir pardevant lui chacun jour, tout ainsi que si ledit Bailly ou son Lieutenant Général, & autres Officiers y étoient résidens en personnes, excepté toutefois des causes & matieres du Domaine du Roi, & réformation, comme dit est.

X V.

La Châtellenie de Senlis s'étend ès prééminences & droits ci-après déclarés, autres que n'ont les autres Châtellenies dudit Bailliage.

Prevôts Royaux sous la Châtellenie dudit Senlis.

X V I.

Le Prevôt Forain de Senlis qui est Juge ordinaire de toute la Châtellenie.

Maître Guy Coquille en son Commentaire sur la Coutume de Nivernois, titre de Retrait lignager, art. 2. remarque un Arrêt du Mardy 3 Février 1550. par lequel il dit qu'il a été jugé sur la contestation d'entre le Prevôt de la Ville de Senlis & le Prevôt Forain, que le Prevôt de la Ville connoistroit des retraits lignagers des choses assises aux champs entre les habitans de la Ville ; ce qui fait voir que l'action de Retrait est plus personnelle que réelle : Aussi Messieurs des Requêtes du Palais sont-ils en possession d'en connoître. *M. J. M. R.*

X V I I.

De ladite Prevôté ordinaire ont été faits d'ancienneté deux membres pour supporter le peuple, pource que ladite Châtellenie est grande ; c'est à sçavoir *la Prevôté d'Angy,* & la Mairie de Brenouille, qui sont Juges Royaux.

La Prevôté d'Angy.] Il a été jugé par Arrêt rendu au Rôle de Senlis le 28 Février 1656. entre Monsieur l'Evêque de Beauvais, les Officiers du Présidial du même lieu, & le Prevôt d'Angy, que ce Prevôt devoit avoir la séance dans la Ville de Beauvais ; & toutefois qu'il n'avoit pû prendre la qualité de Prevôt en Garde de Beauvais, mais seulement celle de Prevôt d'Angy.

Et entre les Présidiaux & le Prevôt, que le Prevôt ne devoit pas avoir connoissance des différens des Nobles & des Communautés, soit qu'elles fussent de fondation Royale, ou non ; mais qu'elle appartiendroit aux Officiers du Bailliage, & qu'ils connoîtroient concurremment des causes des sujets des Hauts - Justiciers non revendiqués, soit qu'il s'agisse d'Obligations & Contrats passés sous Scel Royal, ou d'autre matiere.

Et avant faire droit sur l'appel interjetté du démembrement fait de la Charge de Prevôt d'Angy, en établissant un Officier à Beauvais, & l'autre à Angy, ordonné que le prétendu Prevôt d'Angy audit lieu sera appellé, & cependant défenses d'exercer. *M. J. M. R.*

XVIII.

Le Siege de ladite Prevôté d'Angy se tient à Angy qui appartient au Roy, & au Doyen & Chapitre de l'Eglise Collegiale & Chapelle Royale de S. Franboust de Senlis par indivis.

NOUVELLE OBSERVATION.

Le Siege de cette Prevôté est à Beauvais, suivant les termes de l'Edit de Création du Présidial, & les appellations ressortissent à Beauvais.

XIX.

Audit lieu d'Angy y a Mairie de par le Roi & desdits de Chapitre, au moyen d'une association que l'on dit pieça avoir été faite au Roi par lesdits de Chapitre : Et parce que ladite Mairie est réputée Juge Royal ; mais à présent ladite Mairie en tout appartient ausdits de Chapitre, par acquisition nagueres faite de la portion qui en appartenoit au Roi, à la charge de faculté de rachat perpétuel.

XX.

Le Siege de ladite Mairie de Brenoulle se tient audit Brenoulle.

XXI.

Lesdits Prevôt d'Angy & Maire de Brenoulle n'ont point de connoissance de gens d'Eglise, Nobles & Communautés, mais sont réservés au Prevôt Forain de Senlis, qui, comme dit est ci-dessus, est Juge Châtelain, excepté quant ausdits gens Nobles, & autres ci-dessus nommés, étant de la Châtellenie dudit Senlis ; desquels le Bailly de Senlis & ses Lieutenans audit lieu, auront la connoissance, quant aux cas déclarés en l'Edit fait par le Roi sur la Jurisdiction & Réglement des Baillis, Sénéchaux & Juges Présidiaux, & selon icelui Edit.

NOUVELLE OBSERVATION.

Monsieur l'Evêque de Beauvais soutient que cet article, aussi-bien que l'art 24. n'ont été mis qu'au sujet du Prevôt d'Angy & du Maire de Brenoulle, & ne reglent rien à son préjudice ; mais on peut répondre que ces articles ont passé en 1506. & en 1539. sans opposition particuliere.

Loiseau, *des Seign. chap.* 8. & 14. prétend que les Baillifs non-Royaux peuvent connoître des causes des Nobles, parce qu'il y a eu une Déclaration sur l'Edit de Cremieu, par laquelle le Roi déclare n'avoir entendu préjudicier aux droits des Seigneurs ; mais cette Déclaration ne peut s'entendre que pour les cas non-attribués aux Baillifs, Sénéchaux & Présidiaux, comme les matieres réelles pour héritages rôturiers & non-nobles, dont les Prevôts & Juges subalternes peuvent encore connoître, comme il est porté par l'article 8. de la même Ordonnance de Cremieu, & par les Ordonnances de Henry II. de 1554 & 1559. Mais pour les autres cas, un Gentilhomme n'est pas obligé de répondre devant le Juge d'un Seigneur, quoiqu'il y soit assigné en garantie, à cause de la demande originaire qui y est pendante ; son intervention seule suffit aussi pour attirer la cause au Bailliage ; toutefois s'il étoit assigné en garantie devant un Prevôt Royal, ou à l'occasion des lettres de Rescision pour la vente d'un héritage, il ne peut pas décliner. Il en seroit de même, si celui à qui succede avoit contesté. L'on convient encore qu'un Noble qui s'oppose à un décret poursuivi devant le Bailly du Comté, ne pourroit pas demander son renvoy devant le Bailly Royal ; qu'il peut être aussi intimé devant le Bailly du Comté, pour soutenir la Sentence de son Juge.

Les Officiers du Comté prétendent avoir l'avantage au-dessus des autres Jurisdictions, de connoître des causes des Nobles, & il y a instance indécise en la Cour sur cette contestation, où les parties ont été appointées à faire preuve de la possession, tant avant que depuis l'Edit de Cremieu.

Mais les Prevôts Royaux n'ont pas droit de connoître des délits commis par Gentilhommes, ou Officiers de Judicature, *par in parem non habet jurisdictionem nec imperium.* Cette même raison devroit ôter ce droit aux Officiers des Seigneurs après qu'ils auroient informé, & fait les procès verbaux de reconnoissance.

Supposé que les Juges ordinaires apposent à présent les scellés chez les Nobles & Ecclésiastiques, ils ne doivent pas en cette Coutume connoître des contestations qui en dépendent.

Il y a une Déclaration du mois d'Août 1684. qui défend aux Officiaux d'appeller autres que les Lieutenans Generaux des Bailliages, lorsqu'il y aura du cas privilegié dans les Procès qu'ils font aux Ecclésiastiques.

Les Baillifs & Senéchaux connoissent en quelques lieux des partages, tant entre Nobles que Roturiers, lorsque les biens sont situés en différentes Prevôtés ou Jurisdictions ; mais ils connoissent des decrets, lorsque les biens saisis sont en différentes Jurisdictions, & principalement lorsqu'il y a des biens qui dépendent de la Justice Royale.

Les Officiers du Roi en certains lieux, en d'autres les Maires & Pairs, & souvent avec eux les Seigneurs ou leurs Officiers faisoient des Réglemens pour la Police, dont ceux-ci n'avoient que l'execution, suivant le Reglement de Crépy ; mais il n'y a jamais eu de regle certaine pour ce qui a dépendu de la possession.

Ce qui concerne les marchés francs est aussi de leur competence. *Jus nundinarium solus Cæsar largitur, leg. unic. cod. de nundinis ;* ce qui ne s'accorde qu'après avoir entendu les Deputés des Villes voisines, comme l'a remarqué Gail, *l.* 2. *Observat. c.* 69. *n.* 25. Il en est de même des comptes des-deniers communs, & de la connoissance des Domaines des Villes, des Lettres de Conforte-main, & de foi & hommage par main souveraine, des lettres des papiers terriers, & de l'exécution des Chartres & Edits, & de plusieurs autres ma-tieres, comme on peut voir dans les Réglemens rapportés par Filleau, part. 2. tit. 3. chap. 52. & principalement par celui de Crépy.

L'exécution de l'Edit de 1540. pour le poids des Orfévres, Changeurs & Jouailliers, avoit été attribuée aux Juges Royaux.

Le mesurage, jaugeage, la marque des vaisseaux & les faussetés des mesures sont aussi de la Jurisdiction des Baillifs & Sénéchaux, d'autant que le Roi & tout le public y sont interessés, & non pas seulement les hôtes & justiciables du Seigneur, sinon où les Seigneurs n'ont pas de titre ou possession contraire.

Les Corps des Métiers ne peuvent être érigés pour l'ordinaire sans la permission du Roi, autrement leurs assemblées sont illicites : Ce sont aussi ses Officiers qui leur font des Statuts, suivant l'Arrêt du 22. Février 1534. rapporté par Corbin des droits de Patronage, & des fiefs & cenfives, loi 27. Arrêt 1.

Le Juge Royal prétend connoître aussi des levées de deniers & contributions des particuliers, comme il a été jugé par Arrêt du 7. Février 1613. en faveur de Bernard le Gay, dont les rencontres facétieules & ingénues se sont conservées jusqu'à présent par tradition, lequel avoir été coirié par un Jugement du Bailly du Comté, comme a remarqué M. Rault Adrien, art. 106. gl. 5. n. 7. Il y a eu depuis plusieurs Arrêts contraires, & je ne prétends pas entrer dans la discussion des cas différens. La connoissance des excés & du trouble qui se fait au Service Divin dans les Eglises, n'est pas du nombre des causes qu'on appelle *mixti fori*. Le Juge Royal en est seul compétent, à l'exclusion des Juges des Seigneurs & de ceux d'Eglise : c'est ce que le même Adrien sur l'art. 96. gl. 13. n. 8.

dit avoir été jugé pour M. Nicolas Houppin, Curé de S. Martin le Neuf, parce que l'exécution de l'Edit de 1599. art. 3. est attribué aux Baillifs Sénéchaux. L'art. 39. de l'Ordonnance de Blois enjoint aussi aux Huissiers de conduire dans les prisons ceux qui se promenent dans l'Eglise pendant le Service, laquelle Ordonnance ne se peut entendre que des Sergens Royaux, d'autant que le Roi n'adresse ses commissions qu'à ses Officiers.

Le même Auteur ajoute que les murs, forteresses & fossés des Villes, & même ce qui a été pris pour les aggrandir, ne sont plus de la Justice du Haut-Justicier ; *cum rer sancta sint, & prope divini juris. §. Sancta inst. de rer. divis.* ce qui a lieu principalement dans les Villes Jurées qui ont droit de Commune, & où la Capitainerie est séparée du fief. A Beauvais on a distingué la propriété d'avec l'usage des forteresses. Il en est de même des jardins privilegiés & des compagnies de Bourgeois autorisées par Lettres Patentes de nos Rois, qui ne dépendent que du Bailly Royal pour tout ce qui se passe chez eux, au moins pour la discipline des mêmes compagnies, les prix, &c. mais à Beauvais les Maire & Pairs en prétendent la connoissance ; ce qui dépend de l'examen des titres.

Les Prevôts Châtelains, quoique Juges Royaux, ne peuvent connoître des matieres féodales, pour les fiefs tenus du Roi ; mais le cas de complainte leur appartient ; & néanmoins les Baillifs & Sénéchaux en connoissent concurremment avec eux, lorsque les Parties ne dépendent pas nuement de la Prevôté.

Encore que l'art. 99. donne aux Hauts-Justiciers les causes possessoires : néanmoins les Juges Royaux ont la prévention pour toutes causes possessoires en matiere profane, & en connoissent à leur exclusion en matiere bénéficiale, dans lesquelles il est au choix du Demandeur, d'agir, ou devant le Juge du domicile du Défendeur, ou devant celui de la situation du bénéfice.

X X I I.

Lesdits Prevôt d'Angy & Maire de Brenoulle ne peuvent tenir un prisonnier criminel plus de vingt-quatre heures en leurs mains, sans le mener ès prisons ordinaires dudit Senlis, si lesdits Prevôt & Maire n'avoient cause raisonnable & excusation, qu'ils ne pourroient si-tôt mener ou envoyer audit Senlis leursdits prisonniers.

X X I I I.

Lesdits Prevôt d'Angy & Maire de Brenoulle doivent & sont tenus faire & parfaire le procès de leursdits prisonniers criminels ès prisons dudit Senlis, & font faire les exécutions criminelles en la Justice de Senlis, comme la Justice de la Châtellenie, & n'en ont point d'autre.

NOUVELLE OBSERVATION.

Maître Rault Adrien remarque sur cet article, que depuis le Présidial établi à Beauvais, le Prevôt d'Angy a fait exécuter à mort, & brûler le nommé Duprier d'Allonne au Marché de Beauvais, par Jugement confirmé par Arrêt donné en 1586. mais il y a long tems qu'il a perdu le droit de connoître du criminel.

X X I V.

Ledit Prevôt Forain de Senlis a connoissance de gens d'Eglise, Nobles & Communautés, aux réservations ci-dessus contenues.

NOUVELLE OBSERVATION.

Ce qui n'a été attribué au Prevôt Châtelain de Senlis, que par une prééminence & prérogative particuliere, & pour la conservation de la Souveraineté & droits de Châtellenie : mais les Officiers des Seigneurs ne peuvent pas prétendre de connoître en aucune maniere des causes des gens d'Eglise, Nobles & Communautés, ainsi que le Procureur du Roi de Senlis a soutenu par son discours inseré dans le procès-verbal sur cet article, sans que les Juges subalternes qui étoient présens, s'y soient opposés, comme la chose étant véritable. Les Déclarations sur l'Edit de Cremieu portent seulement que l'Edit ne pourra préjudicier aux Seigneurs, ce qui ne leur donne pas plus de droit qu'ils avoient auparavant. En effet, nous apprenons de nos Historiens, que sous la première race de nos Rois, les Seigneurs n'avoient Justice qu'entre les hommes de pote seulement, c'est-à-dire, leurs sujets roturiers, & les Comtes n'étoient que des délégués pour rendre la Justice au nom du Roi : mais depuis ils se la rendirent domaniale dans des tems de foiblesse ; de telle maniere qu'il n'en restoit presque rien à nos Rois, ce qui leur a donné lieu de rétablir insensiblement leur autorité. Choppin *de legib. Andium, cap. 2, num.* 10. prouve aussi par plusieurs anciens manuscrits, qu'auparavant l'Edit de Cremieu, les Juges subalternes ne connoissoient pas des cas personnels des Nobles. Brodeau sur M. Louet, lett. R. nomb. 36. fait voir aussi, que suivant l'ancien Droit de la France, les causes des Nobles n'étoient jugées que par les Nobles ; ce qui a duré jusqu'à ce que l'on ait institué les Baillifs Sénéchaux pour ce sujet.

Dès l'an 1454. les Officiers du Bailliage de Senlis prétendoient avoir justifié par une enquête de trente témoins, qu'ils étoient en possession de connoître des causes des Gentilhommes, quoique Mᵉ Laurent Bouchel & Mᵉ Pierre Louvet, qui étoit un ancien Avocat de Beauvais, ayent attesté dans leurs Commentaires sur cet Article, que les Baillifs Sénéchaux connoissent seuls des causes des Nobles en cette Coutume ; néanmoins ce droit a été contesté par quelques-uns qui s'étoient opposés pour ce sujet à la rédaction de la Coutume ; & il y a eu différentes enquêtes & productions pour ce sujet, *& adhuc sub Judice lis est.*

Lorsque l'autorité publique étoit autrefois partagée entre plusieurs, les Châtelains connoissoient des causes des gens d'Eglise, à moins qu'ils n'eussent des Lettres de garde gardienne. En effet, l'article 9. de l'Edit de Cremieu conserve ce droit aux Prevôts, à moins que les Eglises ne soient de fondation Royale, & n'ayent Lettres de garde gardienne en faveur des Baillifs Sénéchaux. Mais notre Coutume, qui est postérieure à cet Edit, leur ôte entierement ; & la Déclaration sur l'Edit de Cremieu, si favorable aux Seigneurs, ne leur

fait aucune réserve des causes des Ecclésiastiques & Communautés.

J'ai vû un Acte authentique des Officiers, Avocats & Procureurs de Senlis, qui attestent que le Bailly du Chapitre de Senlis appose les scellés, & fait les inventaires dans le cloitre chez les Chanoines ; mais que les contestations touchant les oppositions de scellés & confections d'inventaires, leurs successions & exécutions de testamens sont portées devant le Bailly de Senlis, sans que les autres Officiers de Seigneurs, encore qu'ils soient Châtelains, en ayent jamais demandé de renvoi, ni prétendu connoître des causes des Nobles, Ecclésiastiques & Communautés : car quoique l'Ecclésiastique défunt n'y ait plus d'intérêt, l'on peut dire que l'hérédité représente la personne du défunt.

Il semble aussi que les Juges Royaux qui sont fondés dans la possession d'apposer les scellés, n'en doivent pas être privés, pourvû qu'ils n'en usent qu'aux termes de l'Ordonnance. Il y a instance pour ce sujet entre le Lieutenant Général de Beauvais & les Officiers du Comté.

Par le procès-verbal de cet article, le Chapitre de Beauvais a protesté qu'il ne lui pourroit préjudicier, à cause de sa garde gardienne, qui a été adressée au Bailly de Senlis jusqu'en 1462, & au même Bailly de Senlis conjointement avec le Prevôt de Paris depuis 1462. jusqu'en 1599. & depuis 1599. jusqu'au 12. Sept. 1692. au Prevôt de Paris seul. Mais par l'Arrêt du Conseil du Roi du 12. Sept. 1692. au rapport de M. d'Argouges de Rannes, l'adresse a été réformée en faveur des Officiers du Bailliage & Siege Présidial de Beauvais.

M. d'Argentré, art. 277, *verb.* & en sa Seigneurie, nomb. 4. tient que les biens amortis, ou par prescription, ou par composition, ne sont plus de la Juridiction du Seigneur, à moins qu'il ne se soit réservé ce Droit : *Desuit esse in territorio & coactione ejus contra quem plenum jus emancipationis præscriptum est, & hoc jure utimur ;* dit-il, nonobstant le sentiment de du Moulin, qui veut que l'amortissement, & même la consécration de l'Eglise, ne fassent aucun préjudice à la Jurisdiction des Seigneurs. Autrefois les Pairs Ecclésiastiques donnoient Lettres d'amortissement pour les héritages dépendans d'eux, de leurs vassaux ou arriere-vassaux. ¶ Mais les fonds de la plûpart de nos Eglises sont amortis par les Rois avant le Regne de Charles le Simple, où il n'y avoit ni Seigneuries ni Justices patrimoniales ; & il y a plusieurs amortissemens qui réservent la Justice au Roi.

X X V.

A Senlis y a un autre Prevôt, nommé le Prevôt de Ville, qui n'a que moyenne & basse Justice, & connoissance des matieres personnelles.

X X V I.

Sous le nom de moyenne Justice, ledit Prevôt a & peut avoir connoissance du larcin commis en furt, sans autre circonstance aggravante, comme Crochererie, où autre effort.

X X V I I.

Les fourches patibulaires des Hauts-Justiciers doivent être à deux piliers, & sont les liens par dehors les piliers, en signe que lesdits Hauts-Justiciers ont regard aux champs & étendue de haute-Justice & Seigneurie.

NOUVELLE OBSERVATION.

☞ *L'ancienne Coutume ajoutoit, & au contraire les liens des fourches des moyens Justiciers sont* par dedans les piliers, en signifiant qu'ils ont par dessus eux, & sont liés & clos sous autrui : lesquels

quels termes ont été rayés, sauf aux moyens & bas Justiciers à justifier de leurs prétentions en la Cour. Voyez ce que nous avons remarqué sur l'art. 111.]

Sous la Châtellenie de Senlis y a les Châtellenies subalternes ci-près déclarées.

XXVIII.

C'est à sçavoir *le Comté de Beauvais* tenu en Pairie.

Les Evêques & Comtes de Beauvais, qui ont toujours été fort puissans, ont empêché long-temps l'établissement d'un Bailliage & Siege Présidial dans la Ville de Beauvais; mais enfin depuis la rédaction de cette Coutume, & par Edit du mois de Décembre 1582. Le Roi a créé dans cette Ville un Bailliage & un Présidial, qui est présentement un Siege des plus considérables du Royaume, qui s'étend dans quatre Coutumes differentes; sçavoir, Senlis, Clermont, Amiens, Mondidier, & qui est rempli de personnes de doctrine & de probité. Il y a eu divers Arrêts de la Cour intervenus en interprétation de cet Edit, qui sont rapportez pour la plus grande partie par Monsieur Etienne Girard dans son Traité des Offices, liv. 3. tit. 26. *J. M. R.*

NOUVELLE OBSERVATION.

Une partie du Comté de Beauvais fut donnée à l'Evêché environ l'an 1016. par Roger qui en étoit Evêque, & jouissoit de l'usufruit du Comté; & qui en fit céder la propriété par Eudes II. Comte de Champagne son frere, dont ils obtinrent l'amortissement du Roi Robert, par une Chartre qui est dans Louvet, tom. 2. p. 179.

☞ J'ai prouvé ailleurs que ces Seigneurs n'avoient que certains droits domaniaux dans les Fauxbourgs, & que les Evêques avoient la Prevôté & le Domaine de la Ville dés-auparavant, dont le Chapitre possede une portion à différens titres.]

Les Officiers du Comté reclament contre les termes de cet article, que le Comté de Beauvais est sous la Châtellenie de Senlis, d'autant que le Comté étant au-dessus de la Châtellenie, il ne peut pas être compris dans une moindre dignité; & même que par la compilation de 1506. il étoit dit seulement, que Beauvais ressortissoit au Bailliage de Senlis, & non pas qu'il fût, ni de la Châtellenie de Senlis, ni même du Bailliage de Senlis.

On peut répondre que la Châtellenie de Senlis appartenant au Roi, elle est superieure à toutes les Seigneuries voisines. ¶ Il y a eu protestation contre cet article pour tous les droits de Châtellenie, & on fait voir qu'ordinairement Beauvais étoit du Bailliage de Vermandois, qui étoit un des quatre grands Bailliages; que depuis Beauvais & Clermont ont fait un Bailliage particulier, dont Philippes de Beaumanoir étoit Bailly, lequel a été réuni à celui de Senlis, dont le même Philippes de Beaumanoir s'intituloit aussi Bailly; ce qui détruit la superiorité de Jurisdiction prétendue *ab antiquo* sur Beauvais. Je ne prétends pas aussi maintenir que le Comté de Beauvais ait jamais été sujet à la Châtellenie de Senlis, sinon pour les Droits Royaux; mais je crois que la Prevôté de Beauvais, *praepositura seu advocatio*, étoit indépendante du Comté, lorsqu'elle appartenoit à l'Evêque, avant la donation du Comté, suivant plusieurs exemples qu'on a d'autres Evêques.

XXIX.

L'Evêque & Comte de Beauvais *a son Bailly, duquel les Appellations sortissent devant le Bailly de Senlis*, à l'Assise & Siege dudit Senlis: après en descendant de dégré en dégré après les Prevôts Royaux qui y sortissent, qui ci-après sont nommés.

¶ *A son Bailly, duquel les appellations sortissent devant le Bailly de Senlis.*] C'étoit une prétention des Officiers qui avoient rédigé la Coutume en 1506. ce qui a toujours été contesté par les Evêques de Beauvais, à cause de la Pairie, ainsi qu'il paroît au procès-verbal; & quoique ce soit, la possession est demeurée à Messieurs les Evêques, l'appel des Sentences rendues par le Bailly du Comté de Beauvais, en telle matiere que ce soit, ressortissant directement au Parlement. *J. M. R.*

NOUVELLE OBSERVATION.

Appellation.] On a prétendu que l'Edit de création du Présidial de Beauvais lui attribuoit la connoissance des appellations des Sentences du Comté de Beauvais & du Vidame de Gerberoy : Néanmoins en 1596. Messire René Potier obtint des Lettres par lesquelles Sa Majesté déclare que par l'Edit de création du Présidial de Beauvais, elle n'avoit pas entendu rien innover au Ressort & Jurisdiction de ladite Pairie, dont les appellations ressortiront nûement au Parlement, pour en jouir par les Officiers dudit Comté, comme l'on faisoit avant la création du Présidial.

Il y a eu long-tems à Beauvais, un Lieutenant particulier du Bailly de Senlis, de même qu'il y en a à Pontoise, Compiegne & autres Villes.

Il y avoit aussi à Beauvais un Juge des Exempts de cette Coutume, lequel avoit ses provisions du Roi, quoiqu'il fût à la nomination de l'Evêque, & étoit le Juge de ceux qui étoient exempts de la Jurisdiction du Bailly du Comté & du Prevôt, comme il paroît par une enquête de 1498. faite à la requête des Officiers de Senlis. [Néanmoins on prétend que ce Juge des Exempts ne connoissoit que de l'execution, ou défenses d'executer les Sentences pendant l'appel au Parlement, où l'on ne se pourvoyoit que pour le fonds de l'appel.]

¶ Néanmoins on peut voir Lelet sur Poitou, art. 413. au sujet des Juges des Exempts.

Le droit d'Assise que l'article suivant donne au Bailly de Beauvais, doit être proprement appellé

grands Jours, qui étoient une Justice extraordinaire & supérieure attribuée aux Pairs de France:
[& l'on y traitoit particulierement des causes d'appel qui étoient reservées à ces Jours. C'est pourquoi lorsqu'on vouloit avancer en cause d'appel,
il falloit présenter requête, pour proceder hors
Assise ; ce qui se faisoit encore il n'y a pas de
trente ans.

Loyseau des Seign. chap. 6 *n.* 37. veut que les
Pairs laïcs seuls pouvoient tenir les grands Jours.

X X X.

Ledit Evêque & Comte de Beauvais a aussi *son Prevôt de Beauvais*, & si a Prevôt en plusieurs Châtellenies de ladite Comté, Sergens & autres Officiers, les appellations desquels sortissent pardevant le Bailly de Beauvais à son Assise.

Son Prevôt de Beauvais.] Cette Prevôté a été abrogée par l'article 24. de l'Ordonnance de Roussillon, par lequel toutes Jurisdictions qui ont plusieurs degrés en un même lieu, ont été réünies à un *M. I. M. R.*

NOUVELLE OBSERVATION.

Prevôts.] Les Prevôts ont été établis en France au-dessous des Comtes, lesquels gouvernoient encore les Provinces long-tems après que le Royaume fut affranchi de la domination des Romains.

Il y avoit des fiefs annexés à leur dignité de Comtes ; mais ils n'étoient pas perpetuels, & ils étoient élûs à cause de leur merite & de la science & expérience qu'ils avoient sur le fait de la Justice. Ils commencerent à devenir hereditaires en France sur la fin de la race des Merovingiens ; & quoique depuis les Rois Carlovingiens ayent tâché d'empêcher qu'ils ne fussent hereditaires, plusieurs qui étoient dans les Provinces éloignées en ont conservé la possession, jusqu'à ce que Hugues Capet voulant s'affermir sur son Thrône, permit aux Grands de tenir ces dignités en fief, à la charge de lui rendre la foi & hommage ; l'on a depuis institué les Baillifs & Senechaux, tant pour la Guerre que pour la Justice, & pour connoître des causes importantes ; parce que les Comtes ne connoissoient que des causes des pauvres & des personnes médiocres, comme il paroît par les Loix des Lombards, *lib.* 2. *tit.* 45. *l.* 1. & par ce qui est remarqué au chapitre 77. *l.* 3. des Capitulaires de Charlemagne : C'est pourquoi dans les Loix Ripuaires ce mot de *Comes* signifie un simple Juge, *leg. Ripuar. tit.* 55. §. 1. *si quis judicem officialem quem Comitem vocant, interfecerit.* L'on donne encore aujourd'hui le nom de Vicomtes & de Prevôts aux Officiers qui exercent la Justice pour les Seigneurs, de peur qu'ils ne soient détournés de la Guerre, où le devoir & l'honneur les appellent. Au reste la Prevôté dont parle cet article, qui étoit inférieure au Comté de Beauvais, a été supprimée par l'article 24. de l'Ordonnance de Roussillon, comme un second degré de Jurisdiction appartenant au même Seigneur. [Ce Prevôt n'avoit que moyenne & basse Justice, & le Bailly dans l'étendue de sa Prevôté, & le Bailly du Comté, la haute avec les amendes pour les délits au-dessus de soixante livres.] Il y a des Prevôts en plusieurs Châtellenies, comme les Prevôts de Bury, de S. Just, que l'on appelloit Simonville, de Catenois & Goullancourt, de Bresles & de la Vercmes, où il y a des Prevôts qui n'ont que la moyenne & basse Justice, la haute demeurant au Bailly du Comté, & le ressort est demeuré nonobstant les aliénations faites par les Evêques.

X X X I.

Pareillement ledit Bailly de Beauvais a connoissance des appel'ations de toutes les Seigneuries, quelles qu'elles soient, tenans en fief de sadite Comté, & de leurs Officiers : Et si aucunes appellations sont relevées ailleurs, les causes d'appel doivent être renvoyées pardevant le Bailly.

NOUVELLE OBSERVATION.

Nous avons prétendu qu'Auchy, quoique tenu du Comté de Beauvais doit ressortir par appel devant le Bailly Royal de Beauvais ; qu'il en doit être de même de Theres, même pour ce qui est mouvant du fief de Bethecourt, de Fouquerolles, de Tardonne & autres lieux, suivant M. Rault Adrien, sous prétexte que les Justiciables des arriere-vassaux peuvent dépendre d'une autre Justice, quoiqu'ils soient mouvans du fief qui n'a rien de commun avec la Justice. Mais il faut s'en rapporter aux titres & à la possession.

Il y a aussi plusieurs terres dont les amortissemens reservent le ressort aux Officiers du Roi, ce qui est de droit, quoique l'acte n'en parle pas.

X X X I I.

Ledit Bailly de Beauvais juge en son Assise, par le conseil & ordonnance des hommes de fiefs, au péril de soixante sols parisis d'amende, que payeront lesdits hommes de fiefs, s'il étoit dit mal jugé.

NOUVELLE OBSERVATION.

L'on n'est plus tenu d'appeller les Pairs, si non le jour des Assises, & encore sont-ils tenus de convenir de quelqu'un d'entr'eux, ou d'un Gradué, pour juger avec le même Bailly du Comté, lequel est seul Juge aux autres jours, & n'est pas même tenu de prendre ni de compter les voix de ses Lieutenans. Au reste les Pairs peuvent subdeleguer leur droit de juger aux Assises, parce qu'ils sont Juges par la loi, & non pas de simples delegués qui ne peuvent subdéleguer.

XXXIII.

Icelui Bailly de Beauvais, hors Assise, en quelque cas, soit civil ou criminel, en quelque jugement ou exploit de Justice qu'il fasse, juge au péril de soixante sols parisis d'amende, s'il étoit dit mal jugé ou exploité; laquelle amende seroit tenu de payer ledit Evêque & Comte de Beauvais, pource que ledit Bailly est tenu & réputé pour avoué de soi.

NOUVELLE OBSERVATION.

Autrefois les Seigneurs payoient eux-mêmes l'amende pour le mal-jugé de leurs Officiers: Néanmoins nous voyons par d'anciens titres que le Juge des Exempts qui étoit à Beauvais, ne jugeoit pas au péril de l'amende, quoiqu'il fût Officier de l'Evêque, étant à sa nomination. L'art. 27. de l'Ordonnance de Roussillon y assujetissoit encore les Hauts-Justiciers qui ressortissoient nûement à la Cour; mais cette rigueur n'est pas en usage, à moins que les Seigneurs ne soient intimés sur l'appel des Jugemens, où leurs Procureurs ont été seuls parties: autrement l'amende tombe sur les Appellans, qui sont tenus de la consigner, encore que l'appel fût interjetté au Parlement de la Sentence d'un Juge de Pairie pour une somme modique.

L'amende est dûe au Fermier du Siege où elle est adjugée. Pithou sur Troyes, art. 121. mais l'amende de la désertion appartient au Fermier de la Justice où va l'appel, quoiqu'il ait été declaré desert pardevant le Juge *à quo.*

XXXIV.

Aussi au Bailliage de Senlis y a la Baronnie & Chatellenie *de Mello*, la Baronnie & Châtellenie *de Moncy* le Chastel.

NOUVELLE OBSERVATION.

L'on appelloit autrefois Barons les Ministres des Princes; l'on donna ensuite ce nom aux vassaux qui relevoient immédiatement du Roi, comme prouvent Pithou, Ragueau & du Cange, lequel rapporte plusieurs autres significations de ce mot dans les anciens Auteurs. Un des principaux droits des Barons, étoit qu'ils pouvoient se servir des forteresses de leurs vassaux dans les guerres qu'ils avoient; la garde des Villes closes leur appartenoit, & ils y commettoient des Capitaines. Ils pouvoient aussi s'approprier les héritages de leurs vassaux qui étoient à leur bienséance, en les récompensant en d'autres biens de pareille valeur, & non en argent. Les mêmes Barons avoient toute Justice, connoissoient même du guet à-pens, suivant le chap. 4. des Ordonnances de Saint Louis. Dans la plus grande partie de nos Coutumes, la Baronnie est une dignité qui est après celle de Comte, & au-dessus de la Châtellenie; parce qu'autrefois il falloit, pour faire une Baronnie, qu'il y eût deux Châtellenies qui en dépendissent, & que le Baron eût au moins une Ville close, avec tous les droits qui appartiennent au Seigneur Châtelain. L'Ordonnance de Henry III. de 1579. défend de publier aucunes érections de Seigneuries en nouvelles dignités, à moins que ces Seigneurs ne soient de la qualité requise, c'est à sçavoir que la Terre que l'on veut ériger en Châtellenie, ait d'ancienneté, haute, moyenne & basse Justice, droit de Foire, Marché, Prevôté, Péage & prééminence sur toutes les Eglises qui sont au-dedans de ladite Terre; que la Baronnie soit composée de trois Châtellenies pour le moins, qui seront unies & incorporées ensemble, pour être tenues à un seul hommage du Roi. Que le Comte aura deux Baronnies & trois Châtellenies pour le moins, ou une Baronnie & six Châtellenies aussi unies & tenues du Roi. Que le Marquisat sera composé de trois Baronnies & de trois Chatellenies pour le moins, ou de deux Baronnies & de six Châ-

tellenies unies & tenues comme dessus. Les érections de Terres qui n'ont pas ces conditions, ne font qu'à la charge du ressort auquel elles étoient sujettes auparavant à d'autres Jurisdictions; & elles n'attribuent aucun autre droit ni Jurisdiction sur les sujets, que celle que l'on avoit auparavant; ce sont seulement des Dignités par fiction, que nos Coutumes ne reconnoissent point; & ainsi elles ne sont pas indivisibles, comme les véritables Baronnies, ainsi qu'a remarqué M. Charles du Moulin sur l'art. 1. chap. 28. de la Coutume de Loudun. ¶ Nonobstant toutes ces différences, cette Coutume ne distingue que les droits des Seigneurs Châtelains d'avec ceux des Hauts-Justiciers.

Mello & Moncy.] Ces deux familles sont fort anciennes, & même unies par alliance; parceque Dreux de Mello IV. du nom, qui a servi sous Louis le Jeune & sous Philippes Auguste, épousa Ermentrude de Moncy, & il fut fait Connétable de France par Philippes Auguste, après l'avoir servi en la Terre Sainte, & mourut l'an 1218. Il eut un frere nommé Guillaume de Mello, à qui appartenoit la Seigneurie dont parle cet article. [La moitié de Moncy appartenoit aussi en 1159. à Enguerrand de Trie, qui avoit épousé une des deux filles de Dreux de Moncy; & il a passé depuis aux Seigneurs de Dammartin qui en jouissoient encore en 1289.]

Il paroit par le procès verbal que ces deux Baronnies ne sont pas de la Châtellenie de Senlis, quoiqu'elles soient mises au nombre des autres, qui en sont partie: L'on a même depuis annullé un décret d'héritages situés à Mello, fait pardevant le Prevôt Forain de Senlis, qui est Juge ordinaire de la Châtellenie; néanmoins l'un & l'autre sont du Bailliage de Senlis; & Moncy en a été distrait, pour être de celui de Beauvais; c'est pourquoi Mouy, qui est sous Moncy, doit relever de Beauvais.

XXXV.

Le Seigneur de Mello & le Seigneur de Moncy ont chacun son Bailly tenant Assise, en laquelle Assise ressortissent les appellations de leurs Prevôts & Sergens, & aussi des Prevôts, Maire & Sergens des Seigneurs, tenans en fief de leurs Châtellenies; & si les appellans ont relevé ailleurs, lesdites appellations se doivent renvoyer pardevant lesdits Baillifs.

XXXVI.

Les Religieux, Abbé & Convent de Saint Lucien de Beauvais, ont privilege & en jouissent, par lequel ils ont Bailly, Assise & Ressort de leurs sujets & Officiers, comme les autres Baillifs, & sont réputés en ce cas comme Châtelains; mais il convient entendre que leur Eglise est assise ès metes du Bailliage d'Amiens, & leurs Seigneuries sont assises en trois Bailliages; c'est à sçavoir, Amiens, Vermandois & Senlis. Tous leurs sujets desdits trois Bailliages indifferemment sont convenus en leur Justice ordinaire, & aussi ressortissent à l'Assise du Bailly de Saint Lucien, qui tient son Siege en ladite Eglise pour tous lesdits Bailliages, & s'il y a appellations, elles ressortissent *pardevant le Bailly Royal*, sous lequel l'appellation est sujette; c'est à sçavoir, les sujets du Bailliage de Senlis, pardevant le Bailly de Senlis, en son Assise audit Senlis; les sujets dudit Bailliage de Vermandois, pardevant le Gouverneur de Montdidier, qui est la Châtellenie Royale sous qui ils sont sujets; & les sujets d'Amiens, pardevant le Bailly d'Amiens.

NOUVELLE OBSERVATION.

Pardevant le Bailly Royal.] Aujourd'hui tout ressortit à Beauvais, nonobstant l'art. 1. de la Coutume de Montdidier. C'est assez que le chef lieu de la Justice soit dans les cinq lieues, quoiqu'il y ait des dépendances dans le Gouvernement de Montdidier. La même chose a été jugée pour Meru.

XXXVII.

Les Baillifs de Mello, Moncy & Saint Lucien, jugent par le conseil & ordonnance de leurs hommes de fief, aux périls de soixante sols parisis; & au regard des autres jugemens & exploits ordinaires, où lesdits hommes de fief ne sont pas appellés pour juger, lesdits Baillifs jugent au péril de telle amende que dessus, dont les Seigneurs répondront, tout ainsi que dessus a été déclaré du Bailly de Beauvais.

Prevôts Royaux & Baillifs subalternes ressortissans à l'Assise de Senlis.

XXXVIII.

Le Prevôt Forain de Senlis le premier, le Prevôt d'Angy, le Maire de Brenoulle, le Prevôt de Pons, le Prevôt de Pontpoing, le Maire d'Angy, & le Prevôt de la Ville de Senlis.

XXXIX.

Lesdits Prevôts de Pons & de Pontpoing ne sont point de la Châtellenie de Senlis, & si n'ont point d'Assise sur le lieu, comme ont Creil, Chambly, & autres Châtellenies, mais sont simples Prevôts ressortissans à l'Assise dudit Senlis.

X L.

Ladite Prevôté de Pons est une Prevôté ordonnée au moyen d'une association que l'on dit avoir été faite au Roi par les Seigneurs Châtelains de Pons. Et a ledit Prevôt de Pons pour le Roi sa connoissance & ses droits limités, sans rien entreprendre sur les droits du Seigneur Châtelain.

X L I.

Ledit Seigneur Châtelain a pour lui son Prevôt & Officiers, qui pareillement ressortissent à ladite Assise de Senlis.

X L I I.

Les Religieuses, Abbesse & Convent de Moncel, sont Dames usufructuaires de Pontpoing, & le Roi est le propriétaire; & par leur fondation leurs Prevôts & Sergens sont réputés Officiers Royaux: Et veut le Roi, que tous leurs droits se conduisent en son nom, à ses dépens, & soient Officiers Royaux; & ainsi en usent lesdites Dames, & par ce ressortissent en ladite Assise de Senlis.

Heteroclitus ususfructus quia perpetuus est; videtur magis usus, quia Rex aliquid retinet. C. M

NOUVELLE OBSERVATION.

Usufructuaires.] 4. Le Roi Philippes de Valois déclara en l'an 1335. qu'il réservoit la propriété de Pontpoing, & des autres fonds de cette Maison, qui ne pouvoit rien posseder en propre. M. Charles du Molin dit que cet usufruit est irrégulier, parce qu'il est perpétuel, & que c'est plutôt un usage ; d'autant que le Roi a fait des réserves, & créé des Officiers, en ayant pris la protection. En effet, suivant les principes de Droit, l'usufruit ne peut pas être séparé de la propriété sans retour, d'autant qu'elle seroit inutile. *Leg. Si ususfructus, ff. de usufr. leg. cum antiquitas, Cod. de usufr.* C'est pourquoi le Pape Clement V. condamne l'opinion de certains Religieux, qui soutenoient que le Saint Siege avoit la propriété de leurs rentes, & qu'ils en pouvoient conserver l'usufruit, sans contrevenir à leurs vœux : Néanmoins M. Cujas au commencement de son Traité des Fiefs, croit que l'on peut convenir que l'usufruit passera aux successeurs.

XLIII.

Lesdits Prevôts & Sergens de Pontpoing ressortissent comme dessus en ladite Assise de Senlis.

XLIV.

Le Bailly de Beauvais, le Bailly de Mello, le Bailly de Moncy, & le Bailly de Saint Lucien, ensemble tous les Sergens exécuteurs de leurs commissions & exploits ressortissent à l'Assise dudit Senlis.

XLV.

Si en ensuivant les Ordonnances Royaux, les appellans d'un Sergent exécuteur, comme excédant les termes de sa commission, vouloient relever pardevant le Bailly qui auroit donné ladite commission, faire le pourroient.

XLVI.

Les appellans desdits Baillifs, Prevôts, Sergens & Officiers, soient Prevôts ou Sergens Royaux, ou subalternes, sont tenus relever en dedans quarante jours, à compter le jour de l'appellation pour un jour, & le jour du relief pour un autre, sur peine de désertion.

XLVII.

Lesdits appellans peuvent renoncer à leurs appellations, dedans la huitaine du jour de leursdites appellations, sans amende.

NOUVELLE OBSERVATION.

Il ne suffit pas que la renonciation soit faite entre les mains du Sergent, mais il faut encore qu'elle soit signifiée au domicile de la partie, sinon l'appellant est condamné aux dépens faits par l'intimé, qui a demandé que l'appel fût déclaré désert, on avoit pris Lettres d'anticipation ; néanmoins si la renonciation avoit été faite au Greffe, & signifiée au Procureur de la Partie, les poursuites faites par l'intimé tomberoient sur lui. Il en est de même, s'il avoit anticipé dans la huitaine, pendant laquelle l'appellant s'est désisté. Toutefois l'intimé peut comprendre dans la taxe des dépens, ceux qu'il a faits dans la huitaine, pour faire ordonner qu'il sera passé outre, nonobstant l'appel, encore que l'on ait acquiescé à la Sentence dans la même huitaine.

XLVIII.

Si aucuns appellans subalternes, ou sujets des Juges Châtelains dudit Bailliage ont relevé à l'Assise dudit Senlis, *omisso medio*, ils sont renvoyés de ladite Assise pardevant leur Juge d'appel immédiat, chacun en droit soi, s'il n'y avoit aucun attentat ou cause pourquoi on en doive retenir la connoissance.

XLIX.

Les appellations desdits Baillifs de Beauvais, Mello, Moncy & Saint Lucien, se relevent à l'Assise de Senlis, pareillement en dedans quarante jours.

L.

La publication de toutes Assises se doit faire du moins quarante jours devant, & publier en jugement, & attacher ès lieux publics.

LI.

Tous les Prevôts & Sergens Royaux jugent & exploitent sans danger d'amende.

LII.

Lesdits Prevôts & Sergens, s'ils soutiennent leur jugé & exploits avec les parties intimées, s'il est dit mal jugé ou exploité, ils payent les dépens pour moitié, & aussi les acquierent pour moitié, s'ils gagnent leur cause, pourvû que lesdits Prevôts & Sergens soient intimés ès matieres d'appel, ou qu'ils ayent aucun interêt notable concernant leurs Offices & droits d'iceux.

LIII.

Si lefdits Prevôts & Sergens déclarent qu'ils fe rapportent aux parties de foutenir, ou ne fe préfentent point, ils ne doivent nuls dépens ; fi ainfi n'eft qu'il y ait abus ou excès, pour lefquels ils foient pris à partie, efquels cas ils feront tenus de foutenir leur jugé & exploit à leurs périls & fortunes d'amende & de dépens, felon l'exigence des cas.

NOUVELLE OBSERVATION.

Voyez l'article 8. du titre 1. de l'Ordonnance de 1667. & le titre des prifes à partie de la même Ordonnance, fuivant lefquels les Juges peuvent être pris à partie pour la contravention à l'Ordonnance, ou pour déni de Juftice, après les fommations néceffaires. L'ufage de rendre les Juges garants de leurs jugemens, vient du Droit Romain, fuivant lequel il y avoit une peine contre celui qui avoit mal jugé, comme on peut voir par la Loi derniere, *ff. de variis & extraord.* cognit. *tunc enim Judex litem fuam facieb at ;* ce qui avoit lieu à plus forte raifon à l'égard des Juges que l'on nommoit *Pedanés*, qui faifoient profeffion de doctrine & d'expérience, mais cette rigueur n'étoit obfervée que lorfqu'il n'y avoit plus de remede, ni lieu d'appeller ; c'étoit le Juge qui avoit donné la Sentence, qui donnoit Lettres dimiffoires, pour fe pourvoir par appel devant le Supérieur ; ce qui s'obferve encore en Cour Eccléfiaftique.

LIV.

Les Fermiers des exploits & amendes de toutes les Jurifdictions Royales du Bailliage, pourront faire la pourfuite en Juftice des cas, délits & maléfices, dont l'amende excede foixante fols parifis, mais ne pourront *compofer* de telles amendes, que pour les cas & délits jà commis ; ne faire ladite compofition, finon par forme de condamnation, duquel ils feront Fermiers ; & defdites compofitions & condamnations, ils feront tenus conferer & communiquer aux Gens du Roi, lefquels Juges & Gens du Roi feront tenus procéder fommairement & de plein efdites marieres ; ce qui aura lieu, & en fera ufé aux Châtellenies & Jurifdictions particulieres dudit Bailliage & Comté de Beaumont.

Compofer.] Les compofitions dont parle cet article, font abfolument réprouvées par l'Ordonnance de l'an 1554. art. 12. pofterieure à la reformation de notre Coutume, comme elles l'avoient déja été auparavant par une ancienne Ordonnance de l'an 1356. faite par Charles V. qui étoit lors Régent en France, à caufe de la prifon du Roi Jean fon pere ; & je n'eftime pas que toutes les précautions dont fe font avifés les Compilateurs de cet article, pour rendre telles pactions valables, de faire regiftrer la compofition au Greffe, & d'en communiquer aux Gens du Roi, fuffent approuvées par la Cour, d'autant qu'elles commencent *ab illicitis,* étant une chofe odieufe de compofer pour un crime ; & il eft même honteux d'avoir laiffé paffer cet article qui doit être rayé, comme fe trouvant contraire aux bonnes mœurs, & abrogé par un ufage contraire. *M. J. M. R.*

NOUVELLE OBSERVATION.

Nos Hiftoriens remarquent que Saint Louis avoit donné à ferme les Bailliages & autres Jurifdictions, & l'on ne défendoit pas aux mêmes Officiers d'être en même-tems Fermiers des amendes ; mais il eft dangereux d'abandonner la pourfuite des crimes aux Fermiers des exploits & amendes, que l'intérêt particulier rendroit trop ardens, pour découvrir ou feindre tous les jours des crimes qui leur feroient avantageux : Ce font les Procureurs du Roi, ou les Fifcaux, en qui réfide la vengeance publique, nonobftant les accords & tranfactions des parties, qui ne peuvent pas préjudicier à la fatisfaction qui eft dûe au public, d'autant que l'impunité delegue pour ainfi dire aux autres le même crime, fuivant la penfée de Tacite : *Iniquitas quippe mortalium more putredinis per omnia vagaretur, nifi eam medicinalis increpatio minimè feriret,* dit Caffiodore. L'on ne doit pas même recevoir la diftinction de cet article touchant le crime commis d'avec celui qui eft à commettre. De même que les Canons diftinguent les abfolutions pour le mal déja fait, d'avec celui qui eft à faire, à l'égard duquel l'on n'a jamais difpenfé dans la primitive Eglife. Il y a différence entre les particuliers qui peuvent fauver leur vie & leur honneur en tranfigeant, & un Seigneur en qui réfide l'intérêt public, & qui ne doit pas chercher l'occafion d'intimider fes Jufticiables, à moins qu'ils ne foient condamnés dans les regles ordinaires de la Juftice : c'eft pourquoi les Ordonnances de Charles V. de 1359. & celles de François I. de 1535. art. 52. défendent aux Officiers des Seigneurs ces fortes de compofitions pour les crimes.

LV.

Si en telles caufes d'Office y a appellation, le Prevôt Fermier eft réputé partie intimée pour fon interêt ; pourquoi s'il eft dit mal jugé, il eft condamné ès dépens de l'Appellant.

LVI.

Si les Appellans des Prevôts & Sergens Royaux ont mal appellé, ils sont condamnés ès dépens & en l'amende de soixante sols parisis, que prend le Prevôt Fermier chacun en ses termes.

LVII.

Les Appellans des Baillifs & Juges subalternes, qui relevent leur appellation en Assise, ou dehors par anticipation, s'il est dit mal appellé, l'appellant du Juge subalterne, qui n'est Juge Royal, est condamné ès amendes de son sol appel, c'est à sçavoir, en soixante sols parisis envers le Juge duquel il est appellant, & autres soixante sols parisis envers le Roi, qui sont pris & cueillis par le Fermier des amendes pour le Roi qui est en la Châtellenie de Senlis, le Fermier des exploits de la Prevôté foraine, lequel prend lesdites amendes de soixante sols parisis, tant du Juge dudit Bailly, que dudit Prevôt forain.

LVIII.

Les appellans des Sentences données par le Prevôt de la Ville dudit Senlis, s'il est dit bien jugé par ledit Prevôt, & mal appellé par eux, ou que tel appel soit déclaré désert, ne payeront qu'une amende de soixante sols parisis, qui sera levée par le Fermier des exploits du Bailliage, & pareillement des appellations qui seront interjettées du Prevôt de la Ville de Compiegne, du Prevôt de la Ville de Chaumont, & du Prevôt Maire de Pontoise; ce qui aura aussi lieu ès autres Châtellenies particulieres dudit Bailliage, & partout icelui.

LIX.

Par le stile notoire qui est gardé, les appellans, soit en Assise, ou en jour ordinaire, sont tenus de cotter le joug de leur appellation, & de leur relief, pour fonder jugement, sur peine de donner congé de Cour, qui emportera déclaration de la désertion de ladite appellation, & par conséquent mal appellé; s'il n'y avoit aucune cause ou excusation apparente, pour laquelle le Juge de son office & pour juste cause suppléât par l'opinion des assistans, & n'y sert de rien de demander absence en ce cas.

LX.

Le Prevôt Forain de Senlis & autres Prevôts en garde, qui ne sont Fermiers des exploits ne payent aucuns dépens.

LXI.

Les Juges, Sergens & Officiers subalternes, s'ils ont mal jugé & exploité, sont condamnés en soixante sols parisis d'amende pour leur mal jugé, & ès dépens des parties, *idem* des Baillifs Châtelains, qui sont condamnés en pareille amende pour leur mal jugé: mais les Juges Royaux, comme le Prevôt Forain de Senlis, le Prevôt de la Ville, le Prevôt d'Angy, ne payent amende de leur mal jugé.

LXII.

Si le Seigneur a donné la Sentence, ou fait l'emprisonnement ou exploit en personne, dont il est appellé, & il est dit bien appellé, & mal jugé ou exploité, tel Seigneur est condamné en telle amende que dessus, comme les Baillifs Châtelains, pource que le Seigneur est avoué de soi.

La Châtellenie de Compiegne.

LXIII.

Le Lieutenant Général de Monseigneur le Bailly de Senlis, va tenir l'Assise à Compiegne; & s'il a empêchement, le Lieutenant Particulier la tient, à laquelle Assise ressortissent les Prevôts qui ensuivent.

LXIV.

Primò, le Prevôt Forain de Compiegne, qui est le Juge ordinaire & Prevôt Châtelain, comme le Prevôt Forain de Senlis.

LXV.

Le Prevôt de l'exemption de Pierrefons, qui tient son Siege audit lieu de Compiegne, qui est pareillement Juge ordinaire sur ses sujets.

NOUVELLE OBSERVATION.

La Prevôté de l'exemption de Pierrefons fut instituée à Compiegne, pour connoître des causes des Eglises & autres Privilegiés, à l'exclusion des Officiers du Duché de Valois, qui avoit été donné en appanage. On prétend aussi que par un privilege special on lui a attribué la Jurisdiction ordinaire.

LXVI.

Est à entendre que c'est de l'exemption de Pierrefons & dudit Prevôt, qui tient ainsi son Siege audit Compiegne, comme le Prevôt ordinaire. Il est vrai que quand le Duché de Valois fut baillé au Duc d'Orleans par appanage, plusieurs Eglises qui étoient de fondation Royale audit Duché de Valois, s'opposerent que leurs Terres & Seigneuries demeurassent sujettes audit Duché de Valois ; par quoi fut faire cette Ordonnance, d'y commettre un Prevôt pour le Roi, des terres exemptes & amorties, & mêmement des terres assises en la Châtellenie de Pierrefons, qui étoit & est la plûpart dudit Duché, & où il y a plus de terres d'Eglises Royales ; & fut assis & ordonné le Siege dudit Prevôt des exempts à Compiegne, comme la plus prochaine Ville du Roi : & au regard d'autres Eglises & terres exemptes du côté de Senlis, elles demeurent nuement de la Prevôté de Senlis, & encore en jouit le Roi paisiblement ; aussi fait-il de toute l'exemption de Pierrefons.

Les Lettres Patentes du Roi Jean touchant l'exemption de Pierrefons en date du 26 Août 1354. sont inserées dans les Registres de la Cour, en ces termes. *Notum facimus quod cum dilecti nostri, Prapositus, Decanus, & Capitulum Ecclesia Suession. cum eorum familiaribus, rebus, & bonis in singulari protectione & salvagardia Regum existere consueverint & debeant, & eorum subditi à prima eorum Ecclesia fundatione in dicta salvagardia sub nostris resforto & superioritate Regis remanere, ad eorumque noticiam devenerit, quod Castellanias & Villas de Pierrafonto & Vulcheio in quorum Castellaniis & Prapositutis, dum in manu Regis existebant, consueverant resfortiri, charissimo Fratri nostro Duci Aurelianensi tradidimus, nobis humiliter supplicarunt, ut eis, & eorum subditis alterum locum Regium, in quo resfortiri habeant, modo & forma quibus in dictis Castellaniis & Prapositutis resfortiri solebant, assignare vellemus. Nos autem attentis pradictis, ipsis Praposito, Decano, & Capitulo, eorum subditis locum & villam de Compendio in omnibus causis & negotiis sitis, de quibus apud Petramfontem, locum & Villam de Finer, ubi apud Vulebeium resfortiri consueveram, tenere prasentium tam in Prapositurarum quam Bailliviarum sedibus assignamus à dictis Castellaniis, sedibus & resfortis de Petrafonte & Vulcheio penitus eximentes, Baillivisque Silvanecti & Victriaci, ac Praposito forance de Compendio & Praposito de Finis, & cuilibet eorundem prasentibus & futuris mandamus, &c. M. J. M. R.*

LXVII.

Le Prevôt de la Ville de Compiegne a pareille Jurisdiction que le Prevôt de la Ville de Senlis, & ressortit à ladite Assise de Compiegne.

LXVIII.

Le Prevôt de Marigny & le Prevôt de Thorotte pareillement ressortissent à ladite Assise, auquel lieu de Thorotte le Prevôt de Compiegne tient Siege & Jurisdiction, chacune semaine le Jeudy.

LXIX.

Toutes les appellations de tous les Juges, Sergens & Officiers subalternes ressortissent à ladite Assise.

La Châtellenie de Pontoise.

LXX.

A Pontoise y a pareillement Lieutenant Particulier, & y est tenu Assise par le Lieutenant Général, comme ès autres Châtellenies.

LXXI.

A ladite Assise ressortissent le Prevôt Vicomtal de Pontoise, comme le Juge Châtelain.

LXXII.

Le Prevôt & Maire dudit Pontoise, qui est en moyenne & basse Justice comme les autres.

LXXIII.

Le Prevôt de Villeneuve le Roi, & tous les Juges, Sergens & Officiers de toutes les Justices subalternes, ressortissent ausdites Assises, & n'en a point le Prevôt de connoissance.

LXXIV.

Le Prevôt Vicomtal de Pontoise est Prevôt en garde en Office, & n'est tenu payer aucuns dépens ès cas, & ainsi que dit est du Prevôt Forain de Senlis ; & a connoissance des Nobles, & autres matieres à lui attribuées par Edit spécial à lui octroyé par le Roi, & verifié en la Cour de Parlement à Paris.

LXXV.

Sans ladite Châtellenie de Pontoise y a la Châtellenie de l'Isle-Adam, en laquelle
y a

y a assise & ressort, & ont connoissance de leurs sujets par appellations, comme les autres Baillifs, dont ci-dessus a été fait mention, qui semblablement jugent au péril de telle amende que les autres Baillifs, & ressortissent à ladite Assise de Pontoise.

LXXVI.

Les appellans & intimés sont tenus relever & poursuivre leurs appellations comme dessus.

LXXVII.

Aussi les Seigneurs, leurs Juges & Sergens, jugent sous les périls d'amende & de dépens, le tout ainsi que ci-dessus est déclaré.

LXXVIII.

Toutes les appellations interjettées dudit Bailly de Senlis, ou ses Lieutenans en tous lesdits Sieges, soit en Assise ou dehors Assise, ressortissent en Parlement aux jours ordinaires du Bailliage de Senlis.

De la Châtellenie de Chaumont.

LXXIX.

Audit Chaumont y a ordinairement Lieutenant Particulier, comme ès autres Châtellenies, & y va pareillement le Lieutenant Général tenir l'Assise ; s'il n'a empêchement, sous laquelle Châtellenie sont les Prevôts & Baillifs qui s'ensuivent.

LXXX.

Primò, le Prevôt Forain de Chaumont, qui est Juge ordinaire & Prevôt Châtelain, & a un Siege au village de Maigny, pour ce qu'une portion de pays nommée à présent l'accroissement de Maigny, est de présent & dès long-tems adjoint avec & sous ladite Châtellenie de Chaumont ; à cause que c'est loin de Senlis, & qu'on ne veut faire Prevôté & Siege à part.

LXXXI.

Le Prevôt de la Ville de Chaumont a moyenne & basse Justice, comme les autres de Senlis & de Compiegne, & ressortissent à ladite Assise.

LXXXII.

Le Bailly de la Roche-Guyon est sous la Châtellenie de Chaumont, & y ressortit en l'Assise, & juge sous tel péril de l'amende, comme les autres Baillifs & Châtelains dudit Bailliage de Senlis.

LXXXIII.

Ledit Bailly a son assise & ressort, & connoissance de ses Prevôts, Sergens & sujets ; à telle condition, & ainsi que ci-dessus est déclaré, tant en amende que dépens.

Comté & Bailliage de Beaumont sur Oise, maintenu par le Procureur du Roi au Bailliage de Senlis, être Châtellenie ancienne dudit Bailliage de Senlis.

LXXXIV.

Audit Comté y a Bailly, qui a ses Lieutenans & autres Officiers pour le Roi, & a droit d'Assise, où ressortissent le Prevôt Royal dudit Beaumont, ensemble les appellations des Sergens, avec les Baillifs, Châtelains & Juges subalternes dudit Comté.

LXXXV.

Dudit Comté sont les Châtellenies de Persent & Meru, ressortissant par appel en l'Assise dudit Beaumont ; les Baillifs desquelles Châtellenies jugent à péril d'amende, & sont tenus de soutenir leur jugé comme dessus.

La Châtellenie de Creil.

LXXXVI.

Ledit Bailly de Senlis ou son Lieutenant, tient pareillement l'Assise audit Creil, qui a toute connoissance ordinaire, pource qu'il est seul Prevôt.

LXXXVII.

Aussi y a aucunes Mairies Royales, comme la Mairie de Montataire, S. Queux, & autres en matiere de *Sergens fieffés*, & n'est pas grande chose, & les Seigneurs subalternes ressortissent à ladite Assise, & illec n'y a autres Sergens que ceux que y commet le Sergent fieffé par privilege qu'il a, mais il n'en peut commettre que jusqu'au nombre de trois ; c'est à sçavoir deux à cheval, & un à verge, qui sont institués par le Bailly de Senlis, ou son Lieutenant, & sont tenus & réputés Sergens Royaux.

Sergens fieffés.] Des Sergens fieffés, voyez Brodeau en son Commentaire sur la Coutume de | Paris, article 1. nombre 14. *M. J. M. R.*

LXXXVIII.

Les hommes de Fiefs de ladite Châtellenie sont assistans & jugeans pour ledit Bailly, à leurs périls de telle amende que les autres dont ci-dessus est parlé, pource que depuis aucun tems, comme de deux cens ans ou environ, ladite Châtellenie a été réunie en la main du Roi. Et au tems qu'une partie étoit en la main de feu Messire Porrus de la Vercines, qu'on dit qui la confisqua, lesdits hommes de Fief y étoient tenus servir, & depuis y a été ainsi continué.

LXXXIX.

Les Prevôts, Maires, Sergens, appellans & intimés, sont tenus eux conduire, & se reglent en leurs appellations, condamnations d'amendes & de dépens, comme il est déclaré ci-dessus, selon la Prevôté de Senlis.

X C.

Chambly est un petit Siege où ledit Lieutenant va tenir l'Assise, & y a aussi Lieutenant Particulier ordinaire sur le lieu.

X C I.

A l'Assise de Chambly ressortit le Prevôt dudit Chambly, ses Sergens & aucuns sujets de la Seigneurie, qui est de petite étendue.

X C I I.

Ladite Seigneurie de Chambly appartient en usufruit ausdites Religieuses du Moncel, & au Roi en propriété, pour les causes, & ainsi qu'il est dit ci-dessus, touchant la Seigneurie de Pontpoing, & sont au surplus les appellans & appellations de pareille condition, d'amende & dépens que dessus.

TITRE II.

Des Droits appartenans aux Seigneurs Châtelains.

X C I I I.

A un Seigneur *Châtelain*, outre un Haut-Justicier, appartient Assise & Ressort de ses Prevôts, ou Gardes de Justice, ses sujets, pardevant son Bailly en cas d'appel, & autrement par réformation: il a Séel authentique, Tabellion, *Droit de Marché*, & aucuns ont droit de travers, Prieuré, ou Eglise Collégiale, Hôtel-Dieu & Maladerie, Tour & Chastel, s'il lui plaît, fort & pont-levis.

Droit de Marché.] Outre la disposition de cette Coutume, il est encore requis la permission du Roi, auquel il appartient d'accorder tels Privileges, parce que les Coutumes n'ont pû déroger aux droits du Roi, le droit d'accorder marché étant purement Royal par deux raisons; l'une, que *jus mercatus & nundinarum regale est*, comme l'atteste Monsieur d'Argentré sur la Coutume de Bretagne, art. 56. *nota* 1. *num.* 45. où il improuve la Coutume d'Anjou, qui permet aux Barons d'accorder ce droit. L'autre est, qu'il n'est permis à qui que ce soit de faire des assemblées en ce Royaume sans le congé du Roi, sous tel prétexte que ce puisse être: Mais je crois que cet article pourroit servir contre les oppositions des Seigneurs voisins, à la charge toutefois d'accommoder par le Seigneur qui obtiendroit ce nouvel établissement, son jour de marché, avec ceux des autres Seigneurs qui ont pareille faculté au dedans des cinq lieues, aux termes des Réglemens mentionnés aux Arrêts rapportés par Chopin en son Traité du Domaine, liv. 3. tit. 27. n. 7. *M. J. M. R.*

NOUVELLE OBSERVATION.

Châtelain.] Suivant les Historiens de la Ville de Lisle, & M. Expilly, plaidoyé 28. étoit celui qui avoit le gouvernement du Château, & menoit en guerre les bourgeois; mais dans nos Coutumes, c'est celui qui a droit d'avoir Château, Tour Bataillere, & droit d'empêcher les autres d'avoir forteresse: Il a aussi haute Justice, droit de Séel aux contrats, foire, marché & four bannier. Il y a des Châtelains qui ont Abbaye ou Prieuré Conventuel; mais ils doivent avoir la prééminence sur toutes les Eglises situées dans leur Seigneurie; c'est pour ce sujet que Paul Emile les qualifie du nom d'Abbés. Ils avoient aussi plusieurs droits Royaux, dont jamais aucun n'avoit joui avant la concession que Hugues Capet en fit aux Grands du Royaume, afin de se maintenir par leur bienveillance, en se réservant néanmoins la Seigneurie directe des choses dont il leur accordoit la Seigneurie utile. Mais depuis les Rois envoyerent des Commissaires dans les Provinces, que l'on appelloit *Missi Dominici*, pour corriger les abus, & connoître des cas Royaux; lesquels furent ensuite attribués particulierement aux Baillifs Provinciaux, à l'exclusion des Seigneurs. Aujourd'hui l'on a annexé à la plûpart des Châtellenies la qualité de Prevôts Royaux, ce qui augmente leur pouvoir. Les Seigneurs Châtelains avoient aussi deux degrez de Jurisdiction, ce qui leur a été ôté par l'Ordonnance de Roussillon. *Voyez. Loiseau, des Seign. chap.* 7. Il ne leur est pas aussi permis d'accorder la justice à leurs inferieurs au préjudice des sujets du Roi, comme prouve du Molin, *art.* 1. *glos.* 5. *num.* 50. *Cons. Paris.* encore que les Coutumes de Tours & de Lodunois donnent ce droit aux Châtelains & Barons; d'autant qu'il n'y a que le Roi qui puisse créer des Jurisdictions, & les Seigneurs ne peuvent augmenter le nombre de leurs Officiers.

Notre Coutume donne droit d'Assise au Seigneur Châtelain pour corriger ses Officiers sur les plaintes qui s'y font contr'eux. Tous les Justiciers de son ressort s'y doivent aussi trouver : Mais autrefois il n'y avoit que les Reines, Enfans de France, & quelques Grands, qui eussent droit du ressort par un privilege particulier du Roi. Les simples Hauts-Justiciers n'ont pas le droit d'Assise de même que le Seigneur Châtelain : mais les Officiers du Seigneur Châtelain sont obligés de comparoître aux Assises du Bailly, qui se tiennent cinq ou six fois l'année; c'est où l'on juge les causes importantes & les cas Royaux; c'est pourquoi les Baillifs ont toujours été considérés comme les Juges des Exempts & des cas Royaux, même à l'exclusion des Prevôts & autres Juges ordinaires. Les crimes capitaux se jugent aussi aux Assises des Baillifs; c'est pourquoi les autres Juges inférieurs n'ont que la simple instruction des procès criminels où il échet peine de mort.

Au reste, l'on ne peut pas être réputé Châtelain sans ressort; c'est pourquoi dans quelques articles de notre Coutume, Prevôt Châtelain ne s'entend que d'un Juge inférieur à la Châtellenie. [Les Seigneurs Châtelains se prétendent exempts d'établir sur les lieux des Officiers pour rendre justice, & que les Justiciables des arriere-fiefs doivent venir devant leur Juge; mais s'ils ont prévention suivant cet article, ce n'est qu'à la charge du renvoi : ce qui suppose des Officiers sur les lieux, quand même ils seroient eux-mêmes les Seigneurs des fiefs en Justices mouvantes de leur Châtellenie.]

XCIV.

Item, les sujets de toute sa Châtellenie sont bien convenus pardevant son Prevôt Châtelain ou Bailly, lesquels néanmoins sont tenus de les renvoyer, quand sont *requis suffisamment par un Seigneur* son sujet, ayant haute Justice sous lui; sinon toutefois que le demandeur se rapporte de sa demande *au serment* du défendeur; auquel cas le Juge Châtelain en connoîtra, sans qu'il soit tenu en faire aucun renvoi.

Requis suffisamment par un Seigneur.] La partie seule ne peut point en ce cas demander son renvoy; parce que c'est la Justice originaire, & il n'y a que le Seigneur inferieur qui le puisse requerir pour la conservation de ses droits & de la Jurisdiction. Il en faut dire de même à l'égard de la Justice Royale, de laquelle le sujet seul ne peut pas obtenir son renvoy, parce que c'est la Justice naturelle de tous les habitans du Royaume, le Roi étant fondé en Justice universelle; de sorte qu'il n'y a que les Seigneurs Justiciers, qui pour leur intérêt particulier ayent droit de revendiquer leurs Justiciables. Il en iroit autrement, si le sujet étoit attiré à un autre ressort que celui de son domicile; car alors comme étant lui-même interessé, il peut demander le renvoy; & par la même raison il peut décliner, lorsqu'étant de la Justice Royale inférieure, il est directement assigné en la Justice superieure, le particulier ayant intérêt de ne point perdre un dégré de Jurisdiction & les Justices Royales n'ayant aucune prévention les unes sur les autres.

Ce qui est si véritable, que les sujets mêmes ne peuvent proroger la Jurisdiction, ni s'y soumettre au préjudice de leur Seigneur, si ce n'est à la Jurisdiction Royale, & encore est-il nécessaire que ce soit en passant quelque contrat : car s'il paroissoit que ce fût *mutandi judicii causâ* seulement, & pour priver le Justicier de sa Justice, il pourroit demander le renvoy pardevant ses Officiers. Mais si la soumission étoit faite à une Justice non Royale, quoiqu'en passant même un contrat, celui qui s'est soumis ne pourroit pas à la vérité décliner de son chef; mais le Justicier a droit de le poursuivre.

Seigneur,] ou son Procureur Fiscal, & il n'est pas nécessaire qu'il ait à cette fin procuration spéciale du Seigneur, parce que cette réquisition est de son Office, & même dans leurs provisions les Seigneurs y mettent ordinairement une clause qui porte ce pouvoir.

Au serment.] Cette disposition est contraire à celle de la Loi, *Sed etsi*, 28. §. *ex quibus*, 2. D. *de Judic. ex quibus causis non cogitur Legatus judicium accipere, nec jurare cogendus est, quia hoc jusjurandum in locum litis contestatae succedit. M. J. M. R.*

NOUVELLE OBSERVATION.

Le Juge de la Châtellenie ne peut connoître des délits commis par les Justiciables des autres Juges de son ressort qui lui sont inférieurs, à moins qu'ils n'ayent négligé d'informer & decreter dans trois jours, comme il est porté par l'art. 7. du titre de la competence des Juges de l'Ordonnance Criminelle. La même Ordonnance donne aux Baillifs & Senechaux la prévention sur tous Juges non Royaux, lorsqu'ils n'ont pas informé & decreté dans les vingt-quatre heures : c'est pourquoi une information seule dans le tems ne suffiroit pas, sans decret pour arrêter la prévention. Les Juges des Seigneurs soutiennent que l'on ne peut pas proroger la Jurisdiction à leur préjudice, fondés sur la Loi, *si convenerit*, 1. *dig. de Jurisdictione omn. Judic.* Néanmoins la Loi, *si quis in conscribendo*, 51. *cod. de Episc. & Cleric.* & la Loi 1. *digest. de Judic.* sont contraires, d'autant plus que la Justice Royale est la Justice naturelle des sujets du Roi, qui n'a accordé la Justice que par privilege aux Seigneurs. C'est pourquoi cette soumission des parties contractantes, jointe à la force du scel Royal, attribue la Jurisdiction aux Baillifs & Sénéchaux, au préjudice des Juges subalternes, suivant le sentiment de M. J. M. R. Chopin *de dominio, lib.* 2. *cap.* 7. *n.* 4. *in margine,* & Mornac sur la Loi 1. *digest. de judiciis,* veulent même que l'on puisse proroger la Jurisdiction au préjudice d'un autre Juge Royal, *eo quod Rex nihil perdat ;* mais Bacquet des droits de Justice, chap. 8. nomb. 7. est d'avis contraire. [La soumission de Jurisdiction à la Justice Royale par contrat, sur lequel l'on a obtenu Sentence, souffre beaucoup moins de difficulté, & attire toutes les procedures, executions & saisies qui peuvent venir en consequence.]

Les soumissions de Jurisdiction ont effet, nonseulement entre les contractans, mais aussi à l'égard de leurs veuves communes en biens, & de leurs héritiers, qui sont tenus des faits & promesses du défunt, ainsi qu'a remarqué M. d'Argentré, art. 11. *in verbo* est fait & censé. Si les Justiciables des Hauts-Justiciers sont bien convenus, suivant cet article devant le Châtelain ; à plus forte raison ceux des Juges subalternes le sont-ils devant les Baillifs & Sénéchaux, sauf leur renvoi.

Lorsque quelques-uns des interessés sont de différentes Jurisdictions subalternes, l'on peut les faire assigner pardevant les Juges superieurs, *argum. leg.* 1. *&* 2. *ff. de quibus reb. apud. eumd. Judic. eatur.* & suivant les autorités qu'en rapporte *Joannes à Sande, lib.* 1. *tit.* 1. *definit.* 2.

La cause devroit être aussi devolue à la Jurisdiction Royale, superieure & immediate, lorsque le Juge de la Seigneurie se trouve parent de l'une des parties, sans être obligé de proceder pardevant un Praticien, dont on a de la peine à obtenir justice.

X C V.

Item, tel Bailly dudit Seigneur Châtelain peut réformer en tout tems, aussi-bien en Assise que dehors, les Juges & Officiers, hauts, moyens & bas Justiciers sujets à sa Châtellenie, des abus par eux commis, & pareillement les vassaux, à ce appellés les autres Pairs & compagnons, qui sont sujers à assister ès Jugemens de la Justice dudit Seigneur Châtelain, avec lesdits vassaux qu'on veut réformer. Aussi le Sergent exécuteur du Bailly, ou Prevôt Châtelain, est tenu demander *assistance* au haut-Justicier, ou à ses Officiers ; mais quand ledit Bailly ou Prevôt, ou leurs Lieutenans besognent en personne ès termes de ladite Châtellenie, ils ne sont point tenus demander assistance. Néanmoins un Sergent seul peut sans assistance prendre un délinquant, & sa prise étant faite avant le transport, le notifier à tel haut Justicier, ou son Juge, pour ôter les abus qu'ils pourroient commettre, & sont tenus lesdits Pairs & compagnons juger à leurs périls & fortunes & danger *de telle amende que dessus* envers le Roi, en tous les procès des Assises & autres ; si à ce faire ils sont appellés par le Seigneur Châtelain ou son Bailly : & où ils ne sont appellés, tel Bailly est avoué de soi-même de juger au danger du Seigneur Châtelain sous telle amende.

Assistance.] Les Sergens Royaux sont dispensés de prendre cette assistance par l'article 90. de l'Ordonnance d'Orleans & autres qui ont suivi.

Il y a accord homologué au Parlement le vingtcinquiéme Janvier 1402. par lequel les Sergens de l'Evêque & du Chapitre de Beauvais peuvent ajourner leurs sujets dans les terres l'un de l'autre. *M. J. M. R.*

NOUVELLE OBSERVATION.

De telle amende que dessus.] Cet article, ni les précédens, ne specifient pas quelle est cette amende : mais il est constant qu'elle étoit de 60 livres parisis, comme prouve du Molin *ad Stylum Parlamenti, part.* 3. *tit.* 6. *Joannes Galli, quæst.* 73. *num.* 119. 169. *& 207.* L'Ordonnance de Rouillilon de l'année 1363. art. 27. avoit aussi voulu rétablir cette amende de 60 livres parisis contre les Hauts-Justiciers ; mais si elle étoit suivie à la rigueur, le meilleur Juge seroit bientôt ruiné ; les premieres Sentences ne sont pas toujours les plus injustes. La verité se découvre souvent dans la bouche & le visage des parties, au lieu que dans la chaleur & la longueur des procedures étant affermis dans leurs mensonges par les conseils des Praticiens, ils se font un front qui ne sçait plus ce que c'est que de rougir, & l'artifice suggere une infinité de moyens qui obscurcissent entierement la vérité, qui paroît toujours d'abord par quelque rayon. Il faudroit encore que nos maximes fussent certaines & uniformes, afin de rendre les Juges garants de leurs Jugemens : mais elles sont si différentes, qu'il semble que la plûpart des questions de droit soient presqu'aussi arbitraires parmi nous que celles de fait ; & l'on peut dire très-souvent la même chose que ce vieillard dans Terence, *Phormionis actu* 3. *scen.* 4. qu'il revenoit plus incertain qu'auparavant, après avoir consulté trois Jurisconsultes sur son doute. Le peu d'exercice qu'ont la plûpart des Juges à cause de la multiplicité des Jurisdictions, fait aussi qu'il n'y en a presque point qui sçachent leur métier, s'attachant plûtôt à entreprendre les uns sur les autres qu'à s'instruire dans les regles de leur devoir. Combien y en a-t'il encore tous les jours dont la fermeté se laisse vaincre par la complaisance qu'ils ont pour les personnes d'autorité ou d'intrigue, & pour ceux qui leur peuvent nuire dans l'imposition des charges publiques, *offensionum metu segnius consulunt,* dit Tacite, *lib.* 3. *cap.* 7. Et S. Justin Martyr au commencement de la seconde Apologie, remarque que la préoccupation, la complaisance & la précipitation sont les vices les plus ordinaires des Juges. Mais ces défauts ne sont plus aujourd'hui punis dans le For extérieur ; Nous n'avons à rendre compte des mouvemens de nos cœurs qu'à celui qui jugera nos justices, & l'on ne peut intimer les Juges en leur nom, à moins qu'ils n'ayent jugé par surprise, ou qu'ils n'ayent été corrompus par quelque voie illicite.

TITRE III.

Des cas appartenans au Haut-Justicier.

XCVI.

Meurtre, rapt, boutefeu, peché contre nature, de toutes batteries & mutilures faites de fait à guer, & de propos déliberé, sans port d'armes, & *maximè* à la requête & priere d'autrui, par don, promesse ou autre chose, de tous ports d'armes, de chaude-colle, la connoissance en appartient au Haut-Justicier, si le cas n'est que la connoissance en doive appartenir au Roi ou à ses Officiers, ainsi comme dit est. Il a semblablement en sa Seigneurie & haute-Justice regard sur les *mesures*; fait mésurer & étalonner les poids & mesures dont l'on use en sadite haute-Justice : il fait faire tous *cris publics*, donne congé de prendre prix & joyaux pour jouer à la paume, aux barres & autres jeux, asseoir *bornes*, & punir les arracheurs d'icelles bornes pour gagner terres; a regard & connoissance sur les *voiries* : il a semblablement connoissance des *auvens* sur rues, & ne peut aucun piquer, houer, abbattre ou émonder *arbres* sur la voirie, sans son congé ou licence, & apposer bornes entre les Jurisdictions & terroirs de Seigneurie : il peut donner congé de mettre auvens, enseignes de tavernes, & autres exploits.

NOUVELLE OBSERVATION.

La différence de haute, moyenne & basse Justice a peu de rapport avec le *merum imperium & mixtum & jurisdictio simplex*, d'autant que nos Hauts-Justiciers, ni même les Châtelains, n'ont pas le *merum imperium*, à l'égard de plusieurs crimes qui sont réservés aux Baillifs & aux Présidiaux. Ils n'ont pas aussi le *mixtum*, ni même de Jurisdiction en plusieurs matieres civiles; & à l'égard de certaines personnes le droit attribuoit encore au *mixtum* les restitutions en entier, qui ne peuvent être adressées à nos Hauts-Justiciers, ni même aux Châtelains des Villes. L'on peut ajouter qu'en France nos Juges qui ne sont considérés que comme mandataires, ne peuvent pas déleguer à d'autres leur pouvoir, comme on en usoit à Rome à l'égard des droits qui competoient *proprio jure Magistratûs*, à la différence de ceux qui n'étoient attribués que par le bénéfice de la loi, pour lesquels on ne pouvoit commettre. Les Seigneurs n'ont en France la Justice que par une concession expresse du Souverain, parce que c'est le premier droit de sa Couronne qui ne devroit pas être moins alienable que son Domaine : toutefois plusieurs estiment qu'elle se peut acquerir par une possession immémoriale : mais cette possession ne se doit prouver que par des titres, & non par témoins, suivant Loyseau des Seigneuries, chap. 4. n. 65. quoique Bacquet soit d'avis contraire, *chap. 5. des droits de Justice.* Néanmoins quelque concession qu'il y en ait, les cas Royaux sont toujours exceptés. C'est pourquoi notre Coutume ne peut pas donner au Haut-Justicier la connoissance du meurtre qui se commet *pensatis insidiis*, quoiqu'autrefois elle ait été attribuée aux Barons par un privilege singulier. Les Hauts-Justiciers n'ont que la poursuite & la capture de ceux qui sont prévenus de ce crime, à la charge de les mettre aussi-tôt entre les mains de ceux qui en doivent connoître; ce qui est confirmé par la Coutume de Tours, art. 56. qui ôte aux Hauts-Justiciers la connoissance du guet à pens.

Le rapt, nonobstant cet article, est prétendu un Cas Royal, quoiqu'il ne soit pas Prevôtal.

Nous soutenons la même chose pour l'incendie, aussi-bien que pour l'homicide commis en chemin public, suivant Bacquet des droits de Justice, ch. 7. nombres 1. & 13. Car quoique ces cas ne soient pas précisément marqués parmi les Cas Royaux dans l'article 11. de la competence des Juges de la nouvelle Ordonnance, il suffit qu'ils soient attribués par autres Ordonnances & Reglemens, comme il est porté par le même article. ¶ Par Arrêt du 26 Juin 1614. en cette Coutume, Julien d'Ambreville accusé d'avoir mis le feu en la maison de Charles d'Ambreville son frere située à Boury, proche de Chaumont, fut renvoyé devant le Bailly Royal de Chaumont, pour son proces lui être fait. Depuis par Arrêt de Reglement du 26. Juin 1652. entre les Prevôt, Chanoines & Chapitre de S. Gervais de Soissons, prenant le fait & cause pour leurs Officiers de Chelles, & Me Guillaume Bontems, & Me Jean le Feron, Procureur du Roi, a été dit que lesdits Officiers de Chapitre n'ont aucune connoissance du cas d'incendie & autres cas Royaux, nonobstant les termes de la Coutume de Senlis en cet article. Loyseau, des Seigneuries, chap. 14. n. 29. estime que le port d'armes doit être joint avec une assemblée illicite pour en exclure le Haut-Justicier *in concursu, turba, seditione.*

☞ *Portationis armorum cognitio pertinet ad Regem privativè ubicumque facta fuerit, maximè si publicè, & cum multitudine gentium, putà decem, vel in itineribus publicis. Stil. antiq. Parlam. c. 29.* Mais Boutillier, liv. 2. tit. 2. de sa Somme Rurale, tient que le cas est Royal, lorsqu'il y a plus de trois hommes armés ou embâtonnés, qui de fait ayisl font assaut *per turbam coadunatam.*]

Pour ce qui est du vol avec effraction, c'est un cas Prevôtal, quoique commis par un domicilié, sans qu'il soit besoin qu'il y ait port d'armes & violence publique, parce que la particule *&* dans l'Ordonnance n'est conjonctive qu'à l'egard du vol avec effraction, lequel suffit seul pour établir la competence du Prevôt, pourvû que le crime soit commis hors du lieu de sa résidence.

A l'égard des assassinats prémédités, la même Ordonnance ne demande pas qu'il y ait port d'armes, & l'on ne considere que la volonté effective, quand même quelqu'un de ceux qui auroient conspiré pour le même dessein n'auroit pas assisté à l'action ; & il suffit pour lors que ce qui a été conçû & arrêté par plusieurs, soit executé par un seul, suivant la Loi 1. §. 3. *ff. ad leg. Cornel. de sicar.* & la Loi 7. *Cod. eod.* Il en est de même de celui qui a donné ordre de tuer, lequel est puni de la même peine & par le même Juge que le mandataire, à moins qu'il n'ait revoqué ses ordres, les choses étant encore entieres, *leg.* 15. §. 2. *ff. ad leg. Cornel.* Néanmoins on prétend que si l'on avoit commandé de donner seulement des coups de bâton avec défenses de tuer, l'on ne seroit pas puni comme homicide, si le mandataire avoit excedé sa commission, *argum.* §. 8. *Inst. de mandat.* Mais il faut considerer les circonstances, *cum occidisse videatur qui occasionem mortis præbuit, leg.* 51. *ff. ad legem Aquil. injuria occidit, qui dolo vel culpâ etiam levissimâ occidit, leg.* 44. *ff. ad leg. Aquil.*

Le grand Coutumier, chap. des Droits appartenans au Roi, y comprend les péchés contre nature, mais l'adultere passe pour délit, qui appartient à Haute-Justice. *Cap. de leg. And. cap.* 42. *num.* 7.

Mesures.] Etalonner les poids & mesures, appartient au Haut-Justicier, suivant cet article, & non pas seulement au Roi, comme a remarqué Bacquet des Droits de Justice, chap. 27. Néanmoins les Maire & Pairs de Beauvais ont protesté sur cet article, que ce droit ne pouvoit être donné à autre qu'à eux, sous prétexte qu'il y avoit en leur Hôtel des aulnes & mesures pour étalonner, & que la grande composition de l'an 1276. leur donne la garde des mesures & balances à étalonner, dont on prétend que la visitation prise, Justice, correction & Seigneurie, appartient à un Seigneur que l'on nommoit *Telonearius*, qui tient ce droit en fief & hommage de M. l'Evêque ; comme ce fief a été partagé l'an 1280. la connoissance des poids & mesures est échûe au lot du fief de Moncavrel, à l'exception du poids & des balances des graisses qui dépend de celui de Morecour, & du poids des lins & chanvres, & des aulnages des draps & toiles qui sont au College de Beauvais à Paris. Le fief Moncavrel fait partie de quatre, appellés les fiefs d'Hucqueville, autrefois possédés par le Chancelier de Corbie, & maintenant par M. Vigneron Président au Présidial. A l'égard de la punition, correction & espal des mesures à grains, elles appartenoient au Châtelain ; mais lorsqu'il y avoit fausseté en la mesure, il semble que le cas étoit de haute-Justice.

Il faut prendre garde que la mesure dont les Seigneurs se servent pour percevoir les droits de leurs pressoirs bannaux, ne soit pas trop grande, quoiqu'il y ait quelque clou ou marque qui distingue ce qui leur est dû, parce que c'est un prétexte pour exercer plusieurs vexations.

Cris publics.] Néanmoins les proclamations & affiches ne doivent être qu'au nom du Roi. C'est ce qui étoit aussi observé dans l'Empire Romain, comme nous voyons en la Novelle 37. chap. 15. qui déclaroit les biens confisqués pour ce sujet : Mais puisque nos Coutumes autorisent ces cris, il faut au moins qu'ils soient en même tems au nom du Roi & du Seigneur, Mais par la plûpart des Coutumes, le droit de cri public n'appartient qu'au Seigneur Châtelain.

Bornes.] L'on a toujours gardé de la severité contre ceux qui ont arraché les bornes, jusqu'à les punir d'une peine capitale : Néanmoins la Loi *Agraria*, dont Jules César fut Auteur, se contentoit de la peine de 50 écus d'or, comme il paroit par la loi derniere, *ff. de term. mot.*

Mais les Loix 1. & 21. du même titre permettent d'agir extraordinairement, & veulent que la peine soit proportionnée à la qualité de la personne : C'est pourquoi l'une de ces Loix porte, que, *si per ignorantiam aut fortuito casu lapides sublati sint,* ce qui veut dire, enlever des bornes, *sufficit eos verberibus coerceri, leg.* 2. *ff. de term. mot.* Car quoique ce ne soit pas un crime, néanmoins l'ignorance n'en est pas excusable, parce qu'elle porte préjudice au prochain. Il est même des maximes, que lorsque les bornes se trouvent couvertes, l'on est tenu de prouver que ç'a été par cas fortuit, parce qu'en matiere criminelle, lorsque le crime est constant, l'on présume toujours du dol. Les Loix des Lombards ont jugé les bornes si sacrées, qu'elles punissoient de mort ceux qui avoient la témerité de les ôter de leur autorité privée, *Leg. Longobard. tit.* 96. §. *ult.* Pithou sur Troyes, art. 130. & 131. fait aussi difference des bornes apposées par Justice, comme le desire cet article, d'avec celles qui ont été mises par des particuliers, dont les transgresseurs sont punis de moindre amende, au lieu qu'à l'égard des premiers, il semble que l'on doive suivre la disposition de la Loi premiere, *ff. de term. mot. terminorum avulsorum pœna pecuniaria non est, sed pro conditione admittentium transigendum.* Au reste, le Haut-Justicier peut mettre bornes entre les Seigneuries de ses inferieurs, pourvû qu'elles ne soient pas plantées le long du chemin Royal ; mais le moyen les peut asseoir seulement entre voisins à la Ville & aux champs, au lieu que le bas ne le peut qu'entre les héritages des champs. Il n'est pas aussi défendu aux voisins de mettre des bornes entre leurs Terres sans permission du Juge, lorsqu'ils sont d'accord entr'eux ; mais elles ne sont pas si inviolables, & ne préjudicient pas à ceux qui n'y ont pas été appellés.

On peut agir civilement & criminellement, *propter terminos dolo malo motos,* mais l'on ne peut plus agir après trente ans pour ce sujet, suivant la Loi derniere, *Cod. fin. regund.* à l'exception des cinq pieds qui étoient imprescriptibles, *leg. penult. Cod. eod.*

S'il n'y a pas des marques recentes pour distinguer les héritages, le Juge aura égard aux monumens antiques, & aux conjectures qui se tireront des anciens papiers. L'on aura même égard à la déposition des anciens, sinon l'on s'en rapportera au dire d'Experts & Mesureurs qui planteront des bornes pour l'avenir, *leg.* 2. *& 8. dig. & leg.* 3. *Cod. eod.*

Pour ce qui est des limitations de Justice, l'on a recours ordinairement à la Justice Royale, à moins que celui dont ils tiennent, ne soit leur Seigneur commun.

Voiries.] La connoissance des Voiries appartient aux Juges Royaux, non-seulement pour la refection, entretenement & entreprises qui s'y font, mais aussi pour les délits qui s'y commettent, *viæ publicæ sunt de regalibus, tit. quæ sint regal. in usib. feud.* M. Lebret, liv. 2. de la souveraineté du Roi, chap. 13. atteste que la Cour l'a toujours ainsi jugé sur les conclusions : Et quoique le Seigneur soit fondé en titre pour la Voirie , néanmoins le Roi a la prévention pour les délits ordinaires commis sur les grands chemins , & connoît à leur exclusion des cas Royaux & Prévôtaux.] C'est ce qui est confirmé par Bacquet, des Droits de Justice, chap. 7. où il cite un ancien Arrêt de l'an 1290. Je ne parle pas des droits de Voiries dans les Villes & Bourgs, en vertu des titres, où les Juges Royaux n'ont aucune prévention , s'ils ne l'ont en vertu de la Coutume.] Pour ce qui est des hayes qui sont sur la voirie, le Seigneur n'en a pas la tonte, pourvû que le particulier veuille ôter ce qui incommode.

Auvents] appartiennent au Haut-Justicier , & principalement à celui qui a la voirie ; c'est pourquoi dans Beauvais le Comte y a droit , même à l'égard des maisons qui sont de la Jurisdiction du Chapitre , & connoît de tout ce qui est étalé au dehors , à cause de la Voirie qui appartient au Seigneur Evêque , comme a remarqué Maître Adrien.

Arbres.] Les arbres qui sont sur le chemin , sont du nombre des choses que le droit appelle publiques, quant à l'usage , & dont néanmoins la propriété appartenoit à ceux qui avoient des héritages voisins, §. 4. *inst. de rer. divis.* Mais selon notre usage, on les doit plutôt comprendre au rang de celles que l'on nommoit *res universitatis*, qui sont destinées pour l'usage & la commodité de tous les Citoyens. §. 6. *ibid.* c'est pourquoi un particulier n'y peut pas toucher, sans commettre un larcin envers le public ; mais le crime est bien moindre que si l'on avoit arraché des vignes ou des arbres fruitiers, comme l'on peut voir au titre, *arborum furtim cæsarum* , ff. à cause du préjudice qu'en souffrent les particuliers ; & souvent pour la malice de l'action.

Mais il n'en est pas de même quand des Paisans prennent dans des forêts ce que la nature semble avoir produit pour l'usage commun de tous les hommes , & qui peut-être emporté sans dégradation : l'on se contente pour lors d'une amende pécuniaire ; de même qu'à l'égard de celui qui émonde des arbres sur la voirie sans en avoir permission. L'on doit aussi avoir recours à la Justice , pour faire abattre les arbres qui sont dans l'héritage du voisin , à moins de cinq pieds de distance , *leg. ult. ff. fin. regund.* On peut même les faire émonder jusqu'à quinze pieds , s'ils jettent si loin leurs branches , que leur ombre soit nuisible , *leg.* 1. §. 7. *ff. de arborib. cædend.* Paul. *lib* 5. *sent. tit.* 6. *Capola, cap.* 81. *de servit. urban. præd.* ¶ On ne s'arrête pas aussi beaucoup à la distance , lorsqu'ils sont au-dessous du soleil , pourvû que les racines n'endommagent pas le mur , qui appartient pour le tout ou pour partie au voisin , & que les branches n'empêchent pas la pluie d'arroser le pied du mur du voisin.

Licet judicium communi dividundo n'ait pas lieu *in rebus universitatis* , néanmoins le Seigneur peut demander le tiers des pâturages communs , suivant M. Bouguyer , ler, P. n. 2. Mais les tenanciers ne peuvent pas entr'eux partager les deux autres tiers ; c'est la consolation de celui qui n'a plus de bien ; d'avoir sa part dans les communes qu'on ne lui peut ôter.

X C V I I.

Le Haut-Justicier a connoissance des *espaves* , *confiscations* & *trésors* trouvés en sa Justice , & viennent à son profit ; sur lequel droit de confiscation le moyen Justicier doit prendre soixante sols parisis pour son droit d'amende sur ses Justiciables , quand il en fait diligence.

NOUVELLE OBSERVATION.

Espaves.] L'art. 14. de la Coutume d'Auxerre, veut que la chose trouvée soit dénoncée par un cry public , aussi-tôt qu'elle sera trouvée , & que l'on continue encore à la publier par trois quinzaines consécutives, avant que de la pouvoir vendre , à moins que la chose ne soit de peu de valeur ; auquel cas une seule criée & quinzaine suffit. Il y en a qui mettent parmi les biens vacans qui appartiennent au Seigneur : les biens des Aubains , comme du Molin sur l'art. 41. de la Coutume d'Anjou , & plusieurs autres ; mais l'article 253. d'Amiens, & l'article 3. de Valois qui les réservent au Roi , sont de forts préjugés pour les Coutumes qui ne les donnent pas distinctement aux Seigneurs. Au reste, les Espaves ne peuvent plus être retenues , quand on reconnoît celui à qui elles appartiennent : *Multæ sunt peccato putant esse , si alienum quod invenerint teneant & dicunt : Deus mihi dedit , cui habeo reddere ? dicentem hoc peccatum simile esse rapinæ , si quis inventa non reddat.* Hieronymus ad Leviticum.

Confiscation.] La confiscation appartient , suivant cet article , au Haut-Justicier , à l'exclusion du moyen & du bas , quoique la condamnation soit rendue par un Juge Royal , & même pour un cas Prévôtal , dont la connoissance est interdite au Seigneur , lequel doit renvoyer dans trois jours l'Accusé : néanmoins s'il s'agissoit du crime de leze Majesté en tous ses chefs , d'herésie non tolerée , ou de fausse monnoye , elle appartiendroit au Roi. Mais dans les autres cas chaque Seigneur prend les meubles ou immeubles qui se trouvent en sa Justice , quoiqu'en matiere de succession les meubles suivent le domicile où le défunt les a transmis à son héritier , la raison est que le condamné n'étant representé par aucun héritier , ses biens sont considerés comme des Espaves. Néanmoins si la confiscation n'avoit pas lieu en la Coutume du domicile du condamné , ses heritiers succedent à tous les meubles , en tel lieu qu'ils se trouvent , & aux immeubles situés dans la même Coutume. Pour ce qui est des dettes actives du condamné , elles appartiennent entierement au Seigneur du domicile où la confiscation a lieu , parce que les actions sont attachées à la personne , n'ayant aucun corps palpable. Toutefois on distrait une certaine partie des biens , pour servir d'alimens aux enfans ; & leur tenir en quelque façon lieu de legitime , eu égard à leur qualité. Le Roi est tenu dans l'an & jour de vuider ses mains des biens acquis par confiscation ; mais il peut en retenir la Justice. Loyseau des Seigneuries , chap. 12. n. 22.

Trésors.] Le trésor est défini en droit , *pecunia quæ olim condita , nunc cum reperitur , à quo con-*

dica, aut cujus sit, ignoratur, leg. 31, §. 1. *ff. de acquir. rer. domin.* L'Empereur Adrien avoit ordonné, suivant les principes de l'équité naturelle, que le trésor appartiendroit entierement à celui qui le trouveroit dans son fonds, ou dans un lieu sacré ou religieux ; mais que si c'étoit dans l'héritage d'autrui, ou dans un lieu fiscal ou public, la moitié appartiendroit au Maître, & l'autre partie à l'inventeur, pourvû que ce soit par hazard, &

sans aucune recherche affectée, & qu'il fasse aussitôt sa déclaration au fisc, autrement qu'il en seroit privé, s'il vouloit s'approprier la part qui lui appartient, *leg.* 3. §. *ult ff. de jure fisci.* Mais cet article les attribue entierement au Haut-Justicier, nonobstant les protestations du Procureur du Roi, qui prétendit que les trésors, & principalement en or, qui se trouvoient dans le Royaume, étoient un droit de Souveraineté.

XCVIII.

Le Haut-Justicier a connoissance de punition corporelle, comme d'abscission de membre, fustigation, bannissement de sa Terre & Seigneurie, reléguer à tems, de déporter, ou bannir à toujours, & faire déclaration de confiscation.

XCIX.

Le Haut-Justicier connoît des cas criminaux qui sont de sa Jurisdiction, de toutes causes réelles & possessoires, ci-dessus déclarées & civiles : passer les decrets en sa Cour, pourvû que les criées ayent été publiées au lieu de sa Seigneurie par son adjugé, & non par obligation du Séel Royal, pource que de tel Séellé il ne peut avoir connoissance.

NOUVELLE OBSERVATION.

Quoique cet article donne au Haut-Justicier les causes possessoires, néanmoins les Juges Royaux ont la prévention pour toutes causes possessoires en matieres prophanes, & en connoissent à leur exclusion, en matieres bénéficiales, dans lesquelles il est au choix du demandeur d'agir devant le Juge du domicile du défendeur, ou devant celui de la situation du bénéfice.

Le Haut-Justicier ne connoît pas aussi des matieres de Dixmes, à moins qu'elles ne soient tenues en fief de lui, & encore en ce cas la prévention en appartient-elle aux Juges Royaux.

Loyseau des Seigneuries, chap. 20. n. 20. & 24. estime que les Hauts-Justiciers n'ont pas la Police, c'est-à-dire, le droit de faire des Reglemens, mais seulement l'exécution d'iceux.

Ils n'ont pas aussi le droit de Notariat, ni le ban & le cri public, lesquels appartiennent au Seigneur Châtelain, & non au Haut-Justicier. Le même Auteur prouve aussi que le Haut-Justicier ne peut pas adjuger par décret, ni volontaire, ni forcé. Néanmoins cet article lui permet, pourvû que les criées ayent été publiées au lieu de sa Seigneurie par son adjugé ; mais il semble qu'il ne peut pas passer les decrets des biens situés hors sa Jurisdiction, d'autant que l'article 244. veut aussi que les publications soient faites en la Justice du lieu de leur situation. Il est vrai qu'elles se font à présent à l'issue des Messes Paroissiales ; mais on voit toujours quelle a été l'intention de la Coutume de ne pas étendre leur pouvoir hors leur territoire ; ¶ c'est ce qu'on prétend avoir été confirmé par Arrêt en faveur du Lieutenant Général de Beauvais du 21. Août 1655. qui veut que les criées des biens situés en la mouvance du Roi, soient renvoyées à ses Officiers, qui seuls peuvent certifier les criées, même des decrets passés en la Pairie. La question est encore agitée, si cet Arrêt s'entend de la mouvance du Roi, médiate ou immédiate, & si le Bailly du Comté ne peut pas encore adjuger par décret en vertu de ses Sentences, les biens tenus des Seigneurs mouvans du Roi médiatement ou immédiatement.

Le Haut-Justicier ne connoît que des cas non Royaux, commis dans les chemins de traverses, appellés *via vicinales.*

Cet article interdit aussi au Haut-Justicier la connoissance du Séel Royal, ce qui a été confirmé par un Edit du 2. Juillet 1566. vérifié au Parlement le 6. Décembre, par lequel il est défendu aux Hauts-Justiciers dans le Ressort ou Bailliage de Senlis, de connoître des differens en exécution du Séel Royal ; lequel Edit est cité par Guenois en sa Conférence des Coutumes, titre 3. des droits de Justice, où il renvoye aussi à la Conférence des Ordonnances, liv. 2. tit. 14. Et quoiqu'ils soient Seigneurs Châtelains, ils n'en peuvent aussi connoître, à moins qu'ils n'en ayent une concession particuliere du Roi, d'autant que le cas Royal est toujours excepté.

L'Evêque & Vidamé de Gerberoy obtint pour son Vidamé quel Séel bon lui sembleroit, de Charles Régent en l'an 1359. & ses Officiers ne s'opposerent pas à la publication de cet article en 1507. comme ils ont fait depuis, lors de la derniere redaction : C'est pourquoi on prétend qu'ils n'ont pas un pareil droit pour le Vidamé, comme ils ont pour la Pairie.

Il ne suffit pas aussi que le Séel Royal soit compris dans un dénombrement ancien, quand même il auroit été vérifié ; il faut au moins une concession expresse pour jouir d'un droit Royal. M. Charles du Molin sur la Coutume de Paris, §. 1. glos. 5. *in verb.* le Fief, *n.* 56 & 60. soutient que la concession des cas Royaux est nulle, si ce n'est à l'égard des Enfans des Rois, par leur appanage, & il reprend au même lieu une Consultation de Balde, lequel avoit crû que l'on avoit pû acquerir quelques-uns de ces droits par prescription.

Le Concordat fait entre un de nos Rois & le Comte d'Artois, porte entr'autres choses que le Séel appartiendra aux Officiers Royaux, à l'exclusion de tous autres ; & il paroît par l'enquête du premier Janvier 1559. faite à Beauvais, que les amendes des reclains n'ont jamais appartenu au Comte, lorsque l'obligé sous Séel Royal avoit voulu rompre sa promesse.

L'on ne peut pas dire que l'article 11. du titre des Recusations de l'Ordonnance de 1667. qui permet aux Juges des Seigneurs de connoître de l'exécution de leurs baux & sous-baux, leur attribue la connoissance du Séel Royal. Cette Ordonnance ne s'entend que des baux passés sous Séel autentique, ou sous seing privé ; mais telle concession que

que les Seigneurs ayent eu du séel Royal, nos Rois ne sont pas présumés en avoir voulu interdire la connoissance à leurs propres Officiers ; & même aux termes de l'Arrêt du 14. Avril 1620. les Officiers du Comté de Beauvais n'avoient droit d'exclure pour le Séel Royal, qu'entre les hôtes & justiciables de Monsieur l'Evêque, couchans & levans au dedans de sa Seigneurie ; c'est pourquoi les Officiers du Bailliage prétendent encore en connoître à l'égard des justiciables, des vassaux ou arriere-vassaux du Comté, ce qui dépend des titres & possessions.

Les Hauts-Justiciers alleguent l'autorité de M. le Bret, liv. 4. chap. 6. qui dit que le Séel n'est pas attributif de Juridiction, si ce n'est à Paris, à Montpellier ; & à l'égard des Foires de Champagne & de Lyon, ou bien lorsque les contrats sont argués de faux ; mais cet article les en exclut absolument. Il est vrai que plusieurs s'opposerent au procès-verbal sur cet article ; mais leurs oppositions sont périmées, ne s'étant pas fait regler avant l'homologation au Parlement, suivant les Lettres Patentes pour la rédaction de la Coutume. [C'étoit aussi l'ancien droit de France, comme l'atteste Bouthilier, liv. 2. tit. 1. de sa Somme Rurale, en plus forts termes.]

C.

Il loist à un Haut-Justicier de saisir, ou faire saisir, & mettre en sa main tous les héritages estant ès fins & metes de sa Justice, pour contraindre les Détenteurs desdits héritages, à montrer & enseigner à quel titre ils les tiennent & possedent.

NOUVELLE OBSERVATION.

L'article 13. de la Coutume de Paris permet seulement de venir par action, pour faire exhiber les titres de la possession ; & il n'y a que le Haut-Justicier qui puisse faire assigner par une proclamation generale. Il peut aussi appeller les autres Seigneurs prétendans censive dans son territoire, pour rapporter leurs titres, & s'inscrire dans le Registre des déclarations faites à son profit, & dans son territoire, sans qu'il soit tenu de communiquer, l'universalité de son territoire étant suffisante pour son action, même les gens de main-morte sont tenus de déclarer leurs heritages amortis, afin que le Seigneur puisse rentrer dans ses droits en cas d'aliénation des mêmes heritages.

Par le droit les possesseurs ne sont pas tenus de justifier du titre de leur acquisition, *leg. Cogi possessorem. Cod. de petit. hæredit.* mais cet article en donne le droit aux Hauts-Justiciers, ce qui semble l'ôter aux moyens & bas : Néanmoins, suivant l'art. 235. la vente doit être notifiée au Seigneur féodal & censuel, ainsi que veut l'article 73. de la Coutume de Paris. L'article 148. de cette Coutume, permet aussi à l'un & à l'autre de saisir ; mais Dumoulin sur l'article 113. de Clermont, dit que l'on ne doit pas saisir pour l'exhibition du titre, sans avoir sommé de le représenter. Au reste, le Haut-Justicier ne peut pas se faire rendre les fruits par celui qui a possedé sans titre les biens vacans par l'absence du propriétaire, y ayant dû veiller plutôt ; il ne pourroit pas même contraindre au désistement celui qui l'auroit reconnu pour homme & tenancier par quelque acte en Justice, ou par la réception de trois années de censives, encore qu'il n'eût aucun titre. *Amiens, art. 41.* On peut prescrire par trente ans contre cette exhibition, *cum non possit post triginta annos Dominus vassallum aut censuarium ad solutionem compellere,* suivant M. Charles Dumoulin.

C I.

Item, si les Détenteurs & Possesseurs desdits heritages s'opposent audit Arrêt, ledit Arrêt servira seulement pour ajournement ; & pendant le procès, lesdits Détenteurs & Possesseurs jouiront desdits heritage ou heritages saisis, posé hors qu'il fût & soit notoire que ledit heritage ou heritages saisis, comme dit est, fussent situés & assis ès fins & limites de la haute Justice dudit Seigneur Haut-Justicier.

NOUVELLE OBSERVATION.

Les Commissaires étant déchargés dès l'instant de l'opposition qui réduit la saisie à l'effet d'un simple ajournement, l'on est tenu & obligé de renouveller sa saisie après le procès voidé, pendant lequel le Détenteur a joui ; & l'on peut pour lors exiger tous les arrerages portés par la condamnation, nonobstant l'opposition ou l'appel.

On demande si les trois années en cas d'opposition se doivent consigner suivant la quotité prétendue par le Seigneur, ou suivant la moindre prestation ; mais il semble que l'on doit suivre ce qui est de moindre en faveur de la libération. Et s'il y a eu plusieurs Fermiers, & que les trois dernieres années soient dûes au dernier, ils les doivent partager entr'eux, pourvû qu'il n'y ait pas eu de négligence de la part de l'ancien ; c'est la décision que M. Ruault Adrien témoigne lui avoir été donnée par Choart & Chopin, à qui il avoit proposé la question.

C I I.

Item, si au moyen dudit arrêt, & saisie, au régime & gouvernement desdits heritages saisis, y a Commissaire ou Commissaires ordonnés, & si ledit Commissaire est poursuivi, pour rendre compte de l'administration desdits heritages saisis, & si le Détenteur ou Possesseur s'oppose audit arrêt, & à ce est reçu, la poursuite cessera à l'encontre dudit Commissaire, & aura ledit Détenteur & Possesseur main-levée, & tournera la matiere en action.

CIII.

Item, il loist au Haut-Justicier mettre en sa main tous les heritages & biens vacans qui ne sont tenus n'occupez par les Propriétaires, ne de leur consentement, & jouir d'iceux heritages & biens vacans, jusqu'à ce qu'aucun Propriétaire s'appare. Mais par ladire Coutume sur iceux biens vacans les créanciers seront payés de leur dû, ou ils seront vendre iceux heritages & biens vacans.

NOUVELLE OBSERVATION.

¶ M. Rault Adrien fait ici différence entre les biens laissés en friche par un Propriétaire connu, & ceux qui ont été abandonnés par les Fermiers, ou déguerpis en Justice. Au premier cas, il faut une saisie & trois publications, avant que de les faire adjuger ; au lieu que pour les biens vacans, la Coutume n'oblige le Seigneur à aucunes formalités, ni à publications, ni à faire créer un Curateur à la succession vacante, les héritiers & créanciers n'en souffrant aucun préjudice, puisqu'ils ont le droit d'offrir, en payant les arrérages & méliorations qui doivent être liquidés dans le mois ; mais on ne peut pas obliger le Seigneur à prendre pour l'estimation ; mais je crois que s'il y avoit saisie ou procedures dirigées contre le défunt, il faudroit faire créer un Curateur à sa succession.

Il ne faut pas de commission pour faire saisir les biens vacans, quoiqu'elle soit nécessaire pour les terres laissées en friche.

Ces baux ne purgent pas les hypoteques, & on ne peut prescrire en vertu d'iceux, *propter scientiam rei aliena* ; mais on ne peut contester que l'Adjudicataire n'ait fait les fruits siens pendant sa jouissance, parce que le terme de la Coutume, *jouir*, s'entend avec effet.

S'il y a un Seigneur féodal ou censuel à qui les redevances appartiennent & les ventes, il profite des biens vacans préférablement au Haut-Justicier, quoiqu'il ait besoin de sa commission.

A présent l'usage est même pour les biens vacans de faire faire trois publications, & faute de les faire, le Seigneur ne répéteroit pas ses frais.]

CIV.

Item, aucun ne peut proceder, ou faire proceder par voye d'arrêt ou main-mise de fait sur le corps & biens d'autrui, s'il n'a sur lui & ses biens, obligation, condamnation, ou chose privilegiée qui le vaille.

NOUVELLE OBSERVATION.

M. Rault Adrien sur cet article, prouve par plusieurs autorités, que Beauvais est une Ville d'arrêt sur les biens des débiteurs forains. Il cite pour ce sujet un Arrêt de l'an 1519. Mais comme le Juge du Comté prétendoit en connoître, le privilege est demeuré en suspens, quoique le droit en doive appartenir au Bailly Royal ; de même que le Prevôt de Paris en connoissoit, à l'exclusion des Hauts-Justiciers qui étoient dans la même Ville.

CV.

Item, droit de *travers* est droit Seigneurial de Haute-Justice, & les Exploits qui sont faits à la conservation dudit droit, sont tenus & réputés exploits de Haute-Justice, auquel appartient la punition & correction des Transgresseurs dudit droit de Travers, & non pas au moyen & bas-Justicier.

NOUVELLE OBSERVATION.

Travers,] est le droit qu'a le Seigneur Haut-Justicier de prendre sur les denrées & marchandises que l'on conduit & fait passer d'une Province à une autre, & que l'on fait traverser par les détroits & passages de sa Seigneurie, à la charge d'entretenir les ponts & planches, chaussées, levées & grands chemins, & en bonne & suffisante réparation au détroit & étendue de son péage, comme il est porté par l'Ordonnance de Charles VI. de l'an 1413. art. 196. néanmoins un Supérieur ne se peut pas dire Grand Voyer sans un titre particulier, ou une possession immémoriale, & encore le Roi a-t'il toujours une prévention pour tous les crimes qui s'y commettent.

Les droits de Travers, Péage & Barrage sont Droits Domaniaux, dont la connoissance n'appartient pas aux Elections, comme a remarqué Bacquet, chap. 30. des Droits de Justice, art. 26. L'on ne peut pas dire aussi que tous les Hauts-Justiciers ayent droit de Travers sans autre titre que la Coutume, il faut encore qu'ils en ayent une concession particuliere du Roi, parce que c'est une espece de péage ; néanmoins la possession immémoriale sert de titre, suivant Bacquet, chap. 30. n. 13. *ibid.*
¶ Mais il ne peut subsister, à moins qu'il n'ait chaussée, bac, écluse ou pont à entretenir par les Seigneurs, encore qu'il y ait des titres. Edit du mois d'Août 1669. art. 5.]

Les Ecclésiastiques peuvent aussi se défendre contre le Roi dans la possession des droits de Bacs & de passage par plus de cent ans, faisant voir par les baux qu'ils en ont joui pendant ledit tems, d'autant que l'article 26. de l'Edit de Melun, conserve leurs droits par la possession, à cause de la perte de leurs titres pendant leurs troubles ; & s'ils n'en ont plus la possession, il leur est permis d'en faire preuve par les anciens Cartulaires & Baux, en cas que leurs titres ayent été pillés ou brûlés.

Au reste, celui qui par erreur a passé sans payer ne confisque pas les marchandises, suivant la Loi derniere, §. *divi* 6. *de publican. & vectigal. & commiss. leg. illicitas*, 6. §. 4. *neque dig. de office. Præsid.* Mais lorsque l'on fraude pendant la nuit ou autrement, ceux qui y sont préposés par le Seigneur, ont le droit de chaude suite, même hors de sa Seigneurie, quoique Chopin, *de leg. And. cap.* 9. *num.* 4. soit d'avis contraire.

C V I.

Item, à Haut-Justicier d'aucun lieu appartient à faire faire le cri le jour de la Fête dudit lieu, prendre & faire prendre, punir & corriger les malfaicteurs, les punir criminellement, donner congé de faire pendre prix pour jouer à la paume, aux barres & autres jeux, & *assemblées licites, honnêtes* & raisonnables, appeller, ou faire appeller à ban les délinquans, quand ils l'ont desservi, saisir biens, faire *inventaire*, pendre, traîner, fustiger, essoriller, *pilorifer*, écheler, faire bournages, limites & séparations de Seigneuries, & autres grands exploits.

NOUVELLE OBSERVATION.

Assemblées licites & honnêtes.] L'on demande si la danse est une assemblée licite, que les Seigneurs puissent permettre au préjudice des défenses des Evêques & des Curés; mais les uns & les autres doivent travailler dans les mêmes intentions, & défendre unanimement ces assemblées, si elles sont criminelles, ou les souffrir, s'il n'y a rien contre les bonnes mœurs. Plusieurs prétendent que la danse est une chose indifférente, quand elle est réduite aux termes d'une juste moderation; & qu'il est plus à propos de la tolerer en public, afin d'empêcher les assemblées particulieres, où l'obscurité donne de la hardiesse pour tout entreprendre : Mais on peut dire qu'il n'y a rien que les Loix de l'Eglise abhorrent tant que les danses publiques : C'est pourquoi le Canon 23. du troisieme Concile de Tolede, ordonne aux Evêques & aux Juges d'exterminer la coutume sacrilege de ceux qui profanoient les Fêtes par leurs danses & chansons deshonnêtes, croyans par ce moyen honorer les Saints. Et le Canon 9. du Concile Romain sous le Pape Zacharie, tenu l'an 743. Indict. 12. anathématise ceux qui dansent & chantent dans les places publiques le jour des Calendes de Janvier, *aut per vicos & plateas cantationes & choreas ducere, quod est maxima iniquitas coram Deo.* Par la Déclaration du 16 Décembre 1698 les danses publiques sont défendues ès jours de Foires, Marchés & Fêtes solemnelles. Neron *tom.* 1.

Inventaire.] Quand il y a requête de la part de quelqu'une des parties intéressées, suivant la grande composition de l'an 1276, au mois d'Août, entre l'Evêque de Beauvais & les Maire & Echevins : Voyez le Procès verbal sur cet article. L'article 112. de notre Coutume donne le même droit de faire inventaire, donner tuteurs & curateurs au moyen-Justicier, comme étant œuvres de la Loi, suivant l'expression de certaines Coutumes : Ce droit est aujourd'hui attribué aux Notaires-Tabellions, & les Juges des Seigneurs en prétendent aussi le droit, à cause des termes de cet article.

Pilorifer,] est un droit de Haute-Justice, de même que le droit d'Echelle, que l'on nommoit autrefois, *catamidiare*, parce que l'on y mettoit les criminels par ignominie, & c'étoit le supplice auquel condamnoient ordinairement les Juges des Evêques & Ecclésiastiques. L'Echelle appartenoit aussi à celui qui a droit de Pilory, suivant l'article 128. de la Coutume de Troyes : Néanmoins dans les grandes Villes il n'y a que le Roi qui ait Pilory, & les Seigneurs peuvent y avoir seulement Echelle. Mais l'Evêque de Beauvais a par un privilege particulier Pilory dans le Marché de la Ville, & le Chapitre a seulement l'Echelle dans le quartier où il y a la Police, & encore n'est-elle pas sur la Voirie. ¶ Mais il peut faire dresser fourches patibulaires dans la place de Saint-Pierre, qui se retirent aussitôt.]

L'un & l'autre étant tombés ne se peuvent plus relever après l'an & jour, sinon pour le tems des executions seulement, comme a remarqué Pithou sur l'art. 123. de la Coutume de Troyes, où il distingue les fourches & piliers que peuvent avoir les Barons, Comtes, Châtelains & Hauts-Justiciers.

¶ Il y a des Coutumes, comme celle de Paris, où il est permis de construire un moulin sans la permission du Seigneur, & même aux Meuniers de chasser sur la terre du Seigneur, à moins qu'il n'ait titre de bannalité. D'autres, comme celles de Montdidier, Roye & Peronne, qui défendent, encore qu'il n'y ait pas de bannalité, de chasser & quester grains sur la terre du Haut-Justicier & Voyer qui a moulin; mais notre Coutume ne défend pas de construire des moulins à vent ni à eau, si ce n'est sur la voirie ou sur la riviere où le Seigneur a la jurisdiction & la pêche, & il est permis de chasser où la bannalité ne s'étend pas.]

C V I I.

Item, aux Seigneurs Hauts-Justiciers, ayant droit de *Gruerie* & de *Garenne*, appartient la paisson & pannage des bois assis en leurs terres & Seigneuries, estans dedans les fins & metes de leur Haute-Justice & Gruerie, avec la chasse au gros, & non pas aux moyens & bas-Justiciers.

Entre les droits appartenans au Seigneur Haut-Justicier, est celui de se dire Seigneur du lieu, parce que la principale Seigneurie & la plus noble est celle qui dépend de la Justice; jusques-là même qu'il a été jugé par Arrêt rendu pour cette Coutume en l'Audience de la Grand'Chambre, le 24. Janvier 1611 & rapporté par M. Antoine Mornac sur la Loi 1. *de Offic. Præf. Urb.* que le Seigneur Haut-Justicier peut faire défenses à un particulier qui aura un fief au-dedans de sa terre, de se qualifier autrement que Seigneur d'un tel fief, sis en une telle terre. *M. J. M. R.*

NOUVELLE OBSERVATION.

Gruerie.] Ce droit consiste dans la connoissance des délits qui se commettent dans les bois & forêts, avec le profit des amendes & confiscations, & d'une partie des revenus des bois ; ce qui fut accordé par les Communautés Ecclésiastiques au Roi & aux grands Seigneurs, à cause du besoin qu'ils avoient de leur protection pour la conservation des Forêts. Mais suivant la nouvelle Ordonnance des Eaux & Forêts, la Justice & les profits des bois sujets à Gruerie, appartiennent au Roi, ensemble la Chasse, paisson & glandée privativement à tous autres, si ce n'est qu'à l'égard de la paisson & glandée il y eût titre au contraire. Au reste, ce n'est pas en considération de la Justice que le droit de paisson peut être dû au Seigneur, mais à cause de la Gruerie & Garenne.

L'on appelle *Gruerie* le droit de propriété qu'a le Roi dans les mêmes forêts, ou quand il en jouit par indivis avec les Seigneurs ; ses Officiers connoissent des abus, délits & malversations, tant pour la police, vente & conservation, que pour la Justice & pour la chasse.

Garenne.] L'Ordonnance de 1669. des Eaux & Forêts, porte que nul ne pourra à l'avenir établir Garenne, s'il n'en a droit par ses aveux & dénombremens, possession, ou autres titres suffisans ; mais la Garenne étant jurée, c'est-à-dire défendue, celui qui y est trouvé, confisque son harnois, & est encore condamné à l'amende, suivant les articles 212. & 214. de la Coutume de Meaux.

La chasse] n'est permise qu'aux Seigneurs, Gentils-hommes & Nobles, dans leurs forêts, buissons, garennes & plaines, si ce n'est lorsque le bled est en tuyau ; & à l'égard des vignes, depuis le premier May. Quoique cet article mette la Chasse au nombre des droits du Seigneur Haut-Justicier, néanmoins elle appartient aussi au Seigneur de fief sans qu'il soit tenu d'en demander permission. Le Seigneur supérieur peut aussi chasser sur les terres de l'inférieur, lorsqu'il en est en possession ; Chopin *de Jurisd. Andeg. c. 38. n. 3.* Quoiqu'il ne soit pas aussi permis de chasser sur les terres d'autrui, néanmoins on y peut poursuivre son gibier, à moins que ce ne soit dans les garennes fines ou réservoirs, *idem Chop. lib. 3 de privil. rust. part. 3. c. 12 n. 3.* mais il faut que le chasseur ait fait lever son gibier avant sur sa terre, & que la chaleur l'ait emporté jusques sur le fonds de son voisin, parce qu'il y auroit de l'affectation, s'il avoit commencé tout proche. Voyez Adrien, *art. 167. gl. 5 n. 9.* Pour ce qui est des forêts du Roi, il a toujours été défendu d'y chasser sous des peines très-rigoureuses. Et nous lisons dans Gregoire de Tours, *lib. 10. cap. 10.* que le Roi Gontran fit lapider son Chambellan, pour avoir tué un buffle dans la Forêt de Vauges. Il est aussi défendu par les Capitulaires de Louis le Debonnaire aux particuliers d'avoir aucunes forêts sans la permission du Roi. *Capitul. lib. 4. c. 42.* & le chap. 65. du même livre veut que celles qui appartiennent au Roi soient défendues à tous ses sujets.

Il y a plusieurs Loix en Angleterre qui défendent la même chose sous peine de la vie. *Polyd. Virg. lib. 9. hist. Anglic.* Et Jean de Sarisbery se plaint de ce que pour la mort d'une bête, l'on ne faisoit pas de difficulté de faire mourir un homme qui avoit été racheté du Sang de Jesus-Christ, *Joan. Sarisber. lib. 1. de nug. cur. 4.* Mathieu Paris en la vie d'Henry III. sur l'an 1232. loue la modération du Roi Richard, qui s'étoit contenté de bannir un particulier qui chassoit depuis long-tems dans ses plaisirs, au lieu que les Rois ses Prédécesseurs ne craignoient pas de détruire pour ce sujet l'image de Dieu. Saint Louis fit aussi punir d'une amende rigoureuse Enguerrand de Coucy, pour avoir fait pendre trois jeunes Flamans de bonne famille qui avoient poursuivi des Lapins jusques dans la forêt du Roi *Guil. Nang. in vit. divi Ludov.*

TITRE IV.

Des cas appartenans au Moyen-Justicier.

CVIII.

Le Moyen-Justicier ès termes de *sa Justice*, a connoissance, & peut connoître du délit, d'arracher bornes & limitation de terres, & aussi mettre bornes en terre de voisins, & non point de limitation de Justice ou Seigneurie.

NOUVELLE OBSERVATION.

Sa Justice.] C'est pourquoi il ne peut pas connoître des entreprises faites sur terres situées hors de sa Justice, quoiqu'entre ses Justiciables, mais seulement des terres qui y sont, encore que ses tenanciers demeurent ailleurs.

Voisins.] *Confines dicuntur, licet rivus privatus interveniat, non si via publica, vel flumen publicum ; leg. 4. §. 9. & 11. leg. 5. & 6. ff. fin. regund.* suivant le droit, l'action *finium regundorum* n'avoit lieu qu'entre étrangers qui avoient des heritages proches, & non pas *inter socios*, ni même à l'égard de celui qui avoit un fonds particulier proche d'un fonds qui lui étoit commun avec d'autres, suivant la Loi 4. §. *communem, ff. fin. regund.* Ce que les meilleurs Auteurs interpretent des cinq pieds que l'on laissoit entre les heritages des champs, *judicio fin. regund.* lesquels servoient de chemin à conduire la charrue ; mais les espaces ne sont pas observés par nos mœurs. M. Rault. Adrien, *hic.*

On peut s'adresser directement au voisin immédiat, pour ce qui a été usurpé sur nous, sauf à lui à se pourvoir contre les arriere-voisins : & l'on n'est pas tenu d'attaquer en même tems tous ceux que l'on allegue avoir fait l'entreprise, à moins qu'il ne s'agisse d'un fonds commun à plusieurs, ou de terres dont les bouts & côtés aboutissent au même endroit : c'est de la maniere qu'on doit entendre la Loi *sed & loci,* 4. y. *non solum,* 8. *ff. fin. regund.* qui permet d'intenter en même tems cette action contre plusieurs.

C I X.

Le Moyen-Justicier a connoissance de celui qui a battu autrui jusqu'au sang & playe ouverte *inclusivè*, & poing garni.

NOUVELLE OBSERVATION.

Suivant le droit commun de la France les Moyens-Justiciers ne connoissent que des délits où il échet amende de 60 sols, comme il est porté par la Coutume de Nivernois, à moins que la Justice ne leur ait été concedée *cum sanguine & latrone,* autrement le Haut-Justicier en doit connoître, aussi tôt qu'il y a batterie avec effusion de sang ; mais cette Coutume permet au Moyen-Justicier de connoître des battures à sang & de poing garni, pourvû que ce soit de chaude colle, ce qui a quelque rapport au *mixtum imperium ;* qu'avoient les Proconsuls & Presidens des Provinces dans l'Empire Romain, lesquels n'avoient le droit de vie & de mort qu'à l'égard des soldats. Néanmoins les Empereurs donnerent depuis à la plûpart des Gouverneurs des Provinces le *merum imperium.* Pour ce qui est du vol, le Moyen Justicier en peut connoître, pourvû qu'il n'y ait point de circonstance aggravante, parce qu'il n'a pas de fourches patibulaires.

Ces moyens & bas Justiciers ne peuvent pas aussi connoître des inscriptions de faux incidentes aux affaires pendantes pardevant eux ; ni même des rebellions commises à l'execution de leurs jugemens, ainsi qu'il est déclaré par l'Ordonnance Criminelle de 1670. art. 20. de la compétence des Juges.

Les causes qui excedent le pouvoir des moyens & bas Justiciers qui sont dans l'étendue de la Prevôté ou Bailliage, s'y doivent traiter en premiere Instance, & même celles dont peuvent connoître les moyens & bas Justiciers, ressortissent directement en cas d'appel en la Prevôté ou Bailliage, suivant le Réglement de Crépy, rapporté dans Filleau. Quoique les Mairs & Echevins de Beauvais n'ayent pas de territoire, ils ont néanmoins la concurrence pour les causes personnelles entre les Habitans de la Ville & Banlieue, pourvû que le Demandeur ait saisi d'abord leur Jurisdiction, sans que les Officiers des Seigneurs puissent demander aucun renvoi. Le Lieutenant de la Mairie a aussi connoissance de tous cas entre ceux qui consentent de proceder devant lui. Cette Jurisdiction fut confirmée aux Maire & Pairs de Beauvais par privilege de Philippes Auguste ayeul de Saint Louis, l'an 1182. mais ils ne connoissent que des simples causes personnelles, pour lesquelles l'on n'est fondé ni en contrat, ni obligation, ni convention, aux termes de la Chartre de l'an 1182. Je ne dirai rien des difficultés qu'on a fait au sujet du mot de *Conventions.* Ils connoissent encore de quelques matieres de servitudes, comme d'égouts & fermetures des maisons. Pour ce qui est des peines de hachies, il semble qu'ils ne les peuvent ordonner qu'en cas de négligence contre les Justiciables de l'Evêque, aux termes de la Chartre du Roi Louis VII. ou pour les délits militaires & quasi délits, les Officiers de l'Evêque ayant été maintenus par la Déclaration de l'an 1151. dans la connoissance des délits des Bourgeois. J'ai fait une recherche la plus exacte qu'il m'a été possible sur les anciens Titres touchant l'origine, le progrès & la diminution de cette Jurisdiction.

C X.

Le Moyen-Justicier connoit aussi de celui qui a donné *coups orbes* de *chaude colle*, sans toutefois prendre or, argent, ou chose promise, & sans propos délibéré, ne de fait précogité.

NOUVELLE OBSERVATION.

Coups orbes.] C'est à sçavoir sans effusion de sang, ni playe ouverte, suivant Ragueau ; & quoique celui qui est poursuivi se blesse lui-même à sang, le cas est de haute-Justice, parce que l'autre en a été la cause : *occidisse videtur qui mortis causam præbuit, leg.* 51. *in princip. ff. ad leg. Aquil.* Et si le coup étoit simplement orbe, & que néanmoins on fût dans le douté s'il étoit mortel ou non, Beaumanoir est d'avis qu'il faut garder 40. jours le prisonnier dans les prisons du Haut-Justicier, & que si le blessé ne meurt dans ce tems, il faut renvoyer l'accusé au moyen-Justicier. M. Raule Adrien sur cet article estime aussi qu'il n'y a aucun tems ni maxime certaine pour sçavoir si quelqu'un est mort de sa blessure, mais que cela dépend du rapport des Médecins & Chirurgiens, puisque l'on en meurt quelquefois après huit mois, suivant le chapitre *præterea* 2. *extr. de Cleric. percuss.* principalement quand le malade ne s'est jamais relevé du lit, & a toujours langui depuis sa blessure, au lieu que les maladies aigues trouvent bien tôt leur fin. Il ajoute au même lieu, que si le moyen Justicier avoit donné sa Sentence, quoique la mort suivît, néanmoins le Haut-Justicier ne pourroit plus juger une seconde fois sur le même fait, mais que le remede étoit d'en appeller pardevant le Superieur.

Chaude-colle.] Quand la passion, la colere ou l'excès du vin ôte à la raison l'empire sur soi-même, *Rixa quæ non tantum verbis, sed etiam facto nulla præeunte certa animi deliberatione & præcogitata malitia opponitur.* La connoissance en appartient en premiere instance aux Barons, suivant Schænerus sur les Coutumes d'Ecosse, *l.* 1. *c.* 3. & s'ils négligent d'en faire justice, la connoissance est dévolue au Vicomte ; mais s'il s'agit de la vie ou d'abscission de membre, le cas est réservé au Roi. En ce Royaume il n'y a que les assassinats prémédités qui soient cas Royaux & Prevôtaux ; & l'on les répute tels, quoique l'on tue l'un pour l'autre, & l'intention, quoi-que trompée, rend le cas irrémissible, les graces n'étant proprement que pour ceux qui ont tué dans la nécessité d'une défense legitime de la vie, ou lorsque l'ignorance a été la cause de l'action.

C X I.

Le Moyen-Justicier peut avoir prison fermée, ceps anneaux, pour mettre & tenir en sûreté les malfaicteurs, & les punir, si mérier est.

NOUVELLE OBSERVATION.

☞ Suivant l'ancienne Coutume, les moyens Justiciers avoient fourches patibulaires à deux piliers liés au-dedans, ce qui leur a été ôté par la nouvelle, à l'exception des moyens Justiciers de la Châtellenie de Chaumont, qui sont renvoyés en la Cour pour justifier de leurs prétentions, lesquelles ils sont fondés autrement qu'en Coutume ; mais ils ont cet avantage que n'ont pas les autres moyens Justiciers du Bailliage de Senlis, qu'ils ont voirie & territoire. L'on a aussi conservé les prétentions du Chapitre de Beauvais, pour avoir fourches patibulaires dans les lieux où il n'a que moyenne Justice, ainsi qu'il a été jugé par Arrêt au profit dudit Chapitre, contre le Sieur Papillon d'Ansac.

Supposé que les moyens-Justiciers puissent punir de mort, leurs fourches ne peuvent demeurer que pour le tems de l'execution. Il en est de même du carcan qui n'est pas censé accordé aux moyens Justiciers sous le nom de ceps & anneaux, qui ne sont pas réputés peines, mais plutôt des liens pour retenir les prisonniers.

Suivant le droit commun, pilori & carcan sont droits de haute-Justice, comme il est décidé par les Coutumes de Blois, art. 29. Melun, 3. Laon, 8. Meaux, 205. Auxerre, 3. Nivernois, chap. 1. art. 9. Sens, 2. Mais il semble qu'on ne puisse empêcher les moyens-Justiciers de mettre carcan pour le tems de l'execution.

C X I I.

Le Moyen-Justicier peut donner tuteurs & curateurs de ses sujets, aux mineurs, ses hôtes & sujets ; *contraindre lesdits tuteurs* & curateurs à faire la solemnité en tel cas requise, & faire inventaire.

NOUVELLE OBSERVATION.

La disposition de cet article a été confirmée par deux Arrêts provisionnels, l'un du 24. Juillet 1554 & l'autre du 28 Février 1572. en faveur des Chanoines de Senlis, en qualité de moyens Justiciers de la même Ville ; & la Cour a permis à leur Juge d'apposer les scellés & faire les inventaires après une enquête faite sur la maniere d'en user dans le pays, ainsi qu'a remarqué Chopin, *de Jurisdict. Andeg. lib.* 1. *tit.* 2. *cap.* 39. *num.* 9. ce qui est conforme au sentiment de *Massuer.* §. *item subhastationes, tit. de judic. & cor. jurisd.* qui dit que selon l'usage de la France, ces actes sont de moyenne Justice, de même que la dation des tuteurs, comme il atteste au paragraphe *item media, ibid.* au lieu que par le droit Romain ce droit appartenoit au Magistrat superieur ; ce qui n'est pratiqué parmi nous qu'à l'égard des tutelles des Nobles, principalement quand on demande la garde noble.

L'on prétend qu'un haut & moyen Justicier ne peuvent faire citer ni élire pardevant eux autres que leurs Justiciables ; mais ce droit seroit sans effet si cette prétention avoit lieu, & c'est le Juge du lieu où la succession est échue, qui doit connoître de tout ce qui en dépend.

Contraindre lesdits tuteurs.] Ce qui doit être limité aux termes de l'art. 164. de l'Ordonnance de Blois. *Les héritiers ne sont tenus appeller Juge, Procureur du Roi, ne Greffier, pour faire inventaire des biens ; ains seulement Notaires & Tabellions, sinon en cas de prétendue confiscation, aubaine ou contention entre les parties, ou que par aucun y ayant interêt, il soit requis à ses dépens, sauf néanmoins à proceder par voye de scel, si faire se doit, pour la conservation des droits des mineurs.* On peut dire que lorsque les mineurs sont en tutelle d'autres que de pere & de mere, l'inventaire est nécessaire : Il y a même quelque-fois de certaines circonstances de fait dans lesquelles le survivant y peut être obligé.

C X I I I.

Le Moyen-Justicier a la connoissance de sa main brisée, du champart emporté, des ventes recelées, de soi mettre en heritage vendu sans saisine, & les amendes à ce ordinaires jusqu'à soixante sols parisis.

C X I V.

Il a aussi connoissance d'un laid dit, ou *injure* faite en jugement pardevant son Prevôt, ou Garde de la Justice.

NOUVELLE OBSERVATION.

Injure.] Pourvû qu'elle soit considérable, autrement le Juge doit se contenter de menaces, ou d'en faire faire une simple réparation verbale. En matiere d'injures atroces, l'action civile préjudicie à la criminelle, *una alteram consumit*, dit la Loi 6. au Cod. *de injur. leg.* 1. *ff. quando civil. act. crim. præjudic. utroque enim judicio persequimur causam doloris, & qui uno judicio consecutus est, non potest amplius ex altero petere.* Néanmoins l'on peut encore intenter l'action criminelle avant que la civile soit terminée ; mais à l'égard des autres délits privés, une action ne préjudicie pas à l'autre, suivant Monsieur Cujas *in Paratit. Cod. eod.*

Le mari n'est pas tenu d'aucuns dépens pour l'injure proferée par sa femme, pourvû qu'il déclare qu'il la défavoue ; toutefois elle en peut être convenue après la dissolution de la communauté ; mais elle peut sans l'autorité de son mari poursuivre l'injure commise en sa personne. *Orleans, art.* 200. *& ibid. la Lande.*

C X V.

Le Moyen-Justicier peut avoir Maire, ou Garde-Justice, Sergens & Promoteur d'Office pour exercer ladite Justice.

C X V I.

Item, si le sujet du Moyen & Bas-Justicier est convenu ou adjourné pardevant le Juge Royal, Juge Châtelain subalterne ou autre Haut-Justicier, pour raison des cas & matieres dont la connoissance est audit Seigneur Moyen & Bas-Justicier, & tel sujet est requis par son Seigneur ou par son Procureur, ledit Juge Royal, Châtelain ou Haut-Justicier, seront tenus en faire renvoi pardevant le Maire ou Garde de Justice dudit Moyen & Bas-Justicier ; sauf que si la partie demanderesse se soumettroit au serment du défendeur, & que la matiere se pût expédier sur le champ, auquel cas n'en seroit fait aucun renvoi.

C X V I I.

Item, un Moyen & Bas-Justicier ne peut faire bournage ne séparation de terroir, Justice & Seigneurie de soi-même, mais ce appartient aux Hauts-Justiciers, & non à autres, de faire bournage, limites & séparations des Seigneuries, comme il est dit ci-dessus.

C X V I I I.

Item, le Moyen & Bas-Justicier peut prendre bêtes en présent méfait sur les héritages étant en sa Seigneurie ; peut pareillement prendre & arrêter prisonniers ceux qui cueillent fruits en autrui heritage, saisir & mettre en leurs mains heritages étant en leur censive, par faute de cens non payé, prendre ceux qui ont brisé la main de Justice, avoir connoissance du champart emporté.

NOUVELLE OBSERVATION.

Il y a plusieurs articles qui ne peuvent être facilement conciliés sur ce sujet ; celui-ci ne permet au moyen-Justicier de saisir que pour cens non payé. L'article 100. permet au haut-Justicier de saisir faute d'exhibition des Lettres. L'article 122. donne seulement au bas-Justicier la connoissance de la censive, pour laquelle il ne doit venir que par action : Néanmoins les articles 235. & 248. permettent au Seigneur foncier de saisir ; & l'Ordonnance de 1563. qui est postérieure à notre Coutume, veut qu'en cas d'opposition à la saisie pour cens non payé, il soit besoin de main levée en consignant trois années ; autre chose si la Coutume étoit postérieure à l'Ordonnance, comme la Coutume d'Amiens, article 214. parce que c'est une Loi accordée d'un commun consentement qui doit être suivie. Le moyen-Justicier peut saisir les bêtes qui ont fait quelque dommage dans la Seigneurie, quoique le maître soit domicilié ailleurs, parce que le lieu rend le Juge compétent, non-seulement pour les délits, mais aussi pour les quasi-délits. L'on peut même obliger le Propriétaire de representer l'animal, s'il n'a pas été saisi sur le champ, suivant la disposition de la Loi derniere, *digest. de noval. action.* Le Vest, Arrêt 235. Néanmoins si l'on intentoit une action pure civile contre le maître, il faudroit l'assigner pardevant le Juge de son domicile.

☞ Il est permis, suivant Dumoulin sur la Coutume d'Orleans, de tuer les gelines trouvées sur son fonds, mais il n'en est pas de même des autres animaux, qu'il n'est pas permis de maltraiter, suivant la Loi *Quintus Mutius, digest. ad leg. Aquiliam,* qui veut que l'on chasse devant soi la jument, sans même la retenir. Mais Mornac tient que l'on peut enfermer les animaux. Et au §. 1. *instit. ad leg. Aquil. si quis jumentum vehementer egerit ut rumperetur, aut pecus in tantum excitaverit ut præcipitaretur, utilis actio in eum datur.* Et ainsi l'on n'observe pas la disposition des Loix Géorgiques, par lesquelles il étoit permis à celui qui trouvoit des bêtes en méfait pour la troisiéme fois dans son héritage, de les tuer impunément, ou de leur couper la queue, & à celui qui trouve dix porcs d'en tuer un ; mais nous ne permettons pas de se faire justice à soi-même. Cette Coutume ne parle pas de l'amende, mais elle se doit régler suivant les Coutumes voisines d'Amiens & de Montdidier, qui distinguent celui qui a fait paître à garde faite, laquelle implique toujours en soi du dol, d'avec ceux qui ont laissé échapper leurs bestiaux, ou les ont laissé à l'abandon, quoique la Coutume d'Orleans, art. 156. punisse ceux qui les ont laissé sans garde, de la même maniere que si c'étoit à garde faite.

Les prés sont en défenses continuelles à l'égard des porcs : car quoique suivant le §. 1. *instit. ad leg. Aquiliam, pecudum numero sint, & gregatim pascantur,* ils y causent un dommage certain en fouissant la terre avec leur museau : ils n'ont pas aussi besoin d'herbes, mais ils vivent de fèves, d'orge, & de glands : & comme remarque Varron

& Columelle, *lib. 2. c. 18. rare caducis arborum baccis & effossis radiculis & lumbricis, magis quam gramine vescuntur.* Ce sont des animaux indomptables, & qui doivent être contenus; on leur doit aussi attacher des sonnettes, quand on les conduit par chemins, à cause des accidens qui en arrivent. L'on ne les doit pas non plus laisser aller dans les fossés qui sont partie & sont de l'essence du pré, à cause qu'ils détruisent la hauteur & crête du fossé, & le remplissent.

L'on ne peut pas faire paître bestiaux dans le passage que l'on a dans l'heritage d'autrui, quand même l'on auroit droit d'y mener chevaux & charettes, ce que l'on appelle *actus*, ce qui est accordé pour un usage, ne l'étant pas pour un autre.]

CXIX.

Item, le Moyen-Justicier peut asseoir ou faire asseoir en son terroir, entre ses sujets, & entre deux voisins, bornes & séparations.

TITRE V.

Des Bas-Justiciers, & des cas à eux appartenans, & desquels le Moyen-Justicier a la connoissance.

CXX.

Pareillement le Bas-Justicier a connoissance des meubles, de battre autrui sans sang, & sans poing garni, de vilaines paroles & injures entre ses sujets & hôtes.

CXXI.

Item, peut aussi mettre bornes entre deux sentiers, entre champs & terres arables, & faire division de champs & terres voisines entre divers heritiers ses sujets.

NOUVELLE OBSERVATION.

Le Bas-Justicier peut encore donner saisine ou nantissement, qui sont actes qui requierent célérité, & peuvent être expediés par tous Juges, suivant la Loi 1. *de damno infecto. Loiseau, des Seign. chap.* 10. *n.* 26.

Quant aux causes personnelles civiles, le même Auteur estime qu'il faut restraindre le pouvoir que les Coutumes donnent aux bas-Justiciers jusqu'à soixante sols seulement, & qu'ils ne doivent connoître d'aucune matiere criminelle, d'autant qu'il n'y a pas de délits dont la peine soit limitée à sept sols six deniers, & qu'en France les peines sont arbitraires; mais notre Coutume étend un peu davantage leur pouvoir, leur donnant la connoissance des meubles sans restriction, des batteries, des injures, & même de condamner à soixante sols d'amende, pour champarts emportés, bornages déterrés, & autres cas où il n'y a qu'amende de Loi, suivant Loyseau, au même chapitre 10. nombre 54. ce qui a fait donner le nom de Loi à la basse-Justice, suivant Ragueau.

Au reste, la concession de la Justice à un Seigneur sur ses censiers & vassaux, ne donne que le droit de basse-Justice fonciere pour le payement de ses rentes, sans aucune attribution des causes civiles personnelles, ni des délits. En effet, toutes ces Justices sont odieuses, & doivent être restraintes; l'on ne devroit pas même admettre la possession immémoriale, lorsqu'elles ne sont pas fondées en titre accordé par celui qui en a le pouvoir. On peut dire que ce sont des usurpations d'un droit de Souveraineté, contre lequel on ne peut pas prescrire. Loyseau dit aussi que la plupart ont usurpé la Justice, sous prétexte de leurs fiefs, dont on la croyoit inséparable.

Le Seigneur de Fief a une Justice fonciere inhérente à son Fief, qui lui donne droit de saisir, & faire établir Commissaire, suivant Dumoulin sur l'article 9. *glos.* 6. *verbo* rendre compte, nomb. 2. mais il ne peut pas tenir assises, s'il n'a basse Justice, comme a remarqué Loyseau, chap. 10. des Seigneuries, nomb. 44.

CXXII.

Item, avoir connoissance de sa censive, condamner ses sujets en amende par faute de cens non payé.

NOUVELLE OBSERVATION.

¶ Il suffit d'être Seigneur censuel en cette Coutume, pour pouvoir donner saisine, encore que l'on n'ait aucune Justice; & il y a plusieurs petits Fiefs servans, mouvans de l'Evêché, qui ont censive sur quelques maisons de la Ville, sur lesquelles ils donnent saisine; mais il seroit du bien public que la saisine ne fût prise que de celui qui les donne pour l'Evêque, qui en tient registre, afin d'empêcher les fraudes, à la charge de rendre les émolumens à celui qui a le Fief, sans en augmenter le droit pour les particuliers.]

CXXIII.

Item, faire arrêter & mettre brandons sur les terres, par faute dudit cens non payé, commettre Commissaires à icelles terres arrêtées, comme dit est.

CXXIV.

CXXIV.

Item, avoir connoissance de sa main brisée, de champart emporté, dont l'amende est de soixante sols parisis.

CXXV.

Item, peut prendre *forage*, rouage, vientrage, des vins & autres breuvages vendus; & les amendes qui en dépendent, où en sa terre il a ce droit.

NOUVELLE OBSERVATION.

Forage ou *Afforage*, est dû pour le congé que donne le Seigneur de vendre du vin en détail.

Rouage, est un autre droit que prennent les Seigneurs pour chaque charette vuide ou chargée, qui passe par leurs Seigneuries.

Le Vientrage se paye aussi pour l'entrée du vin, lorsque les Seigneurs ont des titres suffisans pour la perception de ces droits, ou du moins quelques aveux avec la possession; d'autant plus qu'ils sont autorisés par la Coutume.

L'on appelle *Foirage* ce qui se leve chaque année en grains ou en deniers sur chaque feu.

Les Fermiers peuvent pendant six mois après leur exercice poursuivre pour le droit de forage: néanmoins s'il n'y avoit pas d'abonnement, il semble que le Fermier doit être tenu de prouver qu'il n'a pas été satisfait.

¶ Cette Coutume ne contient aucun article qui permette d'avoir des colombiers & volets à pigeons, comme fait la Coutume de Paris aux articles 69. & 70. ni aussi aucun article prohibitif: néanmoins il a été jugé par Arrêt rendu en l'Audience de la Grand'Chambre, le lundi 6. Février 1612. au profit de Messire Pierre du Careil & Dame Claude Turpin sa femme, Sieur & Dame de Liencourt, Bailliage de Senlis, que Maître Roger Lambert Curé du même lieu, ne pouvoit tenir volet à pigeons sans la permission du Seigneur, sur ce qu'il n'avoit pas cinquante arpens de terres, tant de son propre que du Domaine de sa Cure, & sans s'arrêter à ce qu'il avoit droit de lever la dixme sur toutes les terres de la Paroisse. *M. J. M. R.*

¶ Je crois qu'on peut agir en garantie contre celui qui a vendu un colombier, n'ayant pas la quantité de terres qui est nécessaire, mais pendant trente ans seulement, encore qu'on n'ait pas été troublé plutôt, d'autant que l'acquereur avoit dû se rendre plus certain du droit qu'il acqueroit; il en est de même entre copartageans, qui ne doivent plus recourir après trente ans.

Un aveu reçu par le Seigneur, où ce droit est exprimé, ne fait pas préjudice au droit public.

Il n'est pas besoin d'avoir fief ni censive pour avoir colombier, volets & fuye, pourvû qu'on ait cinquante arpens de terres labourables; mais je ne crois pas qu'il doive être défendu aux particuliers, encore qu'ils n'ayent pas cette quantité de terres, d'avoir hors les Villes un colombier non à pied pour l'usage de sa maison seulement, & non pour les revendre, parce que la Coutume ne le défendant pas, il faut donner quelque chose à la liberté, pourvû que les particuliers n'en ayent pas une quantité qui puisse nuire.]

TITRE VI.

Des Successions des Fiefs, & autres héritages roturiers, & biens meubles.

¶ Ce titre n'explique pas suffisamment toute la matiere qui y est contenue; & de fait, outre ce qui est exprimé en cette Rubrique, les art. 143. 144. 148. & 173. concernent les donations entre-vifs mutuelles & testamentaires. Les 145. 146. & 147. regardent la communauté d'entre mari & femme. Les 152. 153. & 154. sont pour la garde-noble: enfin le 155. parle de l'âge des enfans nobles. *M. J. M. R.*

NOUVELLE OBSERVATION.

Les Fiefs ont pris leur origine chez les anciens Francs, & autres peuples Septentrionaux: ils n'étoient d'abord que viagers, mais ils furent rendus perpétuels dès le tems de la Race de Merouée, ce qui fut confirmé par Hugues Capet avec beaucoup de prérogatives qu'il donna aux grands Seigneurs qui les possédoient: c'est pourquoi il n'y a pas d'apparence qu'ils ayent tiré leur origine des Lombards, qui tenoient l'Italie du tems de Hugues Capet. Il est vrai que la plus grande partie des mots des Feudistes viennent de chez eux: mais on peut dire qu'ils ont seulement donné des noms aux choses déja inventées par d'autres. Il faut pourtant avouer qu'on leur a l'obligation d'avoir beaucoup étendu ce droit, & que nos Coutumes en ont tiré presque toutes leurs dispositions, mais elles ont adouci les devoirs des vassaux, qui étoient autrefois très-rigoureux: c'est pourquoi Maître Charles du Molin sur ce titre de la Coutume de Paris, §. 1. *gloss.* 8. n. 38. fonde plusieurs décisions sur cette benignité avec laquelle les Seigneurs eu doivent user à l'égard de leurs vassaux. Il établit encore un autre principe important en cette matiere, qu'il ne faut pas tirer de conséquence d'une Coutume à une autre.

CXXVI.

Quand aucun va de vie à trépas, & il délaisse plusieurs enfans, ou enfans de ses enfans, ses heritiers en ligne directe, mâles ou femelles, le mâle aîné pour son droit d'aînesse aura & emportera les deux parts *des fiefs* demeurés du decès de ses pere ou mere, ayeul ou ayeule, ou autre en ligne directe, par tout le Bailliage de Senlis & ancien ressort d'icelui, en ce qui est *delà la riviere d'Oise*, non compris la Châtellenie de Pontoise, où il y a Coutume locale ci-après contenue & déclarée, avec un principal *manoir en chacune desdites succeſſions*, & *le jardin (si jardin y a) jusqu'à deux arpens*, si tant y en a ; & s'il n'y a manoir *ne jardin*, aura le vol d'un chapon, estimé à un arpent de terre en fief, & les autres enfans auront le tiers seulement, sans que l'aîné prenne aucun droit audit tiers.

Des Fiefs.] *Non distinguit an feudum nobile vel rurale, ergo idem. Consultus fui de hac quæstione sub hac Consuetudine : Rusticus habens domum & hortum non contiguum, continentem duo jugera, omnia in censum, egit cum domino directo, ut hæc deinceps non in censum, sed in feudum tenerentur, & fecit fidelitatem & homagium, dinumeramentum dedit, receptum : Posteà dictam domum ædificando auget ultra 200. aureos, & moritur, relictis pluribus filiis : Respondi quod primogenito spectat tota domus jure præcipui, nec tenetur aliquid refundere de inædificatis ; sed non lucratur hortum in totum, quia non est contiguus, quamvis in dinumeramento ponatur ut hortus domûs, qui attenditur veritas, & sic habet tantum bessem horti. C. M.*

De-là la riviere.] Eu égard à la Ville de Senlis, où la Coutume a été rédigée.

Manoir.] Pour reconnoître ce qui doit être compris sous la dénomination d'une maison, il faut voir la Loi *Prædiis* 91. *D. de legat.* 3. qui est faite à ce sujet.

En chacune desdites succeſſions.] Je suis bien de l'avis de Maître Charles du Molin, en ce qu'il dit dans son Commentaire sur la Coutume de Paris, §. 18. *num.* 4. que si un fief est acquis pendant la Communauté, dans lequel il y ait deux Manoirs, que l'aîné les prendra tous deux, l'un à cause de la succession du pere, & l'autre pour la succession de la mere. Mais je ne puis applaudir à ce qu'il ajoute, que s'il n'y a qu'une seule maison, l'aîné la prendra entierement, pour lui tenir lieu de préciput en une des successions, & qu'en l'autre il prendra l'arpent, afin de le remplacer de son préciput : Estimant au contraire, que comme toutes les maisons des champs sont d'ordinaire partageables, que le manoir doit par fiction être divisé en deux, ainsi qu'il le seroit en effet, s'il s'agissoit de faire un partage réel ; & par ce moyen que les deux moitiés de maisons tiendront lieu de manoirs aux deux portions, qui leur seront autant proportionnées, qu'étoit la maison entiere au total du même fief, attendu que l'on doit faire en cette rencontre, comme s'il s'agissoit d'un partage à faire entre deux sortes d'héritiers, auquel cas ma proposition ne recevroit pas de difficulté.

Mais comme les Coutumes operent chacune dans son territoire, si en la succession du pere il y a des fiefs situés en différentes Coutumes semblables à la nôtre, le fils aîné aura un manoir en chacune Coutume : mais on ne considérera point en cette occasion la diversité des Bailliages ; comme par exemple, l'aîné n'aura qu'un manoir, quoiqu'il se rencontre deux fiefs dans la succession, dont l'un soit situé dans le Bailliage de Beauvais, & l'autre dans le Bailliage de Senlis, s'ils sont tous deux dans la Coutume de Senlis ; d'autant que la Coutume n'a point d'autres limites que son étendue, & ne se divise point par Jurisdiction, qui est une distinction étrangere à l'égard de la Coutume. Sur le même principe, il pourra aussi arriver que l'aîné aura deux manoirs dans un même Bailliage, ce qui peut se présenter fréquemment dans le Bailliage de Beauvais, qui, comme nous avons dit, s'étend dans quatre Coutumes. * *Voyez la nouvelle Observation.*

Et le jardin, si jardin y a, jusqu'à deux arpens.] On peut dire que la nature de cette conjonction Et, étant de joindre aussi-bien ce qui suit que ce qui précede, s'il n'y a de puissantes conjectures qui fassent présumer au contraire, suivant l'opinion de tous les Docteurs sur le §. *nihil differt, l. Titia textore, D. de legat.* 1. que le manoir doit être réduit aussi-bien que le jardin à cette proportion de deux arpens prescrite par cet article. Neanmoins j'estime au contraire que dans l'expression de deux arpens, le manoir n'est nullement compris, & qu'il doit appartenir entierement à l'aîné, de quelque continence qu'il soit, suivant l'usage général de la France ; étant bien vrai que la particule Et, conjoint ici manoir & jardin, & les assujettit à même disposition, pour les faire appartenir à l'aîné : mais il ne s'ensuit pas que la restriction suivante, *jusqu'à deux arpens, si tant y a*, se refere au manoir & jardin tout ensemble ; mais *ad proximius & convenientius*, qui est le jardin, que la Coutume a voulu restraindre, à cause des grands jardins & vergers, que les peres de famille étendent à leur volonté, n'y ayant pas d'apparence que l'intention de la Coutume ait jamais été de rien retrancher du manoir, qu'elle donne entierement à l'aîné : laquelle interprétation est conforme à la Loi 53. *De verb. signifie. Saepe ita competum est, ut conjuncta pro disjunctis, & disjuncta pro conjunctis accipiantur, interdùm solata pro separatis* ; qui veut dire, que les questions qui naissent sur semblables difficultés, doivent être résolues selon la vrai-semblance du fait particulier. Aussi l'article 128. qui porte à peu près la même disposition, s'explique-t-il plus nettement & plus conformément à notre résolution.

Ne jardin.] Sçavoir si de ces deux mots, *ne jardin*, on peut induire que l'intention de la Coutume a été de le donner, lorsqu'il est sans manoir pour tenir lieu de préciput à l'aîné. Par la disposition précédente du même article, le jardin lui est donné avec la maison ; mais il n'est point parlé du jardin seul ; de sorte que j'estimerois que cette addition, *ne jardin*, est superflue, & que ces deux mots ont été coulés par mégarde, & en conséquence de ce qu'il avoit été parlé plus haut du jardin avec le manoir conjointement, comme il est arrivé en plusieurs endroits de la Coutume qui a été rédigée avec fort peu de soin & de circonspection : c'est pourquoi je ne voudrois pas tirer de cette négative *ne jardin* une conclusion affirmative , pour dire que lorsqu'il y a un jardin sans maison , l'aîné le puisse prendre pour son préciput, s'il excede un arpent, ou que les puisnés ayent droit de le contraindre à le prendre , s'il est moindre qu'un arpent ; vû principalement que cette disposition seroit contraire à la décision la plus commune de nos Coutumes qui ne donnent pas le jardin sans le manoir. Aussi le jardin est-il principalement pour l'usage de la maison , & pour le plaisir du maître qui l'habite. D'où vient que chez les bons Auteurs Grecs il se trouve que pour exprimer un jardin , ils se sont servis du mot ἡδονὴ, qui est à dire *voluptas , delicia.* M. J. M. R.

NOUVELLE OBSERVATION.

» La raison de ce qui a été dit ci-dessus est , que l'érection des Bailliages n'a pas établi de nouveaux droits pour les successions. Chopin sur Anjou , chapitre 33. nombre 7. rapporte même des Arrêts qui ont jugé que l'aîné ne pouvoit prétendre qu'un seul manoir dans les Fiefs situés dans les Coutumes & Bailliages d'Anjou & du Maine , qui n'étoient originairement qu'un même , & sujets aux mêmes Seigneurs & aux mêmes Loix ; mais l'on ne peut pas dire la même chose de Senlis & de Clermont , quoiqu'il soit énoncé au commencement de cette Coutume , que ce Comté est de l'ancien ressort du Bailliage de Senlis , d'autant que c'est un ancien Bailliage , dont la Coutume est aussi très-ancienne , d'autant plus que les deux Seigneuries ont toujours appartenu à des Seigneurs différens. Il n'en seroit pas de même de Beauvais & de Chaumont qui sont régis par la même Coutume de Senlis , de même que Maigny & Pontoise.

☞ Mais notre Coutume ne parlant pas de Bailliage par rapport aux Bailliages différens qui sont dans une même Coutume , mais seulement par rapport au Bailliage de Senlis , on doit s'arrêter à la maxime générale , qu'il ne faut qu'un manoir dans chacune succession de pere & de mere. *L. L.*

Ce que dit l'Auteur plus bas , que s'il n'y a pas de maison , mais un jardin , l'aîné n'aura pas le jardin , ne reçoit pas d'apparence , puisque qui dit plus dit moins , & que si on a le jardin , quand il y a maison , on doit avoir le jardin , quand même il n'y auroit pas de maison , puisque faute de manoir & de jardin , on a le vol du chapon. *L. L.*

Chopin , *de morib. Parisf. lib.* 1. *tit.* 2. *n.* 14. tient que le jardin ou espace vuide appartient à l'aîné , quoiqu'il ne soit pas contigu , & qu'il y ait un fossé qui le separe du manoir , nonobstant l'opinion de Dumoulin sur cet article. Néanmoins le même Dumoulin sur l'article 8. de l'ancienne Coutume , gloss. 5. s'explique , & fait passer pour contigus , non-seulement les jardins qui sont dans l'enclos de la maison , mais aussi ceux qui en sont séparés , pourvû qu'il y ait une entrée destinée pour y passer de la maison , & qu'ils ne servent que pour le plaisir , & non pas pour en tirer un revenu notable , comme s'il étoit affermé à un herbier , ou si l'on tiroit tous les ans profit des oziers. Il ajoute que les bois plantés pour le profit , & les vignes qui se trouvent dans les jardins , ne sont pas compris dans le préciput ; ce qui est confirmé par un Arrêt rapporté par Chopin , *de privil. rustic. lib.* 2. *cap.* 5. qui a distrait les hauts bois du manoir , & les vignes , si mieux l'aîné n'aimoit récompenser les puisnés de la part qu'ils y auroient ; d'autant , dit Dumoulin , qu'il faut considerer la qualité du revenu , & l'application qu'en fait le pere de famille , la Coutume donnant l'habitation par préciput , & non pas le profit ; néanmoins les mêmes bois & vignes peuvent être compris dans l'arpent qui tient lieu de préciput.

Le même Chopin , *de morib. Parisf. lib.* 1. *tit.* 2. *num.* 14. dit aussi qu'il ne peut pas approuver l'opinion de Dumoulin sur l'art. 143. de la Coutume de Blois , où il veut que le toit du moulin à vent ou à eau , les granges & les pressoirs ne puissent être choisis pour manoir , encore qu'il n'y ait pas d'autres bâtimens , parce que les anciens se contentoient de chetives cabannes pour leur habitation. Au reste , il faut que le jardin soit de nature du fief pour être compris dans le préciput , & non pas une roture que l'on auroit déclaré vouloir tenir séparément. Les prés ne passent pas aussi pour jardins , encore qu'ils soient en certains tems tapissés de riches émails de fleurs , qui en font des objets très-agréables. Néanmoins les courtils où l'on met quelques vaches , font partie du préciput , pourvû qu'ils soient contigus à la maison.

L'aîné peut prendre le meilleur arpent , parce que comme il a le choix du manoir , il a aussi celui de l'arpent qui est subrogé en sa place ; c'est pourquoi les garennes , fuyes , colombiers , granges , bergeries & étables , contenus dans l'arpent choisi , en font aussi partie , ainsi que l'on peut induire des articles 32. & 33. de la Coutume d'Anjou , & du 160. des successions de celle de Tours , mais non pas les profits des étangs , moulins , fours & pressoirs , s'ils sont bannaux , suivant l'article 14. de la Coutume de Paris.

Il y a de certains fiefs que l'on appelle en l'air , qui consistent en droits & redevances. Il y en a plusieurs à Grandvilliers , suivant le témoignage du même Adrien , ausquels appartient certaine quantité de bled sur la grange des champarts. *Feuda annonaria* dont parle Monsieur Cujas , *lib.* 3. *Feud. tit.* 1. Il y a peu d'apparence que les Auteurs de ceux qui les tiennent , ayent donné le champart , d'autant que ces fiefs relevent de l'Abbaye de saint Lucien , à laquelle apartiennent les champarts : c'est pourquoi il faut que celui qui avoit les champarts & la Seigneurie , & en avoit fait don à l'Abbaye , eût fieffé ses redevances du consentement de son Seigneur supérieur ; que ces fiefs n'ayant aucun domaine , soient ainsi demeurés fiefs en l'air ; ils peuvent néanmoins avoir des vassaux. Les droits de ces fiefs sont censés divisibles , & se peuvent partager suivant la Coutume ; vû que la Jurisdiction qui est un droit incorporel , se divise.

Si le Fief ne contient qu'un arpent , ou moins , ou s'il ne consiste qu'en une seule maison , comme M. Adrien remarque de la Maison du Mont Saint Michel à Beauvais , qui appartenoit pour lors à Maître Robert le Roi , Doyen du Chapitre de

Beauvais, sur le sujet de laquelle il dit avoir vû une Consultation de Maître Charles Dumoulin, l'aîné doit avoir le tout par droit de préciput ; mais la difficulté est, si ce préciput pourra être diminué par la légitime ou par le douaire des autres enfans , en cas qu'il n'y ait pas d'autres biens dans la succession ; c'est ce qui a été décidé dans la Coutume de Paris par l'article 17.

Et suivant l'opinion de Dumoulin sur la Coutume de Paris, §. 13. gl. 4. n. 7. les puînés prennent leur légitime sur la portion avantageuse de l'aîné, lorsqu'il n'y a pas d'autres biens ; & la légitime de l'aîné ne peut être toute sa portion avantageuse, mais seulement de ce qui reste, celle des puînés déduite sur tout le fief, quoiqu'elle soit de toute sa portion avantageuse, quand il y a d'autres biens donnés à ses freres & sœurs, attendu qu'on ne lui a pû ôter par aucun contrat.]

Nous avons un Arrêt du premier Avril 1620. dans M. le Prêtre, chapitre 83. centurie 1. donne en cette Coutume, qui a jugé que l'aîné conservoit son droit d'aînesse dans la légitime, au préjudice de la dot promise à sa sœur non-payée : Il est vrai que l'aîné n'eut que la moitié de sa portion avantageuse, mais c'étoit au-delà de la riviere d'Oise.

Par autre Arrêt du 14 Avril 1654. il a été aussi jugé en cette même Coutume que l'on ne pouvoit donner aucune atteinte au droit d'aînesse, ni directement, ni indirectement : en voici l'espece. Le Seigneur d'Hedouville avoit donné par contrat de mariage à sa fille, 45000 liv. qui absorboient le prix de sa Terre ; l'on déclara le contrat executoire : & néanmoins l'on donna la distraction à l'aîné de ce qui appartenoit par la Coutume, ainsi qu'a remarqué M. J. M. R. en son Recueil d'Arrêts, conformément à l'Arrêt d'Hedouville. Il a été jugé en la Coutume de Mondidier, plaidans Langlois & Billard, le Mardi 24 Mars 1665. au Rôlle de Paris, que le droit d'aînesse n'avoit pû être diminué par la dot de la sœur. Il faut néanmoins remarquer que si le pere avoit donné à un étranger, la légitime de son aîné ne seroit que la moitié du préciput, & la moitié des deux tiers. ¶ Il en seroit de même, si la légitime étoit liquidée à l'egard des créanciers.]

Il n'en est pas de même du douaire en cette Coutume, où on a toujours jugé qu'il ne venoit qu'après le droit d'aînesse, ¶ & n'est que de la moitié de ce qui eût appartenu aux puînés dans le fief, s'ils eussent été héritiers, pourvû qu'il y ait d'autres biens ; mais s'il n'y a que le fief pour tout bien, on leur donne tout ce qui reste après le droit d'aînesse levé, c'est à sçavoir le tiers dans lequel tiers une part demeure à l'aîné, sans qu'il puisse réduire le douaire des puînés à la moitié qu'ils eussent eu dans ce tiers. Quelques-uns veulent néanmoins que la moitié de ce tiers doit demeurer à l'aîné en considération de ce qu'il paye les dettes, comme seul héritier ; mais il semble qu'on ne doive pas retrancher une si modique portion aux puînés. L'aîné peut demander distraction de son droit d'aînesse sur un autre fief donné à un frere ou à une sœur qui renonce, ou pour éviter le circuit d'actions demander la récompense sur la succession, encore qu'il prenne part à d'autres biens ; auquel cas il confond cette récompense pour sa part virile, dont il est tenu des dettes, au lieu que se tenant à sa légitime féodale, il la peut distraire sur les fiefs donnés aux autres

enfans sans contribuer à la récompense.]

¶ La fille avantagée ayant renoncé, *aliquo dato,* sa part accroît aux deux autres enfans héritiers ; & encore que l'aîné renonce aux meubles, même aux rotures, s'il y en avoit, le tout accroît à celle qui est héritiere, qui n'est pas réputée avoir deux parts dans la succession , nonobstant l'accroissement qui augmente sa part, mais ne la fait pas considerer comme double ; partant elle ne peut être considerée que comme une seule héritiere des meubles, sur lesquels se prennent les dettes mobiliaires, & les rentes constituées se payent virilement entre l'aîné & sa sœur, héritiere du tiers des fiefs & des meubles.]

Un bâtard legitimé par Lettres du Prince ne peut pas demander de droit d'aînesse, parce qu'il n'est que légataire : Toutefois l'aîné qui est legataire universel de son pere, ne laisse pas d'avoir son préciput entier & droit d'aînesse.

Si l'on doute que l'héritage est feodal ou roturier, l'on doit se regler par la possession où est la succession, pour le partager.

Il n'y a plus de droit d'aînesse sur le fief, dans lequel, faute de payement du prix les enfans sont rentrés après la mort de leur pere qui l'avoit vendu, d'autant qu'il n'y avoit que le prix dans la succession au tems de son décès, qui doit regler la qualité de ses biens. Comment pourroient-ils s'accorder entr'eux, si le fief étoit saisi sur l'acquereur ? l'aîné voudroit s'opposer en distraction, & le faire adjuger à leur succession sur & tant moins de ce qui leur est dû pour l'estimation : Et au contraire, les puînés voudroient seulement demander à être colloqués par privilege sur le prix.

Il n'y a pas de droit d'aînesse sur une rente dûe pour vente de fief, ni même pour soulte de partage, au profit de celui qui avoit part au fief, à moins qu'elle n'ait été inféodée par le Seigneur supérieur. La redevance réservée pour un bail emphytéotique, est aussi partagée également, si le bailleur ne s'est pas réservé la foi , auquel cas de réserve de foi, l'inféodation n'est pas nécessaire. Il en est de même du bail à cens : & encore que la foi soit due au Seigneur par celui qui s'est joué de son fief, & par ses heritiers, néanmoins la redevance réservée pour le démembrement de partie du fief, est partagée roturierement entre ses enfans & entre ceux du preneur, qui possedent en fief, & non pas un fief, la foi n'ayant pas été retenue.

Nos Coutumes ne décident pas précisément non plus que les Arrêts, quelle habitation la veuve noble peut prétendre. La Coutume de Vermandois, art. 24. lui donne le choix de celle que bon lui semble des Maisons Seigneuriales, tant qu'elle se tiendra en viduité ; ¶ Néanmoins elle ne peut prétendre le premier Château au préjudice de l'aîné qui doit soutenir l'éclat de la famille, mais seulement le choix après l'aîné : Et supposé qu'elle ait douaire coutumier de la moitié, le principal Château est estimé pour lui fournir ce qui lui appartient par la Coutume, & pour la récompenser, si elle a moins d'ailleurs :] Et s'il n'y avoit qu'une maison où il n'y auroit pas de lieu pour la loger, il suffiroit de lui donner quelqu'autre habitation convenable à sa qualité, encore que par son contrat de mariage, on lui eût donné la principale maison pour son habitation.

¶ Le partage d'un fief en qualité de roture, n'empêche pas que l'aîné ne puisse demander son préciput, lorsqu'il découvre ce qui n'étoit pas de sa connoissance : *Erronea divisio rescindi debet, & errore detecto revocatur. Molin.* §. 25. *gl.* 5. *n.* 15. *verb.* LES FEMELLES, encore que le partage soit fait par maniere de transaction, n'ayant pas été transigé sur la qualité des biens; mais on tient que l'aîné est exclu de la restitution, s'il a laissé passer dix ans depuis le partage, ou depuis sa majorité, s'il a partagé en minorité, ayant dû plutôt s'instruire de ses droits; & en ce cas les heritiers en jouiroient comme d'un fief divisé. Plusieurs ont voulu que la restitution duroit trente ans, lorsqu'il paroissoit que l'erreur y avoit donné lieu, comme Felin sur le chap. *vigilanti*, *n.* 1. *extr. de præscript.* sans parler de ceux qui ont admis cette restitution, même contre les prescriptions de trente & quarante ans, cotume Cravetta, *Consil.* 201. *n.* 34. Mais les termes de la Loi derniere, *Cod. de præscript. longi temporis*, excluent même les causes d'ignorance de la prescription de dix & de vingt ans, *non expectata scientia aut ignorantia, ne oriatur inextricabilis occasio dubitationis.*]

CXXVII.

Item, ès fiefs étant deçà la riviere d'Oise, comme venant de Creil, Beaumont & Compiegne audit Senlis, tirant au pays de France & de Valois, excepté en ladite Châtellenie de Pontoise, comme dit est, le mâle aîné n'aura que la moitié, avec le principal manoir, & un jardin, si jardin y a, jusqu'à deux arpens, si tant y en a; & si manoir & jardin n'y a, aura le vol d'un chapon estimé à un arpent de terre *le plus prochain dudit manoir*, & les autres enfans l'autre moitié. Et néanmoins ne pourra ledit aîné en chacune desdites successions, avoir ne prétendre qu'un principal manoir, soit deçà ou delà ladite riviere d'Oise.

Le plus prochain dudit manoir.] Ces mots sont impertinens, & doivent être ôtés : car comment l'arpent donné par cet article se pourroit-il prendre le plus prochain du manoir, vû qu'il n'est donné qu'au cas qu'il n'y ait aucun manoir ? Etant encore à observer que cette erreur procede de ce qu'en l'ancienne compilation, cet article étoit conçu autrement : c'est à sçavoir, *qu'ès fiefs étant au-deçà de la riviere d'Oise, le mâle aîné n'aura que la moitié avec le principal manoir, & un jardin, si jardin y a; & si jardin n'y a, aura de terre le vol d'un chapon ou un arpent de terre le plus prochain dudit manoir, les autres enfans l'autre moitié.* Cela étoit clair & bien pertinent, mais on a changé cette disposition par la nouvelle Coutume, sans qu'il en soit fait mention au procès verbal, ni avoir pris l'avis des assistans; de sorte qu'il se voit par l'ancienne compilation, qu'en toute l'étendue de la Coutume, soit delà ou deçà la riviere d'Oise, il appartenoit à l'aîné le manoir & jardin, si jardin y avoit : & au défaut du jardin, le vol du chapon, estimé à un arpent de terre, *le plus prochain dudit manoir*, ou environ ledit manoir, qui sont des mots que l'on a retenu aveuglement en cet article 127. & au suivant 128. de la nouvelle Coutume, sans prendre garde à sa disposition, laquelle contre l'ancienne ne donne le vol du chapon qu'au défaut de manoir & de jardin. *M. J. M. R.*

CXXVIII.

Item, s'il n'y a que deux enfans, c'est à sçavoir deux fils, ou un fils & une fille, le fils aîné, tant deçà ladite riviere que delà, desdits fiefs aura lesdites deux parts, & par préciput, & outre aura le principal manoir, ainsi qu'il s'étend & comporte en clôture, avec le jardin, si jardin y a, jusqu'à deux arpens, si tant y en a; & si manoir ne jardin n'y a, aura le vol d'un chapon estimé à un arpent, *environ ledit manoir*, & l'autre tiers appartiendra à l'autre fils maîné, ou fille.

¶ *Environ ledit manoir.*] Même erreur qu'en l'article précédent. *M. J. M. R.*

NOUVELLE OBSERVATION.

☞ Me L. Leullier, de qui on a déja vû quelques remarques, distinguées par les lettres initiales de son nom, a fait ici cette observation.

Dans ces articles il résulte, dit-il, que suivant l'esprit de la Coutume, il faut que l'aîné en quelque cas que ce soit, ait toujours un arpent, soit en jardin ou en terre, outre le manoir, quand il y en a. Mais on demande ;

1°. Si les mots de manoir & de jardin jusqu'à deux arpens sont conjoints, ensorte que cela veuille dire que pourvû qu'en manoir & en jardin il y ait deux arpens, par exemple un arpent & demi en bâtimens & cour, & un demi arpent en jardin, l'aîné doive être content ? L'article 130. leve la difficulté, en disant que si avec le manoir il n'y a jardin, l'aîné aura le vol d'un chapon, estimé à un arpent; parce que lui adjugeant le manoir sans restriction, c'est le donner avec toute l'étendue qu'il peut avoir. Ainsi la particule &, doit passer pour disjonctive, & les mots de deux arpens se rapportent au jardin, *quasi proximiori*.

2°. Si le jardin, outre le manoir ayant plus de deux arpens, doit être réduit ou non ? Il n'y a pas de doute aux termes de la Coutume, qu'il doit être réduit aux deux arpens, & que de l'excédent l'aîné en doit récompense aux puînés.

3°. Si le Jardin ayant moins de deux arpens, les puînés doivent suppléer, ou non ? Il paroît que non; & que pourvû qu'il ait un arpent, l'aîné doit se contenter, par la raison que si n'ayant ni manoir, ni jardin, il doit se contenter d'un arpent; il le doit bien plutôt, lorsqu'outre l'arpent il y a le manoir; & supposé que la Coutume ait restreint le jardin à deux arpens, y ayant manoir, ç'a été afin que les puînés souffrissent moins, & que l'aîné ne pût pas profiter excessivement au plaisir ou de la destination du pere, & de ce qu'il auroit pû dire le jardin ne faire qu'une même chose avec le manoir.

4°. Si le manoir étant sans jardin, l'on est obligé de fournir un jardin ? L'on n'en peut pas douter aux termes de l'ancienne Coutume, & après la disposition de l'article 130. de la nouvelle, qui doit être tiré en argument pour toute la Coutume, quoiqu'il semble particulier pour la Châtellenie de Pontoise.

5°. Si lorsqu'il y a un jardin sans manoir l'aîné est obligé de s'en contenter ? Quoique la Coutume n'en ait rien décidé, & que comme quand il y a plusieurs manoirs, l'aîné en a le choix, il semble par conséquent qu'il doive avoir le choix, ou de l'arpent de terre, ou du jardin ; néanmoins s'il y a vestige que ce soit le lieu de l'ancien manoir, l'endroit par ce moyen auquel les foi & hommage doivent se porter, & qu'il ait un arpent, il est de l'équité qu'il s'en contente. Mais si c'étoit un héritage de nouveau réduit en jardin, qui fût de peu de valeur, ou qui eût moins d'un arpent, l'aîné, quoiqu'avec récompense, ne seroit pas obligé de le prendre, & seroit bien fondé au choix d'un arpent d'héritage.

6°. S'il n'y a ni manoir ni jardin, la Coutume y a pourvû par le vol du chapon, mais l'ayant estimé à un arpent de terre, sçavoir si ce mot est spécifique ? c'est ce qui ne paroit pas ; & au contraire il semble générique, & qu'il doit s'entendre d'héritage, soit terre labourable, pré, plante ou herbage, & en un mot, ce qu'il y a de meilleur, quand ce ne seroit qu'à cause qu'il n'y a pas de manoir.] *L. L.*

¶ Ce tiers appartient aussi au puîné par préciput ; partant si l'aîné à qui il avoit été donné avec les deux tiers, retient le tout, il doit moins prendre sur les autres biens dans lesquels la valeur dudit tiers doit être donnée au puîné par préciput, pour observer les proportions requises par la Coutume.

C X X I X.

Item, par la Coutume locale de la Châtellenie de Pontoise, si homme ou femme noble, ou autre tenant & possedant fiefs ou arriere-fiefs nobles, va de vie à trépas, & délaisse plusieurs enfans mâles & femelles, ou tous mâles, ses enfans légitimes & naturels, le fils aîné, soit qu'il y ait filles plus anciennes que lui, ou non, aura & doit avoir pour son droit d'aînesse & succession en iceux fiefs & arriere-fiefs, qui appartenoient à sesdits pere & mere, ou aucun d'eux, ou de sesdits ayeul ou ayeule, ou au-dessus en ligne directe, les deux parts, dont les trois font le tout desdits fiefs & arriere-fiefs ; & outre ce que dit est, icelui fils aîné aura, & doit avoir le principal & maître manoir entierement, avec le clos du jardin, s'il est au pourpris dudit manoir, & sans que les puînés ayent quelque chose audit maître manoir, & aux puînés tous ensemble, soient fils ou fille, un ou plusieurs, appartient chacun pour tête ou égale portion, l'autre tiers desdits fiefs & arriere-fiefs, terres & Seigneuries.

C X X X.

Item, si avec le manoir principal qu'a pris & choisi le fils aîné, & qu'il doit avoir par ladite Coutume, n'y a jardin tenant audit manoir, il a & doit avoir au lieu dudit jardin, le vol d'un chapon, estimé à un arpent de terre.

C X X X I.

Item, entre filles n'y a point droit d'aînesse, & par ce si dudit trépassé n'y a que filles, deux, trois ou plusieurs, & y a fiefs, la fille aînée n'aura pas plus de prérogative en ladite succession, que les autres maînées, & n'en emportera plus l'aînée que les autres.

C X X X I I.

Item, les puînés peuvent relever *leurs parts & portions* de leur aîné, ou du Seigneur principal, lequel bon lui semble pour la premiere fois, sans payer finance aucune pour le rachat des fiefs dont n'est dû aucune finance, & des fiefs dont est dû finance, seront tenus les puînés de rembourser l'aîné au *prorata* pour leur contingente portion, quand ledit aîné aura relevé le tout du principal Seigneur féodal : mais si icelui fief échet à fille, & qu'elle soit mariée, pource que son mari est personne étrange, *il payera plein relief au Seigneur féodal.* *

a *Il payera plein relief au Seigneur Féodal.*] Si un fief échet à une femme pendant son mariage, par succession collaterale, ou même en directe dans les lieux où le relief est dû à toutes mutations, comme il y en a quelques-uns en cette Coutume, sçavoir s'il sera payé double relief : l'un, à cause de la mutation de la personne du défunt en celle de la femme, qu'elle devroit, quand même elle ne seroit pas mariée ; & l'autre, pour la jouissance du mari pendant le mariage : il semble que l'affirmative soit établie en cette Coutume par l'article 157. qui porte qu'en ligne collaterale ceux à qui échéent les fiefs, doivent plein relief au Seigneur, & par les autres qui contiennent qu'en quelques lieux sujets à une Coutume, relief est dû à toute mutation, ce qui sert de fondement à la premiere proposition, que le relief est dû par la femme pour les fiefs qui lui échéent ; & quant à la seconde, elle est fondée sur la fin de cet article, qui décide en un cas auquel le relief n'est dû du chef de la femme, que le mari en doit de son chef, à cause qu'il est personne étrange : D'où l'on peut tirer cette conséquence, que le Seigneur peut prétendre double relief, lorsqu'il se rencontre qu'il est dû de part & d'autre, sçavoir pour la mutation arrivée en la personne de la femme, & à cause de la transmission de la jouissance de la personne de la femme en celle du mari.

Néanmoins je tiens le contraire, & qu'il n'est dû dans l'espece proposée qu'un seul & unique relief, parce que s'agissant d'une charge & d'une loi onéreuse dans un cas non prévû par la Coutume, il n'y a point d'apparence de joindre deux propositions, pour en induire un double relief en une espece, en laquelle la Coutume n'a entendu parler que séparément, & en divers lieux : Et ainsi, quoique le relief soit dû par la Coutume, lorsqu'il y a ouverture à une succession en ligne collaterale pour les fiefs qui s'y trouvent, & d'ailleurs que le légataire daive aussi le relief pour les mêmes fiefs qu'il reçoit de la libéralité du Testateur ; néanmoins on ne doute pas que le Seigneur ne peut prétendre qu'un relief, bien qu'il se fasse deux mutations sujettes à relief séparément, l'une, de la personne du défunt en celle de l'heritier qui est saisi par la Coutume ; & l'autre, de la personne de l'heritier en celle du légataire, qui est tenu de demander délivrance. Et en effet on suit la doctrine éta-blie par du Molin en son Commentaire sur la Coutume de Paris, §. 32. gl. 1. num. 106. où il avance cette proposition générale, que de plusieurs mutations nécessaires arrivées en une même année, & particulierement en même tems, il n'en est dû qu'un seul relief : ce qui est fondé sur cette raison naturelle, que le relief étant le revenu d'une année, le Seigneur ne peut pas prendre deux fois les fruits d'un même heritage. Et de plus, dans l'espece particuliere, l'avis que nous suivons est aidé par la disposition de l'article 260. ci-dessous, en ce qu'il porte, que quand à une femme mariée échet aucun fief par la succession de son pere, ou autres parens, & que son mari pour & au nom d'elle, ou comme mari & bail, a fait la foi & hommage, & payé les droits après le décès du mari, la femme survivante ne doit plus droits, ni devoirs, sinon la foi & hommage ; ces mots, *pour & au nom d'elle, ou comme mari & bail*, qui sont conçûs alternativement, étant à observer, pour montrer que la Coutume suppose qu'il n'est dû qu'un seul droit. *M. J. M. R.*

NOUVELLE OBSERVATION.

L'opinion de l'Auteur est confirmée par un Arrêt du 20. Mars 1662. en la Coutume de Meaux, où l'on a fait passer le mariage d'une sœur heritiere de son frere mort dans la même année, pour une mutation nécessaire & fortuite, & l'on a égalé la faveur du mariage à la nécessité de mourir. Nous avons plusieurs Coutumes qui admettent le relief rencontré, c'est-à-dire, que le relief dû pour la premiere mutation cesse du moment de la seconde, qui a son effet entier à l'égard du Seigneur.

☞ Dans nos Coutumes du Vexin où le relief est dû à toutes mutations, l'on demande si l'on le doit faire payer à une veuve à qui l'on fait écheoir par le partage de la Communauté, la totalité d'un fief acquis pendant la même Communauté. Plusieurs croyent que les heritiers ayant été saisis de moitié, la veuve en doit la moitié, à cause d'eux, comme s'ils lui avoient requitté leur moitié : néanmoins il est extraordinaire de faire payer des droits pour partage. Quoiqu'un absent soit présumé vivre jusqu'à cent ans, à moins qu'il n'y ait des nouvelles certaines de sa mort : néanmoins l'espace de dix ans suffit, encore que l'on n'ait reçû aucunes nouvelles, pour acquerir les droits de rachat au Seigneur, qui doit donner caution de les restituer, s'il n'est pas notoirement solvable ; quoiqu'à l'égard des heritiers, la mort soit présumée du jour de l'absence ou de la derniere nouvelle.]

Parts & portions.] Du Molin, §. 3. gl. 4. in verb. *serment de féauté*, n. 36. dit que chacun de ceux qui succedent au fief, doit solidairement la foi & hommage pour sa part. *In individuis enim plures haeredes debent distributivè, non collectivè, cum ea quae in partes dividi non possunt, solida à singulis haeredibus debeantur.* Et au nomb. 25. ib. il dit que le Seigneur est tenu de se contenter de la foi de l'aîné pour tous les autres enfans mineurs, ou de leur donner souffrance ; mais cet article permet à l'aîné de porter la foi pour tous les autres, en cas qu'ils veuillent relever de lui ; & la Coutume ne fait aucune distinction, si les puînés sont majeurs ou mineurs. Il semble aussi, suivant les termes de cet article, *leurs parts & portions*, qu'ils peuvent relever de leur aîné, même après le partage.

¶ *Personne étrange.*] Voyez ce que nous avons dit sur l'article 250. si la fille qui se marie avec clause qu'il n'y aura pas de communauté, & qu'elle jouira de ses biens, acquiert au Seigneur le droit de rachat par son mariage.

Lelet, sur Poitou, art. 152. rapporte un Arrêt qui a jugé que le relief appartient au Fermier qui étoit au jour de la mutation, si les droits féodaux ont été cédés ; néanmoins il paroît plus juste de le partager entre l'ancien & le nouveau Fermier, à proportion du tems de chacun, parce que ce droit se divise dans la rencontre de deux reliefs en la même année, où on veut que le second continue depuis l'ouverture jusqu'à la fin de l'année, & aussi entre les heritiers du mari, & la femme qui a joui partie du tems.

CXXXIII.

Item, quand à ladite succession n'y a que terres & heritages roturiers, soient propres, acquests, ou conquests & meubles, & en icelle y a plusieurs enfans, tant mâles que femelles, soient deux, trois, cinq ou six, ou autre plus grand nombre, lesdits enfans viennent également à ladite succession de pere ou de mere, ayeul ou ayeule, sans y avoir quelque droit de prérogative d'ainesse.

CXXXIV.

En ligne collaterale filles ne succedent point ès fiefs, où en pareil degré y a hoir mâle, comme de frere & sœur, cousins & cousines, soit entre nobles, ou non nobles, le mâle emportera le tout, & n'y ont rien les femelles, posé ores qu'elles soient ainées du mâle.

NOUVELLE OBSERVATION.

☞ Un tuteur ayant acquis un fief à son mineur, qui est depuis décédé, ayant laissé un ayeul & une ayeule paternels, & une ayeule maternelle, l'on demande si le mâle doit exclure les femelles. Il semble que la Coutume ne marquant pas d'exclusion en ligne ascendante, ils doivent venir également, d'autant plus qu'il n'y a aucune prérogative d'aînesse entre les ascendans, suivant la Novelle 118. *cap. 2.* qui veut que lorsque les ascendans se trouvent deux d'un côté, & un seul d'un autre en pareil degré, la succession se divise en deux parts, sans représentation ni prérogative de sexe.

CXXXV.

Item, femmes & filles succedent ès fiefs en ligne collaterale, quand elles sont plus prochaines en degré de consanguinité, & excluent les mâles qui ne sont pas en si prochain degré de consanguinité, comme elles sont : Et quand il n'y aura que filles, elles succederont également en ligne directe, comme dit est.

Antoine le Barbier Bourgeois de Beauvais, après son décès laisse pour heritiers Philippes le Barbier sa sœur, femme de Claude Molain, Marguérite Foi rappellée au lieu de défunte Catherine le Barbier sa mere, sœur du défunt, & Claude & Jean le Barbier, & Damoiselle Anne le Barbier, femme de Charles Aubert, Ecuyer sieur de Rochy, rappellés au lieu de défunt Maître Raoul le Barbier, vivant Conseiller au Présidial de Beauvais, leur pere, & frere du défunt, de la succession duquel il s'agissoit. Debat touchant le partage des fiefs laissés en sa succession, situés en cette Coutume, pardevant le Bailly du Comté de Beauvais, qui par la Sentence du 24. Avril 1632. adjuge tous les fiefs aux neveux rappellés, enfans des freres du défunt ; duquel jugement y ayant eu appel, par Arrêt donné en la deuxiéme Chambre des Enquêtes, au rapport de Monsieur Hodic, la Cour infirmant cette Sentence, ordonna que les fiefs seroient partagés par tiers entre Philippes, les enfans de Raoul, & ceux de Catherine le Barbier. Et ainsi jugé qu'une niéce venant par représentation de sa mere, en conséquence du rappel à la succession de son oncle, avec sa tante & les enfans mâles d'un autre oncle, devoit être admise au partage des fiefs, par la considération de ce que la tante qui est seule au premier degré, n'ayant droit d'exclure personne, servoit de regle à la succession, & non les neveux, qui ne venoient que par privilege, & par le bénéfice de la représentation, lesquels autrement, & s'ils fussent venus de leur chef, eussent sans doute exclu leur cousine germaine. Depuis, la même question s'étant présentée au Rôle de Senlis le 12. Février 1635. entre les Cagnarts, pareil Arrêt est intervenu, lecture faite du premier, conformément aux conclusions de Monsieur l'Avocat Général Talon. *M. J. M. R.*

¶ On tient au contraire dans la Coutume de Mondidier, où la représentation a lieu, que le fils de la sœur aînée du défunt succede au droit qu'avoit sa mere d'exclure ses tantes pour les quatre quints des fiefs, à l'instar du fils d'un frere.]

CXXXVI.

Item, s'il y a plusieurs freres ou cousins en un même dégré de lignage, lesdits fiefs ainsi écheus en ligne collaterale, se partiront tête à tête entr'eux, sans prérogative de droit d'aînesse, lesquels *freres & sœurs* préféreront d'un degré lesdits cousins.

Freres & sœurs.] Il faut entendre ces deux mots *freres & sœurs,* alternativement ; d'autant que par l'article 134. les filles ne doivent pas succeder avec les mâles en ligne collaterale, pour ce qui est des fiefs. Ou bien même on peut encore leur donner une autre explication, sans blesser les termes de l'article, en disant qu'ils doivent s'entendre, quand les freres & sœurs sont de différens lits : de sorte que les freres excluent leurs sœurs en ce qui est des propres paternels, s'ils sont d'un même pere ; mais pour ce qui est des maternels, les mâles n'étant pas de la ligne, seront exclus par les femelles ; & ainsi il sera vrai de dire que les freres & sœurs, même ensemblement, préféreront d'un dégré les cousins. *M. J. M. R.*

CXXXVII.

Item, en ligne collaterale où il y a plusieurs mâles en même degré, succedans en fiefs, tels fiefs se divisent également entr'eux tête à tête, sans prérogative d'aînesse.

CXXXVIII.

Item, en ligne collaterale en autres heritages que fiefs, soient propres, acquests, conquests immeubles, ou meubles, lesdits heritages, biens, meubles & successions, se partiront entr'eux, tant mâles que femelles, tête à tête, sans quelque droit ne prérogative d'aînesse.

CXXXIX.

Item, en succession de ligne directe représentation a lieu, c'est à sçavoir la fille, *ou fils du frere,* représenteront *leur pere trépassé,* à l'encontre de leur oncle ou tante, en la succession de leur ayeul ou ayeule.

Ou fils du frere.] *Idem dico de nepotibus vel neptibus in infinitum, quidquid voluerit vetus consuetudo, qua denegabat repræsentationem, quæ tamen poterat reservari, & reservata uni filio-*
rum

rum, videbatur reservata omnibus. Accidit quod unus filiorum vel filiarum cui non reservatum in tractatu sui matrimonii, nec aliàs, præmortuus est; relictis nepotibus; deinde uni filiorum reservatur, qui moritur relictis liberis: deinde moritur parens; filii & nepotes mortuorum post reservationem apertam volebant excludere nepotes mortui ante ullam reservationem. Respondi quod simul admittuntur per text. in Authent. de nupt. vol. 4. ad fin. & l. Posthumus, §. ex his D. de inoffic. testam. & ita judicatum per Arrestum pronunciatum vigilia sancti Matthiæ, ann. 1545. *C. M.*

Leur père trépassé.] Et non, s'il étoit encore vivant, & qu'il renonçât à la succession, d'autant qu'il n'y a point de représentation d'une personne vivante, suivant qu'il a été jugé par Arrêts des 11. Décembre 1612. & 8. Juillet 1614. Mais c'est une fort grande question de sçavoir, s'ils y peuvent venir de leur chef, en cas que ceux qui se présentent pour succeder, ne soient pas en dégré plus avancé qu'eux: Maître Charles du Molin avoit décidé cette question en sa note sur l'article 241. de la Coutume du Maine, en faveur des enfans, dont le père avoit renoncé, & je n'avois point crû que son avis fût susceptible de difficulté, nonobstant un Arrêt du 7. Décembre 1628. donné en la cinquième Chambre des Enquêtes, au rapport de M. Gillot, entre Louis Vicquet, à cause de Françoise le Fort sa femme, niéce de Jean du Temple, de la succession duquel il s'agissoit, & le curateur des enfans de Charles du Temple, frere de Jean, par lequel le contraire avoit été jugé. Je me fondois, pour suivre l'opinion de Maître Charles du Molin, sur ce que l'adition d'hérédité est volontaire; de sorte que le pere qui renonce à une succession, n'ayant jamais porté le titre d'héritier, & la renonciation ayant un effet rétroactif au moment de la mort du défunt, il ne peut pas empêcher que ses enfans, qui par son abdication se trouvent au dégré le plus proche avec leurs cousins, ne partagent ensemble la succession. Et je trouve ce sentiment autorisé par un texte formel tiré de la Loi, *si quis* 4. §. *si filius, D. unde liberi. Si filius emancipatus non petierit bonorum possessionem, ita integra sunt omnia nepotibus, atque si filius non fuisset: ut quod filius habiturus esset, petitâ bonorum possessione, hoc nepotibus de eo solis, non etiam reliquis accrescat.* Neanmoins la question s'étant encore une fois présentée en l'Audience de la Grand'Chambre, l'Arrêt de 1628. fit pancher la balance du même côté; & par un second Arrêt qui est intervenu le Mercredi 6. Avril 1661. à huis clos, touchant la succession de Charles de Lamberville, la Cour a encore jugé que les enfans du pere qui avoit renoncé, ne pourroient venir à la succession de leur oncle avec leurs cousins germains, quoiqu'en les considerant de leur chef, ils fussent tous en pareil dégré. Il y en a qui voulant concilier l'opinion de Maître Charles du Molin avec les Arrêts, distinguent la ligne directe d'avec la collatérale, sur ce que cet Auteur met l'espece dont il parle en la ligne directe, au lieu que les Arrêts des années 1628. & 1661. ont été rendus en ligne collatérale; mais c'est s'attacher aux paroles, que d'établir de semblables distinctions, ne voyant pour ce regard aucune différence à faire entre la ligne directe & la collatérale. En effet, ce que du Molin parle de la directe, n'est que pour la diviser de la collatérale; & au contraire ce qu'il en dit n'est que par forme d'ampliation, *etiam in linea directa, M. J. M. R.*

C X I.

Item, en ligne collatérale représentation n'a point de lieu.

Il a été jugé en cette Coutume par Arrêt solemnel du 20. Août 1614. prononcé en robes rouges le 23. Décembre de la même année, & que la Cour ordonna être lû aux Siéges de Beauvais & de Senlis, pour servir de loi, & avoir lieu en cas semblables, qu'un rappel fait en un testament par un oncle de ses neveux, pour venir à sa succession avec ses freres, auroit lieu, non-seulement *in vim legati,* ainsi que les freres le vouloient réduire, mais même qu'il suppléeroit absolument la représentation, au moyen de quoi les neveux prendroient en la succession de leur oncle telle part qu'eût fait leur pere décédé, s'il eût été encore vivant, & dont le défunt n'eût pû disposer par testament, attendu que sa succession consistoit principalement en propres, Cet Arrêt donné en infirmant la Sentence du Bailly de Beauvais, qui avoit jugé le contraire: Entre les Godins parties plaidantes.

La même question avoit été auparavant jugée en cette Coutume, & en l'ancienne de Paris, qui n'admettoit pas aussi la représentation, par un autre Arrêt solemnel rendu au profit de Monsieur le Premier Président de Thou, & qui fut pareillement prononcé en robes rouges à la Notre-Dame de Septembre de l'année 1504. rapporté par Papon en son Recueil d'Arrêts, liv. 21. tit. 1. nomb. 20.

Nunc in magno Consilio 1542. est difficultas an in Consuetudine Silvanectensi, quæ idem dicit; scilicet, que représentation n'a point lieu en ligne collatérale; *sed non dicit quod sublata sit duplicitas vinculi, ut infra eo, §. 154. an quamvis ad mobilia & conquestus nepos ex fratre uterineque conjuncto, excludatur per fratrem paternum, vel uterinum tantum? videtur quod non: quia non est simplex, sed duplex, & sic in articulo simpliciter non comprehenditur, quia consuetudo odiosa tum debet intelligi ut minus corrigat jus commune; ergo cum satis operatur inter cæteros æquales, non debet habere locum ut aliud præponderet, nec debet corrigere in duobus casibus, cum corrigat satis in uno casu. Sed contra Consuetudo est generalis, & sic generaliter debet stare: quia generaliter negat repræsentationem; & sic converso argumentum, & dico quod jus duplicis vinculi satis est, quod operetur quando non opus est repræsentatione, ut inter fratres: secus tamen non est satis potens, sed indiget repræsentatione, quia tunc non potest operari; sed hoc videtur absurdum, ideo quod iste qui nihil habuisset, haberet totum, præmoriente fratre uterineque conjuncto, cum reliquat liberos: sed certè tunc satis est, quod nepos habeat paterna, vel materna, si qua sunt ad quæ alter est extraneus. C. M. in Consuet. Paris. §.* 149. La résolution de cet Auteur reçoit d'autant moins de difficulté, que la raison de douter qu'il propose ne se trouve pas véritable dans le fait, le double lien étant ôte par l'article 168. ci-après, aussi-bien que par la Coutume de Paris.

Item quid si soror est hæres in omnibus sitis à Senlis, *ubi decessit defunctus, & habebat domicilium: sed defunctus habebat* quelques acquêts *Neustriâ: ubi super eis constituerat reditum; nepotes de fratre* représentant *in sitis en* Beauisse *&* à Chartres, *certè sunt tanquam instituti in re loci,* *quia Consuetudines sunt locales, & sic soror habetur pro hærede universali, & sic tenetur solvere debita* & ladite rente, *& non tenentur nepotes nisi in subsidium. C. M.* Cette derniere note de M. Charles du Molin ne seroit point présentement suivie, parce qu'elle est fondée sur un faux principe, & sur une erreur, dans laquelle étoit cet Auteur touchant le payement des dettes, ainsi que nous établirons ci-après sur l'article 149.

& il résulte de ce que nous avons dit en cet endroit, que dans l'espece proposée par du Molin, les neveux ne pourroient pas s'empêcher de payer la rente à rata de l'émolument. *M. I. M. R.*

AVERTISSEMENT.

¶ Le Traité de la Représentation que M. Ricard avoit promis en la premiere Edition de cette Coutume, est ci dessus, immédiatement après le Traité des Substitutions directes & fideicommissaires.

CXLI.

Item, en ligne directe, si un fils ou une fille va de vie à trépas sans hoirs de son corps, à icelui ou icelle succedera *le pere ou la mere, l'ayeul ou l'ayeule, quant aux meubles, acquests & conquests immeubles. Et quant aux propres heritages*, les freres, sœurs, ou autres qui seront les plus prochains du trépassé, du côté & ligne desquels ils sont avenus au trépassé, succederont, (pource que les propres ne remontent point,) à la charge de payer par celui qui aura & prendra les meubles, acquests & conquests, les dettes *mobiliaires*, les obseques & funerailles du défunt.

Le pere ou la mere, l'ayeul ou l'ayeule.] Scilicet tous deux conjointement, chacun dans leur degré, s'ils sont encore vivans, c'est à-dire, le pere & la mere premierement, & ensuite l'ayeul & l'ayeule, la préférence du sexe n'étant d'aucune considération parmi nous, sinon pour les fiefs.

Quant aux meubles, acquêts & conquests immeubles.] Comme aussi à ce qu'ils ont donné au défunt, suivant la pratique générale de ce Royaume.

Et quant aux propres.] *Quidam sine liberis obiit sub hac Consuetudine, relictis quatuor patruis & quatuor nepotibus, & duabus neptibus ex sorore. Respondi quoad mobilia ubicumque sita, quia sequuntur domicilium personæ, omnes venient equaliter. Idem de immobilibus acquisitis sub hac, vel simili Consuetudine, ubi sunt nepotes & neptes viriles. Quantum verò ad quæsita per patrem defuncti, vel ejus materni, quia sunt facta propria in linea acquirentis, patrui nihil habent qui non sunt de linea: sed soli nepotes qui sunt de linea. Quantum ad propria avi vel avio defuncti omnes in capita. Et debita solventur viriliter, etiamsi non sint æquales, l. 1. C. si vert. pet. sic omnia debita alibu habent æqualiter, ad hoc infrà, 9. 149. C. M.* Ce chef de la résolution de M. Charles du Molin, qu'aux propres naissans du défunt acquis par son pere, les neveux y doivent succeder à l'exclusion des oncles, a été confirmé par Arrêt du 14. Août 1570. donné en cette Coutume, & rapporté en forme par le Vest, ch. 107. Et depuis le même a été jugé en la Coutume de Paris, par Arrêt donné avec grande connoissance de cause en la cinquième Chambre des Enquêtes le vingt-septiéme Mars 1646.

C'est un usage universel dans le Pays Coutumier, que les biens des mineurs ne changent pas de nature durant leur minorité à l'égard de leurs héritiers; de sorte qu'encore que les propres qui leur appartiennent soient valablement aliénés, le prix qui en procede, ou le bien qui en est acquis, est réputé propre, & appartient dans la succession du mineur à celui auquel l'héritage aliéné étoit déféré par la Coutume. C'est la Jurisprudence établie par l'addition faite à l'article 94. de la nouvelle Coutume de Paris, qui est observée dans les autres Coutumes, par cette considération qu'elle est fondée sur la doctrine des Arrêts qui étoient intervenus auparavant, & particulierement sur un qui avoit été rendu en cette Coutume de Senlis, & prononcé en robes rouges par Monsieur le Président de Thou le 7. Septembre 1570. qui jugea que l'héritage acquis par le Tuteur du prix provenu de la vente qu'il avoit faite d'un propre maternel, devoit appartenir aux freres utérins, à l'exclusion des freres consanguins, celui des biens duquel il s'agissoit, étant mort en minorité. Cet Arrêt est rapporté par Maître René Chopin *de privileg. rust. lib. 1. cap. 5. num. ult.*

Les dettes mobiliaires.] Les articles de cette Coutume qui parlent des dettes, s'expliquent diversement pour ce qui est des qualités qu'ils leur donnent; celui-ci & le 144. qui est pour le don mutuel, avec le 152. qui concerne la garde noble, disent, *mobiliaires*; le 199. qui est pour le Haut-Justicier confisquant, dit, *personnelles*; le 145. qui est pour partage des biens de la communauté, dit, *personnelles & mobiliaires*, & le 146. qui parle des nobles gagnans les meubles par privilege de noblesse, dit, *dettes* seulement.

En conséquence de quoi il y a lieu de demander de quelles dettes ont entendu parler chacun de ces articles, & s'ils ont eu différentes intentions: J'estime que ces deux mots, *personnelles & mobiliaires* sont synonimes en ces endroits, & que ces articles, en s'expliquant de différentes manieres, ont néanmoins voulu dire la même chose; d'autant que lors de la premiere rédaction de cette Coutume, ils n'avoient pas d'autres dettes personnelles, que les purement mobiliaires, & pour une fois payer, attendu que toutes sortes de rentes, même les constituées à cause de leur assignat nécessaire sur un certain héritage, ainsi qu'il se voit par l'article 197. passoient pour dettes immobiliaires & réelles, le voyant même par l'article 275. que les héritages sur lesquels elles avoient leur assignat, étoient vendus à la charge de ces rentes, du moins pour celles qui étoient ensaisinées ou inféodées; de sorte même que cet assignat étoit limitatif; & si celui qui avoit constitué une rente, venoit à vendre l'héritage sur lequel il l'avoit assignée, la rente suivoit l'héritage, & les autres biens du constituant, même sa personne, en demeuroient absolument déchargés; si bien que cette sorte de dette étoit entierement réelle, & ne tenoit rien de la personnalité. D'où il s'ensuit que sous le mot de *dettes personnelles*, ne venoient que les mobiliaires, & pour une fois payer; ce qu se peut assez colliger de l'article 199. qui fait distinction des dettes personnelles & des rentes constituées.

Mais ce qui rend difficile l'intelligence & l'exécution du contenu en ces articles, est le changement qui est arrivé par notre Jurisprudence en ces sortes de dettes ; car leur nature ayant été mieux connue, nous avons considéré l'assignation de ces rentes sur un héritage pour accessoire, & comme une simple hypoteque, qui donnoit *jus ad rem*, & non pas *in re* ; de sorte même que nous avons cessé de croire que cet assignat fût nécessaire pour la validité de telles rentes ; & nous avons estimé que celui qui n'avoit aucun héritage, ne laissoit pas d'être capable d'en constituer sur lui, & en conséquence nous avons placé ces rentes constituées, non plus au rang des dettes réelles, mais des dettes personnelles, comme suivant principalement la personne & la chose par accessoire seulement, celui qui les a créées n'étant plus liberé pour mettre hors de ses mains les héritages sur lesquels il les avoit assignées, & le créancier n'a plus aussi de sa part que la déclaration d'hypotheque sur ces héritages, mis hors des mains de son débiteur. Et ainsi les rentes constituées passent maintenant avec les sommes pour une fois payer, pour dettes générales & personnelles, voire mobiliaires, à l'égard du débiteur ; puisque pour ce qui le concerne, il ne doit que de l'argent, & est quitte en payant une somme de deniers, & non point pour dettes particulieres d'un certain héritage, comme autrefois.

Cela supposé, pour en faire l'application aux articles que nous interpretons, je n'estime pas qu'ils doivent être entendus suivant cette explication moderne, & du tems présent, mais conformément à ce qu'ils ont voulu parler, & à leur intention : *non enim dubium est in legem committere eum, qui verba legis amplexus, contra legis nititur voluntatem, l. 5. C. de legib.*

De sorte que comme l'article 141. par un droit particulier charge les ascendans qui succedent aux meubles & acquêts de leurs enfans, de payer les dettes mobiliaires, je ne voudrois pas les obliger à payer seuls les rentes constituées, mais les faire porter par tous les héritiers des immeubles, tant des acquêts que des propres à *rata* de ce qu'ils en perçoivent, puisque les héritages des débiteurs d'une rente n'y sont plus obligés par assignat, mais généralement hypotheques, de sorte que l'un n'en sera point plus tenu que l'autre, ce qui sera conforme par ce moyen à l'esprit de notre Coutume, toute proportion gardée. Il y a lieu de décider la même chose à l'égard de l'article 144. qui concerne le don mutuel, & de dire que bien qu'il ne charge le donataire mutuel que du payement des dettes mobiliaires, il doit néanmoins acquitter toutes les dettes de la communauté, de quelque nature qu'elles soient, par cette raison particuliere, que permettant de disposer à titre universel de tous les biens de cette communauté, les dettes dont elle est chargée doivent nécessairement être portées par le donataire, en conséquence de cette maxime, que *bona non dicuntur, nisi deducto ære alieno.* Autrement, si les propres du donateur demeuroient chargés de la moitié des dettes réelles de la communauté, les propres se trouveroient indirectement compris dans le don mutuel, puisqu'ils serviroient à augmenter les biens de la communauté, en les acquittant des dettes dont ils sont mutuellement chargés, ce qui seroit contre l'intention de la Coutume ; vû même qu'il pourroit arriver par ce moyen que les propres du premier decedé seroient absorbez par cette espéce de dettes. Mais au cas des articles 145. & 152. qui ne donnent au gardien noble ou au noble survivant que les meubles, il les faut du tout décharger des rentes constituées. Quant à l'article 145. qui regarde la communauté, il ne peut pas y avoir de difficulté que la femme est tenue de la moitié des rentes dûes par cette communauté, puisqu'elle prend la moitié des héritages qui y sont obligés ; ce qui avoit lieu par cette raison au tems même de la redaction de cette Coutume. Enfin, pour ce qui regarde l'article 199. nous en parlerons, lorsqu'il viendra en son lieu, ayant à y faire quelques remarques particulieres sur ce sujet. *M. J. M. R.*

NOUVELLE OBSERVATION.

¶ On tient encore que hors les cas marqués par cette Coutume, esquels elle charge celui qui succede aux meubles des dettes mobiliaires, on les doit payer à proportion, & faire une évaluation des meubles avec les propres ; d'autant que cette Coutume n'ayant pas statué en termes généraux, mais seulement en certains cas, il faut, tant qu'on peut, se conformer au droit commun ; partant un heritier collateral qui succederoit aux meubles & acquêts, ne payeroit les dettes mobiliaires qu'à proportion : les ascendans peuvent renoncer à la succession mobiliaire de leurs enfans ; ils peuvent même faire passer à leurs enfans la succession mobiliaire de l'un d'eux, même lorsqu'ils acceptent la communauté, afin de ne rien confondre pour la reprise qui leur est dûe, à laquelle les enfans ne contribuent qu'à proportion ; mais si le pere ou mere avoit pris les meubles sans inventaire apres le decès de l'autre, il semble que non-obstant la renonciation à la succession mobiliaire, il a confondu sa reprise entiere ; néanmoins si on pouvoit arbitrer en quoi consistent les meubles, il seroit plus juste de n'ordonner la confusion qu'à proportion ; à plus forte raison quand on sçait qu'ils sont de peu de valeur. ¶

Plusieurs Avocats du Païs tiennent encore que l'ascendant ne doit pas contribuer aux dettes immobiliaires, à raison des acquêts & conquêts auxquels il succede, d'autant que la Coutume leur eût imposé cette charge, si c'eût été son intention, qu'ils payassent autre chose que les dettes mobiliaires ; néanmoins l'opinion de M. J. M. R. est plus équitable, parce que les heritiers des propres seroient trop surchargés, s'ils portoient seuls toutes les dettes immobiliaires qui sont souvent excessives : l'on peut trouver plus aisément en cette Coutume de l'argent à rente, que des sommes mobiliaires à emprunter, à cause du privilege des rentes sur les dettes pour une fois payer, ce qui cause la ruine des familles, qui ne se liberent jamais.

On demande si le douaire préfix doit passer pour une dette fonciere, qui est entierement à la charge de l'heritier des propres ? Mais il n'y a aucun doute que l'ascendant qui succede aux acquêts & conquêts, n'en soit aussi tenu *pro rata*, de la même maniere que pour les rentes & les autres dettes personnelles du défunt, d'autant que c'est une charge qui se répand sur tous les biens, encore que tel douaire soit propre aux enfans, subrogé au Coutumier, & qu'il se prenne sur les propres en faveur du don mutuel qui doit être égal.

Les pere ou mere, ayeul ou ayeule, doivent aussi succeder en cette Coutume par usufruit à la moitié des conquêts faits pendant leur mariage, avenus aux heritiers du prédécédé, aux termes des articles 230. & 314. de la Coutume de Paris, encore que cette Coutume n'en parle point, parce qu'avant la réformation de la Coutume de Paris, où cette article fut ajouté, les Arrêts de la Cour avoient accordé cet avantage aux ascendans par un motif d'équité, afin qu'ils n'eussent pas le chagrin de voir passer de leur vivant en d'autres mains les fruits de leurs travaux.

Nonobstant cet article, la dot d'une Religieuse doit être portée par tous les heritiers *pro rata*, même par ceux des propres, attendu que par ce moyen la succession est ouverte à tous, autrement l'heritier des meubles n'auroit rien, s'il falloit épuiser le mobiliaire.

☞ Nous avons jugé le contraire le 8. Juillet 1700. contre le sieur Cauvel de Montdidier : mais il avoit dérogé à son droit par une imputation volontaire avec ses coheritiers d'une somme mobiliaire réservée au partage pour ce sujet.

Les pere ou mere, ayeul ou ayeule qui succedent en usufruit à la moitié des propres naissans acquis pendant la communauté de leurs enfans ou petits-enfans morts sans descendans, au préjudice des collateraux, ne sont pas tenus de contribuer aux dettes, à raison de cette moitié ; mais elles doivent être acquittées sur les autres biens, à la charge qu'en la ventilation desdits biens il sera seulement fait état de la nue propriété des heritages, ainsi qu'il a été jugé par l'Arrêt rendu en la Coutume de Tours, en la troisieme des Enquêtes, au rapport de Monsieur de Saveuse, cité par Pallu sur l'article 238. de la même Coutume.

La mere succede par usufruit comme à un conquêt au propre ameubli par son mari, & échû par sa succession à un enfans, nonobstant la prétention des heritiers des propres, qui soutiennent que la fiction d'ameublissement n'a effet que pour la communauté & non pour la succession ; d'autant que la veuve ne prenant pas de douaire sur le propre ameubli, il est juste qu'il soit reputé conquêt à son profit & s'il passe à l'enfant après le décès de ses pere & mere, la moitié appartient aux heritiers maternels ; mais si le tout demeure en la succession du mari, il est reputé propre paternel comme auparavant.

Un seul des heritiers peut demander les quatre quints des propres, quoique les autres qui étoient aussi habiles à y succeder se tiennent aux legs qui leur sont faits ; d'autant que la Coutume les affectant aux heritiers du côté & ligne, ils tombent dans la succession *ab intestat* ; mais la difficulté est de sçavoir si cet heritier qui prend seul les quatre quints, ne doit pas contribuer aux dettes mobiliaires & aux legs à proportion de ce qui lui accroît des parts des autres qui ont renoncé, pour se tenir aux dispositions faites à leur profit. Il semble qu'il y ait beaucoup d'équité, mais c'est trop forcer les termes de la Coutume, qui décharge les quatre quints des propres, des dettes mobiliaires & des legs, sans apporter aucune distinction.

Les dettes mobiliaires en cette Coutume sont payées, premierement sur les meubles & acquêts, & par ceux qui en sont tenus ; & après qu'ils sont épuisés, les heritiers des propres en sont tenus entr'eux à raison de l'émolument.

Le legataire des meubles, acquêts & quint des propres, doit contribuer aussi *à rata* du quint des propres avec les heritiers des quatre quints aux dettes mobiliaires, après les meubles & acquêts épuisés, ¶ dans les Coutumes où indistinctement les dettes mobiliaires se prennent sur les meubles ; ce que nous ne suivons pas entre les donataires ou legataires & les heritiers, ce cas n'étant pas marqué par la Coutume, & nous pratiquons en ce cas l'art. 334. de celle de Paris. Ainsi une somme donnée entre-vifs, payable après la mort, seroit prise sur les meubles, acquêts & propres *à rata*, la disposition de notre Coutume n'ayant pas lieu en cas de disposition par donation ou testament, mais seulement *ab intestat*.]

Il a été jugé en la Coutume de Touraine, par Arrêt du 27. Juillet 1629. rapporté par Pallu, pag. 637. que celui qui succede aux meubles, peut obliger celui qui profite des acquêts à contribuer *à rata* au remploi des propres alienés : d'autant que les acquisitions ont pû être faites du prix des propres vendus pour ce qui est de l'heritier des propres, il n'est pas juste qu'il y contribue. Louys sur l'art. 31. de la Coutume du Maine, remarque aussi que les reprises, remplois & indemnités se doivent prendre sur la masse commune, tant sur les meubles que sur les acquêts distributivement & à proportion. ¶ Ces autorités conviennent à l'esprit de notre Coutume, à moins que ce ne soit dans le concours des donataires ou legataires & heritiers, où tous les heritiers doivent être chargés aux termes de la Coutume de Paris qui est présumée notre droit commun au défaut de disposition de la nôtre.]

L'ascendant heritier mobilier est obligé de payer les sommes dûes par le défunt à l'heritier des propres entierement, & sans confusion, d'autant que ce sont deux hérédités, suivant Chopin, *lib.* 2. *tit.* 4. *n.* 18. *de morib. Parif.*

La femme à laquelle les deniers ont été stipulés propres, ayant renoncé après la mort de son mari à la communauté, & ayant depuis accepté la succession mobiliaire d'un enfant qui avoit survécu à son pere, confond en elle la reprise de ces deniers, parce qu'ils n'étoient reputés immobiliaires qu'à l'égard du mari, afin qu'ils ne pussent entrer en communauté, & non à l'effet de faire subsister la fiction à l'égard de la mere, qui est tenue de toutes les dettes qui sont à la charge de l'heritier des meubles. Aussi dans la succession d'un mari chargé de la dot de sa femme, consistant en deniers réalisés, tous les heritiers contribuent à proportion de l'émolument dans la Coutume de Paris, & non pas premierement sur les meubles ; mais dans cette Coutume on veut qu'elle soit acquittée sur les meubles ; d'autant que la dette active des deniers réalisés n'est immobiliaire, que par la force de la fiction en faveur de ceux pour qui elle a lieu, & que dans la contribution entre les heritiers du mari, cette raison cesse. On peut dire aussi que ces deniers ont augmenté les meubles, & qu'il seroit injuste que la mere fît contribuer à cette dette les heritiers des propres de son enfant, qui n'en profitent pas ; mais les deniers dûs pour cause du remploi des propres alienés, se distribuent comme immeubles entre les créanciers saisissans, tant que l'action immobiliaire subsiste ; & ne peuvent être cédés à un créancier au préjudice de l'autre, quoique la dette s'éteigne par le payement. Néanmoins les deniers stipulés propres se distribuent comme meubles entre les créanciers, lorsqu'ils ont été recueillis par l'enfant héritier des pere & mere, quoiqu'il soit encore mineur ; la minorité ayant effet d'empêcher l'héritier mobiliaire d'y succeder, mais non pas de conserver à ces deniers la qualité d'immeubles à l'égard des créanciers.

Quelques-uns veulent que le propre naissant en collaterale ne venant ni de pere ni de mere, passe à la ligne paternelle du dernier possesseur, comme la plus noble : d'autres, qu'il se divise entre les deux lignes ; & d'autres, qu'il se partage dans la succession du défunt, comme un acquêt, & appartient au plus proche parent paternel ou maternel, & qu'ensuite il est affecté à la ligne dans laquelle il est entré. Néanmoins je crois qu'aux termes de la Coutume, le propre naissant en collaterale, aussi-bien que l'ancien, doit passer au plus proche parent du défunt de la ligne de celui qui a mis le premier l'héritage dans la famille, & que cette ligne doit être épuisée, avant que ceux d'une autre y puisse succeder ; ce qui doit avoir lieu d'autant plûtôt, que le propre naissant en collaterale est sujet à retrait quand il a une fois fait souche en directe. Les deniers stipulés propres aux conjoints, sans parler des siens, ni de côté en ligne, passent aux héritiers mobiliaires de l'enfant décédé mineur.

Ceux qui sont stipulés propres à la personne & aux siens, passent comme propres d'enfant à enfant ; mais après le décès du dernier des enfans, quoique mineur, ils sont mobiliaires en sa succession.

Ceux qui ont été stipulés propres à la personne & aux siens de son côté & ligne, ayant été recueillis par un enfant qui est devenu majeur, perdent aussi leur qualité fictice. La fiction cesse aussi par le payement qui en a été fait après la dissolution de la communauté, à moins que ces enfant, & même les collateraux à qui ils ont passé successivement, ne soient encore mineurs ; auquel cas ils conservent leur nature de propre jusqu'à la majorité ; & s'ils s'étoient mariés en minorité, ils n'entrent pas en la communauté, nonobstant la majorité depuis survenue.

Les conjoints peuvent disposer aux termes de cette Coutume des deniers stipulés propres, mais non par don mutuel, attendu qu'ils n'entrent pas en communauté.

Ils peuvent aussi disposer de ceux qui sont stipulés propres à la personne & aux siens, de même que des choses mobiliaires : & au défaut de dispositions, les enfans y succedent comme à un propre. Si l'emploi des deniers n'a pas été fait en achat d'héritages aux termes de la stipulation, par la negligence du mari, ou autrement, il n'en peut profiter par la succession de ses enfans, & ceux en faveur de qui la stipulation à été faite, auront les mêmes avantages que si les deniers leur avoient été stipulés propres.]

¶ L'héritage paternel qui échet par un partage dans lequel on a eu dessein d'échanger, prend la même nature par un effet de la subrogation, d'autant que le partage est une espece de permutation, suivant la Loi, *sed. quod. inde, dig est. de legat. 2.* & la Loi *si filia, §. si pater dig. famil. ercisc.* c'est ce qui se trouve jugé par Arrêt rapporté par M. Louet, lettre P. nomb. 35. qu'il datte du 30. Mars 1576. mais qui est du 9. Avril 1596. ainsi qu'il est remarqué dans une Consultation que j'ai de l'année 1614. signée, Arnaut, Chauvelin, Mauguin & Cornuaille sur la même question, qui a été suivie d'une Sentence du Comté de Beauvais, pour Jean Simon, héritier des propres maternels de Louise de la Croix, femme de Pierre Vaillant, fille d'Adam de la Croix & de Jeanne Simon, qui avoient été échangés entre M. Guillaume & Robert Vaillant, ses enfans, avec des paternels, afin qu'il ne soit pas en la liberté des parens de faire tourner les propres de leur côté dans des partages, ou par des échanges ; mais je crois que cette subrogation ne doit avoir effet, que lorsqu'on a eu dessein d'échanger, & de conserver les choses dans leur nature, & non lorsqu'elles sont confondues d'une maniere à ne les pouvoir aisément distinguer, afin d'éviter les procès.

On répute aussi propres les parts acquises de ses coheritiers par accommodemens ou échanges avec des choses mobiliaires, pourvû que ce ne soit pas en forme de vente.

L'héritage propre assigné à un fils pour titre presbiteral, passe aux héritiers du côté & ligne : Il n'en est pas de même d'une rente que le pere a constituée pour ce titre sur un propre qui s'éteint en faveur du pere héritier mobilier, ou lui appartient par droit de retour ; & supposé que la rente soit considérée comme un propre naissant, le pere est de la ligne, *non labitur in diversam lineam.* Comme les héritages acquis par le pere, ausquels a succédé le fils ou le neveu, passent par la succession du fils ou du neveu aux plus proches parens paternels & maternels du côté de l'acquereur, c'est une suite que les paternels & maternels en même degré y succedent par têtes, & non par souches.

Les propres échus par la succession d'un collateral sans avoir souche en directe, passent au plus proche parent paternel ou maternel du défunt, du côté de celui qui a acquis l'héritage, sans que ceux de l'autre ligne qui sont plus éloignés, y ayent aucune part, à la difference de ceux qui sont descendus de l'acquereur, & ensuite ce propre suit la même ligne.

Comme le legs fait à la femme d'un propre de son côté est un acquêt, il en est de même, s'il est fait à ses enfans : Néanmoins je crois qu'en cas de mort de l'un d'eux, les autres y succedent, à l'exclusion de la mere, parce qu'étant légataires sous un nom collectif, & conjoints *re & verbis* de la même chose sans aucune part certaine, le droit d'accroissement a lieu, & les parts accrues étant échûes par successions, sont propres ; néanmoins la mere succede au dernier des enfans, comme étant de la ligne.]

CXLII.

Item, le mort saisit le vif, son plus prochain heritier habile à lui succeder, lequel par ladite Coutume est saisi de tous les biens meubles & immeubles, demeurés du decès du trépassé, pour d'iceux en jouir comme vrai héritier.

Cette regle de notre Droit François, *le mort saisit le vif*, en vertu de laquelle un héritier est saisi de plein droit des biens de la succession, est fort differente de la disposition du Droit Romain, par lequel l'héritier ne se pouvoit dire saisi, qu'après l'adition qu'il avoit faite de l'hérédité qui lui étoit échue. Sur cette distinction il a été jugé dans cette Coutume en interprétation de cet article, qu'encore que par le Droit Civil il fût libre à celui qui étoit appellé à une succession d'y renoncer au préjudice de ses créanciers, & de l'Edit de Preteur, *Quæ in fraudem credit. Qui repudiavit hæreditatem, vel legitimam, vel honorariam, vel testamentariam, non est in ea causa ut huic edicto locum faciat: voluit enim acquirere, non suum proprium patrimonium diminuere, l. qui autem, 6 D. d. tit. quæ in fraud.* Néanmoins le contraire doit avoir lieu parmi nous, & il a été jugé, que les créanciers pourroient obliger leur débiteur à accepter la succession qui lui étoit déférée, par Arrêt, que Maître Jean Bacquet, qui le rapporte en son Traité des Droits de Justice, chap. 21. nomb. 359. dit avoir été solemnellement rendu le 9. Avril 1588. en cette espece, Marguerite Mallard étant chargée de plusieurs dettes, il lui échut, & à deux de ses sœurs, deux successions; dans le dessein de faire passer sa portion héréditaire à deux enfans qu'elle avoit, elle renonce à la succession au préjudice de ses créanciers, lesquels intentent leur action pardevant le Prevôt de Chaumont, pour voir dire que la renonciation qu'elle avoit faite demeureroit revoquée; sur quoi intervint Sentence, par laquelle il fut ordonné qu'auparavant de proceder au Jugement definitif du procès, les autres héritiers seroient tenus de déclarer, s'ils entendoient que les enfans de Marguerite Mallard succedassent en son lieu: Ce Jugement ayant été confirmé par le Bailly de la même Ville, les créanciers en interjetterent appel au Parlement, comme d'un interlocutoire inutile; & la cause ayant été instruite, par l'Arrêt qui intervint, la Cour mit l'appellation & ce; emendant, évoquant le principal, & y faisant droit, Marguerite Mallard fut condamnée, sans avoir égard à sa renonciation, d'accepter les parts & portions à elle déférées aux successions dont il s'agissoit, aux perils & fortunes de ses créanciers, & en baillant par eux bonne & suffisante caution de l'acquitter, garantir & indemniser de l'acceptation de ces successions, & les cohéritiers condamnés à communiquer aux créanciers les lettres & titres de la succession, & leur faire partage pour les biens qui aviendroient en leur lot être vendus, les deniers en provenans à eux baillés jusqu'à la concurrence de leur dû, & que le surplus appartiendroit à la débitrice, si mieux n'aimoient les cohéritiers payer les créanciers de leur dû. *M. J. M. R.*

NOUVELLE OBSERVATION.

On peut voir ce que nous avons remarqué sur le chap. 16. des Substitutions de M. Ricard, si cette regle a lieu en faveur des fidéicommissaires, & s'ils se peuvent mettre directement en possession.

CXLIII.

Item, homme & femme conjoints ensemble par mariage, ne peuvent par testament ou ordonnance de derniere volonté léguer, donner, ou laisser aucune chose l'un à l'autre, soit qu'il y ait enfans, ou non.

Il faut voir pour l'interprétation de cet article, mon Traité des Donations, & particulierement en la partie 1. chap. 1. sect. 6. & 7.

L'article 15. du tit. de successions de l'ancienne Coutume, au lieu duquel celui-ci a été substitué, contenoit une disposition toute contraire, & permettoit aux maris & femmes de disposer par testament au profit l'un de l'autre de leurs meubles, acquêts & conquêts immeubles, & du quint des propres à toujours, & de l'usufruit du surplus des propres, soit qu'il y eût enfans, ou non. En interprétation de cet article il étoit intervenu un Arrêt solemnel du 22. May 1545. qui est rapporté en forme dans le Recueil de le Vest, chapitre 28. en cette espece. Par le contrat de mariage de Pierre le Gendre & de Charlotte Brissonnet du mois de Juin 1511. le mari avoit constitué trois cens livres de rente de douaire préfix au profit de sa femme, & par son testament il avoit encore disposé en faveur de sa femme de l'usufruit de ses meubles & de ses héritages, n'ayant laissé à ses héritiers que la jouissance de quelques rentes, & la propriété du surplus de ses biens. Après son décès la femme qui étoit en possession de son usufruit, ne laisse pas de faire assigner les héritiers de son mari, pour être condamnés à lui payer les arrerages de son douaire; sur quoi ayant obtenu aux Requêtes du Palais Sentence à son profit, elle fut infirmée par l'Arrêt, qui renvoya les héritiers de son mari quittes & absous de sa demande. Il faut voir ce que j'ai écrit à ce sujet en mon Traité des Donations, part. 2. nomb. 168. & suivans, & en la partie 3. nomb. 1218. & suivans. *M. J. M. R.*

NOUVELLE OBSERVATION.

Plusieurs ont voulu que cet article n'ayant pas ajouté les termes *directement ou indirectement*, n'empêchoit pas les conjoints de donner aux enfans l'un de l'autre; mais la Cour a jugé le contraire en cette Coutume au Rôle de Senlis, l'an 1626. en l'audience de la Grand'Chambre, [soit que le donateur ou testateur ait des enfans d'un autre mariage, ou non; Arrêt de Reglement au Rôle de Senlis du 5. Février 1729. sur les Conclusions de M. Daguesseau alors Avocat Général, plaidans Maîtres Aubry, Leroy, & Griffon: Ainsi l'article 283. de la Coutume de Paris n'est pas suivi dans la Coutume de Senlis.] Il y a eu aussi un semblable Arrêt en la Coutume de Ponthieu, du 18 Janv. 1655 encore qu'il n'y eût aucun article en ladite Coutume, qui défendît aux conjoints de s'avantager l'un l'autre: cette prohibition étant une des regles générales du Droit François. La difficulté est, s'il y avoit une clause qui empêchât les pere ou mere du donataire, d'en pouvoir profiter, comme s'il y avoit clause de retour en faveur du donateur, si le donataire decedoit sans enfans. En effet, il y a un Arrêt du Parlement de Provence, dans le Recueil de Boniface, to. 1. pag. 482. qui a jugé la donation bonne en faveur des enfans dans cette derniere espece ; néanmoins cette distinction a été rejettée par les derniers Arrêts, d'autant que la raison fondamentale de la disposition rencontre ses inconvéniens en la personne du fils comme du pere.

¶ Aussi ce seroit éluder la Coutume, de donner ou léguer aux ascendans de la personne prohibée, ainsi que la Cour le juge par Arrêt en 1698, quoique plusieurs veuillent que la prohibition ne doive pas s'étendre au-delà des personnes y comprises.]

C X L I V.

Item, homme & femme conjoints ensemble par mariage, peuvent faire l'un à l'autre don mutuel de tous leurs biens meubles, *acquests ou conquests* immeubles, pourvû qu'ils n'ayent aucuns enfans, & qu'iceux conjoints soient *égaux en âge & chevance*, à la charge que le survivant sera tenu de payer & acquitter les *dettes mobiliaires*, dûes au jour du trépas du défunt, avec les obseques & funérailles dudit défunt, en acceptant ledit *don mutuel*.

Acquêts ou conquêts.] Ces mots sont synonimes en cette occasion, & ne signifient que les acquisitions faites pendant la communauté, & qui sont communes entre les conjoints, ainsi que j'ai fait voir en mon Traité du Don mutuel, nombre 179. & suivans, & que je remarquerai encore ci-après.

¶ *Aucuns enfans.*] *Dummodo alter conjugum liberos superstites nullos habeat ex primo matrimonio legitime susceptos.* Gousset sur Chaumont en Bassigni, art. 6.]

Egaux en âge.] L'ancienne compilation faite en 1506. porte la même clause, *égaux en âge & chevance*; mais la plus ancienne, faite en 1493. porte, *égaux en force, âge & chevance*.

On a demandé de quelle proportion cette Coutume entendoit parler, lorsqu'elle requiert égalité d'âge entre conjoints, à l'effet de se pouvoir donner mutuellement? Il y a eu trois Arrêts rendus sur cette difficulté; le premier du 6. Mars 1616. confirmatif d'une Sentence de Messieurs des Requêtes du Palais du 6. Juillet 1612. entre Monsieur Loysel Président en la Cour des Aydes, donataire de défunte Dame Marie de Hacqueville sa femme, contre André de Hacqueville, Ecuyer sieur de Garge, frere de la défunte, par lequel le don mutuel avoit été déclaré bon & valable, encore que la femme fût plus âgée que son mari de six à sept ans. Le second Arrêt est du 19. Février 1647. rendu au Rôle de Senlis, conformément aux conclusions de Monsieur l'Avocat Général Talon, plaidans Maître Jacques Lambin & moi, entre M. Pierre le Lanternier sieur d'Auchy, Elû en l'Election de Beauvais, donataire mutuel de défunte Damoiselle Angadresme Pajot sa femme, contre Maître Jossé Pajot, frere & héritier de la défunte, par lequel ce don mutuel fût pareillement confirmé, quoique le sieur d'Auchy fût plus âgé que la Demoiselle sa femme de onze à douze ans. Par le troisième Arrêt donné au rapport de Monsieur le Clerc le 14 Août 1649. une donation mutuelle a été déclarée nulle en cette Coutume, entre Laurent Capon, héritier de Pierre Capon, appellant d'une Sentence du Bailly de Senlis du 10. Septembre 1646. portant délivrance du don mutuel, & Martine Roussel, veuve de Pierre Capon, intimée; après que par Arrêt interlocutoire du 7. Septembre 1647. la Cour avoit ordonné qu'avant faire droit, les parties informeroient du fait de l'âge; l'héritier du mari prédécédé ayant articulé que le défunt étoit plus âgé que la femme de vingt à vingt-cinq ans.

Au reste, il ne sera pas inutile de tirer encore ce fruit du premier de ces Arrêts, qu'il a jugé, que le don mutuel fait entre le Sieur & la Dame Loysel seroit reglé suivant la disposition de la Coutume de Senlis, bien que leurs articles de mariage eussent été accordés pardevant Notaires à Paris; le contrat de mariage passé véritablement à Senlis, mais avec stipulation que la communauté seroit reglée suivant la Coutume de Paris, & les Sieur & Dame Loysel n'ayant demeuré à Senlis que sept à huit ans, pendant lesquels le don mutuel avoit été fait, & ensuite étaient venus demeurer en cette Ville de Paris, en laquelle la femme étoit décédée. Ce point jugé en ce que par l'Arrêt la propriété des meubles & acquêts a été adjugé à Monsieur Loysel, suivant la disposition de cette Coutume; au lieu que par celle de Paris, ces choses ne lui eussent appartenu qu'en usufruit.

Et chevance.] C'est-à-dire en biens: mais il y a grande apparence que ces mots sont à présent inutiles en cette Coutume, & laissés par inadvertance du texte de l'ancienne (comme j'ai déja remarqué avoir été fait en d'autres articles) étant permis aux conjoints par l'ancienne de se donner mutuellement, non-seulement leurs meubles, acquêts ou conquêts immeubles, mais aussi le quint des propres à perpétuité, & l'usufruit du surplus; de sorte qu'il se pouvoit rencontrer beaucoup d'inégalité en semblables donations, quant aux biens: Mais suivant les termes où la nouvelle Coutume a réduit le don mutuel, je ne vois pas où cette égalité de chevance puisse être appliquée: Car bien que cet article porte que l'on peut donner ses acquêts ou conquêts, je ne crois pas que cela puisse s'entendre des acquêts faits pas l'un ou l'autre des conjoints avant leur mariage, ainsi que j'ai fait voir au Traité du don mutuel; d'autant qu'à l'égard des conjoints, les acquêts sont propres, & comme tels la femme y prend son douaire, si bien qu'ils ne peuvent être donnés mutuellement: Aussi la Coutume ne dit pas *acquêts & conquêts*, mais *acquêts ou conquêts*, ce qui montre qu'elle n'a point voulu signifier par ces deux mots deux choses différentes, mais qu'elle les a pris comme synonimes & identiques, pour les acquisitions faites pendant la communauté.

Voyez ci-dessus mes Remarques sur l'article 141.

Il faut voir pour une plus ample explication de cet article, le Traité du Don Mutuel que j'ai donné au public. *M. J. M. R.*

NOUVELLE OBSERVATION.

Quoique l'effet du don mutuel entre autres que mari & femme soit suspendu après la mort, & qu'il soit difficile de le considerer autrement que comme une donation à cause de mort, à cause de l'augmentation & de la diminution qui peut arriver dans les biens; néanmoins on ne peut pas dans cette Coutume se dispenser de la rigueur de la saisine pour les biens qui y sont sujets.

Ce qui est dit en la page 23. du Traité du Don Mutuel, qu'après l'insinuation le mari perd la libre disposition, ne peut s'entendre, sinon des dispositions à titre gratuit.

Il semble qu'il n'y ait que les donations mutuelles faites par contrat de mariage, & non celles faites pendant le mariage, pour lesquelles la femme puisse attendre à faire insinuer après les quatre mois depuis la mort de son mari: d'autant que la Coutume veut que le don soit insinué, & que ce seroit un moyen indirect d'avantager sa femme, qui ne risqueroit rien, tandis que le mari en seroit exclu. ¶ Néanmoins l'usage est qu'elle ait quatre mois après la mort de son mari pour les unes & pour les autres.]

Pour concilier les différentes opinions si le don mutuel doit être insinué en tous les lieux où il y a des conquêts, je croirois assez que celui qui est en propriété, doit être insinué en chaque Jurisdiction, & qu'il devroit suffire de faire insinuer celui qui n'est qu'en usufruit au lieu du domicile.]

Il y en a plusieurs qui prétendent que l'on peut en cette Coutume remettre l'obligation de donner caution, lorsque le don mutuel n'est qu'en usufruit, nonobstant la disposition du Droit Romain, qui ne permettoit pas de dispenser de cette nécessité celui qui n'étoit possesseur que pour un tems, d'autant que nos Coutumes se reglent par d'autres principes pour le don mutuel qui a été inventé par le Droit François. Le Droit Romain étoit fondé sur cette maxime, qu'une obligation ne pouvoit pas être restrainte à un tems limité, suivant la Loi 55. *dig. de legat.* 1. Ce qui fut corrigé par les Empereurs, à la charge que celui qui voudroit jouir pour un tems, donneroit caution, dont il ne pourroit être dispensé, si ce n'est en certains cas, ausquels il étoit permis de remettre la caution. ¶ On cite pour ce sujet la maxime, que le testateur n'a pas voulu ce qu'il a pû, c'est à sçavoir de donner en propriété, & que ce qu'il a voulu, il ne l'a pas pû, d'autant plus que cette décharge est contre la Loi, & peut procurer un avantage indirect: Néanmoins on juge souvent en différens cas que celui qui peut le plus peut le moins.]

La femme qui renonce à la communauté, ne laisse pas de pouvoir prétendre la moitié des effets de la communauté à titre de don mutuel; cette acceptation n'empêchant pas qu'elle n'use du droit que lui donne la Coutume de renoncer, mais aussi elle ne peut en ce cas augmenter son don par son fait, au-delà de la moitié dont il devoit être dans son principe; & en ce cas la somme qu'elle a droit de reprendre, doit être prise sur les biens de la communauté, & confondue en sa personne pour moitié, à cause de la communauté, & aussi à l'égard de l'autre moitié, à proportion de ce dont elle profiteroit en propriété, en vertu du don mutuel des biens situés en cette Coutume; & à l'égard des biens situés en celle de Paris, dont elle n'auroit que l'usufruit, la confusion ne s'en feroit que sa vie durant; & lorsque l'usufruit seroit éteint, l'action renaîtroit pour la répétition de cette somme, à proportion de ce que lesdits biens en doivent porter. Autre chose seroit, s'il y avoit clause, que la somme stipulée propre fût reprise sur les propres du mari, il n'y auroit pour lors aucune confusion.

Deniers dotaux d'une sœur restitués pendant la communauté à l'un des conjoints, qui en est héritier, doivent entrer dans la communauté, comme aussi dans le don mutuel, encore que par le traité de mariage le mari se fût obligé de les assigner sur quelques fonds, & qu'il ait donné des immeubles qui lui appartenoient en payement, d'autant que l'action se détermine par la qualité des choses que l'on demande, & qu'après la mort de la femme il n'y auroit qu'une action mobiliaire contre le mari pour la restitution, faute d'avoir satisfait à son obligation; c'est pourquoi la nature n'en a pû être changée, en donnant des immeubles, depuis que le droit en a été acquis à la communauté par l'écheance de la succession. Il n'en iroit pas de même, s'il y avoit eu clause en faveur des collateraux par le contrat de mariage.

On demande si un donataire mutuel doit porter tous les frais, qui sont nécessaires pour le recouvrement des effets qui en font partie, lorsque le don n'est qu'en usufruit? Il est constant que l'usufruitier doit faire la dépense modique pour la conservation des choses dont il doit jouir à ce titre, & les frais extraordinaires doivent être portés par le propriétaire, ou plutôt par la chose même, suivant la Loi 8. §. *ubi autem, Cod. de bonis quæ liberis,* & la Loi *bactenus, dig. de usufructu.* C'est pourquoi lorsqu'il y a une grande dépense à faire, l'héritier y doit contribuer, ou du moins consentir, que ce que déboursera le donataire, sera repris sur la chose. L'on commet même quelquefois quelqu'un pour faire ce recouvrement à qui l'on donne salaire.

C'est une maxime approuvée par plusieurs Docteurs, que ceux qui jouissent des fruits à titre lucratif, sont tenus de compenser les impenses modiques avec les mêmes fruits, à la différence des impenses considérables; l'on peut voir sur ce sujet Peregrinus, *art.* 50. *n.* 12. *de fideic.*]

Mais un mari qui jouit comme donataire mutuel par usufruit seulement de l'office qu'il avoit acquis pendant la communauté, est obligé de payer le droit annuel qui est nécessaire pour la conservation de la chose: c'est pourquoi si la Charge tomboit aux parties casuelles, il seroit dû indemnité pour moitié aux héritiers de la femme, quoiqu'après son décès il leur eût déclaré qu'il la laissoit dans la communauté, comme il a été jugé en la Grand'Chambre, par Arrêt du 5. Mai 1665. contre les héritiers d'un Eleu de Mondidier.

Mais ayant fait cette déclaration, les héritiers de la femme sont obligés de contribuer pour moitié à la taxe qui a été faite sur l'Office pendant le don mutuel, à moins que la taxe ne soit qu'une cessation de profit, comme ont été toutes les taxes depuis vingt ans, qui ne sont faites que par retranchement de gages.

Quelques-uns veulent que lorsqu'il y a une disproportion d'âge, comme si la femme avoit dix ans plus que le mari, le don subsisteroit en cas de prédécès de la femme contre les héritiers du mari, lequel étant plus jeune avoit crû survivre, & tromper sa femme & ses héritiers ; mais un acte reciproque entre personnes qui n'ont pas les qualités requises par la Coutume, ne peut valoir à l'égard de l'un, & être inutile à l'égard de l'autre. La femme mieux conseillée pourroit aussi surprendre son mari, dans le dessein d'en pouvoir profiter, sans rien risquer pour ses héritiers en cas de prédécès. L'on peut voir ce que nous avons dit sur ce sujet dans les Remarques que nous avons faites sur le Traité du Don Mutuel de *M. J. M. R.*

¶ Si le survivant doit acquitter les dettes mobiliaires, obsèques & funérailles, à cause du don mutuel, à plus forte raison peut-on dire la même chose du donataire simple des meubles & effets mobiliers par contrat de mariage, afin d'empêcher les avantages indirects, si on profitoit des deniers, en laissant accumuler les dettes ; d'autant qu'en cas du don mutuel la convention est égale. Pour les mêmes raisons, l'un des conjoints ne peut pas donner à l'autre, sans charge des dettes reputées incertaines.]

C X L V.

Item, quand l'un des deux conjoints ensemble par mariage, soient nobles on non nobles, va de vie à trépas, les biens meubles, acquêts & conquêts immeubles faits durant & constant leur mariage, se divisent & partissent également entre le survivant & les héritiers du trépassé, à la charge de payer par moitié les dettes personnelles & mobiliaires.

Il a été jugé en cette Coutume par Arrêt du 30. Avril 1620. donné en la première Chambre des Enquêtes, au rapport de Monsieur Barillon, entre Marie Châtelain, veuve de défunt Maître Pierre Germain Avocat au Parlement, Marguerite Germain, veuve de Nicolas Germain, & consorts, héritiers du même défunt, que le remploi seroit fait par les héritiers au profit de la veuve sur les biens de la communauté, de toutes les rentes & héritages à elle avenus & échûs par le décès de ses pere & mere, qui se trouveroient rachetés ou vendus par son mari, & que les intérêts des deniers procédans de ses propres aliénés, seroient payés à raison de l'Ordonnance depuis le jour du décès du mari, encore qu'il n'y eût aucune clause de remploi par le contrat de mariage. La même chose avoit auparavant été jugée pas un autre Arrêt aussi intervenu en cette Coutume, sur procès par écrit, le 17. Mars 1612. entre Philippes de Cossant, Marie de Perhuis sa femme & consorts, d'une part ; & Antoinette le Maître, veuve en secondes nôces de Nicolas de Perthuis, d'autre.

Voyez ce qui est dit sur l'article 141. ci-dessus. *M. J. M. R.*

NOUVELLE OBSERVATION.

En matière de successions & de donations testamentaires ou entre-vifs, nos Coutumes sont réelles ; mais à l'égard de la capacité des personnes qui disposent de la communauté, & des conventions qui la concernent, du douaire préfix pour la qualité de propre ou viager, de la dot, de l'hypotheque de la femme, & autres effets, l'on regarde la Coutume du domicile au tems du contrat ; c'est pourquoi les biens acquis en Normandie par des domiciliés en cette Coutume, ne laissent pas d'entrer en communauté, quoique ce soient des conquêts hors bourgage, parce qu'autrement un mari pourroit se procurer un avantage indirect, & priver sa femme par son fait de l'effet de la communauté introduite par la Coutume ; ce qui a lieu, encore qu'un Normand qui s'est marié ailleurs avec dérogation à sa Coutume, & soumission à la Coutume du lieu où il a contracté, soit retourné aussi-tôt en Normandie.

On en juge autrement à l'égard du dun mutuel, lequel se regle pour les immeubles, suivant les Coutumes des lieux où ils sont situés : & comme la Coutume de Normandie, art. 410. défend aux personnes mariées de s'avantager ni directement ni indirectement, les conquêts faits en cette Province ne peuvent pas faire partie du don mutuel.

En Normandie on confirme les dispositions des biens situés en Picardie faites par testamens dans les quarante jours, ou les trois mois avant la mort, encore que la disposition soit nulle pour ceux de Normandie. Nous tenons aussi dans le Parlement de Paris, que les formalités & la capacité d'agir se reglent suivant la Coutume du domicile ; à moins que celle de la situation n'en défende la disposition, ainsi que nous avons fait voir dans les additions sur le titre du don mutuel.

La clause, que chacun payera ses dettes, ne peut pas empêcher que le créancier ne saisisse les meubles de la femme inventoriés qui se trouvent encore en nature, d'autant qu'ils sont entrés en la communauté, dont le mari est toujours le maître ; si ce n'est qu'il y ait séparation : l'effet de la clause n'est qu'à l'égard des conjoints pour leur récompense, & pour empêcher que le mari ne soit poursuivi pour les dettes de sa femme au-delà de ce qui est compris dans l'inventaire : Néanmoins si la femme renonçoit à la communauté, demandant à se faire séparer pour cause légitime, il semble qu'en vertu de son opposition à la saisie, elle pourroit être préférée sur la chose.

Il seroit juste que la femme fût tenue de partager une attribution sur un Office propre au mari ; néanmoins il est difficile de séparer l'accessoire de son principal, avec lequel il passe libre de toutes charges & hypoteques, s'il n'y a point eu d'opposition au sceau ; c'est pourquoi les héritiers du mari doivent récompenser la femme de la moitié de la valeur de l'augmentation, eu égard au prix présent de même que l'on en use pour les bâtimens & améliorations, qui ne sont dûs qu'en tant que le fonds est devenu meilleur, & non pas eu égard à la moitié de ce qui a été tiré de la communauté.

Il n'y a point d'indemnité pour les dettes mobiliaires des pere & mere de l'un des conjoints, payées pendant la communauté : autre chose est des immobiliaires, d'autant que les immeubles n'entrent point en communauté.

¶ On ne peut convenir que la femme aura la moitié de la communauté sans charge de dettes, d'autant que c'est une clause potestative qui peut donner lieu à des avantages indirects.]

CXLVI.

Item, entre *Nobles* conjoints ensemble par mariage, le survivant peut prendre & appréhender les meubles demeurés du décès du trépassé, en payant les dettes dûes au jour du trépas, obseques & funérailles du trépassé.

Nobles.] Puisque la Coutume ne distingue pas, je ne veux pas aussi distinguer les Nobles de race, d'avec ceux qui ont acquis ce titre, à cause de leurs charges & dignités, & des annoblis, croyant qu'ils doivent tous prendre part en cet article, puisqu'ils sont tous compris sous ce mot général de Nobles.

De plus, j'estime qu'il suffit que le mari soit noble, pour faire que cet article ait lieu, *juxta*, *l. femina*, *D. de Senatorib. l. mulieres*, *C. de dignitat.* d'autant que le mari annoblit sa femme par le mariage qu'il contracte avec elle, & lui communique sa dignité ; de sorte même que la femme après le décès de son mari la retient, & jouit des privileges, tant qu'elle demeure en viduité : Mais au contraire la noblesse en la personne de la femme ne suffiroit pas, parce que tant s'en faut qu'elle la communique à son mari roturier, qu'elle l'éteint pendant ce mariage.

Voyez ce que j'ai remarqué ci-devant sur l'article 141. *M. J. M. R.*

NOUVELLE OBSERVATION.

☞ Dumoulin sur l'article 268. de la Coutume de Tours, veut que celui qui prend les meubles, non en vertu de la Coutume, ni de contrat relatif à la Coutume, mais en vertu de contrat, doit être acquitté des dettes mobiliaires par l'héritier ; néanmoins le contraire a été jugé en la même Coutume, ainsi qu'a remarqué Pallu sur le même article.

Il doit aussi les frais funéraires & les legs qui doivent être pris sur les meubles à la différence des dettes immobiliaires qui se prennent sur les propres & sur les acquêts au sol la livre.]

¶ Supposé que le privilege du survivant noble n'empêche pas que l'on n'ait pû disposer des meubles par testament, la récompense ne laisse pas d'en être dûe au survivant, d'autant que le privilege étant égal, il n'est pas permis à celui qui en pouvoit profiter, de l'éluder.]

CXLVII.

Item, un noble homme allé de vie à trépas, *sa femme survivant* peut renoncer aux meubles & acquêts par eux faits durant & constant leur mariage, incontinent ; c'est à sçavoir *dedans trois mois* du jour du trépas ; & en ce faisant, elle demeurera quitte des dettes personnelles que devoit son mari auparavant le mariage, & que tel trépassé avoit fait durant & constant leur mariage ; esquelles elle ne se seroit point *obligée*.

Un noble homme.] *Idem* du roturier, suivant la pratique générale de ce Royaume, qui est observée sans contredit en cette Coutume.

Sa femme survivant.] Et ses héritiers en cas de prédécés, puisqu'ils sont en sa place.

Dans trois mois.] Même après ce tems, *rebus integris*, par la raison de la Loi *mancipiorum*, *D. de opt. vel elect. leg.* & suivant ce, jugé par Arrêt donné en cette Coutume le Mercredi 30. Mars 1605. en la Chambre de l'Edit, plaidant Tardif & Berger, Givry, Chaumont & du Breuil, parties plaidantes, qu'une femme étoit reçue à renoncer à la communauté d'entr'elle & son défunt mari, dix ans après la dissolution, se voyant qu'elle n'avoit rien pris des biens de cette communauté qu'en qualité de garde-noble de ses enfans. Il en iroit autrement, si sans avoir pris autre qualité, elle demeuroit en possession des biens de cette communauté après les trois mois ; car pour lors elle seroit présumée & déclarée commune.

Obligée.] Supposé qu'elle y soit obligée, elle peut à la vérité être poursuivie par le créancier ; mais elle doit être acquittée par l'héritier de son mari. *M. J. M. R.*

NOUVELLE OBSERVATION.

☞ Si l'aîné veut accepter la communauté, & les puînés y renoncer, à cause de l'avantage qu'a l'aîné dans les conquêts faits en Normandie, il semble que la faculté de renoncer appartienne divisément à chaque héritier : néanmoins l'on tient qu'il faut considérer ce qui est plus avantageux à la succession en général, sans considérer les intérêts de chaque héritier en particulier. Quoique cette faculté ne soit donnée qu'à la femme par cet article, cependant elle est communiquée aux enfans & autres héritiers.

Il n'en est pas de même de la reprise de la dot & du remploi, si ce n'est à l'égard des enfans pour lesquels la clause se sous-entend, si elle avoit été stipulée pour la mere ; mais la reprise de ce qui avoit été mis en communauté n'a lieu que pour ceux en faveur desquels elle a été stipulée.

Si les enfans après avoir été dotés par pere & mere, vouloient après le décès de leur pere, ou les biens étant saisis, demander la dot & les reprises de leur mere, au préjudice des créanciers, sans déduire ce qu'elle avoit contribué pour sa part, ils y seroient mal fondés, ainsi qu'il a été jugé en la cinquiéme des Enquêtes le 7. Décembre 1679. *8. part. du Journ. du Palais.* Car quoique leur mere ait renoncé à la communauté, elle n'étoit pas moins obligée que son mari à la dot de leurs enfans; mais je crois que si elle agissoit elle-même pour ses reprises, qui se trouvent épuisées par ce moyen, à cause de l'inégalité des biens, il y auroit justice de la faire moins contribuer.]

CXLVIII.

Item, l'exécuteur ou exécuteurs du testament d'un trépassé, sont saisis des biens meubles dudit testateur, jusqu'à la concurrence dudit testament, pour icelui accomplir dedans l'an & jour.

Voyez mon Traité des Donations, partie 2. chapitre 1. & 2. *M. J. M. R.*

CXLIX.

Item, les heritiers d'un trépassé sont tenus des faits, promesses & obligations d'icelui trépassé, chacun *pour telle part & portion* qu'ils en sont heritiers.

Il s'en est rencontré plusieurs qui ont été ci-devant dans cette opinion, que cet article, aussi-bien que le 163. ci-après, ne concernent que les créanciers, & reglent seulement à leur égard, comme les héritiers peuvent être poursuivis des dettes d'un défunt, & non pas de quelle façon ils sont tenus entr'eux de ces dettes, qu'ils soutiennent devoir être acquittées par les héritiers mobiliers, conformément à l'ancienne pratique de ce Royaume.

Cette opinion a pour fondement l'article 141. qui charge les ascendans succédans aux meubles & acquêts du payement des dettes mobiliaires : le 146. par lequel le survivant noble prend tous les meubles, en payant les dettes : le 152. qui donne au gardien noble les meubles, & la jouissance des fruits des héritages appartenans aux mineurs, à condition de payer les dettes mobiliaires & arrérages des rentes; & le 199. par lequel le Seigneur Haut-Justicier confisquant les meubles, est tenu des dettes personnelles : d'où il semble que l'esprit général de la Coutume est de faire payer les dettes à celui qui prend les meubles.

Et toutefois l'opinion contraire a prévalu, & ces dispositions particulieres ont été prises pour autant d'exceptions qui confirment la regle générale dans les cas non exceptés. Aussi cette Coutume, qui par l'article 163. dispose du payement des dettes à l'égard du créancier, & regle de quelle façon les héritiers peuvent être par lui poursuivis, auroit elle parlé inutilement des dettes en cet article, s'il ne concernoit pas les héritiers, & comment ils les doivent payer entr'eux. Et de fait, il est énoncé par ces termes généraux, *les héritiers sont tenus, &c.* De sorte que l'on ne fait plus de difficulté de l'interpreter de la sorte, conformément à la Coutume de Paris, & à la plûpart des autres de ce Royaume, qui contiennent des dispositions remplies d'équité; ce qui fait que le judicieux Coquille, parlant au chapitre des droits de Justice de ses Institutions de l'article 199. de notre Coutume, qui charge, comme nous avons dit, le Seigneur prenant les meubles, de payer les dettes mobiliaires, remarque que cet article dépend de l'ancienne opinion erronée, qui chargeoit ainsi l'héritier mobiliaire, au lieu de répandre les dettes universellement sur les biens de la succession.

Il faut observer que nous n'entendons pas cet article de la même façon qu'à fait Maître Charles du Molin, lorsqu'il a dit sur l'article 141. *debita viriliter solvuntur, & etiamsi non sint equales :*

Car cet Auteur prenant à contre-sens pour ce regard la disposition du Droit, vouloit que de la même façon que chez les Romains, les héritiers institués participans aux biens d'un défunt inégalement, ne laissoient pas de payer les dettes personnellement, sans avoir égard à ce que les uns prenoient plus que les autres, *l. 1. C. si cert. petat.* les héritiers parmi nous payassent aussi les dettes également, au cas même qu'ils vinssent à succeder avec inégalité, comme il arrive souvent par les dispositions de nos Coutumes.

Mais il ne prenoit pas garde que la raison pourquoi l'établissement du Droit Romain étoit telle, procedoit de ce que les successions *ab intestat*, étoient partagées également, & sans distinction de patrimoine : D'où vient que les successions testamentaires ayant été introduites à *l'instar* des autres, les héritiers institués ne pouvoient être appellés inégalement pour ce qu'ils prenoient en cette qualité d'héritiers; de sorte que s'il leur étoit fait quelque avantage, ils le prenoient par forme de prélegs, & non comme héritiers; ce qui faisoit que les legs n'étant sujets aux dettes, celui au profit duquel ces prélegs étoient faits, n'en étoit pas tenu, outre la portion héréditaire, ainsi qu'il est expliqué, *l. ex facto, & l. qui non militabat, D. de heredib. instit.*

Ce qui n'est pas de même parmi nous, vû que nos Loix, qui sont nos Coutumes, divisent les successions entre les héritiers avec inégalité, & suivant les différentes especes de biens qui s'y rencontrent, donnant aux uns les meubles & acquêts, & aux autres les propres, suivant la ligne dont ils touchoient de parenté celui de la succession duquel il s'agit.

Si bien qu'en conservant les principes du Droit Romain, toutes choses proportionnées, nous obligeons les héritiers à payer les dettes, suivant les parts & portions de ce qu'ils amendent, & à *rata* de l'émolument qu'ils en perçoivent, en y comprenant même les donataires & les légataires universels, que nous comparons aux héritiers; & par ce moyen, conformément à la disposition du Droit écrit, nous rejettons les dettes sur tous les biens de la succession, *es alienum totum patrimonium imminuere constat, l. si fideicommisson 50. §. tractatum, D. de judiciis*, conformément à l'article 334. de la Coutume de Paris, qui l'a ainsi déclaré, & que nous suivons en celle-ci, comme conforme à la raison, ayant été composée des Arrêts de la Cour, & entr'autres d'un solemnel, du mois de May 1562. vulgairement appellé des Boulards. Auſſi voyons-nous dans le Droit Romain même, que dans les cas eſquels il étoit permis au teſtateur de diviſer les ſucceſſions en dverſes eſpeces de patrimoines, la charge des dettes paſſives ſe partage inégalement, & la portion virile n'y étoit pas obſervée. *Julianus etiam ait, ſi quis alium caſtrenſium rerum, alium cæterarum ſcripſiſſet hæredem, quaſi duorum hominum duas hæreditates intelligi : ut etiam in æs alienum quod in caſtris contractum eſſet, ſolus is teneatur, qui caſtrenſium rerum hæres inſtitutus eſſet : Extra caſtra contracto ære alieno is ſolus obligetur, qui cæterarum rerum hæres ſcriptus eſſet, l. ſi certarum* 18. §. *Julianus D. de milit. teſt.* V. & *l. ſi peculium. D. de pecul. leg. &* l. 20. 21. 22. 23. 24. 25. 26. & 27. *D. de relig. & ſumpt. fun. &* l. 20. §. 3. *de fam. erciſc.*

Toutefois nous ne faiſons pas payer aux aînés plus grande part des dettes, pour ce qu'ils prennent par préciput & droit d'aîneſſe, comparant cet avantage qu'ils prennent hors part, aux prélegs des Romains, & pour cela eſt exprès à l'article 136. ci-après. Mais nous n'en uſons pas de la ſorte, lorſque les mâles prennent les fiefs par droit d'excluſion, comme l'ordonnent la plûpart de nos Coutumes, & entr'autres celle-ci, pour ce qui eſt de la ligne collatérale ; car pour lors les femelles n'étant héritieres en ce genre de bien, elles ne ſont pas tenues des dettes dont il eſt chargé : mais les mâles doivent plus payer des dettes que les femelles, eu égard, & à proportion des fiefs,

ce qui eſt décidé par l'article 335. de la Coutume de Paris. Cette queſtion ayant été agitée dans cette Coutume entre les ſieurs des Urſins, de Palaiſeau, & autres héritiers d'Auventerre, elle fut appointée par Arrêt intervenu en l'Audience de la Grand'Chambre du Mardi 23. Mars 1600. mais depuis elle a été jugée définitivement ſur une autre conteſtation formée entre les Poſſins, touchant la ſucceſſion d'Antoine Poſſin, qui avoit ſon domicile en la Coutume de Senlis, qui avoit laiſſé dans ſa ſucceſſion la terre de Menainville, ſituée dans la Coutume de Montfort, qui eſt entierement conforme à celle-ci. Il s'agiſſoit de ſçavoir ſi les dettes de la ſucceſſion du défunt ſe payeroient virilement, ou à proportion de l'émolument dans ces deux Coutumes, entre ſes héritiers, qui étoient Georges, Anne & Marie Poſſin ſes frere & ſœurs, & particulierement ſi le frere en devoit payer davantage, à proportion de la terre qu'il prenoit ſeul. Par l'Arrêt qui intervint le 25. Janvier 1614. en la troiſiéme Chambre des Enquêtes, au rapport de Monſieur Scarron, il fut ordonné que les dettes ſeroient payées *pro modo emolumenti,* & que le frere ſeroit tenu d'y contribuer à proportion du fief même qu'il prenoit à l'excluſion de ſes ſœurs. Le même Arrêt jugea une autre queſtion, qu'une rente conſtituée de mille livres par chacun an, qui étoit dûe pour le prix du fief, étoit une dette perſonnelle : & en conſéquence qu'elle devoit auſſi être payée pour tous les héritiers à proportion de l'émolument. *M. J. M. R.*

NOUVELLE OBSERVATION.

Pour telle part & portion.] Nous ne ſuivons pas l'opinion de du Molin, qui vouloit que les héritiers payaſſent virilement les dettes, quoique leurs parts fuſſent inégales ; mais en ce cas cette Coutume eſt différente de celle de Paris, parce que quelquefois l'héritier des propres ne paye rien, & l'héritier des meubles & acquêts paye tout, lorſqu'il n'y a que des dettes mobiliaires dans les cas marqués par la Coutume ; quelquefois auſſi celui qui prend les meubles comme gardien, paye les dettes mobiliaires, à la décharge de l'héritier des acquêts & de celui des propres.

L'eſprit de la Coutume de Paris eſt de faire marcher la charge & le profit ſur le même pied ; & celui de cette Coutume eſt d'empêcher que l'on ne charge les propres, en empruntant des ſommes conſidérables, que l'on garderoit dans ſes coffres au profit de l'héritier mobilier ; mais l'on répond en faveur de celle de Paris, que cette précaution de la nôtre eſt inutile, puiſque l'on peut même vendre ſes propres, & fruſtrer entierement ceux qui y doivent ſucceder.

☞ L'opinion de M. J. M. R. de faire contribuer les héritiers, légataires, donataires univerſels à *rata,* ne laiſſe pas d'être ſujette à des inconvéniens : car ſi un mari avoit donné à ſa femme ſes meubles par contrat de mariage, ne devroit-elle pas contribuer au-delà de ſa part aux dettes mobiliaires, en renonçant à la communauté, ayant eu moyen d'emprunter pour amaſſer des effets mobiliers ? Mais ce cas doit ſervir d'exception à la maxime que l'uſage a introduit ¶ entre les donataires, légataires & héritiers ; & j'eſtime que l'on doit ſuivre l'eſprit de la Coutume, de prendre les dettes mobiliaires ſur les meubles en

ce cas, s'il paroît qu'il y ait eu intention de fraude, comme ſi la femme avoit pris les meubles ſans inventaire, & s'il y avoit eu affectation & négligence de payer les dettes ; ſinon les dettes mobiliaires ne ſont dûes ſur les meubles que dans les cas exprimés par la Coutume.] Pour ce qui eſt des legs, ils ſe payent à *rata* entre les héritiers & légataires univerſels ; & nous en avons fait payer un de 4000 l. à *rata* entre le ſieur du Freſne, Tréſorier à Amiens, Légataire univerſel des meubles & conquêts de la femme, & les héritiers des acquêts.]

Au reſte, l'on appelloit toujours en Droit *portion virile,* la part pour laquelle chacun devoit contribuer aux dettes, quoiqu'elle fût inégale, ainſi qu'a remarqué Monſieur Cujas *ad quæſt. Papiniani, leg. ultimâ, digeſt. de quibus rebus apud eundem Judicetur.*

☞ Les enfans ſont tenus des dettes *pro portionibus hæreditariis,* & non à raiſon de l'émolument. C'eſt pourquoi un aîné ne paye pas plus qu'un autre, à cauſe de ſon droit d'aîneſſe ; & ſi les créanciers du pere ont fait vendre le fief depuis la ſucceſſion échûe, il peut ſe récompenſer de ce qui lui devoit appartenir, tant ſur le prix reſtant que ſur les autres biens roturiers. Mais pluſieurs eſtiment qu'il doit payer à *rata* ce qui eſt dû pour le prix du fief, comme Mornac ſur la Loi 38. *digeſt. de rei vindicat.* Bacquet des droits de Juſtice, chap. 21. num. 11. Chopin. *de legib. And. lib.* 1. *cap.* 33. Et cette opinion ſemble la plus raiſonnable, comme le témoigne la Peirere, lett. A. n. 28. *cum res abeſſe videatur cui pretium abeſt.* Mais il faut qu'il paroiſſe par le contrat d'emprunt, que l'on a pris des deniers pour ce ſujet. Il n'y a auſſi aucun doute que ſi le pere étoit débiteur d'une rente pour reste du prix , quoiqu'elle fût rachetable , l'aîné y contribueroit *à rata*. Pour ce qui est de la collatérale, celui qui succede à un fief par préciput, paye les dettes à raison de l'émolument, afin de récompenser ceux qui sont exclus d'y succeder, à la différence de la directe, où les puînés partagent au fief. Il n'en est pas de même, quand les héritiers succedent aux mêmes biens ; ils doivent porter leurs parts viriles des dettes.]

S'il se trouve des biens dans la Coutume de Paris & dans celle de Senlis en même-tems, on rejette les dettes sur les biens de chaque Coutume, à proportion de la valeur, & ensuite on regle la maniere du payement des dettes, suivant l'ordre & la regle établis par chacune Coutume, pour les biens qui y sont situés : mais pour ce qui est des meubles, on doit suivre la Coutume du domicile, en quelque lieu qu'ils se trouvent ; & si le défunt demeuroit dans la Coutume de Senlis, son héritier mobiliaire ascendant, ou le gardien, ou le survivant noble, paye toutes les dettes mobiliaires.

Coquille en sa question 236. approuve l'opinion de du Molin sur l'article 81. de la Coutume de Vitry , qui veut que lorsqu'il y a de différens héritiers qui succedent à différens biens, ils peuvent être convenus par le créancier pour leur portion virile ou égale, sauf à se faire regler entr'eux pour leur contribution, d'autant qu'il ne peut pas sçavoir au juste combien chacun doit porter : Il peut aussi saisir les biens héréditaires pour toute sa dette, lorsqu'ils sont encore indivis, & qu'ils n'ont pas été confondus par le partage avec ceux des héritiers, ce qui ne peut pas préjudicier à l'action hypothéquaire.

☞ L'on observe que le légataire qui se tient à son legs, ne peut pas conserver les propres qui font partie de son legs, & n'excedent pas la part qui lui eût appartenu dans les quatre quints des propres, parce que n'étant pas héritier, il n'y a pas de part, & ne fait pas de part, ces biens étant réservés par la Coutume, & tombant dans la succession *ab intestat.*

L'on tient communément que le légataire d'un corps de propres dont il est évincé des quatre quints par un des héritiers, n'a aucune récompense contre l'héritier institué, ni contre le légataire universel, mais qu'il peut recourir contre l'héritier *ab intestat*, qui prend les meubles & acquêts dont le défunt n'avoit pas disposé , étant fondé en la volonté du testateur. Mais il paroît plus convenable aux principes du Droit & à l'équité, que le légataire puisse recourir sur les autres propres de la même ligne, dont est celui qui lui a été légué, aussi-bien que sur les meubles & acquêts, soit qu'il y ait un héritier institué, ou *ab intestat*, ou un légataire universel, pourvu qu'il ne le soit pas de certains meubles ou acquêts désignés, parce que l'on peut léguer la chose d'autrui, & l'estimation en est due.

Autre chose, si le légataire vouloit recourir sur les héritiers de l'autre ligne, lesquels étant étrangers à son égard, ne lui doivent rien encore qu'il ait été en la liberté du testateur de disposer du quint ; *quia quod potuit noluit, & quod voluit non potuit*. Néanmoins il y a eu Arrêt en 1673. rapporté en la troisiéme partie du Journal du Palais, qui dénie cette récompense contre le légataire universel des meubles & acquêts.]

C L.

Item , quand aucun habile à être heritier d'un trépassé , s'immisce , & prend de la succession dudit trépassé, ou prend & applique à son profit jusqu'à la valeur de cinq sols parisis, il est tenu & réputé *vrai heritier* du trépassé , & comme tel peut être valablement poursuivi par les créanciers du trépassé.

Est réputé vrai heritier.] Non toutefois , s'il le fait en autre qualité , ou après avoir renoncé à la succession. *M. J. M. R.*

NOUVELLE OBSERVATION.

L'héritier d'un mineur, qui avoit recueilli une succession, a dix ans du jour du décès du mineur, pour renoncer, ou être restitué de l'appréhension que le mineur avoit faite, sinon il a affecté les biens du jour de l'adition, & non pas hypothequé; d'autant que l'hypotheque n'a lieu qu'en vertu de titre ou de condamnation. Il suffit même qu'avant la renonciation ou restitution, il y ait eu actes approbatifs de la qualité d'héritier, comme s'il avoit aliéné : Car quoique quelques-uns tiennent, fondés sur la Loi 3. §. *Scio. ff. de minoribus*, que les actes approbatifs de la qualité d'héritier faits pendant le tems de la restitution, n'empéchent pas l'effet de la restitution : néanmoins cette Loi doit être entendue des actes nécessaires, comme quand l'héritier reçoit les dettes actives, & non pas des actes volontaires, suivant le §. *si quis* de la même Loi, & la Loi 2. *Cod. quod met. causa.*

C L I.

Item , quand aucuns enfans ont été mariez des biens communs de leurs pere & mere, ayeul ou ayeule, & l'un d'eux, soit le pere ou la mere, l'ayeul ou l'ayeule, va de vie à trépas, si icelui enfant ou enfans ainsi mariez, veulent venir à la succession de tel trépassé, avec les autres enfans non mariez, faire le pourront, en rapportant la moitié de ce qui a été donné en mariage, ou autrement avantagez, ou moins prenant desdites successions : Si tous deux, c'est à sçavoir, les pere & mere, l'ayeul ou l'ayeule étoient decedez, tels avantagez rapporteront le tout, ou prendront moins desdites successions, comme dessus.

On a douté en cette Coutume en interprétation de cet article, sçavoir si des petits-enfans succedans à leur ayeule par représentation de leur mere, étoient obligés de rapporter les avantages faits par cette ayeule à une de leurs sœurs qui avoit renoncé à sa succession : Cette question s'étant présentée devant le Lieutenant du Bailly de Senlis à Compiegne, entre Jerôme le Caron & consorts, freres & sœurs, demandeurs en rapport en la succession d'Antoinette le Martin leur mere, & Claude Thibaut, au nom & comme tuteur des enfans, tant de lui, que de Bonaventure le Caron sa femme, veuve en premieres nôces de Jacques Poulletier; la petite-fille avantagée, nommée Catherine Poulletier, étant fille du premier mariage de Bonaventure le Caron : La Sentence fit distinction entre les avantages faits du vivant de la mere, & ceux qui avoient été faits après son décès, & en conséquence condamna à rapporter les premiers, comme présumés faits en sa considération, & non les autres, comme censés faits pour le seul mérite de la donataire; de laquelle Sentence y ayant eu appel, la Cour par son Arrêt prononcé en robes rouges par Monsieur le Premier Président du Harlay, le Vendredi 22. Décembre 1606. ordonna, en infirmant cette Sentence, que tous les avantages faits par l'ayeule à la petite-fille, encore qu'elle eût renoncé à sa succession, seroient précomptés sur la part héréditaire que la mere eût pû prétendre en la succession de cette ayeule, sauf le recours aux freres & sœurs, contre leur sœur donataire pour leur légitime. Et après la prononciation de l'Arrêt, Monsieur le Président avertit les Avocats, que la Cour avoit jugé, que les avantages faits par l'ayeul à son petit-fils, soit du vivant, ou après le décès du pere, sont réputés faits au pere en avancement de succession, & que les héritiers du pere les doivent rapporter à la succession de l'ayeul, ou renoncer tous à cette succession.

Cet Arrêt est rapporté par de Montholon, au chap. 109. de son Recueil, & par Lhoste en son Commentaire sur la Coutume de Montargis, chap. 11. art. 2. où il dit qu'il avoit été rendu en la quatriéme Chambre des Enquêtes, au rapport de Monsieur de Lavau son oncle, dès le 24. Juillet 1599.

Il avoit été jugé auparavant par Arrêt donné en cette même Coutume le 4. jour de Février 1584. entre Maître Pierre Coffin Procureur à Compiegne, d'une part, & Maître Nicolas Bayard Elû audit lieu, d'autre part, que ce qui avoit été donné par l'ayeul à son petit-fils, devoit être rapporté par le pere venant à la succession de l'ayeul.

☞ J'ajouterai ici une remarque qui convient à la maniere des substitutions, que l'aîné n'est pas obligé de moins prendre, à cause des biens substitués qui lui viennent de plus loin, comme de son ayeul, quoiqu'il soit héritier d'autres biens de son pere avec ses freres & sœurs, d'autant que le pere n'a été que le canal par lequel les biens substitués ont passé; & partant les biens sont échus à autre titre, & d'autres personnes, & non de la libéralité du défunt, aux termes de la Loi *à patre* 10. *Cod. de collat. honor.*

Par la même raison les biens substitués par l'ayeul ou autre, ne sont pas sujets à être imputés en la légitime que le petit-fils prend sur les biens de son pere, à moins qu'il ne prenne sa légitime sur un fideicommis universel, dont il avoit été chargé par son pere dans le cas où le fideicommis expire en sa personne, d'autant qu'il s'est soumis à exécuter la volonté du défunt, ainsi qu'a remarqué Peregrinus *de fideicomm. art.* 36. *n.* 107.]

Que si la donation étoit faite pas l'ayeul à son petit-fils, ou même par le pere à son fils en recompense de services, elle ne feroit pas sujette à rapport, parce qu'en ce cas, c'est plutôt un payement déguisé du titre de donation, qu'une véritable libéralité, dont il y a Arrêt qui est aussi intervenu en cette Coutume, & qui a été prononcé en robes rouges à la Pentecôte de l'année 1594. touchant une donation de mille écus faite par un ayeul à sa petite-fille, pour aider à la marier, & pour les bons offices qu'il avoit reçûs d'elle. Il faut pourtant observer en cette occasion, que comme il s'agit d'une donation faite au profit d'une personne prohibée, il ne suffit pas que l'acte qui la contient, fasse une simple mention des services, mais il est nécessaire qu'ils soient justifiés, & que la donation n'excede pas considérablement le service, ainsi que j'ai fait voir en mon Traité des Dispositions Conditionnelles, chap. 3.

Par autre Arrêt donné pareillement en cette Coutume, au rapport de Monsieur de Refuge, en la cinquiéme Chambre des Enquêtes le 16. Mars 1596. prononcé en robes rouges par Monsieur le Président Riants, il a été jugé, en infirmant la Sentence du Bailly du Comté de Beauvais, que Catherine Caignard pouvoit être donataire de Guillelmine Marine son ayeule, & héritiere de Charles Caignard son pere, le pere n'étant héritier, mais donataire & légataire universel de sa mere, ayeule de la petite-fille.

Nous avons quelques Coutumes qui décident que les frais faits par un pere, pour faire obtenir le dégré de Docteur à son fils, ne sont pas sujets à rapport : ce qui s'observe aussi dans les autres Coutumes qui n'en disposent pas, dont il y a un Arrêt en celle-ci, intervenu en l'Audience de la Grand'Chambre, le Mardi 21. Février 1651. à la prononciation duquel j'étois présent. Un pere nommé le Feron de la Ville de Compiegne, avoit ordonné entr'autres choses par son testament, que son fils aîné seroit tenu de rapporter à sa succession la somme de 450. liv. qu'il avoit déboursé, pour lui faire obtenir les licences en Médecine; de quoi la Cour le déchargea par son Arrêt. *M. J. M. R.*

NOUVELLE OBSERVATION.

☞ Néanmoins à l'égard des Médecins de Paris, à qui il coûte beaucoup; des Docteurs Régens & Bénéficiers à qui les études ont servi pour obtenir leurs emplois, il y a de la justice de les faire rapporter, à la différence des Officiers à qui les études sont souvent ruineuses; & encore quand les frais ont servi utilement, & qu'ils sont considérables par rapport aux biens, il semble équitable de leur en faire rapporter une partie, principalement lorsque le pere a marqué son intention, ayant écrit tout sur son Registre; ¶ ce qui n'est pas présumé, lorsque la dépense n'est pas considérable par rapport aux biens de la maison, & que d'autres enfans ont dépensé d'ailleurs, quoique mal-à-propos.

CLII.

Item, si l'un des deux *Nobles* conjoints par mariage , ayant enfans mineurs , va de vie à trépas , le survivant desdits deux conjoints pourra avoir & accepter la garde-noble desdits enfans , & en acceptant ladite garde , ledit survivant aura & lui appartiendra les meubles de tels mineurs , & si jouira de leurs heritages , & fera les fruits siens durant ladite garde-noble , *tant & si longuement qu'il se tiendra en viduité* , sans payer quelque droit de relief , en offrant la foi & hommage au Seigneur seulement , avec le chambellage , selon la nature du fief ; parce que de pere à fils , ou fille non mariée , n'y a que la bouche & les mains , *sinon ès lieux esquels reliefs sont dûs* , à la charge de garder , nourrir & entretenir lesdits mineurs bien & honnêtement , iceux faire instruire selon leur qualité , état & vacation , d'entretenir leurs maisons & heritages , & les rendre en aussi bon état qu'elles étoient quand il prit ladite garde-noble , payer *les dettes mobiliaires & arrérages de rente* , testament , obseques & funérailles , acquitter lesdits mineurs , *bien & düement régir & gouverner leurs Justices* , & soutenir les procès aux dépens dudit gardien : Et quant à l'ayeul ou l'ayeule , n'auront ladite garde-noble , mais pourront accepter l'administration desdits mineurs & de leurs biens , comme tuteurs & curateurs , si à ce ils sont élus.

Nobles.] Voyez ce que j'ai remarqué ci-dessus sur l'article 146.

Tant & si longuement qu'il se tiendra en viduité.] Il y a lieu de demander si cette clause se rapporte aussi-bien aux meubles qu'aux fruits des immeubles ; de sorte que le gardien noble venant à se remarier auparavant la garde-noble finie , il cessera non-seulement de jouir des immeubles , mais sera encore tenu de restituer les meubles : Pour l'affirmative , on peut dire que si on en usoit autrement , il pourroit arriver que ce que la Coutume a eu intention d'ordonner pour peine contre le gardien-noble , lui tourneroit à profit , & qu'ayant nourri & entretenu les mineurs pendant leur bas âge , moyennant une dépense fort modique , il se déchargeoit de faire de plus grands frais dans le tems que ses mineurs seroient avancés en âge ; & cependant que non content d'avoir fait les fruits siens à proportion de sa jouissance , il conserveroit encore la propriété des meubles , qui devoient servir à contribuer aux charges pendant tout le tems de la garde-noble , qu'il a perdue par sa faute.

Néanmoins l'opinion contraire ne peut pas recevoir de difficulté dans cette Coutume , en conséquence de l'article 146. ci-dessus , par lequel entre Nobles , sans le benefice de la garde-noble , & par un privilege particulier de noblesse , le survivant peut prendre les meubles par préciput. Mais je passe même plus avant , & je crois que dans une autre Coutume où les meubles n'appartiendroient pas au survivant à autre titre que de gardien noble , & où au surplus la disposition seroit pareille à celle de notre article , qu'au cas par nous proposé , le gardien-noble ne seroit pas obligé de rendre les meubles , parce qu'il ne les prend pas gratuitement ; étant particulierement affectés au payement des dettes qui se trouvent dûes , & des obseques & dispositions testamentaires du défunt ; de sorte que quand la garde-noble ne dureroit que trois mois , à cause de l'âge des mineurs , le gardien-noble ne seroit pas moins siens tous les meubles , que si elle devoit durer long-tems. Et en effet , si la premiere opinion avoit lieu , il faudroit que la garde-noble demeurât résolue , en retrogradant dès son commencement , & que le gardien rendît compte de son administration , puisqu'il ne seroit pas juste qu'il eût payé les charges , sans en conserver le profit ;

ce qui n'est point conforme à l'esprit de notre Coutume , laquelle dans notre espece ne donne atteinte à la garde-noble que pour l'avenir , & maintient le gardien dans la jouissance du passé , pour ce qui est des fruits. D'où il s'ensuit que les meubles lui doivent aussi demeurer , attendu que l'article établit au commencement qu'ils lui appartiennent ; ce qui doit s'entendre d'une propriété incommutable , puisqu'il n'y est point particulierement dérogé dans la suite ; & ce d'autant plus , qu'il semble que les Rédacteurs de la Coutume ayent voulu distinguer les meubles d'avec les fruits par deux clauses séparées l'une de l'autre , afin de faire que les termes qui donnent lieu à notre question , n'eussent leur rapport qu'à la jouissance des fruits.

Sinon ès lieux esquels reliefs sont dûs.] En ce cas c'est au gardien à en rendre quittes les mineurs , quoiqu'ils soient dûs de leur chef , parce qu'il est tenu d'acquitter les dettes mobiliaires , du nombre desquelles est le relief , lorsqu'il est échû.

Mais quoi ! ne pourroit-on pas soutenir dans ces lieux où les reliefs sont dûs à toutes mutations qu'ils font , non-seulement acquis au Seigneur pour la mutation qui arrive par l'échéance de la succession du pere au fils , mais aussi par la considération de ce que le fils tombe en la garde du gardien-noble , qui est une autre espece de mutation ? Je n'estime pas que le Seigneur fût bien fondé à le prétendre , d'autant que la jouissance du gardien ne produit pas une mutation effective , & il ne jouit point comme propriétaire , mais sous le nom de ses mineurs ; & par cette raison il ne peut pas de son chef intenter une action réelle , dépendante des heritages dont il fait les fruits siens : tellement que comme ces droits qui sont à charge au public passent parmi nous pour odieux , & particulierement en ces Coutumes locales qui établissent le relief en toutes mutations , elles ne doivent être entendues que des mutations réelles & véritables , si ce n'est qu'elles ayent expressément étendu davantage leurs dispositions dans des cas particuliers , lesquels encore ne peuvent pas être prorogés de l'un à l'autre. Et de fait , pour ce qui est de l'espece de la garde-noble , le contraire a été trouvé si injuste , que l'article 32. de l'ancienne Coutume de Paris , portant que le gardien noble devoit relief , a été corrigé par le 46. de la nouvelle , qui établit sa décharge. A quoi il faut ajouter une autre raison, qui résulte de ce que nous avons dit sur l'article 132. que quand deux mutations arrivent en même tems en un fief, le Seigneur n'en peut prétendre qu'un seul droit de relief.

Dettes mobiliaires & arrérages de rente.] Il a été jugé en cette Coutume par Arrêt rendu en l'Audience de la Chambre de l'Edit le Mercredi 30. Mars 1605. qui est rapporté par Chenu en sa deuxiéme Centurie, chapitre 195. par Peleus quest. 101. & par Brodeau sur Louet, lettre R. nombre 30. qu'une mere qui avoit accepté la garde-noble de ses enfans, n'avoit point confondu en elle l'action de remploi qui lui étoit dûe à cause de ses propres aliénés pendant la communauté. Cette question seroit présentement susceptible de grande difficulté, nonobstant cet Arrêt; parce que nous apprenons par l'Histoire de notre Jurisprudence, qu'au tems qu'il a été rendu, les avis étoient fort partagés, de sçavoir si une action de remploi des propres étoit mobiliaire ou immobiliaire; au lieu que nous ne faisons maintenant aucun doute que ce ne soit une dette purement mobiliaire, d'autant que cette action ne peut produire qu'une somme de deniers; de sorte que dans la rigueur, & en expliquant cet article à la lettre, la femme qui accepte la garde-noble, & qui par cette Coutume est obligée de payer toutes les dettes mobiliaires, confond en elle son action de remploi, puisque c'est une dette de la qualité de celles qu'elle est tenue d'acquitter. Mais ce qui donne lieu de douter en faveur de la femme, est que dans le tems auquel cette Coutume a été rédigée, les Rédacteurs n'ont point vrai-semblablement songé au remploi des propres, d'autant que par la doctrine des Arrêts de ce tems-là, qui a été en l'année 1539. ne s'adjugeoit point, & la femme n'avoit point d'action pour l'indemnité de ses propres vendus par son mari, sur les biens de la communauté, ou autrement, ce qui avoit donné lieu à un dire commun, que le mari ne se pouvoit lever assez matin pour vendre les propres de sa femme. A quoi il faut ajouter que le prix procédant de la vente des propres, se convertit plus souvent en acquêts; tellement qu'il y auroit quelque injustice de charger le gardien noble d'acquitter le remploi, vû qu'il ne profite point de la propriété des acquêts qui en sont procédés; & même il seroit en la liberté du mari de rendre la garde-noble, comme aussi le privilege de Noblesse établi par l'article 146. ci-dessus, inutile, en aliénant ses propres ou ceux de sa femme, & en convertissant le prix qu'il en a reçu en acquêts.

Toutes ces considérations qui sont alléguées de la part de la femme, & qui autorisent l'Arrêt, sont fort pressantes, & néanmoins j'aurois beaucoup de peine à m'y rendre, parce que je n'abandonnerai jamais le sentiment dans lequel j'ai toujours été, que les questions générales, comme est celle-ci, doivent être jugées dans les grandes regles, autrement les hommes se rendent maîtres de juger suivant leurs inclinations, & toutes sortes de questions deviennent arbitraires: Mais de plus, outre que les maximes sont en cette occasion contre la femme, on peut encore lui dire que les considérations de faveur sur lesquelles elle fonde son intérêt, peuvent être rétorquées contr'elle, & que si les Arrêts qui sont intervenus depuis la rédaction de la Coutume, lui ont accordé une nouvelle grace, en lui donnant le remploi de ses

propres aliénés, quoiqu'il n'ait point été stipulé, soit par son contrat de mariage, ou en aliénant, qu'il n'est point juste de lui en accorder une seconde contre un texte de la Coutume, & au préjudice des pauvres mineurs qui demeureroient chargés d'un nouveau fardeau, pendant que leur mere profiteroit doublement; c'est à sçavoir de leurs meubles, & du remploi de ses propres. Que si on doit avoir égard à quelque faveur, ce doit être du côté des enfans, puisqu'il y va de la conservation de leur bien, & non point de la mere qui prétend acquerir; & qu'au reste il lui est libre d'accepter la garde-noble, ou d'y renoncer; si bien qu'elle ne peut souffrir aucune perte; & il n'y a point lieu même de présumer que le mari ait fait quelque chose au désavantage de sa femme, parce qu'il ne peut rien faire contre sa femme, qui ne soit également contre lui: Mais davantage, il pourroit même arriver que la femme profiteroit deux fois du prix de ses propres; sçavoir, lorsque les deniers qui en seroient procédés se trouveroient encore en nature dans la communauté, ou qu'ils auroient été convertis en d'autres effets mobiliers. Et quoi qu'il en soit, on ne doute point à l'égard de la reprise, qu'elle ne demeure confuse en la personne de la mere; c'est l'espece de l'Arrêt intervenu contre la veuve de Monsieur Cujas, au mois de Septembre de l'année 1594.

Dettes mobiliaires.] Voyez ci-dessus l'article 141.

Bien régir & gouverner leurs Justices.] On demande en conséquence de cette obligation, si le gardien peut déposseder les Officiers, & en mettre d'autres de sa main? Il semble qu'il auroit raison de le prétendre, particulierement en cette Coutume, où il est spécialement chargé de bien gouverner les Justices, & en est rendu responsable; ce qui lui seroit fort onéreux, s'il n'avoit point la liberté de choisir des Officiers, sur les mœurs & la probité desquels il pût se reposer. On peut ajouter que le gardien noble, comme les autres usufruitiers, ayant pouvoir d'instituer les Officiers en cas de vacance, il a aussi le droit de les destituer, du moins pendant le tems de sa jouissance: d'autant que les Offices des Hauts-Justiciers ne sont donnés que par une espece de commission, avec cette clause *tant qu'il nous plaira*; de sorte qu'ils ne se peuvent dire Officiers que tant que la volonté de celui qui a le pouvoir de les instituer a de durée: ce qui doit d'autant plus avoir lieu au cas du gardien-noble, qu'il représente un propriétaire qui est incapable d'agir & de déclarer sa volonté.

Je n'estime pas toutefois que les termes de notre article contiennent aucune disposition particuliere & différente des autres; d'autant que tout gardien-noble faisant les fruits siens, & jouissant même des émolumens de la Justice, ne peut pas s'exempter d'en porter les charges, & de veiller qu'elle soit bien & fidélement administrée. Or dans la question générale, il est beaucoup plus juste d'établir que le gardien noble, non plus que les autres usufruitiers, ne peuvent pas destituer les Officiers des Seigneuries pendant leurs jouissances, parce que le gardien-noble qui est tenu de bien & dûement administrer, & de suivre les traces des prédécesseurs de ses mineurs, ne peut point durant sa garde changer l'état des choses, *quamvis melius repositurus. l. 8. & 9. D. de usufr.* Et il est même de l'intérêt public & des mineurs

neurs, que les anciens Officiers ne puissent être destitués sans cause, pour veiller & controller en quelque façon les actions du gardien. Aussi les Seigneurs ne sont-ils plus garants des fautes que peuvent commettre leurs Officiers, de la même façon qu'ils l'étoient autrefois ; & à moins que l'on ne justifie qu'il y a eu de la collusion entre le Seigneur & son Juge, on ne rendroit pas le Seigneur responsable de la mauvaise administration de son Officier, aux termes de la Jurisprudence, que nous observons aujourd'hui. Et en effet notre question a jugé, conformément à la résolution que nous avons suivie par deux Arrêts, l'un du 5. Aoust 1586. pour le Bailly de Roüanne, & l'autre du 16. Février 1564. contre Madame de Guise. Si néanmoins les Officiers se trouvoient dans des fautes notables, il n'y a point de doute que le gardien pourroit valablement les révoquer ; & ce doit être là le principal effet du soin qui lui est donné par la Coutume, de veiller que les Justices soient bien régies & administrées.

NOUVELLE OBSERVATION.

¶ *Offrant la foi & hommage.* Cet article ne parle pas de la souffrance, mais elle doit être accordée suivant l'usage des Coutumes voisines. C. M. sur Paris, §. 28. Gousset sur Chaumont, §. 11. n. 9.]

☞ Il y a un Arrêt du 28. Février 1668. rendu en la Coutume de Vitry, qui donne de même que celle-ci, au gardien noble les meubles en propriété ; qui a jugé que la veuve ayant accepté la communauté sans faire inventaire, & la garde-noble de ses enfans, avoit confondu toute la reprise de ses deniers dotaux & le remploi de ses propres aliénés, à proportion des meubles dont elle étoit présumée avoir profité, & la Cour en fit une ventilation par opinion, ¶ pour contribuer avec les acquêts.]

La raison que l'on prend de la différence, est que les deniers stipulés propres n'ayant jamais été employés, ils n'ont été propres que par fiction, & partant que la veuve confond la reprise entiere ; au lieu que l'action de remploi est à raison des biens qui ont été véritablement propres. C'est pourquoi elle ne la confond qu'à *rata* des meubles dont elle a profité, & l'héritier seul des acquêts contribue avec elle à cette dette, ainsi que le prouve Pallu sur la Coûtume de Tours.

Ainsi la veuve qui accepte la garde-noble confondroit sur ce fondement l'action de remploi à raison de ce qu'elle en devra pour les meubles qu'elle prend, & l'héritier des acquêts contribue à proportion. Elle confond aussi les intérêts qui lui sont dûs à cause du remploi de ses propres aliénés pendant sa jouissance. Il en est de même de l'action d'indemnité pour les obligations mobiliaires dans lesquelles elle a parlé avec son mari ; mais il semble qu'elle ne confondroit pas son indemnité pour les rentes ausquelles elle s'est obligée, comme étant des dettes immobiliaires passives : elle confond aussi son préciput en argent.

¶ Au reste la veuve qui a fait l'inventaire ne fait aucune confusion de la reprise de sa dot.]

La mere qui succede aux meubles & acquêts de son enfant, confond entierement l'action de remploi & autres qui ne sont pas considerées comme immobiliaires, à l'effet d'en charger l'heritier des propres : mais on tient pour les autres dettes pures mobiliaires autres que le remploi, & la reprise de la dot, lorsqu'un autre succede aux acquêts, que celui qui prend les meubles à titre universel, & celle qui prend la garde-noble confond toute la dette, sans que l'heritier des acquêts y contribue. ¶ Mais les reprises aussi-bien que les remplois se prennent premierement sur les meubles & acquêts, ainsi que nous avons remarqué sur l'article 541. à moins qu'il n'y ait concours des donataires, legataires & heritiers, auquel cas les propres mêmes y contribuent.]

Celui qui prend les meubles en vertu de la Coutume, ou qui prend la garde-noble, doit laisser les bestiaux & meubles servans à la culture, ainsi qu'il a été jugé en la Chambre de l'Edit, au rapport de Monsieur de Maupeou, au mois de Septembre 1622. sur un appel de Chinon. Pallu, sur Tours, art. 247.]

¶ La garde-noble n'a lieu que pour ce qui appartenoit aux mineurs lors de l'ouverture. En effet la Coutume fixe le tems pour l'accepter ; & on ne doit pas étendre la disposition de la Coutume au préjudice des mineurs.

Se tiendra en viduité.] La femme ne doit aucun relief, à cause de son douaire, à moins qu'il ne soit dû du chef des heritiers. Elle ne doit aussi aucun relief, à cause de la mort de son mari, pour le fief qui lui appartient. Elle ne doit pas aussi non plus que son mari pour le fief qui lui échet en directe pendant son mariage, mais elle doit en cas qu'elle passe à un autre mariage.]

C L I I I.

Item, garde-noble se doit accepter *en jugement.*

NOUVELLE OBSERVATION.

En jugement.] C'est-à-dire pardevant les Baillifs & Sénéchaux, qui sont les Juges naturels des Nobles, à peine de nullité, comme a remarqué Monsieur Auzanet en ses mémoires sur la Coûtume de Paris ; ¶ ce qui est à présent contesté par les Officiers de Pairie.]

C L I V.

Item, tel Gardien-noble après ladite acceptation, dedans trois mois, à compter du jour d'icelle acceptation, sera tenu *de faire voir & visiter* bien & dûement, & par gens experts, qui en feront rapport en jugement, tous & chacuns les maisons & édifices desdits mineurs, desquels il aura accepté ladite garde ; afin que ladite garde-noble finie, on puisse connoitre, s'il les aura entretenus & rendus en l'état suffisant

& pareil qu'ils étoient lors de ladite visitation. Et néanmoins sera tenu ledit gardien noble faire les *menues réparations & autres dont est tenu un usufruitier*, durant ladite garde-noble, & ce sur peine de soi rendre comptable des fruits & levées des heritages desdits mineurs.

De faire voir.] Dans l'original il n'y a que le *voir & visiter*; mais il est mieux, suivant qu'il a été ajoûté dans les Imprimés, & il faut necessairement que cette omission ait été une faute de l'Ecrivain.

Menues réparations, & autres dont est tenu un usufruitier.] Il semble que ces mots causent une contradiction avec le commencement de l'article & la fin du précedent, dont on peut induire que le gardien noble est aussi tenu des grosses réparations, puisqu'ils parlent de prendre les édifices par visitation, afin de les rendre en pareil état qu'il les a trouvés. Néanmoins il faut résoudre au contraire que la premiere disposition doit être interpretée par la derniere, & que le gardien noble n'est tenu que des reparations usufructuaires, de même que dans les autres Coûtumes, comme Paris, art. 277. qui sont conformes en cela au droit commun, qui n'oblige pas les usufruitiers aux grosses réparations qui arrivent par cas fortuit, ou par l'antiquité & décadence de la chose, mais seulement de rendre *sarta tecta*, *l. battemus*, *D. de usufr.* Au reste, suivant cette explication, la premiere disposition de notre article n'est pas même inutile; car quoique le gardien ne soit pas tenu de faire les grosses réparations à ses dépens, il est pourtant obligé de tenir la main à ce qu'elles soient faites: *Est enim velut procurator proprietarii*, *l. 1. D. de oper. novi nuntiat.* de sorte que s'il néglige de prendre ce soin, & que les édifices viennent à se déteriorer, non-seulement il est tenu des dommages & interêts du proprietaire, comme tout autre usufruitier, mais même il perd les fruits de sa garde, & se rend comptable comme un tuteur, ainsi qu'il est expressément voulu par la fin de notre article. *M. I. M. R.*

NOUVELLE OBSERVATION.

Visiter. [Cette pratique peut tirer son origine de la Loi *1. §. 4. ff. usufruct. quemad. cav. ut inde possit apparere, an & quatenus rem pejorem legatarius fecerit.* L'Ordonnance de 1441. exige aussi cette précaution à l'égard des Usufruitiers, Beneficiers, Baillistes & autres. Voyez Loiseau, du Déguerpissement, livre cinquieme, chapitre 4.

CLV.

Item, un enfant noble mâle est réputé âgé à vingt ans & un jour, & une fille à seize ans & un jour, toutefois n'est permis l'aliénation d'aucun immeuble jusques âge de droit, qui est de *vingt-cinq ans accomplis.*

Vingt-cinq ans accomplis.] Quoique les heritages soient situés dans l'étendue d'une autre Coûtume, qui permette de disposer à un âge moins avancé; d'autant qu'il s'agit en cette occasion d'une capacité personnelle, qui se regle par la seule Coûtume du domicile. Et ainsi jugé par Arrest du 28. Août 1600. prononcé le 2. Septembre ensuivant, intervenu en la cinquiéme Chambre des Enquêtes, au rapport de Monsieur de Fortia, qu'un particulier domicilié en cette Coûtume, âgé de vingt ans, n'avoit pû valablement vendre un héritage situé dans la Coûtume d'Anjou; encore qu'en l'article 444. elle permette l'aliénation des immeubles à vingt ans. Cet Arrêt est rapporté par Monsieur Loüet, lettre C. nombre 42. Mais bien que cet Auteur témoigne que cette question a été jugée par l'Arrêt dans la these generale, & que j'estime avec lui qu'elle ne reçoit aucune difficulté: néanmoins il faut observer que dans la Coûtume d'Anjou même, on tient qu'une personne, quoiqu'âgée de vingt ans, ne peut vendre ses immeubles, que *sub spe restitutionis*, & que *tunc tollitur tantum nullitas; non autem restitutio in integrum*: ce que j'ai vû juger par Arrêt rendu en l'Audience de la Grand'-Chambre du Mardi 22. Avril 1648. qui enterina les lettres de rescision obtenues par une femme contre un contrat de vente de ses heritages qu'elle avoit passé, âgée de vingt ans, mais au dessous de vingt-cinq, ayant fait voir que le prix n'avoit point tourné à son profit.

Et quoi qu'il en soit, la fin de cet article interprete clairement ce que plusieurs Coûtumes ont laissé dans l'obscurité, en disant simplement que les enfans sont âgés à quinze, dix-huit ou vingt ans, comme Anjou, en l'article ci-dessus cotté, Maine, article 455. Boullenois, 120. Dreux, 54. Blois, 2. Bourbonnois, 33. & 173. sur tous lesquels articles Maître Charles Dumoulin a été soigneux d'ajoûter l'équivalent de la fin de notre article; que ces dispositions particulieres qui établissent la majorité dans un âge moins avancé que le droit commun, ne s'entendoient pas d'une pleine majorité, & qu'elles ne donnoient point la faculté d'aliener, *nisi sub spe restitutionis.*

Et ainsi cette majorité particuliere de notre Coûtume & des autres semblables, n'est que pour l'avantage des mineurs: par exemple, pour les faire sortir hors de garde, & pour les rendre habiles au maniement de leurs biens, en les émancipant *ipso jure*, & sans lettres.

Il faut excepter la Coûtume de Normandie, en laquelle l'âge de majorité n'est que de vingt ans accomplis pour toutes sortes d'effets, comme de donner, vendre, suivant l'article 131. de cette Coûtume, sur lequel Beraut cotte un Arrêt pour les filles non mariées, & qu'elles peuvent à vingt ans accomplis, aussi-bien que les mâles, disposer de leurs biens meubles & immeubles, par donation, vendition, & autres aliénations; ce que les habitans de cette Province ont introduit, à cause de la sagacité de leurs esprits, que l'experience donne en effet à connoître être fort bons, dont néanmoins Accurse, qui étoit un

Docteur Ultramontain , a fait une raillerie en sa glose sur la Loi *sequitur* , §. *pupillus D. de usu-cap.* où alleguant la maxime , *malitia supplet ætatem* , il ajoute , *ut in Normannis. M. J. M. R.*

¶ Agé à vingt ans ,] *quantum ad agendum in judicio* , & pour poursuivre ses droits sans son Baillistre , quoiqu'on ne laisse pas de lui donner un curateur en la cause , pour mieux fonder la procedure. Voyez Gousset , sur Chaumont , article 12.

Aliénation ,] ni hypoteque sans autorité de Justice. *Leg. eos. qui cod. de his qui ven. ætat. impetr. Alind de mobilibus , salvâ restitutione in integrum , quæ numquam tollitur. Idem Gousset , §. 12. num. 12.*]

C L V I.

Item , en ligne directe , en matiere de fief , *comme de pere à fils* , n'est dû aucune finance pour droit de relief , mais seulement bouche & mains , avec le chambellage , qui est selon la nature dudit fief , excepté les fiefs des Châtellenies de Pontoise , & *Chaumont* , qui se relevent de toutes mains & mutations ; excepté aussi les Châtellenies de Mello & Moucy-le-Chastel , & les fiefs qui en dépendent , qui pareillement *se relevent de toutes mains & mutations* , tant en ligne directe que collaterale.

Comme de pere à fils.] Ces mots n'étant mis que par forme d'exemple , ils ne doivent point être pris pour limitatifs de la proposition générale ; si bien qu'en cette Coutume le relief n'est point dû pour les mutations qui arrivent , tant en ligne directe ascendante , que descendante , comme il est décidé par les articles 3. & 4. de la Coutume de Paris.

Chaumont. L'article 209. de la Coutume de Sens porte , que *si le Seigneur tient en sa main les terres de mineurs , qui n'ont aucuns meubles , parens , gardes , ne de quoi-vivre , il n'est pourtant tenu , s'il ne lui plaît , de nourrir & gouverner lesdits enfans.* Sur quoi Maître Charles Dumoulin ajoute en sa note , *iniquissima consuetudo* , vû même que souffrance est dûe aux mineurs ; *Et contrarium obtinui per Arrestum in terminis consuetudinis* de Chaumont au Vexin-le-François.

Se relevent de toutes mains & mutations.] *Sed quæritur utrum constituto de infeudatione ad onus relevandi ab omni manu , debeatur relevium contingente mutatione ex parte patroni ? Dico breviter quod non ; si quidem alia ratione non debetur in hoc casu , quia propter casum contingentem ex parte patroni , sive voluntariè , sive à casu , non debet conditio vassalli aggravari. arg. not. in l. si ullo , §. item cum quidem. D. loc. item consuetudo nostra in §. 57. generaliter respondit nullum jus utile deberi propter mutationem contingentem ex parte patroni , nec excipit feuda quæ reguntur more Vulquecini , quæ alias verisimiliter excepisset , sicut & hic. Et secundum prædicta puto intelligendam in simili consuetudinem Sylvanectensem ,* in tit. des Successions des Fiefs §. 156. *ubi dicit quod in toto Baillivatu Sylvanectensi nulla debentur relevia in successione directâ , nisi in duabus tantum Castellaniis gallicè noncupatis* de Mello & de Moucy-le-Chastel , *& earum dependentiis , ubi relevia debentur ab omni manu , quod intelligo de mutatione efficaci ex parte vassalli tantum. Et ita observatur quod mos Vulquecini solum habet locum in mutationibus vassallorum. Carol. Mol. in Cons. Paris. §. 2. glos. 6. num. 7. vide & §. 33. quæst. 22. sub. fin.*

Maître Julien Brodeau en son Commentaire sur la Coutume de Paris , art. 3. nomb. 9. & suivans jusqu'à la fin , a écrit fort au long de l'origine de ces fiefs qui relevent à toutes mains , suivant la Coutume du Vexin-le-François. J'ai un ancien manuscrit qui est à la fin de Philippes de Beaumanoir , qui contient un colloque entre le Roi & le Coutumier , où il est traité des Coutumes de France , & ensuite sont les Coutumes du Vexin. *M. J. M. R.*

¶ Pour regler si les reliefs sont dûs ou non , il faut suivre la Coutume du lieu où sont situées les choses tenues par hommage , & non celles du lieu où se rend ledit hommage , suivant Dumoulin sur la Loi 1. *Cod. de summa trinit.* Rat , sur Poitou , art. 260.]

C L V I I.

Item , & en ligne collaterale , ceux à qui échéent lesdits fiefs , doivent plein relief au Seigneur dont les fiefs sont tenus & mouvans , avec les droits de chambellage.

C L V I I I.

Item , droit de relief est du revenu d'une année pour une fois , & se doit offrir par le vassal au Seigneur féodal , en sa personne , en sa Seigneurie , ou au chef-lieu dudit fief Seigneurial , en cette maniere : C'est sçavoir une somme de deniers pour une fois , ou de trois années une , laquelle il choisira & déclarera , ou le dit des Pairs (qui sont les vassaux du Seigneur féodal , tenant de lui fief de pareille nature & condition) au cas que ledit fief ou arriere-fief n'auroit été estimé ou apprecié pour le prix du fief , soit éperons dorés , ou autre chose. Et si le Seigneur prend & choisit le dit des Pairs , & les Pairs par leur appointement disent que l'offre de la somme étoit raisonnable , la Sentence , appointement & dépens desdits Pairs sera aux dépens du Seigneur ; *si è contra* , ce sera aux depens du vassal.

C L I X.

Item , en matiere de fiefs , *incontinent* après le trépas d'un vassal , le Seigneur féodal peut faire saisir & mettre en sa main , *& en la main du Souverain , en conservant la sienne* , les Fiefs & Seigneuries nobles , tenus de lui , par faute d'hommes , droits & devoirs faits :

& les quarante jours passés après ledit trépas, peut régaler lesdits fiefs, & faire les fruits siens depuis le jour de la saisie, au cas que dans les quarante jours après ledit trépas, le vassal n'aura fait les foy & hommage au Seigneur féodal, satisfait des droits Seigneuriaux, ou fait les offres pertinentes.

Incontinent.] On demande si ce mot doit s'interpreter à la lettre, ou si l'on doit donner un tems raisonnable au vassal pour se reconnoître, & porter la foi & hommage, auparavant que le Seigneur puisse saisir & mettre en sa main, à l'exemple de l'article 147. ci-dessus, où le même mot, *incontinent*, étant employé, il est ensuite ajoûté *c'est à sçavoir dedans trois mois?* Il paroît que Bouchel sur cet article a été d'avis de suivre cette interprétation, en ce qu'il dit qu'il est intervenu Arrêt en la Coûtume de Monfort-Lamaury, où il y a un pareil article, par lequel il a été jugé que ce délai devoit être observé, même aux autres cas de mutation. J'estime néanmoins au contraire que cette question ne peut pas recevoir de difficulté en cette Coûtume pour l'opinion directement opposée; d'autant qu'il est ajoûté dans la suite, *& les quarante jours passés après ledit trépas*; ce qui montre que notre mot *incontinent*, doit être pris à la lettre, puisque les quarante jours donnés ensuite, pour satisfaire au sujet de la saisie, sont pris du même jour du trépas. Aussi l'Arrêt rapporté par ce Commentateur est-il induit sous la supposition que la Coûtume de Monfort est conforme & semblable à la nôtre, quoiqu'il y ait un article, sçavoir le 3. qui contient une disposition formellement contraire. Et d'ailleurs, c'est encore mal à propos que cet Auteur tire un argument *à fortiori*, de ce qu'il dit avoir été jugé qu'il falloit donner un délai au vassal, en cas d'autres mutations que de mort, vû que la raison est tout au contraire, ainsi qu'a sagement distingué notre Coutume sur les principes de la matiere féodale. Car en matiere de mutation, qui arrive par exemple par vente, jusqu'à ce que le vassal se soit dessaisi, & dévêtu de son droit, il n'y a pas proprement d'ouverture au fief, l'ancien vassal n'étant point délié de sa fidélité envers le Seigneur: C'est pourquoi notre Coutume donne en ce cas un délai de quarante jours par l'article 168. ci-après, avant que de pouvoir saisir; mais en matiere de mutation par mort, aussi-tôt le décès du vassal arrivé, il y a ouverture au fief, au moyen de ce que le Seigneur n'a plus d'homme; ce qui fait que la Coutume lui permet, en ce cas la main-mise incontinent après la mort, suivant cette regle des fiefs, *tant que le vassal dort, le Seigneur veille.* Ce que la Coutume toutefois a tellement moderé, qu'elle donne un tems competent au vassal, sçavoir quarante jours depuis le décès de l'ancien vassal pendant lesquels le Seigneur ne fait point les fruits siens, si le vassal dans ce tems se met à son devoir.

Mais il reste une question incidente, sçavoir si le Seigneur ayant fait saisir incontinent après le décès du vassal, l'héritier vient dans les quarante jours portés par la Coutume, faire ses devoirs, & payer les droits qui peuvent être dûs, qui sera tenu de supporter les frais de la saisie. J'estime que le vassal ne peut pas s'en exempter, d'autant que la saisie étant legitime, & dans les termes de la Coutume, c'est au debiteur à payer les frais de ce qui a été fait pour l'avertir de faire son devoir; les quarante jours de délai ne lui étant donnés que par indulgence,] & pour empêcher que pendant ce tems il ne perde les fruits.

Et en la main du Souverain, en confortant la sienne.] Il semble que l'on pourroit soutenir que cette formalité n'est pas absolument necessaire pour rendre la saisie valable, d'autant que la Coutume ne la requiert que par une espece de confirmation, *en confortant la sienne:* Néanmoins l'autre opinion est mieux fondée; d'autant que nous tenons que nos Coûtumes ne contiennent rien d'inutile; de sorte que le Seigneur ne peut pas s'exempter dans une matiere de rigueur d'observer cette solemnité, en faisant inserer dans son exploit, que le fief qu'il saisit est mis en sa main & en celle du Souverain, ce que notre article requiert en effet conjointement; si bien que l'on peut dire que cette corroboration, s'il faut ainsi parler, est rendue de l'essence de la saisie féodale par cet article.

Et les quarante jours passés après ledit trépas, peut régaler lesdits fiefs, & faire les fruits siens depuis le jour de la saisie.] Quid, si la saisie n'a pas été faite incontinent après le décès, mais postérieurement aux quarante jours, le vassal pourra-t'il empêcher la perte des fruits, en cas qu'il se présente dans les quarante jours de la saisie? Ce qui fait le doute, est que la Coutume au commencement de notre article, suppose une saisie féodale aussi tôt après la mort de l'ancien vassal, & ne parle ensuite du gain des fruits que par une espece de connexité avec ce qui a été dit auparavant. Il est pourtant facile de voir, en pénétrant dans le sens de l'article, que l'intention de la Coutume n'a été que de donner quarante jours de délai au vassal, pour empêcher la perte des fruits, soit que la saisie soit faite incontinent après le décès, ou long-tems depuis; & qu'en cas qu'elle soit faite après les quarante jours, le Seigneur doit faire les fruits siens du jour de la saisie; ce qui resulte assez de ce que tous les termes portés par cet article, commencent du jour du décès, & particulierement pour faire la foi & hommage, dont le seul defaut donne lieu à l'ouverture du fief.

Les foi & hommage au Seigneur féodal satisfait des droits Seigneuriaux.] Cette clause doit s'entendre copulativement à l'égard des droits; de sorte que le Seigneur ne puisse saisir & faire les fruits siens, s'il a reçû le vassal en foi & hommage, sans exiger les droits; d'autant que c'est une maxime générale parmi nous, & qui consequemment doit avoir lieu dans toutes les Coûtumes qui ne disposent pas précisément au contraire, que le Seigneur n'a la voye de la saisie, & droit de faire les fruits siens, que pour les droits honorables & devoirs féodaux, c'est-à-dire, jusqu'à ce qu'il ait été reconnu à Seigneur; de façon néanmoins qu'il n'est pas obligé de recevoir le vassal à foi & hommage qu'il ne le satisfasse de ses droits, & c'est proprement ce que veut dire notre texte par ces mots, *satisfait des droits Seigneuriaux;* tellement que s'il a reçû son vassal en foy, sans être satisfait de ses droits, il n'a plus que la voye de l'action pour s'en faire payer; si ce n'est qu'il ait baillé main-levée conditionnellement ; ce qui est fondé sur cette raison, que dès l'heure que le Seigneur a admis son vassal à lui faire la foi, l'ouverture du fief cesse, & le vassal commence à veiller, si bien que le Seigneur n'a plus droit de posseder le fief, & de le saisir, jusqu'à ce qu'il y ait une autre ouverture par une nouvelle mutation, *& talis est observantia valdè æqua non mutanda*, dit Dumoulin en cette occasion, quoique Maître Julien Brodeau ait entrepris de soutenir le contraire en son Commentaire sur la Coutume de Paris, art. 24. nombre 2. sans néanmoins avoir établi son opinion sur aucune autorité ni fondement ; de sorte que notre Coutume ne contenant aucune disposition particuliere, & ayant joint ces deux choses ensemble, *droits & devoirs*, nous ne devons pas les disjoindre pour introduire une doctrine particuliere contre l'usage général de la France.

L'article 209. de la Coutume de Sens, porte, *Si le Seigneur féodal tient en sa main les terres des mineurs qui n'ont aucuns meubles, parens, gardes,* ne de quoi vivre, *il n'est pourtant tenu, s'il ne lui plaît, de nourrir & gouverner lesdits enfans.* Sur lequel article Maître Charles Dumoulin remarque un Arrêt intervenu dans la Coutume de Chaumont au Vexin-le-François, qui fait partie de celle-ci en ces termes : *Iniquissima consuetudo*, vû même que souffrance est dûe aux mineurs. *Et contrarium obtinui per Arrestum Parlamenti Paris. in terminis consuetudinis* de Chaumont au Vexin-François. *M. J. M. R.*

¶ *Aprés le trépas.*] Le Seigneur est tenu de prouver le décès de son vassal, qui n'est réputé mort qu'aprés cent ans. Gousset sur Chaumont, art. 25. il ne laisse pas de saisir plutôt à ses risques de restituer les fruits & les dommages intérêts, s'il paroit que le vassal ait encore vécu.

Saisir.] Par commission de sa Justice, ou de son supérieur. Gousset, *ibid.* nomb. 4.

Faire les fruits siens.] Le Seigneur doit rendre les impenses. Gousset, art. 18. nomb. 25.

C L X.

Item, aucun ne peut être heritier & légataire ensemble : mais celui à qui seroit fait aucun legs, se peut tenir à sondit legs, & renoncer à la succession dudit défunt, si bon lui semble.

Il a été jugé en interprétation de cet article, qu'il s'entendoit aussi bien de la ligne collatérale, que de la directe, par Arrêt rendu entre les sieurs de Monceaux, héritiers du sieur de Hanvoelles leur frere, dont Bouchel fait mention en son Commentaire sur la Coutume de Valois, article 80.

Pour une plus ample explication de cet article, il faut voir ce que j'ai écrit en mon Traité des Donations, part. 1. chap. 2. sect. 15.

C L X I.

Item, quand aucun enfant est avantagé en mariage, ou autrement, par donation faite entre-vifs, par ses pere ou mere, ou autre en ligne directe, tel avantagé se peut tenir au transport à lui fait, sans qu'il puisse être contraint venir à sa succession, & retenir tel avantage : néanmoins tel avantagé, en soi tenant audit avantage, sera tenu de suppléer à ses autres freres & sœurs, jusqu'à la concurrence de leur *légitime*, si le reste desdits biens n'étoit suffisant pour le supplément de ladite légitime lors du décès du donateur, & quant à ce seront lesdits biens donnés & avantages *dès lors affectés & hypotequés*, jusqu'à la concurrence d'icelle légitime.

Légitime.] La quotité de cette légitime n'étant pas prescrite par notre Coutume, sçavoir si pour la régler, il faut avoir recours au Droit Civil, ou à la Coutume de Paris : Si nous avons égard à l'équité, nous jugerons sans doute que la proportion établie par la Coutume de Paris, est bien plus juste que n'est pas celle du Droit-Ecrit, puisqu'elle se trouve toujours égale. Et est par l'article 298. la moitié de telle part que chacun enfant eut eu en la succession de ses ascendans, s'ils n'eussent pas disposé par donation entre-vifs, ou par testament : Au lieu que par le Droit Romain, Justinien en la Novelle *de Triente & Semisse*, corrigeant l'ancienne disposition, par laquelle la légitime étoit le quart de tous les biens du pere, ou autre ascendant, de la succession duquel il s'agissoit, l'a établi au tiers, quand ils sont quatre enfans ou moins, & s'ils sont plus, à la moitié ; en quoi il ne se rencontre pas une proportion si raisonnable qu'en la Coutume de Paris, où la part des enfans est toujours égale, puisque par cette disposition du Droit-Ecrit il se rencontre des cas ausquels les enfans profitent davantage de la légitime en un cas qu'en un autre.

Néanmoins comme il ne s'agit pas ici de faire un nouveau Droit, mais seulement de pénétrer dans les sentimens du Législateur & de ceux qui ont rédigé la Coutume, je ne crois pas que l'on puisse raisonnablement suivre la Coutume de Paris en cette rencontre : car laissant à part toutes les raisons générales que l'on a coutume d'apporter en pareils sujets, il est certain que l'article de la Coutume de Paris, qui a réglé la légitime de cette sorte, contient une disposition nouvelle & singuliere, qui n'est appuyée sur aucun ancien usage de ce Royaume. C'est une pensée particuliere qu'ont eu les Réformateurs de cette Coutume, & qui a été agréé par les Etats pour nouveau Droit contre l'ancienne pratique de la France, en laquelle il est hors de doute que l'on s'arrêtoit ordinairement, pour déterminer la légitime, au Droit Romain.

C'est ce que quelques-unes de nos Coutumes qui l'ont expliqué, ont voulu dire, quand elles se sont énoncées de la sorte, que la légitime doit être réglée selon la raison écrite. C'est aussi ce que nous apprenons de Bouteiller en sa Somme Rurale, titre 103. des Testamens, où l'on voit quel étoit l'usage & la pratique de ce tems-là.

De sorte que quand par notre article la légitime a été réservée aux enfans en un tems auquel la Coutume de Paris n'étoit pas encore corrigée, on n'a pû se proposer pour exemple cette Coutume, mais bien le Droit commun, qui étoit alors en usage par tout. Et si les Rédacteurs eussent eu d'autre pensée que celle du Droit-Écrit, ils n'eussent point manqué de l'exprimer, puisqu'il n'y avoit pas pour lors d'autre usage, pour servir de regle à la légitime; & d'ailleurs nous tenons communément, que dans les matieres que nous avons tirées du Droit Romain, comme est sans doute celle de la légitime, on doit suivre le même Droit, lorsqu'il s'agit de l'interprétation de ce que nos Coutumes en ont établi, sans avoir recours aux Coutumes voisines, ou à celle de Paris, ne se pouvant pas trouver d'explication plus sincere que dans sa source.

Et de fait la Cour l'a ainsi jugé en semblables Coutumes; sçavoir, en celle de Blois, Valois & Vitry, par Arrêt du dernier Mars 1618. entre les Sardinys, & en celle de Chartres par autre Arrêt du 20. Août 1611. Coquille en la Coutume de Nivernois, titre des Donations, article 7. fait encore mention d'un précédent du premier Juin 1545. Et il y en a même un en cette Coutume du premier Avril 1620. rapporté par Monsieur le Prêtre, chap. 83. de sa premiere Centurie. Il y a eu un Arrêt semblable rendu en la Grand'Chambre, au Rôle de Vermandois, le 4. Décembre 1640. pour la Coutume de Ribemont. Il est vrai que cette Coutume en l'article dernier, renvoye toutes les questions qui n'y sont pas décidées, à celle de Vermandois; & que celle-ci en l'article 52. réserve la légitime aux enfans, selon la raison écrite, c'est-à-dire, le Droit Civil.

Ceux qui n'ont que le sens naturel, & qui ne sont pas suffisamment instruits dans les principes, reclament contre la résolution à laquelle nous nous sommes arrêtés par cette seule raison, qu'ils trouvent la proportion établie par la Coutume de Paris beaucoup plus facile, & qu'ils n'ont pas

seulement assez de lumiere, pour comprendre le *Triens* & le *Semis* du Droit Civil. Et de fait, cette question ayant depuis peu fait quelque éclat dans le Palais, au sujet d'une semblable difficulté, qui s'est rencontrée dans la Coutume de Troyes, qui parle de la légitime, sans en spécifier la quotité: & Messieurs de la quatrieme Chambre des Enquêtes ayant demandé l'avis des autres Chambres, & quelques-uns d'entr'eux ayant aussi souhaité d'avoir le sentiment du Barreau, les suffrages se sont trouvés fort partagés: mais l'on a remarqué que ceux qui étoient dans la réputation de sçavoir les maximes, se sont trouvés d'avis de suivre le Droit Civil. Néanmoins l'espece qui se présentoit, a été jugée sur le particulier, par Arrêt du dernier Août 1661. lequel a été fondé, comme je l'ai appris de quelques-uns de Messieurs qui ont été des Juges, sur ce que Maître Louis le Grand, nouveau Commentateur de la Coutume de Troyes, atteste sur l'article 95. nombre 9. que la disposition de la Coutume de Paris est observée dans cette occasion en celle de Troyes par un commun usage, après plusieurs jugemens rendus sur les lieux confirmés par Arrêts.

Dès-lors affectés & hypotequés.] C'est-à-dire, dès le tems de la donation: de sorte que les créanciers du donataire n'y peuvent rien prétendre au préjudice des légitimaires, qui tirent leur droit du donateur.

Affectés & hypotequés.] Ces mots sont impropres en ce qu'ils ne sont pas assez énergiques; d'autant que les enfans qui se font adjuger leur légitime sur les biens donnés, n'ont pas simple droit d'hypotheque, mais part en la propriété qui leur doit être délivrée en nature, & par forme de partage.

Pour les questions générales qui concernent la légitime, on peut les voir en mon Traité des Donations, part. 3. chap. 8.

NOUVELLE OBSERVATION.

Il y a eu Arrêt en la cause de Madame la Princesse de Guimenée, le 10. Mars 1672. qui a jugé que la légitime devoit être jugée suivant la Coutume de Paris, dans celles qui n'avoient pas fixé sa quotité.

CLXII.

Item, les propres héritages d'un défunt retournent toujours aux plus prochains parens du côté & ligne dont ils viennent, posé ores qu'ils ne soient si prochains au trépassé que d'autres; comme les héritages venus au trépassé du côté de son feu pere, iront aux heritiers dudit défunt sondit pere, & ceux du côté de sa feue mere, aux heritiers du côté de sadite mere.

NOUVELLE OBSERVATION.

☞ La vente faite d'un héritage propre, ou d'un fief en l'extrêmité de la vie, ¶ sans nécessité apparente,] quoiqu'au profit d'une personne étrange, ne peut pas préjudicier aux héritiers légitimes, suivant l'opinion de Menochius, en son conseil 126. nomb. 69. à moins que ce qui se fait proche de la mort, ne soit que l'exécution de ce qui avoit été convenu pendant la santé par acte non suspect. A la vérité Peckius *de testam. conjug.* lib. 2. cap. 8. semble décider qu'outre la proximité de la mort, il faut aussi que l'aliénation soit en faveur d'un proche, afin de consommer la fraude; mais il semble que la premiere conjecture est suffisante, & même que si les derniers avoient été détournés, l'acquereur devroit être tenu de représenter ou la chose ou le prix, en cas qu'il ne se trouve pas de meubles ni acquêts dans la succession, étant présumé avoir participé à la fraude; c'est ce que j'ai prouvé par plusieurs autorités sur la nouvelle pratique de Lange. *Vide Mornac ad l. 5. §. circa, & l. 8. ff. de don. int. vir. & uxor.*

CLXIII.

Item , les heritiers d'un trépassé peuvent être poursuivis personnellement des faits , promesses & obligations du trépassé , pour telle part & portion qu'ils sont heritiers , & hypothequairement pour le tout , supposé qu'aucun des heritiers pour le droit d'aînesse ait plus grande portion que les autres desdits biens de la succession , & n'en est point tenu l'aîné plus que l'un des autres.

Voyez ci-dessus l'article 149.

CLXIV.

Item , *hypotheque a lieu* pour tout le Bailliage de Senlis , & ne se divise point.

Hypotheque.] Cette hypotheque est fort irréguliere , ainsi qu'il se peut voir au Titre des Decrets , *ubi dixi* , *M. J. M. R.*

NOUVELLE OBSERVATION.

☞ Cet article fait voir l'erreur de ceux qui ont cru que cette Coûtume étoit dans un Païs de nantissement ; n'ayant pas fait réflexion qu'hypotheque y a lieu en vertu d'un simple acte sous séel Royal ou autentique , ce qui n'est pas au païs de nantissement ; & que la nécessité de la saisine pour la préference de l'hypotéque , n'est qu'entre les créanciers de rentes constituées. Ainsi il suffit dans cette Coûtume que l'acquereur soit en possession de l'héritage à lui vendu par contrat , pour être veritable propriétaire.]

Quoiqu'il n'ait pas de saisine , l'action en garantie qu'il a en vertu de son contrat , bien que non ensaisiné , lui donne une hypothéque qui ne peut être précedée par les créanciers posterieurs qui ont saisine ou sentence : au contraire dans la Coutume d'Amiens l'apprehension de fait n'équipolle pas à saisine , & l'héritage retomberoit en la succession du vendeur ou du donateur , sans que l'on ait pû prescrire par aucun temps , n'ayant pas le veritable titre que demande la Coûtume. Suivant les principes de la même Coûtume d'Amiens , le vendeur ou le donateur ne conserve aucun droit réel sur la chose par eux vendue ou donnée , si leur contrat n'est réalisé ; c'est pourquoi ils ne peuvent plus s'adresser à un second acquereur nanti.

Mais les hypothéques tacites & legales en cette Coûtume , sont exemptes des formalités de ces Coutumes , ce qui a lieu en plusieurs cas.

La femme a hypothéque tacite sur les biens de son mari pour la sureté de sa dot , lorsqu'elle consiste en immeubles , & même lorsqu'elle est en deniers , suivant le Droit Romain , quoiqu'il n'y ait pas de contrat , comme il est porté par la Loi unique , §. 1. *Cod. de rei uxor. action* : & par la Loi 12. §. 1. *Cod. qui potior in pign.* en justifiant néanmoins de ce qu'elle a apporté ; mais parmi nous elle n'a point de reprise de sa dot , qui consiste en effets mobiliers , s'il n'y en a stipulation. S'il y a des articles sous seing privé avant la célébration du mariage , l'hypothéque legale ne peut avoir lieu pour la dot , douaire préfix , indemnité , & autres conventions , que du jour de la célébration du mariage , suivant la Loi 12. *Cod. qui pot. in pign. hab.* §. 1. *& 2.* ou de la reconnoissance pardevant Notaires , si ce n'est entre les contractans , & non pas au préjudice d'un tiers.

La même hypothéque a lieu sur les biens d'un tuteur du jour de l'acte de tutelle qui lui a donné l'administration. *leg. 20. Cod. de admin. tut. vel curat.* Ce qui a été confirmé par l'Edit des Enregistremens de 1673. art. 57.

Il en est de même de celui qui épousant une mere tutrice , oblige dès ce jour ses biens pour la sureté de ceux des mineurs , *leg. penult. Cod. ex quibus cauf. pignus vel hypoth.* La même chose a lieu en faveur des enfans qui ont hypothéque du jour de la mort de leur mere , pour la restitution des biens qui leur viennent de son côté , *leg. 6. §. ult. Cod. de bonis quæ liberis* , ou bien pour les gains nuptiaux du premier mariage , que leurs meres qui ont passé à de secondes nôces , ont été obligées de leur reserver , *leg. 8. §. ult. Cod. de secund. nupt.*

Elle a lieu pareillement sur les biens de l'usufruitier & du donataire mutuel pour la restitution des biens qui y sont sujets , & pour les déteriorations & dégradations , du jour de l'acceptation de l'usufruit par une convention tacite & inhérente au contrat.

L'on a hypothéque sur les biens de celui qui fait la fonction de tuteur , du jour de son administration , quoiqu'il n'en ait ni la qualité , ni le titre suivant les termes de Loi *dabimusque 19. §. ult. ff. de rebus autorit. judicis possidendis. Si quis cùm tutor non esset , pro tutore negotia gessit , privilegio locum esse manifestum est.*

Il paroît aussi par le titre du Digeste , *de eo qui pro tutore , curatoreve negotia gessit* , que toutes les mêmes actions ont lieu contre les protuteurs ainsi que contre les tuteurs , quoiqu'ils ne soient pas les véritables tuteurs , & qu'ils n'ayent pas été créés en Justice , d'autant que cette hypotheque est de droit en faveur des mineurs , dont les biens sont en la protection des Loix. La même chose a lieu dans nos Coutumes contre celui qui épouse une tutrice , quoiqu'il ne soit pas chargé de la tutelle , ni en Justice , ni par obligation , ni même par procuration passée par devant Notaires ; ¶ mais seulement pour la gestion future : Et supposé qu'il soit dû une reprise aux enfans du premier lit , prenant les effets , ses biens y deviennent obligés jusqu'à ce qu'elle soit acquittée ; quand même après son décès la mere auroit pris les effets sans inventaire ; & les enfans du premier lit exerçans les droits de leur mere , ont hypothéque sur les biens du protuteur , du jour du contrat de mariage.]

Celui qui a prêté ses deniers pour reparer une maison , a une hypotheque tacite sur la même maison , pourvû que l'emploi en ait été fait , *leg. 1. ff. in quibus cauf. pignus vel hypoth. & l. 52. §. 10.*

ff. pro soc. Cela s'observe aussi en faveur des Maffons & Charpentiers pour leurs ouvrages, ou de celui à qui le propriétaire a mandé de prêter de l'argent à un Entrepreneur de bâtimens, *ead. leg. 1. ff. in quib. cauf. pignus vel hypoth.* Il n'est pas même besoin de devis, pour acquerir la subrogation à celui qui prête ses deniers, à moins qu'il ne s'agisse de reparer un ancien bâtiment, ¶ où on ne pourroit pas distinguer ce qui a été fait de nouveau.]

Il en est de même pour la garantie d'un lot échû en partage, & les héritiers ont une hypotheque tacite sur les corps héréditaires pour leur portion, quand ils en sont évincés. Cette action est même reçûe contre les détenteurs de bonne foi qui n'ont pas acquis prescription. M. Louet, lett. S. chapitre 2. mais l'hypotheque qui avoit lieu sur les parts indivises avant le partage, se transfere sur le lot qui échet au débiteur : ¶ On a même jugé au Parlement de Dijon le 22. Juin 1675. après un partage d'avis,] que si avant le partage un cohéritier avoit aliéné des meubles pour la valeur de sa part en la succession, ses créanciers ne pourroient plus prétendre la part qui lui eût appartenu dans les immeubles, parce qu'ils n'ont pas plus de droit que leur débiteur, & sont tenus comme lui de se tenir au partage, qui doit être fait sans fraude. ¶ Néanmoins on peut dire que la recompense pour action mobiliaire, ne doit produire qu'une action mobiliaire, à moins qu'on ne se soit chargé par acte public, ou en Justice, des meubles de l'autre ; qu'autrement on pourroit par collusion tous les jours frustrer les créanciers d'un cohéritier, en supposant qu'il a pris des meubles.]

Si un cohéritier a payé la dette commune, il a hypotheque sur les biens de ses cohéritiers du jour de leur partage passé par devant Notaires, en cas qu'il n'ait pas stipulé la subrogation aux droits du créancier ; mais s'il avoit payé avant le partage, il n'auroit qu'une simple action, *negotiorum gestorum aut familiæ ercifcundæ.*

Une rente échangée n'est pas sujette aux hypotheques du contr'échange ; car quoique la chose subrogée conserve les qualités intrinseques de propre & d'acquêt, néanmoins elle n'est plus sujette aux hypotheques qui étoient dessus, parce que ce ne sont que des qualités accidentelles, & la liberation est favorable.

Il y a aussi par le droit une hypotheque tacite en faveur du fisc sur les biens de ceux qui ont contracté avec lui, ou qui ont eu quelque administration des choses qui lui appartiennent, *leg. 4. §. 3. ff. de jur. fisci.* Les Beneficiers contractent la même hypotheque du jour de leur prise de possession sur les biens particuliers.

La Loi 1. au Code *communia de legat.* donne une hypotheque tacite aux legataires & fideicommissaires sur les biens du restateur, pour la délivrance de leurs legs ou fideicommis : d'où quelques-uns veulent inferer que l'hypotheque tacite est divisible : mais les loix & les textes de nos Coutumes sont contraires à cette maxime, & l'on considére toute hypotheque, comme est l'ame à l'égard du corps qu'elle anime ; *indivisibilis tota in toto & tota in qualibet parte.* Mais il est rude que l'hypotheque soit indivisible à l'égard du tiers détenteur, qui n'a que la moindre partie de tous les biens affectés.

Quoiqu'il n'y ait aucune Loi dans le Droit, qui donne au vendeur une hypotheque tacite sur sa chose après la tradition, pour le reste du prix qui est dû, néanmoins nous lui donnons la préference, encore qu'il ne l'ait pas stipulée, & qu'il ait entierement suivi la foi de l'acheteur ; mais celui qui a prêté au débiteur pour payer une partie de ce qui est dû pour le prix, ne succede pas à cette préference sans stipulation, le vendeur n'étant pas présumé avoir consenti la subrogation contre lui-même ; & il n'est pas obligé en rentrant dans sa chose, de rendre à l'acquereur ce qu'il a touché du prix, pourvû que par l'estimation l'héritage ne vale pas davantage que ce qui reste dû.

Les baux des héritages & maisons passent aussi dans cette Coutume au nombre des dettes privilegiées qui ne peuvent être préférées par aucun privilege de saisine, même sur les autres biens du débiteur ; & la préference ne laisse pas d'avoir lieu sur les meubles de la maison & sur les fruits de la ferme, quoique le bail ne soit point passé pardevant Notaires, ni même par écrit.

L'hypotheque a lieu pour les interêts de la dot du jour de la mort du mari, quoique les interêts qui procedent de la demeure des parties, ne soient pas de l'essence de la dot. Il en est de même de ceux du remploi, quoiqu'il n'ait pas été stipulé par le contrat de mariage, & qu'il n'y en ait point eu de demande judiciaire.

Il n'y a point d'hipotheque tacite sur les biens du pere pour sa mauvaise administration des biens sujets à substitution ; & néanmoins la même hypotheque auroit lieu, s'il faisoit quelque chose qui fût directement contraire à la loi, comme s'il alienoit les mêmes biens ; c'est la distinction d'Antoine Faber en son Code, sur le titre *in quibus cauf. pign. vel hypoth.* L'on peut voir ce que nous avons dit sur ce sujet en nos Additions sur le chapitre 12. des Substitutions, quels biens sont compris en la restitution d'un fideicommis.

L'hypotheque n'a pas lieu du jour de la société pour l'indemnité d'un associé qui a payé pour l'autre, mais seulement du jour des comptes rendus en Justice ou de la Sentence, à moins qu'il n'y en ait stipulation par le contrat de société ; à la différence des sociétés conjugales, qui donnent un effet rétroactif au jour du contrat, à l'hypotheque des femmes pour leur remploi & indemnité, bien qu'on ne l'ait pas stipulée.

Pour les dépens en matiere civile, l'hypotheque remonte au jour du contrat, au lieu qu'elle n'a lieu en matiere criminelle que du jour des condamnations seulement. Quelques-uns ont distingué les grands crimes, qui produisent hypotheque du jour qu'ils ont été commis ; de telle maniere que toutes les dispositions faites depuis sont nulles, si la condamnation suit, comme il est porté par la Loi, *post contractum capitale crimen donatio non valet, si condemnatio sequuta fuerit.* Néanmoins si le criminel n'étoit ni contumacé, ni même soupçonné dans le public, les alienations qu'il auroit faites à titre onereux, subsisteroient en faveur des acquereurs de bonne foi. [Mais la partie a hypotheque pour ses dommages & interêts du jour qu'il y a eu des poursuites venues à la connoissance publique.]

Pour ce qui est des dépens criminels incidens en matiere civile, l'on prétend qu'ils ne peuvent faire préjudice aux créanciers intermédiaires, ni remonter au jour de l'obligation, à moins qu'ils n'ayent été faits pour le bien de tous les créanciers

ciers. Autrefois l'hypotheque pour les dépens, même en matiere civile, n'avoit lieu que du jour des condamnations, parce qu'ils tiennent lieu d'une espece de peine ; c'est ce qui est encore en usage dans la Coutume de Normandie. Néanmoins nous observons que les dépens criminels incidens en matiere civile, viennent comme frais de crédits du jour du contrat, mais non pas comme frais de criées, ainsi qu'il a été jugé contre Maître Marcel Binet à l'ordre de la Terre de Ruëil.

L'hypotheque a lieu du jour du contrat pour les dommages & intérêts qui y ont été, stipulés, quoiqu'ils ne soient adjugés que depuis, *veniunt enim ex natura contractûs, & loco facti succedunt.* M. le Prestre, cent. 1. chap. 63. au lieu que ceux qui sont ordonnés par l'office du Juge, n'ont hypotheque que du jour de la demande : Néanmoins il a été jugé qu'encore que les dommages & intérêts n'ayent pas été stipulés dans le contrat, l'hypotheque ne laissoit pas d'avoir lieu du même jour, parce que la clause se sous-entend. Monsieur Bouguier, lett. H. nomb. 6. [Ce qui a lieu, pourvû qu'ils viennent de l'exécution du contrat en sa substance, & non pour nouvelle cause survenue depuis.]

Pour ce qui est des intérêts adjugés pour dommages & intérêts, l'hypotheque ne peut avoir lieu, que du jour de la condamnation, & non du jour du contrat. Il en est de même des intérêts adjugés depuis l'obligation ; mais on pratique le contraire.

Il n'y a point d'hypotheque sur les biens de l'héritier pour les dettes du défunt, que du jour de la condamnation, ou du titre nouvel : *Bonæ hæredis à creditore testatoris in vim hypotheca à testatore constituta vindicari non possunt,* dit la Loi *Paulus, ff. de pignoribus.* C'est pourquoi un créancier hypothequaire de l'héritier avant la Sentence ou reconnoissance, est préféré sur les biens de l'héritier au créancier du défunt ; quoique dès l'instant de l'adition de l'hérédité, l'héritier soit déja tenu personnellement de sa part.

A l'égard de l'héritier bénéficiaire, il y a hypotheque pour le compte qu'il est obligé de rendre sur ses biens du jour de ses lettres, sans qu'il soit besoin de condamnation ni de titre nouvel. Mais pour les cédules du défunt reconnues par ses héritiers, ils ne peuvent dire convenus que personnellement pour leur part & portion, nonobstant l'hypotheque en vertu de la condamnation, & encore qu'ils soient détenteurs des biens de la succession ; parce que dès l'instant de la mort, les dettes personnelles, tant actives que passives, ont été divisées, & les biens au tems de la reconnoissance n'étoient plus au défunt, mais à ses héritiers.

L'un des cohéritiers sous seing-privé ayant été condamné, ou ayant reconnu la dette pardevant Notaires, l'hypotheque n'a point d'effet contre les autres, même pour les intérêts, qui ne peuvent être exigés, que de celui qui a été constitué en demeure, l'obligation n'ayant pû être augmentée par l'un au préjudice des autres.

☞ L'on tient qu'encore que le partage ne soit que sous seing-privé, le cohéritier a hypotheque tacite pour la garantie de son lot pour les héritages vendus par son cohéritier, à cause des dettes de la succession qu'il a payées en l'acquit de son cohéritier, encore que le créancier n'ait aucune hypotheque pour les mêmes dettes ; d'autant que cette récompense est dûe de droit, à cause de la diminution de son lot par le moyen des dettes qu'il a payées. Aussi quoique le testament ne soit qu'olographe, les légataires ont la même hypotheque sur les biens de l'héritier pur & simple, du jour qu'il en a fait acte ; mais elle n'a effet contre un tiers, que du jour de la Sentence de délivrance.]

C L X V.

Item, institution d'heritier audit Bailliage n'a point lieu, pource que ledit Bailliage & ancien ressort sont en pays coutumier.

Cet article doit s'entendre avec l'explication ajoutée à l'article 299. de la nouvelle Coutume de Paris, qui ajoute, *c'est-à-dire, qu'elle n'est acquise & nécessaire pour la validité d'un testament, mais ne laisse de valoir la disposition jusqu'à la quantité des biens dont le testateur peut valablement disposer par la Coutume.* Lequel article de la Coutume de Paris a été ajouté à l'ancienne, qui ne portoit, article 120. autre chose que la nôtre, & ce en conséquence de l'apostille de Maître Charles Dumoulin. Suivant cette doctrine, il a été jugé dans cette Coutume de Senlis, que les rappels faits par testament en collaterale des petits-neveux, qui sont hors des dégrés de représentation, aux termes mêmes du droit, devoient avoir effet, du moins par forme de legs, par trois Arrêts intervenus en l'Audience de la Grand'Chambre, les deux premiers entre les Boicervoises les 6. Février 1646. & 19. du même mois 1647, & le dernier entre les Courtins le 6. Mars 1660. plaidans M. Guillaume Bluet & moi. *M. J. M. R.*

¶ L'héritier présomptif qui est institué, ne laisse pas d'être saisi, & l'institution fait cesser le rapport, & rend compatibles les qualités d'héritier & de legataire.

Cette regle, institution d'héritier n'a lieu, s'entend aussi que l'héritier institué, aussi-bien que le légataire universel, ne peuvent se dire saisis ; mais ils doivent toujours demander la délivrance à l'héritier du sang qui est saisi, quoiqu'il soit exclu par la disposition des biens libres.]

C L X V I.

Item, en une succession où il y a fils ou fille, une ou plusieurs, & il y a fief, dont le fils ait fait la foi & hommage au Seigneur féodal, la fille, tant qu'elle se tiendra à marier, ne payera aucun relief pour sa part dudit fief : car par la Coutume, comme dit est, de pere à fils, ou fille, n'y a que bouche & mains, avec le chambellage, excepté des Châtellenies de Pontoise, de Chaumont, de Mello, & de Moucy, & les fiefs qui en dépendent, qui se relevent de toutes mains & mutations.

Voyez l'article 165. ci-dessus.

CLXVII.

Item, mais incontinent que ladite fille se mariera, le mari est tenu de relever l'heritage de sadite femme, pource qu'il est étrange personne, & toutes les fois qu'elle se mariera, sera semblablement tenu, ou sondit mari pour elle, payer relief, tel que dessus est déclaré.

CLXVIII.

Item, meubles & acquests sans considération de ligne, vont au plus prochain, en telle maniere, que s'ils sont trois freres, dont les deux soient freres de pere & mere, & l'autre de mere tant seulement, si l'un des deux qui sont de pere & de mere, va de vie à trépas, délaissés ses deux freres, l'un de pere & de mere, & l'autre de mere seulement, tous deux viennent également aux meubles & acquests dudit frere trépassé.

CLXIX.

Item, quand l'un des conjoints ensemble par mariage va de vie à trépas, & délaisse aucuns enfans mineurs dudit mariage, si le survivant desdits conjoints ne fait faire *inventaire*, les enfans, ou enfans survivans peuvent, si bon leur semble, demander communauté en tous les biens meubles, & ès conquests immeubles du survivant, faits depuis la societé contractée par ledit mariage, sans préjudicier aux droits & *privileges des Nobles* dessus déclarés; *posé qu'icelui survivant se remarie*, *& jusqu'à ce que ledit inventaire ait été fait*.

Inventaire.] Sçavoir si en cette Coutume qui parle simplement d'inventaire, sans dire clos & solemnel, comme la Coutume de Paris, art. 240. & 241. il est nécessaire qu'il soit parfait & clos, pour produire la dissolution de communauté. Le premier Arrêt qui a prononcé sur cette difficulté en cette Coutume, avoit jugé pour la négative, & il se trouve en forme dans le Vest, chap. 63. en datte du 13. Août 1558. Mais le contraire a depuis été jugé par plusieurs Arrêts intervenus en cette même Coutume; de sorte que l'on ne doute plus que pour dissoudre la communauté, un inventaire ne suffit pas, s'il n'est clos & parfait. Nous en avons trois Arrêts, sçavoir le premier du 12. May 1606. que Roüilliard, qui le rapporte au 39. de ses Reliefs, dit être intervenu en la premiere des Enquêtes, avec grande connoissance de cause, *consultis classibus*, & qu'il fut même déliberé que l'Arrêt seroit prononcé en robes rouges, pour servir de loi à l'avenir en toutes les Coutumes, qui ne requierent pas expressément la clôture & l'affirmation de l'inventaire: Le second est du 18. Janvier 1620. & le dernier du 5. Mars 1622. que la Cour ordonna être lû aux Siéges de Senlis & de Pontoise, les Audiences tenans.

Mais il faut prendre garde que dans les especes de ces Arrêts, les inventaires que l'on arguoit de nullité, n'étoient ni clos ni affirmés: car j'estime qu'il en faudroit dire autrement, si l'inventaire avoit été bien & dûement clos, & que l'on objectât pour défaut de solemnité en cette Coutume, qu'il n'a point été fait avec un légitime contradicteur, pour n'y avoir pas eu de tuteur subrogé, cette formalité ne s'observant pas en ce pays; vû que les solemnités des inventaires n'étant point prescrites en France par aucune Loi générale, il faut suivre l'usage de chaque Province, & ce seroit sans apparence que l'on soutiendroit qu'un inventaire qui auroit été fait avec le Procureur du Roi, suivant l'usage du pays, ne seroit pas solemnel en cette Coutume.

Privilege des Nobles.] *Scilicet* par l'article 146. lequel entre Nobles laisse la liberté au survivant de prendre les meubles demeurés après le décès du trépassé, & par l'article 152. en vertu duquel le survivant noble peut accepter la garde-noble des enfans mineurs, & en ce faisant prendre les meubles de la communauté, & jouir de leurs heritages, aux charges portées par ces deux articles.

Mais je demande si le survivant noble prenant les meubles en conséquence de ces deux articles 146. & 152. est à couvert contre la continuation de communauté, encore qu'il ne fasse point faire d'inventaire; ou s'il a seulement cet avantage, que les meubles ne font point partie de la continuation de communauté? On peut soutenir avec beaucoup d'apparence que les Nobles qui veulent se prévaloir de la disposition de ces deux articles, ne sont pas sujets à la continuation de communauté, parce que l'inventaire ne se fait particulierement que pour la conservation des meubles; & pour ce qui regarde les immeubles, quoique les titres en soient ordinairement inventoriés; néanmoins il est aisé d'en avoir la connoissance par d'autres moyens; & même il arrive souvent que les héritages sont dans les familles sans autre titre que la possession. Il faut toutefois s'arrêter à l'opinion contraire; d'autant que notre article ne distinguant pas dans sa disposition générale les Nobles d'avec les roturiers; & ces mots, *sans préjudicier aux droits des Nobles dessus déclarés*, qui forment la difficulté, ne voulant dire autre chose dans leur sens littéral, sinon que nonobstant la continuation de communauté, le Noble ne laisse point de conserver l'avantage qui lui est donné par les articles 146. & 152. nous ne pouvons pas multiplier leurs privileges, ni les étendre au-delà de ce qui est contenu en ces articles, & en celui-ci, qui ne portent pas que le survivant noble soit exempt de la continuation de communauté; de sorte que tout ce que nous pouvons dire en sa faveur, est qu'il retient en vertu de son privilege de noblesse les meubles par préciput, & que la continuation de la communauté n'a lieu que pour les acquêts. Et en effet, il importe grandement aux mineurs que les titres des acquisitions faites par leurs pere & mere soient inventoriés; parce qu'autrement il seroit souvent facile dans la suite des années qui se passent pendant une longue minorité de les en priver. Et quoi qu'il en soit, la continuation de communauté étant donnée, en général par notre article aux mineurs sans exception, si ce n'est pour les meubles à l'égard des Nobles : il doit demeurer en leur liberté de se servir de cette grace pour le surplus, ou de se tenir au droit commun, n'y ayant pas de difficulté que ce privilege étant introduit en leur faveur, ils peuvent y renoncer, si bon leur semble.

Posé qu'icelui survivant se remarie.] *Sunt verba amplativa, non restrictiva aut limitativa :* Desorte qu'il ne laissera point d'y avoir lieu à la continuation de communauté, bien que le survivant ne passe point à un second mariage.

Si le survivant ne se remarie pas, il n'y a point de difficulté que la communauté se continue après la mort du précedé par moitié, comme elle étoit avant le décès : mais s'il vient à se remarier, on doit suivre la disposition de l'article 142. de la Coutume de Paris très-raisonnable, & tirée de l'apostille de Maître Charles Dumoulin sur l'article 118. de l'ancienne Coutume, qu'il dit être conforme aux Arrêts qui étoient auparavant intervenus : Et cet Article 142. porte que si le survivant se remarie, la communauté est continuée entr'eux pour un tiers, tellement que les enfans ont un tiers, le mari & la femme chacun un tiers ; & que si chacun d'eux ont enfans d'un précedent mariage, la communauté se continue par quart : de sorte que les enfans de chacun mariage ne passent que pour une tête, & le mari & la femme chacun pour une ; dont il y a eu Arrêt pour cette Coutume sur un procès par écrit le 27. Mars 1612. entre les enfans du premier & du second lit de Nicolas Perthuis, & il fut jugé que la premiere communauté étoit demeurée continuée, sçavoir par moitié pour les conquêts immeubles faits par le pere jusqu'au jour de son second mariage, & des meubles tant du premier que du second mariage, & pour un tiers des conquests faits pendant le second mariage ; ce qui doit avoir lieu, si ce n'est que ceux qui ont droit en cette continuation de communauté, n'ayent par le contrat de mariage plus grande ou moindre part ; car pour lors la communauté doit être continuée de la façon qu'elle a été commencée.

Et jusqu'à ce que ledit inventaire ait été fait.] L'article 241. de la Coutume de Paris désire pour dissoudre la communauté, que l'inventaire soit clos trois mois après qu'il aura été fait, ce qui n'empêche point que si l'inventaire n'est clos que long-tems après les trois mois, la dissolution de communauté n'ait effet du jour de la clôture. Ainsi jugé en cette Coutume de Senlis par Arrêt donné en l'Audience de la Grand'Chambre du 3. Février 1597. Il est toutefois nécessaire en ce cas que le mari ou la femme survivant qui fait faire l'inventaire, y fasse ajouter ce qu'il peut avoir acquis depuis que l'inventaire a été commencé, & que son affirmation soit générale, en comprenant même le tems qui s'est écoulé entre l'inventaire & la clôture, qui n'a point en cette occasion d'effet rétroactif au tems que l'inventaire a été fait. *M. J. M. R.*

NOUVELLE OBSERVATION.

Le survivant perd la succession de ses enfans décédés pendant la continuation de communauté, à moins que ses enfans ne fussent morts *intra inducias*, pendant lesquelles on eût fait inventaire dans les formes prescrites par la Coutume. La continuation appartient aux enfans *nomine collective*, & ils sont tous conjoints *re & verbis* ; c'est pourquoi un seul en a autant que s'ils étoient un plus grand nombre.

☞ Duplessis tient que les successions, tant mobiliaires qu'immobiliaires, échues aux enfans depuis la mort du prédecedé n'entrent pas dans la continuation de communauté, & qu'on ne peut pas refuser a un des enfans qui vit séparément, d'y prendre sa part. Néanmoins les autres qui vivent en commun étant obligés d'y laisser les fruits & revenus des meubles & immeubles échus pendant la continuation, ceux qui prétendent part à la continuation doivent rapporter les revenus de leurs portions desdites successions, en ce qu'ils ont excédé les nourritures des autres enfans ; ce qui est contraire à l'opinion de Bacquet des Droits de Justice, chap. 15. nomb. 20. & suivans.

¶ La question a été fort agitée, si les enfans dotés pendant la continuation de communauté doivent rapporter du jour de la mort les interêts de ce qui leur a été donné, venant de la succession du prédecedé : Car il n'y a aucun doute qu'il n'en est pas dû pour ce que le survivant a donné sur & tant moins de sa succession à écheoir, même à l'égard de ce qui a été donné, pour demeurer quitte de la succession du prédecedé. Plusieurs des plus habiles ont voulu que c'est un bénéfice pour ceux qui ont été mariés de meilleure heure; que ce seroit trop restraindre l'autorité des peres, & même qu'ils ne puissent pas établir leurs enfans qui ont bien merité d'eux avant les autres, sans les exposer à consumer en rapports de fruits ou d'interêts ce qu'ils leur ont donné ; que suivant le droit les enfans du premier degré ne peuvent consumer leur trebellianique ni leur legitime en fruits ; que les enfans ne se doivent à cet égard aucun compte les uns aux autres, ni aucune recompense pour leurs nourritures ; que l'on n'en peut aussi demander au compte de tutelle, puisqu'on veut profiter avec le survivant à titre de communauté, & que les autres enfans ont approuvé sa gestion par l'adition d'hérédité. C'est ce qui a été suivi par deux Arrêts rapportés par M. Julien Brodeau sur M. Louet, lett. C. som. 30. nomb. 20. l'un du premier Août 1640. & l'autre du 2. Avril 1641. qui ont jugé que les interêts n'étoient dûs que du jour de la dissolution de la communauté, & non du jour de la donation pour la moitié qui procede de la succession échue. Néanmoins il en rapporte un autre du 15. Avril 1639. qui a jugé que l'interêt de cette moitié étoit dû ; & même il semble se déterminer plus par ce dernier Arrêt que sur les autres. L'Auteur du Traité des propres, chap. 4. sect. 2. nomb. 8. veut aussi que si ce qui a été donné est considerable, & excede les nourritures de ceux qui vivoient en communauté, les interêts doivent en être rapportés. Néanmoins par un Arrêt notable du 6. Septembre 1687. la Dame Pajot fut déboutée de la prétention qu'elle avoit de faire rapporter des interêts à la Dame du Laurent, quoiqu'il s'agit d'une dot de 150000. liv. Le seul doute qui peut rester, est qu'il est marqué que le pere avoit beaucoup profité depuis la mort de sa femme, & que peut-être ce qui venoit de la succession de la femme n'étoit pas considérable; & que souvent

les parties transigent encore sur cette contestation. Néanmoins on doit tenir pour certain que
l'intérêt de cette moitié est dû, deduction faite de
moitié des alimens, tant dans le cas d'une donation faite au survivant, que de l'acceptation de la
garde-noble & des meubles en vertu de la Coûtume, au pardessus de la donation qui doit avoir
son effet. Ce qui a été acquis tant en meubles
qu'immeubles doit entrer dans la continuation de
communauté, où les enfans ont mis les fruits de
leurs propres, & aidé de leur industrie.]

La continuation doit durer jusqu'à l'inventaire
ou au tems que les enfans déclarent qu'ils ne
veulent plus continuer, n'étant pas juste qu'on la
fasse cesser au tems que l'on voudroit pour ne
pas souffrir des pertes survenues depuis, prenant le
bon, & laissant le mauvais, nonobstant le sentiment de Bacquet, chap. 15. nomb. 28. des Droits
de Justice : ¶ Qui veut que pour éviter aux procès,
on peut limiter la continuation à la viduité du survivant, qui avoit fait faire un inventaire non clos,
auquel les enfans déclarent qu'ils veulent se tenir ; mais on ne peut diviser la continuation de
communauté au défaut d'inventaire ; & on doit,
ou l'accepter entière, ou demander compte, eû
égard au tems du décès du prédécedé, ou au
jour où l'on a déclaré que l'on ne vouloit pas
continuer.]

Il semble que dans les Coûtumes où les conjoints se peuvent donner l'un à l'autre, il n'y a
pas de continuation de communauté, lorsque le
survivant est donataire, à moins qu'il ne se remarie ; auquel cas, comme il perd la propriété
en se remariant, la communauté se continue faute
d'inventaire, les enfans ayant en ce cas la propriété à conferer en la communauté continuée,
dans laquelle se confond aussi le don fait au survivant, même celui des acquêts & quint des
propres, dont il a perdu la propriété : car quoique les immeubles puissent être facilement di-
stingués sans inventaire ; Néanmoins la continuation est une peine qui est contenue par le
seul défaut d'inventaire. L'option de la continuation de communauté passe aux héritiers,
non-seulement en directe, mais même en collaterale, à l'exemple du bénéfice de restitution.

Les enfans qui peuvent demander l'option de
la continuation de communauté, doivent s'accorder entr'eux, pour empêcher l'embarras, si
l'un la faisoit continuer sans l'autre.

Il n'y a que les fruits des acquêts de la premiere communauté appartenans aux enfans, qui
entrent dans la continuation de communauté, par
ce qu'ils leur sont propres naissans.]

Le survivant qui continue la communauté, ne
peut pas faire prejudice aux enfans qui y ont part
par des liberalités, autrement il pourroit indirectement empêcher le benefice de la Coûtume ;
c'est pourquoi ce qu'il a donné doit être impu-
té sur sa part ; & il ne peut diminuer celle des autres que par les alienations de commerce.

Les deniers qui procedent de la vente du propre du survivant des conjoints, faite pendant la
continuation de communauté, sont réputés meubles, & tombent dans la communauté continuée,
faute d'en avoir stipulé le remploi, & icelui éxé-
cuté ; la raison qui fait accorder le remploi à
lege pour les propres vendus pendant la commu-

nauté n'ayant pas lieu en ce cas, où il ne s'agit
plus d'empêcher l'avantage indirect entre les conjoints.

Un enfant mineur marié par le survivant peut
encore demander la continuation de communauté, s'il n'a pas eû tout ce qui lui appartient de la
succession du prédécedé : mais il en est exclu,
après qu'il a eû sa part, d'autant qu'il n'apporteroit rien dans la communauté continuée.

La part dans l'immeuble acquis pendant la communauté continuée, est acquêt à l'enfant, n'étant
pas réputée lui être venue par succession, mais
plûtôt par une loi penale contre le survivant, qui
n'a pas satisfait à son obligation : c'est pourquoi
si tous les enfans meurent, le survivant succede à
tous les acquêts faits pendant la communauté
continuée, même pour les parts échûes au dernier
mort par les successions de ses freres & sœurs.
☞ Quoiqu'il soit constant que tous les immeubles échûs par succession directe descendante ou
collaterale sont propres ; mais ils ont été acquis
au dernier des enfans, plûtôt par droit d'accroiss-
sement que par succession. L'on ne peut pas aussi
appeller les acquêts faits pendant la continuation,
biens maternels, quoique venus aux enfans par
la représentation de leur mere.

La clause que ce qui échera par succession, donation, &c. inserée dans un second contrat de
mariage, empêche que les legs & successions mobiliaires entrent dans la continuation de communauté.]

Tous les enfans du premier lit étant décédés, le
surviavnt ne succede pas aux acquêts immeubles
de la premiere communauté, qui appartenoient à
ses enfans, si ce n'est en usufruit seulement.

Si les mineurs renonçoient à la continuation
de communauté, la même faculté ne pourroit pas
être refusée aux majeurs, parce que c'est un acte
individu.

Ceux qui l'ont acceptée & partagée étant mineurs, y peuvent aussi renoncer, & même ceux qui
l'ont prise étant majeurs, après avoir fait inventaire, s'en peuvent départir, mais ils sont tenus
des dettes pendant la continuation de communauté jusqu'à la concurrence des meubles, tant de
la premiere communauté, que de ceux de la communauté continuée ; mais les acquêts de la premiere communauté leur demeurent toujours.

Ceux qui ne veulent pas continuer la communauté, peuvent demander partage, eû égard à
l'état des biens, au tems que la communauté a
été dissolue, avec les fruits & les intérêts échûs
depuis : & si l'on justifie de quelque omission de
recette dans le compte, l'on en peut faire preuve
par témoins & par la commune rénommée, & il y
a hypothéque pour ce sujet sur les biens du survivant du jour de la mort du prédécedé, auquel il a
commencé d'avoir l'administration des biens des
mineurs.

Si la communauté est continuée jusqu'au décès
du survivant, qui s'est rémarié, ses enfans du second lit profitent des deux tiers dans la communauté continuée, étant héritiers de son tiers.

Si les deux conjoints ont des enfans de leurs
précedens mariages, la communauté se continue
par quart, à moins que l'un ou l'autre n'ait fait
inventaire pour la dissoudre avec les enfans du
premier lit, auquel cas elle ne se continuera qu'à
l'égard de l'autre.

CLXX.

Item, quand un Prestre séculier, Bénéficié ou non, va de vie à trépas, à icelui succederont ses plus prochains parens & heritiers, habiles à lui succeder, posé ores qu'il n'eût aucuns heritages de propre ne d'acquest.

CLXXI.

Item, un Religieux ou Religieuse profez ne succede point, ni le Monastere, ni le Convent pour eux.

CLXXII.

Item, un bâtard aussi ne succede point, sinon ès meubles & *acquests* de ses enfans légitimes.

Et acquests.] *Idem* de ce qui leur a été donné pour leur être propre, sinon qu'il eût été dit pour être propre du côté de la mere. C. M. *M. J. M. R.*

NOUVELLE OBSERVATION.

Maitre Rault Adrien sur l'article 97. rapporte deux Arrêts entre les mêmes Parties, l'un de 1612. & l'autre du premier Decembre 1613. par lesquels il a été jugé qu'encore que les Bâtards ne soient d'aucune ligne, toutefois l'héritage qui échet à un Bâtard pendant son mariage par donation de sa mere, n'est pas un conquêt de la communauté, & qu'il est sujet au douaire.

La femme d'un Bâtard marié mort sans enfans, lui succede en vertu de la Coûtume, qui donne au survivant les biens du predecedé mort sans aucun héritier, suivant le titre *unde vir & uxor.* Car quoique leur naissance soit odieuse, leur mariage n'est pas moins favorable que celui des autres, afin qu'il leur soit un frein qui reprime en eux l'incontinence de leurs peres.

Il y a plusieurs Coutumes qui laissent aux Bâtards la liberté de disposer de leurs meubles & acquêts, même par testament, quoique la même faculté soit déniée aux Aubains, qui n'ont aucun droit de cité. D'autres Coûtumes limitent les dispositions des Bâtards; mais l'article 153. de la Coutume de Clermont ôte à ceux qui meurent sans enfans le pouvoir de disposer de leurs meubles & conquêts au préjudice du Seigneur, lequel leur doit succeder, quand même ils auroient obtenu du Roi des Lettres de legitimation, qui ne diminuent pas les droits du Seigneur, lorsqu'ils ne laissent aucun héritier. *Coquille, sur Nivernois, chap.* 34. *art.* 24. Mais il est nécessaire que ces trois conditions se rencontrent, afin que le droit appartienne au Seigneur; c'est à sçavoir que le Bâtard soit né dans sa terre, qu'il y ait vêcu, & qu'il y soit mort; autrement le Roi lui succede, suivant Bacquet, *chap.* 8. *Des Droits de Bâtardise.*

CLXXIII.

Item, avant qu'un testament soit réputé solemnel, il est requis qu'il soit écrit & signé de la main & seing manuel du testateur, ou signé de sa main, & à lui lû, & par lui entendu en la présence de trois témoins; ou qu'il soit fait pardevant deux Notaires, ou pardevant le Curé *de sa Paroisse*, ou son Vicaire général, & un Notaire; ou dudit Curé ou Vicaire & deux témoins, ou d'un Notaire & deux témoins, ou *quatre témoins*, iceux témoins suffisans, & non légataires dudit testateur, fors & excepté, entant que touche les légats pitoyables, obseques & funérailles d'icelui testateur, esquels toutefois, & pour le moins sera gardée la solemnité *du Droit Canon.*

Pour l'intelligence de cet article, il faut voir mon Traité des Donations, part. 1. chap. 3. sect. 4.

De sa Paroisse.] C'est-à-dire, de celle où il est lorsqu'il fait son testament. *M. J. M. R.*

NOUVELLE OBSERVATION.

☞ *Du Droit Canon. C. cum esses* 10. *& C. relatum* 11. *extr. de testam.* qui ont donné ce droit aux Curés assistés de deux témoins : ce qui n'avoit pourtant été ordonné qu'en faveur des dispositions pieuses, suivant le chapitre *relatum.*]

Par Arrêt du 5. Avril 1672. il a été jugé en la Coutume de Valois, qui ne regle pas l'âge pour tester, qu'il falloit avoir recours à la Coutume de Paris, & non pas à la disposition du Droit Romain, dont les principes ne s'accordent pas avec les nôtres sur ce sujet. Les raisons de part & d'autre sont amplement expliquées au commencement du premier volume du Journal du Palais, & au troisiéme de celui des Audiences, livre 6. chapitre 6.

☞ Néanmoins cet Arrêt n'avoit point encore fait changer l'usage dans cette Province, où l'on tenoit que l'on pouvoit disposer de ses meubles & acquêts à l'âge de dix-huit ans, qui est la pleine puberté. L'on tenoit aussi la même chose pour l'âge des témoins, quoique les Notaires en eussent presque toujours appellé à l'âge de quatorze ou quinze ans, qui étoient Clercs dans leurs études, & qu'il ne parût pas que l'on eût jamais debattu aucun testament pour ce défaut.] ¶ Mais depuis la Cour a voulu que l'on suivît la Coutume de Paris en cette Coutume pour l'âge de tester, par Arrêt du 31. Janvier 1702. suivant les conclusions de Monsieur Portail Avocat General, sur un appel de Compiegne, lequel seroit publié où besoin seroit. Aussi dans la coutume de Blois qui ne dispose pas non plus que celle-ci, ni de l'âge de tefter, ni de celui des témoins, ni de celui de leur idonéité, il a été par Arrêt du 2. Juillet 1708. défendu aux Notaires de fe fervir de témoins moins âgés que de vingt ans, ni de leurs Clercs dans aucun acte: Et par autre Arrêt du 25. Avril 1709. la Cour a déclaré que cet Arrêt n'auroit lieu pour les pays de droit écrit, ni pour les Coutumes qui permettent de tefter avant l'âge de vingt ans, où on pourroit fe fervir de témoins ayant l'âge de tefter, fans préjudice à la validité des teftamens faits avant la publication de l'Arrêt, quoique les teftateurs fuffent encore mineurs dans le tems où elle a été faite; mais cette Coutume n'ayant pas permis de tefter avant l'âge de vingt ans, encore qu'on fe contentât de l'âge de dix-huit ans, même auparavant de celui de quatorze ans, on doit fuivre les Arrêts rendus pour la Coûtume de Valois pour Compiegne & pour Blois.

On peut auffi à l'âge de vingt ans difpofer des propres en faveur de celui qui y doit fucceder, & lui leguer en même tems les meubles & acquêts, fans qu'on lui puiffe objecter l'incompatibilité des qualités d'héritier & de legataire; mais le concours de la difpofition de l'homme avec celle de la loi doit faire fubfifter le teftament en faveur de l'inftitué ou legataire univerfel, pourvû que ce ne foit pas au préjudice de celui qui doit auffi fucceder aux mêmes propres. On ne devroit pas avant l'âge de vingt-cinq ans leguer les propres conventionnels, quoiqu'ils ne foient propres que par fiction, & qu'ils foient mobiliers de leur nature, d'autant qu'ils ne peuvent changer de nature avant l'âge de vingt-cinq ans, & qu'ils font fouvent trop confidérables, pour en laiffer la difpofition à un jeune homme; & il feroit à fouhaiter même qu'à l'égard des majeurs la difpofition fût reduite au quint, à caufe des voyes indirectes qu'on cherche pour les ôter aux héritiers; mais l'ufage eft contraire.

Quatre témoins.] Il femble que fi un des quatre témoins avoit redigé la volonté avec toutes les formalités, & que le teftateur eût figné, on auroit fatisfait à la Coutume.]

TITRE VII

Des Doüaires.

CLXXIV.

Il y a deux manieres de doüaire, l'un qu'on appelle doüaire coutumier, & l'autre préfix.

CLXXV.

Le doüaire coutumier, dont la femme peut être douée, eft de la *moitié de tous les héritages* que le mari avoit *au jour de fes nôces*, & de ceux qui lui font échûs & échéront en ligne directe *durant & conftant leur mariage.*

De tous les héritages.] Par l'article 250. de la Coûtume de Paris, l'héritage, quoique noble, fe partage entre les enfans douairiers fans prérogative d'aineffe. Il y a deux raifons confidérables, pour lefquelles il femble que le contraire doive être refolu en cette Coutume. La premiere fe tire du procès verbal de la Coutume de Paris même, en ce qu'il porte que cette difpofition y a été ajoûtée, pour avoir lieu à l'avenir, fans préjudice du paffé; ce qui fait préfumer que l'on jugeoit autrement du tems de l'ancienne Coutume; & ainfi que cette nouvelle difpofition eft une décifion particuliere, qui doit être renfermée dans le territoire de la Coûtume à laquelle elle a été ajoutée. La feconde raifon refulte de l'article 212. de la Coutume de Valois, qui porte que le douaire en héritage noble fe partira entre les enfans renonçans à la fucceffion du pere avec telle prérogative d'aineffe que fe feroit la fucceffion, fi les enfans fe portoient héritiers. De forte que comme cette Coutume eft voifine de la nôtre, & que le Duché de Valois a même fait autrefois partie du Bailliage de Senlis, on peut dire que dans les cas omis ces deux Coutumes doivent être refpectivement interprétées l'une par l'autre.

Néanmoins l'opinion contraire a prévalu dans la Coutume de Senlis avec beaucoup de fondement; parce que la maxime qui veut que le droit d'aineffe n'ait point lieu en matiere de douaire, eft établie fur un principe general; fçavoir que comme la prérogative que nos Coutumes attribuent aux aînés ou aux mâles, dans les fucceffions *ab inteftat*, eft un droit ambitieux, ou du moins, un privilége particulier, il ne doit pas être étendu d'un cas à l'autre; & il y a d'autant moins lieu de l'introduire dans notre efpéce, que l'on ne peut point argumenter du douaire à la fucceffion, d'autant que la fucceffion eft dûe par la loi feule; au lieu que le douaire eft particulierement acquis en conféquence du traité de mariage, & de ces paroles que le Prêtre fait dire par l'homme à la femme, quand ils s'époufent: *Du douaire qui eft divifé entre mes parens & les tiens, je te doue,* ou du moins à préfent *ex pacto præfumpto,* depuis l'Ordonnance du Roi Philippes Augufte, qui regla le douaire à la moitié, lequel n'étoit auparavant qu'à l'arbitrage des parties, fuivant la remarque qu'en fait cet ancien Praticien Philippes de Beaumanoir, en fon livre intitulé, *les Coutumes de Beauvaifis, au titre des Douaires*; tellement que c'eft avec raifon que l'on n'admet point le droit d'aineffe à l'égard du douaire dans toutes les Coutumes qui ne contiennent aucune difpofition particuliere à ce fujet, comme la nôtre.

Et tant s'en faut que ceux qui fuivent le fentiment contraire, puiffent prétendre avantage de ce qui fe pratiquoit auparavant la derniere reformation de la Coutume de Paris, fous prétexte de ce qu'il eft fait mention par le procès verbal, que l'addition faite à l'article 250. & les articles suivans auront lieu pour l'avenir, sans préjudice du passé; que l'on apprend par un ancien Arrêt intervenu dans la Maison de Montmorency, avant même la première rédaction de la Coutume de Paris, le premier Février 1492. & depuis prononcé en robes rouges à la Notre-Dame de Septembre ensuivant, que la question y avoit été jugée à l'avantage des puînés, contre le droit d'aînesse : Et Maître Charles Dumoulin en sa note sur l'ancienne Coutume, qui ne contenoit aucune disposition à ce sujet, a décidé, suivant cet Arrêt, que le doüaire devoit être partagé également, & sans droit d'aînesse; ce qu'il a encore répété sur l'article 131. de la Coutume d'Etampes. L'Exemple de la Coutume de Valois ne doit aussi être d'aucune considération, parce que les Coutumes voisines ne servent point de décision, mais de raison seulement, en tant qu'elles se trouvent conformes au véritable esprit de la Jurisprudence.

Mais dans cette supposition que l'aîné étoit privé de son droit d'aînesse, en se tenant au doüaire, ayant déclaré qu'il se portoit héritier, & les puînés ayant renoncé à la succession, pour accepter le doüaire coutumier, il s'est formé une question très-importante, pour sçavoir si le doüaire sera pris auparavant le droit d'aînesse; de sorte qu'il demeurera de la moitié des fiefs, aussi-bien que des rôtures, ou s'il sera seulement à l'égard des fiefs de la moitié de la part qui eût appartenu aux puînés, s'ils se fussent portés héritiers : Cette difficulté a été terminée en cette Coutume par Arrêt donné au rapport de Monsieur Gilbert le 7. Septembre 1640. après enquêtes par turbes, entre les Dupuis parties plaidantes, & jugé que le droit d'aînesse étoit préférable, & qu'il se devoit prendre avant le doüaire; & en conséquence que les puînés ne pouvoient prétendre leur droit de doüaire à l'égard du fief que dans leur portion héréditaire.

Comme les enquêtes par turbes, sur lesquelles cet Arrêt est intervenu, n'ont été faites qu'aux Siéges de Senlis & de Compiegne, les Officiers & les Avocats des autres Siéges dépendans de la Coutume, reclament contre ce qui a été jugé, & prétendent que si on leur eût demandé leur avis, ils eussent montré par des raisons puissantes qu'il y avoit lieu de décider cette question autrement, & que le droit d'aînesse que l'aîné devoit avoir en qualité d'héritier qu'il avoit choisie, ne pouvoit pas empêcher que le doüaire demeurât de la moitié du total du fief, aussi-bien que des autres immeubles qui y étoient sujets; d'autant que les choses sujettes au doüaire ne tombent point dans la succession, étant dûes par un contrat antérieur, & que dans le cas même auquel il n'y a point eu de contrat de mariage, la loi étant faite pour suppléer à la négligence des Parties, le doüaire est acquis en vertu de la Coutume du jour de la célébration du mariage; de sorte que dans l'espece proposée, les puînés ont un titre antérieur à celui de leur aîné, qui n'a lieu que du jour de la succession échûe. Ils ajoutent à cette raison que cette difficulté est terminée par l'article 17. de la Coutume de Paris, qui préfere le doüaire au droit d'aînesse, & qu'elle a même été jugée conformément à leur intention, comme dit Bacquet en son Traité du Droit de Justice, chapitre 15. nombre 70.

Mais on apprend par la lecture de l'Arrêt de l'année 1640. dans lequel les moyens qui ont été proposés de part & d'autre par les parties, se trouvent rédigés, que non-seulement les turbiers avoient été du sentiment des autres Officiers & Avocats de la Province, & qu'ils s'étoient fondés sur les mêmes raisons & Arrêts; mais aussi que la Sentence du Bailly de Senlis, dont l'appel avoit saisi la Cour, avoit jugé au profit des puînés : mais comme ils ne purent justifier d'une Jurisprudence uniforme, & d'un usage constant dans la Coutume, qui est ce que l'on demande principalement à des turbiers, & non pas purement & simplement leur avis, la Cour estima que la question devoit être jugée dans les regles générales; & en conséquence elle prononça en faveur de l'aîné.

J'estime pour mon particulier que l'Arrêt a jugé suivant les véritables maximes, en ce qu'il a préféré le droit d'aînesse au doüaire, par cette raison fondamentale, que bien que le doüaire soit acquis aux enfans, en conséquence d'un titre antérieur à celui du droit d'aînesse, qui n'est dû que du jour de l'ouverture de la succession *ab intestat*; néanmoins il faut prendre garde que le doüaire n'est dû que sous cette condition, qui dépend de la volonté des enfans; en cas qu'ils renoncent à la succession : de sorte que cette faculté de renoncer ou d'accepter regardant tous les enfans en général, & l'aîné aussi-bien que les puînés, lorsqu'ils se trouvent partagés dans leurs avis par le motif de leurs intérêts qui sont différens, & que l'aîné veut accepter, & les puînés renoncer, pour se tenir au doüaire, il faut dans cette diversité de volonté avoir recours au remede qui a été prudemment inventé à ce sujet, & qui se pratique en pareille occasion; sçavoir, considérer lequel des deux partis est plus avantageux aux enfans en général, si bien que quand la succession, toutes dettes payées, se trouve plus forte que le doüaire, je ne fais point de difficulté en ce cas que le titre de la succession doit être préféré au doüaire par l'intérêt commun qui y doit prévaloir, & que l'aîné ne doit pas y prendre son préciput & prérogative d'aînesse au préjudice des puînés, sans qu'ils puissent proposer au contraire, qu'en considérant leur intérêt, il est plus expédient de se tenir au doüaire, que d'accepter la succession, parce que ce qui doit faire la regle, est l'intérêt des enfans en commun; & si dans le partage qui doit être fait des biens, l'aîné se trouve plus avantagé que les puînés; c'est l'effet de la loi qui ne doit point être éludé par leur adresse, en se tenant au doüaire.

Et en effet, si le contraire avoit lieu, les puînés ne manqueroient presque jamais dans cette Coutume de Senlis & autres semblables, dans lesquelles les aînés sont notablement avantagés, de se tenir au doüaire, pour donner atteinte au préciput de leur frere; ce qui arriveroit toutesfois & quantes que leur pere auroit contracté tant soit peu de dettes depuis la célébration de leur mariage, dont ils laisseroient leur aîné chargé, renonçans de leur part, & même sans dettes, dès l'heure qu'il y auroit quatre enfans dans une maison, à l'égard des fiefs situés au-delà de la riviere d'Oise, où l'aîné prend par prérogative d'aînesse, le principal manoir & les deux tiers du surplus; il seroit toujours plus expédient de prendre le doüaire que la succession; parce que dans le doüaire, il y auroit un huitième au total du fief & du manoir, au lieu qu'en qualité d'héritiers ils ne profiteroient que d'un neuvième; sans même prendre aucune part dans le manoir. Et au surplus tant s'en faut que l'article 17. de la Coutume de Paris soit favorable pour l'autre opinion, qu'il servoit d'un préjugé considérable pour l'Arrêt, puisqu'en donnant la légitime ou le douaire aux puînés sur le préciput de leur aîné en un cas particulier, & lorsqu'il n'y a dans la succession du pere qu'un fief consistant en un manoir, il résulte de là que les Rédacteurs de la Coutume ont supposé que la question générale devoit être jugée autrement. Et quant à l'Arrêt rapporté par Bacquet, outre qu'il ne fait mention d'aucune circonstance, ni même de la datte de l'année, il s'en trouve un contraire dans le Commentaire de Potier sur l'article 301. de la Coutume de Bourbonnois, & dans les maximes de Delhommeau, liv. 3. chap. 60.

De plus, nous avons une autorité qui devoit encore être d'un poids considérable dans le procès sur lequel l'Arrêt est intervenu, si elle eût été remarquée, & qui est tirée de Philippes de Beaumanoir, dont les écrits doivent avoir d'autant plus de force dans la Coutume de Senlis, que son ouvrage contient les Coutumes de cette Province, sous le titre *des Coutumes & Usages de Beauvoisis*, qui s'étendoient non-seulement jusqu'à la Ville de Senlis, mais même au-delà, ainsi que j'ai fait voir ailleurs, & qu'il s'apprend encore particulierement au chapitre du douaire de cette Coutume, où il se voit que la Ville de Creil, qui est constamment du Bailliage de Senlis, y étoit comprise. Cet Auteur propose notre question dans une espece la plus avantageuse qu'elle puisse être conçue, & témoigne qu'elle fut jugée conformément à ce qu'elle l'a été par l'Arrêt dont il s'agit ; voici ses termes : *Ancoires vise un jugement, par lequel il appert que les enfans ne sont pas hérités par la raison des douaires ; car un Gentilhomme, s'il ot trois femmes ; de la premiere, & de la seconde, il ot filles, & de la tierce il ot fils & filles, après le Gentilhomme mourut : les filles de la premiere femme demanderent la moitié de l'héritage pour la raison que leur mere en fut douée, les filles de la seconde demanderent le quart de l'héritage pour la raison du douaire de leur mere, & le fils mâle de la tierce femme demanda le huitiéme de tout l'héritage, c'est à sçavoir les deux parts des fiefs & le maître manoir, & l'hommage de la tierce partie de ses sœurs, tout fut ce qu'elles fussent aînées des premiers mariages, & sur ce mirent en droit. Il fut jugé que l'hoir mâle de la femme derniere emporteroit le huitiéme, c'est à sçavoir les deux parts du fief, le chief, manoir, & l'hommage de ses sœurs de la tierce partie.*

Il faut observer au sujet de notre Arrêt de l'année 1640. & du Jugement dont fait mention Philippes de Beaumanoir, qu'ils sont conformes dans la question générale, en ce que l'un & l'autre préferent le droit d'aînesse au douaire dans l'espece que nous avons proposée ; mais ils sont différens, en ce que s'agissant des deux especes sur lesquelles ils sont intervenus, de fiefs situés au-delà de la riviere d'Oise, où par l'article 126. de notre Coutume, qui étoit aussi en vigueur du tems de Beaumanoir, l'aîné prend le principal manoir, & l'autre tiers demeure au puîné, le Jugement de Beaumanoir a laissé le tiers entier aux puînés pour leur droit de douaire, au lieu que l'Arrêt, dans l'espece duquel il y avoit trois enfans, en y com-

prenant l'aîné, n'a adjugé à chaque puîné pour sa part du douaire, que la troisiéme partie du tiers des fiefs & terres nobles.

Il ne peut pas y avoir de difficulté que le Jugement est beaucoup plus régulier que l'Arrêt ; ce qui me fait présumer qu'au cas de cet Arrêt il y avoit quelque fin de non recevoir, ou quelque circonstance qui donnoit atteinte au droit des cadets ; d'autant qu'il ne peut avoir jugé de la sorte, que dans la supposition, que l'aîné, outre sa portion héréditaire qui consistoit au manoir & aux deux tiers du surplus des fiefs, devoit encore prendre sa part dans le douaire ; ce qui ne peut point être soutenu avec apparence de raison ; parce que bien que régulierement les enfans qui ne prennent aucune part dans l'héritage sujet à douaire, par la considération de ce que leur pere les a d'ailleurs avantagés de son vivant, ne laissent point d'être comptés, à l'effet de diminuer les parts des autres enfans douairiers, il n'en doit pas aller de même à l'égard de l'aîné qui se porte héritier, & qui par ce moyen prend sa part dans l'héritage sujet à douaire plus avantageusement qu'il ne feroit, s'il s'étoit tenu au douaire : & si le contraire avoit lieu, il conserveroit en sa personne deux qualités incompatibles, sçavoir celle d'héritier & de douairier, ce qui est contre toutes sortes de principes ; & l'aîné ne doit pas envier à ses cadets que le tiers leur demeure entierement, puisqu'il s'en faut les deux tiers dans la moitié du manoir, qu'ils ne prennent autant qu'ils en auroient, si le douaire s'étoit levé auparavant le droit d'aînesse, & qu'ils y eussent tous leur part également : Etant bien vrai que si la distraction du douaire avoit été faite de la sorte auparavant le préciput de l'aîné, il auroit fallu lui laisser sa part du douaire, parce que bien loin d'avoir en ce cas plus que la portion héréditaire, il ne trouveroit pas même son droit d'aînesse ; au moyen de quoi en cette occasion il prend tout ce qui lui appartient en une seule qualité, ce qui ne produit aucun inconvenient. C'est pourquoi l'Arrêt a fort bien jugé, pour ce qui concerne les rotures, que la part de chaque puîné n'étoit que du tiers en la moitié, en conservant le tiers dans cette moitié, qui est pour le douaire ; outre l'autre moitié en entier à l'aîné ; attendu qu'il doit suffire aux cadets que leur part dans le douaire leur soit conservée, sans qu'ils doivent profiter de ce que leur frere aîné prend le titre d'héritier, & supporte en cette qualité les charges de la succession, comme ils feroient à l'égard des rotures, s'ils partageoient la moitié que la Coutume a destinée pour le douaire entr'eux seuls, & que la part de leur aîné leur accrût en conséquence de ce qu'il s'est déclaré héritier.

Dans l'espece de l'Arrêt, l'aîné, ou du moins sa fille qui le représentoit, avoit formé une autre difficulté qui recevoit d'abord plus de couleur ; sçavoir que le douaire des puînés dans les fiefs ne devoit être que de la moitié de leur portion héréditaire, qui étoit un douziéme pour chacun d'eux, au lieu d'un sixiéme qu'ils prétendoient, & d'un neuviéme qui leur a été adjugé par l'Arrêt : Mais ç'a été avec raison que cet Arrêt a rejetté cette prétention de l'aîné, qui ne pouvoit être bonne qu'en cas que l'on eût jugé contre la maxime que nous avons établie au commencement de cette note, que le droit d'aînesse devoit avoir lieu en matiere de douaire ; mais comme il se partage également entre l'aîné & ses puînés, on

ne peut point dire que le douaire ait son rapport
avec la succession pour l'assignat des portions des
enfans, puisque la division du douaire & de la succession se fait par des manieres toutes différentes
& opposées.

De sorte que dans le cas auquel l'aîné accepte
la succession, sa qualité d'héritier ne détruisant
point pour cela le douaire, & n'ayant autre effet,
sinon qu'il doit prendre ses prérogatives d'aînesse
dans les fiefs, conformément à ce que nous avons
établi, il est vrai que le douaire reçoit par ce
moyen quelque diminution; mais l'atteinte qui
lui est donnée, ne fait point qu'il ne doive demeurer en son entier pour le surplus, & que les puînés pour le droit de douaire ne doivent prendre
dans les fiefs, tout ce qui reste, après que le droit
d'aînesse a été levé, pourvû que ce surplus n'excede point les parts qui leur appartiennent dans le
douaire par la Coutume.

Au reste, toutes les contestations qui peuvent
arriver à ce sujet entre l'aîné & ses puînés, n'empêchent point que la veuve ne jouisse de son droit
de douaire en entier; parce que pour ce qui la
regarde, soit que ses enfans se portent héritiers, ou
qu'ils se tiennent au douaire, son usufruit lui est
dû également.

Il a aussi été jugé en cette Coutume par Arrêt
donné dans l'Audience de la Grand'Chambre, le
Mardi 30. Janvier 1607. qu'une veuve ne pouvoit prétendre douaire sur un Office de Receveur
des décimes du Diocése de Senlis: Mais ceux qui
l'ont rapporté se sont abusés, quand ils ont dit
que le sujet pourquoi cette question de sçavoir si
le douaire de la femme pouvoit avoir lieu sur
l'Office que le mari possédoit auparavant son mariage, avoir reçu plus de difficulté en cette Coutume, & avoit été ainsi décidée, résultoit des termes de cet article, qui n'accorde le douaire, disent-ils, que sur les anciens héritages, cette Coutume n'étant pas conçue pour ce regard en d'autres termes que celle de Paris & les autres de ce
Royaume : de sorte que si cette Jurisprudence
vient du tout à changer, comme il y a grande apparence, attendu que nous donnons sans contredit le douaire coutumier aux femmes sur les rentes, par la consideration de ce qu'elles sont reputées immeubles; si bien que les Offices étant mis
au même rang, il n'y a plus rien qui empêche ce
changement en cette Coutume, non plus que dans
les autres : Et de fait la Cour l'a déja ainsi jugé en
des cas favorables, & lorsqu'il n'y avoit point
d'autres biens sur lesquels la femme pût prendre
son douaire. Il y a même un Arrêt en cette Coutume qui a passé plus avant, & qui a adjugé le
douaire sur un Office d'Elû, quoiqu'il y eût d'autres biens sujets au douaire : Cet Arrêt en date
du 21. May 1636. donné en la Grand'Chambre, au
rapport de Monsieur Scarron, sur un appointé au
Conseil, en confirmant la Sentence du Prevôt de
Pontoise du 3. May 1627. Il y en a néanmoins qui
ne veulent pas donner une décision generale à cet
Arrêt, pour se sauver de la difference & de la
contrarieté avec celui de 1606. mais j'estime au
contraire que l'on ne peut raisonnablement constituer aucune difference entre la mere & les enfans pour ce regard; puisque le douaire des enfans n'est autre chose que celui de la mere, & que
la contrarieté des Arrêts procede de ce que notre
Jurisprudence, pour ce qui est des Offices, a
changé notablement, & que l'établissement de

leur venalité au point où elle est maintenant, fait
qu'ils sont à présent considérés comme de veritables immeubles.

Je trouve dans les Memoires de Monsieur le
Clerc, Conseiller en la Grand'Chambre, que le
Vendredy 19. Février 1616. il fut rapporté une instance de préference par Monsieur Maréchal, pour
la distribution du prix procedant de la vente d'un
Office de Sergent au Bailliage de Senlis, dans laquelle la femme soûtenoit qu'étant la premiere en
hypothéque pour le douaire préfix qui lui avoit
été constitué par son contrat de Mariage, elle devoit toucher les deniers dont il s'agissoit, à l'exclusion des autres créanciers; attendu principalement
qu'il n'y avoit point d'autres biens, sur lesquels le
douaire pût être pris. La Cour jugea conformément à la disposition de l'article 95. de la Coutume de Paris, que les deniers doivent être distribués par contribution au sol la livre, entre
Monsieur Thibaut, Seigneur de Beaurins, Maître des Comptes, la femme de Bernier Sergent,
& le nommé Charrier.

Défunt Monsieur l'Avocat Général Bignon
avoit néanmoins fait juger le contraire sur ses conclusions, dans la même espece d'une femme qui
ne pouvoit récouvrer son douaire préfix que sur
l'Office dont son mari avoit été pourvû, par Arrêt intervenu en l'Audience de la Grand'Chambre du 23. May 1652 concernant un Office de
Trésorier de France en la Généralité de Soissons,
au profit de Françoise Forien, veuve de Philippes
Berault, qui est mort revêtu de cette Charge.
Cet Arrêt avoit été suivi de deux autres, le premier du 7. Septembre de la même année, en faveur de Catherine Pierre, femme de François
Govel pourvû d'un Office de vendeur de Marée,
& le dernier du 2. Août 1653. rendu au profit
de Catherine le Grand, veuve de François Tardif,
Trésorier de France en la Généralité d'Orleans.

Mais ayant été consideré que ces Arrêts donnoient atteinte directement à l'article 95. de la
Coutume de Paris, & la question s'étant encore
présentée en la cinquiéme Chambre des Enquêtes
pour l'Office de Maître des Comptes, dont Monsieur Charpentier avoit été pourvû, la Cour en a
voulu faire un Reglement; & pour cet effet deux
Conseillers de la Grand'Chambre, & deux de
chacune Chambre des Enquêtes assemblés, les
choses ont été rémises dans la regle, & il a été
jugé par Arrêt solemnel du 7. Juin 1658. que la
veuve ne devoir avoir aucune préference pour
son douaire, & qu'elle ne pouvoit venir que par
contribution avec les autres créanciers. [Cette difficulté a cessé depuis l'Edit du Roi, qui veut que
le prix des Offices soit distribué par hypothéque.]
Cet Edit est du mois de Février 1683. Il est rapporté au Journal du Palais.

Au jour de ses nôces.] Sçavoir du quel temps
le douaire est acquis à la femme en cette Coutume ? Nos Coutumes reglent cette question differemment; les unes desirent qu'elle ait couché avec
son mari, comme Valois, article 102. & Clermont, article 157. Bretagne, article 450. veut
qu'elle ait mis le pied au lit; & les autres, comme
Paris, disent que le douaire appartient à la femme
du jour des épousailles & bénédiction nuptiale :
ce qui doit être étendu à toutes les autres qui n'en
disposent point particulierement, comme la décision en étant plus favorable, plus honnête & plus
convenable à nos mœurs. Pour la nôtre, il semble

qu'elle l'ait aussi voulu regler au jour des épousail-les ; & l'intention des Réformateurs paroît encore plus particulierement, en ce que les Nobles s'op-poserent, & soutinrent contre ce qui avoit été écrit en cet article, que le doüaire ne devoit point être acquis à la femme, qu'elle n'eût couché avec son mari ; & cette opposition étant demeurée sans poursuite par plus de trente ans, elle est périmée & prescrite par ce tems : de sorte que l'on doit à présent tenir en cette Coutume, que le doüaire s'acquiert indistinctement à l'égard de l'un & de l'autre état dès l'instant de la bénédiction nuptiale.

Durant & constant leur mariage.] Plusieurs, & des plus intelligens du Palais ont de la peine, avec raison, à se rendre à un Arrêt donné en l'Audience le 12. Mars 1607. sur les conclusions de Monsieur l'Avocat Général Servin, qui les rapporte en ses Plaidoyés, chapitre 126. ayant jugé que les enfans doüairiers peuvent prendre leur doüaire sur les biens du pere qui lui sont échûs en ligne directe, même après le décès de leur mere dans la Coutu-me de Paris, & néanmoins à l'égard des créan-ciers seulement. Car pour ce qui est des enfans d'un autre lit, si le pere avoit été marié plusieurs fois, il ne pourroit y avoir aucune difficulté ; par-ce que l'article 253. de la même Coutume les don-ne nettement aux enfans du second lit. Quoiqu'il

en soit, ce qui a été jugé par cet Arrêt, ne pour-roit en tout cas avoir lieu dans notre Coutume, d'autant que dans la Coutume de Paris, toute la couleur qu'il peut y avoir pour soutenir l'Arrêt, consiste en ces mots de l'article 248. qui porte, *que le doüaire est de la moitié des héritages, qui depuis la consommation dudit mariage, & pendant icelui écheent & aviennent en ligne directe audit mari.* D'où par une subtilité on peut induire que ces mots, *depuis la consommation du mariage,* & ces autres, *& pendant icelui,* doivent être enten-dus avec disjonction : de sorte que les premiers sont mis à part, & signifient indistinctement tout ce qui lui échéra depuis le jour du mariage, sans autre limite que celle de sa mort ; la Coutume n'en donnant pas d'autre, suivant cette interprétation. Tellement que cette équivoque ne se rencontrant pas au texte de notre article, qui porte seulement, *durant & constant leur mariage,* il n'y a point lieu d'y former la même difficulté, quoiqu'à vrai dire, le texte de la Coutume de Paris semble aussi assez clair, pour ne pas y admettre la subtilité que l'on a voulu y introduire en vertu de l'Arrêt ; les mieux sensés étant persuadés qu'il a été fondé sur quelque fondement particulier, autre que les raisons géné-rales, qui sont reprises dans le Plaidoyé de Mon-sieur Servin. *M. J. M. R.*

NOUVELLE OBSERVATION.

Il y a un Arrêt dans la cinquiéme partie du Journal du Palais du 16 Avril 1677. rendu en la seconde Chambre des Enquêtes, Messieurs de la premiere ayant été partagés dans leur avis, lequel a donné à la Dame de Charmont, fille du pre-mier lit de Messire Charles de la Fontaine avec Damoiselle Magdelaine de Botbeil, la préfé-rence pour son doüaire contre l'aîné du second lit, fondé sur ce que le doüaire ayant appartenu en propriété aux enfans du premier lit par la mort de leur mere, le pere n'y avoit plus qu'un usufruit, sur lequel il ne pouvoit faire préjudice au droit qui leur étoit acquis, de la même maniere que le doüaire des enfans du premier lit, est préférable à la légitime des enfans du second. L'on dit au contraire que tout doüaire est censé paternel, & que le préciput n'appartient pas moins sur les biens du pere à l'aîné des second & autres lits, contre les filles des premiers, comme il est décidé par les termes de l'article 129. de cette Coutume, *soit qu'il y ait fille plus ancienne, ou non.* Et ainsi l'on peut dire que cet Arrêt a jugé la question *in terminis,* contre la disposition des Arrêts précédens, & l'usage qui est observé dans le Pays, mais l'on peut répondre que si un pere s'étoit marié trois fois, & qu'il n'y eût que des filles du premier & du second lit, & un fils & des filles du troisiéme, le doüaire des filles se trouveroit réduit à si peu que rien, si l'aîné prenoit son préciput, les deux tiers, & en-core la moitié de l'autre tiers.

CLXXVI.

Item, aucun ne peut être heritier de son pere, & doüairier

Voyez mon Traité des Donations, partie 1. chapitre 2. section 15.

¶ Il a été jugé par un nouvel Arrêt, lû & publié au Châtelet de Paris, du 23. Févr. 1702. que l'hé-ritier bénéficiaire perdoit son doüaire, n'ayant pû renoncer à cause de ses cohéritiers, entre Dame Marie-Magdelaine des Essarts, veuve du Sieur Marquis de Fresnoy, & Dame Marie-Marguerite des Essarts, femme du Sieur Marquis du Bourg.] Cet Arrêt est rapporté au Journal du Palais.

CLXXVII.

Item, le doüaire de la femme est réputé propre heritage *aux enfans* issans du mariage, en telle maniere, que le pere après le trépas de sa femme, jouira desdits heritages sujets à doüaire, quant à l'usufruit seulement ; & lesdits enfans en seront vrais Seigneurs & *Propriétaires,* & sera censé proceder ledit doüaire du côté paternel.

Aux enfans.] *Et etiam nepotibus ex eis, parente præmortuo. C. M.*

Propriétaires.] *Intellige in casum quo supervi-vunt patri : non autem quod morientes sine liberis ante patrem possint transmittere ad alios, quàm ad alios liberos ejusdem matrimonii, vel nepotes ex eis. Pariter dic quod vivo patre non possunt alienare vel hypothecare : & sic in veritate pater interim est magis proprietarius, ut de re subjecta restitutioni, dixi in Consuet. Paris. eod. tit. Et bac Confuetudo in hoc impropriè loquitur, & per auxefim probatur in §. 187. C. M.*

* Et néanmoins jugé en cette Coutume par Arrêt du 15. Janvier 1610. que les enfans avoient pû pour raison du douaire, s'opposer du vivant du pere à un décret des héritages qui y étoient sujets.

Le même Arrêt qui est intervenu en l'Audience, jugea une autre question; sçavoir que le créancier qui avoit saisi les héritages du mari, & les autres créanciers opposans étant postérieurs en hypothéque au contrat de mariage de la femme, l'adjudication par decret de la terre de Maineville qui étoit saisie, devoit être faite à la charge du douaire de quinze cent livres de rente en assiette propre aux enfans, en infirmant la Sentence du Bailly de Senlis du premier Août 1609. qui avoit réservé la femme & les enfans à se pourvoir sur le prix. Cette question, que le douaire préfix d'une rente n'est point rachetable, si le contraire n'est porté par le contrat de mariage, & que les héritages qui y sont obligés, doivent être vendus à la charge de semblable douaire, a encore été jugée par Arrêt intervenu en l'Audience de relevée du 14. Mars 1614. en confirmant la Sentence du Bailly de Senlis.

La même chose avoit été jugée auparavant ces deux Arrêts dans une espece qui recevoit moins de difficulté, par un autre Arrêt du mardi matin troisième Février 1609. intervenu entre la veuve & les héritiers du mari. Le Bailly de Senlis avoit ordonné qu'une maison chargée de douaire, seroit licitée, & la moitié du prix baillée à la veuve; la Cour en infirmant la Sentence ordonna que la maison ne pourroit être vendue, sinon à la charge du douaire, sauf à faire liciter les loyers.

Comme aussi il a été jugé par autre Arrêt donné en cette même Coutume le 30. Janvier 1616. en confirmant les Sentences du Prevôt de Pontoise & du Bailly de Senlis, des premier Février & 29. Novembre 1613. contre les enfans de défunts Hugues Moreau & Gillette Comiron, & en faveur de la veuve & héritiers de feu Pierre Discors, que la prescription en matiere de douaire commence à courir contre les enfans dès l'instant du decès du pere, & auparavant celui de la mere; encore que la mere se soit rendue venderesse avec son mari, & qu'elle soit par consequent garante de l'éviction; ce qui est conforme à un autre Arrêt rendu avec grande connoissance de cause en la troisième Chambre des Enquestes le 4. Juillet 1598. en infirmant la Sentence du Bailly de Melun, entre les Guerins parties plaidantes.

Il y en a néanmoins qui prétendent que cette même question s'étant présentée le 16. Janvier 1652. en l'Audience de la Grand'Chambre, elle a été décidée tout au contraire aux termes de la Coutume de Paris, semblable à celle-ci, & qui porte encore davantage en l'article 117. qu'en matiere de douaire, la prescription commence à courir du jour du décès du mari; & disent ceux qui sont de cet avis, que la Cour par cet Arrêt a réduit les termes de cet article de la Coutume de Paris, pour avoir lieu seulement au cas que la mere n'ait point parlé au contrat de vente, & que lorsqu'elle s'est rendue venderesse avec son mari, il y a parité de raison de dire que la prescription ne court point plûtôt pendant le vivant de la mere que du pere; d'autant que jusqu'après leur décès il est incertain si les enfans se porteront leurs hé-

ritiers, & consequemment, s'ils seront garants de l'action qu'ils ont à intenter pour raison de ce douaire; ce qui tient cette action en suspens, & fait que la prescription ne commence à courir qu'après le décès de la mere, aussi-bien que du pere, suivant qu'ils disent avoir été jugé par cet Arrêt.

Mais ayant été présent à la plaidoirie sur laquelle cet Arrêt est intervenu, je remarquai que l'on n'en pouvoit pas tirer une décision générale, d'autant qu'il résultoit des termes du contrat dont le tiers acquereur se prévaloit, qu'il étoit possesseur de mauvaise foi, & que lors de son acquisition il avoit eû connoissance, que les héritages qui lui étoient vendus, étoient sujets au douaire.

Et de fait, il s'en faut beaucoup qu'il y ait parité de raison pour conclure, que la prescription ne doive pas plûtôt commencer à courir avant le décès de la mere, lorsqu'elle s'est constituée venderesse, qu'avant celui du pere; d'autant que pour ce qui est du pere, il y a une raison essentielle qui fait que la prescription ne peut pas avoir lieu de son vivant: sçavoir que les enfans n'ont aucun droit acquis ni présent pendant qu'il vit, & l'exécution du douaire que leur donne la Coutume, dépend de deux conditions incertaines, qui ne se vérifient que par le décès du pere, ce douaire ne leur étant acquis, qu'en cas qu'ils survivent leur pere, & il faut encore en le survivant qu'ils renoncent à sa succession, & qu'ils abandonnent la qualité d'héritiers; si bien que ces conditions ne pouvant avoir leur effet pendant le vivant du pere, il s'ensuit nécessairement que la prescription ne peut commencer son cours à l'egard des enfans, qu'après son décès.

Il n'en va pas de même pour ce qui concerne la mere, d'autant que ce n'est pas de son chef, & encore moins par sa mort, que le douaire est acquis aux enfans: ils peuvent être ses héritiers, & conserver la qualité de douairiers de leur pere, & même de son vivant ils sont les véritables propriétaires du douaire; ils le transmettent par leur mort à leurs héritiers, ainsi que le reste de leurs biens; de sorte que la vie ou la mort de leur mere ne contribue en façon quelconque pour la propriété qui leur appartient au douaire. D'où il s'ensuit qu'étant aussi capables d'agir pendant sa vie, qu'après sa mort, il n'y a point de raison résultante de sa personne, qui puisse arrester le cours de la prescription.

Et la considération qu'elle est garante de cette action, au moyen de ce qu'elle s'est rendue co-venderesse avec son mari, ne peut pas produire une raison décisive pour ce regard, d'autant que si la conclusion que l'on tire de cette proposition, avoit lieu, il s'en ensuivroit cette absurdité, que toutes fois & quantes que nous serions habiles à succeder à quelqu'un qui seroit garant d'une action que nous aurions à intenter contre un autre, que la prescription ne commenceroit pas à courir pendant la vie de celui dont nous espererions la succession: ce qui fait voir combien il est dangereux d'établir nos décisions sur des propositions de cette sorte, & que c'est perdre toute l'œconomie de notre Jurisprudence, que d'en abandonner les véritables principes, pour chercher des distinctions chimeriques & sans fondement; puisque c'est donner lieu par ce moyen à une suite d'absurdités inévitables.

Néanmoins j'ai depuis peu récouvré un Arrêt

intervenu en cette Coûtume même le 7. Septembre 1642. contre le sieur de Hautemaison, par lequel il a été jugé que la prescription d'un doüaire coutumier n'avoit commencé à courir que du jour du décès de la mere, qui est le contraire de ce qui avoit été décidé par l'Arrêt de l'année 1616.

Mais posterieurement à tous ces Arrêts, & depuis la premiere impression de ces Remarques, il a été rendu un dernier Arrêt en l'Audience de la Grand'Chambre, à huis clos, le Mercredi 5. Mars 1653. en la plaidoirie duquel les autres Arrêts, & particulierement celui de l'année precedente, furent alleguez ; & toutefois sans y avoir égard, la Cour jugea que le décret fait d'une maison située en cette Ville de Paris, propre au mari, & sujette au douaire, depuis son décès, mais du vivant de la femme, & pour une dette à laquelle elle étoit obligée, avoit effet contre les enfans qui n'avoient point formé d'opposition au décret, mais qui avoient interjetté appel de l'adjudication après le décès de leur mere ; ce qui est évidemment contraire aux Arrêts des années 1641. & 1652. quoique dans les espéces sur lesquelles ils sont intervenus, les détenteurs se défendissent de la prescription, & en ce dernier d'un décret : d'autant que ces deux fins de non recevoir dépendent en cette occasion d'un même principe, de sçavoir si l'action des enfans est ouverte avant le décès de la mere : ensorte qu'ils puissent valablement interrompre la prescription, ou s'opposer au décret d'un héritage sujet au douaire qui leur est propre ; ou bien si au contraire la véritable action n'étant pas encore née, la régle de droit, *contra non valentem agere non currit præscriptio,* doit avoir lieu. *M. I. M. R.*

NOUVELLE OBSERVATION.

Outre les Arrêts de 1641. & 1652. il y en a un du 7. Août 1655. qui a jugé la même chose, qu'il n'y avoit pas de prescription, sinon du jour du décès de la mere, quand elle est obligée.]

CLXXVIII.

Item, les enfans desdits conjoints, après le trépas de leurs pere & mere, peuvent prendre & apprehender le doüaire de ladite femme leur mere franchement, sans payer aucunes *dettes,* pourvû qu'ils renoncent à la succession de leur pere, pource que par la Coûtume dessus-dite aucun ne peut être heritier *& doüairier ensemble.*

Dettes.] Si ce n'est qu'elles précedent le contrat de mariage à l'égard du créancier.
Et doüairier ensemble.] *Qui debet doarium conferre,* *Arrestum famosum in vigilia Natalis Domini* 1535. *Car. Molin.* M. J. M. R.

CLXXIX.

Item, doüaire coutumier est dû incontinent après le trépas du mari, duquel ladite femme se peut valablement dire être en possession & saisine, sans le demander aux heritiers de tel défunt.

CLXXX.

Item, si ladite femme étoit douée de doüaire coutumier sur heritages étans en fief, tenus d'aucun Seigneur, incontinent après le trépas du mari, les *heritiers ou proprietaires* sont tenus d'aller vers le Seigneur ou Seigneurs féodaux, relever lesdits fiefs ou fief, & pour raison d'iceux en faire les foi & hommage, ou obtenir souffrance desdits Seigneur ou Seigneurs féodaux ; afin que ladite femme puisse jouir & posseder de sondit doüaire, aprés ce qu'ils en auront été sommés par ladite veuve.

Heritiers ou proprietaires.] On peut au sujet de cet article former diverses questions dans les lieux de notre Coûtume, où le relief est dû à toutes mutations. La premiere est de sçavoir si les enfans renonçans à la succession pour se tenir au douaire, ne doivent pas être acquittés du relief sur les autres biens de la succession. En second lieu, si la veuve douairiere ne doit pas un relief à cause de sa jouissance. En troisiéme lieu, si elle n'est point tenue d'acquitter ses enfans douairiers du relief qu'ils doivent de leur chef, ou du moins de l'avancer. Et enfin si le Seigneur peut exiger des enfans le relief qui lui est dû, avant qu'ils entrent en jouissance.

Ce qui donne lieu à la premiere question, est que le douaire doit appartenir aux enfans sans aucune charge ; d'où il semble que l'on puisse conclure que le relief doit être acquitté sur les autres biens de la succession ; & ce d'autant plus que les enfans n'ont pas de quoi y satisfaire : vû que leur mere jouit de tous les fruits du douaire sa vie durant. Mais comme le relief est dû à cause de l'entrée du nouveau vassal, il s'ensuit que ce n'est pas une dette de la succession du défunt, mais une charge de la chose qui a commencé à être dûe depuis la mort du pere, & qui consequemment doit être supportée par les nouveaux proprietaires qui sont les douairiers : & quand on dit que le douaire doit appartenir libre & sans charge aux enfans, cela s'entend des dettes créées du tems du défunt, & non pas des charges qui sont dûes de leur chef, comme est le relief.

A l'égard de la seconde question, j'estime que la veuve ne peut être tenue de payer aucun relief de son chef ; parce qu'il n'y a aucun changement translatif de propriété en sa personne, qui est ce qui donne lieu au relief : elle ne possede point le fief en son nom, mais sous celui de ses enfans ;

ou des autres propriétaires qui n'en sont pas moins Seigneurs, nonobstant cet usufruit auquel le fief est sujet : Et en effet, elle ne peut pas être dite vassale, puisque par notre article même elle ne peut pas être admise à faire hommage, & que les propriétaires sont obligés de porter la foi ; comme aussi elle ne peut pas recevoir les hommages qui sont dûs aux fiefs, dont elle jouit à titre de douaire. Mais de plus si le Seigneur pouvoit obliger la douairiere à payer un relief de son chef, outre celui qu'il a droit de prendre du propriétaire, il auroit plus que les Coutumes, dans l'espéce desquelles nous avons mis notre question, ne lui donnent, puisqu'il jouiroit de deux reliefs pour une seule mutation ; au lieu que ces Coutumes n'attribuent qu'un relief à chaque mutation.

On ne peut pas aussi prétendre que la mere douairiere soit tenue de payer, ni mem' d'avancer le relief pour ses enfans, parce que ce n'est pas une dette annuelle qui affecte la jouissance ; tellement que n'étant obligée que d'acquitter les charges créées avant son mariage, elle ne peut être sujette à ce relief, qui n'est dû, comme nous avons dit, que du chef du successeur de son mari. Et de plus, il faut considérer que le douaire lui tient lieu d'alimens, qui ne doivent pas souffrir de remise.

Touchant la derniere question, on peut dire en faveur du Seigneur, qu'il n'est pas obligé d'attendre pour recueillir son relief, que les enfans propriétaires entrent en jouissance, d'autant qu'il lui est dû pour la mutation qui arrive dès le moment du décès du pere ; la constitution d'usufruit ne regardant pas le Seigneur, & ne l'empêchant pas de saisir : & d'ailleurs que le douaire n'étant pas une charge inféodée ni ensaisinée, il ne doit point faire d'obstacle à l'exercice de ses droits. Qu'il est véritablement fort fâcheux que les enfans douairiers soient sujets à cette charge, en un tems auquel ils ne jouissent d'aucune chose dont ils puissent l'acquitter ; mais que la difficulté de trouver de quoi satisfaire à cette dette, ne doit pas diminuer le droit du Seigneur, & qu'il ne doit point souffrir de préjudice de ce qu'ils se sont restraints au douaire, au lieu de se porter héritiers.

Je crois que cette résolution est constante à l'égard de l'usufruit, qui est constitué volontairement par donation, ou autrement : mais il y a beaucoup de raison de soutenir le contraire pour ce qui concerne le douaire, qui est une charge imposée par la Coutume même : c'est une espéce de continuation de la jouissance du mari, qui n'étoit qu'un avec sa femme pendant qu'il a vécu, & que la femme représente après sa mort ; le douaire lui étant donné pour l'honneur du mari, & afin qu'elle puisse soutenir son nom & sa mémoire. Mais de plus, comme on ne doit point présumer de contradiction dans une Coutume, à moins qu'elle ne se trouve expressément écrite : on ne doit pas aussi prétendre que l'intention de notre Coutume ait été d'obliger les enfans douairiers, ni même en général les héritiers du mari, soit qu'il ait des enfans qui acceptent la succession, ou qu'elle passe à des collateraux, de payer le relief avant la mort de la femme douairiere, parce que n'en étant point chargée, & le revenu de la terre lui appartenant par la disposition de la Coutume, il seroit impossible que les propriétaires pussent offrir le relief, ni même que le Seigneur en pût jouir aux termes de la même Coutume : parce que l'une des trois choses qui doit être offerte pour le relief par l'article 158. ci dessus, & 215. ci-après, est le revenu du fief en nature. On peut même tirer de notre article un argument considérable pour l'établissement de notre opinion, en ce que cet article oblige simplement le propriétaire à faire la foi & hommage, ou d'obtenir souffrance, ayant parlé vrai-semblablement de la souffrance, dans la supposition que le relief n'étant dû qu'après l'expiration de l'usufruit de la femme, le Seigneur ne peut pas être forcé de recevoir le propriétaire en foi, que ses droits ne lui soient payés en même tems : mais cependant qu'il est obligé d'accorder souffrance, pour faire que la veuve puisse jouir avec liberté. Et enfin si on en usoit autrement, il pourroit arriver qu'une grande partie de la valeur du fief seroit consommée en reliefs, sans que les propriétaires eussent profité d'aucune chose : comme si pendant l'usufruit de la douairiere qui peut durer 40. & 50. ans il échet qu'il y ait plusieurs mutations par le décès des propriétaires, il faudroit payer le relief à chaque fois ; au lieu qu'en prorogeant le payement jusqu'après la mort de la douairiere, le concours de divers reliefs seroit qu'il n'en seroit dû qu'un seul, ainsi que nous avons établi ci-dessus ; ce qui est beaucoup plus équitable dans une matiere onereuse, & qui doit plûtôt être restrainte qu'étendue. Voilà les raisons qui peuvent être alleguées de part & d'autre ; celles qui servent à confirmer la derniere opinion, comme plus juste, me plairoient davantage. Et néanmoins eu égard à la préoccupation dans laquelle sont les esprits, elle auroit peut-être beaucoup de peine à réussir : Et quoi qu'il en soit, pour ce qui est des autres espéces d'usufruits, n'étant pas reconnus par la Coutume, la question ne recevoit point de difficulté en faveur du Seigneur, non plus que s'il s'agissoit de mutations volontaires, qui arrivassent pendant la jouissance de la douairiere. *M. J. M. R.*

CLXXXI.

Item, douaire préfix, est quand une femme est accordée en mariage, & par les parens & amis du mari, & par icelui mari, ou l'un d'eux est baillé & assigné aucun heritage, rente ou argent à ladite femme, ses parens & amis, tel heritage, rente ou argent ainsi assigné ou promis, est dit & réputé douaire préfix à ladite femme incontinent que douaire a lieu.

CLXXXII.

Item, ledit douaire préfix constitué, comme dit est, est aussi propre heritage aux enfans venus & procréés dudit mariage, comme est le douaire coutumier, & ladite femme usufructuaire seulement, après le trépas de sondit mari.

CLXXXIII.

Item, femme doüée de doüaire préfix ne peut demander doüaire coutumier, s'il ne lui est permis *par son traité de mariage.*

Par son traité de mariage.] *Secus erat in veteri consuetudine, & sic in Parlamento, relatore Domino Grassia, fortasse malè judicatum contra nepotes Ludovici Dilque, quia contractus matrimonii factus erat, & suam formam acceperat anno 1508. sub forma & conditionibus veteris consuetudinis, quæ debuit attendi ; quamvis conjuges supervixerint post annum 1540. & sic post novam consuetudinem, cui non possunt dici consensisse, quia in processu verbali harum consuetudinum super §. 179. apparet de dissensu & reservatione expressa veteris consuetudinis pro contractibus præteritis. Tum frustrà consensu, quia per hanc consuetudinem conjuges non possunt meliorem alterius facere conditionem, supra §. 143. Car. Molin.* M. J. M. R.

CLXXXIV.

Item, ledit doüaire coutumier est incontinent dû *après le trépas du mari*, & ladite femme veuve s'en peut licitement dire être en possession & saisine, comme dit est. Mais au regard dudit doüaire préfix, il n'est dû jusqu'à ce qu'il soit demandé dûement en jugement par ladite veuve ou ses enfans, aux hoirs du trépassé : duquel doüaire préfix, s'il consiste en fief, les heritiers du trépassé ou proprietaires seront tenus en faire foi & hommage au Seigneur ou Seigneurs féodaux, en payer les droits & devoirs pour ce dûe, & en obtenir souffrance, afin que ladite veuve en puisse jouir, comme dessus est dit du doüaire coutumier.

Après le trépas du mari.] Jugé par Arrêt du 10. Mars 1644. en l'Audience de la Grand'Chambre qu'une femme ne pouvoit agir contre le pere de son mari pour le payement de son douaire, par forme de provision, auquel il s'étoit obligé par le contrat de mariage de son fils, quoiqu'il fût absent depuis 10 ou 12. ans, sans que l'on eût sçû de ses nouvelles. *M. J. M. R.*

NOUVELLE OBSERVATION.

☞ Ce qui est conforme à la loi *an usufructus 56. dig. de usufructu,* & à la loi *si usufructus 8. dig. de usufructu legato,* Autre chose de la succession de l'absent qui se partage par provision après sept ans en certaines Coutumes, ou après dix ans suivant le droit le plus ordinaire.

CLXXXV.

Item, si le mari de ladite femme, après le trépas d'icelle se remarie la seconde fois, *délaissés enfans du premier mariage,* la seconde sera douée seulement sur la moitié des héritages, sur lesquels ladite premiere femme avoit été doüée, qui est un quart sur tous lesdits heritages. Et outre sera douée de la moitié de tous les heritages, qu'après ledit premier mariage, & durant sa viduité, tel mari avoit acquis, & lui seroient échûs ; & lesquels il possedoit à l'heure de son second mariage, & de la moitié de tous ceux qui lui échéront en ligne directe durant & constant tel second mariage ; lequel doüaire semblablement sera tenu & réputé propre heritage des enfans venus dudit second mariage ; & l'usufruit à ladite seconde femme, comme du précédent, *& sic consequenter* des mariages subséquens.

Délaissés enfans du premier mariage.] Encore même que ces enfans du premier lit ne se tiennent pas au douaire, & qu'ils prennent la qualité d'héritiers : cet article ne désirant point pour reduire le douaire de la seconde femme, que les enfans du premier mariage soient douairiers, mais seulement qu'il y ait des enfans, & cela a été ainsi jugé en interprétation de cette Coutume, par Arrêt intervenu sur enquestes par turbes faites à Senlis le 26. Janvier 1558. dans cette espéce. Raoul Coulon avoit épousé en troisiéme nôces Simone de Bouviller en l'année 1541. ayant lors un fils du premier lit, & n'ayant aucuns enfans du second : Après son décés arrivé en l'année 1550. le fils se porte héritier de son pere, & en consequence Simone de Bouviller sa belle-mere prétendoit qu'elle devoit avoir un douaire plein & entier de la moitié de tous les héritages que le défunt possedoit au jour de leur mariage, & de ceux qui lui étoient depuis échus en ligne directe, soûtenant que le fils ne pouvoit se prevaloir contr'elle de la disposition de cet article ; d'autant qu'il ne s'étoit point contenté du douaire, & qu'il avoit accepté la succession, au moyen de quoi il ne pouvoit pas avoir ensemble les deux qualités d'héritier & de douairier ; & ainsi que le douaire de la premiere femme n'ayant point d'effet, non plus que celui de la seconde qui étoit décedée sans enfans, ils ne devoient pas empêcher que le sien ne fût considéré comme un premier douaire. A quoi le fils répondoit qu'il demeuroit d'accord, que le second lit n'ayant point produit d'enfans, le douaire de la seconde femme ne devoit point servir à réduire celui de la troisiéme ; mais qu'étant issu du premier mariage, la troisiéme femme ne pouvoit point prétendre un douaire entier à son préjudice, quoiqu'il eût pris la qualité d'héritier : parceque l'article 178. qui ne permet point d'être héritier & douairier ensemble, s'entend seulement entre les enfans d'un défunt, l'un desquels ne se peut dire héritier & douairier, pour avoir sur les biens de la succession sa portion héréditaire, & sa part dans le douaire conjointement, afin d'éviter les avantages entre les enfans venans à la succession de leur pere : Mais à l'égard de la seconde femme, le douaire de la premiere ne laisse point de subsister, ou du moins d'être considéré pour faire réduire le second, quoique les enfans se portent héritiers de leur pere ; parce qu'autrement la qualité d'héritiers qu'ils ont prise, leur seroit onéreuse ; & bien qu'ils ne prennent point le douaire de leur mere, comme douaire, ils ne laissent pas d'en profiter, par le moyen de ce qu'ils en trouvent le fonds dans la masse de la succession ; & de fait cette question est préjugée par l'article suivant, qui veut que si l'un des enfans renonçant à la succession, accepte le douaire, & les autres se portent héritiers, que celui qui renonce n'ait au douaire que la part & portion qu'il eût eu, si les autres se fussent déclarés douairiers. Sur cette contestation y ayant eu un Arrêt interlocutoire, qui avoit ordonné qu'il seroit informé par turbes au Bailliage de Senlis de l'usage de ces articles, & les enquêtes faites, par l'Arrêt définitif, qui infirme la Sentence du Bailly de Senlis, il fut dit, que l'Intimée jouiroit pour son droit de douaire d'un quart de tous les biens que Raoul Coulon son premier mari possedoit lors de son premier mariage, qui lui étoient échus pendant le même mariage en ligne directe, & desquels il étoit encore possesseur lors de son mariage avec l'Intimée, & de la moitié de tous les autres biens immeubles & héritages qui avoient appartenu au défunt, & lui étoient échus & avenus depuis la dissolution du premier mariage, & qu'il possedoit lors de son troisième : comme aussi de la moitié des héritages qui lui étoient échus en ligne directe pendant le même mariage avec l'Intimée. *M. J. M. R.*

NOUVELLE OBSERVATION.

☞ Le douaire coutumier est diminué par les dettes immobiliaires, comme les rentes, d'autant que suivant l'esprit de nos Coutumes celui qui constitue une rente sur son bien, aliene d'autant de son fonds, & cette diminution a lieu, encore qu'elles soient rachetées depuis pendant le mariage.

Quoique les arrerages des rentes échues avant le mariage suivent la nature de leur principal en faveur des créanciers, néanmoins ils ne diminuent pas le douaire coutumier à l'égard des héritiers & des créanciers posterieurs au mariage, suivant un Arrêt du 17. May 1641. en la Coutume de Poitou, rapporté par Pallu sur l'article 316. de la Coutume de Tours.

Par la même raison il semble que les remplois des propres d'une premiere femme alienés, dûs par le mari, ne diminuent pas le douaire de la seconde, étant reputés dettes mobiliaires ; mais il y auroit beaucoup d'équité de les considérer comme charges des biens, aussi-bien que les dettes hypothequaires, *cùm bona non dicantur, nisi deducto ere alieno* ; & que celui qui doit beaucoup de pareilles dettes, n'a souvent rien.

Si le mari a bâti des deniers de la communauté sur son propre, la femme ne laissera pas de jouir de son douaire sur l'augmentation, ainsi qu'a remarqué Bacquet des Droits de justice, chap. 15. nomb. 44. mais ses héritiers ne peuvent demander sa récompense pour moitié, qu'après le douaire éteint.

Le propre ameubli qui demeure au mari par la renonciation de la femme à la communauté, ou de ses héritiers, n'est pas sujet au douaire coutumier, n'ayant pas appartenu au jour du mariage en qualité de propre au mari, & lui étant venu depuis, plûtôt par accroissement que par succession, quoiqu'il conserve son ancienne nature de propre en sa succession. ¶ Plusieurs veulent que les enfans qui renoncent aux successions des pere & mere, & à la communauté, peuvent agir en hypothéque contre ceux qui ont acquis en vertu de la clause du contrat de mariage : mais il est difficile de diviser les clauses d'un même contrat.] L'hypothéque pour le douaire coutumier stipulé par le contrat de mariage, a lieu du jour du contrat, & non pas seulement du jour de la célébration.

La donation de tous les biens que le mari a fait à sa femme par contrat de mariage, n'empêche pas les enfans de demander leur douaire coutumier sur les biens de leur pere alienés pendant le mariage du consentement de leur mere, encore que par le contrat l'on n'ait fait aucun mention de douaire : d'autant que la présomption est que l'on a contracté suivant l'intention de la Coutume, qui assigne le douaire aux enfans, à moins qu'il n'y ait eu rénonciation au douaire par le contrat, ainsi qu'il a été jugé en la quatriéme des Enquestes le 18. Décembre 1683. au rapport de Monsieur de Malnouri.

Si l'on avoit stipulé un moindre douaire en cas que la femme se remarie, la réduction ne doit pas nuire aux enfans du premier mariage ; car quoique le douaire des enfans se regle sur le pied de celui de leur mere qui n'a que l'usufruit des choses qui leur appartiennent en propriété, néanmoins ils ne doivent pas souffrir pour le fait de leur mere.]

Plusieurs des plus habiles du Païs avoient estimé que la seconde femme devoit jouir d'un plein douaire, lorsque les enfans du premier lit étoient héritiers ; & le Lieutenant Général de Senlis avoit suivi cette opinion en 1554. contre le Sieur Coulon, Procureur du Roi à Senlis ; mais la Sentence fut infirmée par Arrêt, & Maître Leonard Driot, qui étoit le Papinien du païs, prouve aussi dans ses Mémoires, que la qualité d'héritier ne fait rien, & qu'il suffit qu'il y ait eu des enfans du premier lit, pour reduire le douaire du second au quart, encore que les enfans du premier lit soient morts pendant le second mariage.

¶ Suivant un Arrêt du Parlement de Rouen du 15. Août 1676. contre les créanciers de M. de Thou, il a été jugé que la réprise de ce qui a été mis en communauté, étoit éteinte par le prédécés de la femme, & ne pouvoit empêcher la preference des enfans pour leur douaire : néanmoins la même reprise en cas de rénonciation a été jugée préférable au douaire des enfans par Arrêt du 5. Avril 1677. entre les créanciers des Sieur & Dame Gaillard & la fille douairiere, quoique la mere fût encore vivante, & eût signé avec son mari un abandonnement aux créanciers, sans les obliger à rapporter, en cas que la femme décede la premiere : on juge aussi la même chose en cas de saisie, aussi-bien que de séparation. Mais je crois, sans l'autorité des choses jugées, qu'il y auroit plus de justice que les enfans qui renoncent aux successions de leurs peres & meres, eussent leur douaire au préjudice des créanciers qui ont contracté depuis le mariage.]

CLXXXVI.

Item, si le pere va de vie à trépas, délaissés plusieurs enfans, l'un desquels renonce à sa succession, & accepte le douaire, & les autres se portent heritiers, celui qui aura renoncé à ladite succession, n'aura audit douaire que telle part & portion, que si les autres se fussent déclarés douairiers, *& non heritiers.*

Et non heritiers.] *Quia non perdunt partes suas ex eo quod hæredes, sed via exceptionis coguntur eas cohæredibus conferre, & si non deficiunt, nec aliis accrescere possunt. Carol. Molin.* M. J. M. R.

CLXXXVII.

Item, si au précedent, ou après le trépas de la mere, *les enfans* issus du mariage, alloient de vie à trépas sans hoirs de leur corps, leur pere vivant, en ce cas le douaire, soit préfix ou coutumier, sera éteint, & en demeurera le pere propriéraire comme il étoit au précedent, sans toutefois faire préjudice à l'usufruit de la femme survivant sondit mari.

Les enfans.] Cela doit s'entendre de tous cumulativement, car tant qu'il en restera un, il jouira seul du douaire en entier par accroissement des parts des autres prédécédés. M. J. M. R.

TITRE VIII.

De Prescription.

CLXXXVIII.

Quiconque a joui & possedé aucun heritage à juste titre, & de bonne foi, continuellement sans contredit ou empêchement aucun, par le tems & espace de dix ans *entre présens*, & vingt ans entre absens, âgez & non privilegiez, il a acquis & acquiert par prescription la propriété & seigneurie de tel heritage.

Entre présens.] Ceux qui demeurent en même Bailliage sont réputés présens, suivant que l'interprete l'article 116. de la Coutume de Paris.

J'ai été surpris de voir que plusieurs sont dans cette opinion, que pour faire réputer deux personnes présentes pour donner lieu à la prescription de dix ans aux termes de cet article, il ne suffit pas qu'ils soient demeurans en un même Bailliage : mais aussi qu'il est nécessaire que l'héritage duquel il s'agit, y soit situé ; & encore que les deux parties ayent leur domicile en un même Bailliage, si l'héritage est situé dans un Bailliage différent, la prescription ne se peut acquerir en faveur du tiers détenteur que par vingt ans : ce qui est contre la disposition expresse de la Loi derniere, *C. de præscript. long. temp. de rebus autem de quibus dubitatio est, nulla erit differentia, sive in eadem Provincia sint, sive in vicina, vel trans mare posita, vel longo spatio separata.* Ce qui est aussi tacitement supposé par l'article 116. de la Coutume de Paris. Mais mon étonnement a bien redoublé, quand cette question ayant fait le sujet d'un procès auquel j'avois écrit pour le détenteur, il perdit sa cause par Sentence de Messieurs des Requêtes du Palais ; mais l'ayant fait appeller, la Sentence fut infirmée, & les choses remises dans l'ordre, en renvoyant le tiers détenteur absous de la demande en déclaration d'hypotheque, qui avoit été intentée contre lui par le créancier de son vendeur, en conséquence de ce qu'il justifia avoir possedé les rentes foncieres dont il s'agissoit par plus de dix ans, & que pendant ce tems-là il avoit toujours eu son domicile en cette Ville de Paris, aussi-bien que le Demandeur, encore que les héritages sujets aux rentes fussent situés dans l'étendue du Bailliage de Montfort, & qu'il y eût à dire six ans que la prescription de vingt ans ne fût acquise. L'Arrêt a été rendu en la seconde Chambre des Enquêtes, au rapport de Monsieur Gilbert, le 12. de Juillet 1659. entre Romain Floutet, sieur de Forestel, & Damoiselle Jeanne Litault sa femme, ayant les droits cédés de François Sénéchal, appellans d'une part, & Pierre Cornu, Pierre Guillemot, & Catherine Cornu sa femme, intimés, d'autre.

Quid, quand le détenteur n'a point de titre ! Ce cas obmis dans cette Coutume, doit être suppléé par la Coutume de Paris, article 118. & la disposition du droit écrit, en la loi *sicut C. de præscript.* 30. vel 40. ann. qui concourent en cette rencontre, & veulent que celui qui a possedé un héritage, rente ou autre chose prescriptible, par l'espace de 30. ans, supposé qu'il ne fasse point apparoir de titre, puisse néanmoins se garantir contre ceux qui en voudroient revendiquer la propriété. M. J. M. R.

NOUVELLE

NOUVELLE OBSERVATION.

L'interruption faite à un des coobligés ſolidai-
rement nuit aux autres, ainſi qu'a remarqué Bal-
bus *de preſcript.* 3. *part.* 6. *& ult. princip. tract.
in correis debendi, unius factum nocet alteri* ; parce qu'un ſeul en ce cas répréſente tous les autres:
Néanmoins l'interruption faite à l'un des cohéritiers ne nuit pas à l'autre, à moins qu'ils ne poſſè-
dent encore par indivis les immeubles de la ſucceſſion, autrement après le partage l'hypothéquaire,
dont ils ſont tenus comme biens-tenans, ſe peut
preſcrire par ceux qui ne ſont pas pourſuivis auſſi-
bien que la perſonnelle. Autre choſe ſeroit des
droits actifs. Une rente dûe à pluſieurs peut être
preſcrite contre l'un, & ſubſiſter à l'égard de l'autre, d'autant que les rentes ſont des droits dividus
& individus tout enſemble, à la différence des
ſervitudes qui ſont toujours individues.

La ſignification faite au détenteur, que l'heritage eſt affecté, avec proteſtation de ſe pourvoir en
déclaration d'hypotheque, ne ſuffit pas pour interrompre la preſcription, comme il a été jugé par
Arrêt du 22. Novembre 1655. rapporté au premier
tome du Journal des Audiences, livre 8. chap. 8.

☞ On a toujours tenu qu'un commandement
interrompoit la preſcription même de trente ans,
parce qu'il ſe fait en vertu de pieces autentiques à
l'égard de l'obligé ou condamné, n'étant pas né-
ceſſaire d'obtenir de nouvelles condamnations,
Néanmoins on veut que la preſcription ne ſoit pas
interrompue, s'il n'y a aſſignation en Juſtice non
perimée.

¶ Quelques-uns veulent que les créanciers qui
n'ont pas fait des diligences, & ont laiſſé preſcrire
ceux à qui le débiteur avoit vendu, rentrent dans
leurs droits & hypothèques, après que l'acquereur
a déguerpi, ne s'agiſſant plus de l'intereſt du détenteur en faveur duquel la preſcription avoit
lieu, néanmoins l'opinion contraire ſemble prévaloir, & plus ſuivie. Il eſt vrai que ſi les biens déguerpis ſont réputés vendus ſur le débiteur commun, tous les créanciers y ont droit ; mais on peut
dire que la vente eſt faite plûtôt ſur le curateur aux
biens déguerpis ; c'eſt pourquoi il paroît plus
équitable de préférer les créanciers qui ont con-
ſervé leurs droits par leurs diligences.]

En matiere de reſtitution, le tems ne ſe compte
pas de moment à moment. C'eſt pourquoi ſi le
contrat avoit été paſſé le matin, & que l'on fiſt
ſignifier le dernier jour des dix ans au ſoir, des
Lettres de reſtitution, il ſeroit encore tems, parce
que le dernier jour n'eſt pas encore paſſé, quoiqu'il ſoit échû. Mais en matiere d'hypothéque
le tems ſe compte de moment à moment ; c'eſt
pourquoi celui qui auroit une date antérieure
d'une heure ſeroit préféré.

On prétend que la bonne foi n'eſt réquiſe à
l'égard d'un acquereur ou donataire, ſinon dans
le cas de la révendication, lorſque l'on a ſçû par
les titres mis en mains ou autrement, que la choſe
appartenoit à autrui ; mais que les hypothèques
dont l'on a eu connoiſſance auparavant n'empêchent pas de preſcrire, ſi l'on n'a pas été inquiété,
ayant pû croire que ſon auteur les avoit acquittées.

On répute abſens ceux qui demeurent en differens Bailliages, quoique dans le même Préſidial,
encore que la ſomme pour laquelle l'on dénonce
l'hypothéque n'excede pas l'Edit des Préſidiaux.
Il n'importe auſſi que les Bailliages différens, dans
leſquels demeurent les parties, ſoient ſous une
même Coutume ; cette diſtinction n'ayant lieu
que pour regler le préciput de l'aîné, & non en
matiere de preſcriptions. Nous en avons donné
acte de notorieté le Samedi premier Mars 1692.
au Préſidial de Beauvais, à la requête de Maître
Guy Binet, Docteur en Medécine, confirmé par
Sentence de la Deuxiéme des Requêtes du 24.
Septembre 1692. rendue en grande connoiſſance
de cauſe, ¶ contre les Religieuſes de Gomer-
Fontaine, qui prétendoient que ceux de Chaumont devoient être réputés préſens avec ceux de
Beauvais.] L'on alleguoit que dans la *Prévôté &*
Vicomté de Paris, il y avoit quatre Prévôtés, dont
les appellations reſſortiſſoient nuement au Parlement, pour les cauſes qui excedoient le premier
& ſecond chef de l'Edit, & que cependant ceux
qui demeuroient en differentes Prévôtés, étoient
réputés préſens : mais l'on répondoit que ces Prévôtés ne compoſoient qu'un même Bailliage avec
la Prévôté & Vicomté de Paris, & que le Prévôt
de Paris avoit droit d'y aller tenir ſes aſſiſes ; ce
qui n'a pas lieu à l'égard des Bailliages qui ſont
dans l'étendue d'un même Préſidial.

Pluſieurs ont voulu que la preſcription contre une rente active qui appartient en un même tems à un mineur & à un majeur, étoit em-
pêchée par la minorité de l'un, à cauſe de l'in-
dividuité de l'hypothéque. Néanmoins Henrys,
tom. 1. liv. 4. chap. 6. queſt. 24. & tom. 2.
liv. 4. queſt. 19. decide au contraire que le majeur ne peut profiter de la reſtitution du mineur,
à cauſe que la rente conſiſte en quantité qui ſe di-
viſe, & ce ſentiment eſt aujourd'hui le plus ſuivi :
quoique l'on tienne encore qu'un majeur profite
de la reſtitution du mineur, ſi on a omis de faire
publier une ſubſtitution, & que les biens ſubſti-
tués conſiſtent auſſi en quantité qui ſe peut diviſer.]

Une reconnoiſſance ſous ſeing privé d'une rente
ne peut pas empêcher la preſcription au préjudice
des autres créanciers, lorſqu'il n'y a pas eû de
preſtation ; néanmoins les héritiers ne peuvent pas
alleguer ce moyen de ſuſpicion, étant tenus des
faits & promeſſes du défunt, qui n'eſt pas préſu-
mé les avoir voulu fruſtrer en faveur de perſonnes étranges.

On prétend même qu'une reconnoiſſance faite pardevant Notaires, après que le titre d'une
rente eſt preſcrit, n'ayant pas été rénouvellée
pendant quarante ans, ne peut pas faire préjudice à ceux qui ont acquis des hypothéques antérieures à la reconnoiſſance, la preſcription
ayant effet. On peut dire au contraire que le débiteur de bonne foi peut ne pas alleguer la preſcription ; ce qui dépend des circonſtances du fait,
& de quelle matiere, & en quel tems l'on a reconnu.

Nous avons jugé pluſieurs fois à Beauvais,
que la preſtation d'une rente juſtifiée par un
Journal en bonne forme de tems en tems, empêchoit la preſcription, encore que le titre n'ait
pas été rénouvellé pendant quarante ans, pourvû que les payemens inſcrits ſur le Journal,
ſoient de la main du défunt. On ne peut

auffi demander un fecond titre pendant la vie du débiteur, quelque longue qu'elle puiffe être.]

L'affignation donnée pardevant un Juge notoirement incompetent, & qui n'eft fondé dans aucun droit pour connoître de la matiere, n'empêche pas la prefcription. Il n'en feroit pas de même, fi l'on avoit affigné directement devant le Juge Royal, dans l'étendue du reffort duquel fon Juge naturel tient fa Jurifdiction, quoiqu'il réleve immédiatement du Parlement, d'autant que le défendeur y a dû comparoître, fauf à demander fon renvoi, le Roi ayant toujours la prévention, même fur les jufticiables de fes fujets.

La Coutume ne parlant pas de la prefcription des chofes mobiliaires, l'on fuit la difpofition du Droit Romain, fuivant lequel elles fe prefcrivent par l'efpace de trois ans, comme nous voyons au titre *de ufucap. in princip. inftit.* & dans la loi unique au Code *de ufucap. transform.* fi ce n'eft aux termes des art. 125. 126. & 127 de la Coutu-

me de Paris, qui admet en certains cas des prefcriptions d'un an, ou de fix mois, du jour de chacune livraifon, & non pas feulement de la derniere, parce qu'elles n'ont pû être payées féparément, *brevi manu.* Mais l'on ne peut pas refufer le ferment, & même ces fortes de fins de non-recevoir ne font pas obfervées à la rigueur de Marchand à Marchand, pour les marchandifes dont l'un & l'autre fe mêlent, à caufe de la bonne foi qui doit être dans le commerce. Et parce qu'il y en a beaucoup qui négocient toute leur vie fur la foi feule des Journaux ; & lorfqu'il furvient de la mauvaife foi, elle eft plus fouvent de la part du débiteur que du créancier ; c'eft pourquoi dans le doute, & lorfqu'il ne s'agit pas de chofe importante, l'on s'en rapporte plus fouvent au ferment d'un créancier qui a confervé fa réputation, l'expérience ne faifant que trop connoître qu'il y a plus de dénégations téméraires, que la néceffité fait faire, qu'il n'y a de demandes injuftes de chofes non dûes.

CLXXXIX.

Item, toutes actions perfonnelles font prefcriptibles & éteintes par le tems & efpace de trente ans.

Il y a une notable différence à obferver dans cette matiere des prefcriptions entre les articles de notre Coutume qui concernent la prefcription de dix ou de vingt ans, qui ne courent qu'entre âgés & non privilégiés, fuivant la difpofition expreffe des articles 188. & 193. & ceux qui regardent la prefcription de trente & quarante ans, comme eft cet article, le 190. & le 191. qui parlent indiftinctement, & qui ne limitent point leurs difpofitions à l'égard des perfonnes, ainfi que font les autres : de forte qu'il paroît que cette Coutume s'eft voulu rendre conforme au Droit Civil, duquel en effet notre Jurifprudence Françoife a emprunté les principales décifions, qui font en ufage parmi nous touchant les prefcriptions. Or par le droit la prefcription de dix ou de vingt ans, ne couroit pas contre les mineurs, mais bien celle de 30. ou de 40. ans, dès le moment qu'ils avoient acquis l'âge de puberté ; ce qui eft formellement décidé par la Loi *ficut* 3. *C. de præfcript.* 30. vel 40. *ann.* & par le chapitre 24. de la Novelle 22. de l'Empereur Juftinien. *Non fexûs fragilitate*, dit la Loi, parlant de la prefcription de trente ans, *non abfentia, non militia contra hanc legem defendenda : fed pupillari ætate dumtaxat, quamvis fub tutoris defenfione confiftat, huic eximenda fanctioni.* Et la Loi *fancimus* 5. *C. in quib. cauf. in integr. reft.* qui eft une des Conftitutions de l'Empereur Juftinien, en contient une décifion générale. *Sed humanius eft latius eandem legis interpretationem extendere in omnibus cafibus, in quibus vetera jura currere quidem temporales præfcriptiones adverfus minores concefferunt, per integrum autem reftitutionem eis fubveniebant, eas ipfo jure non currere ; melius etenim eft intacta eorum jura fervari, quàm poft caufam vulneratam remedium quærere ; videlicet exceptionibus triginta vel quadraginta annorum in fuo ftatu remanentibus.*

La diftinction qui fe fait en droit, pour fçavoir fi la prefcription qui a commencé contre un majeur, continue de courir contre un mineur qui lui fuccede, & qui entre en fes droits, ne peut pas être d'ufage dans cette Coutume : d'autant que

pour la prefcription de trente & de quarante ans, il n'y a aucune différence à faire, foit qu'elle commence contre un majeur ou contre un mineur ; & à l'égard de la prefcription de dix & vingt ans, il eft vrai que lorfqu'elle avoit eu fon commencement contre un majeur, elle continuoit contre un mineur qui lui fuccedoit, fous le bénéfice néanmoins de la reftitution, lorfqu'elle fe trouvoit accomplie en la perfonne du mineur, ce qui eft expliqué par la glofe fur la Loi unique, *C. fi adverf. ufucap. reftit. poftuletur.* Au lieu que lorfque l'action avoit appartenu à un mineur dès le commencement, cette prefcription de dix ou de vingt ans, demeuroit en furféance pendant fa minorité, conformément à ce que j'ai prouvé par les textes que j'ai ci-deffus tranfcrits. Mais nous ne pouvons point recevoir cette différence dans notre Coutume, d'autant qu'elle arrête le cours de cette prefcription en termes généraux, & indéfiniment en faveur des mineurs & autres privilégiés par les articles 188. & 193.

Il fe forme encore en Droit une autre difficulté qui ne regarde que la prefcription de trente & de quarante ans, qui peut être fort utile pour notre Coutume, puifque nous y recevons pour ce regard la difpofition du Droit Civil. On demande fi le mineur qui a laiffé courir contre lui cette prefcription, peut fe faire reftituer ; Monfieur Cujas a établi la négative dans le commentaire qu'il a fait fur le titre du Code *de præfcript.* 30. vel 40. *ann.* Mais quoique ce docte perfonnage fe foit peu abufé, fon fentiment n'a prefque été fuivi de perfonne en cette occafion, & tous les Interpretes font d'une même opinion. Auffi la Loi 3. à. tit. C. dont il fe fert pour autorifer fon avis, ne contient aucune difpofition qui puiffe être appliquée à ce fujet : au lieu que l'opinion des autres fe trouve établie par la Loi 5. *C. in quib. cauf. in integr. reftit.* qui fuppofe que la reftitution avoit lieu contre les deux efpéces de prefcriptions, en ce qu'ayant abrogé la néceffité de la reftitution à l'égard de la prefcription de dix & de vingt ans, en la rendant fans effet de plein droit, pour ce qui concerne les mineurs, elle a conservé l'usage de cette restitution pour la prescription de trente & quarante ans : *videlicet exceptionibus triginta vel quadraginta annorum in suo statu remanentibus :* ce qui se trouve confirmé par deux endroits de la Loi *ait Prætor. D. minorib.* sçavoir par ces termes qui font partie du §. *non solum. Mihi autem semper succurrendum videtur, si minor sit, & se circumventum doceat.* Et par le §. dernier, *hodie certo jure utimur, ut in lucro minoribus succurratur.*

Outre la raison & l'autorité des Loix, qui me fait préférer cette opinion à celle de Cujas, je m'y sens encore porté par la considération de ce qui s'apprend de Guy Pape en sa question 31. de Ferrerius en son Commentaire sur cette question, & de Henrys en son Recueil d'Arrêts, tome 2. quest. 21. que tel est l'usage du Parlement de Grenoble, de celui de Toulouse, & du pays de Droit-Ecrit, qui fait partie du Parlement de Paris.

Mais la question demeure toujours de sçavoir, si le tems de se faire restituer par les mineurs contre cette prescription demeure borné aux termes du Droit Romain à quatre ans du jour de la majorité, qui est le délai auquel le tems de la restitution a été étendu par la Constitution de Justinien, qui compose la Loi dernière au Code *de temp. in integr. restit.* & dans notre Jurisprudence Françoise à dix ans, qui est le tems dans lequel les Ordonnances de Louis XII. de l'an 1512. & de François I. des années 1535. & 1539. qui sont en vigueur, tant au pays que nous appellons de Droit-Ecrit, que dans les Provinces Coutumieres, ont admis la restitution, ou bien si dans l'espece particuliere de la prescription, le mineur a autant de tems pour se faire restituer depuis sa majorité, qu'il en a laissé passer sans agir pendant sa minorité ? Bartole sur la Loi *scantinia 5. C. in quib. causf. in int. rest. non est nec. num. 4.* suit la derniere opinion. *Quando quis læditur,* dit-il, *ex cursu temporis, debet petere restitutionem intra tempus, quantum est istud in quo dicitur læsus.* Il se fonde sur la Loi *ab hostibus 15. §. fin. D. de quib. causf. maj.* & sur la Loi *Interdum 20. D. de minorib.* Maître Claude Henrys, tome 2. de son Recueil, question 21. a suivi la même opinion, & tient que celui qui intente une action personnelle est bien recevable, si distraction faite du tems qui a couru pendant sa minorité, & en étant relevé par Lettres du Prince, il se trouve qu'il n'ait point laissé écouler plus de trente ans, & atteste qu'il l'a ainsi vû pratiquer & observer ; estimant que l'Ordonnance de dix ans ne parlant que des actes & contrats qui sont passés durant la minorité par les mineurs, ou par leurs tuteurs, ne doit point être étendue à la seule négligence du tems qui a couru pendant qu'ils étoient mineurs, au regard des actions communes, & qui ne sont fondées sur aucun acte que le mineur ait passé, ou son tuteur pour lui.

Ferrerius, qui a été un docte & célebre Avocat au Parlement de Toulouse, établit l'opinion contraire en la note qu'il a faite sur la question 31. de Guy Pape, où il décide que le mineur ne se peut plus faire relever de la prescription, après qu'il a atteint l'âge de trente-cinq ans, en conséquence de la disposition des Ordonnances de Louis XII. & de François I. & il finit son annotation par ces termes : *& hæc vera & certa sunt, & ita in hoc Parlamento Tholosano judicatur, licet quibus-*

dam sine lege & ratione contrarium videatur.

Après avoir examiné cette question de part & d'autre dans ses principes, je crois que ce dernier Auteur a raison, & je suis dans ce sentiment, que les Ordonnances dont est question, doivent recevoir leur application dans tous les cas ausquels celui qui agit a besoin du secours de la restitution & du bénéfice du Prince. Car si les Ordonnances de 1510. & 1539. n'ont parlé que d'actes & de contrats, c'est qu'elles se sont expliquées dans les cas les plus frequens, & suivant l'usage de ce pays, dans lequel nous n'avons gueres de Coutumes comme la nôtre, où le mineur ait besoin de restitution contre la prescription ; la plûpart des autres exceptant de plein droit des prescriptions, même les plus longues, les non âgés & les privilegiés. Et de fait, l'Ordonnance du Roi François I. de l'an 1535. qui a été faite particulierement pour la Provence, comprend expressément en l'article 58. la prescription, aussi-bien que les autres causes de restitution : parce qu'en effet les Loix publiques, comme sont celles qui établissent les prescriptions, ont du moins autant de force & de puissance que les contrats ; de sorte que celui qui se trouve engagé par l'un ou l'autre de ces deux liens, qui prétend s'en faire restituer, doit y venir dans le délai que les Loix du pays ont établi pour la restitution que nous trouvons uniforme parmi nous, & qui est réglée par les Ordonnances, par un seul delai de dix années qui court contre les mineurs depuis le moment qu'ils ont acquis l'âge de vingt-cinq ans.

De plus, si nous n'avions pas nos Ordonnances, & qu'il fût question de décider cette difficulté par la disposition du Droit-Ecrit, comme elle le devroit être, s'il n'y avoit pas été dérogé pour ce regard par ces Ordonnances, puisqu'il s'agit d'une matiere qui en a été tirée, & d'une Coutume qui s'y réfere ; en cette occasion, la condition des mineurs seroit encore moins avantageuse ; vû que par le droit le tems de la restitution, qui n'étoit d'abord que d'un an, n'a jamais été étendu que jusqu'à quatre ans, à commencer du jour que la minorité, ou autre empêchement avoit cessé, *d. l. ult. C. de temp. in integ.* ce qui avoit lieu à l'égard de toutes les restitutions, qui étoient poursuivies contre les fins de non recevoir, soit qu'elles fussent légales, ou qu'elles procédassent du fait de la partie, ainsi qu'il paroît par les titres du Code *de in integrum restitutione minorum, si adversus rem judicatam, si adversus donationem, si adversus libertatem, si adversus delictum suum, si adversus usucapionem,* & autres semblables titres suivans, qui concernent les restitutions qui peuvent être poursuivies, tant pour minorité, que pour autres causes, lesquels titres particuliers sont suivis d'un autre titre général, qui concerne toutes ces especes differentes de restitutions, *de temporibus in integrum restitutionis, tam minorum & aliarum personarum quæ restitui possunt, quàm etiam hæredum eorum :* par les Loix duquel titre, comme nous avons déja observé, il paroît que ce tems de restitution n'étoit dans le commencement que d'un an, & qu'il a enfin été étendu jusqu'à quatre ans. Et quant aux deux Loix sur lesquelles Bartole a établi l'opinion contraire, elles ne sont en façon quelconque dans les termes de notre question ; étant bien vrai que dans les especes de ces deux Loix, les Jurisconsultes qui les ont faites, ont été d'avis de proroger le tems de la restitution au-delà d'un an ; mais ç'a été par des raisons particulieres, & en considération de ce qu'aux premieres causes de restitutions, il en succedoit de nouvelles, & non autrement : *nam eum qui differt restitutionem non esse audiendum. Neratius scribit, d. §. ult. l. ab hostib. C. ex quib. causf. major.* Et même la premiere loi de ce titre contient une décision générale, qui autorise fort la résolution à laquelle nous nous sommes arrêtés : cette loi qui fait une énumération de différens chefs, à l'égard desquels la restitution peut être poursuivie dans les cas de droit, y comprend entre les autres la prescription : *Item si quis quid usu fecisset suum, aut quod non utendo amisit ;* finissant par cette décision, que toutes ces especes de restitutions doivent être poursuivies dans un an. *Earum rerum actionem intra annum quo primum de ea re experiundi potestas erit.*

Il y a eu un Arrêt intervenu en l'Audience de la Grand'Chambre, du 3. Février 1660. pour cette Coutume, dans les termes des questions que nous venons d'examiner. Après les plaidoiries des Avocats des Parties, Monsieur l'Avocat Général dit qu'il s'agissoit d'une Requête civile, laquelle étoit fondée sur un moyen qui étoit indubitable en la forme, supposé qu'il se trouvât véritable au fond. Que des enfans d'un premier lit avoient demandé partage d'une prétendue communauté continuée à leurs freres d'un second lit, lesquels avoient opposé deux moyens ; l'un, qu'il y avoit eu inventaire, au moyen duquel ils soutenoient que la communauté avoit été dissolue ; & l'autre, la prescription de plus de trente années, que le partage avoit été ordonné par l'Arrêt auquel les enfans du second lit, demandeurs en Requête civile, vouloient donner atteinte par ces deux moyens, dont le dernier n'avoit pas été allegué ; qu'il y avoit aussi appel d'une Sentence du Bailly de Senlis, lequel en exécution de l'Arrêt, avoit ordonné la restitution des fruits depuis le décès de celui par la mort duquel la communauté avoit été dissolue. Que pour la décision de la question principale, les défendeurs ne pouvoient pas se prévaloir du premier moyen ; d'autant que l'inventaire qu'ils rapportoient n'avoit pas été fait avec un légitime contradicteur ; & ainsi qu'ayant été jugé dans cette Coutume par divers Arrêts, que pour résoudre une communauté, il faut qu'il y ait inventaire solemnel, celui qui étoit représenté ne pouvoit être d'aucune considération. Que le second moyen fondé sur la prescription étoit plus difficile, parce qu'il ne se rencontroit pas trente années depuis la majorité des défendeurs ; mais que les demandeurs opposoient que dans cette Coutume la prescription court contre les mineurs, aussi-bien que contre les majeurs, suivant qu'il a été ci-dessus établi ; l'article 189. qui parle de cette prescription, n'exceptant pas les non âgés & privilégiés, comme font les autres, qui parlent de la prescription de dix & de vingt ans ; mais qu'à cela il y avoit réponse, sçavoir, qu'en Droit sur lequel cet article est fondé, les mineurs ont dix ans de restitution depuis leur majorité, suivant l'interprétation des Docteurs : ce qui pouvoit servir de fondement à l'Arrêt. Pour ce qui est de la restitution des fruits, à quoi se réduisoit l'appel de la Sentence, qu'il estimoit cette Sentence fort rigoureuse, ne s'agissant pas proprement d'une petite hérédité, mais d'un droit pénal, qui semble conséquemment ne devoir point donner la restitution des fruits *ipso jure*, mais seulement du jour de la demande, & même qu'en pareilles occasions, où il se rencontre plusieurs années, la Cour a quelquefois moderé de grace la restitution des fruits, & ne les a adjugés que du jour de l'Arrêt ; ce qui étoit d'autant plus équitable au fait particulier, que les demandeurs seroient absolument ruinés, si la Sentence subsistoit. La Cour, sur les Lettres en forme de Requête civile, mit les Parties hors de Cour & de procès ; & à l'égard de l'appel, l'appellation, & ce dont a été appellé, au néant ; émendant, ordonna que la restitution des fruits auroit lieu du jour du présent Arrêt seulement, sans dépens.

Cet article & les semblables des autres Coutumes, ont reçu plusieurs limitations, tant par les Ordonnances de ce Royaume, que par notre usage autorisé des Arrêts de la Cour. Et ainsi par l'Ordonnance du Roi Louis XII. de l'an 1510. article 46. & de François I. chap. 8. article 30. de celle de 1535. & art. 134. de 1539. toutes rescisions de contrats se doivent poursuivre dans dix ans, à compter du jour du contrat, ou de la majorité de vingt-cinq ans, s'il a été fait en minorité, ou d'autre légitime empêchement. Et il est encore nécessaire que les Lettres pour se pourvoir contre de semblables contrats, soient obtenues dans les dix ans, ne suffisant pas que l'action soit intentée pendant ce tems, suivant qu'il a été jugé par Arrêt donné en l'Audience de relevée de la Grand-Chambre du 12. Mai 1650. auquel il s'agissoit de Lettres obtenues contre un contrat de vente, fondées sur la lézion d'outre moitié du juste prix, lesquelles avoient été obtenues quelques mois après les dix ans du jour du contrat, & l'action avoit été intentée avant les dix ans expirés.

De même les dots en deniers promises par les peres & meres en mariant leurs enfans, sont réputées payées après les dix ans du mariage, de sorte qu'après ce tems on n'est plus recevable à en faire la demande. Cette maxime qui ne reçoit plus de difficulté parmi nous, se trouve autorisée par les Arrêts de la Cour qui l'ont ainsi jugé, & qui sont rapportés par Monsieur Loüet, Lettre D nombre 19. suivant la disposition de l'Authentique *quod locum*, tirée de la Novelle 100. de Justinien.

Comme aussi nous suivons la disposition de la Loi *querela C. ad leg. Cornel. de falsis*, & en conséquence le crime, l'accusation criminelle, l'intérêt civil, & tout ce qui en dépend, demeure prescrit par vingt ans, soit que les empêchemens qui interrompent ordinairement la prescription, comme la minorité des intéressés, ayent lieu en ce rencontre ; ce qui est limité toutefois au cas qu'il y ait eu Sentence, tant par contumace, que contradictoire, car pour lors l'exécution en dure trente ans.

Nous suivons pareillement en cette Coutume les prescriptions annales & de six mois, introduites, tant par l'article 67. de l'Ordonnance de 1512. du Roi Louis XII. que par les articles 125. 126. & 127. de la Coutume de Paris.
M. J. M. R.

C X C.

Item, quiconque a joui & possedé aucun heritage à titre ou sans titre, tant par lui, que par ses prédécesseurs franchement, sans payer aucune rente, ou autre charge réelle par le tems & espace de quarante ans continuels & accomplis, il a acquis par prescription la franchise de ladite rente ou charge réelle.

Cet article & le suivant doivent s'entendre conformément à la Loi *cum notissimi*, §. *quamobrem*, *C. de præscript.* 30. *vel.* 40. *annor.* quand l'action hypotéquaire est jointe avec la personnelle ; c'est-à-dire, au cas que les héritages obligés soient possedés par celui qui a créé la dette, ou ses héritiers & successeurs à titre universel. Et de fait l'article 193. ci-après, parle du tiers détenteur. *M. J. M. R.*

¶ Il faut distinguer l'action réelle en faveur de celui qui a possedé sans titre pendant trente ans héritage ou rente, laquelle ne court pas pendant la minorité, suivant toutes nos Coutumes, qui ajoutent en ce cas, *entre âgés & non privilegiés*, d'avec l'action pure personnelle, même en vertu de contrat, qui se prescrit contre les mineurs ; toutes nos Coutumes, de même que l'article précédent de celle-ci, ne portant pas *entre âgés & non privilegiés* : Il semble aussi que l'action hypotéquaire jointe à la personnelle a lieu pendant la minorité contre l'obligé à la rente, & ses héritiers, cet article n'ajoutant pas, *entre âgés & non privilegiés* : Mais on observe le contraire, attendu que cette prescription n'est qu'une prorogation de la trentenaire.]

C X C I.

Item, toutes actions en mariere d'hypoteques pour rentes, *& autres droits réels*, sont éteintes & expirées par le tems & espace de quarante ans, excepté le droit Seigneurial de censive, *& fonds de terre* qui *ne se prescrit point*, combien que les arrérages de ce soient prescrits *par trente ans*.

Et autres droits réels.] Il y en a qui prétendent en vertu de ces mots, que la réalité & la propriété d'un héritage ne se prescrit dans cette Coutume que par quarante ans ; mais cette opinion est contre l'usage & erronée, parce qu'en effet cet article ne parle que des rentes & autres droits réels, qui sont créés sur un héritage, & encore c'est quand l'action personnelle est jointe à l'hyypotéquaire, comme nous avons dit sur le précédent article, & non point du droit de propriété qui se poursuit par l'action petitoire, & en revendication, laquelle n'étant fondée sur aucun titre qui ait été passé entre les parties, n'est qu'une action réelle, laquelle se prescrit par trente ans, aussi-bien que la personnelle, pour laquelle nous avons l'article 189. ci-dessus qui y est exprès : Ces deux actions ayant été égalées l'une à l'autre par la Loi *sicut* 3. *C. de præscript.* 30. *vel* 40. *ann. sicut in rem speciales, ita de universitate ac personales actiones ultra triginta annorum spatium minimè protendan-* *vur.* Et c'est la raison pour laquelle, bien que la Coutume de Paris, tout au contraire de celle-ci, ne parle que de l'action réelle, & en revendication en l'article 118. sans faire aucune mention de l'action personnelle : neanmoins on n'y fait point de difficulté que cette derniere action ne se prescrive par trente ans, aussi-bien que la réelle. Nous avons d'autant plus de sujet dans notre Coutume de nous regler en cette occasion par la disposition du Droit Civil pour les cas omis, & qui ne sont pas contraires à nos maximes, qu'il se voit qu'elle s'y est absolument conformée pour la matiere des prescriptions.

Fonds de terre.] Seigneurial, comme champart, lorsqu'il n'y a point de censive.

Ne se prescrit point.] *Juxta l. competit. 6. de præscrip.* 30. *vel.* 40 *ann. Vide notata infra*, *art.* 262.

Par trente ans.] *Idem* de la quotité & forme de prestation du cens, s'il n'y a titre. *M. J. M. R.*

C X C I I.

Item, par ladite Coutume, droit & action d'hypotheque ne se divise point.

Quod moribus comparatum esse dicebatur, hypothecam dividi posse, damnari placuit, vetarique ne | *unquam tale quidquam usurparetur. 5. Id. Januar. 1386. Luc. lib. 10. tit. 3. num. 2. M. J. M. R.*

NOUVELLE OBSERVATION.

Coquille, article 10. chapitre *des rentes & hypotheques* de la Coutume de Nivernois, estime qu'à cause de cet article toutes les redevances & censives ne se divisent point en cette Coutume, lorsque plusieurs sont preneurs d'un même tenement, encore qu'il n'y ait pas de stipulation expresse pour les obliger pour le tout, ainsi qu'il est décidé par les termes de l'article 99. de la Coutume de Paris : *tant & si longuement que desdits héritages ou de partie & portion d'iceux, ils seront détenteurs & propriétaires.*

Je ne crois pas que le Seigneur qui reçoit la part d'un des débiteurs, fasse préjudice à la solidité, lorsqu'il est fondé en titre ; au contraire il est de l'humanité de s'adresser à chacun pour sa part, sinon lorsqu'il ne peut pas autrement être payé.

Mais cette solidité ne peut avoir effet que sur les fruits chargés d'une redevance, & non pas à l'égard des autres biens des preneurs, à moins que l'on n'ait stipulé l'obligation solidaire par le contrat, d'autant que cette dette est plus réelle que personnelle.

L'on ne peut pas auſſi abandonner une partie de l'héritage cenſuel au préjudice du Seigneur ; néanmoins s'il en avoit fait un bail à nouveau cens & à nouvel homme, le cenſitaire ne ſeroit plus tenu qu'à raiſon de ce qu'il poſſede, ſuivant Grivel, déciſion 55.

C X C I I I.

Item, quand un tiers détenteur a joui & poſſedé aucun heritage chargé de rente, ou autre charge réelle à bon & juſte titre, & de bonne foi, ſans payer, n'être inquieté de telle rente ou charge par l'eſpace de dix ans entre préſens, & vingt ans entre abſens âgez & non privilegiez, il a preſcrit & acquis par preſcription, la franchiſe & décharge de tel heritage, excepté du droit Cenſuel ou Seigneurial, comme dit eſt.

C X C I V.

Item, preſcription n'a point de lieu contre l'Egliſe, ſinon par le tems & eſpace de quarante ans ſeulement.

¶ On prétend que trente ans ſuffiſent, lorſqu'il ne s'agit pas d'action réelle ou hypotécaire, & il n'eſt pas beſoin en ce cas des concluſions des Gens du Roi.]

C X C V.

Item, un Seigneur *ne preſcrit point* le fief de ſon vaſſal, par *quelque laps de tems qu'il l'ait tenu* en ſa main, ne le vaſſal la tenure ne fidelité dudit fief.

Ne preſcrit point.] De ſorte qu'en ce cas c'eſt au Seigneur qui prétend avoir acquis le fief de ſon vaſſal, à juſtifier de ſon titre, & à faire voir que le commencement de ſa poſſeſſion a été en une autre qualité que le Seigneur féodal ; puiſque de droit commun coutumier, il eſt incapable de preſcrire le fief de ſon vaſſal.

Quelque laps de tems qu'il l'ait tenu.] Même par cent ans, ſuivant l'art. 12. de la Coutume de Paris, qui eſt fondé ſur l'opinion de Dumoulin, §. 7. vet. Conſuet. num. 14 & 15. Mais en ce cas j'eſtime que c'eſt au vaſſal à prouver que le commencement de la poſſeſſion du Seigneur a été la ſaiſie féodale, & que l'on doit préſumer après un ſi long-tems, que le Seigneur a poſſedé le fief à titre particulier ; d'autant que cette preſcription eſt extrêmement favorable, & ne doit jamais être exceptée, ſi ce n'eſt que l'on juſtifie qu'elle eſt établie ſur un fondement vicieux ; auquel cas, comme c'eſt un principe conſtant que perſonne ne peut changer le titre de ſa poſſeſſion, ſi dans notre eſpece le Seigneur a commencé ſa poſſeſſion par une ſaiſie féodale, il n'a pû poſſeder qu'en qualité de Seigneur tenant en ſa main le fief de ſon vaſſal par faute d'homme ou autrement, lequel conſéquemment doit être reçû à faire la foi, & à reprendre la poſſeſſion de ſon fief, toutes fois & quantes qu'il ſe préſentera. *M. J. M. R.*

C X C V I.

Item, tant que le vaſſal dort, le Seigneur veille : & tant que le Seigneur dort, le vaſſal veille.

Cet article eſt mal placé ſous ce titre, puiſqu'il ne concerne pas la preſcription, mais les devoirs féodaux ; & eſt un ancien brocard du Droit François, qui veut dire que le Seigneur ne fait pas les fruits ſiens, avant que de ſaiſir, quoiqu'il y ait ouverture, & après la ſaiſie, les fruits ſont ſiens, juſqu'à ce que le vaſſal ait fait ſon devoir. *M. J. M. R.*

T I T R E IX.

Des rentes conſtituées & aſſignées ſur heritages.

C X C V I I.

Toute franche perſonne, uſant de ſes droits, ayant le droit, gouvernement & adminiſtration de ſes biens, peut vendre, aliéner & conſtituer rentes ſur ſes heritages tenus en fief, en cenſive, ou autre droit réel d'aucun Seigneur, & telle vendition & conſtitution de rente eſt bonne & valable, poſé ores qu'elle ne ſoit enſaiſinée, ni inféodée.

Cet article nous juſtifie l'ancienne erreur des Cononiſtes, qui eſtimoient que les rentes ne ſe pouvoient conſtituer que par aſſignat ſur un droit réel & immobilier, & en conſéquence que ceux qui n'avoient pas d'héritages, ou autre droit ſuſceptible de cet aſſignat, n'étoient pas en jouiſfance de constituer de rentes. Mais ayant rejetté en France ce scrupule, nous ne desirons plus aucun assignat particulier, & la pratique de ce tems, est que celui qui n'a que des meubles, peut toutefois créer des rentes sur lui, & en cette

Coutume, comme en toutes autres, cet article n'étant pas conçu en termes prohibitifs, joint qu'il parle particulierement pour la suite par hypothéque, ainsi qu'il se voit par les articles suivans. *M. J. M. R.*

NOUVELLE OBSERVATION.

Il y a plusieurs sortes de rentes ; il y en a de foncieres, qui ne sont rachetables que du consentement du bailleur ; & quoiqu'il y ait faculté de racheter à certain prix, telle faculté se prescrit par trente ans. Néanmoins on tient que lorsque l'on a commencé par l'expression du prix, la faculté de racheter n'est pas prescriptible, même que la rente perd la qualité de propre qu'avoit l'héritage ; mais dans cette derniere espéce il semble que cette difference ne doit pas changer la qualité de la rente qui est toujours pour vente de fonds, & que l'état des biens ne doit pas dépendre du stile des Notaires dans les énoncés qui le mettent sans la réflexion des parties.

Il y a aussi des rentes de dons & de legs, qui peuvent être créées à un plus fort denier que celui de l'Ordonnance : elles ne sont point sujettes à réduction, encore que le donateur ou le testateur ait obligé le débiteur de rembourser dans un certain tems, parce qu'il peut donner telles bornes qu'il souhaite à sa liberalité : mais il y auroit novation, si depuis par une convention entre le créancier & le débiteur, la dette étoit devenue inexigible par une constitution de rente, quoique le contrat porte *sans novation.*

Nous avons encore des rentes en grains, constituées pour argent, qui sont réduites en argent, par rapport au taux de l'Ordonnance, au tems de leur constitution : de même que celles qui sont constituées en deniers, & ce qui est payé s'impute premierement sur les arrerages, à la difference des sommes mobiliaires, dont les interêts ont été adjugés en conséquence d'un exploit ou conclusion judiciaire, à l'égard desquelles ce qui est payé s'impute sur le principal, comme le dû le plus onereux, si l'imputation n'en a pas été faite.

L'on juge néanmoins que pour les sommes qui produisent des interêts de plein droit, comme les réprises de deniers dotaux, les remplois de propres alienés, & la restitution des effets de succession, quoique mobiliaires, l'imputation se fait premierement sur ce qui est dû des interêts : mais ces interêts se reglent suivant la fixation de l'Ordonnance, de même que ceux des autres sommes pour une fois payer. L'on peut aussi demander 29. années d'arrérages des uns & des autres.

¶ Les rentes suivent le domicile du créancier, sans avoir egard, ni au lieu où elles sont créées, ni à celui où elles doivent être payées, ni à la Coutume dans laquelle les biens sont situés, & elles changent de qualités de meubles ou d'immeubles par le changement du créancier, ou de son domicile, ou même par rapport à celui qui lui succede, ou qui a acquis ses droits ; & néanmoins lorsqu'elles sont devenues hypothéquaires par le moyen du créancier, dont le domicile les a rendues immeubles, qui a acquis hypothéque par l'un des moyens que l'Ordonnance ou la Coutume lui donnoient, le changement de domicile ne peut diminuer la sûreté du créancier qui a acquis droit d'hypothéque, quoique la nature de la rente ait changé pour sa succession.]

Je ne crois pas qu'un créancier de rente constituée delegué par un contrat de vendition d'un fonds, puisse demander plus de cinq années, quoiqu'il veuille exercer les droits de son débiteur, parce que sa négligence l'exclut toujours d'en demander davantage. L'on a même jugé que cette prescription avoit lieu contre le vendeur, lorsque l'on avoit commencé à *venditione*, ¶ suivant un Arrêt du 13. Juin 1679. en la troisiéme des Enquêtes, contre lequel plusieurs reclament, sous prétexte que l'Ordonnance ne devoit avoir lieu que pour les rentes constituées à prix d'argent, ou pour effets mobiliers.]

On observe à Beauvais que les redevances foncieres en grains & autres espéces dûes à certain jour, doivent être appréciées au plus haut prix qu'elles ont valu dans la même année, depuis le jour que la livraison en a dû être faite, pourvû qu'il y en ait eu demande judiciaire dans l'année, avant la Saint Jean, autrement l'on n'en doit payer que l'estimation commune de chacune année, parce que le haut prix ne se peut demander que lorsque la coutumace est jointe à la demeure du débiteur, comme a remarqué Coquille en sa question 206. ¶ Mais la demande avant la saint Jean, n'opere rien pour les fermages.] On ne paye plus les censives & redevances foncieres au plus haut prix depuis un Edit de 1709. mais eu egard à celui du premier marché après le jour de l'an.

☞ La faculté de racheter les rentes de don & de legs sur les héritages des champs est prescriptible par trente ans ; la Coutume egalant ces sortes de rentes à celle pour bail d'héritage, à cause qu'elles sont pour charge perpétuelle, & que cette convention n'est pas intrinseque dans le contrat, encore que le prix du rachat y soit marqué ; c'est le sentiment de Loyseau. Mais cessant les autorités, je croirois que le testateur a pû imposer telle condition qu'il a voulu à sa liberalité, & délivrer son héritier d'une servitude continuelle, encore qu'il n'ait pas racheté dans les trente ans.

Il semble que la rente soit rachetable à toujours, si le testateur avoit legué une somme à l'Eglise, pour laquelle il auroit chargé son héritier d'une rente rachetable.

L'on soutient aussi qu'une rente de bail d'héritages cédée à un tiers après les trente ans, pendant lesquels la faculté pouvoit être exercée, est rachetable, quoique selon nos mœurs le cessionnaire entre assez dans les droits du cédant. Il semble aussi que le cessionnaire d'un douaire préfix, aussi-bien que d'un legs alimentaire, ne puisse empêcher le rachat, à cause que ce privilege est accordé plutôt en faveur de la personne, que de la chose ; ¶ d'autant que les droits de vente du contrat de bail d'héritages sont dûs au Seigneur par la cession de la rente faite à un tiers ; ce qui suppose que la rente est devenue rachetable par la cession.] L'on tient encore que les premieres rentes après le cens sur les maisons des villes doivent être dûes au Seigneur censier, pour n'être pas sujettes au rachat. ¶ Les Ecclésiastiques soutiennent encore qu'ils peuvent refuser le rachat des rentes foncieres dépendantes de leurs Bénéfices, qui sont amorties d'ancienneté, & long-tems avant la réformation de la Coutume de Paris.]

Les rentes foncieres sur maisons des Villes se rachetoient sur le pied du denier 20. qui étoit le fort denier, lequel doit être augmenté. Dumoulin même en son Traité *de usur. n.* 113. vouloit qu'elles ne fussent rachetables qu'au denier 20. mais lorsque le prix est exprimé par le contrat originaire, on n'est pas obligé de rembourser à plus haut prix; quoiqu'à l'égard des rentes de bail d'héritages de la campagne, on ne puisse rembourser, sinon volontairement, & au denier fort après les 30. ans, nonobstant l'expression du prix dans le contrat.]

CXCVIII.

Item, ladite rente ainsi vendue & constituée, a cours sur les heritages dudit vendeur ou constituant, quand ils sont tenus & possedés par ledit vendeur & constituant ou ses heritiers, ou par un tiers détenteur, ou par le Seigneur féodal à titre particulier, autre que comme Seigneur féodal, sinon que ledit Seigneur féodal eût retenu l'heritage par puissance de fief de l'acheteur, auquel cas sera ledit Seigneur tenu de ladite rente.

NOUVELLE OBSERVATION.

On peut, suivant cet article, agir hypotéquairement pour rente non ensaisinée contre le tiers détenteur, ou autres acquéreurs, quoiqu'ensaisinés. Néanmoins le Seigneur féodal n'est pas tenu des mêmes rentes, à moins qu'elles ne soient par lui agréées. Mais on peut dire que cet article est en quelque façon contraire à l'esprit de la Coutume, qui semble ne vouloir pas traiter moins favorablement un acquéreur ensaisiné, qu'un créancier de rente ensaisinée; outre que des deux acquéreurs un second ensaisiné préfere un premier qui ne l'est pas en effet. Lorsqu'il n'a pas la possession réelle, la rente est une acquisition imparfaite du fonds; & l'on croyoit même autrefois qu'une simple rente constituée transferoit la propriété jusqu'à la concurrence de la somme aliénée. Encore en Normandie les rentes constituées suivent la situation des heritages qui y sont hypotéqués; & néanmoins les rentes constituées au profit des particuliers de cette Province, dont les débiteurs demeurent en Normandie, ne laissent pas d'être partagées, suivant le domicile du créancier; autrement il faudroit diviser les rentes, eu égard aux biens que le débiteur auroit en différentes Provinces: l'Arrêt entre les héritiers de Monsieur de Lesseville a été rendu sur le fondement que ce Prélat avoit son domicile en son Evêché de Coutances, quoiqu'il résidât ordinairement à Paris, & y fît les fonctions de Trésorier de la Sainte Chapelle. Le contraire a été depuis jugé pour Joseph Ricard le 19. Juin 1692. en la seconde des Enquêtes, que les rentes actives laissées par Adrien Gaulde décédé à Beauvais, seroient partagées suivant la Coutume de Senlis, quoiqu'elles fussent dûes en Normandie, & que les biens hypotéqués y fussent situés.

CXCIX.

Item, quand aucuns biens, heritages ou rentes, situés & assis en la haute Justice d'aucun Seigneur, sont dits & declarés confisqués; le haut-Justicier, qui en vertu de ladite confiscation apprehendera les meubles, sera tenu de payer les dettes personnelles, & pour une fois du confisquant, si lesdits meubles sont suffisans, & jusqu'à la concurrence d'iceux; & lesdits meubles discutés, ledit haut-Justicier qui apprehendera les heritages ou rentes dudit confisquant, autrement que par félonie, ou à faute d'homme, droits & devoirs non faits, sera tenu de payer le surplus, si tant iceux heritages se peuvent monter, & jusqu'à la concurrence d'iceux: Aussi sera tenu ledit haut-Justicier qui apprehendera lesdits meubles, payer les rentes constituées par le confisquant, non ensaisinées ni inféodées, ensemble les arrérages d'icelles, si tant lesdits meubles peuvent monter, & jusqu'à concurrence d'iceux, sans que le créancier de telle rente se puisse adresser sur les heritages confisqués, *pour raison desdites rentes & arrerages*, pourvû que ledit créancier de ladite rente non ensaisinée ni inféodée, ait été *négligent de quarante jours*, à compter du jour de la constitution d'icelle, de soi faire ensaisiner ou inféoder.

Pour raison desdites rentes & arrérages.] Cette clause contient une injustice manifeste, & que l'on doit abroger, puisqu'elle a eu deux principes pour fondement, dont la fausseté est à présent connue. D'où il résulte que la conséquence que l'on en avoit tirée, & dont on a composé cette partie de notre article, doit demeurer sans effet.

Car ceux qui ont travaillé à la premiere rédaction de cette Coutume dès l'an 1493. s'étant persuadés que les biens confisqués étoient acquis au haut-Justicier par un droit Seigneurial & de fief, & que c'étoit une espece de commise & de retour en conséquence de la premiere concession de l'héritage, ont déchargé le Seigneur confisquant de toutes sortes de dettes, à la réserve des rentes propriétaires, & des constituées, ensaisinées ou inféodées, ainsi qu'il s'apprend par l'article 3. titre des rentes de la rédaction de 1506. & le sujet de cette erreur paroît par l'article 75. de celle de 1493. où il se voit que le haut-Justicier est confondu

avec

avec le Seigneur féodal, aussi-bien que leurs droits.

Cet abus fut relevé dès l'an 1506. mais corrigé seulement, & encore en partie, en la compilation de l'an 1539. cette correction étant demeurée imparfaite, pour ce qui est des rentes constituées, non enfaisinées ni inféodées; parce que l'erreur de la premiere rédaction ne parut encore alors qu'à travers des ténébres & des obscurités : On croyoit encore en ce tems-là que les droits du Seigneur de fief & du Haut-Justicier fussent confondus; & d'ailleurs qu'il est dû des droits seigneuriaux pour les constitutions de rentes, ainsi que nous apprenons par les articles 58. 57. 60. & 61. de l'ancienne Coutume de Paris, & par l'Arrêt solemnel de l'an 1557. intervenu à leur sujet; si bien que pour conserver les droits au Seigneur confisquant, & faire qu'ils fussent plus diligemment payés des profits résultans des constitutions de rentes, cet article a voulu que le créancier de telle rente ne se pût adresser sur les heritages confisqués, supposé qu'il eût été négligent pendant quarante jours de se faire enfaisiner ou inféoder.

Mais comme ces droits ne se payent plus aujourd'hui, & d'ailleurs que nous considerons le Haut-Justicier & le Seigneur féodal en deux qualités différentes, & qui n'ont rien de commun l'une avec l'autre, je crois que cet article, pour ce qui est de ce chef, se doit abroger de lui-même, vû que l'on a crû conserver ce droit au Haut-Justicier en une qualité inherente qu'il n'a point; de sorte que paroissant que ce privilege lui est donné par une considération qui manque, le sujet défaillant, l'effet doit pareillement cesser. De même que si j'avois legué à Pierre en qualité de Doyen de l'Eglise de Beauvais; qu'il parût que l'opinion que j'avois qu'il étoit revêtu de cette dignité, eût été le motif de ma disposition, & que par effet il se trouvât n'avoir pas cette qualité, il n'y a point de difficulté que le legs ne lui seroit pas dû ne faisant rien que les deux qualités de Seigneur féodal & de Haut-Justicier se rencon-

trent souvent en une même personne, d'autant que c'est par accident, ce qui n'a pû produire la raison de la disposition particuliere de notre article; mais ce faux fondement que la Haute-Justice dépendoit nécessairement du fief. De plus, en examinant exactement les procès-verbaux des années 1506. & 1539. il paroît que l'intention de l'assemblée avoit été d'obliger indistinctement le Seigneur Haut Justicier confisquant au payement de toutes les dettes; de sorte qu'il y a apparence qu'il y a eû de l'erreur en rédigeant cet article, & le 205. ci-après au sujet de l'observation que nous venons de faire.

Négligent de quarante jours.] Je demande si cette exception doit avoir lieu dans les autres cas, & si un créancier de rente constituée, qui a fait enfaisiner son contrat dans les quarante jours, mais postérieurement à un autre créancier de pareille rente, qui a depuis contracté avec le même débiteur, viendra en ordre avec ce second créancier, de sorte que la saisie ait généralement un effet rétroactif, pourvû qu'elle soit prise dans les quarante jours de la passation du contrat? Quoique je considere la saisie pour un joug rude, & qui doit être restraint tant qu'il se pourra; néanmoins je crois la négative plus veritable, parce que cet article, qui décharge le Haut-Justicier confisquant les immeubles, du payement des rentes constituées, si elles ne sont enfaisinées, est absolument injuste, & même contraire à l'art. 193. qui porte qu'hypothéque a lieu par tout ce Bailliage. C'est pourquoi comme cet article passoit contre les régles, & à l'instance des Justiciers pour leur interêt particulier, on y a ajouté cette limitation, laquelle étant pour un cas spécial, elle ne peut point servir à faire une regle générale dans cette Coutume, ni être étendue aux autres espéces. De même que l'on ne pourroit point donner d'effet rétroactif à l'hypothéque d'une Sentence qui auroit été obtenue quarante jours après une promesse, au payement de laquelle elle condamneroit le Débiteur. *Vid. supra not. it. in art.* 149. *& infra ad art.* 205. M. J. M. R.

NOUVELLE OBSERVATION.

Cette disposition n'a plus lieu à l'égard du Seigneur Haut-Justicier qui paye les rentes non enfaisinées, même sur les heritages, ausquels il succede, ainsi qu'il est porté par la Loi unique au Code *pænis fiscalibus creditores præferri*; à la différence du Seigneur féodal, lequel par une loi ancienne & inherente, rentre dans son fief, sans être tenu des rentes qu'il n'a pas enfaisinées : Néanmoins si ce n'étoit qu'une simple saisie féodale, les créanciers des rentes non enfaisinées, pourroient en arrêter l'effet, en faisant eux-mêmes la foi & hommage.

Pontanus sur l'article 101. §. 26. de la Coutume de Blois, est d'avis que les hypotheques acquises à un tiers avant la confiscation, pour avoir denié la mouvance de son Seigneur, subsistent : parce que les fiefs sont patrimoniaux, & le Vassal étoit propriétaire incommutable, *licet ex accidenti privatus fuerit.* Néanmoins Bacquet au traité des Droits de Justice, chap. 11. nomb. 6. rapporte un Arrêt du Parlement de Paris, prononcé le 7. Septembre 1574. par lequel le Seigneur à qui le fief de son vassal avoit été adjugé pour félonnie, a été déchargé de payer les reparations & inte-

rêts civils ausquels il avoit été condamné envers d'autres, quoiqu'ils eussent une hypothéque anterieure, & fussent avant le douaire, au préjudice duquel le vassal ne peut pas confisquer au profit de son Seigneur; néanmoins l'on n'observe pas à la rigueur les peines portées par nos Coutumes contre le vassal qui auroit desavoué, ou fait quelque injure à son Seigneur, on se contente de lui faire perdre l'usufruit, ou bien on lui impose quelqu'autre peine.

Cette Coutume distingue le Seigneur Haut-Justicier d'avec le Seigneur féodal; c'est pourquoi lorsque le fief confisqué releve du Seigneur féodal & Haut-Justicier qui sont differens, la confiscation appartient au Haut-Justicier, d'autant que l'article 97. lui attribue la confiscation, comme n'étant pas un fruit de fief, & ce faisant par la réunion de la Seigneurie privée à la publique, & non pas à la directe; c'est pourquoi les biens vacans sont attribués à la Justice. Mais la difficulté est lorsque le vassal a lui-même la Haute-Justice : la Coutume de Sens, art. 206. veut en ce cas que le vassal soit préferé : Au contraire, celle de Nivernois décide que la confiscation appartient au Seigneur du ressort immédiat, comme elle appartient au vassal même; c'est plûtôt le Seigneur dont releve la Justice, qui doit être préferé, que le Seigneur féodal dominant, lequel n'a pas droit de correction sur le vassal, comme le Haut-Justicier, suivant la remarque de Coquille sur l'article 2. titre des confiscations de la Coutume de Nivernois.

Il n'en est pas de même de la confiscation adjugée pour cause de felonnie, laquelle appartient au Seigneur féodal, *quod tollitur indigno, relinquitur offenso*, & même l'on s'écarte tant que l'on peut de cette ancienne rigueur.

Le Haut-Justicier qui a la confiscation à cause de la Justice, doit payer le relief au Seigneur féodal, dont le fief confisqué est mouvant, suivant Bacquet, des Droits de Justice, chap. 14. n. 2. & il ne devroit aucun relief, s'il étoit en même temps Seigneur féodal & Justicier.

A l'égard des héritages censuels tenus d'un autre Seigneur censier, le Haut-Justicier qui les prend par confiscation à cause de sa Justice, doit continuer les censives & charges foncieres, mais il ne doit aucuns droits à cause de la confiscation, laquelle n'est pas vendition, sauf à les payer dans la suite en cas d'alienation.

☞ Dans les quarante jours il semble que la saisine prise dans ces jours doit avoir un effet retroactif, & que le premier acquereur ne peut pas être évincé par un second qui s'est fait ensaisiner auparavant, pourvû que le premier prenne saisine dans le tems que lui prescrit la Coutume; que la même chose doit avoir lieu en matiere de rentes constituées, d'autant qu'un premier créancier seroit préferé par un autre posterieur qui prendroit saisine auparavant, & qu'il suffit que le premier prenne saisine dans les quarante jours. A la verité la Coutume n'oblige que les acquereurs d'héritages à prendre saisine dans les quarante jours. Mais l'on n'a étendu la saisine aux rentes, qu'à cause que l'on ne les a considérées que comme des acquisitions de fonds; & l'on peut dire qu'il y auroit d'autant plus de sujet de donner cet effet rétroactif à la saisine *prise dans les quarante jours*, qu'il arrive tous les jours qu'un créancier par contrat posterieur qui a pris Sentence avant la saisine, préferera un premier créancier qui a pris saisine dans les quarante jours du jour de son contrat. Néanmoins notre usage est contraire, & l'on suit la date des saisines ou Sentences, sans distinguer si elles sont prises dans les quarante jours, ou depuis. Aussi, quoique la saisine n'ait pas été prise dans les quarante jours, je crois que la donation ne laisse pas de subsister, même à l'égard d'un tiers comme d'un créancier posterieur à la donation, quoiqu'ensaisiné, pourvû que la saisine soit prise du vivant du donateur.]

C C.

Item, quand aucun confisquera les frais de Justice faits en la poursuite de la déclaration de ladite confiscation, seront préalablement pris sur les biens dudit confisquant, avant tous les autres créanciers.

Maître Guy Coquille, au chapitre des Droits de Justice de ses institutions, blâme la disposition de cet article; parce que, dit-il, les Seigneurs doivent la Justice à leurs propres frais sans recompense: mais ce qui est juste, est que les Seigneurs Justiciers qui prennent part aux biens confisqués, doivent contribuer aux frais que l'un d'eux a faits pour faire le procès, comme il est decidé par la Coutume de Nivernois, au titre des confiscations, article 5. dont la raison est, que de tels frais resulte le profit que les Hauts Justiciers prennent en vertu de la confiscation: mais il ne revient aucune utilité aux créanciers à cause de ces frais; d'autant que, soit que leur débiteur confisque, ou qu'il soit déchargé de l'accusation intentée contre lui, le droit du créancier est toujours semblable. Autre chose seroit, s'il s'agissoit de frais faits pour la conservation des biens; car pour lors il n'y a point de doute qu'ils devroient être pris par préference. *M. I. M. R.*

C C I.

Item, quand tels héritages chargés de telles rentes constituées non ensaisinées ni inféodées, sont criées & subhastées, tant sur le constituant, ses heritiers, ou autre détenteur, lesdites rentes non ensaisinées ni inféodées, sont réputées & tenues comme dettes mobiliaires, envers les autres rentes qui sont ensaisinées ou inféodées, ou comme autres créanciers pour *dettes mobiliaires*.

Dettes mobiliaires.] En consequence de cet article & du 273. ci-après, il y en a quelques-uns qui tiennent que les rentes constituées non ensaisinées ni inféodées, doivent passer indistinctement au rang des meubles en cette Coutume.

Ce qui fait la difficulté, est que cette question est diversement décidée par nos Coutumes, & differemment agitée par nos Auteurs, & même que les coutumes qui les font passer pour immeubles, ne parlent que par fiction, & disent qu'elles sont reputées immeubles. De sorte qu'il semble que dans les Coutumes qui ne décident pas précisément cette question, on ne doive point changer la nature d'une espéce de biens sans la disposition de la Loi; & que n'en ayant point parlé, c'est une marque qu'elle a voulu laisser les choses en leur entier, c'est-à-dire, laisser les rentes meubles, comme elles le sont de leur nature, puisqu'elles ne sont composées que d'une somme de deniers. Et qu'en tout cas si en cette Coutume, on prétend faire passer les rentes ensaisinées & inféodées pour immeubles, que cela ne peut pas convenir aux simples rentes constituées, parce que les premieres sont accompagnées d'une raison toute particuliere; sçavoir est qu'elles sont réalisées, ce qui ne convient pas aux simples rentes constituées, qui ne sont que rentes volantes, sans assiette

speciale, & nullement favorables en cette Coutume.

Toutefois je suis dans ce sentiment, qu'en cette
Coutume toutes sortes de rentes, enfaisinées, ou
non enfaisinées, doivent passer indistinctement
pour immeubles, & que c'est l'esprit de cette
Coutume, outre la raison générale.

Et pour cet effet, je soûtiens que l'enfaisinement
ou inféodation ne fait aucune chose pour déterminer la nature des rentes, & les rendre meubles
ou immeubles. Et à cette fin il ne faut que considerer quel a été le motif qui nous a fait juger les
rentes immeubles; il est certain que ce n'a pû être
l'enfaisinement, ou le nantissement, parce que
ces solemnités ne nous attribuent pas davantage
de droit que l'hypothéque; ils ne nous donnent pas
un droit *in re*, mais seulement *ad rem*, comme en
vertu de l'hypothéque. Et ce désaisinement du constituant & enfaisinement de celui au profit duquel
on constitue, ne donne à ce dernier aucun droit
de propriété en la chose, & il n'a pas davantage
pour cette solemnité, que son hypothéque, laquelle
autrefois ne pouvoit s'acquerir que par cette formalité. Ce que nous avons emprunté des Romains,
lesquels d'abord estimoient que l'on ne pouvoit
pas obliger un immeuble, sans tradition actuelle
de cet immeuble en la possession du créancier, ce
qu'ils pratiquoient au commencement; mais enfin
ayant reconnu l'incommodité de cet usage, ils in-
troduisirent les traditions par voyes feintes, qui
reviennent à nos saisines & nantissemens, ce qu'ils
ont encore retenu jusqu'à présent au pais de nantissement.

Mais à l'égard de cette Coutume, l'hypothéque
ne laisse pas de s'acquerir sans saisine, & la saisine pour ce regard n'a point d'autre effet, que de
qualifier l'hypothéque & la rendre privilegiée,
sans nous donner aucun droit en la chose, qui
n'appartient qu'aux créanciers de rentes foncieres
& proprietaires, ainsi qu'elles sont appellées en
cette Coutume

Et de fait, si c'étoit cet enfaisinement qui rendît
ces rentes immeubles, il faudroit dire que dans
les autres Coutumes où cet usage n'est pas observé, il n'y auroit point de rentes immeubles, ce qui
n'est pas toutefois. D'où il résulte que l'enfaisinement ne contribue en rien pour donner la qualité
d'immeubles aux rentes constituées. Aussi la Coutume de Reims qui fait passer les rentes constituées
au rang des meubles, résoud formellement en l'article 18. que le nantissement ne change pas leur
qualité, & que les rentes, quoique nanties, ne
laissent pas d'être meubles.

Ce qui fait donc que les rentes constituées doivent être colloquées parmi nous entre les choses
immeubles, dans les Coutumes qui ne disposent
pas formellement au contraire, c'est leur conti-
nuité & le revenu successif qui en provient, comme de toute autre chose immobiliaire. Car par
notre usage, nous n'avons à proprement parler
que deux sortes de biens, meubles & immeubles;
comme aussi parlant étroitement, le mot *meuble*,
ne convient qu'aux choses *quæ tangi & moveri
possunt*; & les immeubles, *quæ tangi, sed non moveri possunt*. De sorte que nous avons eu beaucoup de difficulté de placer les choses incorporel-
les sous l'une de ces deux espéces auxquelles ces
définitions ne reviennent pas, comme sont les Offices, les obligations, les rentes, &c. Mais enfin

elles ont été rangées sous l'espece avec laquelle
elles se sont trouvées avoir plus de proportion &
de convenance. D'ailleurs, nous considérons les
meubles comme choses mortes, de legere conséquence, & qui ne produisent rien; les immeubles
au contraire, comme sujets à un revenu annuel,
& continuel; si bien que nous avons appellé,
meubles, toutes les choses qui ne produisent rien,
quoiqu'incorp o elles, comme les obligations, &c.
Et au contraire nous avons mis au rang des immeubles celles qui produisent ce revenu, quoiqu'in-
corporelles, comme les rentes, les Offices, un
usufruit d'une chose immobiliaire; de là la façon
qu'auparavant on avoit donné la même place aux
cens & aux rentes foncieres; lesquelles de soi ne
sont immeubles, puisque *tangi non possunt*, mais
droits incorporels comme les rentes constituées.

De sorte que cette raison, qui est la peremptoi-
re, convenant aussi-bien aux simples rentes constituées, qu'aux enfaisinées, je ne fais pas de difficulté qu'en cette Coutume, où il n'y a point de
disposition contraire, les unes & les autres ne doivent passer pour immeubles.

Car à l'égard de cet article, il ne fait chose
quelconque à ce sujet, il ne parle que pour leur
préférence, & de l'ordre de leur hypothéque, &
non pas pour l'établissement de leur nature.

De plus, cet article, à proprement parler, n'est
pas tant pour la préférence, que pour dire qu'elles sont mises en ordre à *l'instar* des dettes mobiliaires, sur le prix des héritages vendus par décret, au lieu que plus bas, au titre des Decrets,
article 275. il est porté que les héritages seront
vendus à la charge des rentes enfaisinées : car si on
lui donnoit un autre sens, il ne se trouveroit pas
veritable, d'autant qu'il n'est pas vrai en cette
Coutume, que les rentes constituées, quoique non
enfaisinées, soient mises au rang des dettes mobiliaires, au contraire elles marchent devant,
comme il se voit ci-après, article 275. Et quand
même le contraire auroit lieu, cela n'opéreroit
rien pour la nature des rentes, vû qu'aux autres
Coutumes où elles sont appellées *immeubles* par
un article exprès, elles ne vont pas, pour l'ordre,
avant les dettes mobiliaires qui ont hypothéque.

Et de fait, on peut dire que cette question est
décidée en cette Coutume, & que dans toutes les
occasions où elle a parlé de rentes indéfiniment,
elle les a rangées perpétuellement sous la catego-
rie des immeubles; cela se voit par l'article 199.
qui dit, que le Haut-Justicier qui prend les meubles, est premierement tenu d'acquitter les dettes
mobiliaires sur ces meubles; & pour montrer que
sous ces sortes de biens il n'y comprend pas les
rentes, il dit ensuite que *celui qui prend les héritages ou rentes, &c.* par où l'on voit que non-
seulement il sépare les meubles & les rentes, mais
même qu'il joint ensemble les rentes & les héritages. Il y a encore un argument particulier en cet
article, en ce qu'ayant chargé le Haut-Justicier
confisquant des dettes mobiliaires, il fait une
clause particuliere pour les rentes constituées non
enfaisinées. Les termes de l'article 211. sont encore
très puissans, & contiennent ces mots : *Donner &
retenir ne vaut rien, en telle sorte que si aucun a
donné une maison, une rente, ou autre héritage,
&c.* Où parlant généralement des rentes, non-seulement il les joint avec les héritages, mais même
il les fait passer pour une espece d'héritage. De

forte qu'il ne peut y avoir rien de plus précis pour faire juger les rentes indistinctement immeubles en cette Coutume. Joint que les plus graves Auteurs l'ont ainsi résolu, & la Coutume de Paris y est expresse : tellement que c'est maintenant l'usage général de la France, sinon à l'égard des Coutumes qui portent une décision directement contraire : usage au reste très-nécessaire quant à présent dans le commerce ; vû que la plus grande partie du bien des familles consiste en cette nature de rentes ; si bien qu'il est nécessaire de lui donner une qualité fixe & assurée. Et ainsi il faut conclure généralement que toutes rentes constituées ensaisinées, doivent passer au rang des immeubles en cette Coutume, pour tous les effets dans lesquels nous les réputons telles en ce Royaume. Et de fait nous apprenons dans les Arrêtés de la cinquiéme Chambre des Enquêtes, qu'il est intervenu Arrêt au rapport de Monsieur le Frêtre le 18. Decembre 1604. par lequel il a été jugé en la Coutume d'Amiens, que les rentes constituées sont censées & réputées immeubles entre les héritiers du débiteur, encore qu'elles ne soient pas réalisées & nanties ; bien que par l'article 137. de la même Coutume elles soient censées pures personnelles & mobiliaires, & n'engendrent aucune hypotheque ni droit réel pour le regard du Seigneur & des créanciers, si elles ne sont réalisées & nanties. *M. I. M. R.*

NOUVELLE OBSERVATION.

Les Seigneurs ont inventé les saisines pour leur interêt particulier, afin d'être plus facilement payés de leurs droits. Ils n'ont pas aussi voulu approuver les rentes à leur préjudice, à moins qu'elles ne soient ensaisinées ; mais l'on n'a pas manqué de colorer cette formalité du prétexte du bien public, afin d'empêcher les fraudes ; de même que les Romains avoient voulu autrefois introduire des Registres publics, pour inscrire tous les prests qui se faisoient. *Placuit ut qui post eam diem sœcii civibus Romanis credidissent, pecunias profiterentur ; & ex ea die pecuniæ credite quibus debitor vellet legibus, jus creditori diceretur,* comme a remarqué Tite-Live, livre 35. La saisine étoit aussi autrefois en usage dans la Coutume de Paris, comme il paroît par le procès-verbal de l'article 196. de l'ancienne Coutume, & l'on n'étoit pas même obligé de s'opposer au decret pour rentes ensaisinées ou inféodées.

La Coutume de Chauni, article 11. veut que l'on ne se puisse plus nantir après le decès du constituant : En effet la procuration qui est dans l'acte expire par la mort. Néanmoins Dumoulin dit que cette disposition est injuste, parce qu'il y a des héritiers qui représentent le défunt, d'autant plus que ce n'est qu'une précaution contre les futurs créanciers, chacun étant réputé Procureur *in rem suam.*

¶ Un Seigneur qui donne de l'argent à rente, n'a pas besoin de saisine sur les héritages tenus de lui ; mais s'il avoit acquis les droits d'un autre, je ne crois pas que la saisine puisse être suppléée, même du jour de son contrat, à moins qu'il ne l'ait declaré dans le même acte ou en sa Justice. Toutefois je doute que cette saisine legale du Seigneur puisse préférer un contrat antérieur non ensaisiné.]

On ne doute plus aujourd'hui, nonobstant les termes de cet article, que les rentes, quoique non ensaisinées, ne soient immeubles de leur nature, bien qu'elles viennent par contribution entr'elles : la raison est, que ce qui constitue l'immeuble, est l'aliénation du principal. Et en effet les mêmes rentes sont préférées aux hypothéques pour dettes pour une fois payer, contractées en vertu du Scel Royal ou authentique. ¶ Elles ont aussi hypothéque au préjudice d'un acquereur même ensaisiné.]

Les rentes constituées par écrit sous seing privé passent aussi pour immeubles dans la succession, à cause de l'aliénation du sort principal ; mais elles ne sont pas susceptibles de saisine au préjudice des créanciers ; la facilité avec laquelle se donnent les saisines, donneroit lieu à mille fraudes. ¶ Je ne crois pas aussi que le prix d'une rente par écrit sous seing privé, se distribue par hypothéque, quoique l'écrit soit de la main d'un défunt.]

Un écrit sous seing privé contenant vendition d'héritages, n'est pas aussi un titre translatif de propriété, quoiqu'il soit ensaisiné, à moins qu'il ne soit suivi de possession publique, ou si c'est un bien des champs, qu'il n'y ait un bail sous Scel Royal ou authentique, qui ôte toute présomption de fraude.

¶ Les rentes constituées par écrit sous seing privé pour vente de fonds, doivent avoir le même privilege, d'autant que l'acquereur n'ayant pas d'autre titre, il ne doit pas être divisé. ¶ Je ne crois pas qu'un écrit sous seing privé sur lequel on a pris saisine, soit suffisant pour préférer un premier contrat de vente passé devant Notaires sans saisine, qui produit non-seulement hypoteque, sauf la discussion, mais aussi qui doit avoir son execution, à la charge de prendre saisine, d'autant que cette préférence ne doit avoir lieu qu'en faveur d'une acquisition parfaite. Je ne crois pas aussi que celui qui a acquis par contrat ne peut être inquiété pour rente réservée par l'écrit sous seing privé.]

CCII.

Item, nul ne peut être rentier & proprietaire de l'heritage, ainsi chargé que dit est de ladite rente : car icelle rente est confuse au créditeur, en prenant par lui la proprieté.

Voyez ce que j'ai remarqué ci-après sur l'article 277. *M. I. M. R.*

NOUVELLE OBSERVATION.

Clermont, art. 41. ajoûte, *pourroi qu'il n'y ait d'autres héritages hypothéqués,* auquel cas la rente est confuse *pro rata,* parce que les rentes constituées n'étoient pas encore en usage, & l'on ne considéroit pour lors que les rentes foncieres, ou celles créées par assignat, qui étoient plûtôt dûes à cause de la détention de la chose, que par la personne. C'est pourquoi il n'y a point de confusion de la rente par l'acquisition faite par le créancier d'une rente constituée d'un héritage qui lui est affecté. La raison est que la rente est dûe par un autre, au lieu qu'il n'y a pas d'autre débiteur de la rente fonciere que celui qui en est détenteur. Néanmoins Loyseau *du Déguerpiss. liv.* 2. *ch.* 8. *nomb.* 19. après Dumoulin, Faber & le Spéculateur, distingue si l'acquisition de l'hypothéque faite par le créancier de rente constituée, est postérieure à celle du tiers détenteur; en ce cas on n'a pû éteindre l'hypothéque, qui appartenoit à ce tiers pour son recours, du moins jusqu'à la concurrence de ce que l'action lui eût pû valoir: au contraire, que si le créancier a acquis une hypothéque, qui précede l'acquisition du tiers détenteur, il conserve toujours ses actions entieres contre les acquereurs postérieurs. Et quand même il auroit été obligé de ceder ses actions, à celui qui auroit été contraint de lui payer toute la dette, cette cession n'auroit lieu qu'à l'égard des hypothéques résidues, & non de celles qui étoient amorties; au lieu que le créancier de rente fonciere a éteint l'hypothéque pour la part qu'il possede en l'héritage; & il ne peut agir solidairement contre les codétenteurs qu'on ne lui puisse opposer l'exception *cedendarum actionum*, laquelle réfléchiroit sur lui, étant devenu débiteur sans aucun recours ni discussion, à cause de sa détention. Néanmoins l'article 164. de la Coutume de Valois, ajoûte que l'acquereur peut en renonçant à son acquisition, reprendre son action avec les mêmes prérogatives, droits & ordre, qu'il étoit avant ladite confusion. Il en est de même si un des codétenteurs acqueroit du créancier un surcens solidaire, dont il est tenu; quelque cession qu'il ait des actions du créancier, il ne peut pas exercer la même solidité, tant qu'il possede des héritages qui en sont chargés, à cause de la réflexion d'actions qui auroit lieu sur lui-même; c'est ce que les nouveaux Arrêts avoient même jugé à l'égard des coobligés, codonataires & autres, dont l'un a payé la dette commune avec subrogation, tant de la part du créancier, que de celle du débiteur, qui ne pouvoit exercer l'action solidaire du créancier contre les autres,

sauf néanmoins à porter entr'eux les parts des insolvables: Néanmoins Bacquet des Droits de Justice, chap. 21. nomb. 241. & M. Bouguier, lettre H. nomb. 2. veulent qu'il n'y ait réflexion d'actions que pour la part qui demeure confuse. ¶ Néanmoins par Arrêt en faveur de la Cathédrale de Beauvais, le sieur du Fajet Seigneur de Bacheviller, a été condamné à payer tous les arrerages d'un surcens sur les héritages situés à Fouquerolles, sauf son recours contre environ soixante codétenteurs, encore que la Fabrique du Chapitre possedât deux démies mines ou environ de terres chargées du même surcens. Il est vrai que par un titre nouvel, où il étoit énoncé que la fabrique possedoit ces petites piéces, les particuliers s'étoient obligés solidairement, & que les revenus de la Fabrique étoient divisés de ceux du corps du Chapitre.

Pour moi j'estime que le créancier de la rente qui acquiert des héritages hypothéqués à la garantie, ne devroit pas confondre les actions, soit que la rente soit fonciere ou constituée, offrant de déduire sur les crédits à *rata* du prix des héritages dont on doit faire l'estimation, mais que la confusion doit avoir lieu jusqu'à ce, les fonds n'ayant aucun prix, qu'il peut aussi faire discuter auparavant les autres biens du débiteur hypothéqués.

Aussi un héritier qui prend un fonds en payement pour la rente à lui échûe en partage sans aucune intention de faire novation, ne doit pas perdre en cas d'éviction son recours contre ses cohéritiers; il en est de même du créancier qui prend en payement des fonds du principal obligé qui n'a pas renoncé à ses actions contre les cautions, s'il en est évincé, d'autant que les actions & hypotéques qui étoient en suspens pendant la détention, revivent après le déguerpissement, à moins qu'on n'ait laissé prescrire des hypothéques, d'autant que le créancier n'a rien fait que pour le bien. J'estime même que l'un des coobligés solidairement, qui a cession du créancier, cessant d'être debiteur pour sa part, peut agir solidairement contre les autres, sauf à contribuer pour les parts des insolvables.

Et néanmoins qu'il n'en est pas de même du créancier devenu débiteur par une succession qui lui est échûe, d'autant que n'ayant pas de cession des actions du créancier, l'action solidaire se divise.]

CCIII.

Item, un vassal ne peut charger son fief d'aucune rente ou hypotheque, *au préjudice de son Seigneur féodal*, duquel est tenu & mouvant ledit fief, sinon que telle rente ou hypotheque fut ensaisinée ou inféodée par ledit Seigneur feodal, au profit de celui, ou ceux à qui sont dûes telles rentes ou hypotheques.

Au préjudice de son Seigneur féodal.] Cette décision générale reçoit son exception & limitation par l'article 198. ci-dessus, où il dit que le Seigneur féodal retirant de l'acheteur par puissance de fief, est tenu de la rente, quoique non ensaisinée; y ayant parité de raison à l'égard des dettes pour une fois payer, qui ne sont pas aussi ensaisinées, & qui affectent un héritage à l'égard d'un tiers détenteur, quoique sans privilege en cette Coutume, comme les rentes non ensaisinées ni inféodées.

Et aussi la raison pourquoi le fief ne peut être chargé au préjudice du Seigneur féodal, des rentes ou autres hypoteques non ensaisinées ni inféodées, n'est pas un effet particulier de cette Coutume; mais c'est un usage général de ce Royaume à l'égard du Seigneur supérieur, qui rentre dans le fief de son vassal par commise & par saisie, à faute d'homme, droits & devoirs non faits: parce que ces conditions sont charges, qui prennent leur principe dès la premiere création du fief, & ceux qui ont contracté avec le possesseur, ne les ont point dû ignorer: de sorte que pour y assujettir le Seigneur en ce cas, il faut qu'il y prête son consentement par l'inféodation ou l'ensaisinement.

Ce qui n'eſt point de même à l'égard du retrait féodal, qui ne compete au Seigneur que par un droit de prélation ; les fiefs parmi nous étant dans le commerce, & les vaſſaux ayant la liberté de les vendre : ſi bien que lorſque les Seigneurs ſe veulent ſervir du droit de retrait, ils doivent ſuivre les loix de la vente, & prenant la place de l'acheteur, ils deviennent ſujets aux mêmes charges que cet acquereur devoit : de ſorte qu'étant tenu de ſes dettes, quoique non enſaiſinées ni inféodées, le Seigneur s'y aſſujettit auſſi par ſon retrait. *M. J. M. R.*

C C I V.

Item, un vaſſal ne peut démembrer ſon fief ſans le conſentement de ſon Seigneur, par diviſion réelle.

Voyez ci-après ce que j'ai remarqué ſur l'article 251.

C C V.

Item, ſi tels fiefs ainſi chargés que dit eſt, de telles rentes ou hypotheques non enſaiſinées ou inféodées, viennent en la main du Seigneur féodal, par *aubaine*, confiſcation, ou commiſſion de fief, ledit Seigneur peut régaler & retenir ledit fief entierement, ſans payer aucune choſe deſdites rentes ou hypotheques non enſaiſinées ou inféodées, & n'en eſt aucunement tenu ledit Seigneur féodal, ſinon comme il eſt dit ci-deſſus.

Aubaine.] C'eſt une grande queſtion de ſçavoir, ſi en France le droit d'Aubaine n'eſt point Royal, & ſi, ſuppoſé qu'il appartienne au Roi, nos Coutumes ont pû valablement y déroger, pour l'attribuer aux Hauts-Juſticiers ; pour raiſon de quoi il ſe voit par le procès verbal que le Procureur du Roi fit ſa rémontrance : ce qui n'a point empêché que ce droit n'ait été laiſſé au Seigneur féodal par cet article, en le confondant toujours par erreur avec le Seigneur Haut-Juſticier, comme nous avons déja obſervé en divers endroits, de laquelle queſtion je m'abſtiendrai de parler, ayant été traitée par nos plus graves Auteurs, ſçavoir par Dumoulin, en ſon Commentaire ſur la Coutume de Paris, §. 43. *glaſe* 1. *num.* 182. & en ſes Notes ſur Anjou, article 41. ſur S. Aignan, article 20 & ſur Bourbonnois, article 88. Coquille, ſur la Coutume de Nivernois, titre des Succeſſions, article 24. & en ſes Queſtions, chapitre 251. Le Bret, de la Souveraineté, livre 3. chapitre 14. Du Luc, livre 3. titre 1. article 5. D'Argentré, Choppin, & autres cités par Brodeau ſur Louet, lettre A. nombres 6. & 16.

Mais quoiqu'il en puiſſe être, la diſpoſition de cette Coutume eſt notoirement injuſte & contraire au droit des gens, en ce qu'elle donne le droit d'aubaine au Seigneur féodal, ſans le charger des rentes conſtituées non enſaiſinées : parce que par un droit public commun à toutes les nations, les étrangers peuvent négocier & contracter entre-vifs, ce qui ſeroit éludé, ſi par leur mort leurs biens étoient déférés au Souverain, ou aux Seigneurs particuliers, exempts de leurs dettes. C'eſt pourquoi je ne crois point que cet article doive etre exécuté en cette occaſion, tant par la raiſon de ce que nos Coutumes ne peuvent point déroger au droit public de l'Etat, que par la conſidération de ce que cette diſpoſition eſt établie ſur un faux fondement, ainſi que j'ai fait voir plus particulierement ſur l'article 199. ci-deſſus, *M. J. M. R.*

NOUVELLE OBSERVATION.

Aubaine.] Il ſemble ſuivant cet article que le droit d'aubaine appartient aux Seigneurs féodaux, la Coutume ayant été omologuée par le Roi. Dumoulin eſt auſſi du même ſentiment ſur la Coutume de Saint Aignant, article 20. Néanmoins Bacquet, chapitre 29. *du Droit d'Aubaine*, & Loyſeau, *des Seigneuries*, chap. 12. nomb. 108. eſtiment le contraire ; parce qu'il n'appartient qu'au Roi de donner Lettres de naturalité : de même que parmi les Romains l'Empereur ſeul *naturalibus reſtituebat, concedebat jus aureorum annullorum & ingenuitatis, leg.* 1. *Cod. de jur. aureor. annul.* C'eſt pourquoi Maître Raoul Adrien, ſur l'article 97. gloſe 11. dit que le mot *Aubaine* ſe doit prendre pour *deshérence*. Néanmoins le Roi ne leur ſuccede pas, lorſqu'ils ont des enfans légitimes & demeurans dans le Royaume, quoiqu'ils ne ſoient pas naturaliſés, comme il eſt décidé par les articles 7. & 8. de la Coutume de Mondidier.

Mais lorſque l'aubain eſt naturaliſé, tous les autres parens lui ſuccedent, pourvû qu'ils ſoient nés dans le Royaume, ou naturaliſés ; c'eſt pourquoi un plus éloigné naturaliſé, exclut un plus proche, quand même il auroit pris des Lettres depuis la ſucceſſion échûe.

C C V I.

Item, tous détenteurs, proprietaires, ou poſſeſſeurs d'aucuns heritages, ou de partie & portion d'iceux, ou autre choſe cenſée & réputée immeuble, chargés & redevables d'aucunes rentes, ou autre charge réelle & annuelle, *ſont tenus perſonnellement* pour le tout, *payer* & acquitter leſdites charges, enſemble les arrérages deſdites rentes & charges deſdits heritages ainſi chargés que dit eſt. Toutefois leſdits détenteurs proprietaires, où poſſeſſeurs deſdits heritages, *incontinent* leſdites charges venues à leur connoiſſance, peuvent renoncer auſdits heritages, ſans pour ce être tenus de payer aucunes dettes, charges & rentes, ne *les arrérages pour ce dûs.*

Sont tenus perſonnellement.] Cette action perſonnelle que donne notre article contre le tiers détenteur, eſt une action irreguliere, que le docte Loyſeau appelle *ſcripta in rem*, ou mixte, & que nos Coutumes ont appellée perſonnelle, par la dénomination de la plus noble partie, quoiqu'à la verité elle ne ſoit telle qu'indirectement : car c'eſt l'heritage proprement qui eſt chargé de la rente : mais parce que les perſonnes en ſont détenteurs, & recueillent les fruits, ils s'en rendent perſonnellement redevables pendant leur jouiſſance & détention Et c'eſt ainſi que doit s'entendre cet article ; & non pas que les perſonnes & leurs autres biens demeurent obligés à la continuation de la rente, lorſqu'ils auront vendu, ou autrement quitté les heritages ſujets à cette charge.

Mais de là naît une queſtion importante en cette Coutume, ſçavoir ſi le tiers détenteur d'un heritage obligé à une rente, peut exciper de la diſcuſſion de celui qui l'a créée & du perſonnellement obligé ; vû que cet article y oblige auſſi le tiers détenteur de l'action perſonnelle.

A l'égard des rentes foncieres, il n'y a point de difficulté que la diſcuſſion n'y a pas de lieu, parce que l'action hypothéquaire eſt la principale, & affecte tellement & ſi particulierement l'heritage, que celui qui eſt obligé, & le preneur même, en abandonnant cet heritage, n'en eſt plus tenu envers le créancier, mais elle ſuit l'heritage & celui qui en eſt détenteur : de ſorte qu'il faut qu'il déguerpiſſe, ou qu'il paye, & il n'y a point de diſcuſſion pour ce ſujet.

Mais pour ce qui eſt des rentes conſtituées, il n'en va pas de même façon : l'obligation perſonnelle y eſt la principale, & l'hypothéquaire n'y eſt qu'acceſſoire ; ce qui fait que celui qui a conſtitué une rente, n'eſt nullement déchargé en vendant les heritages qu'il y a hypothéqués. De ſorte que regulierement la diſcuſſion y a lieu auſſi - bien qu'aux dettes pour une fois payer par le droit commun, & par la Novelle 4. de Juſtinien reçûe en France ; de telle façon qu'en toutes les Coutumes qui n'excluent pas abſolument la diſcuſſion à l'égard des rentes conſtituées, elle y a été reçûe & introduite. Les Arrêts en ſont rapportés par Monſieur Louet & ſon Commentateur, lett. H. nomb. 9. Mais ce qui fait ici la difficulté, eſt que cet article oblige auſſi le tiers détenteur perſonnellement ; ce qui ſemble exclure indirectement le benefice de diſcuſſion à ſon égard.

Toutefois j'eſtime qu'elle y doit avoir lieu ; cette obligation dont parle notre Coutume n'é-tant point pure perſonnelle, comme celle du conſtituant, qui eſt obligé indiſtinctement à la rente : mais comme nous avons dit ci-deſſus, ce n'eſt qu'une obligation perſonnelle, *ſcripta in rem*, mixte, & qui prend ſon origine de l'hypothéquaire à cauſe de la détention de la choſe : de ſorte que cet heritage n'étant obligé que ſubſidiairement, & l'obligation pure perſonnelle du conſtituant étant la principale, je ne vois pas que rien puiſſe empêcher que le tiers détenteur en cette Coutume ne puiſſe exciper du perſonnellement obligé en conſequence de la Novelle de Juſtinien, en vertu de laquelle nous obſervons que toutes fois & quantes qu'une obligation n'eſt que ſubſidiaire, quoiqu'elle ſoit pure perſonnelle, que la diſcuſſion ne laiſſe pas d'y avoir lieu : comme par exemple à l'égard du fidejuſſeur, lequel quoiqu'obligé d'une obligation pure perſonnelle, ne laiſſe point d'avoir la faculté de pouvoir exciper de la diſcuſſion du principal obligé ; ce qui doit avoir lieu à bien plus forte raiſon au cas par nous propoſé, où le tiers détenteur n'eſt tenu que d'une action perſonnelle irreguliere, & plutôt hypothéquaire que perſonnelle.

Au reſte, l'enſaiſinement ni l'inféodation ne donnent point plus de privilege aux rentes pour le particulier de cet article, l'enſaiſinement n'étant que pour le privilege & ordre de l'hypothéque ſeulement, comme nous avons dit ci-deſſus, & non pas pour acquerir un droit de proprieté en la choſe, ni faire ces ſortes de rentes foncieres, cette qualité ne pouvant être donnée aux rentes, qu'en faveur du proprietaire de l'heritage, & avec l'alienation du fonds.

Payer.] C'eſt-à-dire, continuer à l'avenir : deſquels arrerages à échoir, s'ils ne veulent déguerpir, ils ſeront tenus perſonnellement, tant & ſi long - temps qu'ils ſeront détenteurs.

Ce mot *Incontinent*] s'entend juſqu'à conteſtation en cauſe, & a été ainſi jugé par Arrêt donné au Rôle de Senlis le 17. Janvier 1563.

Les arrerages pour ce dûs.] C'eſt-à-dire, les arrerages paſſés, à l'égard deſquels, pour ceux échûs depuis ſa détention, avant même ſa connoiſſance, il en eſt tenu perſonnellement, s'il ne déguerpit : *res enim retrotrahitur* : mais pour ce qui eſt des arrerages échûs pendant la détention des precedens détenteurs, il n'y eſt obligé qu'hypothequairement, d'autant que l'action perſonnelle qui le concerne, ne naît que de ſa jouiſſance ; ſi bien qu'il ne peut être tenu perſonnellement, que pour le tems qu'elle a duré. *M. J. M. R.*

<h2 style="text-align:center">NOUVELLE OBSERVATION.</h2>

Nous avons une grande diſſertation imprimée en 1626. qui eſt du ſieur de Feuquieres, Avocat à Beauvais, où il prouve que dans cette Coutume le tiers détenteur, proprietaire ou poſſeſſeur d'heritages chargés de rentes conſtituées, eſt tenu de payer ſans diſcuſſion, à cauſe du mot *perſonnellement*, qui exclut ce benefice, & de ceux-ci *pour le tout*, qui empêchent la diviſion : ce qu'il infere du mot *hypothéquairement*, qui étoit dans l'ancienne Coutume, & que l'on a retranché dans la nouvelle, afin de lever l'opinion que l'on eut pû concevoir, que le mot *hypothéquairement*, obligeoit le créancier à diſcuter. On peut auſſi ajoûter que la Coutume ne décidant pas nettement la difficulté, elle le doit interpreter par celle de Paris, qui eſt la Capitale du Royaume ; de même que Rome étoit la partie commune de tous ceux qui étoient ſujets à l'Empire, ſuivant les termes de la Loi *Roma, dig. ad municip. & de incol.* & la Loi 6. §. 11. *dig. de excuſ. tutor.* La Coutume de Clermont, qui est voisine, & qui a été rédigée sur la plûpart des mêmes principes que la nôtre, rejette aussi la discussion pour les rentes constituées ; mais l'on peut dire que l'action personnelle que donne cette Coutume, est une action irreguliere, qui nait plûtôt de la détention que de l'action personnelle, laquelle n'est que subsidiaire à l'égard du détenteur : Et ainsi de même qu'une caution peut demander la discussion, non obstant l'obligation personnelle, dont il est tenu ; il semble qu'on ne peut pas refuser le même bénéfice au tiers détenteur.

On peut ajoûter que ce seroit interdire le commerce à ceux qui doivent des rentes, parce que les acquereurs seroient tous les jours inquietés, pendant que leurs débiteurs possedent d'autres biens. Et si la Coutume de Paris exclut en ce cas la discussion, c'est moins à cause de la personnalité, que par un droit singulier ; parce que les rentes composent le revenu le plus considérable des familles, qui ne pourroient pas subsister pendant la longueur des procedures.

L'opinion de Maître Jean-Marie Ricard sur l'article 133. de la Coutume d'Amiens, n'est suivi ni à Amiens ni à Beauvais, touchant les rentes sur lesquelles il y a Sentence, qu'il prétend être suffisamment réalisées à l'effet d'exclure la discussion ; d'autant que l'intention de l'Ordonnance qui donne hypotheque aux Sentences, n'a jamais été de préjudicier au droit commun, qui admet le bénéfice de discussion, ni d'étendre le privilége que donne cette Coutume aux rentes, qui ne sont pas réalisées ; d'autant que ces avantages n'ont été donnés aux créanciers, que pour la seule utilité des Seigneurs.

La saisine ne peut point passer en cette Coutume pour une réalisation, comme le nantissement dans celle d'Amiens ; c'est pourquoi elle n'empêche pas la discussion, parce qu'elle ne donne aucun droit en la chose, mais seulement à la chose, & un privilége au préjudice des créanciers des rentes non ensaisinées.

[Celui qui a acquis à la charge de payer les arrerages, ne peut déguerpir pour partie, n'étant pas juste qu'on retienne le meilleur, & qu'on puisse le liberer de ce qui est plus onereux.]

¶ Faute de déguerpir incontinent après l'action donnée, les fruits ou la juste valeur sont dûs du jour de l'action.

Le Fermier, après avoir nommé le proprietaire, est délaissé, & néanmoins le fermage demeure arrêté en ses mains.

Ou possesseurs.] Il semble que ce terme ne met à couvert de la restitution des fruits avant l'action celui qui a possedé sans aucun titre, qu'à cause de ses crédits, ou en tout cas qu'il peut compenser de tant à tant avec les crédits les fruits perçûs avant qu'ils ayent été saisis & arrêtés en ses mains ; mais s'il avoit été chargé de la rente, il devroit les fruits depuis la possession, encore qu'on n'ait conclu contre lui qu'en hypotheque.]

CCVII.

Item, l'homme ne peut vendre, aliéner, ni aucunement hypotequer le propre heritage de sa femme, ne son doüaire coutumier ou préfix, sans exprés consentement de sadite femme & enfans, quant au doüaire.

NOUVELLE OBSERVATION.

L'on tient à présent qu'un mari peut valablement recevoir le remboursement d'une rente constituée appartenant à sa femme, d'autant que c'est un acte forcé, qui est plûtôt d'administration que d'alienation ; autrement il seroit difficile au débiteur de se pouvoir liberer d'une rente dûe à une femme mineure.

☞ Dans la considération où sont aujourd'hui les rentes qui composent le capital des biens, il seroit à souhaiter que l'on ne donnât pas cette autorité au mari, mais l'usage l'emporte ; il faut voir ce que nous avons rémarqué pour le rachapt des rentes propres à la femme sur la nouvelle Pratique.

Un mari ayant donné des deniers en rente pendant sa communauté, sans que sa femme ait signé au contrat, a depuis reçû le rachapt après la dissolution de la communauté, par le décés de sa femme. L'on a demandé si les enfans majeurs en cas d'insolvabilité de leur pere, peuvent demander la continuation de la moitié au debiteur. Il semble que comme il est établi seul créancier par le contrat, l'on a pû payer à lui seul, nonobstant la division des biens.

La dot de la femme Normande qui a suivi son mari en cette Province, où elle y a remplacé le prix des alienations, ne laisse pas de pouvoir être alienée & hypothequée, parce qu'elle y a contracté suivant la Coutume de son domicile, & qu'il n'est pas juste qu'un acquereur qui n'est pas présumé connoitre son origine, & qui ne sçait pas si le bien situé en cette Province tient lieu d'une dot Normande, soit trompé par l'ignorance des Loix étrangeres. Basnage tient qu'elle ne le peut, encore que le contraire ait été jugé au Parlement de Rouen en 1624. dans l'espece d'un fonds dotal de Normandie échangé avec un autre héritage situé au Perche, où la femme peut aliéner comme en cette Coutume. Néanmoins il semble que celle qui est née en Normandie, peut toujours reprendre la dot Normande, qui n'a pû être alienée de quelque maniere que ce soit, autre chose de celle qui est mariée pour suivre son mari en cette Province, où elle profite de la communauté.

Quoique la femme Normande soit décédée en cette Province, si elle n'y a aucuns biens outre sa dot qui est en Normandie, ses héritiers ne peuvent être inquietés : mais on tient qu'à l'égard des biens situés hors la Normandie, elle a pû les vendre & hypothequer. ¶ Mais si une dot Normande avoit été échangée par une femme Normande, avec un héritage situé en cette Province, elle pourroit en cas d'alienation de l'héritage de cette Province vendiquer sa dot contre les acquereurs.]

On veut à l'égard de la donation, que si la Coutume du domicile la defend, la personne soit liée pour les biens situés ailleurs. Par la même raison la Coutume de Normandie defendant aux femmes d'être cautions, on a voulu que les femmes Normandes ne peuvent obliger par ce moyen leurs biens situés ailleurs où la Coutume le permet. ¶ Néanmoins il est plus sûr de restraindre

ces

ces Statuts prohibitifs qui font contraires à la liberté naturelle aux Coutumes dans lesquelles les biens font situés. Nous tenons même qu'une femme demeurante en cette Coutume, peut léguer par testament à son mari des conquêts situés dans celle d'Amiens qui le permet, cette prohibition étant plus réelle que personnelle, à cause de la variété de nos Coutumes : Aussi le don mutuel, quoiqu'autorisé par la Coutume du domicile, n'a pas lieu dans celle qui le défend, suivant Monsieur d'Argentré sur l'article 218. gl. 16. nomb. 33. nonobstant l'opinion de Dumoulin, qui lui donne effet par-tout, *Consilio* 53.

Consentement des enfans quant au douaire.] Il semble que du vivant du pere le consentement des enfans soit inutile, n'ayant pû renoncer à un droit qui n'étoit pas encore acquis, dans l'incertitude s'ils seront héritiers ou douairiers.]

CCVIII.

Item, meuble n'a point de suite par hypotheque.

Il s'ensuit de ce que nous avons dit ci-dessus, article 201. que les rentes, soit ensaisinées, ou non ensaisinées, font immeubles en cette Coutume, & qu'elles ont hypoteque jusqu'à ce qu'elles soient rachetées.

De même des Offices, jusqu'à ce qu'ils ayent passé le sceau. Et même il a depuis peu été jugé, moi plaidant contre Maître Germain Billard, par Arrêt donné au profit de M. Adrien Secousse, Trésorier de France, contre M. Jacques Seurat, pour un Office de Conseiller au Présidial d'Auxerre, dont Seurat s'étoit fait pourvoir par la résignation de Maître Jacques le Prince, que le sceau n'avoit point purgé l'hypoteque du sieur Secousse, & en conséquence de ce qu'il avoit obtenu Sentence contre l'ancien titulaire avant les provisions, portant qu'il seroit tenu de passer une procuration *ad resignandum*, de sa Charge, sinon que la Sentence vaudroit procuration. La Cour jugea que cet Office étant devenu *pignus Prætorium*, le titulaire n'en avoit pû disposer, & que les provisions étoient nulles, quoique le sieur Secousse ne se fût pas opposé au sceau. Cet Arrêt a été suivi d'un autre semblable du vingt-deuxième Avril 1651. donné au profit de Monsieur de Bercy, Maître des Requêtes, dans l'espece d'une saisie réelle, qui fut jugée avoir empêché l'effet des provisions, quoique Monsieur de Bercy ne se fût point pareillement opposé au sceau.

NOUVELLE OBSERVATION.

☞ Aujourd'hui la saisie ne supplée pas au défaut d'opposition au sceau. *Vide* l'art. 1. de l'Edit du mois de Février 1683. concernant la vente des Offices, & la distribution de leur prix.

TITRE X.

Des Donations.

Pour l'explication de la matiere des articles qui font contenus sous ce Titre, il faut voir mon Traité des Donations.

CCIX.

Plusieurs sont especes de dons : il y a dons entre-vifs, dons par testament, & ordonnance de derniere volonté.

¶ Dans cette Coutume, ainsi qu'en celle de Paris, où les donations à cause de mort font autorisées, même en forme de donation entre-vifs, pourvû qu'on ait satisfait aux formalités de l'acte qu'on a voulu faire, elles ne laissent pas de valoir comme donations à cause de mort, sans le secours de la saisine, si elles font faites par personnes malades ou en santé en vûe de quitter le monde, ayant pû être révoquées; mais on répute nulles les donations des biens à venir, ou que l'on aura au jour de son décès, même lorsqu'elles font ensaisinées.] Mais *vid.* les art. 3. & 46. de la nouvelle Ordonnance sur les Donations du mois de Février 1731.

CCX.

Donation faite entre-vifs vaut & tient, quand elle est faite par personne *âgée de vingt-cinq ans*, usant de ses droits, ayant le gouvernement & administration de ses biens, *à personne autre que sa femme*, si telle donation n'étoit faite à sa femme par don mutuel, comme dessus a été déclaré

Agée de vingt-cinq ans.] Ce qui est décidé par cet article pour la donation entre-vifs, qu'elle ne peut être faite que par personnes âgées de vingt-cinq ans, a pareillement lieu, suivant la disposition du droit commun en cette Coutume, à l'égard des aliénations qui font faites à titre onéreux : de sorte qu'il a été jugé par Arrêt rendu en la cinquième Chambre des Enquêtes, le 28. Août 1600. au rapport de Monsieur de Fortia, & prononcé le deuxième Septembre ensuivant, qu'un mineur de vingt-cinq ans, majeur de vingt, domicilié dans notre Coutume, devoit être restitué contre la vente par lui faite de son immeuble, quoiqu'il fût question de la vente d'un héritage situé sous la Coutume d'Anjou, qui permet l'aliénation à vingt ans : parce qu'en effet dans la diversité des Coutumes, lorsqu'il s'agit de la capacité de la personne, on doit seulement considerer la Coutume du domicile, & non celle de la situation de la chose.

A personne autre que sa femme.] Si ce n'est par contrat de mariage ; d'autant que n'ayant pas encore pour lors la qualité de mari & de femme, ils peuvent se donner comme personnes étranges. Et même l'article 15. du titre des Successions de l'ancienne Coutume permettoit aux conjoints par mariage, de disposer par testament au profit l'un de l'autre de tous les meubles, acquêts & conquêts immeubles, avec le quint des propres en propriété, & de l'usufruit du surplus des propres, soit qu'il y eût enfans ou non de leur mariage ; ce qui a été corrigé par l'article 143. de la nouvelle, qui interdit absolument aux conjoints de s'avantager par testament, comme fait celui-ci pour les donations pures & simples ; au moyen de quoi il ne leur est resté que l'usage du don mutuel, suivant l'article 144. ci-dessus.

Maître Barnabé le Vest, au 28. Chapitre de son Recueil, rapporte un Arrêt prononcé le 22. Mai 1545. aux termes de l'ancienne Coutume, par lequel il a été décidé, dit-il, que don & douaire ne peuvent être demandés par une veuve ; & en conséquence jugé qu'une femme légataire universelle de l'usufruit des biens de son mari, avoit confondu en elle un douaire préfix de trois cens livres stipulé par leur contrat de mariage. Cet Arrêt est juste, non pas par la raison qu'en remarque le Vest, que don & douaire ne peuvent compatir ensemble, ayant montré l'erreur de cette fausse maxime en mon Traité des Donations, partie 3. nombre 1218. & suivans ; mais par une autre considération qui résulte de ce que le légataire universel de l'usufruit étant tenu des dettes à proportion de l'émolument, il doit acquitter le douaire la vie durant de la femme ; & ainsi la veuve étant elle-même légataire de l'usufruit, elle avoit sans doute confondu son douaire en elle par la jouissance des biens qui y étoient sujets.

Femme.] De même de la femme au mari, y ayant parité de raison, même plus grande, d'autant qu'outre la considération de la Loi, qui est commune pour les deux, *ne mutuo amore invicem spoliarentur,* il y en a encore une particuliere à l'égard du mari, à cause de l'autorité que la Coutume & son sexe même lui donnent. *M. J. M. R.*

¶ On ne suit pas en cette Coutume la disposition de l'art. 279. de la Coutume de Paris, qui défend de disposer des conquêts de la premiere communauté.]

C C X I.

Item, donner & retenir ne vaut rien, en telle maniere que si aucun a donné *une maison, une rente, ou autre heritage* à un quidam, soit son parent, ou autre étranger, avant que ledit don sortisse son effet, il convient que *le donateur se dessaisisse* de tel heritage ou rente donnée *ès mains du Seigneur* de qui il est tenu & mouvant, & que le donataire en soit *saisi* du vivant dudit donateur, autrement le don seroit nul, & recherroit en la succession dudit donateur ; ou que du vivant & *consentement* dudit donateur, il y ait *apprehension de fait* de ladite chose donnée, qui vaut saisine *au préjudice du donateur & de ses heritiers.*

Cet article & le suivant, qui concernent la tradition de fait requise dans les donations entre-vifs, sont expliqués en général dans mon Traité des Donations, partie 1. chapitre 3. sect. 2. dist. 1. & 3. Il reste encore quelques difficultés, qui regardent en particulier le texte de cette Coutume, que nous examinerons ici.

Une maison, rente ou autre heritage.] Il y en a qui soutiennent que la saisine & l'appréhension de fait requise par cet article, ne sont point nécessaires à l'égard des donations universelles ; parce que ces mots, *une maison,* &c. sont conçus en termes singuliers ; mais ils s'abusent, & leur erreur est manifeste : d'autant qu'une universalité n'étant composée que de plusieurs singularités, la donation universelle n'est pas moins comprise sous la disposition de cet article, pour ce qui est des héritages & autres biens, qui en sont susceptibles, que la donation qui ne contient qu'un corps particulier.

Mais la saisine dont parle cet article, étant translative de propriété, elle ne peut s'entendre des donations qui ne sont faites qu'en usufruit. Et en conséquence il a été jugé par Arrêt intervenu en la cinquiéme Chambre des Enquêtes, au rapport de Monsieur du Laurent, en l'année 1661. qu'une donation de l'usufruit d'héritages situés sous une Coutume, n'étoit point nulle faute de saisine, conformémeut à deux actes de notorieté donnés par les Officiers des Présidiaux de Beauvais & de Senlis, produits au procès, entre Noel de Machy appellant, pour lequel j'avois écrit, contre Maîtres Pierre & Simon Hemets, Procureurs au Châtelet, & consorts, intimés, en infirmant la Sentence du Prévôt de Paris.

Toutes les donations faites par contrat de mariage sont aussi dispensées de la saisine & appréhension de fait, par les raisons qui sont déduites en mon Traité des Donations, part. 1. chap. 2. sect. 2. dist. 3. Et il a ainsi été jugé par Arrêt du 5. Janvier 1641. intervenu au profit de Jacques Vizar en la Coutume de Valois, semblable à la nôtre, en confirmant la Sentence des Présidiaux de Crespy, qui avoient infirmé celle du Juge de Boursonne.

Rente.] Ce qui s'entend des rentes réelles, & qui tiennent lieu de fonds & d'héritages, ainsi qu'il paroit par ces mots suivans, *ou autre heritage,* & non point de simples rentes constituées & personnelles, lesquelles de leur nature n'ayant point d'assiette particuliere sur aucun héritage, & leur subsistance principale résidant en la personne, ne sont point susceptibles de la saisine d'aucun Seigneur ; & ce qui saisit le donataire en cette occasion, est la signification qui est faite du contrat de donation au débiteur de la rente.

Le donateur se dessaisisse ès mains du Seigneur.]
Cette desaisine peut être faite par Procureur, n'é-
tant pas même requis que ce soit un Procureur
spécial ; de sorte qu'il suffit qu'elle soit faite par
le porteur du contrat, contenant clause générale
de desaisine , ainsi qu'il se pratique ordinairement :
d'autant que cette Coutume étant déja plus rigoureuse que le droit commun, soit Civil ou Coutumier, il n'en faut pas multiplier les formalités, ni
requerir une comparution personnelle de la part
du donateur , à laquelle cet article ne l'oblige
point particulierement.

Saisi.] Ce mot & celui de *saisine* sont généri-
ques , & comprennent également les fiefs avec
les rotures, quoique dans l'usage , par une espece
de subdivision , la saisine soit demeurée propre
pour les rotures, & celui d'inféodation pour les
héritages nobles.

Au reste, encore qu'en matiere d'insinuation,
étant faite par l'un de plusieurs donataires , elle
profite à tous les autres , lorsque les donations
leur sont faites par un même contrat ; parce que
l'Ordonnance ne reçoit autre chose, sinon im-
personnellement , que les donations soient insinuées ; ce qui fait qu'il n'est pas même nécessaire
que l'insinuation se fasse par l'un des donataires,
pourvû qu'elle se trouve faite par qui que ce soit ,
ainsi que nous avons fait voir en notre Traité des
Donations. Il n'en va pas de même à l'égard de la
saisine , d'autant que notre Coutume requiert spé-
cifiquement que le donataire soit saisi tellement
que si un contrat contient diverses donations faites au profit de plusieurs personnes, & qu'il ait été
ensaisiné à l'égard de quelques-uns seulement, il
demeure sans effet pour ce qui concerne les autres.

De même, si le donataire d'héritages dépendans
de diverses Seigneuries, se fait donner saisine par
une partie des Seigneurs, & négligée de la prendre des autres, la donation sera exécutée pour une
partie, & demeurera nulle pour l'autre, d'autant
que la saisine n'est point de la forme de l'acte, qui
à la vérité ne se divise point, mais de la donation ,
laquelle étant composée de parties intégrantes,
rien n'empêche que les unes ne puissent subsister,
& les autres demeurer inutiles.

Comme la saisine est de la solemnité, & même
en quelque façon de la substance de la donation,
il semble que l'on doive en induire que la donation ne pouvant être parfaite qu'après que la
saisine a été prise, les droits Seigneuriaux qui
sont dûs à cause de la mutation qui se fait de la
personne du donateur en celle du donataire, ne
peuvent être prétendus que par le Seigneur ou le
Fermier qui étoit au tems de la saisine, & non
point par celui qui étoit lors de la passation du
contrat : Néanmoins j'estime l'opinion contraire
plus véritable, par la raison que cessant la saisine,
la donation ne laisse point d'être accomplie entre
le donateur & le donataire ; & le donateur peut
être contraint à faire ou souffrir la tradition, soit
qu'elle doive être faite par voye réelle ou par
voye feinte. Et même apres l'acceptation, n'étant
plus en la liberté des parties de s'en desister, il n'y
a point de doute que le Seigneur ayant droit acquis dès ce tems-là pour les droits qui lui sont
dûs, à quoi la saisine ne peut apporter aucun changement, ne faisant que confirmer le contrat à l'é-
gard des tierces personnes.

Il n'y a point aussi de difficulté que si le Seigneur
est lui-même le donateur, il ne peut pas prétendre
les droits ausquels la Coutume a rendu les donations sujettes, qui est le relief en matiere des fiefs :
parce qu'en donnant il est censé avoir remis ses
droits pour cette fois , & avoir donné l'héritage
avec une libéralité entiere & sans restitution d'aucuns droits, si le contrat ne contient quelque condition contraire.

Je crois même que cette proposition doit être
augmentée , pour avoir lieu dans le cas de la saisine, & pour dire que le Seigneur ayant en cette
occasion les deux qualités de Seigneur & de donateur, en se dépouillant de la propriété de l'héritage au profit du donataire, il l'en revêt de
plein droit , & fait passer en sa personne la possession civile & la saisine, dont parle cet article ,
sans qu'il soit besoin que le donataire prenne
un acte particulier de saisine , qui se trouve dans
le contrat : d'autant que cette Coutume n'est pas
comme celles de Picardie , qui obligent les Seigneurs à faire un Registre des saisines & nantissemens pour les rendre publics, & les communiquer à ceux qui auront interêt de s'en instruire :
si bien que dans notre Coutume la plupart des
Seigneurs se contentent d'inscrire un simple acte
de saisine au bas du contrat , sans qu'ils en gardent aucune chose pardevers eux ; c'est pourquoi
il n'importe pas que la saisine soit dans le corps
du contrat, ou au bas par un acte séparé. Et de
fait, je trouve que cette question a été ainsi décidée par Arrêt de l'Audience de relevée de la
Grand'Chambre du 21. Mai 1648. rendu dans la
Coutume de Paris, qui requiert pareillement dans
l'espece du retrait lignager , que l'acquereur d'un
héritage propre prenne saisine du Seigneur , à
l'effet de pouvoir exclure le parent du retrait
après l'an & jour : Cet Arrêt ayant jugé que le
sieur Baron de Couvé ayant vendu un jardin dans
sa censive, l'acquereur n'avoit pû être assigné en
retrait à la requête du frere du vendeur apres
l'an & jour , à compter depuis la passation du
contrat , quoiqu'il ne contînt aucun acte particulier de saisine : De sorte qu'il demeure décidé par cet Arrêt, que le contrat de vente fait
par le Seigneur vaut ensaisinement ; ce qui doit
être étendu aux contrats de donations & autres semblables dans notre Coutume de Senlis,
puisqu'il ne s'y rencontre aucune raison de différence.

Il faut toutefois prendre garde que les deux dernieres résolutions que nous venons d'établir , ne
doivent avoir lieu, que quand le Seigneur ne transfere point sa Seigneurie , en donnant ou en vendant , mais seulement un héritage qui en dépend :
Car autrement les droits seroient dûs au Seigneur
supérieur , & ce seroit semblablement de lui que
la saisine devroit être prise ; tellement que l'on ne
pourroit point dire en ce cas que le contrat vaudroit saisine ; attendu que le donateur n'auroit pas
eu droit de la bailler, & encore mains qu'il auroit
tacitement remis des droits qui ne lui appartiennent pas.

Consentement.] Le consentement prêté par le
contrat est suffisant, puisque la Coutume n'en
requiert point de plus spécifique , & que les formalités , principalement les surabondantes , ne
doivent pas être multipliées ; de sorte qu'il n'est
point nécessaire que le consentement soit renou-
vellé pour la prise de possession : vû particulierement que le donateur ne peut point l'empêcher ;

ni révoquer la donation, depuis qu'elle a été une fois acceptée par le donataire, ainsi que nous avons dit ci-dessus.

Appréhension de fait.] C'est une question importante en cette Coutume de sçavoir, si cette derniere partie de notre article s'entend non-seulement de la possession actuelle, & de la jouissance continue du donataire; ou s'il suffit pour y satisfaire qu'il prenne une possession réelle, mais momentanée de l'héritage, *per ostium*, *per festucam*, ou par les autres voies, desquelles nous avons parlé en la dist. 1. de la sect. 2. du chap. 3. du Traité des Donations, dont il lui soit délivré un acte par une personne publique, en présence de laquelle la possession sera prise, qui puisse faire foi de cette appréhension de fait, pour faire qu'ensuite le donateur puisse jouir précairement de la chose par lui donnée; de sorte que l'acte ne fasse autre chose que changer le titre de la possession, comme fait la saisine, lorsque le donataire n'entre pas en une jouissance actuelle: Il semble que l'on pourroit dire que la Coutume ne parlant simplement que d'une appréhension de fait, sans désirer expressément la continuation de la possession, il n'y a point lieu d'y rien ajouter dans une matiere, en laquelle elle s'est rendue plus rigoureuse que le droit commun; & en conséquence que l'on peut soutenir en s'attachant aux termes de notre article & du suivant, qui contient la même disposition, que le donataire satisfait suffisamment à la Coutume, en prenant possession par un acte tel que nous avons expliqué, quoique le donateur continue de jouir par rétention d'usufruit, ou autre possession precaire. Et en effet, cet acte d'appréhension de fait rend la donation du moins autant publique que la saisine, & n'est pas tant sujette aux antidates & aux fraudes; vû que comme nous avons dit, le Seigneur n'est pas obligé de tenir Registre des saisines qu'il baille, & il suffit qu'elles soient signées par le Seigneur ou par son Receveur ayant pouvoir, sans que la présence d'une personne publique, ni même la signature des témoins y soient nécessaires, ce qui rend les saisines sujettes à une infinité de surprises.

J'estime pour mon particulier que cette opinion étoit conforme à l'esprit de la Coutume lors de sa rédaction, parce que c'est l'usage de notre ancienne Jurisprudence Françoise, de laquelle cette Coutume a beaucoup conservé de maximes. Mais cette pratique s'étant abolie par le tems, & ces actes d'appréhension de fait, tels que nous les avons décrits, étant inconnus dans la Province, de sorte que la Coutume par un commun consentement est présentement entendue de la jouissance actuelle seulement, je ne crois pas qu'il soit à propos de rien innover; vû que c'est l'usage, qui doit particulierement servir à expliquer nos Coutumes.

Au préjudice du donateur & de ses héritiers.] Et par une suite nécessaire au préjudice aussi des créanciers postérieurs, puisque la donation vaut & est translative de propriété en la personne du donataire, lorsqu'elle est accompagnée des formalités prescrites par cet article. Mais il faut observer à ce sujet qu'il y a cette différence entre l'insinuation & la saisine, qu'au lieu que par l'Ordonnance l'insinuation étant faite dans les quatre mois de la passation du contrat, elle a un effet rétroactif contre les créanciers intermédiaires, la saisine ne peut commencer son effet que du jour qu'elle a été prise: d'autant que la Coutume qui la rend nécessaire, n'accorde aucun délai, & qu'elle fait en quelque façon une partie essentielle de la donation, & l'insinuation n'est qu'une formalité extrinseque & accidentelle.

Enfin on demande à l'occasion de cet article, si l'acte de saisine ou d'appréhension de fait doit nécessairement être insinué, ou s'il suffit d'insinuer le contrat de donation sans la saisine? Si cette question étoit décidée dans la rigueur du raisonnement, il semble qu'il faudroit résoudre que l'acte de saisie seroit sujet à l'insinuation, aussi-bien que le contrat de donation: parce que la saisine fait une partie de la donation, & n'est pas moins essentielle dans cette Coutume, que la rétention d'usufruit dans la Coutume de Paris, ou autre semblable: de sorte que comme l'on ne pourroit pas soutenir avec apparence de raison, aux termes de la Coutume de Paris, qu'un acte de retention d'usufruit ou d'acceptation, lorsqu'il est fait séparément du corps du contrat, puisse être dispensé de la rigueur de l'insinuation, il y a grande apparence de dire que la même soi doit être gardée pour la saisine. A quoi il convient ajouter que le créancier qui contracte avec le donateur postérieurement à la donation, & qui a fait toutes les diligences possibles, en examinant les Registres des insinuations, pour connoître quels étoient les biens qui lui étoient hypoteques, ayant reconnu que la donation étoit imparfaite, n'a point fait de difficulté de contracter avec le donateur, sur ce fondement qu'il n'a vû qu'une donation qui ne pouvoit pas avoir lieu à son égard. Néanmoins il faut avouer que l'on ne s'est jamais avisé de cette subtilité, & que parmi un grand nombre de donations passées dans cette Coutume, & pour des biens qui y sont situés, dont j'ai eu communication en différentes rencontres, je n'en ai presque point vû dont les saisines ayent été insinuées; ce qui arrive par la considération de ce que les insinuations se faisant avec plus de facilité, que les saisines ne sont prises, les donataires se font ordinairement insinuer auparavant qu'ils ayent été ensaisinés: & comme les Praticiens de la Province ne s'étoient pas avisés de cette difficulté, ils n'ont point donné avis de faire insinuer séparément les actes de saisine, ou d'attendre pour faire l'insinuation que la saisine eût été prise, afin de faire insinuer le tout conjointement. Tellement que dans une matiere qui est déja rigoureuse de soi, & contraire au droit commun, & qui d'ailleurs n'est de nulle conséquence pour le public, attendu que la donation n'est point rendue plus publique que par l'insinuation de la saisine, je voudrois m'en tenir à l'usage, qui doit servir de loi en cette occasion, & à l'égard des autres dispositions extraordinaires de nos Coutumes, pour l'explication desquelles la Cour a coutume d'ordonner des enquêtes par turbes, lorsque l'usage est diversement articulé de part & d'autre.

On peut même dire que quoique la saisine fasse partie de la donation, elle ne fait pas néanmoins partie du contrat; & que l'on satisfait suffisamment à l'esprit de la Coutume, en faisant insinuer le contrat de donation. Ce qui se trouve appuyé d'une autorité considérable, tirée de la Loi 8. du Code Théodosien *de Donationib.* laquelle ayant rendu les donations sujettes à la nécessité de la tradition actuelle & de l'insinuation tout ensemble, elle décide dans la suite que l'insinuation peut être faite devant ou après la tradition. *Gestorum quoque confectionem sive ante traditionem, sive post traditionem fieri oportere : ut instrumentum quo continetur munificentia, apud acta publicetur.*

J'ai examiné dans mon Traité des Donations, part. 1. nomb. 586. & suivans, une autre question qui concerne encore cette Coutume : de sçavoir si l'insinuation peut équipoller à la saisine. *M. I. M. R.*

¶ *Du vivant du donateur.*] Je ne crois pas qu'une saisine prise à l'extrémité de la vie, puisse préjudicier aux créanciers, quoiqu'elle suffise à l'égard de l'héritier.]

CCXII.

Item, donner & retenir, comme dit est, ne vaut rien, posé ores que le donateur ait en soi retenu l'usufruit de la chose donnée, s'il n'y a dessaisine baillée par ledit donateur, & que le donataire en soit saisi & vêtu du vivant dudit donateur, ou que ledit donataire en ait pris ou apprehendé de fait la possession du consentement dudit donateur, qui vaut & équipolle à saisine, au préjudice d'icelui donateur & de ses hoirs.

NOUVELLE OBSERVATION.

¶ *Donner & retenir.*] Cette disposition de notre Coutume est contraire au nouveau Droit Romain en la Loy *si quis argentum*, §. *sed etsi quis*, *Cod. de Donationib.* où il est dit, *coarctari donatorem legis nostra autoritate tantum quantum donavit prastare*; au lieu que par le droit la donation n'étoit parfaite, & n'avoit aucun effet avant la tradition ; de telle maniere que l'hypotéque créée par le donateur entre la donation & la tradition, avoit lieu au préjudice du donataire ;] d'autant que la donation sans saisine n'étoit reputée d'aucun effet, *traditionibus dominium acquiritur*, *leg. qua ratione* 9. §. 3. *D. de acquir. rer. domin. leg.* 20. *Cod. de pactis.* Le contrat ne donnant aucun droit sur le fonds sans l'acte de saisine, d'autant que l'instrument n'est qu'une promesse nue, & qu'une simple promesse de donner n'est pas obligatoire aux termes de la Loi *tale* 40. *dig. de pactis*, & suivant l'opinion de Bartole sur la même Loi, *nulla saisina, nulla terra.* Schenæus *ad ll. Scot. lib.* 2. *cap.* 18. *v.* 5. Autre chose si la promesse étoit acceptée, & que l'action ait été intentée du vivant du donateur pour l'obliger à la tradition, comme nous avons remarqué sur les donations, pag. 200. de la derniere édition. ¶ On tient aussi qu'une donation par contrat de mariage ou onereuse, quoiqu'elle ne contienne pas de dessaisine ou tradition civile, oblige à la dessaisine, suivant Nicolaus Valla *de rebus dubiis*, *tract.* 2. *n.* 5. où il cite cette Coutume, qui ne s'entend que des donations simples & lucratives ; mais la clause de la dessaisine qui se met dans les contrats fait cesser la difficulté, & quand elle n'y seroit pas, l'apprehension de fait qui se fait du consentement du donateur, équipolle à la tradition réelle, à cause du consentement ; d'autant plus que toutes donations faites par contrat de mariage, même à autres qu'aux enfans, & au delà de la part à laquelle on devoit succeder, sont dispensées de la saisine ; & ainsi les donations où la saisine est absolument necessaire, sont celles où le donateur conserve la possession à titre d'usufruit ou de précaire.]

La clause par laquelle le donateur déclare qu'il ne possede que precairement au nom du donataire, ne suffit pas en cette Coutume sans saisine, non obstant la disposition de droit en la Loi *quod meo* 18. *dig. de acqu. poss.* qui veut que cette clause ait effet de tradition.

Comme cette Coutume exige la saisine & dessaisine, le contrat ne peut être parfait sans cette formalité : & si l'héritage venoit à perir auparavant la dessaisine du vendeur, le peril tomberoit sur lui, ¶ s'il étoit en demeure d'y satisfaire ; mais la procuration portée par le contrat suffit pour en charger l'acquereur, & pour faire courir l'année du retrait.]

Les donations en avancement d'hoirie sont dispensées de cette formalité, même au-delà de la part à laquelle on doit succeder. Il n'est pas aussi besoin de saisine pour les donations des biens que l'on aura au jour de son décès par contrat de mariage, au profit d'autres que des enfans. ¶ Il en est de même du titre sacerdotal consistant en héritages ; mais s'il étoit constitué par autres que ceux ausquels l'on doit succeder, il semble qu'il seroit sujet à cette formalité, en ce qu'il excede la somme portée par les Statuts du Diocese, parce que c'est une véritable donation à cet égard, que rien n'exempte des solemnités de la Coutume.

Lorsqu'il est assigné en rentes, il doit passer au nombre des dettes que nous appellons privilegiées qui n'ont pas besoin de saisine.

Le donateur ne peut pas révoquer faute de saisine ; mais si elle n'avoit pas été prise de son vivant, la disposition posterieure à la donation qu'il auroit faite, auroit lieu.]

L'apprehension se fait par des actes de proprietaire que doit faire le donataire, & non pas seulement par la délivrance de la possession, qu'auroit fait le donateur en presence de Notaires & de témoins, parce qu'il ne suffit pas que le donataire ait possedé *solo animo*, il faut qu'il ait joui actuellement & de fait aux termes de la Coutume ; toutefois il n'est pas nécessaire qu'il ait possedé par an & jour, ni par l'espace de dix ans, comme veulent certaines Coutumes, d'autant que la possession s'acquiert en un moment, quoiqu'il faille an & jour pour acquerir la saisine, ainsi qu'a remarqué Dumoulin sur l'article 96. de la Coutume de Paris.

¶ La reserve d'une partie de la donation pour en disposer, ne peut appartenir au donataire faute de disposition, n'y ayant pas eû de saisine du vivant, si la donation n'est par contrat de mariage : Mais si la donation n'étoit que d'une somme mobiliaire à prendre sur tous les biens, elle seroit reputée avoir fait partie de la donation, sans qu'il y ait eû de saisine.]

Si l'on avoit donné un Office, la tradition feinte suffiroit, comme la clause de rétention d'usufruit, parce que c'est un immeuble irregulier, & que la Coutume ne parle que d'héritage ou rente, & encore ne s'entend-elle que de la rente foncière, les autres n'étant sujettes à aucun Seigneur, ni les donations qui en sont faites susceptibles de saisine, pouvant être constituées sans héritages : mais il faut toujours une espece d'apprehension de fait, & il ne suffit pas que l'on ait delivré le contrat au donataire, il faut encore que le transport soit signifié au debiteur : & néanmoins par Arrêt du Mardy 12. Février 1664. au Rôle de Senlis, plaidans Charpentier & Berault, suivant les conclusions de Monsieur l'Avocat General Talon, la donation d'une rente avec retention d'usufruit a été confirmée.

Pour ce qui est des meubles, je crois que la prohibition de donner & retenir a lieu aussi à leur égard, & qu'ils doivent être specifiés par le contrat ou par inventaire, & que la donation de ceux que l'on aura au jour du décès, n'est qu'une donation à cause de mort.

☞ Quoique nous ayons dit que la saisine n'est pas necessaire pour la donation d'une rente constituée, néanmoins elle n'a pas le privilege de l'hypotéque à l'effet de préferer les rentes non ensaisinées, si elle n'est pas accompagnée de saisine : la donation d'une rente constituée avec reserve de la jouissance n'est pas sujette à signification au debiteur de la rente, lorsqu'elle se trouve *in bonis* au tems de la mort ; parce que cette Coutume n'ayant requis la saisine que pour les heritages & rentes foncieres, la tradition de droit suffit pour les autres immeubles, à l'egard desquels la retention d'usufruit équipolle à saisine, suivant la Loi *quadam* 77. *dig. de rei vindicat.* confirmée par l'article 275. de la Coutume de Paris.

¶ Il faut que la personne qui donne la saisine sçache signer ; & sa marque ne suffit pas, quoique les deux témoins ayent signé. Il faut en ce cas donner procuration devant Notaires pour donner les saisines.]

C C X I I I.

Item, quand aucun est avantagé par donation entre vifs, de pere ou mere, tant en mariage qu'autrement, tel avantagé se peut tenir au don & transport à lui fait, sans ce qu'il puisse être contraint rien rapporter en commun entre ses freres & sœurs, ou autres ses coheritiers ; mais s'il veut venir à la succession d'icelui donateur comme son heritier, faut qu'il rapporte ce qui lui aura été donné & transporté, ou moins prendre, autrement il ne pourra rien prendre à ladite succession : néanmoins audit cas, tel avantagé en soi tenant audit avantage, sera tenu de suppléer à ses autres freres & sœurs, jusqu'à la concurrence de leur légitime, si le reste desdits biens n'étoit suffisant pour ladite légitime, & quant à ce seront lesdits biens donnés & avantages dès-lors affectés & hypotequés, jusqu'à la concurrence d'icelle légitime.

C C X I V.

Item, quand aucun a donné aucun heritage, soit en fief, ou roturier, & ledit *don est récompensatif*, le donataire est tenu dedans quarante jours avertir & faire apparoir à sondit Seigneur de son don, en payant le quint denier de l'estimation de la chose donnée, & le droit de chambellage, & en faire la foi & hommage, excepté ès Châtellenies de Chaumont & Pontoise, esquelles il est dû droit de relief simplement, avec le droit de chambellage ; & s'il est roturier, il est tenu dedans quarante jours en payer les droits de vente, qui est pour seize sols parisis, *seize deniers parisis*, avec les droits de saisine, sur peine de soixante sols parisis d'amende, lequel droit de saisine est de cinq sols parisis au plus, & dessus, selon la Coutume des lieux.

Don recompensatif.] Non-seulement de ce qui a été fait par le passé, mais aussi de ce qui est stipulé à faire, & pour raison de quoi il conviendroit payer les salaires du donataire.

Au reste, cet article ne doit pas s'entendre indistinctement toutes fois & quantes qu'il y a énonciation générale en un contrat de récompense de services, d'autant que c'est une clause ordinaire de Notaire, qui ne se met souvent qu'accessoirement, *& dicis causa*, λόγου χάριν, pour rendre la donation considerable. Mais il est nécessaire pour faire que cette disposition ait lieu, que la récompense soit légitimement dûe, & que le donataire ait droit d'en faire action ; de sorte qu'à vrai dire, le contrat est une vendition déguisée, & que nos Jurisconsultes appellent *donatio facta venditionis causâ*, étant apparent que l'esprit de notre Coutume n'est d'exiger les lods & ventes & le quint denier, que des contrats de vendition & équipollens à vente.

Seize deniers parisis.] Ces mots du texte de notre article ne se trouvent, ni aux impressions récentes, ni même en l'original qui est au Greffe de la Cour, mais seulement dans les anciennes impressions ; & quoi qu'il en soit, cessans ces mots, le sens de cet article n'est point fait. *M. J. M. R.*

NOUVELLE OBSERVATION.

☞ Pour ce qui est de la donation *sub modo* à la charge d'une pension par chacun an, il semble que les droits ne sont dûs qu'à raison de ce à quoi la charge peut être estimée ; ¶ mais ils ne sont pas dûs en directe.]

¶ Par Arrêt du 30. Janvier 1691. en l'Audience

de la Grand-Chambre, au cinquiéme Tome du Journal des Audiences, jugé que les droits étoient dûs d'une donation où il y avoit clause, que tous contrats & actes entre les parties demeureroient nuls, attendu qu'il y avoit eu un compte fait la veille entre le donateur & le donataire, qui étoit neveu, où il y avoit quittance & extinction d'une rente.

Il en est de même en ligne directe, où les droits ne se payent pas de ce qui est donné en payement à un enfant, ou de ce qui est donné en argent par un des enfans à un autre par accommodement de famille, pourvû que ce ne soit pas après le partage.]

C C X V.

Item, en simple donation d'heritage noble & tenu en fief, n'en est dû quint ne requint, mais seulement relief, c'est à sçavoir une somme de deniers, ou le revenu d'une année prise en trois, ou le dit des *Pairs*, comme dit est, avec le droit de Chambellage, qui est de vingt sols parisis; & en heritage roturier, n'en est dû ne vins ne ventes: mais le donataire doit prendre la saisine du Seigneur dedans les quarante jours de ladite donation, sur peine de soixante sols parisis d'amende.

Pairs. Pairs & compagnons *in art.* 95. *compares, convassalli. Pares domus, sive Curtis, sive Curia: Et ii dicuntur qui ab eodem domino, eademve domo feuda tenent, ut videre est in libris feudorum passim, maxime tit. 2. cap.* 28. M. J. M. R.

C C X V I.

Item, quand à diverses personnes a été donné, ou vendu, un heritage en fief, ou roturier; celui qui premier aura été saisi dudit heritage, mis & reçû en foi & hommage, ou d'icelui heritage, aura eu apprehension de fait (qui en ce équipolle à saisine) au sçû & consentement du donateur ou vendeur, sera préféré audit heritage donné ou vendu, posé ores qu'il soit le second donataire ou acquesteur, & a le plus clair droit.

C C X V I I.

Item, aucun ne peut disposer de son propre par testament & ordonnance de derniere volonté au préjudice de ses heritiers, fors & excepté *du quint*, lequel il peut donner à l'un ou à plusieurs de ses enfans, non venans à sa succession, ensemble ses meubles, acquêts & conquêts, pourvû toutefois qu'aux autres enfans leur légitime demeure.

NOUVELLE OBSERVATION.

¶ *Du quint.*] Nonobstant la restriction portée par la Coutume, les institutions d'héritiers par contrats de mariage ont effet pour toute la succession, encore qu'elles participent de la donation à cause de mort, ainsi qu'il a été jugé en faveur de Monsieur le Duc de Chevreuse, par Arrêt du 30. Août 1700. rapporté au Journal du Palais avec les Consultations & Mémoires.]

C C X V I I I.

Item, ledit testateur peut donner sondit quint à quelque personne que ce soit, autre que le mari à la femme, & la femme au mari, ensemble ses meubles, acquêts & conquêts, pourvû qu'il n'y ait aucuns enfans.

C C X I X.

Item, un testateur peut donner par testament & ordonnance de derniere volonté, à quelque personne que ce soit, autre que le mari à la femme, & la femme au mari, ses meubles, acquêts & conquêts, soit qu'il y ait enfans, ou non, pour en jouir à toujours: réservé toutefois la légitime aux enfans, si à ce l'heritage propre ne peut fournir.

C C X X.

Item, quand aucun a donné, vendu, ou legué aucun heritage à l'*Eglise*, soit en augmentation du divin Service, ou autrement, le Seigneur de qui est tenu ledit heritage ainsi donné, vendu ou legué, peut contraindre les donataires, acheteurs, ou légataires, *mettre hors de leurs mains* ledit heritage ainsi donné & vendu que dit est, dedans l'an & jour que tel don ou transport sera venu à sa connoissance: & seront tels donataires, acheteurs, ou légataires contraints le mettre hors de leurs mains en dedans l'an & jour de la sommation & commandemens à eux faits par tels Seigneurs.

L'Eglise.] *Idem* des autres gens de main-morte, vû qu'il y a parité de raison, & qu'ils sont encore moins favorables.

Mettre hors de leurs mains.] Si ce n'est que les gens de main-morte n'ayent obtenu Lettres d'amortissement du Roi, auquel il appartient par la police générale de l'Etat de dispenser les Communautés de posseder des héritages, jusqu'à la concurrence de leurs nécessités : C'est pourquoi lors de la rédaction de la Coutume en l'année 1506. le Procureur du Roi à Senlis s'opposa à cet article. Et ainsi les Ecclésiastiques ayant obtenu Lettres d'amortissement du Roi, le Seigneur est réduit à son intérêt particulier ; & n'a action que pour poursuivre son indemnité, en prenant un homme vivant & mourant, ou en se faisant dédommager en deniers, ou autrement.

NOUVELLE OBSERVATION.

☞ Les gens de main-morte doivent exhiber au Seigneur leur titre dans quarante jours, sinon il peut faire saisir & exploiter en pure perte les fiefs mouvans de lui, & faire établir Commissaires pour les rotures.

Le contrat doit être laissé entre les mains du Seigneur, qui peut déclarer s'il entend user de retenue : si les héritages ont été amortis, le Seigneur n'a qu'un an pour agir contre l'acquereur pour lui faire vuider ses mains : mais il y a trente ans pour demander l'indemnité, & même quarante ans, si c'est en faveur de l'Eglise. Il est au choix du Seigneur au lieu de l'indemnité de demander homme vivant & mourant. L'indemnité étant payée, il n'est plus besoin d'homme vivant & mourant ; mais à chaque mutation de Seigneur l'on sera tenu de lui faire la foi & hommage, & de bailler dénombrement, & une déclaration censuelle pour les rotures. Mais si le droit d'indemnité étoit prescrit, il faudroit donner homme vivant & mourant pour la foi & hommage, & se dénombrement.

A chaque mutation de l'homme vivant & mourant il est dû le revenu d'une année pour les fiefs, & l'on prétend qu'il n'est dû que les deux tiers du revenu d'une année pour les rotures.

Il est encore dû quelque récompense pour la décharge des droits de confiscation, aussi-bien que pour les autres droits de Justice que perd le Seigneur.

CCXXI.

Item, le droit de puissance paternelle n'a point de lieu audit Bailliage.

Cet article & les autres semblables de quantité de nos Coutumes, qui disposent de même, sont conformes à la glose d'Accurse, aux Instituts *de patria potest.* §. 1. où il dit, *Francigenas à patria potestate prorsus esse absolutos*, laquelle glose est alleguée par tous les Docteurs, & Jason la tient singuliere, pour montrer que le Roi de France est indépendant de l'Empire Romain. Ce n'est pas pourtant que parmi nous les peres n'ayent puissance sur leurs enfans, cela seroit contre le droit naturel, *vis & lex natura semper in ditione parentum esse liberos jussit, veluti inter pecudes, se inter homines potestatem & imperium valentioribus dedit*, dit Pline *in Panegyrico Trajani*. Et cette puissance a toujours été réputée sacrée : d'où vient que le mot *sacra*, *plurativo numero*, se prend en Droit *pro patria potestate*, *remanere in sacris*, *retineri in sacris*, *l. filie licet*, *C. de collationib. l. cum oportet*, *C. de bonis qua liberis*. Mais c'est d'autant que cette puissance paternelle n'est point telle parmi nous, ni de tel effet que chez les Romains. *M. J. M. R.*

TITRE XI.

De Retrait d'heritage lignager.

CCXXII.

Quand aucun a vendu, ou autrement cedé & transporté par titre onéreux équipollent à vendition, son propre *heritage*, à personne étrange de son lignage, du côté & ligne, dont lui est venu & échû *par succession* ledit propre heritage ainsi vendu que dit est, il est loisible au parent lignager dudit vendeur, du côté & ligne dont est venu & échû ledit heritage, de requerir & demander par retrait lignager ledit heritage, *dans l'an & jour que ledit acheteur ou acquesteur en sera saisi*, s'il est tenu en censive, ou qu'il ait été reçû en foi & hommage, s'il est tenu en fief, en remboursant ledit acheteur du sort principal, & des loyaux coutemens.

Heritage.] Quoique ce mot *heritage* soit pris ordinairement en nos Coutumes pour toutes sortes d'immeubles, aussi-bien que pour le fonds de terre ; d'autant que lors de leurs premieres rédactions le mot *immeuble*, n'étoit presque pas en usage parmi nous, ne se trouvant en aucun article de cette Coutume, & Philippe de Beaumanoir, qui a fait un ample volume de toute la Pratique, ne s'en est servi en aucun endroit de son livre, par lui composé en l'an 1283. de sorte que nos Coutumes n'ayant gueres employé que ces deux mots, *meubles* & *heritages*, en opposant l'un à l'autre, & signifiant tout ce qui n'est pas meuble par ce mot *heritage*, que nous avons coutume de comprendre sous la dénomination de ce mot tout ce qui passe parmi nous pour immeuble : néanmoins dans le sens de notre article le mot *heritage* doit être pris plus proprement pour le fonds de terre, & la rente fonciere, comme l'explique l'article 129. de la Coutume de Paris ; d'autant que le rétrait étant de droit étroit, & n'y ayant d'ailleurs lors de son introduction que ces deux espéces de bien qui passassent pour immeubles, il ne doit pas être étendu aux autres qui sont depuis survenues : joint qu'il y auroit quelque sorte d'incongruité d'admettre l'action de retrait en un Office ou en une rente, qui sont les autres espéces de biens que nous faisons passer au rang des immeubles.

Par succession.] Ou par toute autre voye qui équipolle à succession, & qui fait qu'un heritage est propre en la personne de celui qui le possede, comme pour cause de donation en ligne directe, que nous considerons comme une succession avancée.

De même le retrait a lieu, si celui qui a eû un heritage par retrait, vient à le revendre à un autre qui ne soit pas de la ligne, ainsi qu'il a été jugé en cette Coutume par Arrêt du 7. Septembre 1570.

Et passant même plus outre, je suis dans ce sentiment, que tout ce qu'acquiert un lignager de son parent, soit à titre lucratif ou onereux, & qui eût été sujet au retrait, s'il eût été vendu en la personne d'un étranger, qu'il y sera aussi sujet lorsqu'il sera mis hors de la ligne par ce lignager acquereur. *Ex hoc ex nova & antiqua causa con-*

junctim ; d'autant que la raison pourquoi le retrait n'a eu lieu au premier cas, procede de ce que l'heritage aliené n'étoit pas hors de la ligne, laquelle raison cessant au moyen de cette seconde aliénation, les lignagers doivent rentrer en leurs droits.

Dans l'an & jour que l'acheteur en sera saisi.] En vente faite par le Seigneur, le retrait court du jour du contrat, l'aliénation faite par lui, valant saisine ; ainsi jugé par Arrêt donné en l'Audience des aprésdinées, le vendredi 22. Mai 1648. touchant la vente d'un jardin & d'une piéce d'heritage, faite par le sieur Baron de Couvé, Seigneur de Saint Brice, & situés dans le detroit de sa Seigneurie, contre son frere, qui demandoit d'être reçu au retrait.

Les articles 211. 212. & 216. ci-dessus, portent que l'appréhension de fait équipolle à la saisine, en conséquence de quoi on demande si leur disposition doit avoir lieu au sujet de cet article, & en matiere de retrait : Il faut répondre pour la négative, parce que ces articles sont particuliers pour les cas dont ils parlent : L'article 216. contenant même ces mots, *quant à ce*, & les autres ajoûtent, *au préjudice du donateur & de ses heritiers*, ce qui les rend spécifiques. Et d'ailleurs, il paroit par le texte de notre article, qu'il requiert expressément, que l'acquereur se soit fait saisir par le Seigneur, ou les Officiers, en ce qu'il distingue la saisine d'avec l'inféodation, & désire la premiere pour les rotures, & l'autre pour les fiefs. *M. J. M. R.*

NOUVELLE OBSERVATION.

An & jour.] Quoique le terme *à que* ne soit pas ordinairement compris dans le terme, néanmoins en matiere de retrait, le jour de la saisine est compté dans l'an & jour, suivant plusieurs Jugemens rapportés par Lelet sur l'article 319. de la Coutume de Poitou ; & partant que le contrat ayant été ensaisiné le 20. Decembre 1644. il n'étoit plus tems de faire assigner le 21 Decembre 1645. d'autant que dans une même année on ne compte pas deux fois le 20. Décembre.

En quelques Coutumes, comme en celle de Normandie, il suffit d'assigner dans le jour civil, qui dure jusqu'à minuit ; mais dans le Parlement de Paris on a égard au jour naturel & solaire ; partant il faut assigner avant six heures en hyver, & en été jusqu'au soleil couché.

Le jour intercalaire de l'année bissextile n'augmente pas le nombre des jours de l'année, & est compris dans l'an & jour. *Leg. 98. de verbor. signif.*

L'acquereur peut être évincé par retrait dans les trente ans pour le défaut de saisine du contrat de son vendeur. Néanmoins si l'acquereur avoit été ensaisiné, il ne peut pas être évincé après l'année. Si l'heritage dépend de plusieurs Seigneurs, dont un seul a donné la saisine, l'an du retrait doit courir du jour de la premiere saisine ; au lieu que si ce sont differens heritages tenus de differens Seigneurs, les diligences faites à l'égard de l'un, ne doivent nuire à l'autre.]

CCXXIII.

Item, le lignager qui requiert & demande l'heritage, ainsi vendu que dit est, est tenu d'offrir à l'acheteur *bourse & deniers*, & à parfaire pour ledit pur sort principal, & loyaux coûtemens, & continuer à *chacune journée & assignation*, procedant que ladite cause sert, jusqu'à contestation faite en cause ledit jour inclus, ou consigner en main de Justice *ledit argent*, si le défendeur, qui est acheteur, ne consent lesdites offres être faites une fois pour toutes : autrement ledit retrayant est déchû de sadite action en matiere de retrait : Et où l'acheteur acquiesceroit aux offres, le retrayant est tenu fournir à sesdites offres *dedans vingt-quatre heures ; alias*, il est aussi déchû dudit retrait.

Bourse.] Ce mot *Bourse*, doit être entendu de tout ce qui contient argent en forme de bourse, comme un sac ou autre chose de cette qualité.

Deniers.] C'est un terme général qui comprend toutes sortes d'espéces de monnoye, ainsi qu'il a

été jugé par Arrêt du 9. Avril 1612. & de fait, cet article dans la suite voulant signifier la même chose, se sert du mot argent.

Chacune journée.] De la cause principale, & non point d'appel, puisque la Coutume ne le requiert point expressément ; la cause d'appel se devant juger *ex actis primæ instantiæ*, comme dit M. Charles Dumoulin sur la Coutume de Troyes, article 151. & sur celle de Bourbonnois, article 428.

Et assignation.] Cette Coutume dit plus que celle de Paris, qui se contente, article 140. que les offres soient faites à l'ajournement & à chacune journée de la cause ; en conséquence de quoi l'on tient qu'il n'est point necessaire de faire ces offres aux autres assignations, comme aux significations des avenirs : mais cette Coutume portant expressément que les offres seront faites à chacune journée & assignation, il n'y a point de doute qu'il faut qu'elles soient réitérées en chacune expedition & signification.

Ledit argent.] Cela ne se peut entendre que de l'argent offert & non du prix principal, puisque le retrayant est reputé l'ignorer, n'y ayant pas encore eu communication de contrat. Aussi cette Coutume ne parle-t-elle en cet endroit, que pour être déchargé de continuer les offres ; mais il faut en tout cas que l'acte de consignation contienne l'offre de parfaire. *M. I. M. R.*

NOUVELLE OBSERVATION.

☞ Dans l'ancienne Coutume, les offres se réiteroient jusqu'à la fin de la cause, & j'ai une Sentence rendue le 9. Avril 1537. deux ans avant la derniere réformation de la Coutume, par Maitre Jean Simon mon trisayeul, Lieutenant de la Justice du Chapitre, laquelle contient les moyens des parties, & où il paroit que les offres avoient été faites à chacune journée & assignation. Mais les Etats ont sagement arrêté que l'on n'y seroit tenu que jusqu'à contestation.

Journée servante & assignée, suivant les termes de nos Coutumes, c'est à-dire, aux jours esquels l'on doit avoir expedition.

L'on observe de faire les offres au jour de l'échéance marquée par l'exploit, quoique l'on ne puisse prendre son expédition que depuis

Néanmoins avant que le défendeur ait constitué Procureur, il semble que la comparution & les offres soient inutiles, n'ayant pas encore d'adversaires en état de se défendre : l'on n'a pas eû d'égard au Comté de Beauvais à cette omission, mais l'on en a interjetté appel au Parlement.

Il n'est pas necessaire d'offrir par l'appointement de rétention de la cause, ne s'y agissant que de la Jurisdiction, comme l'on peut voir dans le Ve. Arrêt 124.]

¶ Cet article ne porte pas deniers à découvert, ainsi il n'est pas besoin de les montrer.]

CCXXIV.

Item, retrait lignager n'a point de lieu, quand un heritage venu de propre est donné, ou échangé but à but, *sans soulte à l'encontre d'autre heritage,* & quand ledit échange est fait sans dol ou fraude.

Sans soulte.] Cet article dispose bien, quand le retrait n'a point lieu en échange ; mais il ne specifie pas les cas ausquels il est reçu. D'où il semble que l'on peut tirer cette consequence, qu'il doit être admis en tous les cas qu'il n'est pas rejetté, & que la Coutume disant que le retrait n'a lieu en échange fait but à but & sans soulte, il s'ensuit qu'il a lieu dès lors qu'il y a la moindre soulte, vû que c'est une maxime & regle de droit, que *exclusio unius est admissio alterius.*

Néanmoins, quoique l'article soit conçu par une négative, je n'estime pas que l'on puisse de cette sorte en tirer une affirmative, pour en conclure le contraire : mais que les cas pour l'affirmative n'étant point particulierement exprimés, qu'il en faut tirer la décision des autres articles de notre Coutume & du droit commun.

Et premierement, si nous considérons le premier article de ce titre, qui contient une description generale des cas ausquels il peut y avoir retrait, il dit qu'il a lieu, quand aucun a vendu, ou autrement cedé & transporté à titre onereux équipollent à vendition. Voila la décision générale pour les cas où il échet retrait ; & ce qui suit dans les autres articles pour raison de ce chef, n'est que l'interprétation de cette maxime générale, qui ne veut dire autre chose, sinon que le retrait n'a lieu qu'aux contrats de vente & équipollens à vente, désignant par ces derniers mots, que pour considerer la nature & la veritable qualité d'un contrat, il ne faut pas s'arrêter à sa forme & au déguisement que les parties lui ont donné, mais à ce qu'ils ont fait dans la verité : & ainsi lorsque l'on est en peine de sçavoir, si le retrait a lieu en échange dans cette Coutume, il faut considerer si c'est un véritable échange, ou s'il dégénere en vente, pour dire qu'au premier cas il en est exclus, & au dernier qu'il y a lieu ; & c'est ce que veut faire cet article, de séparer le véritable échange d'avec le supposé.

Pour faire ce discernement, il faut avoir égard à l'article 19. de la Coutume de Clermont, qu'il est d'autant plus équitable de suivre en cette Coutume, qu'elle est voisine & fondée dans la raison ; cet article étant établi sur une maxime générale, qui dit que les contrats sont dénommés selon la qualité qui prédomine en eux, *arg. l. Sancimus,* §. *ne autem, C. de donationib.* Et cet article porte. *En matiere d'échange où il y a soulte, s'il y a soulte excedant ou venant à égalité de la valeur de l'heritage baillé en contr'échange, tellement que le contrat participe autant ou plus de vendition que d'échange ; en ce cas, si l'heritage étoit propre à celui qui auroit pris ladite soulte, tel heritage sera sujet à retrait pour ladite soulte, & pour la valeur dudit heritage baillé en contr'échange selon la commune estimation d'icelui, & où ledit contrat participeroit plus d'échange & de permutation que de vendition, en ce cas tel heritage propre écherra en retrait lignager.*

Cette disposition ne partage pas un heritage comme font les autres, contre l'esprit du retrait, qui est de conserver les heritages avec splendeur dans les familles : mais elle considere un contrat pour le tout, comme un échange, ou comme une vendition, eu égard & suivant la qualité qui s'y trouve la plus puissante ; de sorte que s'il y a plus d'argent que d'héritage, le contrat passe comme vente pour le tout, & l'héritage est censé avoir été donné en estimation ; au lieu que si l'héritage excede, on le considere comme principal, & l'argent comme accessoire, suit sa nature : de sorte que le tout en ce cas passe pour échange.

Aussi de l'autre côté s'y trouve-t-il une injustice & une inégalité fort considérable, en rejettant le retrait pour le tout, si l'héritage excede l'argent, & en ne l'admettant que pour partie, si l'argent excede l'héritage : d'autant que de deux choses l'une, ou l'excès de l'une ou de l'autre espéce en un contrat, le rend de differente nature, ou d'une même. Si cet excès se fait d'une même qualité & nature, ce doit être autant d'un côté que de l'autre, & les contraires doivent recevoir une même disposition chacun à leur égard ; & suivant ce, le retrait doit être admis pour le tout, si le contrat est considéré comme vente, ou rejetté pareillement pour le tout, s'il passe pour échange : si au contraire les differentes espéces des choses qui entrent dans le contrat, le rendent de différente qualité, soit que l'un ou l'autre excede, le contrat étant une vente en partie, & un échange en partie, il faut admettre le retrait en ce qui est vente, & l'exclure pour ce qui est échange, puisque c'est la regle de nos Coutumes.

Et parceque l'on fait une objection, que la Coutume décidant que le retrait n'a point lieu en échange fait but à but, il s'ensuit par la raison contraire qu'il y a lieu, lorsque l'échange n'est pas fait but à but, & qu'il y a moins d'argent que d'héritage, cela ne se trouvera pas vrai dans un raisonnement exact : car la Coutume disant que le retrait n'aura pas lieu en un échange fait but à but, elle a voulu designer un échange parfait & veritable ; de sorte que pour trouver quelque chose d'opposé & de contraire à cet échange, auquel le retrait doive avoir lieu, il faut qu'elle dégenere entierement du contrat d'échange ; ce qui ne se rencontre pas, sinon lorsque la soulte excede l'héritage échangé, qui est ce que nous avons établi ci-dessus.

Mais encore que cette opinion soit la plus veritable dans un raisonnement exact & de rigueur ; néanmoins j'estime que par équité il est à propos de suivre la disposition de l'article 145. de la Coutume de Paris, qui porte : *En échange, s'il y a soulte excedante la valeur de la moitié, l'héritage est sujet à rétrait pour portion de la soulte, mais si la soulte est moindre que ladite moitié, il n'y a lieu au retrait.*

Et de fait, à l'égard de la premiere partie de cet article, qui dit y avoir lieu au retrait *pro rata* de la soulte, lorsqu'elle excede la valeur de la moitié de l'héritage baillé en contr'échange ; l'équité est toute entiere, de ne donner le retrait qu'à proportion de la soulte, parce qu'autrement le copermutant sur lequel le retrait seroit fait pour le tout, suivant l'autre opinion, souffriroit une injustice évidente, en ce que son dessein ayant été d'acquérir, & non pas d'aliener, il seroit neanmoins contraint de se voir privé, non-seulement du plus grand héritage qu'il auroit reçu en contr'échange, mais aussi du moindre qu'il a baillé ; de sorte qu'il est juste de lui laisser du moins l'héritage qu'il a reçu en échange jusqu'à la concurrence de celui qu'il a baillé. En second lieu, les lignagers sont sans aucun intérêt, parce qu'en ce cas l'héritage qui a été baillé en contr'échange à leur parent, lui tient lieu de propre, suivant l'art. 123. ci-dessus, & s'il le vend, ils pourront le recouvrer par le retrait.

Quant à la seconde partie de l'article de la Coutume de Paris, qui dit que si la soulte est moindre que la moitié, il n'y a point lieu au retrait, bien que posé la premiere de la façon qu'elle est établie par cet article, cette seconde dans la rigueur ne soit point fondée en raison, comme nous avons dit ci-dessus : néanmoins, attendu que cet établissement de la premiere partie n'est pas fondé sur un principe général, mais en une exception pour un cas favorable, & à cause des inconveniens qui s'en ensuivroient du contraire, il ne faut pas la tirer à conséquence à l'égard des autres décisions ; mais il faut demeurer dans le principe par nous établi en la premiere opinion, par laquelle nous avons dit que quand la soulte est moindre, le contrat passe entierement pour un échange ; & ainsi qu'il n'y a point lieu au retrait.

Contre héritage.] C'est-à-dire, contre chose immobiliaire, suffisant qu'il n'y ait point de vente : & comme nous avons remarqué ci-dessus, ce mot d'*héritage* est pris en plusieurs endroits de cette Coutume pour celui d'*immeuble*.

Un particulier de la Ville de Compiegne vend une maison située en la même Ville, à la charge de cinquante livres de rente non rachetable, par chacun an, & sept cens livres pour une fois payer ; l'acheteur ayant présenté son contrat aux Religieux de Sainte Cornille de Compiegne, qui étoient les Seigneurs de la Maison, pour l'ensaisiner, ils lui déclarent qu'ils entendent retenir à eux la maison par droit de retrait censuel, qui a lieu dans cette Coutume. Sur quoi y ayant eu contestation portée pardevant le Juge des lieux, il rendit sa Sentence, par laquelle sur la demande en retrait les parties furent mises hors de Cour & de proces, dont les Religieux ayant interjetté appel, & après que la cause eût été plaidée en l'Audience de la Grand'Chambre, de relevée, par les Avocats des Parties, même par celui du vendeur, qui étoit intervenant, Monsieur l'Avocat General Talon dit, que la question étoit de sçavoir si le retrait censuel introduit par la Coutume de Senlis, pouvoit avoir lieu au sujet du contrat dont il s'agissoit : que l'intimé soutenoit la négative, sur ce qu'il disoit, que la Coutume n'admettoit le retrait qu'aux contrats de vente, ou équipollens à vente ; que celui-ci n'étoit pas de cette qualité, mais un bail à rente non rachetable, non sujet à retrait, sans que l'on pût tirer avantage de la soulte, parce qu'étant moindre que la rente, elle ne changeoit pas la qualité du contrat principal, conformément à ce que la Coutume de Paris l'avoit décidé à l'égard de l'échange, lorsque la soulte étoit moindre, & que Maître Charles Dumoulin l'avoit ainsi resolu sur la Coutume d'Angoulême. Mais qu'il ne falloit pas argumenter en cette occasion de l'échange au bail à rente ; parce qu'il y avoit deux raisons particulieres, pour lesquelles le retrait n'avoit point lieu en matiere d'échange ; lorsque la soulte étoit moindre que l'argent déboursé : l'une, que la famille avoit un autre heritage subrogé au lieu de celui qui avoit été aliené : & la deuxième, que l'heritage n'ayant pas été estimé, l'évaluation en seroit difficile, lesquelles considerations ne se rencontrent pas au bail à rente ; & d'ailleurs que les termes de la Coutume de Senlis étoient en cette occasion avantageux pour le retrait, non seulement en ce qu'ils n'excluoient le retrait en matiere d'échange, que lorsqu'il est fait d'heritage à heritage ; mais encore en ce qu'admettant le retrait par un article général en tous contrats onereux & de vente, ou equipollens à vente, ils n'exceptent ensuite que la donation & l'échange. Davantage, qu'il y avoit plusieurs circonstances dans le contrat, qui marquoient que l'intention des parties avoit été de faire une vente, qu'ils s'étoient servis de ces mots, *vendu, cedé, transporté, dessaisi du fonds, propriété & saisine.* Que l'intervention du vendeur n'étoit point considérable, d'autant qu'il devoit prévoir, lorsqu'il a traité de sa maison, qu'elle seroit sujette à retrait : mais qu'il étoit sans interêt au moyen de ce qu'il avoit reçû sept cens livres, & que l'heritage répondoit de la rente. Sur quoi intervint Arrêt le Vendredy 16. Fevrier 1657. par lequel en infirmant la Sentence t l'acquereur a été condamné de délaisser par retrait censuel la maison dont étoit question, aux Religieux de sainte Cornille, en payant la somme de sept cens livres, en continuant la rente, & remboursant les impenses & ameliorations, si aucunes y a, sans dépens. *M. J. M. R.*

CCXXV.

Item, en matiere de retrait n'est pas requis que le retrayant soit tenu & réputé, le plus prochain en degré de ligne au vendeur, mais suffit qu'il montre & enseigne suffisamment qu'il est parent & lignager dudit vendeur, du côté & ligne dont est venu ledit heritage vendu par succession audit vendeur, & est tel lignager préferé à un autre plus prochain, s'il intente sadite action de retrait le premier.

NOUVELLE OBSERVATION.

¶ On doute encore en cette Coutume s'il n'est pas nécessaire qu'un heritage ait une fois souché en directe, pour être sujet au retrait : Néanmoins il semble que la disposition de la Coutume de Paris conforme à l'opinion de Dumoulin, doive l'emporter, pourvu que l'heritage ait passé au-delà du premier héritier de l'acquereur : car au-paravant on ne peut pas dire qu'il soit paternel ou maternel, quoiqu'il soit propre : Ainsi il est necessaire, pour faire ligne, qu'il ait passé en directe à l'héritier du collateral qui y a succedé, pour donner lieu au retrait en faveur des parens du côté de l'acquereur.]

CCXXVI.

Item, si un Seigneur féodal a retenu & réuni à sa table par puissance de Seigneurie, aucun Fief, Terre ou Seigneurie tenu de lui, ainsi vendu, comme dit est, par son vassal, ledit Seigneur féodal est tenu de laisser par retrait lignager, au parent du vendeur, du côté & ligne dont est venu & échû par succession dudit heritage, Fief, Terre & Seigneurie, ainsi vendu que dit est, en venant dedans an & jour de ladite retenue & réunion faite par ledit Seigneur féodal audit Fief, Terre & Seigneurie, ainsi vendue que dit est, en lui offrant par ledit parent, bourse & deniers, tant pour le pur sort que loyaux coûtemens, & à parfaire, si métier est.

CCXXVII.

Item, semblablement quand un Seigneur censuel retient par puissance de Seigneurie l'heritage vendu par un lignager tenu à cens de lui, le parent lignager qui veut retraire ledit heritage, ainsi vendu que dit est, est tenu de venir dedans l'an & jour de la retenue dudit heritage faite pas le Seigneur censuel, offrir la bourse & deniers, pour le pur sort & loyaux coûtemens, & à parfaire, si métier est.

Sçavoir si le surplus des solemnités requises au retrait par l'article 223. ci-dessus, & non specifiées par ces deux articles, comme de continuer les offres à chacune journée, & assignation jusqu'à contestation en cause, y doivent être observées ; & encore si la peine de déchéance portée par le même article 223. est censée repetée en ces deux ici ? On peut dire que s'agissant de formalités extraordinaires & de peines, elles ne le doivent pas suppléer, si elles ne sont expressément desirées, & qu'en ces articles une partie des formalités y étant specifiée, les autres en semblent être tacitement exclues. Néanmoins comme en tous ces articles il s'agit de la même action de retrait lignager, & qu'il n'y a point de changement, sinon de la personne du Seigneur qui a usé de retrait féodal ou censuel, & que l'on ne peut point dire qu'il soit moins favorable qu'un acheteur étranger, je ne sais pas de difficulté que toutes les solemnités & peines établies par l'art. 223. ne doivent être censées repetées en ces deux ici : vû principalement que cet article est mis au commencement de ce titre, comme étant général pour tous les articles suivans, qui concernent le retrait lignager. *M. J. M. R.*

CCXXVIII.

Item, esdits deux cas derniers, l'an de retrait desdits heritages, tant en fief qu'en censive, retenus par les Seigneurs par puissance de Seigneurie, commence à courir à l'encontre des retrayans lignagers, du tems de la retenue desdits heritages & réunion faite par ledit Seigneur à leur domaine par puissance de Seigneurie, *quand ladite réunion* est faite par ledit Seigneur féodal ou censuel, pardevant Juge compétant ou personne publique, en appert & non en secret.

Quand ladite réunion.] *Intellige de simplici manifesta retentione pro pretio : statim enim currit annus, nec exigitur quod dominus directus rem manifesté retentam realiter dominio suo incorporet ; satis est quod manifesté incipit pro suo realiter possidere. Car. Molin.* M. J. M. R.

C C X X I X.

Item, si le mari durant & constant le mariage de lui & de sa femme, acquiert aucun heritage, qui soit propre heritage dudit vendeur, *& soit lignager à icelle femme,* du côté & ligne dont vient ledit heritage vendu, un autre lignager prochain dudit vendeur ne pourra ravoir par retrait ledit heritage ainsi vendu que dit est, durant & constant le mariage de ladite femme, pource qu'elle est lignagere dudit vendeur : mais après le trépas d'elle, un lignager dudit vendeur, du côté & ligne dont est venu ledit heritage, *dans l'an & jour du trépas d'elle,* pourra ravoir par retrait la part & portion dudit heritage, ainsi vendu que dit est audit mari, & dont il jouissoit par le moyen de ladite acquisition, en lui remboursant la moitié desdits deniers, *& è contra* où le mari seroit lignager du vendeur, & la femme étrange.

Et soit lignager à icelle femme.] *Idem à fortiori,* s'il est lignager du mari, *infra in fine.*

Dans l'an & jour du trépas d'elle.] De même après le trépas du mari, s'il prédecede : car pour lors l'an du retrait commencera du jour du decès du mari, attendu que ce n'est pas la mort de la femme qui donne lieu au retrait, mais la dissolution de la communauté & la possession de l'heritage propre par un étranger. *M. J. M. R.*

NOUVELLE OBSERVATION.

☞ Il en est de même, si lorsqu'il y a enfans qui sont de la ligne du vendeur, l'heritage échoit par partage à un autre enfant qui n'étoit pas de la ligne ; le retrait a lieu dans l'an du jour du partage. On peut dire aussi que l'heritage est retrayable dans l'an après la mort des enfans en ligne, par la regle *cessante causâ.*

C C X X X.

Item, ledit heritage ainsi acquesté que dit est par le mari, durant & constant le mariage de lui & de sa femme, sera réputé & tenu pour acquêt audit mari pour moitié, si après l'an & jour du trépas de sadite femme, aucun lignager d'icelle du côté & ligne dont est venu & échu ledit heritage, ainsi vendu, que dit est, ne vient requerir & demander par retrait ledit heritage vendu audit mari, & lui offrir bourse & deniers pour le pur sort & loyaux coûtemens en dedans l'an de la saisine, s'il n'étoit saisi devant le trépas de sadite femme ; *& e contra,* comme dessus.

C C X X X I.

Item, quand aucun heritage est baillé par échange à autrui à l'encontre d'un autre heritage but à but, sans soulte & sans fraude, & tellement qu'il n'y a aucun retrait, comme dit est, les heritages ainsi baillés par échange, sont tenus & réputés de telle nature, comme ceux qui ont été baillés, c'est à sçavoir, que s'ils étoient tenus & réputés propres heritages, aussi seront ceux ainsi baillés par échange l'un à l'autre.

Cet article n'est pas seulement pour les retraits, mais aussi pour les autres effets ; comme pour les successions & les testamens, suivant la disposition de la plûpart des Coutumes, & l'usage universel de ce Royaume. Ne faisant rien que cet article est placé sous la rubrique des retraits, pour reduire son effet à cette matiere ; d'autant que, comme nous avons déja remarqué en plusieurs endroits, l'ordre a été très-mal observé en cette Coutume, & beaucoup de matieres y ont été confondues. *M. J. M. R.*

NOUVELLE OBSERVATION.

☞ Il semble que le cessionnaire d'une rente active hypotequée aux dettes du cedant, ayant pris du débiteur des heritages en payement, a éteint par ce moyen la rente au préjudice des créanciers, qui avoient hypotéqué sur icelle ; d'autant que le rachat s'est fait entre le créancier & le débiteur, & que la subrogation étant faite avec une troisieme personne, qui est le cessionnaire, elle ne peut avoir le même effet ; néanmoins je crois que c'est un véritable échange. J'estime aussi qu'il en est de même si le propriétaire d'une rente qui lui est propre avoit acquis les héritages du debiteur, qui doivent être reputés propres jusqu'à la concurrence de la rente, pourvû qu'il n'y ait argent baillé au delà de la moitié de la valeur de la rente, parce qu'en ce cas ce seroit une vendition, & néanmoins l'on repute en cas de partage l'heritage propre, encore qu'il y ait soulte excedante la valeur de la moitié.]

CCXXXII.

Item, quand aucun heritage est donné purement & simplement à personne, ou personnes conjointes ensemble par mariage, & non pas en mariage, ou en avancement d'hoirie, tel heritage ainsi donné est tenu & réputé acquêt, quand il est fait sans fraude, & ne chet point en retrait, comme dit est.

CCXXXIII.

Item, si un donateur donne son propre heritage à son lignager, du côté & ligne dont ledit heritage est procedé, & le donataire vendoit ledit heritage à personne étrange, icelui heritage cherroit en retrait.

Ces deux articles ont grandement besoin d'interprétation & de conciliation, pour sçavoir s'ils s'entendent des propres pour tous effets, ou s'ils doivent être restraints pour ce qui est du retrait lignager, parce que leurs dispositions sont assez confuses, & semblent même se contrarier en quelque chose. Néanmoins le tout entendu dans son sens, ils se trouvent raisonnables & conformes aux maximes generales établies par les Arrêts.

Il faut donc observer des termes de ces deux articles, qui ne disposent particulierement que pour le retrait & la communauté. Pour le retrait, la decision y est expresse ; & à l'égard de la communauté, cela se reconnoit en ce que le premier se renferme dans l'espece des personnes mariées. Et il n'y a apparence quelconque, ni marque aucune en l'un & en l'autre, qu'ils ayent entendu parler des successions ; & même pour ce qui est du dernier, il ne regarde que le retrait ; les termes en sont clairs.

Davantage, il faut remarquer qu'il n'y a que deux propositions necessaires en ces deux articles ; l'une, par le premier, que donation pure & simple, tant à l'égard de la communauté que du retrait, est acquêt ; l'autre est par le second article, qui ne concerne que le retrait, & dit que si le propre heritage est donné à un lignager du côté & ligne, & ce lignager vient à vendre cet heritage, qu'il est sujet à retrait. Car pour ce qui regarde ces mots du premier article : *Et non pas en mariage ou en avancement d'hoirie*, c'est une exception qui n'affirme rien, & à laquelle par consequent on est libre de donner une interprétation raisonnable. D'où il resulte, que ces deux articles ne contiennent rien contre le droit commun & l'usage, comme on pourroit d'abord se persuader. M. J. M. R.

CCXXXIV.

Item, quand le Seigneur féodal a pris & retenu par puissance de fief, aucun fief tenu & mouvant de lui, & que ledit fief lui est depuis évincé par retrait, le retrayant est tenu payer audit Seigneur les droits de quints & requints, ou droit de relief, selon les Coutumes des lieux où ledit heritage est situé & assis, avant que ledit Seigneur soit tenu de le recevoir en foi & hommage dudit fief, sauf audit retrayant son recours contre le vendeur, si la vente n'avoit été faite francs deniers : Et *idem* des heritages roturiers, pour les ventes & saisines ès lieux, où les Seigneurs censuels peuvent user de retenue.

Les remarques que fait Maître Jean Bacquet en son Traité des Droits de Justice, chapitre 15. nombres 55. & 56. concernent particulierement la matiere des retraits, & l'Arrêt dont il fait mention a été rendu en cette Coutume, en infirmant la Sentence, tant du Prévôt de Chaumont, que des Présidiaux de Senlis. Il a été jugé, dit-il, par Arrêt solemnellement prononcé le Vendredy dernier May 1566. au profit d'on nommé Baucaire, qu'ayant vendu son heritage sous faculté de remeré de six ans, & rendu le prix qu'il avoit reçû dans le tems qui avoit été convenu, les fruits étant meurs & pendans par les racines, lui devoient appartenir entierement, sans que l'acheteur y eût aucun droit, part, ni portion, bien qu'il eût remontré qu'il n'étoit pas juste que le vendeur eût double profit, sçavoir des deniers qu'il avoit fait valoir, & des fruits de l'heritage qu'il retiroit ; à quoi la Cour n'eut aucun égard, parce que pour ce qui concerne les fruits, ils font partie du fonds ; & à l'égard des deniers, l'interêt n'en est dû que du jour qu'il est demandé en Justice. Le même Auteur ajoûte que quant au retrayant lignager, les fruits lui appartiennent du jour de l'ajournement fait à sa requête, & de l'offre par lui faite de bourse, deniers & à parfaire, comme il est porté par l'article 134. de la nouvelle Coutume de Paris : mais qu'il faut entendre ce que dessus, si par la Coutume des lieux il n'est dit que l'acheteur de l'héritage sujet à retrait lignager ou conventionnel, aura les fruits *pro rata temporis* : comme il est porté par l'article 178. de la Coutume de Poitou. M. J. M. R.

NOUVELLE OBSERVATION.

Dumoulin veut qu'en cette Coutume, lorsque le Seigneur use du retrait, le vendeur à qui l'on eut déduit les droits sur le prix, cessant la retenue, peut demander entierement son prix ; mais si le Seigneur est évincé par un lignager, le retrayant lui doit payer les droits, sauf son recours contre le vendeur qui en étoit tenu, de même que le premier acheteur eut pû faire, à moins que la vente ne soit faite *francs deniers*, auquel cas le requint est aussi dû par le retrayant sans répétition. Dumoulin, §. 20. glose 9. nombre 6. J. M. R. est d'avis contraire sur Paris, art. 20.

En cette Coutume, où les droits sont à la charge du vendeur, il semble que l'on ne peut pas frustrer le Roi, en la censive duquel est l'héritage vendu, en chargeant un acquereur privilegié de les payer, d'autant que l'exemption est personnelle, & ne peut pas être communiquée au vendeur, auquel le Fermier du Roi peut toujours s'adresser, comme étant le véritable débiteur des droits : néanmoins le privilege des Sécretaires du Roi seroit inutile, s'ils étoient obligés de payer les droits pour les terres mouvantes du Roi, d'autant plus que la clause *de francs deniers* est autorisée par la Coutume. Chopin sur la Coutume d'Anjou, liv. 1. tit. 4. nomb. 5. & 6. rapporte plusieurs Arrêts sur ce sujet ; autrement le vendeur qui a stipulé sa décharge, seroit indemnisé par le Sécretaire du Roi.

¶ Je crois que l'acquereur peut obliger le lignager de prendre tous les héritages qu'il a acquis, même ceux qui ne sont pas de sa ligne, & les acquêts, encore qu'il y ait une ventilation par le contrat, d'autant qu'il a eu intention d'acheter le tout, & non une partie : Néanmoins les Seigneurs ne veulent retirer que ce qui est tenu d'eux : ce qui empêche le commerce des biens, d'autant que l'acquereur souvent n'eût pas acquis, s'il eût prévû la division du bien & l'embarras des ventilations où il est lezé ; mais l'équité veut qu'on les oblige à prendre tout, s'il n'y a une ventilation faite par le contrat.]

T I T R E   XII.

De Saisine & Désaisine.

C C X X X V.

Par la Coutume des Châtellenies de Senlis & de Creil, & des Prevôtés & Châtellenies y enclavées, quand aucun a vendu aucun heritage, terre ou Seigneurie tenu en fief ou en censive, *tel vendeur est tenu venir* vers le Seigneur féodal ou censuel dedans quarante jours, lui notifier la vendition, bailler & payer *les droits de vente*, si c'est heritage tenu en censive ; c'est à sçavoir *seize deniers parisis pour chacun franc* : & sera tenu ledit vendeur soi dévêtir ès mains dudit Seigneur, sur peine de soixante sols parisis d'amende, *& si ne se peut l'acquesteur mettre en tel heritage, sinon par la main du Seigneur, sur peine d'autres soixante sols parisis d'amende* : & si c'est fief, ledit vendeur sera tenu payer le quint au Seigneur féodal, & soi dessaisir d'icelui heritage dedans le tems de quarante jours ; & requerir par ledit acheteur en être saisi, & reçû en foi & hommage, en payant le droit de chambellage, & lettres d'hommage. Ce que sont tenus faire les Seigneurs féodal & censuel, après lesdits quarante jours passés, si lesdits Seigneurs ne veulent *retenir par puissance de fief* & Seigneurie, lesdits heritages ainsi vendus que dit est, en rendant ausdits acheteurs les deniers *qu'ils en pourront bailler*, comme dit est, avec les loyaux coûtemens ; ce que faire pourront, si bon leur semble.

Par la Coutume des Châtellenies, &c.] Cet article est local pour la Châtellenie de Senlis & de Creil : c'est pourquoi on peut dire que Beauvais, non plus que Mello & Moncy n'y sont point compris, puisque ce sont des Châtellenies qui ne sont pas de celle de Senlis, non plus que de Compiegne, Pontoise & Chaumont. Pour Mello & Moncy, l'article 34. & le procès verbal, les mettent du Bailliage de Senlis, & non pas de la Châtellenie. Et pour Beauvais, quoique l'article 28. le colloque sous la Châtellenie de Senlis, il y a eu opposition, & il n'a point été permis à Maître Jean Morel, Lieutenant Général de Senlis, qui a compilé cette Coutume, d'assujettir Beauvais à la Châtellenie de Senlis, contre la foi & l'autorité de l'ancienne Coutume, qui met Beauvais du Bailliage de Senlis, mais non pas de la Châtellenie de Senlis, en laquelle ancienne Coutume, Beauvais, comme la plus noble Châtellenie de toute la Province, étoit en tête & la premiere de toutes. Et de fait, voici l'intitulation de cette ancienne Coutume compilée en 1506. *S'ensuivent les Coutumes du Bailliage de Senlis, sous lequel ressortissent les Châtellenies qui ensuivent, Beauvais, Compiegne, Pontoise, Chaumont, Creil, Chambly, le Haut-Berger, Mello, Moncy.* Or entre trente-trois ans qui se sont passés depuis l'ancienne Coutume jusqu'à la nouvelle, redigée en 1539. qu'est-il survenu de nouveau pour assujettir Beauvais à la Châtellenie de Senlis, sinon qu'il a plû à Maître Jean Morel, en dressant le cahier de la Coutume, par lui presenté à Messieurs les Commissaires, lors de la redaction, faire un article contenant que Beauvais étoit sous la Châtellenie de Senlis ? Néanmoins comme il paroît que ce mot *Châtellenie* a été mis par équivoque au lieu de celui de *Bailliage*, & par une pure subtilité du Lieutenant Morel, je crois que cet article doit demeurer général, sous les exceptions toutefois des articles suivans, qui contiennent quelques Coutumes locales, & des Traités particuliers qui peuvent avoir été faits entre les Seigneurs & leurs vassaux ou tenanciers, soit lors des inféodations & baux à cens, ou depuis.

Et de fait, pour les héritages qui sont situés dans la Ville de Beauvais, il ne se paye pour ventes qu'un certain droit appellé de Coutume, qui est un droit fort modique, lequel se taxe tous les ans par les hommes de fiefs du Comté sur la valeur de certaines marchandises, & qui ne revient ordinairement, suivant la valeur présente des denrées, qu'à environ soixante sols : & pour ce sujet il y a lettres de l'Evêché, du Chapitre, & de la Ville de Beauvais, en date du 14. Decembre 1363. par lesquelles il se voit que chacun doit recevoir ses Coutumes & rentes au prix que taxation sera faite par les gens de l'Evêché, & que le Chapitre prendra deux deniers plus que l'Evêque. Ce droit est encore justifié par le dénombrement de l'Evêché, intitulé, *Guillaume Deslandes, Evêque & Comte de Beauvais*, & signé, *Jean, Evêque de Beauvais*, dont voici l'article : *Item, j'ai droit de ventes sur toutes les maisons, mazures & autres heritages vendus dans les quatre portes de Beauvais & dehors, par tout où la Prevôté de Beauvais s'étend : c'est à sçavoir, pour chacune vente & piece d'héritage ainsi vendue, une Coutume au prix des Coutumes, prise ladite veille de Noël par mes hommes de fief, comme dit est devant, dont le vendeur paye la moitié, & l'acheteur l'autre, avec deux deniers de saisine que paye l'acheteur à mon Receveur. Et qui entre en la chose achetée, sans payer ladite Coutume, & en être saisi, il fait amende vers moi de soixante sols parisis, & aussi fait celui qui conseille ladite vendition.* L'article du même dénombrement dont il est fait mention en celui-ci qui vient d'être transcrit, porte *que chacune Coutume vaut deux pains, chacun pain deux deniers, deux chapons & deux septiers de vin ; & se prise ladite Coutume chacun an la veille de Noël par aucun de mes hommes de fief, que mon Bailly fait assembler, & se prise une fois plus, & l'autre moins, selon que le vin & chapon peuvent valoir.* Surquoi il faut observer que le septier de vin revient à quatre pots mesure de Beauvais. ¶ Mais le septier contient trois chopines davantage pour la perception de la dîxme.]

Contre les termes de ce dénombrement, qui contiennent que ce droit de Coutume est dû pour chacune vente & piece d'héritage vendue, les Receveurs de l'Evêché & du Chapitre ont voulu prétendre que ce droit étoit personnel, & non point réel, & en conséquence qu'il étoit dû autant de droits de Coutumes qu'il y avoit de vendeurs dans un contrat de vente d'une maison, ou autre héritage situé dans la Ville de Beauvais, pour raison de quoi y ayant eu un gros procès entre Denis Langlets & François le Quesne, appellans des Sentences rendues par le Bailly du Comté de Beauvais, les 26. Fevrier 1625. & 29. Mai 1626. par lesquels ils avoient été condamnés de payer autant de droits de Coutumes, qu'il y avoit eu de vendeurs dans les contrats d'acquisitions dont il s'agissoit, & les Maire & Pairs de la

Ville de Beauvais, intervenans d'une part, & Absalon Berson Receveur de l'Evêché, intimé ; Messire Augustin Potier lors Evêque de Beauvais, & le Chapitre de la même Ville, intervenans, d'autre, est intervenu Arrêt le 26. Juin 1632. par lequel, en infirmant les Sentences, les particuliers acquereurs ont été condamnés de payer pour chacun des contrats de ventes mentionnés au procès, le droit d'une Coutume seulement, suivant l'appréciation faite, eu égard au tems des contrats ; & en ce faisant, que Monsieur l'Evêque de Beauvais, ou son Fermier, seroit tenu d'ensaisiner leurs contrats, & sur le surplus des demandes les parties hors de Cour. ¶ Ce droit de Coutume est dû, moitié par l'acheteur, moitié par le vendeur.] [Ce droit ne peut pas aussi être prétendu pour les donations faites à la charge d'être nourri, ni dans les autres cas où les lods & ventes ne sont pas dûes : mais on le prend aujourd'hui pour les échanges, en vertu de l'Edit du Roi, & de la finance payés comme tenant lieu de lods & ventes.]

Tel vendeur est tenu venir.] *Fallit in venditione quæ sit per Judicem, ut in publicis subhastationibus, quia Judex non tenetur ire, nec reus, quo invito venditur : sed emptor videtur procurator Judicis, ferendo ejus decretum. C. M.*

Et payer les droits de ventes.] C'est au vendeur par cet article, à payer les droits seigneuriaux ; d'où il semble que l'on pourroit conclure, que si l'héritage est vendu par decret, & que l'adjudicataire ne soit point chargé de payer les droits, qu'ils doivent être pris par préference sur le prix de l'adjudication. Néanmoins il se pratique autrement par une considération particuliere, qui est fondée sur ce que l'usage étant en conséquence de l'article 12. de l'Ordonnance des criées, de mettre dans les affiches que l'adjudication sera faite à la charge de payer par celui qui se rendra adjudicataire, les frais ordinaires de criées & les droits seigneuriaux, cette condition est sous-entendue, lorsqu'elle se trouve omise ; & en conséquence l'adjudicataire demeure obligé en ce cas, aussi-bien que quand la charge est expresse de payer les droits Seigneuriaux & les frais ordinaires de criées. L'article 68. de Melun en contient une disposition expresse, bien que pour les ventes volontaires elle soit pareille à la nôtre : Et la Cour l'a ainsi jugé par les Arrêts dans les Coutumes semblables, qui chargent le vendeur de payer les droits dûs aux Seigneurs, & qui n'ont point prévû, non plus que celle-ci, le cas de l'adjudication par decret. Il y en a un Arrêt que j'ai vû, rendu en la Coutume de Vitry le 18. Mai 1621. au rapport de Monsieur des Landes, touchant l'ordre des terres de Tahur & de Rouvroy : Maître Julien Brodeau, qui en fait mention sur la Coutume de Paris, article 83. nombre 19. dit avoir écrit en l'instance en laquelle il est intervenu.

Seize deniers parisis pour chacun franc.] Franc est une piece de notre monnoye passant à présent pour vingt-sept sols, qui valoit au tems de cette Coutume vingt sols, dont nous avons retenu cet usage de faire passer des francs pour des livres. ce qui est expliqué par l'article 53. de l'ancienne Coutume de Paris, qui porte que *les droits de vente sont de douze deniers un, qui est pour chacun franc seize deniers parisis :* faisant revenir de douze deniers un, à seize deniers parisis, qui valent

lent vingt deniers pour franc, en prenant le franc à raison de vingt sols; ce qui fait voir qu'en l'article 239. ci-après, ce mot de *parisis* après-ceux-ci *de seize deniers*, a été omis, qu'il faut par conséquent suppléer.

Et si ne se peut tel acquesteur mettre en tel heritage, sinon par la main du Seigneur, sur peine d'autres soixante sols parisis d'amende.] Ces mots ne se trouvent point en l'ancienne Coutume, & toutefois le Procès verbal de la nouvelle ne contient pas qu'ils ont été ajoûtés. Et néanmoins on pratique suivant cet article, si dans les quarante jours le contrat n'est notifié au Seigneur, & que l'acquereur se mette en possession, de faire payer deux amendes, chacune de soixante sols, l'une pour vente recelée, & l'autre pour saisine happée.

Quæro in locis ubi consuetudo imponit pænam capienti possessionem rei censuariæ, sine investitura domini, ut Silvanectensis & Claromontana : utrum eadem pæna censeatur habere locum in feudo ? Et videatur satis tacitè cautum, maximè in Consuetudine qua dessaisinam & saisinam, hoc est de vestituram & investituram pariter requirit, tam in feudo quàm in censu, ut Sylvanectensis, §. 235. & 237. Contrarium est dicendum, ex quo pæna non est scripta, nisi in fundo movente censualiter, aut ad campi partem, quæ est species censûs. Unde non debet extendi ad feudum, quæ est diversæ speciei sæc. qua divi in §. præcedenti, gloss. 1. num. 139. Quod autem dictæ Consuetudines non loquantur de hac pæna, nisi in censualibus, clarum est de Consuetudine Claromontana, §. 114. & satis patet de Consuetudine Sylvanectensi rectè inspiciendo, de §. 235. & 237. Plus dico, quod si Consuetudo non loquatur nisi de emptore rei censuariæ, ut d. Consuetudo Sylvanectensis, non debet extendi ad donatarium vel permutatorem, aut quocumque alio titulo acquirentem, licet eadem videatur ratio, l. at si quis, §. & generaliter, ibi pænam tamen in eum statutam non esse, de relig. & sump. fun. gl. & doc. inc. alt. de jure Patron. C. Mol. in consuet. Paris. §. 82. num. 16 & 17.

Retenir par puissance de fief.] Le tems dans lequel le Seigneur peut user de ce droit de retenue, n'est point limité par cette Coutume; c'est pourquoi il faut avoir recours aux autres Coutumes, lesquelles communément donnent quarante jours, à compter depuis la notification du contrat de vente, comme Paris, article 20. Valois, article 29. &c.

Cette Coutume ne parle avec disposition du retrait féodal & censuel qu'en trois articles qui sont pour certains lieux, sçavoir en celui-ci, au 237. & au 239. les deux premiers admettent l'un & l'autre retrait pour le fief & la censive; dans les Châtellenies de Senlis, de Creil, & les Prevôtés & Châtellenies qui y sont enclavées, ensemble dans le Comté de Beaumont & la Châtellenie de Chambly; & le 239. exclut le censuel en la Châtellenie de Pontoise, sans parler du féodal. Etant bien vrai que les articles 226. 227. & 234 font encore mention de ces deux especes de retrait; mais ce n'est que par énonciation au sujet du retrait lignager, & non pas en termes dispositifs : de sorte que la question seroit fort grande dans cette Coutume, de sçavoir de quelle maniere on doit user du retrait féodal & du censuel, & s'ils doivent avoir lieu par tout, si cette difficulté ne se trouvoit éclaircie par le procès verbal sur les articles 226. & 227. par lequel il se voit que cette contestation ayant été agitée entre les gens des trois Etats, il fut ordonné que l'article 226. qui fait mention du droit de retenue des choses féodales, demeureroit comme Coutume generale, & non révoquée en doute par tout le Bailliage de Senlis & Comté de Beaumont : & quant à l'article 227. concernant le retrait censuel, qu'il demeureroit pour le regard des Châtellenies du même Bailliage de Senlis & Comté de Beaumont, autres que les Châtellenies de Pontoise & Chaumont. Et néanmoins les Etats de ces deux Châtellenies renvoyés à la Cour, pour leur être pourvû, sur ce que les Nobles de ces deux Châtellenies avoient soûtenu contre les deux Etats, que le retrait censuel y devoit avoir lieu, aussi-bien que dans le Bailliage de Senlis. Mais comme les Nobles n'ont point poursuivi leur opposition, elle est demeurée prescrite par le tems qui a couru depuis la réformation de cette Coutume.

L'article 38. de la Coutume d'Amiens contient une disposition notable à ce sujet, que je crois devoir avoir lieu dans cette Coutume & autres semblables, qui chargent le vendeur de payer les droits, en disant que si la vente est faite, sans qu'il soit dit *francs deniers*, le Seigneur qui use du droit de retenue, peut retenir sur le sort principal de la vendition son droit de quint denier, ou autres droits Seigneuriaux selon la nature des heritages, & fournir le surplus du prix de la vendition au vendeur. Et en effet il n'y a point de raison pour laquelle le vendeur doive profiter du retrait féodal, & demeurer déchargé des droits qui ont été acquis au Seigneur par le contrat de vente, puisque sa condition n'est changée en façon quelconque par le retrait; ce cas étant tout different de celui auquel l'acquereur est chargé, soit par la Coutume, ou par le contrat, du payement des droits Seigneuriaux : car comme le Seigneur par le retrait féodal entre en la place, & qu'il devient lui-même acquereur, il n'y a point de doute qu'il doit l'indemniser, & conséquemment que l'acquereur ne peut être obligé à payer les droits qui demeurent confus en la personne du Seigneur.

Mais au reste l'article 28. de la Coutume d'Amiens suppose dans son espece que l'acquereur n'a pas encore payé le prix de son acquisition à son vendeur; de sorte que s'il avoit entierement vuidé ses mains avant que le Seigneur eût intenté son action en retrait, je ne fais point de difficulté que le Seigneur devroit entierement rembourser l'acquereur du prix de son acquisition, parce qu'il doit être entierement desinteressé dans l'execution du retrait, sauf au Seigneur à poursuivre le vendeur pour les droits par les voyes qui sont prescrites par cette Coutume.

Il a été jugé par Arrêt du mois de Février 1653. rendu au Rôle & en la Coutume de Senlis, que l'acquereur d'une terre à la charge d'une rente rachetable, ayant accordé le retrait féodal au Seigneur à condition de payer la rente, & de s'en charger en son nom privé, au lieu de l'obliger au rachat, en executant le retrait, suivant la disposition de l'article 137. de la Coutume de Paris, demeureroit obligé envers son vendeur au payement & continuation de la rente.

Qu'ils en pourront bailler.] Ces mots sont évidemment mal rédigés, & faut dire *qu'ils en auroient baillé*. L'ancienne Coutume porte, *qu'il en auroit baillé numero unitatis*, comme aussi il y a *acheteur*, & non pas *acheteurs*, ainsi qu'il y a ici par erreur. M. J. M. R.

NOUVELLE OBSERVATION.

¶ Carpzou, *parte 2. decif.* 127. tient qu'on ne peut hypothéquer l'heritage acquis avant la défai-sine du vendeur en Justice, suivant l'usage de Saxe, qui a rapport à cet égard avec notre Cou-tume; aussi le Préfident Faber, *lib.* 20. *conjectur. cap.* 17. tient que l'on n'a pû hypothéquer avant la tradition. Il est constant que l'hypothéque ne peut préjudicier, ni au vendeur, ni à ses créanciers; mais l'acquereur peut obliger le droit qu'il a; & un second acquereur enfaisiné qui pourroit évin-cer le premier, doit souffrir l'hypothéque acquise au premier en vertu de son contrat.]

Avant la derniere Déclaration du Roy pour les échanges, il n'étoit point dû des droits en cette Coutume pour échanges d'heritages contre ren-tes constituées, encore qu'elles ne fussent pas en-saisinées, d'autant qu'elles sont immeubles de leur nature; l'on peut dire même qu'elles étoient immeubles suivant le Droit, de la maniere qu'el-les y pouvoient être usitées, comme il est justifié par la Loi derniere. §. *sancimus, Cod. de jur. dot.* Et comme a remarqué Balde sur la Loi *hac Edi-ctali,* §. *his illud, Cod. de execut. rei judicat. leg. uxor. in fine, Cod. uti possidetis.*

Tous les articles de la Coutume qui parlent du mot *d'heritages,* s'appliquent aussi aux rentes, comme les 162. 175. 177. & 188. & Maitre Charles Dumoulin sur la Coutume de Paris, *tit.* 1. §. 13. *gl.* 2. *n.* 1. étend ainsi ce mot heritages, *ita candidus lector penuria dictionis suppleat; si enim reditus, jurisdictio, jus censûs & laudimiorum aut aliud quasi possideatur in feudum, locum habet hic census.* Il est vrai que telles rentes ne passant que pour mobiliaires à l'égard des créanciers enfaisi-nés, il semble que le Seigneur qui donne la saisine, ne doive pas avoir moins de privilege que ceux qui l'ont obtenu de lui. Mais on peut répondre que telles rentes ne laissent pas de demeurer im-meubles, & passent pour charges réelles à l'égard des obligations passées pardevant Notaires qui ne viennent qu'après elles, quoiqu'anterieures en datte. C'est pourquoi il n'étoit rien dû, même lorsqu'un des copermutans avoit échangé une pareille rente constituée à son profit deux jours auparavant par un de ses proches, comme il a été jugé en faveur du sieur de Fremont, qui avoit acquis la Terre d'Anneuil, contre défunt Mon-sieur l'Evêque de Beauvais. C'étoit assez pour lors d'affirmer que les créations & rachats étoient veritables. Néanmoins l'article 461. de la Coutu-me de Normandie veut, que si l'un des coper-mutans reprend l'heritage ou rente dans l'année, du jour du contrat, sans y être forcé par aucune dénonciation d'hypothéque, les droits sont acquis au Seigneur. Il en est de même suivant M. d'Ar-gentré sur l'article 300. de l'ancienne Coutume de Bretagne. Si l'un avoit promis de faire trouver marchand à l'autre, *non interest quis solvat, aut solventem producat.*

Comme les droits sont dûs en cette Coutume par le vendeur pour la désaisine, & non pas pour l'acquisition, il semble que celui qui rentre en sa chose faute de payement du prix, ne doive pas de nouveaux droits, n'y ayant pas de vente: néan-moins l'on distingue, si la conclusion est conçue à fin de regrès, ou pour se faire adjuger l'heritage sur & tant moins de ses créances, en ce cas c'est une acquisition: au lieu qu'au premier cas il reprend sa chose, suivant une loy qui est inhe-rente au contrat, de ne s'en dessaisir qu'à condi-tion d'être payé du prix. Il en est de même au cas de la derniere espece, si l'on avoit vendu, esperant être payé promptement, sans suivre au-trement la foy de l'acheteur, par un argument tiré de l'article 176. de la Coutume de Paris; & si l'on a vendu partie sans terme & partie avec terme, il semble que les nouveaux droits ne sont dûs qu'à raison de la somme pour laquelle on s'en étoit tenu à l'acquereur, sans que les dépens aug-mentent le principal: mais il a été jugé pour le Fermier de l'Archevêché de Paris, en la Cinquié-me Chambre des Enquêtes, au rapport de Mon-sieur de Bullion le 26. Août 1674. qu'il étoit dû ce nouveaux droits, à cause que le vendeur s'é-toit fait adjuger à autre prix que celui de la pre-miere vente, *cùm sit potius novus titulus quam resolutio primi.*

Mais si le contrat étoit résolu faute de satisfaire à quelque clause, les droits ne seroient dûs que pour la vente, & non pour la résolution. Et même il ne seroit rien dû, si le mari avoit vendu l'héri-tage de sa femme à la charge de la faire ratifier, d'autant que le contrat est nul sans son consente-ment; néanmoins Dumoulin, §. 78. *gl.* 1. *verbo* acheté à prix d'argent, *n.* 22. & 27. veut que les droits soient dûs après une jouissance de dix ans. Monsieur d'Argentré, §. 59. *not.* 4. de l'ancienne Coutume de Bretagne, n'approuve pas tout-à-fait ce sentiment, *sed deliberandum putat.* La raison de Dumoulin est considerable en matiere de fiefs, sçavoir que le Seigneur pouvoit saisir les fruits en pure perte.

Plusieurs ont voulu que les droits fussent dûs indubitablement pour les ventes à faculté de remeré, quoique la grace soit exercée dans les neuf ans; néanmoins l'opinion la plus commune est qu'ils doivent être d'abord payés, sauf à les repeter: car quoique dans les Coutumes de saisi-ne l'on ne se puisse pas mettre en possession sans la permission du Seigneur, néanmoins le droit de l'acquereur est toujours incertain & condition-nel; c'est pourquoi ils ne doivent appartenir au Seigneur ou à son Fermier que sous condition, & souvent l'on oblige le Fermier à donner caution de les rendre, si la grace est exercée dans le tems. Il semble même que l'on devroit aussi obliger le Seigneur de donner caution, s'il étoit notoire-ment insolvable. Il n'en est pas de même de la clause de regrès en cas de cessation de payement de la rente pendant trois années consécutives, la-quelle n'empêche pas que le contrat n'ait sub-sisté, quoique le vendeur soit rentré immédiate-ment après les trois premieres années, pendant lesquelles on ne lui avoit rien payé: c'est une clause ordinaire & de droit, qui ne se refere pas aux trois premieres années, & ne peut pas donner lieu à la resolution du contrat dès son commence-ment, comme si l'on avoit vendu *sub pacto legis commissoria aut adjectionis in diem.*

L'estimation en consequence d'un contrat ou transaction qui cede un immeuble pour le prix qui sera arbitré par les Experts, est un titre trans-latif de propriété, qui produit des droits, & fait tomber le peril de la chose sur l'acquereur dès le moment qu'elle est faite, sans qu'il soit besoin qu'elle ait été homologuée en Justice, pourvû qu'il n'y ait pas de nullité, ou que l'estimation ne soit requise, *demonstrationis tantùm gratia*, ou bien pour fixer le prix d'une chose qui doit être restituée, comme a remarqué M. d'Argentré, *Des appropr. art.* 266.

La même chose a lieu pour donner droit à un acquereur ou copartageant de jouir du fermage d'un fonds, pourvû que l'estimation en soit faite avant la récolte, encore que les fermages ayent été transportés à un tiers par celui qui possedoit auparavant, d'autant que l'hypoteque se transfere, ou du moins on doit discuter, & ce tiers ne peut pas alleguer des défauts de formalités, lorsque l'acte est exécuté de bonne foi par les parties.

Les quints payés par le vendeur font partie du prix, & font considerés lorsque l'on demande la rescision pour lézion d'outre moitié. Chopin *de morib. Parif. tit.* 2. *n.* 32. [*Aliud* où l'acquereur est tenu des droits.]

Quoique l'on ne doive pas faire d'extension d'une Coutume à une autre dans cette matiere, néanmoins les droits font dûs pour bail à rente rachetable.

Il y en a plusieurs Arrêts pour les Coutumes qui n'en parlent pas, comme l'on peut voir dans M. Louet, lett. L. n. 18. d'autant que cette promesse de racheter équipolle à argent comptant; c'est pourquoi le vendeur qui a suivi la foi de l'acheteur, n'en est pas moins tenu, quoique la Coutume de Paris, qui veut qu'ils soient dûs en ce cas, en charge l'acquereur.

☞ Tous profits fiscaux & seigneuriaux doivent cesser en faveur du public, & pour l'embellissement des villes, suivant Chopin, *de morib. Parisienn.*, *lib.* 1. *tit.* 2. *n.* 14. *& de Domanio, lib.* 3. *tit.* 4.

Il a été jugé en l'Audience de la Grand Chambre par Arrêt rapporté dans le Recueil de Defmaisons, & par quelques autres que j'ai trouvé dans le Recueil de M. J. M. Ricard, & que j'ai rapportés sur la Conférence de Fortin : Que la veuve devoit des droits, même pour les biens de la communauté qu'elle se fait adjuger, lorsqu'elle y renonce, d'autant qu'elle les prend de la main de l'héritier qui en a été saisi. Néanmoins l'opinion contraire paroit plus équitable, attendu que pour l'honneur du mariage elle ne doit pas passer pour étrangere; l'on présume, dit-on, que les biens ont été acquis de ses deniers dotaux. L'on peut ajouter que la dot est en quelque façon réalisée & consignée sur les biens du mari, non pas d'une maniere si efficace qu'en Normandie, où elle obtient distraction; & l'on juge en la même Province de Normandie, qu'elle ne doit pas de droits, même pour les propres du mari qu'elle prend en payement. ¶ On cite même un Arrêt sans date au profit de la veuve de Maitre Jean Noël Greffier des Eaux & Forêts de Senlis, qui a jugé que les droits n'étoient pas aussi dûs pour les propres donnés à la veuve en payement; néanmoins on a toujours jugé autrement. Les arrêtés chez Monsieur le Premier Président de Lamoignon, & les articles choisis depuis par M. Auzanet décident aussi qu'ils doit les droits à l'égard des propres.] Il est pareillement dû des droits, si une femme séparée avoit acquis avec son mari, & s'étoit ensuite fait adjuger les héritages pour le payement de ses conventions.

La veuve ne doit rien, lorsqu'elle est héritiere du mari en vertu du titre *unde vir & uxor*, au défaut des autres héritiers; ce qui est une subtilité dont l'on ne s'est avisé que depuis peu.

Il n'est pas dû de droits pour la vente faite à un cohéritier du fonds de la succession, pour l'acquit de ce qui lui est dû, d'autant que le fonds n'est lien de partage, & que le partage est la cause efficiente, & non la vente, ainsi qu'a remarqué Monsieur d'Argentré, des partages des nobles, *question* 40. *& de laudim. quest.* 33. ce qui a lieu, encore que ce soit par un acte posterieur au partage, & que ce ne soit pas apres un long intervalle.

Il n'est pas aussi dû de droits pour l'extinction d'un douaire par un des héritiers; mais il en est dû pour la cession d'un douaire à un étranger, de même que pour tout autre usufruit, quand il est perpetuel, suivant Domoulin sur Paris, §. 55. gl. 1re. 184.

L'on doit distraire le prix des meubles vendus avec le fonds, lorsqu'ils peuvent être retirés sans deterioration ni fraction.]

¶ Si le fils créancier du pere avoit pris des héritages d'un autre enfant heritier en payement de ce qui lui est dû, il ne doit aucuns droits : il n'en seroit pas de même, s'il avoit acquis par contrat ou adjudication sur un curateur à la succession vacante dans quarante jours, ce qui ne s'étend pas aux contrats de donation, d'échange & autres, où les droits ne font pas dûs dans les quarante jours du contrat, mais seulement du jour de la tradition & mutation de main, comme l'a décidé Dumoulin sur l'article 13. de l'ancienne Coutume, le 20. de la nouvelle, gl. 3. nomb. 12. ce qui a lieu, même en cas de vente, quand il y a une condition suspensive : à plus forte raison les amendes ne font pas dûes pour les autres contrats.]

CCXXXVI.

Item, par ladite Coutume desdites Châtellenies & Prévôtés, si ladite vendition est faite francs deniers, soit en censive, ou en fief, lesdits Seigneurs auront pour raison de ladite vente, si c'est fief, quint & requint, c'est à sçavoir le cinquième denier de ladite vente, & le cinquième denier dudit quint denier; & si c'est heritage tenu en censive, auront lesdites ventes de seize deniers parisis, & les venterolles, qui est le seizième denier desdites ventes.

NOUVELLE OBSERVATION.

On a demandé si le requint est dû par l'adjudicataire par décret : quelques-uns veulent qu'il en est tenu, & qu'il est indifférent qu'il en soit chargé par le vendeur ou par le Juge : Néanmoins M. Charles Dumoulin sur l'article 68. de la Coutume de Melun, est d'avis contraire; & M. Julien

Brodeau sur l'article 83. n. 19. de la Coutume de Paris, cite un Arrêt conforme à l'opinion de Dumoulin, d'autant qu'une clause odieuse ne s'étend pas, & qu'il est injuste que le Seigneur profite de l'indigence du vassal qui ne peut pas vendre lui-même son bien. Chopin sur Anjou, liv. 2. tit. 4. n. 3. remarque que le rachat d'une rente foncière assignée sur un fief, doit être considéré comme une acquisition d'une partie du même fief à proportion du prix.

CCXXXVII.

Par la Coutume du *Comté de Beaumont*, & Châtellenie de Chambly, quand aucun a vendu aucun fief, terre & Seigneurie, ledit vendeur est tenu dedans quarante jours, à compter du jour de la vendition dudit fief, de soi tirer vers le Seigneur féodal, & lui payer le quint denier de la vendition dudit fief, soi en désaisir au profit de l'acheteur, & requérir qu'il en soit revêtu; & lequel acheteur doit requérir au Seigneur féodal, en être reçu en foi & hommage, en payant les droits du Chambellage, & en lui faisant les foi & hommage dudit fief, ce que sont tenus faire lesdits Seigneurs féodaux: & si c'est heritage tenu en censive, le vendeur & acheteur sont tenus, en dedans lesdits quarante jours de la vendition dudit heritage, eux tirer vers le Seigneur censuel dudit heritage, lui *notifier* ladite vendition, & après la désaisine faite par le vendeur au profit dudit acheteur, ès mains du Seigneur censuel, lesdits vendeur & acheteur sont tenus *chacun par moitié payer audit Seigneur les droits de vente & saisine*, sur peine à chacun d'iceux de soixante sols parisis d'amende, si est tenu ledit acheteur de payer les droits de saisine; pour lesquels droits de vente lesdits vendeur & acheteur sont tenus payer de seize sols parisis, seize deniers parisis, & lesquels Seigneurs féodaux ou censuels, peuvent par puissance de fief & Seigneurie, si bon leur semble, avant que d'être payés de leurs droits, prendre & retenir lesdits fiefs & heritages roturiers, pour les mettre & réunir à leur Domaine, en rendant par ledit Seigneur audit acheteur les deniers qu'il en auroit baillé; excepté que si lesdits heritages ainsi vendus, fussent propres heritages audit vendeur, & par lui vendus, & que ledit acheteur fût lignager dudit vendeur; car en ce cas lesdits Seigneurs féodaux & censuels ne pourront prendre, ne retenir lesdits heritages ainsi vendus.

Comté de Beaumont.] De ce Comté releve la terre de Fosseux, laquelle ayant été vendue par Messire François de Montmorency, Marquis de Fosseux, à Monsieur Paget Maître des Requêtes, il se forma une question importante au sujet de ce que Monsieur le Maréchal de la Motte-Houdancourt, Engagiste du Comté de Beaumont, qui appartient au Roy, ayant déclaré lors de la notification du contrat, qu'il entendoit retenir la terre par puissance de fief; Monsieur Paget qui s'étoit fait pourvoir d'une Charge de Secretaire du Roi, afin de s'exempter des droits, soutint que n'étant tenu de payer aucuns droits, le retrait ne pouvoit pas aussi avoir lieu à son égard, & qu'autrement ce seroit un moyen pour éluder le privilège des Secretaires du Roi. Et néanmoins comme les privileges ne s'étendent point d'un cas à l'autre, il fut jugé en faveur de Monsieur le Maréchal de la Motte-Houdancourt par Sentence des Requêtes du Palais, à laquelle M. Paget a acquiescé.

Chacun par moitié les droits de vente & saisine.] Ce mot *saisine* a été mis par mégarde en cet endroit, vû qu'il est dit dans la suite que ce droit doit être acquitté par l'acquereur, que la saisine regarde particulierement, & qu'il en est aussi chargé par tous les articles de la Coutume. M. J. M. R.

NOUVELLE OBSERVATION.

☞ *Notifier.*] D'où on induit que la présentation du contrat ne suffit pas, à moins qu'il n'y ait une sommation au Seigneur de recevoir ses droits, & jusqu'à ce, qu'il a le droit de retenue: néanmoins cette disposition n'est pas assez formelle pour s'éloigner du droit commun, suivant lequel on est exclu de la retenue après les 40 jours de l'exhibition, notification ou signification. Je crois aussi que la note mise par le Seigneur que le contrat lui a été présenté tel jour, doit suffire, ayant pû se faire payer de ses droits. Il semble encore que ce soit assez que le Seigneur convienne du fait.]

CCXXXVIII.

Item, par la Coutume dudit Comté de Beaumont & Châtellenie de Chambly, si la vendition est faite à francs deniers, soit en censive ou fief, lesdits Seigneurs auront pour raison de ladite vente, si c'est fief, quint & requint; c'est à sçavoir le cinquième denier de ladite vente, & le cinquième denier dudit quint; si c'est heritage tenu en censive, auront lesdites ventes, de seize sols parisis, seize deniers parisis, & les venterolles, qui est le seizième denier desdites ventes.

CCXXXIX.

Par la Coutume de la Châtellenie de Pontoise, toutes & quantes fois qu'aucun propriétaire vend à un acheteur aucun heritage à lui appartenant situé en ladite Ville, Prévôté & Châtellenie de Pontoise, tenu & mouvant à droit de *chef-cens, champart, ou autre droit Seigneurial,* d'aucun Seigneur foncier, ou qu'il rachete aucune rente fonciere, dont ledit heritage soit chargé & redevable, & dont ledit propriétaire n'ait été saisi par ledit Seigneur, lesdits vendeurs & acheteurs d'icelui heritage, sont tenus & doivent aller ou envoyer, dedans la quinzaine du jour d'icelle vendition ou rachat, devers icelui Seigneur foncier, ou son Procureur & Commis au lieu de la Seigneurie. Et illec lesdits vendeur & acheteur, ou celui qui achete ladite rente, sont tenus de payer audit Seigneur foncier, ou à sondit Procureur chacun pour moitié (s'il n'y a promesse ou contrat au contraire entr'eux) le droit des ventes du audit Seigneur, à cause d'icelle vendition ou rachat, lequel droit est *de douze deniers un, ou de seize deniers pour un franc,* eu égard au prix d'icelle vendition; & si est tenu ledit acheteur ou racheteur, de payer audit Seigneur foncier, ou à sondit Procureur, douze deniers parisis à lui dûs pour le droit de la saisine, en payant lesquels droits, icelui Seigneur foncier ou son Procureur, est tenu de mettre ledit acheteur d'icelui heritage ainsi vendu, ou de ladite rente rachetée de celui qui auroit droit de le percevoir sur ledit heritage, en saisine du tout, sans que ledit Seigneur en puisse ledit heritage ou rente vendu, retenir outre le vouloir dudit acheteur.

Chef-cens, champart, ou autre droit Seigneurial.] Ces mots doivent être entendus avec disjonction, de telle sorte que si un héritage doit censive & champart à deux différens Seigneurs, le droit de vente ne sera dû pour cela qu'à un, sçavoir est au premier Seigneur, qui dans le doute est celui auquel la censive en est dûe, étant un droit plus Seigneurial & plus ordinaire que le champart; joiques-là même que Maitre Charles Dumoulin *de censib. in præfat.* est d'avis que le champart n'emporte pas avec soi le droit de lods & ventes, dans les Coutumes qui ne le déclarent point particulierement Seigneurial. Ce qui ne peut pas être dit en cette Coutume, lorsqu'un heritage n'est chargé d'aucun droit de censive, vû qu'il passe & est établi en quantité d'articles pour Seigneurial. Et d'ailleurs je crois que cet Auteur s'est abusé à l'égard même des Coutumes qui n'en disposent pas, lorsqu'il se rencontre que le champart est dû au Seigneur du lieu, & que l'héritage n'est sujet à aucune autre redevance plus ancienne, particulierement en ce pays, où cette maxime, *nulle terre sans Seigneur,* a lieu, & est en vigueur.

Chef-cens.] C'est pour l'opposer à surcens, & veut dire le premier cens.

Ou autre droit Seigneurial.] Il y a d'autres droits que ceux désignés en cet article, ausquels les Seigneurs ont donné des noms particuliers, comme terrage, agriere, quarpot & autres, lesquels peuvent aussi être Seigneuriaux, & emporter lods & ventes; sçavoir est lorsqu'ils se trouvent les premiers établis.

De douze deniers un, ou de seize deniers pour franc.] Il faut nécessairement qu'il y ait *seize deniers parisis,* suivant la remarque faite ci-dessus, en l'article 255. quoique ce mot de *parisis* ait été aussi obmis en l'original. *M. J, M. R.*

CCXL.

Item, par ladite Coutume de ladite Châtellenie de Pontoise, si iceux vendeur, acheteur, ou racheteur, & celui dont on rachete ladite rente, ou autre pour eux, étoient défaillans ou en demeure de faire les choses devant dites, ils sont tenus & encourent outre les droits de ventes & saisines, envers le Seigneur foncier, chacun en amende de soixante sols parisis pour lesdites ventes recelées, & icelui acheteur ou racheteur en autres soixante sols parisis d'amende, à cause de la saisine happée, sinon qu'icelle vendition eût été faite francs deniers au vendeur; & quand ledit racheteur prend de lui la saisine & jouissance d'icelle rente ou heritage, sans être saisi premierement dudit Seigneur foncier, ou de son Procureur, encourt en l'amende de soixante sols parisis pour ladite saisine happée.

CCXLI.

Item, par ladite Coutume de ladite Châtellenie de Pontoise, si ainsi étoit qu'en faisant lesdits contrats desdites venditions ou rachats des rentes ou heritages, il ait été dit, & expressément accordé entre lesdits vendeur & acheteur ou racheteur, & celui dont on rachete ladite rente, que l'un d'eux payera audit Seigneur foncier toutes lesdites ventes pour ce à lui dûes, en ce cas, celui qui est tenu & doit payer toutes ledites ventes, est encore tenu, outre icelle vente & saisine, de payer audit Seigneur foncier le droit de venterolles pour ce à lui dû, lequel droit est en effet les ventes au prix dessus déclaré, de telle somme de deniers que devoit celui qui est franc, de ce que dit est, pour sa part & moitié desdites ventes, si ainsi étoit qu'il n'en fût franc & quitte.

CCXLII.

Item, par la Coutume de la Châtellenie de Chaumont, quand aucun heritage tenu à cens, champart ou autre droit Seigneurial, est vendu, ou autrement aliené, l'acheteur, avant qu'il puisse jouir de tel heritage, ou soi mettre dedans, est tenu dedans quarante jours après ladite vendition ou transaction, venir devers le Seigneur, duquel icelui heritage est tenu & mouvant en censive ou autrement comme dessus, ou à ses Officiers ayant pouvoir de ce, & soi faire ensaisiner, faire & payer les droits & devoirs pour ce dûs, sur peine de payer soixante sols parisis d'amende, avec les droits de saisine, soixante sols parisis d'amende pour les ventes recelées.

CCXLIII.

Item, par ladite Coutume de la Châtellenie de Chaumont, si ledit heritage est tenu *en censive*, il en écher pour les ventes au Seigneur, seize deniers parisis pour franc, avec le droit de saisine, qui est de douze deniers parisis.

En censive.] *Idem*, s'il est tenu à champart, ou autres droits qui soient les premiers & Seigneuriaux; attendu qu'en ce cas ils tiennent lieu de censive, comme nous avons dit ci-dessus, article 239. & de fait, cet article est une explication du precédent, par lequel tous ces droits sont égales. *M. J. M. R.*

CCXLIV.

Item, par ladite Coutume de ladite Châtellenie de Chaumont, si ledit heritage est tenu en fief, il se releve *de toutes mains & mutations*, comme il est dit ci-devant.

De toutes mains & mutations.] *Scilicet* qui arrivent de la part du vassal: car à l'égard des mutations qui se font de la part du Seigneur dominant, il n'est dû, même dans cette Coutume locale, & autres semblables: sçavoir Pontoise, Mello, & Moncy-le-Chastel, qui relevent à toutes mutations, que la bouche & les mains, sans aucun droit de relief. Voyez ci-après l'art. 255. *M. J. M. R.*

CCXLV.

Item, par la Coutume des Prévôtés foraines de Compiegne, & exemption de Pierrefons, fortissant audit Compiegne, quand aucun vend son fief, & il s'en désaisit, l'acheteur est tenu venir en dedans les quarante jours faire les droits vers le Seigneur, autrement ledit Seigneur pourra *asseoir sa main*, & *régaler* ledit fief; & doit l'acheteur le quint denier, avec le chambellage, qui est de vingt sols parisis : mais ès fiefs qui sont delà la riviere d'Oise, si la vendition est faite francs deniers, ledit acheteur doit quint & requint.

Asseoir en sa main.] C'est-à-dire, *saisir*.
Régaler.] Vaut autant à dire comme faire les fruits siens; & de fait ci-après, art. 253. ces mots, *régaler & faire les fruits siens*, passent pour synonimes. *M. J. M. R.*

CCXLVI.

Item, par la Coutume desdites Prévôtés, en vendition d'heritage roturier, l'acheteur doit au Seigneur, dont tel heritage est mouvant à cens, champart, ou autre droit Seigneurial, pour seize sols parisis seize deniers parisis, & deux deniers parisis pour les gants, avec deux sols parisis pour la lettre de saisine, & douze deniers parisis pour le scel de ladite lettre. Et ledit acheteur est tenu venir en dedans les quarante jours après l'acquisition par lui faite vers ledit Seigneur, pour de lui avoir la saisine, & le satisfaire desdits droits; & à faute de ce faire, échet en amende de soixante sols parisis, pour lesdites ventes forcelées.

Hunc §. declarat. 239. *ut scripsi in Cons. Paris.* §. 54. *num.* 19. *adde quæ scripsi in* §. 52. *gl.* 1. *num.* 145. *Carol. Mol.* Au premier lieu cité par Maître Charles Dumoulin, en cette note, qui revient à l'article 97. de la nouvelle réformation, il y a, *Quædam autem consuetudines, sed paucæ, dant* 40. *dies, ut Silvanectensis,* §. 246. *&* 249. *ubi quamvis consuetudo plura copulativè complectatur, tamen in effectu non infligit multam, nisi duobus casibus. Primus, quando emptor denunciavit qui-* *dem laudimia debita, patet in fine d.* §. *ibi* pour lesdites ventes forcelées, *id est de laudimiis occultatis, præpositio enim pro, causam finalem designat, ut sup.* §. 71. *gl.* 3. *num.* 9. *sicut etiam in annotationibus ad Philipp. Dec. Cons.* 46. *num.* 1. *Ergo si non celavit, sed congrue notificavit, non cadit in multam, etiam super* 40. *dies: nam solveris: Secundus, quando sine investitura vel licentia domini possess. unam ingressus est, d.* §. 245. *M. J. M. R.*

NOUVELLE OBSERVATION,

Par rapport à l'Article 235. ci-dessus.

☞ Il semble qu'il n'y ait pas d'amende à l'égard d'un acquereur par écrit sous seing-privé, qui s'est mis en possession sans la permission du Seigneur, la Coutume parlant des 40. jours du contrat, & son titre n'étant pas incommutable, puisqu'un acquereur posterieur le pourroit préferer : néanmoins je crois qu'il ne la peut éviter, s'il se met en possession sans autre titre. Il semble aussi qu'un acquereur à faculté de remeré ne doit aucune amende ; puisque s'il est tenu d'avancer les droits, ce n'est que par maniere de consignation en donnant caution de les rendre, si la grace est exercée dans le temps. Cependant il a dû notifier son contrat au Seigneur, afin qu'il sçache quel est le possesseur, & depuis quel tems ; & ainsi je crois qu'il doit une amende, & qu'il en est de même de l'acquereur par écrit privé.

J'estime aussi que lorsqu'il y a plusieurs Seigneurs, l'amende ne doit pas être fatale dans les 40. jours ; d'autant que le premier à qui on présente le contrat, ne manque pas de le retenir.

Je crois enfin que les 40. jours ne doivent courir que du jour que la grosse a été delivrée ; mais l'autre amende est dûe, si on s'est mis auparavant en possession.]

¶ Le preneur à rente non rachetable doit l'amende, s'il se met en possession sans la permission du Seigneur : il doit aussi donner aveu, quoiqu'il ne doive pas les droits.

On veut que pour saisine happée l'amende ne peut être encourue qu'après que le Seigneur a constitué en demeure par une demande ou saisie le vendeur qui en est tenu ; & si on a vendu francs deniers, comme l'acquereur en est seul tenu, je ne crois pas qu'il puisse y avoir double amende contre une même personne, le prix n'étant pas liquidé par le contrat : je ne crois pas qu'il y ait amende avant qu'il soit fixé, la vente n'étant pas parfaite auparavant.

L'amende pour saisine happée n'a lieu en cette Coutume, sinon en cas de vente, où le vendeur est tenu de se dessaisir, mais non pas en matiere de testamens, legs, échanges & autres, où il n'y a pas lieu à la désaisine. L'amende de saisine happée n'est pas aussi dûe en donation, où le donateur n'est pas tenu des droits.

Il n'est pas dû d'amende pour saisine happée en matiere de fiefs, suivant Dumoulin, §. 82. n. 16. de même en celle de Clermont, *ibid.* Il semble que la même chose doit avoir lieu pour Montdidier.

Tout successeur à titre singulier, même l'heritier testamentaire, sont tenus de prendre saisine, suivant Dumoulin, §. 78. glos. 6. n'y ayant que l'héritier legitime qui soit saisi de droit : néanmoins on ne contraint pas à prendre saisine dans les cas où les droits ne sont pas dûs pour sauver les vexations.

Je ne crois pas que celui qui a acquis les droits d'échange du Roi, puisse valablement ensaisiner, & l'aveu est toujours dû au Seigneur.

CCXLVII.

Item, par la Coutume desdites Prevôtés, ledit acheteur ne se peut mettre en heritage, ou droit par lui acquis, tenu à cens, champart, ou autre droit Seigneurial d'aucun Seigneur, soit haut Justicier ou Seigneur foncier, sans premier avoir satisfait lesdits droits Seigneuriaux ; & s'il fait le contraire, il chet en amende de soixante sols parisis.

CCXLVIII.

Item, par la Coutume générale dudit Bailliage de Senlis, lesdits Seigneurs *féodal* ou censuel, après lesdits quarante jours passés depuis l'acquisition, pour être payés de leurs droits de vente, ou de quints deniers, & pour les droits de saisine, rachats, reliefs, ou droits, peuvent proceder ou faire proceder par arrêt de leurs Justices sur lesdits heritages ainsi vendus que dit est, lequel arrêt & main-mise tiendra, quant aux heritages tenus en fief, jusqu'à ce que lesdits droits & devoirs ayent été payés, & les foi & hommage faits ; & quant aux roturiers, *jusqu'à ce que le détenteur se soit rendu opposant* : ou si bon semble ausdits Seigneurs, peuvent faire ajourner ledit *vendeur & acheteur*, pour payer les droits & devoirs, faire les foi & hommage, & être ensaisinés ou inféodés desdits heritages acquestés.

CCXLIX.

Jusqu'à ce que le détenteur se soit rendu opposant.] *Oppositio vero extranei dictam apprehensionem vel arrestum non suspenderet, nec resolveret : etiam si appellaret, ex quo contra eum nihil exequitur, sed tantum contra detentorem ; ibidem de consuetudine Sylvanectensi, §. 248. & 249.*

Quod autem consuetudo Senonensis expressè & Sylvanectensis tacitè & similes dicunt, prehensionem in casum oppositionis converti in actionem, intelligitur quantum ad modum possidendi, & procedendi in judicio in futurum ; tamen semper remanet qualitas prehensionis, in qua dominus est actor, & si vincat, declarabitur prehensio valida & justè facta, & præter sumptus instantiæ condemnabitur reus ad sumptus & interesse prehensionis, & sic in effectu instantia mixta est. Idem in similibus. Car. Mol. §. 74. gl. 1. num. 144. *sub finem*, & 145. Conf. Parif.

Rendu opposant.] *Vide quæ super hoc scripsi in* consuetud. parif. §. 52. gl. 1. num. 67. cum. seq. Car. Mol. J'ay transcrit ci-après sur l'article 256. le passage auquel Dumoulin renvoye en cet endroit. M. J. M. R.

NOUVELLE OBSERVATION.

Feudal.] Encore que le fief & la Justice n'ayent rien de commun, néanmoins si le Seigneur du fief n'a pas la Justice, il ne laissera pas de pouvoir saisir pour ses droits à l'exclusion du haut-Justicier, dont la commission est seulement necessaire en ce cas.

Vendeur & acheteur.] A cause de ces mots, il a été jugé le 24. May 1648. en la cinquiéme Chambre des Enquêtes, que le Seigneur pouvoit poursuivre le payement de ses droits contre l'ac-quereur seul, si bon lui semble, quoique par la Coutume le Vendeur en soit chargé, s'il n'est dit *francs deniers*: néanmoins M. Richard dans son Recueil d'Arrêts, remarque que Monsieur de la Martilliere, Conseiller en cette Chambre, lui avoit dit le lendemain du Jugement, qu'il avoit été donné un peu précipitamment. C'est ce qui est expliqué par Dumoulin sur l'ancienne Coutume de Paris, § 33. *gl. 2. verbo.* aliené à prix d'argent, *num.* 4. qui chargeoit le vendeur des droits en matiere de fiefs, contre lequel néanmoins l'on ne peut agir qu'en cas qu'il ait reçû le prix; autre-ment il en est quitte en cedant ses actions au Seigneur contre l'acquereur jusqu'à la concur-rence de ce qui lui est dû; *& ita*, dit-il, *puto modificandas cateras consuetudines, quæ volunt patronam posse agere ad quintum denarii contra alterarum*: mais à l'égard de l'acquereur, comme il a dû deduire les droits sur le prix, le même Au-teur veut qu'il puisse être convenu personnelle-ment & hypothéquairement, cette action étant mix-te, à cause de la mutation d'homme dans l'heri-tage.

La clause *francs deniers* n'empêche pas que le Seigneur ne puisse diriger ses actions contre ceux qui sont tenus des droits par la Coutume, sauf leur recours, comme a remarqué Dumoulin, §. 78. *gl. 2. verbo*, & acheteur. L'article 27. de la Coutu-me de Troyes décide en termes formels, que non-obstant la clause de francs deniers l'heritage de-meure chargé des quints & requints. M. d'Argen-tré sur l'article 231. de l'ancienne Coutume de Bre-tagne, dit aussi que cette clause n'a lieu qu'entre les contractans, & ne préjudicie pas au Seigneur, qui peut agir par hypotheque contre le possesseur: Il confirme la même chose dans son Traité *de laudi-miis*, *cap.* 2.

☞ Chopin sur la Coutume d'Anjou, *lib.* 2. *tit.* 3. *n.* 10. veut que dans les Coutumes où les droits sont à la charge du vendeur, le Seigneur soit préferé pour ses droits au prix dû au vendeur qui est présumé avoir vendu plus cher pour cette consideration; mais il est d'avis que dans les au-tres Coutumes où l'acquereur est tenu des droits, le vendeur doit être preferé au Seigneur. Bac-quet des droits de Just. chap. 21. nomb. 411. rapporte un Arrêt du 8. Avril 1570. en faveur du Fermier de l'Evêché de Paris, qui a adjugé la préference au Seigneur contre le Vendeur: il fonde l'Arrêt sur l'obligation du censitaire envers le Seigneur, portée dans l'ancienne concession de lui payer les droits le cas arrivant; mais cette Coutume qui permet de poursuivre l'un & l'autre, exclut le vendeur de cette préférence.

On tient aussi que le Seigneur a privilege pré-ferablement à tous les autres créanciers pour les quints & requints, lorsqu'un fief est vendu par dé-cret; parce que c'est un droit visceral & inhe-rent, & qu'à l'égard des rotures, il n'a hypoté-que que du jour que les droits sont acquis au Sei-gneur, d'autant que les lods & ventes sont mobi-liaires & les quints immobiliers. Néanmoins on peut dire que sans la vente par décret les créan-ciers ne peuvent être payés, & que l'on ne peut pas vendre sans qu'il y ait des droits, que ce sont même les créanciers qui sont les vendeurs. Mais s'il s'agissoit d'autres droits que de la derniere ac-quisition, il semble que le privilége auroit dégé-neré en hypothéque, & l'acquereur prescriroit par dix & vingt ans & par trente ans seulement, s'il y avoit condamnation: au lieu qu'il est tenu per-sonnellement pour les droits dûs à cause de son acquisition, même lorsqu'il a cessé de posseder après avoir profité, ne pouvant s'exempter de payer une chose dont il seroit garant, si l'on s'a-dressoit au possesseur du fonds. ¶ Et même dans les Coutumes qui ne donnent que l'action réelle, le résiliment fait depuis l'action est réputé fraudu-leux, *judicii mutandi causa facta. Possidere vide-tur qui dolo desiit possidere.*]

L'on donne aussi privilege pour les reliefs sur les fonds, quoiqu'ils ne consistent que dans la perception des fruits d'une année, supposé qu'il n'y ait pas des deniers entre les mains du Com-missaire aux saisies réelles. Je crois qu'il n'en est pas de même du Seigneur qui a converti son droit en constitution de rente, ou de celui qui a prêté pour payer le Seigneur, qui n'ont qu'une hipoté-que, le privilege étant perdu, à cause que la dette est devenue inexigible, & que l'on a déchargé le vendeur qui en étoit tenu. ¶ Néanmoins il est diffi-cile de ne pas donner le privilege pour la derniere mutation, quand l'on a vendu francs deniers; mais l'hypoteque pour les arrérages de cette constitu-tion n'auroit lieu que du jour du contrat; & après d'autres mutations le privilege auroit dégénéré en hypoteque, même pour le principal.

Je crois que celui qui a vendu par écrit sous seing-privé, & promis de passer contrat, peut en-core s'expliquer sur la clause de francs deniers, si mieux on n'aime que l'écrit soit nul, à cause que le vendeur seroit surpris; d'autant que cette précaution est ordinaire, quoique contre la Cou-tume.]

Celui qui est adjudicataire par Justice doit les droits, encore qu'il ne se soit mis en possession, & qu'il veuille déguerpir, & néanmoins on tient que celui qui est acquereur par contrat, peut s'en exempter, lorsqu'il est reçû à déguerpir, le Sei-gneur ayant ses actions contre le vendeur, & hy-poteque sur l'héritage; au lieu qu'au premier cas la Justice qui vend, n'en étoit pas tenue.]

CCXLIX.

Item, si les redevables desdits droits de ven-tes, n'ont payé lesdits droits de ven-tes au Seigneur censuel dedans quarante jours, & l'acheteur n'est ensaisiné dudit Seigneur, & qu'il se soit mis audit heritage acquesté, sans avoir saisine du Seigneur, ils échéent chacun en amende de soixante sols parisis envers le Seigneur censuel, pour raison desquels Droits de ventes & saisines, la main dudit Seigneur mise & apposée audit heritage ainsi vendu que dit est, tiendra jusqu'à plein payement & satisfaction desdits Droits Seigneuriaux, s'il n'y a opposition donnée, comme dit est.

Voyez ce qui a été remarqué sur l'article 246. ci dessus.

C C L.

Item, le mari peut recevoir les foy & hommage des vassaux qui tiennent en fief de la Seigneurie de sa femme, & semblablement bailler les saisines des heritages roturiers, vendus étant en la censive & Seigneurie de sadite femme, & n'est pas requis à ce faire le consentement de sadite femme.

Intellige quando sunt communes in bonis, ut crebrius est, secus si non esset communitas, & sic uxor sua administraret, ut patet facta bonorum separatione. Car. Molin, M. J. M. R. ¶ D'où on conclut qu'une femme non commune en biens, & qui est autorisée par son contrat de mariage pour la jouissance de ses biens, ne doit pas de droit de rachat au Seigneur pour son mariage, son fief ayant été relevé par son premier mary, ou par elle. Néanmoins Lelet sur Poitou, art. 144. rapporte plusieurs Arrêts contraires, à cause que la Coutume s'explique en termes semblables à celle-ci en l'art. 132. si la fille se marie d'où il induit que le droit est dû à cause du mariage, & non à cause de la jouissance.]

C C L I.

Item, un vassal peut se jouer de son fief jusqu'à démission de foy & hommage, en telle maniere qu'il peut bailler le tout ou partie d'icelui à cens, ou à rente, ou autres droits Seigneuriaux; & si demeure toujours vassal, s'il ne se dévêt & désaisit de sondit fief ès mains de sondit Seigneur féodal, duquel Seigneur féodal est requis le consentement, avant que l'aliénation sortisse aucun effet au préjudice dudit Seigneur.

Les Coutumes sont fort differentes touchant la disposition que fait le vassal de son fief, en retenant la foy entiere, pour sçavoir s'il est tenu de payer les quints ou les autres profits aux Seigneurs dominans. La Coutume d'Amiens est des plus raisonnables en ce point, souffrant bien en l'article 26. que le vassal puisse bailler son fief à cens ou rente héreditaire non rachetable, qui vaille autant que ce qui est baillé & sans fraude : mais elle veut que s'il prend quelques deniers, il soit tenu de payer les droits Seigneuriaux à raison de ce qu'il a reçu. La Coutume de Paris, article 51. tolere la vente jusqu'aux deux tiers, retenant la foy entiere & quelque droit Seigneurial & domanial sur ce qui est aliéné, sans qu'il soit dû profit au Seigneur. D'autres permettent indistinctement au vassal de se jouer de son fief jusqu'à démission de foy, c'est-à-dire, l'alienation entiere en retenant la foy, sans que le Seigneur puisse prétendre aucun profit; & on le jugeoit ainsi de l'ancienne Coutume de Paris, parce qu'elle permettoit au vassal de se jouer de son fief jusqu'à démission de foy, & cela indistinctement. L'Arrêt donné contre les Chartreux le 15. Février 1538. & un précedent du 6. Juin 1516. contre le Seigneur de Champigny, sont celebres à ce sujet. Ils ont autorisé la vente faite par le vassal moyennant une somme, avec rétention de la foy & un petit cens sur la chose alienée, & ont débouté le Seigneur de la demande du droit de quint, même du retrait féodal; ce qui ne passa point sans grande difficulté : du Luc qui fait mention de celui de Champigny, disant qu'il y eut proposition d'erreur contre l'Arrêt : & Papon qui les rapporte tous deux, témoigne que celui des Chartreux fut parti en la Grand'Chambre, & départi en la petite. *Quid* en la Coutume de Senlis ? Je crois que la disposition contenue en cet article, quelque difficulté qu'on y apporte, est semblable à celle d'Amiens, & qu'en l'une & l'autre le vassal ne peut vendre son fief à prix d'argent avec retention de foy, & une legere censive sur ce qu'il aliene, & que s'il le fait, il y a ouverture au fief, & doit le quint denier du prix au Seigneur féodal. Cela s'ensuit de cet article 251. de notre Coutume, qui porte bien à la verité que le vassal se peut jouer de son fief jusqu'à démission de foy & hommage, mais il n'en demeure pas là, autrement il s'ensuivroit que le vassal pourroit le vendre à prix fait, pourvû qu'il retint la foi & quelque petite censive: mais cet article passe outre, & s'explique par ces mots : *en telle maniere qu'il peut bailler le tout ou partie d'icelui fief à cens ou à rente, ou autres droits Seigneuriaux, & si demeure toujours vassal, s'il ne se dévêt & dessaisit de son fief.* Il faut donc prendre cette Coutume dans ses termes, qui est que le vassal peut bien se jouer de son fief, mais c'est pour le bailler à cens ou à rente; voilà comme la Coutume explique ce jeu de fief, ou la liberté qu'elle donne au vassal d'en disposer sans le danger de son Seigneur, & non point de le vendre, qui est proprement ce que veut dire l'article 104. ci-dessus, qui porte que le vassal ne peut démembrer son fief, sans le consentement de son Seigneur par division réelle. De sorte que s'il le bailloit même à rente rachetable, j'estime qu'il en seroit dû droits, & qu'il y auroit ouverture, nonobstant la rétention de foi faite par le vassal, l'intention de la Coutume n'étant pas, que le pouvoir dont elle parle de bailler à cens ou à rente, ou autre droit Seigneurial, soit d'une rente rachetable, mais d'une rente Seigneuriale, dont le sort principal ne puisse être acquitté, & qui montre toujours comme le fief & la Seigneurie est demeurée vers le vassal. Et ne font rien contre ceci les Arrêts dont il a parlé ci-dessus, donnés en l'ancienne Coutume de Paris, parce qu'elle donnoit pouvoir indistinctement au vassal de se jouer de son fief sans s'expliquer davantage, comme a fait la Coutume de Senlis, qui a restraint ce pouvoir & ce jeu au bail à cens & rente, ou autre droit Seigneurial : & ainsi ces deux Coutumes voisines, Amiens & Senlis, sont conformes en ce point. Celle de Clermont aussi voisine des deux autres, dit en l'article 96. *qu'un vassal ne peut ou doit ébrancher son fief, en vendant une partie, & retenant l'autre ; toutefois peut l'engager à son bon plaisir, & le bailler en tout ou partie à rente, au gros cens, ou autrement contracter, sans soy démettre de la foy, & sans pour ce devoir aucuns droits.* Qui est en effet la même chose que Senlis, nonobstant ces mots, *ou autrement contracter,* qui ne peuvent s'entendre d'une vente, à cause des termes prohibitifs de venditions, qui sont dès le commencement de l'article, *ne peut ou doit ébrancher son fief en vendant.*

Il y a eu un Arrêt solemnel du 15. Avril 1581. intervenu en interpretation de notre article 251. donné en la cinquième Chambre des Enquêtes, au rapport de Monsieur du Four, *consultis Classibus,* entre Madame la Connétable de Montmorency, François du Four, Louise Turgis sa femme, Maître Jacques Allard & Claude Loysel, pour le fief de Jouy, mouvant de la Terre & Seigneurie de Precy : mais Monsieur Louet, qui étoit Conseiller en la cinquième dans le tems que cet Arrêt y fut rendu, lettre R. nombre 26. Maître René Choppin sur Anjou, livre 2. partie 2. chapitre 2. titre 2. nombre 7. Chenu en ses notes sur Papon, livre 13. titre 1. article 4. Bacquet au traité des Francs-Fiefs, chapitre 2. nombre 10. Charondas & Brodeau sur l'article 51. de la Coutume de Paris, donnent deux especes differentes à cet Arrêt ; ils conviennent tous que Valerand de Salve, qui étoit propriétaire du fief de Jouy, avoit baillé en l'an 1552. douze septiers de terres avec une maison & les preclostures, moyennant un denier de cens sur chaque arpent de terre, & deux mille cinq cens livres en argent, avec retention de foy & hommage : Mais Monsieur Louet suppose que le Seigneur dominant avoit fait saisir les choses aliénées à faute d'homme : au moins pour moitié, n'étant Seigneur que pour pareille portion, en consequence de cette premiere aliénation, & que depuis ayant conclu au retrait, il obtint contre l'acquereur la moitié des choses acquises : & les autres Auteurs ajoûtent, ce qui produit une difference essentielle, que le vassal avoit aliéné le cens par lui retenu, trois ans après sa premiere aliénation, & lorsque le Seigneur fit faire sa saisie, qui ne fut en effet qu'en l'année 1575. ce qui est fort considérable, d'autant que cette derniere circonstance supposée, il ne pouvoit plus y avoir de difficulté, attendu que dans les Coutumes mêmes qui permettent au vassal de se jouer par vente ou autrement du total de son fief ou de partie, en retenant la foy & quelque droit de cens, sans être tenu de payer aucuns droits au Seigneur, il n'y a point de doute que quand le vassal vient ensuite à vendre le cens qu'il a retenu, le Seigneur peut exploiter le fief entier sans avoir égard à la premiere aliénation, qui n'est point considérable à son préjudice, ainsi qu'il est expliqué par l'article 52. de la Coutume de Paris : de sorte que les Seigneurs doivent toujours être indemnisés en quelque maniere que ce soit, par les dispositions de nos Coutumes, qui ne different que pour le tems, les unes leur attribuant les droits lors de la premiere aliénation, & les autres, lorsque le cens retenu seulement est aliéné. Et quoi qu'il en soit, en prenant l'Arrêt dans l'espece proposée par Monsieur Louet, il confirme entierement l'interprétation que nous avons donnée à notre article, au lieu qu'en se tenant au sens des autres Auteurs, il n'a rien jugé de particulier.

Mais au sujet de ce que je viens de dire, que le Seigneur dominant doit toujours être indemnisé, lorsque le vassal vend entierement son fief, ou qu'il le démembre pour partie, il me vient en pensée une reflexion que j'ai faite fort souvent avec étonnement, de ce qu'elle n'a point été prévûe par nos Auteurs : sçavoir que quand une communauté qui a acquis par exemple un fief, composé en argent du droit d'indemnité avec le Seigneur dominant immediat, au lieu de bailler homme vivant & mourant qui paye le relief à chaque mutation, ce Seigneur dans notre usage n'en fait aucune part au Seigneur mediat dont il relève, & duquel le fief acquis par l'Eglise dépendoit en arriere-fief. Et cependant il est certain qu'il souffre par cette composition, qui fait que le fief de son vassal diminue de prix par l'alienation qui a été faite d'une mouvance : tellement qu'il seroit juste de lui faire prendre part dans cette composition, ou de ne point souffrir que le vassal pût accorder l'indemnité aux communautés, que sous la condition du relief à chaque mutation de l'homme vivant & mourant, par le moyen de quoi le Seigneur mediat se trouve récompensé, aussi-bien que l'immediat. *M. J. M. R.*

¶ Lorsqu'il ne s'agit pas de l'interêt du Seigneur, comme pour succession entre les enfans & heritiers, rien n'empêche que l'arrentement n'ait effet au préjudice de l'aîné, comme l'a remarqué Maillard sur Artois, page 454. On tient même que la même personne, après avoir acquis le domaine dont il a payé le prix, peut acheter séparément le fief qu'il veut tenir séparément, dans la vûe de faire partager le domaine entre ses enfans ; mais il faut en ce cas que le Seigneur agrée cette division, qui en tout cas ne lui peut préjudicier pour la foy & hommage, ses droits accoutumés, saisie, réunion, &c.]

CCLII.

Item, aussi à faute de dénombrement non baillé, peut le Seigneur féodal *faire saisir* & commettre commissaire, qui jouira sous la main de Justice desdits fiefs, & tiendra la saisie tant & jusqu'à ce que tel vassal ait baillé son dénombrement, & qu'il lui soit *accordé,* & ait *main-levée* sans que toutefois ledit Seigneur puisse faire les fruits siens.

Accordé.] *Sed interim pro rata* de ce qui est accordé se doit bailler main-levée, *ut sub hac consuetudine judicatum fuit per Arrestum an.* 1563. *relatore Dom. Michaele Larcher, Senatore doctissimo. C. Molinæus.* Le même Auteur a ajoûté l'article 205. de la Coutume de Vermandois, qui est conçû en ces termes : Où le Seigneur féodal aura blâmé aucuns articles du dénombrement seulement, & n'aura blâmé les autres, le vassal aura main-levée des articles passés sans blâme, demeurant la saisie pour les autres articles blâmés à la charge des dommages & intérêts. *Ita etiam intelligitur Consuetudo Sylvanectensis, ut ibi dixi. Idem infrà de Consuetudine Cavalaumensi, §. 206.*

Arrestum super appellatione verbali datum die prima Augusti, anno 1531. inter Nicolaum de Moüy, appellantem à Ballivo Bellovacensi, & Episcopum & Comitem Bellovacensem intimatum. Appellans habens feudum suum in Comitatu Bellovacensi, catalogum suum tradidit intimato, cui negligenti impugnationes suas tradere, curavit terminum mensis ad hoc ei per judicem præfixi, quo lapso petebat appellans catalogum suum haberi pro approbato, & manum levari; nihilominus Judex iterum similem alium terminum mensis dedit intimato ad impugnandum catalogum, unde fuit appellatum. Curia appellationem, & id à quo extitit appellatum annullavit, & intimato terminum quindecim dierum præ omni dilatione præfixit ad tradendum suas impugnationes adversus suum catalogum, quo non facto infrà dictos quindecim dies, ex nunc prout ex tunc manum levatam totius feudi fecit appellanti : & casu quo intimatus impugnationes suas traderet infrà dictos quindecim dies, statuit quod appellans haberet manum levatam de rebus non controversis seu descriptis in articulis non impugnatis, impensis, damnis & interesse reservatis in definitionibus articulorum impugnandorum.

Hoc Arrestum loquitur de feudis sito sub consuetudine Sylvanectensi, & sic in terminis illius consuetudinis per quem in fin. tit. de Saisine & Désaisine, §. 7. (qui est l'article 152. de la nouvelle reformation) expressè deponitur quod prehensio facta ex defectu catalogi durat usque ad catalogum traditum, sed etiam usque ad approbationem vel concordiam catalogi & mansit levationem patroni. Et quia per illam consuetudinem non præfigitur tempus Patrono ad dandum impugnationes, vel approbandum dictum catalogum, hoc in arbitrio & dispositione Judicis relinquitur, juxta reg. L. 1. D. de jure deliber. cap. de causis, de offic. deleg. Et quamvis regulariter ad eundem actum non debeat dari dilatio, nisi semel, L. leges, in fi. C. de dilation. non tamen dilatio semel data & acceptata ita procedit, quin ex causa saltem ad brevius tempus debeat iterum concedi. C. Mol. in Cons. Paris. §. 12. num. 17. & 19.

Néanmoins il y a apparence que l'intention de la Cour a été de juger par cet Arrêt, en donnant quinze jours par-dessus le mois qui avoit été accordé la première fois au Seigneur dominant, que cette Coutume ne préfinissant pas le tems pendant lequel le Seigneur doit accorder ou blâmer le dénombrement qui lui est présenté par son vassal, il doit être suppléé par les Coutumes voisines, & à l'usage général de la France, qui règlent les délais de tous les exploits féodaux à quarante jours, comme fait même cette Coutume, pour ce qui est des autres cas. Ce qui semble bien juste & raisonnable, sans laisser ce tems, suivant l'opinion de Dumoulin, à l'arbitrage du Juge, & obliger les parties pour raison de ce, à faire des procès à chaque mutation qui arrivera en un fief. *M. J. M. R.*

NOUVELLE OBSERVATION.

L'usufruitier ne peut pas saisir faute de dénombrement, parce qu'il ne concerne que le propriétaire : néanmoins il peut demander le dernier qui a été, afin de connoître ce qui lui appartient. Le Seigneur souverain, qui jouit des arriere-fiefs, comme bon pere de famille, ne peut pas aussi demander le dénombrement.

Faire saisir.] Toutefois si le Seigneur demandoit ensuite un autre aveu pour quelque juste cause, il ne pourroit se pourvoir que par action & non par saisie.

Main-levée.] Cette disposition est contraire à la Coutume de Paris, dans laquelle il suffit que le vassal ait été reçu en foi, & qu'il ait prêté son dénombrement, si défectueux qu'il puisse être : Et le Seigneur peut seulement donner ses débats, & non pas saisir, ni refuser main levée pour les choses qui n'y sont pas comprises, dommages & intérêts réservés. Cet article 252. de notre Coutume veut au contraire que la saisie demeure jusqu'à ce que le Seigneur ait agréé le dénombrement, ou du moins suivant Maître Charles Dumoulin, qu'il ne soit tenu d'accorder main levée que pour ce qui est accordé par le vassal, suivant l'Arrêt cité en son apostille sur cet article, qu'il datte sur la Coutume de Paris de l'an 1531. en faveur de Nicolas de Moüy, contre l'Evêque & Comte de Beauvais. *Molin. §. 10. gl. 7. verb.* blâmer ledit dénombrement, *num.* 17. Mais il est juste de fixer au Seigneur le même tems pour blâmer le dénombrement, que la Coutume de Paris prescrit pour tous les exploits féodaux; c'est à sçavoir quarante jours.

CCLIII.

Item, il loist au nouveau Seigneur féodal saisir, ou faire saisir des fiefs tenus de lui, pour faute d'homme, *droits & devoirs* non faits, & ledit Arrêt signifié suffisamment à la personne, ou au lieu des fiefs desdits vassaux; & après les quarante jours passez de ladite saisie, & que lesdits vassaux ou vassal n'auroient fait leur devoir de faire la foy & hommage, payer les droits & devoirs pour ce dûs, ledit Seigneur féodal peut derechef faire saisir lesdits fiefs, & mettre en sa main, & ladite saisie faire signifier suffisamment, *& les quarante jours passez peut régaler & faire les fruits siens*, supposé, comme dit est, que lesdits vassaux eussent fait les foy & hommage, & payé les droits & devoirs pour ce dûs aux prédécesseurs Seigneurs dudit nouveau Seigneur.

Saisir.] *Ab hac nova prehensione incipiendo vice interpellationis. Car. Molin.*

Droits & devoirs, malè, *droits*, d'autant qu'au cas de cet article le vassal ne doit que les devoirs, la bouche, & les mains, *inf. art.* 255.

Et les quarante jours passés peut régaler.] Cette clause est mal rédigée, car il semble que l'on en pourroit conclure qu'il faut deux fois quarante jours, avant que le Seigneur puisse faire les fruits siens : quarante jours après la premiere saisie, & quarante jours après la seconde : néanmoins j'estime le contraire, & qu'incontinent après la seconde saisie le Seigneur fait les fruits siens, le vassal ayant été suffisamment averti & constitué en demeure par la premiere saisie : c'est pourquoi étant parlé de quarante jours en cet endroit, il faut présumer que ce sont les mêmes que ceux dont il est parlé au précédent. Ce qui se reconnoît par l'article suivant, qui parle plus nettement, & le vassal ayant du moins été aussi-bien averti par une saisie à lui signifiée au lieu de son fief, suivant les termes de cet ar-

ticle, que par une publication aux lieux publics, dont l'article suivant se contente ; de sorte que si après cette publication le Seigneur dominant peut faire les fruits siens en saisissant, comme en l'article suivant, à bien plus forte raison les doit-il gagner quarante jours après la saisie signifiée, conformément à cet article.

Faire les fruits siens.] Maître René Choppin en son Commentaire sur la Coutume d'Anjou, liv. 1. art. 4. à la marge, remarque un Arrêt intervenu en notre Coutume de Senlis le 19. Janvier 1599. dans la seconde Chambre des Enquêtes, entre Charles de Hallevin, Seigneur de Piennes, & Louis de Martinville, Seigneur de Bullion, pour le fief d'Aumont, sis au Bailliage de Senlis, par lequel il dit avoir été jugé que la saisie féodale n'acquiert au Seigneur les fruits pour trois ans, si elle n'est renouvellée dans ce tems : bien que par cette Coutume les saisies féodales ne soient point limitées à trois ans, comme elles le sont par les Coutumes de Paris & d'Orleans. *M. J. M. R.*

CCLIV.

Item, il loist aux Ducs, Comtes & Seigneurs Châtelains de faire publier leurs hommages ès lieux principaux de leurs Duchés, Comtés & Châtellenies, où ils ont accoutumé faire cris & publications en leursdites Châtellenies : & suffit telle publication, sans autre saisie ou signification faite, & après ladite publication, & les quarante jours d'icelle passés, peuvent faire saisir les fiefs de ceux qui ne seroient venus faire lesdits foy & hommage, & faire les fruits à eux du jour de ladite saisie.

NOUVELLE OBSERVATION.

A l'égard des autres moindres fiefs & de ceux situés hors de la Seigneurie, dont ils sont mouvans, les quarante jours ne commencent à courir que du jour de la signification faite à chacun des vassaux. *Ubi enim negotium tangit singulariter plures, singuli singulariter sunt vocandi.* Pontanus *in Conf. Blef.* §. 50. où il ajoute qu'ils ne sont pas tenus de venir faire des offres, mais qu'ils doivent être requis de porter la foi, parce qu'ils ne prétendent rien acquerir de nouveau, mais seulement accorder un droit acquis : néanmoins cet article permet d'avertir les vassaux par une proclamation générale, lorsque les biens sont situés dans l'étendue de la Châtellenie, suivant la Coutume de Paris en l'art. 63.

CCLV.

Item, l'ancien vassal ne doit que bouche & mains à son nouveau Seigneur.

NOUVELLE OBSERVATION.

Parce que la mutation ne vient pas de son côté, il n'est pas aussi tenu de donner un nouveau dénombrement, s'il en a déja donné un de son tems. Brodeau sur Paris, article 8.

CCLVI.

Item, un *haut-Justicier*, *moyen & bas*, peut mettre ou faire mettre en sa main les heritages tenus & mouvans de lui, étant en sa Seigneurie haute, moyenne & basse, par faute de *titre non montré*, champart emporté, cens non payé, ventes recelées, droits de saisine & désaisine, *amendes pour ce dûes*, foi & hommage, droits & devoirs pour ce dûs & non payés.

Haut-Justicier, moyen & bas.] *Intellige alternativè. C. M.*

Amendes pour ce dûes.] *Ex se omnia includit, ergo per* §. 248. *erit supplendum*, en cas d'opposition, *dixi in Conf. Paris.* §. 52. gl. 1. n. 66. *cum seq.*

In supremo Senatu in publicis causarum actionibus die Martis 27. Janu. anno salutis sesqui millesimo quinquagesimo, occurrit causa hujusmodi : Abbatissa, Monialet & Conventus Maubissoni, quæ juxta Pontisaram merum & mixtum imperium cum vassallis & censuariis in suo territorio habent, sive earum fiscalis procurator prehendi fecit, seu ad manum Monialium & Conventus poni, prædium quoddam ob censum non solutum, in vim commissionis, seu mandati judicis dictæ Abbatissæ & Conventus in eodem territorio, in qua commissione erat clausula, saisir & mettre en la main desdites Dames & Convent par faute de cens

non payé, & en cas d'opposition la main tenant adjourner les opposans pardevant nous, *hoc est, in casum oppositionis, prehensione stante, opponentes citari, possessor vel detentor à decreto & executione hujus commissionis appellans Baillivum Sylvanectensem Regium & Præsidialem Judicem superiorem immediatum dicti Judicis subalterni, ubi dictum fuit, bene processum & male appellatum, & appellans in mulctam & impensas solitas condemnatus ; qui rursus appellans supremam hanc Curiam, in qua cum Advocati breviter perorassent, statim Arrestum latum malè judicatum per Baillivum Sylvanectensem, bene appellatum, & emendando judicium, malè fuisse prehensum & executum per dictas Abbatissam & Moniales intimatas, bene appellatum per Appellantem, & intimatæ condemnatæ in expensis causarum appellationem, damnis & interesse prehensionis sive executionis realis, quasi commissio fuisset nulla vel abusiva propter illam clausulam præcisam,* la main tenant en cas d'opposition.

Tamen Consuetudo Sylvanectensis anno 1539. ante dictam prehensionem à provincialibus comprobata, & in eodem Senatu homologata, sub qua locus dominans & serviens situs est, articulo 256. diserte permittit habenti merum imperium (quem altum justitiarium vocant, vel etiam medium aut infimum) verba enim illa dicti articuli 257. haut-Justicier, moyen & bas, *debent alternative intelligi, dummodo etiam in prima instantia competat, ad manum suam ponere, non solum ex defectu census, sed etiam ex defectu exhibitionis titulorum scilicet novæ acquisitionis, quin etiam propter jura laudimiorum, & jura resignanda & recipienda investituræ & mutationum inde dependentium : quoties autem consuetudo hujusmodi actus simpliciter permittit, intelligitur eum effectu, ut non obstante simplici oppositione etiam alterius procedatur , donec aliter per judicem diffinitivè vel provisoriè decernatur, & alioquin omnes ejusmodi executiones domaniales in simplicem citationem & ad viam actionis ordinaria reo volente & nullo modo satisfaciente statim redimerentur, quod esset absurdum, ut satis in fortioribus terminis declaratum fuit Arresto 24. hujus mensis Martii (quod hoc excluduntur) lato 1557. ante Pascha, adjecta causa, quia* exploit domanier.

Verum est quod eadem consuetudo art. 248. videtur quantum ad censualia restringere permissionem sitam in casum oppositionis detentoris, ibi, & quant aux roturiers jusqu'à ce que le détenteur se soit rendu oppoant, *per quam clausulam debet generalis permissio §. 256. quoad censualis restringi, quamvis sit posterior, quia lex nova tempore posterior potest declarari, & restringi per priorem, l. non est novum, l. & posteriores, C. de legib.*

Quantò fortiùs hic, ubi dictus §. 256. quamvis sit posterius scriptus, tamen non est posterior ; sed concurrens tempore, quia unica est eodem tempore facta & compilatio & homologatio, simultaneis & coæquatenetis utriusque ortus & usus. Punitus est , primo uter articulus alterum corrigat, vel limitet : & certè clarissimum est d. §. 256. loqui magis generaliter & indeterminatè quam dict. §. 248. qui in clausula de qua agitur, magis explicatè & determinatè loquitur, ergo debet restringere. §. 256. quamvis ordine scripturæ posteriorem, & non ab eo corrigi.

Et quando uterque articulus esset æqualiter generalis & determinatus, tamen ei necesse sit , ut hic unum, vel alterum corrigi, vel limitari, tunc (salvo æquitatis urgentiore favore juxta Bald. in c. cum olim de consuet.) interpretatio limitatoria præstat correctionem per notat. in l. si constante, in princip. sol. matr. & in omnibus interpretationibus, ea semper præfertur per quam contrarietas aut correctio vitatur. Bart. in l. omnes populi ad si. & omnes post eum, de just. & jure, Alexand. Consil. 141. num. 4. lib. 2. Consil. 58. lib. 4. Philip. Dec. l. ubi repugnantiæ de regul. jur. Consil. 168. col. 1. Consil. 195. col. 2. ubi in annotat. dixi, Stephan. de Phædeni, in tract. de interpret. juris parte 2. & Hyppol. Marsyl. l. 1. §. si servi col. pen. & ult. de quæstio. Ergo §. 256. licet scriptura posterior non corrigit, §. 248. in d. explicata clausula : sed per eam limitatur & declaratur, quod concludere videtur pro Arresto.

Subsisto, quia (& hic supremus punitus) viden-

dum in quo & in quantum dicta clausula jus prehensorium domini censualis limitet ; & clarum est quod non loquitur de omnibus juribus censuariis, sed de laudimiis dumtaxat : ergo horum respectu tantum limitat prehensionem dominicam, eamque in easdem oppositionis detentoris in actionem resolvit : non autem quando sit ex defectu census, sed nec quando propter titulum non exhibitum, ut in §. 256. qui non limitatur, nisi quando prehensio sit ex capite laudimiorum & jurium utilium investituræ censuariæ. Quod etiam clarius probatur in §. 247. immediatè sequenti dictam clausulam limitatoriam, ibi, pour raison desquels droits des ventes & saisines, *ubi est text. quod per simplicem oppositionem non resolvitur prehensio , nisi quando est facta pro laudimiis & saisinis censualibus, verba sunt consuetudinis.*

Et sic concludo quod pro censu ipso, sive ex defectu reliquorum censûs , potest incipi ab impedimento vel prehensione, præcisa l. cum clausula etiam expressè, en cas d'opposition, la main tenant, (ut generaliter) in toto regno, *sed etiam sub dicta consuetudine Sylvanectensi, ut semper usitatum fuit, & patet per antiquos libros manuscriptos, nec judicandum unico exemplo dicti Arresti, quod in ea particulari appellatione tantùm semel jus fecit, & in quo etiam quædam alia facti particularis circumstantia esse potuit, nec debet in consequentiam trahi, adde infrà ead. gl. num. 117. Quid si forsan Arrestum illud fundatum fecit in eo quod dicta commissio erat generalis, prædio prehenso in ea non specificato : fuit alius error formularius & ineptus, cujus author fuerat Do. Petrus Lisetus, dum Patronam fisci fingeretur, qui error jam deservere incipiebat tempore dicti Arresti ann. 1550. ut dicam inf. eod. num. 109. Et cum præsens essem, nec ab alio objici audivi, quod commissio esset generalis ; sed tantum quod præcisa,* la main tenant.

Ex quibus etiam obiter liquet, quod consuetudo Sylvanectensis non permittit domino sive feudali sive censuali propria autoritate apprehendere, sed solum autoritate & commissione Judicis, etiam sui, si quem habeat : nec requiritur quod merum vel mixtum imperium habeat , sufficit quod vel simplicem vel infimam jurisdictionem habeat hujus fundiaria capacem. Et principium d. §. 256. ibi, un haut-Justicier, moyen & bas, *& in medio, ibi,* haute, moyenne & basse, *non statim copulativè, sed demonstrativè, ut etiam probat d. §. 248. ibi,* par Arrêt de leur Justice. *Et sic infima & fundiaria jurisdictio ad hoc sufficit, ut etiam regulare est, & expressè volunt consuetudines citatæ sup. eod. num. 64. & plerasque alia, ut Rhemensis, §. 144. quædam etiam expressè permittunt propria domini autoritate, ut infrà num. 78. C. Molin. in Consf. Parisf. §. 74. gl. 1. num. 65. & seq. ad 75.*

Nonobstant l'avis de Maître Charles Dumoulin, je crois l'Arrêt de 1550. dont il parle juridique, & conforme à l'esprit de cette Coutume : car quoique l'article 247. ne parle point précisément de la saisie qui se peut faire en vertu de cet article par faute de titre non montré, champart emporté, & cens non payé : néanmoins en y regardant de près, nous trouverons que tous ces cas ne laissent pas d'y être compris sous ces mots ; *ou autres droits,* qui n'étoient pas dans les compilations des années 1493. & 1506. & n'ont été ajoutés qu'en cette derniere réformation, à dessein vrai-semblablement de faire voir que cet article

256. ne doit passer que pour un membre & pour un supplément du 248. en faisant qu'il ne serve que d'explication à ces mots, *en autres droits,* afin de rendre l'article 256. sujet à la disposition générale de l'article 248. qui veut, quant aux héritages roturiers, que la saisie du Seigneur n'ait effet que jusqu'à ce que le détenteur se soit rendu opposant.

On voit aussi par l'expression de l'article 248. que l'intention de la Coutume a été de ne faire durer la saisie en matiere de rotures pour toutes sortes de cas, que jusqu'à l'opposition du détenteur en ces mots, *& quant aux roturiers, jusqu'à ce que le détenteur se soit rendu opposant.* Ce qui paroît encore par l'opposition qui fut formée sur cet article par quelques Seigneurs particuliers, qui parlerent en général de la saisie qui se fait sur les héritages censuels. Cette vérité se voit pareillement par les articles 100. 101. & 102. ci-dessus, qui permettent au Seigneur Haut-Justicier de saisir les héritages qui sont dans le détroit de sa Seigneurie, pour contraindre les détenteurs à enseigner à quel titre ils les possedent, veulent

qu'en cas d'opposition la saisie soit convertie en action. Mais quoi qu'il en soit, ces deux articles 248. & 256. entendus de la sorte que nous les interpreterons, doivent être limités par l'Ordonnance du Roy Charles IX. de l'an 1563. faite à ce sujet, qui déroge expressément à toutes Coutumes contraires, & porte, *Que tous deviers dûs pour Censives & Rentes foncieres, & autres redevances de Bail d'héritage perpétuel, seront exécutables par saisie d'Héritages, Terres & possessions sujettes ausdits devoirs; & n'auront les Possesseurs, sur qui lesdites Terres auront été & seront saisies, main-levée pendant le Procès, si aucun se meut, sinon en consignant ès mains de Saississant trois années d'arrerages à faites redevances & droits, pour lesquels ladite saisie aura été ou sera faite: ou en faisant dûement & promptement apparoir avoir payé les Cens & Rentes dont il sera question par ladite saisie, sans prejudice des droits des Parties, & de leurs dépens, dommages & intérêts en son de causi.* M. J. M. R.

NOUVELLE OBSERVATION.

Titre non montré.] Il semble que l'article 100. ne permette qu'au Haut-Justicier de saisir pour ce sujet : mais les 248. & 235. confirment la disposition de celui-ci.

Cens non payé.] Avant la condamnation l'on ne peut proceder par exécution que sur les choses sujettes au cens; mais après on peut s'adresser sur les meubles & autres biens. Il en est de même, si le preneur y avoit obligé tous ses biens, & la même obligation auroit lieu sur les biens du détenteur, s'il s'y étoit obligé par le titre nouvel, ayant pû s'engager aux mêmes charges du premier bail. *Molin.* §. 51. *gl.* 3. *num.* 10.

¶ L'usage de la Coutume de Montdidier est fort juste, qu'encore que le Seigneur ait tenu bureau de recette, de ne faire payer qu'une amende pour toutes les pieces de terres tenues d'un même fief pour toutes les années qui sont dûes avant l'action des censives en deniers.]

☞ La réception d'aveu par le Seigneur qui a ses terres joignantes à son tenancier, le rend garant de la continence marquée dans l'aveu, lorsqu'il est dit, *à tant de censives* pour chacune mine ou arpent : Néanmoins si le Seigneur n'avoit qu'une continence certaine joignante au tenancier, il semble qu'il ne devroit perdre qu'à *rata,* à cause de la bonne foi qui se doit garder entr'eux. Une seule reconnoissance ou un seul dénombrement fait foi contre les héritiers de celui qui l'a faite, & même contre les ayans cause.

Ranchin sur la question 272. de Guy Pape, tient la même chose à l'égard du Seigneur Justicier qui a pour lui la présomption, & non à l'égard d'un particulier qui n'est fondé que sur une simple reconnoissance, à moins qu'il n'y ait d'autres adminicules; le dénombrement n'est pas un titre, *sed simplex asseveratio aut declaratio,* qui ne peut prejudicier, à moins qu'il ne soit verifié par les Juges des lieux. Bacquet des Droits de Justice, chap. 5. n. 6. Il ne prouve pas aussi suffisamment contre le tenancier, à moins qu'il ne soit accompagné de titre ou de possession.]

¶ La consignation des trois années pour obtenir main-levée doit être faite suivant le dernier aveu donné au Seigneur, & non par rapport aux offres.]

C C L V I I.

Item, en matiere d'echange en heritages féodaux, nonobstant qu'il soit fait *but à but & sans soulte,* est dû relief, avec droit de Chambellage, & en *heritage roturier, soit échangé à fief* ou *heritage* roturier, est dû seulement le droit de saisine, supposé que les heritages ainsi échangés soient en diverses Seigneuries, pourvû que lesdits échanges soient faits sans fraude, excepté en la Châtellenie de Compiegne, en laquelle en matiere d'échange pour heritages roturiers assis en diverses Seigneuries, est dû droit de vente, selon la valeur & estimation des choses échangées.

But à but & sans soulte.] S'il y a soulte, sçavoir si les ventes seront dûes pour les heritages roturiers, & le quint pour les féodaux à proportion de la soulte? Il semble que suivant le principe que nous avons établi ci-dessus en la remarque de l'article 224. que le contrat en cette rencontre devroit tirer la dénomination & son effet de la qualité qui y prevaut, comme nous avons dit à l'égard du retrait; de sorte que s'il y a plus d'argent que d'héritage, le tout soit censé vente, & en conséquence les droits de ventes ou de quint payés pour le tout; si au contraire l'héritage prévaut, que l'argent ne devroit être consideré que comme accessoire, & le tout passer pour échange.

Mais quoique cela soit vrai en soi, & pour juger de la qualité & de l'essence du contrat ; néanmoins cette maxime ne doit pas avoir son effet au cas particulier contre le Seigneur : parce qu'à son égard il s'agit d'un droit de rigueur , & l'accumulation des especes ne doit pas entrer en considération pour ce qui le concerne ; vû qu'étant de droit ancien , qu'à chaque changement de vassal ou de tenancier les droits sont dûs au Seigneur, toutes fois & quantes qu'il y a bourse déliee , il ne lui doit pas tourner à préjudice , si les contractans ont joint ensemble deux especes , la vente , & l'échange , & pour son interêt le tout est censé divis : de sorte qu'il doit prendre ses droits à proportion des deniers qui sont déboursés : & nous usons de ce droit sans contredit.

Héritage roturier soit échangé à fief. Cela doit être entendu des héritages roturiers seulement : car pour ce qui concerne l'héritage féodal baillé en contr'échange , le droit de relief en sera dû au Seigneur duquel il releve ; l'échange de fief à roture étant moins favorable que de fief à fief : & néanmoins il est decidé par le commencement de cet article que le relief est dû en ce dernier cas.

Héritage.] Ce mot est pris en cet endroit , comme en plusieurs autres de cette Coutume, pour *immeuble* , suffisant pour exclure les droits de vente & de quints qu'il n'y ait pas de vendition , la Coutume , par les articles précedens n'adjugeant ces droits au Seigneur qu'en cas de pure vente. *M. J. M. R.*

NOUVELLE OBSERVATION.

Le droit de Chambellage est dû à toutes mutations par les vassaux qui font la loi & hommage à leur Seigneur. L'origine de ce mot vient de Chambellan , parce que le Grand Chambellan de France a un droit pour chaque hommage qui se fait au Roy , en presence duquel il interroge le vassal s'il avoue tenir de Sa Majesté. Voyez du Tiller , livre 2. de ses Memoires. Galland en son Traité du Franc-aleu , pages 62. & 63. remarque aussi que le Manteau des Ducs & autres , qui faisoient au Roy la foy & hommage , appartenoit aux Chambellans ; ce qui a été depuis converti en une taxe au profit des Seigneurs , laquelle est differente suivant la diversité des Coutumes , qui sont cottées par Ragueau en son Indice , où cet Auteur confond l'Office de Chambellan avec la Charge du *Camerarius* , qui fut supprimée par François Premier après la mort de Charles , fils du Duc d'Orleans. Voyez du Cange *in verbo Camerarius.*

CCLVIII.

Item , avant qu'une saisine puisse préjudicier *à un tiers* , il est requis qu'elle soit faite *en la présence de deux témoins , ou pardevant deux Notaires Royaux.*

A un tiers.] *Contigit hæredium vendi extraneo , proximus post sexdecim annos venit ad retractum. reus ostendit litteram investituræ , in qua non sunt inscripti testes , sed probat quod duo aderant non rogati* , le Prevost de Senlis déboute le demandeur , qui appelle devant les Presidiaux , lesquels disent mal jugé , & adjugent le retrait par jugement dernier , dont appel au Parlement , *ubi sententia* des Presidiaux *declaratur nulla* : car ils ne peuvent juger en souveraineté du retrait lignager , qui concerne l'affection qui est inestimable. *Sed in principali videtur hæc consuetudo exigere testes rogatos & inscriptos , quemadmodum duo Notarii sunt rogati & inscripti , in l. 1. ubi Bart. & Joc. D. de reb. dub. C. M.*

Cette note de Maître Charles Dumoulin se trouve aidée de l'Ordonnance faite depuis la Coutume , qui veut que les témoins employés en un acte signent , ou qu'interpellés ils declarent qu'ils ne sçavent pas signer. Toutefois la difficulté s'étant presentée sur l'interpretation de cet article , entre les Religieuses de Long-Champ & du Lis Fonquerel , sçavoir s'il étoit nécessaire pour faire valider la saisine aux termes de cet article , que les témoins signassent , il fut informé par turbes sur l'usage d'en user en cette Coutume , & suivant l'avis des turbiers , qui tous demeurent unanimement d'accord que les saisines étoient valables & avoient leur effet , sans que les témoins en eussent signé les actes , il fut jugé qu'il n'étoit pas necessaire que les témoins presens à l'ensaisinement eussent signé , au raport de M. de Grieu le 7. Juillet 1607. & de fait l'usage est tel par tout en cette Coutume , & on se contente d'inscrire deux témoins aux saisines , sans les faire signer.

En présence de deux témoins , ou pardevant deux

Notaires Royaux.] Cet article qui requiert pour la validité des saisines à l'égard d'un tiers , qu'elles soient données en la présence de deux témoins ou pardevant deux Notaires Royaux , ne concerne que les saisines , qui sont baillées par les Seigneurs en personne , ou par leurs Receveurs qui ont pouvoir de ce par leurs baux , comme il se pratique ordinairement dans cette Coutume , & non point de celles qui se donnent par les Officiers de la Justice du Seigneur , qui en ont semblablement le droit par un usage constant de la Province : les actes de saisines , qui se délivrent par ces derniers , n'ayant point d'autre forme que les autres actes de Justice. Et même lorsqu'il se rencontre que la Seigneurie de laquelle la saisine doit être prise , appartient à quelque communauté , comme un Chapitre , qui soit en possession de faire expedier ses déliberations & ses actes par un Greffier , la saisine est encore donnée de la même maniere , sans qu'il y soit fait mention d'aucuns témoins , & l'acte en est simplement signé par le Greffier du mandement du Chapitre ; ce qui s'observe dans tous les cas que nous avons ci-dessus exprimés par un usage inviolable , & sans aucune contestation.

Mais j'ai depuis peu vû une Jurisprudence nouvelle , que l'on a voulu introduire à ce sujet. On a prétendu que de la même façon que l'on satisfaisoit à l'Ordonnance , qui requiert la présence de deux témoins avec un Notaire , en employant un second Notaire au lieu de deux témoins , par une espéce d'équipollence , on pouvoit aussi , lorsqu'il y avoit deux Receveurs en une Terre , se dispenser de donner la saisine en présence de deux témoins , pourvû qu'elle fût baillée par les deux Receveurs conjointement : sur quoi ayant été consulté en un affaire importante, je condamnai cette subtilité, & n'estimai pas que l'on dût s'assurer sur une semblable saisine; parce qu'outre que dans le raisonnement nous n'avons rien qui nous puisse faire dire que la foi d'un Receveur doive egaler à celle de deux témoins, n'y ayant rien qui releve le témoignage d'un Receveur au-dessus d'un autre, au lieu que les Notaires sont personnes publiques, & ont le serment à Justice : d'ailleurs pour faire que la présence d'un second Notaire équipollât à celle de deux témoins, requise par l'article 84. de l'Ordonnance d'Orleans, il y a eu une Déclaration expresse du Roi du 11. Octobre 1561. verifiée en Parlement le premier Decembre ensuivant.

Quant aux termes de la saisine, ils ne sont point fixés par la Coutume, non plus que par l'usage, chaque Seigneur ayant sa forme particuliere de la bailler, & c'est assez que les paroles dont ils se servent, signifient qu'ils ont mis l'acquereur en possession & saisine des heritages mentionnés en son contrat; ou si c'est un créancier de rente constituée qui se fait ensaisiner, la saisine est baillée en general sur tous les heritages assis dans l'étendue des Terres & Seigneuries du Seigneur qui la baille, sans qu'il soit nécessaire de specifier les heritages appartenans au débiteur; n'ayant jamais vû de saisine donnée dans cette Coutume; où l'on eut fait une énumeration particuliere des biens hypotequés à la rente ensaisinée.

La Coutume de Valois, qui est voisine de celle-ci, qui donne sa préference au creancier de rente constituée ensaisinée, aussi-bien que la nôtre, l'oblige par l'article 18. en prenant saisine, de payer les droits au Seigneur, de la même façon que s'il acqueroit les heritages de son débiteur jusqu'à la concurrence de sa rente. Il y a grande apparence que l'esprit de la Coutume de Senlis a été lors de sa redaction, de rendre le créancier de la rente constituée sujet aux mêmes droits; ce qui s'induit principalement de la disposition de l'article 275. qui porte que les heritages criés doivent être adjugés par decret à la charge des rentes ensaisinées ou inféodées, & des arrerages qui en sont dûs; ce que les Seigneurs n'auroient eû garde de souffrir, s'ils n'avoient été payés de leurs droits lors de l'ensaisinement, ou de l'inféodation; parce que l'heritage se vendant à la charge de la rente, il n'y a point de doute que la vente diminuoit à proportion, & consequemment leurs droits. Et de fait, je trouve sur des mémoires qui ont été faits en l'année 1580. que l'usage de ce temps-là, pour ce qui concerne l'étendue de cette Coutume, étoit de composer avec les Seigneurs qui se contentoient de peu, & les créanciers des rentes qui se faisoient ensaisiner, se portoient à leur donner quelque chose pour se redimer de procès : mais depuis, comme l'obligation de payer les droits de lods & ventes, pour l'ensainement n'étoit pas précise par la Coutume, & que d'ailleurs la nature des rentes constituées a été

mieux connue qu'elle n'étoit dans le commencement, le doute en a été pareillement levé : de sorte que les Seigneurs n'ont plus fait de difficulté de donner leurs saisines sans payer autres droits que celui de saisine, que la Coutume arbitre à cinq sols, & aussi par même moyen, l'effet de l'art. 275. pour la vente des heritages à la charge des rentes ensaisinées est cessé, & on ne sçait plus ce que c'est que cet usage dans toutes les Jurisdictions qui sont soumises à cette Coutume : & en effet elle n'attribue droits de lods & ventes au Seigneur, que pour les contrats de vente, d'heritage & autres équipollens à vente, & lorsqu'il y a changement de propriétaire. Tellement que la constitution de rente n'étant ni vendition d'heritage, ni contrat qui y équipolle, mais une prise de deniers faite par le constituant, pour en user tant qu'il lui plaira, & sous la faculté perpetuelle de rachat, il ne se fait aucune mutation, pour laquelle aucuns droits Seigneuriaux soient dûs, le constituant demeurant propriétaire & possesseur des heritages sur lesquels la rente est assignée : & quant au créancier de la rente, il n'a qu'une hypotheque, laquelle est réalisée par la saisine, qui est ordonnée par la Coutume par une espece de formalité, pour acquerir la réalité & l'assurance de la rente.

Notaires Royaux.] *Ita etiam debet intelligi consuetudo Sylvanectensis, §. 258. quæ requisit prehensionem vel arrestum in præsentia duorum testium vel duorum Notariorum fieri antequam prejudicet tertio : debet enim intelligi concomitante, vel sequente congrua notificatione, & idem generaliter ubique.* C. M. §. 74. gl. 1. n. 75. Il est évident que Maître Charles Dumoulin avoit mal pris le sens de cet article lorsqu'il a fait cette remarque, & qu'il avoit lû *saisie* au lieu de *saisine*, n'étant pas au reste nécessaire que la saisine, pour préjudicier à un tiers, lui soit notifiée, vû que son effet est contre les personnes qui ne peuvent être le plus souvent de la connoissance de celui qui la prend, contre les creanciers de celui qui a créé une rente, & contre les parens d'un vendeur : & néanmoins l'on m'a fait voir depuis peu une consultation d'anciens Avocats de ce Parlement, lesquels fondés sur cette autorité de Dumoulin avoient été d'avis que la saisine, pour avoir effet contre un tiers, lui devoit avoir été notifiée; mais ils n'avoient pas pris garde à l'abus de Maître Charles Dumoulin, & qu'il ne parle en cet endroit que de la saisie, & non de la saisine, s'étant persuadé que cet article étoit la suite de l'article 256. & qu'il concernoit la solemnité de la saisie du Seigneur. *M. J. M. R.*

¶ Encore qu'il ne soit pas besoin que les témoins signent en l'acte de saisine, je ne crois pas que leur signature soit suffisante, si le Seigneur ne sçait pas écrire ni signer, lorsqu'il s'agit de faire valoir le privilege d'une rente, à cause qu'il seroit aisé de chercher des témoins qui signeroient un acte anti-datté.]

CCLIX.

Item, quand un fief est mis en la main du Seigneur féodal *par faute d'homme, droits, & devoirs non faits*, ledit Seigneur féodal doit jouir, & lui appartiennent tous les *reliefs*, qui viennent & échéent des arriere-fiefs, tenus en premiere foy dudit fief ainsi saisi, pendant & durant ladite saisie, & jusqu'à ce qu'il soit mis en pleine *délivrance.*

Il faut prendre garde que cet article parle de l'effet de la saisie, au cas qu'elle soit faite par faute d'homme, reliefs & devoirs non faits *conjunctim*, & non pas *disjunctim*; car cette Coutume ne donne pas au Seigneur féodal gain de fruits en vertu de sa saisie, pour toutes sortes de mutations; mais elle distingue, lorsque l'homme, c'est-à-dire, le vassal, demeure en sa foi & dans son serment, auquel cas il n'y a point de gain de fruits, quoiqu'il ait vendu, donné ou autrement aliéné son fief.

Dont la raison est singuliere & belle à remarquer, procédant à mon avis de ce que le vassal, nonobstant l'aliénation par lui faite, ne laisse pas de demeurer lié en vertu de son serment de fidélité, & il est toujours l'homme de son Seigneur, jusqu'à ce qu'il y en ait un autre subrogé en sa place: mais lorsqu'il y a mutation au fief, soit par la mort du vassal, ou du Seigneur, le serment étant rompu & délié par le décès de l'un ou de l'autre, parce que tout serment est personnel, tant activement que passivement, il y a pour lors pleine ouverture au fief; & le Seigneur y entre à faute d'homme, & fait les droits siens; cette diffé-rence le voit par les articles 248. 249. 253. & 254. de cette Coutume. D'où il s'ensuit qu'au cas où la saisie n'emporte pas le gain des fruits du fief principal, elle doit bien moins avoir d'effet pour les reliefs des arrieres-fiefs; vû que le Seigneur n'a droit de jouir de ces derniers en vertu de cet article, qu'en conséquence de ce qu'il jouit du fief principal, & parce que les reliefs des arrieres-fiefs sont partie des fruits & obventions du fief saisi.

Par faute d'homme, droits & devoirs non faits.] *Item*, s'il en jouit pour droit de relief, par cette raison générale que les reliefs des arrieres-fiefs sont compris dans les fruits du fief auquel ils appartiennent.

Reliefs.] De même s'il vient à y avoir ouverture des arrieres-fiefs portant gain de fruits pendant la jouissance du principal fief par le Seigneur dominant, il pourra saisir les arrieres-fiefs, & faire les fruits siens par la même raison.

Pleine délivrance.] J'ai corrigé ces mots sur l'original: les imprimés portoient *pleine déclaration*, sur quoi Maître Charles Dumoulin avoit remarqué très-à-propos, *id est*, délivrance & main-levée, *alia vel habita. M. J. M. R.*

CCLX.

Item, quand à une femme, elle étant conjointe par mariage, est venu & échû aucun fief par la succession de son pere, ou autres ses parens, situé & assis audit Bailliage de Senlis, & que son mari, pour & au nom d'elle, ou comme mari & bail, a fait les foi & hommage, payé les reliefs, droits & devoirs pour ce dûs audit Seigneur duquel est tenu & mouvant ledit fief, & après ledit mari va de vie à trépas, la femme veuve au moyen du trépas de sondit mari, ne doit plus de relief, ni autres droits & devoirs dudit fief à elle appartenant de son chef, sinon la foi & hommage, & desdits droits doit demeurer quitte par le moyen de sondit mari, qui les a payés audit Seigneur, constant leurdit mariage.

CCLXI.

Item, si deux conjoints ensemble par mariage font acquisition d'heritage ou rente tenu en fief, & le mari durant & constant ledit mariage, a fait la foi & hommage, & payé les droits & devoirs; après le décès dudit mari, la femme survivant n'est tenue pour la moitié dudit conquêt, payer aucuns droits Seigneuriaux, tant qu'elle sera en viduité; mais seulement faire la foi & hommage au Seigneur féodal, pour sadite part & portion: & si la part & portion de son mari audit conquêt, lui avenoit par donation ou autrement, elle est tenue de payer finance à sondit Seigneur féodal pour ladite part & portion, selon la nature du fief.

CCLXII.

Item, aucun ne peut tenir terre sans Seigneur.

Les Religieux de Beaulieu, auxquels, en vertu du titre de leur fondation, appartiennent les champarts du territoire de Choisi, ayant fait assigner les Marguilliers de la Paroisse de Choisi, pour payer ce droit à raison de quatre arpens de terre sis en ce territoire, qui se défendoient de la préscription de cent ans, leur opposerent cet article, & le 191. ci-dessus, qui porte que le droit Seigneurial de censive & fonds de terre ne se prescrit point, le droit dont il s'agissoit étant de cette qualité, en conséquence de ce qu'il n'y avoit aucun cens sur les héritages dont il s'agissoit. Ce procès étant dévolu en la Cour, & la question demandée aux Chambres, & s'étant trouvé diversité d'opinions, le procès fut parti le 8. Mai 1595. les deux opinions convenoient en la préscription du droit de champart, mais l'une vouloit que ce fût sans préjudice du droit de cens, l'autre prononçoit par absolution, sans vouloir rien réserver. Monsieur Louet, lettre C. nomb. 21. Mais selon la Jurisprudence d'à présent, l'on ne douteroit pas que le droit de cens réduit pour la quotité au moindre, n'eût dû être réservé, suivant les Arrêts postérieurs rapportés par Maître Julien Brodeau au même endroit; passant aujourd'hui pour maxime, que nulle terre n'est réputée en franc-aleu sans titre, & que la préscription de cent ans n'est point suffisante pour la faire présumer telle. *M. J. M. R.*

CCLXIII.

Item, *droit de champart, & droit de vinage*, se doit payer sur peine de soixante sols parisis d'amende, & le droit de cens, *ou autre droit Seigneurial equipollent audit cens*, se doit payer au jour qu'il est dû, sur peine de *sept sols six deniers* parisis ès Châtellenies de Senlis & Compiegne, & de cinq sols parisis ès Châtellenies de Chaumont, Pontoise, Chambly, Creil & Comté de Beaumont,

Droit de champart & droit de vinage.] Lorsqu'ils sont Seigneuriaux, & tiennent lieu de cens; car autrement ils ne peuvent passer que pour rentes foncieres, qui n'emportent pas avec eux cette prérogative & privilege d'amende, & nos Coutumes ne parlent ordinairement que pour les premiers droits dûs en connoissance de Seigneurie.

Ou autre droit Seigneurial équipollent audit cens.]

Il y a apparence que cet article veut faire passer sous l'espece du cens tout ce qui est dû tous les ans en certaine espece & quantité, soit en argent, volaille, grain ou autre chose, pour l'opposer au champart & vinage, qui n'ont aucune quantité permanente, mais qui se prennent sur les fruits, s'il y en a, à raison d'une certaine quantité pour chacun cens; de sorte que je voudrois faire passer sous l'espece du champart & vinage, tous les droits Seigneuriaux qui se prennent sur les fruits: & sous celle de cens, tout ce qui se paye à raison du fonds.

Sept sols six deniers.] La raison pourquoi l'amende est plus grosse pour champart emporté, que pour cens non payé, est parce que le Seigneur est plus interessé au champart emporté qu'au cens non payé; le cens est certain, & ne dépend pas des fruits, au lieu que lorsque le grain est emporté, sans payer le champart, il est difficile d'en regler la quantité qui doit être prise sur les fruits, & il faut pour cet effet en venir à des enquêtes & à des estimations. *M. J. M. R.*

NOUVELLE OBSERVATION.

Le droit de champart ne se prend qu'après la dîme même lorsqu'elle est inféodée, quoiqu'elle ne soit pas dûe à Dieu: j'en ai vû faire la difficulté; lorsque la contestation n'est pas entre le décimateur & le Seigneur à qui le champart est dû, le dénombrement portant qu'il est dû dix gerbes pour cent des grains croissans de la terre; & néanmoins l'on a jugé que les tenanciers profiteroient de cette diminution, & que le dénombrement ne se devoit entendre qu'après la dîme payée.

Le champart & la centive peuvent être dûs à différens Seigneurs, & l'on présume que ces droits ont été démembrés par un partage; mais le champart ne laisse pas d'être dû sous peine d'amende, quoique la directe soit à un autre, & que celui à qui il appartient n'ait aucune Justice.

Ce droit est autrement appellé *terragium*, & celui qui le prend, *Campi particeps*. Du Cange en son Glossaire sur ce mot, rapporte un passage de l'ancien Coutumier de France, qui porte en substance, que le champart emporte lods & ventes, lorsqu'il n'y a pas de Chef-Seigneur foncier. Au reste l'on peut dire que nous mouvons des vestiges du champart dans l'Ancien Testament, lorsque Joseph ayant prevenu la famine, fit de grands amas de bled en Egypte, qu'il vendoit pour des heritages que l'on donnoit en payement, & que l'on rendoit depuis aux particuliers, moyennant certaines redevances de grains par chacun an.

Le tenancier doit cultiver & entretenir la terre chargée de champart en même nature, & n'en peut changer la superficie sans le consentement du Seigneur, ainsi qu'il est porté par l'article 197. de la Coutume d'Amiens.

L'article 165. de la même Coutume d'Amiens, & le 120. de celle de Clermont, permettent au Seigneur de faire valoir lui même la terre qui en est chargée, lorsqu'elle a été négligée pendant trois ans.

Vinage.] Il est aussi parlé de ce droit en l'article 121. de la Coutume de Clermont, & en l'article 161. de celle de Rheims. Du Cange, *verb. Vinagium*, parle d'un titre de Beatrix, Abbesse de Sainte Marie de Soissons, de l'an 1232. où il est marqué, que les habitans d'une Communauté sujette à ce droit, sont tenus de le porter dans la cour de leur Seigneur au 25. de Mars, sans que l'on soit tenu de le recevoir auparavant, si l'on ne veut. Il y a des lieux où ce droit a été converti en cens annuel en argent, & d'autres où les censives ont été converties en vinage, comme il est prouvé par cet article.

La possession immémoriale de ces droits ne se prouve pas par les partages ni contrats d'acquisition, mais seulement par des anciens aveux, lesquels suffisent au lieu de titres originaires; quoiqu'il soit dangereux de donner tant de force à de simples aveux, où la simplicité des paysans est souvent trompée par la violence de quelques Seigneurs, qui y font glisser des termes captieux.

☞ Inutilement appelle-t-on les Seigneurs à la réformation de la Coutume, s'il leur étoit permis de faire preuve des droits pour lesquels ils ne se font pas opposés, lorsqu'ils sont contraires à la Coutume; mais pour ceux non compris dans la Coutume, l'on ne peut pas refuser d'en faire preuve tant par titres que par témoins; & s'il n'y a pas de titres, il faut une possession immémoriale aidée de quelques aveux, saisines & cueilloirs. Je ne crois pas que la possession de quarante ans soit suffisante pour établir les droits non autorisés par la Coutume, qui passent pour servitude, s'il n'y a au moins quelque commencement de preuve par écrit.

Les réformateurs de la Coutume d'Amiens ont ajouté à la fin du procès-verbal, qu'ils n'entendoient préjudicier au Seigneur, tant de l'Etat Ecclésiastique qu'autres, qui ont dit avoir Coutumes locales pour les droits dont ils auront titre ou possession immémoriale; ce qui s'entend de la possession qui precede la réformation de la Coutume. Néanmoins dans le doute la possession depuis la réformation sert à expliquer les titres.

Il y avoit eu à la vérité Arrêt contre Messire

René Potier Evêque de Beauvais, au sujet des reliefs par lui prétendus dans le Vidamé de Gerberoy, contraire à la Coutume générale d'Amiens: mais les parties ont été remises en l'état qu'elles étoient auparavant, en conséquence des Lettres en forme de Requête civile le 7. Juillet 1618. & par autre Arrêt du 14. Août 1621. en faveur de Messire Augustin Potier, le droit de relief de bail a été adjugé, sans qu'il paroisse autre titre que la Coutume locale de Gerberoy non autorisée, mais dont l'original avoit été depuis produit en bonne forme; ce qui a été confirmé par plusieurs autres Arrêts, l'un du 27. Juillet 1650. au profit des Religieux de S. Riquier; un autre du 26. May 1660. en faveur des Religieux de Corbie, & un autre pour les Religieux de saint Acheul d'Amiens, qui ont adjugé des lods & ventes à un denier contraire à la Coutume.

J'ai vû aussi un acte de notoriété du Bailliage d'Amiens du 8. Janvier 1671. qui atteste que les Seigneurs sont admis à faire preuve, tant par titres que par témoins, de leur possession immemoriale du droit de champart outre la censive : Nous avons jugé la même chose à Beauvais le 19. Juillet 1691. pour les Chanoines de la Cathedrale d'Amiens pour le sixiéme denier des acquisitions, & le Champart, outre la censive dans leur Seigneurie du Pont de Mers. ¶ Mais dans cette Coutume la possession ne suffit pas pour autoriser le droit de champart ou la censive.]

CCLXIV.

Item, par la Coutume locale des Châtellenies de Chaumont & de Pontoise, tous arrieres fiefs tenus d'aucun fief, quand icelui fief chet en relief, se relevent chacun de quatre livres parisis, pourvû qu'ils *valent leur prix*, & s'ils ne le valent, d'autant qu'ils sont estimés valoir.

Valent leur prix.] *Scilicet in reditu annuo : non enim debet emere suam proprietatem, sed habet valorem fructuum anni & quatuor libras pro quolibet subfeudo. Car Molin.* M. J. M. R.

CCLXV.

Item, par ladite Coutume locale, quand un vassal laisse en la main de son Seigneur un arriere-fief, ledit Seigneur en peut prendre & avoir les profits, sans en rien rendre, ni avoir regard, quand le vassal vient pour relever sondit arriere-fief.

TITRE XIII.
De Saisine & possession acquerir.

CCLXVI.

Item, quiconque a tenu, joui & possedé aucune chose par le tems & espace d'un an, *non vi, non clàm, non precariò*, il a acquis saisine & possession.

CCLXVII.

Item, quiconque a joui par an & jour d'aucun heritage paisiblement, *non vi, non clàm, non precariò*, & il est inquieté en ladite possession & jouissance après l'an & jour passé de ladite possession paisible, icelui possesseur peut valablement intenter son cas de nouvelleté contre celui qui l'a aussi troublé, dans l'an & jour dudit trouble & empêchement.

CCLXVIII.

Item, *vûes & égouts* n'acquierent point de possession & saisine, par quelque laps de tems que ce soit, sans titre.

Vûes & égouts.] Par cet article les servitudes qui sont appellées en Droit *urbanorum prædiorum*, & que nous nommons *urbaines*, faute d'avoir des mots propres dans notre langue pour les pouvoir signifier, sont imprescriptibles ; mais il ne parle point des servitudes rustiques, comme du droit de passer pardessus l'heritage de son voisin, d'y aller puiser de l'eau, d'y faire conduire ses eaux, d'y aller prendre du sable, & autres semblables ; de sorte que l'on pourroit dire que l'intention des Redacteurs de la Coutume a été de laisser cette derniere espece de servitudes sujettes aux regles des prescriptions ordinaires, telles qu'elles sont établies ci-dessus, au titre qui a été fait exprès pour la matiere des prescriptions. Je suis néanmoins dans le sentiment contraire, & que nous devons resoudre que les servitudes rustiques sont imprescriptibles dans cette Coutume, aussi-bien que les urbaines, pour deux raisons. La premiere, que c'est une maxime du Droit François, que les servitudes en general ne peuvent s'acquerir par prescription, si les Coutumes des lieux n'y dérogent expressément : Et la seconde, que quand nous ne serions point fondés sur cette regle, c'est un autre principe, que les cas omis par nos Coutumes doivent être suppléés par le Droit commun, à l'égard des matieres qui ont été tirées, comme est celle des prescriptions.

C'est pourquoi comme par la disposition du Droit Romain, les servitudes rustiques n'étoient point sujettes à la prescription, par cette consideration que l'usage & la possession en sont discontinus, nous devons embrasser la même doctrine pour cette Coutume, en exceptant toutefois, aussi-bien que les Romains, le droit de faire couler les eaux sur l'heritage de son voisin, *aquæ ductious*; lequel ayant un usage continu, la Loi l'avoit soumis au cours ordinaire des prescriptions, *l. si quis diuturno. D. si servit. vind.* Tellement qu'il nous faut conclure que notre Coutume n'a parlé des servitudes urbaines, que pour déroger au Droit commun, qui les avoit rendu prescriptibles; & qu'elle n'a point compris en sa disposition les servitudes rustiques; parce qu'elles avoient déja été établies imprescriptibles par le même droit. Aussi apprenons-nous de Maître Josias Berault en son Commentaire sur l'article 607. de la Coutume de Normandie, qui est conçue en termes à peu près semblables à la nôtre, que le Parlement de Rouen a arrêté, les Chambres assemblées le 13. Juillet 1611. que cet article auroit lieu pour les servitudes, tant rustiques qu'urbaines, & qu'elles ne pourroient les unes ni les autres s'acquerir sans titre, par possession de quelque tems que ce fût. Et ainsi nous pourrons appliquer à ce sujet ce qui est porté au §. 4. de la Loi *si arborem* 17. *D. de servit. urban. præd. Qua de stillicidio scripta sunt, etiam in cæteris servitutibus accipienda sunt, si in contrarium nihil nominatim actum est.*

Concernant ce que nous avons dit, que par le Droit Romain les servitudes discontinues ne s'acqueroient point par la prescription, ce qui resulte de la Loi *servitutes* 14. *D. servitutib.* ceux qui n'ont connoissance du Droit que par les Interpretes, ne manqueront point d'opposer une autorité fort connue au Palais, de Maître Charles Dumoulin, sur l'article 454. de la Coutume d'Anjou, où il fait l'application de la Loi derniere, *C. de servitutib.* pour dire qu'à l'égard de ces especes de servitudes qui ne sont dûes que par saisons, comme au tems des vendanges, il suffit de doubler le tems de la prescription pour les acquerir. Mais il est évident que cet Auteur s'est abusé, parce que la Loi qu'il allegue pour l'établissement de son opinion, ne parle point de la maniere avec laquelle la servitude peut s'acquerir: mais au contraire du moyen par lequel elle se peut perdre, & veut que la liberté contre une servitude accordée à un voisin, de passer par les terres de son voisin une fois en cinq ans, puisse être acquise, en cas que celui qui a ce droit, demeure sans s'en servir le double du tems requis à l'égard des autres servitudes; & qu'au lieu que pour ce qui concerne les autres, il suffit de dix ans entre presens, & de vingt ans entre absens de non-jouissance, pour en acquerir la liberté, *l. ult. C. de præsc. long.*

temp. il faut pour celle-ci vingt ans entre presens, & quarante ans entre absens, en vertu de la Loi dont Dumoulin s'est servi.

Il est vrai que le même Auteur avoit d'abord mieux rencontré, en disant que par le Droit Civil les servitudes discontinues s'acquieroient par la possession immemoriale; ce qui est fondé sur la Loi 1. §. *ult. de aqua pluv. arc.* & autres textes semblables: Et en effet, c'est une maxime communément reçûe de tous les docteurs qui ont écrit sur le Droit Romain, & parmi nous, que quoique la prescription en général soit exclue par un Statut ou par une Coutume, celle de cent ans & l'immemoriale ne laissent pas d'y avoir lieu, si elle n'est particulierement comprise dans la disposition de la Loi, par cette raison que cette espece de prescription n'est point tant considerée comme une prescription ordinaire, que comme un titre; ce que Dumoulin a lui-même très-bien expliqué en son Conseil 26. nomb. 24. *Quia ejusmodi tempus habet vim constituti, nec dicitur præscriptio, sed titulus, & hujusmodi exceptio temporis immemorialis nunquam censetur exclusa, etiam per legem prohibitivam, nec per quæcumque verba universalia quamcumque præscriptionem excludentia.* D'où l'on prend sujet de demander en cette Coutume & autres semblables, qui portent que les servitudes ne s'acquierent point sans titre par quelque laps de tems que ce soit, si la prescription immemoriale en est semblablement exclue: Et cette question est d'autant plus difficile, que l'ancienne Coutume de Paris étant conçue en mêmes termes, il y étoit intervenu diversité d'Arrêts; de sorte que pour lever ce doute, on a été obligé lors de la derniere réformation, d'y ajoûter ces mots, *encore que l'on ait joüi par cent ans.* Quoi qu'il en soit, cette question s'étant depuis peu presentée pour les droits de vûes & égouts dans la Coutume de Valois, laquelle par les articles 124. & 126. exclut la prescription sans titre, aussi-bien que la nôtre, & même avec un mot qui est encore un peu plus energique, l'article 126. ayant ajoûté *titre special*, & la cause ayant été plaidée solemnellement au Rôle de Senlis, le Lundy 11. Fevrier 1658. la preuve par témoins de la possession immemoriale articulée par celui qui prétendoit les servitudes, fut reçûe conformément aux conclusions de Monsieur l'Avocat Général Bignon; tellement que comme la Coutume de Senlis n'est pas seulement voisine & semblable à celle de Valois, mais même que le Duché de Valois a autrefois fait partie du Bailliage de Senlis, il semble que l'on ne doit point douter de faire passer cet Arrêt pour Loi dans une matiere qui de soi étoit fort problematique.

Jugé par Arrêt du 11. Août 1602. donné en cette Coutume, au rapport de Monsieur Ribier, entre Dolé & le Févre, qu'un decret n'avoit point purgé les servitudes qui sont sur les choses adjugées, les servitudes étant visibles comme un égout. *M. J. M. R.*

NOUVELLE OBSERVATION.

¶ Cet article semble n'exclure la prescription que pour les vûes & égouts, & non pour les servitudes patentes, qui semblent devoir être prescrites par quarante ans sans titre par les art. 190. & 191. En effet, ayant proposé d'ajoûter aux mots de l'article *& ses enclavures*, on ne le trouva pas à propos, & l'opinion des anciens étoit que la prescription devoit avoir lieu pour les autres. Y ayant eu procès pour un ruisseau en une maison proche le marché, dont on prétendoit avoir prescrit la servitude, il a été decidé par Arrêt en faveur du sieur Carnel, que la prescription n'avoit pas lieu : Au reste il s'agissoit d'un égout dont la prescription n'a pas lieu par la Coutume, & on peut dire qu'il y a encore raison d'excepter les autres servitudes, lorsque la possession est immémoriale.]

☞ Ce que dit l'Auteur doit être limité aux servitudes visibles, & la destination réelle tient souvent lieu de titre, comme lors qu'il paroît par titres ou marques évidentes que les deux maisons ont appartenu à un même propriétaire, & qu'elles servent l'un à l'autre, les lieux doivent demeurer en l'état où ils étoient d'ancienneté. Ce qui a lieu à plus forte raison lorsqu'il y a un poteau ou pilier qui soûtient un bâtiment dans la maison du voisin depuis plus de trente ans, souvent on obligeroit un voisin de démolir sa maison après qu'il a perdu ses titres, & on doit s'imputer si on a toleré aussi long-tems une telle entreprise.]

¶ La liberté s'acquiert contre un titre par un acquereur de bonne foi, qui n'a pas été chargé de la servitude, comme par exemple, s'il y avoit un droit d'agrandir les vûes au dessous de la hauteur marquée par la Coutume, ou s'il y avoit droit de puiser de l'eau dans l'héritage du voisin, & que l'on n'en eût pas usé pendant trente ans. On objecte que les charges réelles suivent la chose en quelques mains qu'elles passent, & ce qui est de faculté ne se prescrit pas, mais ces maximes ne peuvent avoir lieu au préjudice d'un tiers qui a joui de bonne foi en vertu d'un titre, puisqu'on prescrit même le droit de propriété, & aussi que les facultés se prescrivent en certain cas. Mais aussi il faut trente ans même à un acquereur pour prescrire en ce cas, & je ne crois pas que ses héritiers puissent prescrire par aucun tems contre le titre.

Les destinations non écrites du pere de famille justifiées par la consistance des lieux avant la rédaction de la Coutume de Paris, n'est plus considérée quand on a dans la suite fait quelque changement dans la disposition des lieux.]

La difference essentielle entre les servitudes & les rentes foncieres, est que les servitudes se prennent directement sur la chose, & ne peuvent subsister sans lui être avantageuses, suivant la Loi *Quoties* 15. *de servit.* Mais les rentes foncieres se prennent par les mains du détenteur de la chose ; & hors cette difference, les unes & les autres se reglent par les mêmes principes, comme a remarqué Maître Charles Dumoulin sur Paris, §. 1. *gloss.* 5. & après lui Loyseau, du déguerpissement, liv. 1. chap. 3. nomb. 10. C'est de cette difference que vient la diversité des actions : car pour les servitudes l'action est réelle & comme par maniere de vendication : mais pour les rentes foncieres, l'action est mixte, *& personalis in rem scripta,* Loyseau, *ibid. num.* 7.

L'on prétend que le propriétaire d'un fonds peut divertir les eaux qui viennent d'une source qui est dans son heritage, d'autant qu'il est permis de détourner le cours des rivieres particulieres, à la difference des publiques, *nihil differre à cæteris locis privatis flumen privatum : l.* [1. §. *Hoc inter-*

dictum, digest. de flum. Ce qui est confirmé par Loi *Fluminum* 24. §. *ult. ff. de damno infecto,* q[ui] veut qu'on puisse changer le cours, & arrêter la source des eaux, *neque enim existimavi operis in vitio damnum tibi dari, in ea re in qua jure meo usus sum. Si in meo fundo aqua erumpat, quæ ex tuo fundo venas habeat, videris vim fecisse, si nulla servitus mihi eo nomine debita fuerit, nec interdicto quod vi aut clam teneris.*

Monsieur du Val *de rebus dubiis, tractatu* 8. n[um]. 6. soutient la même chose, même à l'égard de celui sur le fonds duquel passe l'eau, quoique le fonds d'où vient la source, ne lui appartienne pas, & il fonde son opinion sur la Loi *ex meo* 24. *dig. de servit. rusticor. præd. Quia istud locum habet in fonte vicini in monte : nam statim atque ingressa est fundum meum, mea est, & possum eam cuilibet alii vicino commodare.* C'est aussi le sentiment de Dumoulin sur les Conseils d'Alexandre, volume 5. Conseil 69. où il dit après Paul de Castres, que l'on peut retenir ou divertir les eaux qui naissent dans notre fonds, ou qui y passent, au préjudice du voisin qui en a profité pendant un tems immémorial : néanmoins Mornac sur la Loi 6. §. *si initium. dig. de edendo,* & sur la Loi *Præses, Cod. de servit. & aqua,* est d'avis contraire, & cite un Arrêt du 16. Juillet 1605. qui condamne l'entreprise de celui qui avoit arrêté par des canaux & viviers, l'eau qui passoit par son fonds, au préjudice du voisin. Ce qui doit avoir lieu à plus forte raison, lorsque l'on est en possession d'un moulin par un tems suffisant pour acquerir prescription : néanmoins ceux qui ont des prés le long de l'eau, peuvent en certains jours saigner la riviere ou le ruisseau, ¶ pourvû que ce ne soit pas au préjudice de la navigation, & que le Seigneur soit preferé pour son usage. Mais on ne doit pas souffrir qu'il puisse refuser la permission en tems & lieu, à ceux qui en ont besoin. Le Seigneur ne peut pas aussi prétendre que les ruisseaux lui appartiennent plûtôt qu'à ceux entre les heritages desquels ils coulent, qui doivent même aider à ceux qui sont situés plus loin, & si on souffroit les détours des eaux, plusieurs seroient tous les jours ruinés par l'autorité & les voyes de fait. C'est ce qui a été sagement decidé par l'article 206. de la Coutume de Normandie, qui ne permet pas même au Seigneur des deux rives, de faire sortir l'eau hors de son lit au préjudice d'autrui ; mais aussi ceux qui profitent de l'eau, doivent contribuer aux réparations des mêmes rives aux endroits qui leur servent, non ailleurs. Je ne crois pas aussi qu'on soit obligé de s'opposer à un decret pour l'usage de l'eau établi par une possession suffisante, lorsque l'on a droit d'avoir un moulin. Aussi le droit de recevoir les eaux n'est pas une servitude qui ait besoin de titre, mais une liberté naturelle qui s'acquiert, & se perd par dix & vingt ans. *Menochius Consil.* 1120. Et le Seigneur de fief ne peut rien faire qui incommode notablement ceux qui sont en possession. *Menoch. Consil.* 1272. *num.* 7.

CCLXIX.

Item, si entre deux maisons, jardins ou autres lieux, y a un mur mitoyen & édifié entre deux maisons, heritages, ou autres lieux appartenans à deux personnes, & voisins, le mur soutient d'une part les terres & heritages de l'une des personnes, & s'il advient que ledit mur ait métier de réfection & réédification de massonnerie, la personne de laquelle lesdites rentes sont par ledit mur soutenues, est tenue de contribuer à ladite réédification & réfection dudit mur, depuis le fond & bas, jusques au rez de terre, pour les deux parts, & l'autre voisin est tenu pour le tiers seulement, & depuis le rez d'icelle terre en amont, ladite réédification se doit payer également par lesdites personnes & voisins, jusques à la hauteur de neuf pieds.

NOUVELLE OBSERVATION.

☞ Dans les quartiers peu habités des Villes, comme Beauvais & Senlis, il n'est pas juste que l'on oblige de faire faire des murs de séparation entre les Jardins où il n'y en a point pas : il en doit couter à celui qui veut se faire fermer, & il suffit qu'on lui cede la place du mur. Cependant il y a eû plusieurs Sentences qui ont ordonné la fermeture de murs, dans les quartiers quoiqu'éloignés.

Par Arrêt du 23. Avril 1700. en la seconde des Enquêtes au rapport de Monsieur le Clerc de Lesseville, en un procès où j'avois interêt, il a été jugé que l'on n'étoit pas obligé en cette Coutume de se fermer contre le palis appartenant au voisin, si ce n'est dans le cas exprimé par la Coutume de Paris, nonobstant un ancien usage observé à Beauvais d'obliger à contrefermer indistinctement ; d'autant que la Coutume oblige à contribuer à une clôture, & non à faire deux clôtures ; & la Cour ne s'est aucunement arrêtée à un moyen de destination que nous voulions induire, de ce que les deux bâtimens étoient sur un même assemblage ; que les deux maisons étoient chargées solidairement des mêmes censives, & de quelques surcens, de l'engagement des lieux, de plusieurs tolérances respectives, & de plusieurs autres marques evidentes que les deux maisons avoient appartenu à un seul & même propriétaire, pour faire demeurer les choses au même état où elles étoient ; attendu que ce moyen ne suffiroit pas pour nous exempter de la contrefermeture si nous y eussions été obligés, mais bien pour la continuation des servitudes.

On n'a pas aussi eû égard aux offres que nous avions faites de rembourser la moitié d'un palis aux endroits où nous voulions bâtir, aux conditions portées par l'article 194. de la Coutume de Paris, encore que nous eussions allegué que c'étoit un des articles ajoûtés à la derniere réformation, qui passent souvent pour loi dans cette Coutume dans les cas favorables, & qu'il s'agissoit de la faveur des édifices pour lesquels nous n'avons pas d'autre disposition que la Coutume de Paris dans les cas omis. Aussi l'ancienne Coutume de Paris ne recevoit pas à rembourser la moitié du mur commun, suivant le droit en la loi *invitum de contrah. emp.* au Code.]

Le voisin a été aussi déchargé de l'affirmation demandée s'il n'avoit pas de titres communs, encore qu'il y eût des marques évidentes qu'il y avoit eu partage.

On avoit fait encore difficulté en explication du même Arrêt, sçavoir si on est obligé à la contrefermeture à l'égard du pas ou palis, soutenant gallerie ou bâtiment joignant au jardin ou place vuide. ¶ Pourquoi il y a eû un autre Arrêt sur Requête en explication, qui a jugé qu'il s'entendoit de toute la suite du palis, même à l'endroit de la gallerie, suivant le droit de l'article 192. de la Coutume de Paris ; mais de bâtiment à bâtiment il y a raison de s'obliger l'un l'autre à se clorre.]

¶ On ne laisse pas encore d'être admis à demander la contrefermeture par exception contre la demande, à ce qu'on soit obligé à retenir les eaux, en supposant qu'il y a eû une convention tacite & réciproque de ne rien faire de part & d'autre qui s'explique par la souffrance des eaux du voisin qui tombent sur son heritage, ceux qui veulent faire aisances ou puits contre le mur mitoyen, doivent faire un contre-mur de la largeur portée par l'art. 191 de la Coutume de Paris ; mais s'il y a un puits d'un côté, & aisances ou puits de l'autre, de l'épaisseur de quatre pieds, y compris les anciens murs, requise par la Coutume de Paris, n'est pas suffisante dans nos Villes, où on veut qu'il y ait dix pieds de distance entre les puits & les aisances : néanmoins il y a la même raison dans les quartiers où les maisons sont encore plus pressées. Aussi quelques-uns veulent que lors que le mur appartient au voisin, on soit obligé d'en racheter la moitié, mais cette faculté n'est pas donnée par notre Coutume ; pour moi je crois que pour ces maisons serrées, il faut outre les quatre pieds, faire un contre-mur de l'épaisseur observée à Beauvais, qui est un peu moins d'un demi-pied, ou bien ne faire qu'un contre-mur de l'épaisseur requise par la Coutume de Paris, de chaux, sable & cailloux non taillés, qui défendent mieux celui du voisin, s'il en veut convenir comme il lui est plus avantageux. M. Auzanet veut, qu'où il y a des puits ou aisances du côté du voisin, on n'en peut faire de nouveaux qu'à dix pieds ; ou s'il n'y a contre-mur de trois pieds.]

C C L X X.

Item, femme mariée ne peut ester en jugement sans l'autorité de son mari, ou qu'elle soit autorisée du Roi ou de Justice.

¶ A plus forte raison doit-elle être autorisée pour s'obliger hors la face de la Justice qui la peut autoriser au refus de son mari ; aussi avons-nous toujours tenu & observé que la présence du mari qui a écrit la promesse, n'étoit pas une autorisation suffisante, pour obliger la femme qui a signé avec son mari, & néanmoins il y auroit beaucoup de raison d'abolir ces termes scrupuleux, qui ne servent qu'à tromper les simples par des omissions volontaires & etudiées. Nous avons parlé sur la nouvelle pratique de l'autorisation de la femme séparée.]

C C L X X I.

Item, le mari est maître & Seigneur de tous les biens meubles & acquêts immeubles faits durant & constant leur mariage, & d'iceux en peut disposer à son bon plaisir, iceux vendre & aliéner sans le consentement de sa femme, constant leur mariage, combien qu'ils soient uns & communs en meubles & conquêts.

CCLXXII.

Item, grands chemins Royaux, passans & allans de Ville en Ville, comme de Compiegne à Senlis, & de Senlis à Paris, Beauvais ou Meaux & autres Villes semblables, doivent être & seront d'espace & distance en largeur par tout le cours d'iceux audit Bailliage de Senlis; c'est à sçavoir en bois & forêts, de quarante pieds pour le moins, & en terre labourable, ou autre assiette de terre hors bois & forêts, de trente pieds aussi pour le moins.

¶ Les propriétaires sont tenus de faire faire des fossés pour retirer les eaux, ôter les fumiers & les pierres.

Les voisins des rivieres navigables sont tenus de faire couper les arbres à 18. pieds près des bords.

On laisse ordinairement un pied & demi par de-là la haie qui se mesure avec l'héritage, suivant l'art. 259. de la Coutume d'Orleans; néanmoins lorsque la haie joint au grand chemin, & qu'elle peut être assignée avec les héritages qui sont au-dessus & au-dessous, on ne présume pas que celui à qui elle appartient, ait un pied & demi sur le grand chemin, à moins qu'il n'y ait un fossé au-delà, qui suit la ligne des autres héritages.

On veut qu'on soit tenu de laisser un égout de trois pieds par-delà la haie lorsqu'elle empêche le soleil; mais la Coutume de Boulenois n'oblige qu'à deux pieds contre le vent d'amont, & d'un pied & demi contre ceux de mer; il n'y a pas d'égouts pour les murs de pierre & de brique, & pour les palis on n'en laisse qu'autant qu'on veut que porte le chaperon.

TITRE XIV.

Decrets d'heritages.

CCLXXIII.

Quand aucuns heritages chargés de rentes, non propriétaires, non ensaisinées, ni inféodées, mais des rentes constituées, sont mises en criées & subhastations, en défaut de payement pour les arrérages, ou autres dettes, lesdites rentes sont tenues & réputées pour dettes mobiliaires seulement, en telle façon que les créanciers desdites rentes, qui se seroient à ce opposés, viendroient tous à contribution, aux deniers qui viendront de la vendition desdits heritages, ainsi criés & subhastés, comme dit est, sans avoir regard à la priorité ou posteriorité de la constitution desdites rentes, combien que par ladite Coutume tels créanciers de telles rentes soient préférés aux autres créanciers, qui sur la propriété de tels heritages, ainsi criés que dit est, auroient aucun droit d'hypoteque pour raison de quelque dette particuliere, ou somme de deniers pour une fois, en espece de chose, comme dette de bled, vin & autrement.

¶ La Coutume veut dire à la fin de l'article, que celui qui est créancier de rente, doit être préferé à celui à qui est dûe certaine somme de deniers, ou quantité de bled, vin ou autre chose pour une fois, ou en plusieurs termes.

CCLXXIV.

Item, en matieres de criées, les cens, surcens, droits Seigneuriaux, rentes propriétaires & charges foncieres, auxquelles seroient baillez les heritages criés & subhastés, & les arrérages d'icelles rentes, seront préferés devant toutes autres rentes constituées, inféodées & non inféodées, & par ordre.

CCLXXV.

Item, mais quand lesdits heritages, ainsi criés que dit est, sont chargés de rentes constituées, qui sont ensaisinées ou inféodées, les creanciers à qui sont dûes lesdites rentes ensaisinées ou inféodées, sont préferés aux autres à qui seulement sont dûes les rentes constituées non ensaisinées, ne inféodées, posé ores qu'elles soient de date subséquente de celles non ensaisinées ou inféodées. Et encores précederont les premieres ensaisinées, selon ce qu'elles sont premieres ensaisinées; & si doivent lesdits heritages ainsi criés être adjugés par decret, *à la charge desdites rentes ensaisinées ou inféodées, & des arrérages d'icelles, s'il y a aucun qui les mette à prix à la valeur de ce, & non autrement.*

SOMMAIRE DES REMARQUES SUR LES ARTICLES

273. 274. & 275. concernant l'ordre des Créanciers sur le prix des heritages situés dans la Coutume de Senlis.

vileges de droit.

48. *La saisine prise après que l'heritage a été
saisi réellement , ne produit pas l'effet.*

49. *Si le créancier d'une dette non ensaisinée
peut faire assigner en déclaration d'hypoteque un tiers détenteur qui a pris saisine.*

50. *Raisons pour exclure l'hypoteque.*

51. *Raisons pour l'opinion contraire.*

52. 53. 54. 55. *Suite.*

56. *Si le cessionnaire , qui a obmis de prendre
saisine sur les biens du débiteur de la rente,
& qui en conséquence a manqué à être mis
en ordre, peut agir en recours de garantie
contre son cedant ?*

C ES trois articles reglent l'ordre dans lequel les créanciers qui ont droit d'hypoteque sur un héritage, doivent être colloqués sur les deniers qui en procedent , lorsqu'il vient à être vendu par decret. Ils veulent que les cens & redevances Seigneuriales, les droits Seigneuriaux , & les rentes foncieres soient mises les premieres en ordre. En second lieu , les rentes constituées ensaisinées ou inféodées , du jour de leur ensaisinement ou inféodation entr'elles. En troisiéme lieu , les rentes constituées non ensaisinées ni inféodées par contribution entr'elles. Et enfin les autres dettes hypotequaires pour une fois payer , à l'égard desquelles on observe l'ordre de leurs hypoteques entr'elles.

2. La premiere remarque que nous avons à faire pour l'éclaircissement des questions qui naissent en conséquence de l'ordre établi par cette Coutume pour la collocation des créanciers hypotequaires ; (car pour ce qui est des droits Seigneuriaux & des rentes foncieres, elle ne contient aucune disposition particuliere, & qui ne soit conforme à l'usage général de tout le Royaume) est que notre Coutume & celle de Clermont & de Valois, qui sont à peu près semblables pour ce regard, n'ont aucun rapport avec les Coutumes de Picardie, que nous appellons de *nantissement :* en quoi néanmoins se trompent tous ceux qui ne sont point particulierement versés dans l'intelligence de ces Coutumes, lesquels ne manquent jamais de confondre la saisine avec le nantissement, & croyent que l'on peut argumenter de l'un à l'autre. Cependant dans les Coutumes de Picardie , il n'y a aucune hypoteque sans nantissement , de sorte que les créanciers qui ne se sont point fait nantir, ne peuvent point faire assigner en déclaration d'hypoteque les tiers détenteurs , qui ont acquis les héritages des débiteurs ; quoique le titre de la dette soit antérieur à l'aliénation de l'héritage , & qu'il se trouve établi par un contrat passé pardevant Notaires sous scel Royal ou autentique.

L'on n'y distingue pas aussi la qualité des dettes , & on n'y fait pas de difference entre les rentes constituées & les autres dettes. Comme pareillement si les héritages possedés par le débiteur sont saisis pour lui , tous les créanciers non nantis viennent entr'eux par contribution , sans aucun ordre de priorité & de posteriorité. Il en va tout autrement à l'égard des Coutumes de Senlis , Clermont & Valois, lesquelles admettent expressément l'hypoteque : celle de Senlis le porte ainsi aux articles 164. & 192. ci-dessus, & les deux autres contiennent de semblables dispositions , & cette hypoteque s'acquiert de la même façon qu'en la Coutume de Paris, par les contrats & autres actes passés pardevant les Notaires Royaux ou subalternes : de sorte que si aux termes de ces trois Coutumes le débiteur aliene un héritage après

avoir passé un contrat , l'acquereur peut être assigné en déclaration d'hypoteque, quoique le contrat ne soit pas ensaisiné , & que la dette créée par ce contrat ne soit qu'une dette pour une fois payer, ou de telle autre nature que ce soit.

3. Il résulte de là , que pour ce qui est de ce premier effet de l'hypoteque, qui consiste en l'affectation , & à faire qu'un héritage une fois hypotequé à une dette ne puisse passer entre les mains de qui que ce soit , sans la charge de l'hypoteque, ces trois Coutumes ne different en rien de la Coutume de Paris & de l'esprit général du Royaume : mais il est vrai que pour le second effet de l'hypoteque qui regarde l'ordre, & qui fait que réguliérement un créancier, qui a une fois hypoteque sur les biens de son débiteur , ne peut pas être préferé par qui que ce soit , qui vient à contracter postérieurement à lui avec le débiteur , notre Coutume ne s'y est pas entierement attachée, & a établi un ordre particulier, en faisant distinction de la qualité des dettes pour une fois payer , & encore en faisant marcher les rentes ensaisinées qu'elle laisse toucher par contribution entr'elles : bien que les dettes pour une fois payer qui ne sont colloquées qu'après toutes les rentes, ayent conservé par la même Coutume l'ordre de priorité entr'elles , quoiqu'elles ne soient point ensaisinées , & qu'elles n'en soient pas moins susceptibles.

4. Au reste , bien que cette disposition de notre Coutume paroisse maintenant fort réguliere, nous avons pourtant assez de preuves pour nous faire connoître que tel étoit autrefois l'usage universel de la France , & que comme dans l'introduction des rentes constituées, elles ne furent permises que par forme d'aliénation ; de sorte que celui qui prenoit de l'argent à rente étoit présumé vendre de son fonds & de ses héritages , jusques à la concurrence du principal de la somme qu'il touchoit , le créancier étoit consideré comme acquereur d'une partie de l'héritage, ou du moins étoit réputé avoir droit *in re* , & non point un simple droit d'hypoteque & *ad rem* : c'est pourquoi on l'obligeoit à prendre saisine du Seigneur , & à lui payer les droits Seigneuriaux, de la même façon que s'il avoit acheté effectivement la propriété de l'héritage , à proportion de l'argent qu'il bailloit à rente ; & en conséquence il étoit mis au rang des créanciers privilegiés , & l'héritage sur lequel il s'étoit fait ensaisiner , ne devoit même être vendu qu'à la charge de sa rente.

5. La preuve de cette ancienne Jurisprudence résulte premierement du livre intitulé *le grand Coutumier de France,* composé du tems du Roi Charles VI. environ l'an 1415. qui porte au Chap. 17. du livre 2. sur la fin, *qu'en cas de déconfiture les arrerages des rentes sont tellement privilegiés qu'ils sont premierement payés sur les immeubles : quia jus in re & super rem acquisitum est.* Les Coutumes de Toulouse qui sont plus anciennes, & qui ont été rédigées de l'ordonnance du Roi Philippes le Bel en l'année 1285. parlent aussi des dettes en-

saisinées, & leur donnoient la préférence au dessus des autres créanciers, qui n'avoient pas observé cette solemnité, qu'ils appelloient *poderagium*, & que les Commentateurs ont traduit par notre mot de saisine. *Est usus & consuetudo Tholosæ, quòd illi qui receperunt poderagium pro debitis suis in re feudali, cum dominis feudi præferuntur aliis creditoribus, quamvis & alii creditores sint potiores tempore.* §. 2. rub. de poderagiis & bannis, & §. rub. de debitis. Les Coutumes d'Anjou & du Maine, qui n'ont été rédigées qu'en l'année 1508. contiennent pareillement une disposition qui a encore beaucoup de convenance avec la nôtre, & portent, sçavoir, la premiere aux articles 480. & 481. & la seconde aux articles 485. & 486. que *si aucun a rente sur autrui qui à icelle payer soit obligé & ses biens affectés & hypotéqués, il est préféré & premier payé, quand on vient à exécuter les biens de l'obligé, avant tous autres créanciers qui avoient aucunes dettes personnelles sur les biens & choses de tel obligé, si ainsi est que le créancier ait en possession & saisine de sadite rente. Et s'il n'a eu saisine & possession, les dettes personnelles dont il apparoît par obligation hypotéquaire, seront en pareil degré & autant privilégiées, comme lesdites rentes & dettes réelles, & viendront tels créditeurs en matière d'exécution à contribution au pro rata. Et en ce cas, priorité & postériorité de contrat n'a lieu.* Et enfin la Coutume de Vitry rédigée un an après, contient en l'article 131. une disposition aussi considérable, pour faire connoître quelle force on donnoit en ce tems-là à la saisine & inféodation des rentes constituées, en ce que cet article porte, que toutes rentes achetées & constituées à prix d'argent accordées entre les parties perpetuelles, sont néanmoins rachetables, si ce n'étoit qu'elles fussent amorties en tant qu'il touche les gens d'Eglise, ou inféodées en ce qui touche les Nobles.

6. Il faut pourtant demeurer d'accord, que ces Coutumes ne servent plus que pour marquer les vestiges de l'antiquité: car quoique le Commentateur de celle de Vitry n'ait pas été assez hardi pour trancher cette difficulté, il rapporte néanmoins une autorité de Maître Charles Dumoulin, qui lui pouvoir servir de guide, & qui fait assez voir que l'amortissement, non plus que l'inféodation ne sont point capables de rendre non-rachetable une rente constituée à prix d'argent, & que la disposition particuliere d'une Coutume n'est point suffisante pour donner atteinte à cette regle: d'autant que ce seroit ruiner la nature de cette espece de rentes, que de permettre au créancier de les faire non-rachetables, sous prétexte d'une solemnité extrinseque. Et pour ce qui est des trois autres Coutumes de Toulouse, d'Anjou & du Maine, nous apprenons par les écrits de ceux qui les ont commentées, que leurs dispositions comme fondées pour ce regard sur un principe erroné, sont demeurées abolies par un non-usage, & que les deniers procedans de la vente d'un immeuble, s'y distribuent entre les créanciers par l'ordre de priorité & de postériorité de leurs hypoteques, sans distinguer la qualité des dettes, & sans admettre aucune contribution entre des créanciers hypotequaires: & même Maître Pierre de Lommeau en son Commentaire sur l'article 480. de la Coutume d'Anjou, rapporte un Arrêt donné sur un appel du Juge de Laval le 13. Septembre 1575. par lequel on voit, que la Cour a autorisé cette Jurisprudence dans les Coutumes du Maine & d'Anjou, quoiqu'elle soit directement contraire à la disposition de ces Coutumes, qui n'ont point été réformées, & qui sont seulement demeurées détruites par un usage contraire & par la raison. Ce que Maître Charles Dumoulin qui a pénétré plus avant que personne dans les sources de notre Droit François, avoit fort bien prévû, lorsqu'il a écrit sur le même article 480. de la Coutume d'Anjou: *Consuetudo videtur sentire etiam des hypotequaires, sed hoc injustum, quia non debet licere frustrare priorem creditorem hypothecarium, qui etiam tanto favorabilior esse debet, quanto gratis mutavit.* Ce qu'il confirme encore sur l'article suivant en ces termes: *Hoc est iniquum, & dare ansam debitoribus denuò contrahendo, deteriorem facere, conditionem prioris creditoris & hypothecæ suæ.*

7. De sorte qu'il est évident, que c'est un abus & faute d'entendre cette matiere, que l'on conserve encore en cette Coutume aussi-bien qu'en celles de Clermont & de Valois, ces privileges de saisine, & les autres regles introduites en conséquence contre le droit commun. Car le fondement de cet établissement, qui étoit que l'on s'étoit persuadé, comme nous avons dit, que le créancier de la rente constituée étoit fait propriétaire de l'héritage, sur lequel sa rente étoit assignée jusques à la concurrence du sort principal, & que par ce moyen il acqueroit un droit *in re*, étant ruiné par la connoissance que l'on a depuis eu de la véritable nature de ces rentes, & qu'elles n'étoient que des dettes personnelles comme les autres; il n'y a point de doute que tous les effets qu'on leur avoit donné sur ce faux fondement, doivent cesser de plein droit, comme il y en a quelques-uns qui ont pris fin contre le texte de la Coutume, ainsi que nous allons remarquer dans la suite. Et de fait, j'apprends par un Mémoire de Maître Guillaume Paumart mon ayeul maternel, Prevôt d'Angy, & en cette qualité pour lors seul Juge Royal dans la Ville de Beauvais, que les Juges & les Avocats de la Province ayant reconnu cette erreur, avoient commencé à l'abroger, & à ne plus donner de privileges à toutes sortes de dettes, que la priorité de leurs hypoteques. Mais un créancier de rente ensaisinée s'étant obstiné contre cet usage, pour maintenir le privilege que lui donnoit la Coutume, le sort fut contraire à ce qu'il avoit été à l'égard des Coutumes d'Anjou & du Maine, & la Cour par son Arrêt autorisa la disposition de nos Coutumes contre défunt Maître Raoul Adrien célebre Avocat au Présidial de Beauvais, qui avoit négligé de prendre saisine sur la rente dont il étoit créancier. Si bien que depuis ce tems-là le privilege de la saisine a repris son cours, & n'a plus eu de contradicteurs que les souhaits des gens de bien, qui supplient la Cour d'en user de la même façon qu'elle a fait, à l'égard des Coutumes d'Anjou & du Maine, en abrogeant cette Jurisprudence, & en retranchant par ce moyen tant de sujets de procès & de désordres qui naissent à ce sujet dans la Province: La fortune des créanciers dépendant de la subtilité d'un débiteur, qui peut par les adresses dont il trouve les fondemens dans cette Coutume, rendre inutiles les hypoteques de ses plus anciens créanciers, ce qui est contre l'équité naturelle, & détruit les véritables principes: ou même de la bonne foi d'un Fermier, lequel en entredatant la saisine qu'il baillera d'une grosse rente constituée, rendra cette dette préférable à toutes les autres.

8. Quoi qu'il en soit, puisque l'Arrêt dont nous

venons de parler & quantité d'autres qui sont depuis intervenus, desquels nous ferons mention dans la suite, nous obligent de suivre pour Loy le texte de notre Coutume, nous sommes pareillement obligés d'examiner en cet endroit les difficultés qui en resultent, pour servir tant que cette erreur ait été changée par des Lettres Patentes, qu'une personne élevée en dignité & fort zélée pour le bien public, n'avoit fait esperer il y a quelque tems ou autrement.

9. Et ainsi pour suivre l'ordre prescrit par cette Coutume, lorsqu'il est question de distribuer les deniers procedans de la vente d'un immeuble entre les créanciers hypothequaires, il faut, comme nous avons dit, colloquer au premier rang les rentes constituées ensaisinées du jour de leur ensaisinement ou miseodation, sans avoir égard à la priorité & posteriorité de leurs contrats, non plus que des autres dettes : Ensuite marchent les créanciers des rentes constituées non ensaisinées, qui touchent par contribution entr'eux, & au dernier rang sont mis les créanciers des dettes pour une fois payer, à l'égard desquels on suit entr'eux l'ordre de leurs hypothèques, sans que les saisines que l'on pourroit obtenir sur ces sortes de dettes, puissent en faire changer l'ordre, ou leur donner aucune preference, ni même d'empêcher qu'elles ne soient preferées par les rentes ; d'autant qu'il n'y a que les rentes ; qui par la Coutume soient susceptibles de saisine, & ausquelles elle ait attribué ce privilege : Tellement que comme les privileges ne peuvent jamais être prorogés, on n'a pû étendre celui-ci d'une nature de dette à une autre ; ce qui est particulierement attesté dans deux Enquêtes par turbes, dont nous parlerons dans la suite ; voila ce que nous trouvons écrit dans notre Coutume.

10. Mais comme cette Coutume ne comprend dans l'ordre dont elle parle que deux sortes de dettes, sçavoir les rentes constituées & les dettes pour une fois payer, il s'est formé une difficulté importante touchant une autre nature de dettes, qui ne sont proprement ni rentes, ni dettes pour une fois : comme sont les loyers dûs en vertu d'un Bail, la restitution de la dot, le douaire, le reliqua d'un compte de tutelle, & autres semblables, à l'égard desquels on a fait par l'usage un ordre particulier, en les laissant dans les dattes du tems de leurs hypotheques au regard de toutes sortes de dettes hypothequaires indistinctement, sans leur donner aucun droit d'exclusion ou de preference, & sans aussi qu'elles puissent être exclues ni preferées du jour de leur hypothéque par quelque créancier que ce soit : C'est pourquoi on les appelle vulgairement par un mot commun *dettes privilegiées*, non qu'elles soient privilegiées absolument, comme ceux qui ne s'attachent qu'à l'écorce & aux mots, & qui ne sont pas suffisamment instruits dans la connoissance de cette Coutume, s'imaginent ordinairement, en pensant que ces dettes sont ainsi appellées privilegiées, d'autant qu'elles ont droit d'exclure toutes les autres : mais parce qu'elles ont plus de privilege que les dettes pour une fois payer, & en quelque façon même plus que les rentes constituées non ensaisinées : parce que ces dettes, que nous appellons *privilegiées*, conservent leur rang contre toutes les autres especes de dettes, de sorte que si elles sont anterieures à une rente qui soit même ensaisinée, elles seront colloquées auparavant : mais aussi elles

ont d'un autre côté quelque chose de moins que les créanciers des rentes constituées non ensaisinées ; en ce qu'au lieu que ceux-ci, quoique posterieurs en hypotéque, excluent les créanciers de dettes pour une fois payer, le créancier privilegié n'exclud personne, non pas même le créancier de dettes pour une fois payer, lorsque celui ci se trouve anterieur en hypotéque ; c'est-à-dire, en un mot, que le créancier de dettes privilegiées conserve son rang fixe & inébranlable du jour de son hypotéque, & qu'il n'a aucune exclusion ; ni active, ni passive.

11. On a consideré pour fonder cette Jurisprudence, que la Coutume ayant établi en general par deux articles exprès, que l'hypotéque a lieu par tout le Bailliage de Senlis, & n'y ayant pas derogé pour cette espece de dettes, que nous appellons *privilegiées*, mais seulement à l'égard des rentes constituées, & des dettes pour une fois payer, il s'ensuivroit, en s'attachant même aux regles dans l'exactitude du raisonnement, que cette Coutume devroit entierement conserver son effet pour ce qui concerne ces dettes privilegiées, & consequemment qu'elles doivent garder le rang de l'hypotéque, qu'elles avoient une fois acquise contre toutes sortes de dettes indifferemment, en observant le droit commun pour ce qui les regarde, tant entr'elles, qu'au respect des autres dettes. On a encore fait reflexion pour rendre ces dettes privilegiées, sur l'esprit de la Coutume, & sur un des principaux motifs qui l'a portée à colloquer les rentes avant les dettes pour une fois payer, lequel resulte de l'engagement qu'a le créancier d'une rente, à laisser son argent entre les mains du debiteur, au lieu que le créancier d'une somme contenue en une obligation, ou d'une autre dette pour une fois payer, peut quand il lui plait exiger le payement de ce qui lui est dû, de sorte qu'il doit s'imputer, s'il a donné le loisir à son debiteur de créer des rentes constituées qui le precedent ; ce qui ne peut point être objecté contre les créanciers de dettes privilegiées, d'autant qu'ils sont engagés, aussi bien que le créancier de la rente, à laisser leur bien en la possession du debiteur, si ce n'est pour toujours, du moins pour un certain tems ; le bail contenant en soi une cause continue, qui oblige le proprietaire à souffrir que son Fermier jouisse de ses heritages pendant le tems porté par le contrat qui a été fait entr'eux, & qui produit l'hypotéque ; & ainsi des autres ; ce qui rend ces sortes de dettes privilegiées & favorables.

12. Cette Jurisprudence se trouve autorisée par deux enquêtes par turbes, dont la premiere a été faite au Bailliage de Senlis par Monsieur Rouiller Conseiller au Parlement de Paris, au mois de Mars de l'année 1619. touchant l'ordre de la Terre de Popincour, entre Maître Mathurin Cordier Avocat en la Cour, & autres opposans. Et la seconde a été faite au même Bailliage le 24. Septembre 1634. pour l'Instance d'ordre de Mously Saint Eloy ; par l'Arrêt d'ordre de cette Terre du 9. Août 1642. par Arrêt intervenu au Rôle de Senlis le 25. Janvier 1610. entre Maître Antoine Raimbaul, Tuteur des enfans de Charles de Piennes, & de François de Noray, Damoiselle Sophie de Choisias, veuve de Jean Beuvilliers, & Jacques le Grand ; par Arrêt du 19. Août 1643. donné en la Grand'Chambre au rapport de Monsieur Coquelay entre Gabriel Chappuset Appellant, Sebastien Lorrain & Marguerite Boucher sa fem-

me intimés ; par Arrêt du 9. Septembre 1652. rendu en la seconde Chambre des Enquêtes, au rapport de Monsieur Madelaine, concernant l'ordre de la terre de la Versine, située proche la ville de Creil, & par autre Arrêt intervenu en la Grand-Chambre au rapport de Monsieur Prevost le six Septembre 1659. pour l'ordre de la Terre d'Archies.

13. Les témoins qui ont été entendus dans les deux enquêtes par turbes, ont donné pour exemples de dettes privilegiées, les conventions matrimoniales, le reliqua de compte de tutelle, tant du côté du tuteur que des mineurs, les pensions de Religieuses, les arrerages de maisons, les loyers de maisons & la garantie. L'Arrêt de l'année 1610. est intervenu dans l'espece du douaire. Celui de l'année 1645. a aussi préféré le creancier pour garantie du transport d'une rente & pour l'indemnité du cautionnement d'un bail au creancier d'une rente constituée ensaisinée ; le transport & l'acte d'indemnité s'étant trouvés anterieurs en datte au contrat de constitution. Et pour ce qui est des trois Arrêts d'ordre, ils sont intervenus en differentes especes, dans lesquelles le privilege de ces sortes de dettes se trouve confirmé.

14. Sous ces mots *conventions matrimoniales*, dont se sont servis les turbiers, on entend non-seulement la restitution de la dot & les autres conventions, ausquelles le mari est obligé après la dissolution du mariage : mais aussi la dot promise par le pere ou par autre, en argent comptant ; ce qui a aussi été étendu aux dotes des Religieuses. Ce qui ne reçoit pas de difficulté dans l'usage ; quoiqu'au regard du payement de ces dotes promises, tant en faveur de mariage que de Religion, on ne puisse pas dire que ce ne soient pas dettes pour une fois payer, & qui contiennent en elles une necessité en la personne du creancier de laisser ses deniers entre les mains du débiteur : puisqu'étant payables en deniers comptans & sans termes, rien n'empêche que le creancier n'exige le payement de ce qui est dû. Mais l'usage a produit insensiblement cet effet ayant mis ces dettes, qui ont pour fondement le plus favorable de tous nos contrats, au rang des dettes privilegiées. Ce que nous voyons encore par les enquêtes par turbes avoir été fait pour ce qui concerne le reliqua de compte en faveur du tuteur qui jouit du privilege ; bien que ce même reliqua soit payable au moment que l'hypoteque est acquise au tuteur, qui n'est qu'au tems de la clôture, ainsi que les mêmes témoins ouis dans les enquêtes sont demeurés d'accord.

Je ne doute pas aussi de comprendre entre les dettes privilegiées les remplois des propres de la femme, alienés avant la communauté, & la difficulté est seulement pour sçavoir de quel jour commence l'hypoteque sur les biens du mari pour l'action du remploi : Cette question a été expressément jugée en cette Coutume, suivant une distinction qui a été faite par les Arrêts : sçavoir que notre Coutume ne disposant rien du remploi, la femme n'avoit hypoteque que du jour de l'alienation de ses propres, lorsque ce remploi n'avoit pas été stipulé par son contrat de mariage : parce qu'en ce cas elle n'avoit ni hypoteque legale en vertu de la Coutume, ni conventionnelle par son contrat de mariage, dont il y a Arrêt rendu au Rôle de Senlis le 17. Fevrier 1654. conformément aux conclusions de Monsieur l'Avocat General Talon, moi plaidant contre Maître Lange, en confirmant la

Sentence rendue par le Bailly du Comté de Beauvais, le 30 Juillet 1653. entre Madelaine Paumart femme separée de biens d'avec Antoine Gallopin son mari, appellante d'une part, & Jean & Claude Gallopin, intimés : mais lorsqu'il s'est rencontré que la clause de remploi avoit été inserée dans le contrat de mariage, la Cour a jugé autrement, & que la femme avoit hypoteque pour le remploi de ses propres alienés du jour de son contrat de mariage, & auparavant même le douaire des enfans, comme il se voit décidé par l'Arrêt de Moussy Saint Eloy du 9. Août 1641. dans lequel se rencontre le motif de sa décision, & la raison de sa difference avec celui des Gallopins, en ces termes, *à cause du remploi stipulé par le contrat de mariage.* Je ne puis pas m'empêcher de témoigner en cet endroit l'aversion que j'ai contre cette nouvelle Jurisprudence, établie par le fondement du fameux Arrêt de la Coignet de l'année 1608. qui donne contre toutes sortes de principes & d'équité, hypoteque à la femme, tant pour le remploi de ses propres, que pour l'indemnité de son contrat de mariage, sous pretexte d'une prétendue hypoteque legale ou conventionnelle. Car pour ce qui est de l'hypoteque legale qui est fondée pour ce qui concerne la Coutume de Paris, qui est la plus favorable pour les femmes en cette occasion, sur les articles 232. & 237. ces deux articles donnent bien à la femme l'action de remploi & d'indemnité ; mais ils ne lui donnent point de privilege pour l'hypoteque ; & ne décident point de quel jour elle doit avoir lieu sur les biens du mari : de sorte qu'il n'y a rien dans cette Coutume de Paris, aussi-bien que dans les autres, qui doivent empêcher que cette question soit décidée par les principes generaux. Et à l'égard de l'hipoteque conventionnelle, il est constant que dans les regles elle ne peut pas trouver son fondement dans les clauses de nos contrats de mariage, de la façon qu'ils sont conçûs le plus avantageusement pour les femmes ; quand même il y auroit stipulation expresse, que la femme auroit hipoteque pour le remploi de ses propres & l'indemnité des dettes du jour de son contrat de mariage. La raison est, qu'en matiere d'hipoteque, elle ne peut jamais avoir d'effet rétroactif, à moins que l'obligation, qui est contractée après coup, ne depende d'une condition casuelle ; c'est-à-dire, qui ait une dépendance necessaire à ce qui a été convenu premierement entre les parties, & qu'il ne soit plus dans la volonté des parties de faire ou de ne pas faire. Suivant cette maxime notre nouvelle Jurisprudence seroit reguliere, si par nos Coutumes les propres de la femme étoient engagés sous la puissance du mari du jour du contrat de mariage, & qu'il eût la faculté de les aliener, ou que la femme lui eût donné ce pouvoir par leur contrat : comme aussi pour l'indemnité, si elle étoit assujettie, soit par la Coutume, ou en vertu de son contrat de s'obliger toutes fois & quantes qu'il plairoit à son mari, de sorte que le contrat contînt une obligation generale & présente : mais comme la loi ni le contrat de mariage ne donnent aucun pouvoir au mari sur les propres, ni sur la liberté de la femme, & qu'elle ne consent à l'alienation de ses propres ou aux dettes qu'il contracte, que comme personne étrange, sans necessité & sans dépendance, il s'ensuit qu'elle ne peut au plus repeter son hipoteque que du jour de l'alienation, ou de l'obligation qu'elle a contractée : autrement c'est faire subsister l'action hipotéquaire sans la personnelle, l'accident devant la substance, & la fille auparavant la mere ; ce qui ne peut être fait dans les principes, non pas même par la convention expresse des parties : deux personnes ne pouvant pas valablement stipuler, que tous les contrats qu'ils feront ensemble auront hypotéque du jour d'un acte qu'ils passeront pardevant Notaires: parce que pour donner lieu à l'hypotéque, il est necessaire que l'action personnelle précede, & que les parties se soient obligées à quelque chose de certain ou de present, ou du moins qui dépende d'une condition casuelle & non potestative. On peut ajoûter à ces raisons fondamentales, celles qui resultent de l'équité, & les désordres qui arrivent tous les jours par les fraudes qui se commettent en conséquence de cette nouvelle doctrine : un particulier pouvant éluder toutes les dettes qu'il a seul contractées les premieres, en faisant obliger sa femme à un créancier posterieur, qui peut être d'intelligence & supposé, & lequel cependant au moyen de ce qu'il peut se faire subroger aux droits de la femme que l'on colloque pour son indemnité du jour du contrat de mariage, se trouvera devancer tous les autres. Que si on a tant de peine à souffrir cette injustice dans notre Coutume, où elle se rencontre par le moyen du privilege qu'elle donne aux saisines, pourquoi l'admettre volontairement dans toutes les Coutumes de la France par une Jurisprudence generale, puisqu'il n'y a rien qui nous y oblige, & que tout au contraire les principes & la Justice naturelle qui composent l'équité, y résistent ? Car si l'on objecte que l'équité se rencontre aussi avantageuse du côté de la femme, veut que si on en usoit autrement, il arriveroit souvent qu'une femme demeureroit sans dot & sans biens, qui est tout le fondement de ceux qui maintiennent cette Jurisprudence : il est aisé de répondre qu'il seroit beaucoup plus avantageux de faire de nouvelles loix par lesquelles une femme, comme par le Droit Romain & la Coutume de Normandie, ne pourroit engager sa dot, soit pour le tout, ou pour partie : Mais parce que nos Coutumes n'ont pas établi cette precaution, il ne faut pas couvrir une injustice par une autre plus grande, en violant les principes & les maximes. Ils n'ont pas aussi plus de raison de reprocher aux premiers créanciers leur negligence de n'avoir pas pris l'obligation de la femme avec le mari : d'autant que c'est faire une espece d'injure à une personne qui paroît riche aux yeux du public, de lui parler de l'obligation de sa femme, il semble que ce soit revoquer en doute sa solvabilité & sa bonne foi. Joint que par ce moyen c'est rendre les maris dépendans de leurs femmes, & au lieu que la Coutume & le droit naturel les a fait les maîtres de la communauté, ils ne pourront plus être consideres que comme les esclaves, en ayant tous les desavantages de leur côté : puisque d'une part en conséquence de ce titre imaginaire de maître que la loi lui donne, tout son bien demeure garant de tous les droits de sa femme ; & d'autre part il ne pourra pas trouver la moindre somme à emprunter d'un créancier prudent, & qui voudra avoir ses précautions aux termes de cette Jurisprudence, si sa femme n'y consent, & qu'elle ne veüille s'obliger avec lui. D'où il naît encore un autre inconvenient par les troubles & les divisions qui se rencontrent dans les familles à ce sujet : un mari se trouvant divisé entre la necessité de ses affaires, & la résistance qu'apporte la femme à s'obliger avec lui : ce qui ne cause que trop souvent

des mauvais traitemens & des désordres entre deux personnes qui continueroient de vivre en amitié sans cette fâcheuse rencontre. Mais je m'apperçois que je me suis un peu trop étendu, quoique je me sois abstenu d'apporter les preuves que j'ai preparées sur ce sujet, afin de ne point passer plus qu'il ne faut, le dessein que je me suis proposé de ne faire que des remarques sur les difficultés particulieres de la Coutume de Senlis. a*.

15. Il est encore constant dans l'usage que la garantie, qui est duë au cessionnaire d'une rente de bail d'heritage, ou constituée sur les biens du cedant, est une dette privilegiée, encore même que la rente constituée ne soit pas ensaisinée ; n'y ayant rien qui empéche que l'action de garantie n'ait plus de privilege que l'action principale, ce qui arrive le plus souvent: Et quoi qu'il en soit, la raison qui a fait admettre des dettes privilegiées en cette Coutume, se rencontre sans difficulté pour ce qui concerne la garantie en general, comme ont parlé les témoins dans les enquêtes, quand même il ne s'agiroit que du transport d'une dette pour une fois payer : puisque la garantie produit un engagement, & a nécessairement trait à l'avenir.

16. Mais la question est restée après ces enquêtes par turbes, pour sçavoir si l'hypotéque qu'a le créancier d'une rente fonciere sur les heritages non baillés, pour être payés tant en principal qu'arrerages de ce qu'il n'a point pû toucher sur les heritages qu'il avoit donnés à rente, doit être mise au rang des dettes que nous appellons *privilegiées* ? Cette difficulté & quelques autres ayant donné lieu à une troisiéme enquête par turbes, aux Sieges de Beauvais & Clermont, pour l'instance d'ordre de la Terre de Conty, située en la Coutume de Clermont, entre Messire François Vauderart, Chevalier Marquis de Persen, heritier de Dame Loüise de Lhospital sa mere, contre Messire Henri de Bourbon Prince de Condé. les turbiers des deux Sieges se sont trouvés contraires dans leurs suffrages ; les uns ayant été d'avis, que le privilege du créancier de la rente fonciere & proprietaire, se renferme sur les biens qui partent de lui, & qu'il a baillés à rente, & que l'hypotéque qu'il a sur les autres biens de son débiteur, ne produit point plus d'effet que celle d'une rente constituée: & les autres ont soûtenu, que cette hypotéque dont nous parlons, doit être mise au nombre des dettes privilegiées de cette Coutume, non point comme nous avons dit, pour exclure, qui est l'effet du veritable privilege que le créancier a sur les heritages qu'il a baillés à rente, mais seulement pour concourir suivant l'ordre de priorité & de postériorité avec les autres créanciers hypotequaires, de quelque nature qu'ils puissent être. Je ne fais point de doute, pour mon particulier, de me declarer pour ce dernier avis, non-seulement pour la consideration de ce qu'il est avantageux pour le bien public d'entendre ces dettes privilegiées autant qu'il se pourra faire, parce qu'elles réduisent les choses au droit commun ; mais aussi parce que le principe qui a fait admettre les dettes privilegiées dans notre Coutume, aussi-bien que dans celles de Clermont & de Valois, se rencontre autant en cette occasion qu'en aucune autre dette, puisque l'on ne peut pas dire, qu'une rente fonciere & de bail d'heritage soit une dette pour une fois payer ; & quand même elle n'auroit la qualité que d'un simple bail à loyer, on ne pourroit point lui refuser de participer à ce privilege, lequel doit être

d'autant plus appliqué en sa faveur, qu'il s'agit d'un bail & d'un engagement perpetuel. Ce n'est pas qu'il ne soit très-à-propos de faire ensaisiner les rentes foncieres sur les biens du débiteur non compris au bail : d'autant que comme elles sont susceptibles de cette formalité en qualité de rente, la saisine lui donnera plus d'effet que de la laisser au rang des dettes privilegiées : la saisine, ainsi que nous avons établi, ayant cette force de donner la préference au créancier de la rente, contre les autres créanciers de rentes constituées non ensaisinées, & de dettes pour une fois payer : mais pour lors ce ne sera plus en conséquence de la qualité du contrat qu'elle aura son privilege, mais en vertu de la saisine qui donne l'exclusion, au lieu que les dettes que nous nommons *privilegiées*, ne produisent que la concurrence.

17. La question la plus importante qui se fasse à ce sujet, est de sçavoir si les sommes adjugées par Sentence ou par Arrêt, doivent être mises au rang des dettes privilegiées, à l'*instar* de ce qui a été jugé & qu'il se pratique constamment pour le pays de nantissement, que la Sentence équipolle au nantissement. Tous les Habitans de la Province, même les plus intelligens, ont long-temps resisté contre leur propre bien à cette extension : ils prétendent que l'article 53. de l'Ordonnance de Moulins, qui a attribué l'hypotéque aux Sentences, & qui a servi de fondement à ce qui s'est jugé dans les Coutumes de nantissement, ne peut recevoir d'application à l'égard de notre Coutume, laquelle admettant l'hypotéque par une disposition expresse, fait autant, disent-ils, que l'Ordonnance ; & que pour ce qui est de l'avantage que la Coutume donne aux saisines, & de l'ordre particulier qu'elle établit entre les créanciers hypotéquaires, que c'est une Jurisprudence particuliere, à laquelle il ne se trouve point que l'Ordonnance ait dérogé : & ainsi ils estiment que la Sentence qui intervient sur une dette, ne la qualifie en façon quelconque ; sinon que s'il s'agit d'une somme pour laquelle le créancier n'avoit point d'hypotéque, en vertu de l'acte qui lui servoit de titre, ou qu'il soit question d'une dette dont il n'y a rien par écrit, la Sentence donne hypotéque au créancier : de sorte que si c'est une dette pour une fois payer, elle marche au rang de cette espéce de dettes, & ainsi des autres, ne mettant aucune difference entre l'hypotéque qui s'acquiert en vertu d'une Sentence, & celle qui est établie par un contrat passé pardevant Notaires : c'est ainsi que les Turbiers qui ont été ouis dans les trois Enquêtes par turbes dont nous avons fait mention, ont parlé.

18. Néanmoins la Cour a jugé le contraire par divers Arrêts, même par ceux qui sont intervenus sur ces Enquêtes par turbes. En effet, celui qui a obtenu Sentence ou Arrêt sur sa dette, merite bien qu'on le compte entre les créanciers privilegiés de la même façon que nous voyons que l'on a fait, à l'égard de celles qui sont établies par un contrat de mariage, ou qui sont dûes au tuteur pour le reliqua de son compte, quoiqu'elles n'ayent pas de cause qui les rende continues : Et il y a même d'autant moins lieu de douter pour ce qui concerne la Sentence, que le créancier qui l'a obtenue ne peut pas être accusé de négligence, & d'avoir souffert que son débiteur créât d'autres dettes à son préjudice, faute d'avoir fait les poursuites necessaires pour tirer le payement de son dû.

19. Mais ayant même fait une particuliere reflexion sur cette matiere, j'ai trouvé, que cette nouvelle Jurisprudence établie par les Arrêts, contre les sentimens de ceux de la Province, étoit nonseulement fondée sur des raisons d'équité & de convenance, mais aussi que la raison de rigueur s'y rencontre, & qu'il y a une nécessité indispensable de juger de la sorte depuis l'Ordonnance de Moulins. Et pour le faire connoître, il faut se souvenir de ce que nous avons dit ci-dessus, que l'hypotéque a regulierement deux effets ; le premier d'affectation, pour faire que l'heritage une fois affecté à une dette, lui demeure obligé & hypotéque entre les mains de telles personnes qu'il puisse passer : & l'autre d'ordre, en vertu duquel les créanciers doivent marcher, & être colloqués sur le prix de l'heritage qui leur est hypotéque suivant la priorité ou la posteriorité de leurs hypotéques. Ce principe, qui n'est point sujet à contestation, étant supposé, il faut demeurer d'accord, que notre Coutume, en admettant l'hypotéque par les articles 164. & 192. y avoit compris parfaitement le premier effet, sans y avoir en façon quelconque dérogé par aucun autre article : mais pour ce qui concerne le second, la dérogation s'y trouve toute entiere par les trois articles que nous expliquons : de sorte que ce n'étoit plus qu'une hypotéque tronquée & imparfaite en l'une de ces principales parties : si bien que l'Ordonnance étant depuis survenue, & ayant attribué aux Sentences & aux Arrêts le droit d'hypotéque en général, elle doit être entendue d'une hypotéque parfaite & accomplie dans ses deux effets, aussi-bien pour l'ordre que pour l'affectation ; si bien que comme c'est une maxime que nous avons reçue parmi nous, que l'Ordonnance déroge à nos Coutumes, je ne vois pas d'empêchement, pour lequel l'article 53. de l'Ordonnance de Moulins, n'ait point dû recevoir son application dans la Coutume de Senlis, en rendant les dettes sur lesquelles il est intervenu Sentence, de la qualité de celles que nous appellons privilegiées, dont l'effet n'est autre (comme nous avons déja dit, & que nous rebattons souvent, pour inculquer plus fortement les principes d'une matiere particuliere & très-difficile) que de conserver l'ordre de l'hypotéque, & de faire que le créancier qui a obtenu Sentence, ou qui est autrement privilegié par la nature de sa dette, marche dans son rang ; sans pouvoir être preferé par quelqu'autre créancier que ce soit, non pas même par celui de la rente constituée ensaisinée, qui vient à contracter posterieurement à lui avec le même débiteur.

20. Aussi voyons-nous, qu'il a été jugé en termes aussi forts, par Arrêts des 22. Fevrier 1611. 23. Decembre 1633. & 27. Septembre 1647. qu'encore que la Coutume de Vermandois, article 125. & celle de Reims, article 180. qui sont au pays de nantissement, accordassent l'hypotéque à la Sentence, sous une simple condition de la faire executer, & du jour de l'execution : néanmoins cette condition a été rejettée par les Arrêts, en ce qu'elle rendoit l'hypotéque plus difficile que n'avoit fait l'Ordonnance, & il a été jugé en conséquence, que l'Ordonnance avoit dérogé à ces Coutumes, & qu'il n'étoit point necessaire pour y produire l'hypotéque, que la Sentence fût executée, mais qu'elle étoit acquise du jour de la prononciation de la Sentence. De plus, la question sembloit pareillement plus difficile en quelque façon dans la

Coutume d'Amiens : parce que quoiqu'elle eût été réformée depuis l'Ordonnance, toutefois elle porte en l'article 137. que combien que les contrats contiennent terme d'hypoteque & rapport par des saisines passées & reconnues pardevant Notaires Royaux, Baillifs, Prevôts Royaux, ou autres Juges, que les Seigneurs féodaux ou leurs Officiers, desquels les héritages dont les contrats font mention, font tenus & mouvans ; néanmoins ils n'engendrent aucune hypoteque sur les biens du débiteur : & cependant les Arrêts qui font intervenus dans cette Coutume, & qui font côtés au lieu dont nous avons fait mention ci-dessus, ont jugé que la Sentence donnoit indistinctement hypoteque aussi-bien que dans les autres Coutumes, en décidant en cette occasion, que non-seulement l'Ordonnance dérogeoit à nos Coutumes, mais même que nos Coutumes n'avoient point pû déroger à l'Ordonnance dans une matiere publique, fans s'arrêter aux avis des Turbiers, qui avoient été ouïs dans les Enquêtes ordonnées par des Arrêts interlocutoires, & qui avoient rapporté, comme les nôtres, que l'Ordonnance n'avoit pas reçu d'exécution dans leur Coutume.

21. Les Arrêts qui ont équipollé dans la Coutume de Senlis, les dettes sur lesquelles il est intervenu Sentence aux dettes privilegiées, & en conséquence jugé, que la Sentence donnoit une hypoteque parfaite, qui ne pouvoit être du jour de fa date préférée par qui que ce soit, font, sçavoir le premier intervenu sur procès par écrit le 23. Décembre 1624. confirmatif d'une Sentence rendue par le Prevôt de Paris le 14. Mars précédent, par laquelle il avoit jugé, que sur le prix procédant de la vente d'un héritage situé en la Coutume de Senlis, le créancier d'une somme de deniers pour une fois payer, adjugée par Sentence des Juges-Confuls du 14. Mai 1610. devoit être colloqué avant le créancier d'une rente constituée par contrat du 14. Juillet 1614. Le second est l'Arrêt d'ordre de la terre de Nery, donné en la Chambre de l'Edit, au rapport de Monsieur Maynardeau le 7. Septembre 1644. Le troisiéme est un autre Arrêt d'ordre de la terre de la Versinne du 7. Septembre 1652. intervenu en la seconde Chambre des Enquêtes, au rapport de M. Magdeleine, qui porte par forme de reglement, que *les créanciers qui ont obtenu Sentences & Arrêts, ou des actes d'infeodation & ensaisinement sur ladite terre de la Versinne située en la Châtellenie de Creil, Bailliage de Senlis, seront payés sur les deniers de la terre, selon l'ordre de priorité ou postériorité desdites Sentences, Arrêts & Actes à leur égard, ainsi qu'il ensuit, &c.* Le quatriéme du 6. Septembre 1659. est l'Arrêt d'ordre de la terre d'Archies, rendu en la Grand'Chambre au rapport de Monsieur Prevost. Le cinquiéme est intervenu en la Coutume de Clermont, semblable à la nôtre, & a été rendu en la Chambre de l'Edit, au rapport de Monsieur Fraguier le 19. Août 1656. au profit du sieur Marquis d'Heilly, contre Maître Robert Vigneron, Lieutenant particulier au Bailliage de Beauvais, appellant de la Sentence d'ordre rendue par Maître Jean-Marie Lhoste & Michel Langlois, entre les créanciers des sieur & dame de Brazeux, qui a été confirmée par l'Arrêt. Et le sixiéme est rapporté sans date par Maître Julien Brodeau sur Monsieur Loüet, lit. H. nu. 25. qu'il dit être intervenu en la Coutume de Valois, pareillement conforme, & avoir écrit au procès.

22. Quoique tous ces Arrêts soient uniformes, néanmoins il s'en rencontre encore quelques-uns dans la Province qui reclament contre la doctrine qu'ils ont établie, & même des Juges qui refusent de lui donner son exécution dans les cas semblables qui se présentent ; ce qui procede de ce que l'usage y étoit auparavant notoirement contraire. Mais je ne m'étonne point de ce que les parties engagées dans leur interêt particulier, tâchent encore de résister à cette Jurisprudence, introduite par les Arrêts de la Cour, & qui a commencé depuis quelques années à venir en usage : mais de ce que les Juges désinteressés, & qui ne doivent être animés que pour le bien de la justice, refusent d'embrasser un secours si favorable pour corriger une pratique abusive, & pour obvier aux fraudes, qui, ce remede cessant, peuvent s'exercer ouvertement & avec toute la facilité possible, en vertu de la disposition de la Coutume. Et en effet, en la laissant dans ses termes, qui empêchera un Marchand qui aura fait grand trafic, ou un autre particulier qui aura contracté beaucoup de dettes pour une fois payer, de mettre tous ses héritages à couvert des poursuites de ses créanciers, & de les frauder de leur dû à leur vûe, sans qu'ils puissent y apporter remede, en constituant une rente, laquelle, aux termes de cette Coutume, quoique derniere en date, précedera toutes les autres dettes, ou même en favorisant quelqu'un de ses créanciers, au moyen de quelque remise qu'il lui fera, & en convertissant fa dette particuliere en rente : comme souvent il se pratique frauduleusement en cette Coutume, pour à quoi obvier on ne peut point trouver de meilleur expédient, que celui qui a été introduit par les Arrêts, en conséquence duquel un créancier qui doute de son débiteur, & qui néanmoins n'a pas encore assez de conjectures de son insolvabilité, peut fans le perdre de réputation, obtenir Sentence de condamnation contre lui, & par ce moyen il arrêtera toutes les fraudes, qui pourroient être faites pour l'éloigner de son hypoteque sur l'héritage de son débiteur, si la Sentence qu'il a obtenue n'avoit pas concurrence de privilege avec les autres dettes ? Il est vrai aussi que depuis la premiere impression de ces remarques, plusieurs des Juges se sont enfin rendus à la doctrine des Arrêts intervenus, tant auparavant que depuis, & ont donné à l'Ordonnance l'effet qu'elle doit avoir, entr'autres les Présidiaux de Beauvais, qui sont avec ceux de Senlis, les principaux & les plus considérables Juges de la Province.

23. Au reste, il est de très-grande conséquence de prendre garde, qu'en admettant l'Ordonnance dans cette Coutume, on ne lui donne point plus d'effet qu'elle ne doit avoir, comme veulent faire quelques-uns, qui sont portés d'une pensée toute contraire à celle des premiers, dont nous nous sommes plaints. Ils prétendent que les créanciers qui ont obtenu Sentence, doivent non-seulement être équipollés aux dettes privilegiées, en concourant avec tous les autres créanciers par l'ordre de priorité & de postériorité : mais même qu'ils doivent être égalés aux saisines, & en ce faisant que le créancier qui a obtenu Sentence, doit être préféré à tous les autres créanciers de rentes constituées non ensaisinées, ou de dettes pour une fois payer, quoique le premier titre de fa dette, & la Sentence qu'il a fait rendre à son profit soient postérieurs en date à l'hypoteque des autres créanciers. Ce qui est contraire à toutes sortes de principes, par-

ce que l'Ordonnance ayant donné une hypoteque parfaite à la Sentence, ce n'a pû être que pour la faire marcher en son rang avec les autres créanciers hypotequaires, & non point dans le dessein de lui donner une préférence & une exclusion contre les créanciers qui ont hypoteque, auparavant que la Sentence ait été rendue; de sorte que la rente constituée non ensaisinée, & la dette pour une fois payer, ne laissant point d'avoir hypoteque par la disposition de cette Coutume, ainsi que nous avons établi ci-dessus, il n'y a point de doute que l'exécution de l'Ordonnance ne peut pas être autre que de faire marcher les créanciers, qui ont obtenu Sentence, avec les autres hypotequaires par ordre de priorité & de posteriorité. Et l'avantage particulier qu'aura celui qui a obtenu Sentence dans cette Coutume, par-dessus les créanciers de rente constituée non ensaisinée, ou de dettes pour une fois payer, sera, qu'il ira par concurrence de priorité & de posteriorité avec toutes sortes de créanciers hypotequaires, même avec le créancier de rente constituée & ensaisinée, ainsi que fait le créancier de dettes privilegiées, au lieu que le créancier de rente constituée non ensaisinée, ou de dette pour une fois payer est préféré, & exclu par la rente constituée ensaisinée en vertu de la disposition singuliere de cette Coutume, que nous sommes obligés de garder, parce qu'elle est telle, mais qu'il faut bien se donner de garde d'étendre aux Sentences, puisque nous n'avons aucune disposition qui nous y oblige, & que les termes & l'esprit de l'Ordonnance y résistent. Et de fait, si on observoit le contraire de ce que nous venons d'établir, bien loin que l'on pût dire qu'il y auroit eu lieu d'embrasser l'Ordonnance, comme ayant apporté un secours favorable, & qui facilite la distribution des deniers procedans de la vente des immeubles dans cette Coutume, qu'elle y auroit introduit un desordre & une injustice beaucoup plus grande que celle qui résulte du texte de la Coutume, en multipliant les préférences & les exclusions des créanciers hypotequaires les uns sur les autres, & en donnant toujours atteinte à cette régle de Droit *qui prior tempore, potior jure*, qui est le principe de la justice & de l'équité, auquel on doit s'attacher tant qu'il est possible de le faire. b*

24. Il y a encore une autre erreur importante, dans laquelle tombent presque tous ceux qui n'ont qu'une connoissance médiocre de la matiere que nous traitons. Ils croyent que quand le créancier d'une rente constituée a obtenu saisine sur son contrat, ou que le créancier en vertu d'une obligation, ou autre acte passé pardevant Notaires, a fait rendre Sentence à son profit, l'on ne doit plus considerer dans l'ordre des créanciers l'hypoteque du premier acte ou contrat, & que l'on doit seulement avoir égard à la date de la saisine ou de la Sentence: & ainsi, supposé qu'un contrat de constitution soit de l'année 1610. & que le créancier ait obtenu saisine en l'année 1620. ils le feront preceder par le créancier d'une dette privilegiée, dont le titre se trouvera de l'année 1615. & ainsi des autres, qui est un abus manifeste; d'autant que quand il est question de colloquer un créancier, il faut considerer ce qui est de plus avantageux dans son titre, eu égard à l'espece qui se présente; de sorte que dans le cas que nous avons proposé, le créancier de la rente ensaisinée ayant une hypoteque en vertu de son contrat dès l'année 1610. qui ne peut

être précédée par le créancier de la dette privilegiée, attendu qu'elle n'est que de l'année 1615. & qu'elle n'a point le droit d'exclusion, mais seulement de concurrence, il n'y a point de doute que le créancier de la rente doit être colloqué le premier en vertu de son contrat, & sans avoir égard à la saisine qui demeure surabondante en cette occasion, & qui ne lui peut point nuire; parce qu'étant introduite pour lui donner un privilege, elle ne peut pas tourner à son préjudice: ce qui arriveroit, si on en usoit autrement que nous venons de l'établir: vû que les autres rentes, & même les dettes pour une fois payer concourent avec les dettes privilegiées du jour de leurs hypoteques. De même le créancier d'une rente constituée, qui s'est contenté de faire intervenir Sentence sur son contrat, au lieu de prendre saisine, peut s'il veut toucher sur sa collocation, & s'empêcher d'entrer dans la contribution des autres rentes constituées, se servir de sa Sentence, pour être mis en ordre du jour de sa date, qui est un droit qui lui appartient en son particulier, & qu'il ne peut pas être obligé de communiquer aux autres créanciers de rentes constituées: Ou si au contraire il trouve plus d'avantage à entrer dans la contribution, ce qui peut quelquefois arriver, il lui est loisible d'abandonner sa Sentence, pour se tenir à son contrat, personne n'étant obligé de se servir d'un privilege; & quand plusieurs droits nous appartiennent en vertu de différentes causes, rien n'empêche que nous ne puissions nous servir de celui qui nous est le plus avantageux, & abandonner les autres.

Et de fait, ces deux dernieres difficultés que nous venons d'examiner, s'étant rencontrées sur la fin du présent Parlement, commencé en 1660. en un procès d'ordre, qui étoit pendant en la troisième Chambre des Enquêtes au rapport de Monsieur de Saint Martin, qui me fit l'honneur de m'en parler, elles furent décidées conformément aux résolutions que nous avons prises.

25. Au sujet de cette contribution qui se fait entre les créanciers de rentes constituées, lorsqu'ils n'ont point obtenu de saisine, ni de Sentence: comme aussi à l'occasion du privilege qui est donné par l'usage à de certaines dettes, pour concourir avec ces rentes par ordre de priorité & de posteriorité, il se forme une autre difficulté. Il arrive souvent qu'entre les créanciers de rentes constituées, il se rencontre des dettes privilegiées qui conséquemment doivent être colloquées dans un ordre intermédiaire; ce qui donne lieu à la question de sçavoir s'il se fera en ce cas plusieurs contributions différentes entre les créanciers de rentes constituées, & si ceux qui se trouvent auparavant la premiere dette privilegiée, doivent faire une classe séparée des autres qui suivent, & ainsi des autres? Ils peuvent dire pour l'établissement de leur prétention, que le créancier de la dette privilegiée produit un milieu inhabile, qui empêche que les créanciers de rentes constituées qui sont après lui, ne puissent participer par droit de contribution ou autrement à la collocation des premiers, & qu'il se rencontre en cette occasion un changement d'ordre, qui sert d'obstacle à la contribution générale des rentes constituées. Néanmoins je crois que l'opinion contraire doit prevaloir; parce que la Coutume ayant ordonné indistinctement la contribution entre les créanciers de rentes constituées, je n'estime pas que la raison

raison que nous venons de proposer puisse servir à former une exception : attendu que l'effet de la dette privilegiée est particuliere pour elle, il n'empêche point que les créanciers des rentes constituées ne fassent une masse générale de leurs collocations, qui sera distribuée par contribution entr'eux, y ayant en cette occasion deux respects differens qu'il faut distinguer ; sçavoir, l'un, des rentes constituées avec les dettes privilegiées, & pour ce regard il n'y a point de difficulté, qu'il faut suivre l'ordre de priorité & de posteriorité ; & l'autre est des rentes constituées entr'elles, pour raison de quoi la Loi de la contribution se trouve écrite par la Coutume.

26. Il y en a qui ne laissent pas d'insister contre notre résolution, en faisant une nouvelle ouverture dans la même espece. Ils veulent que le premier créancier de la rente constituée soit mis en ordre le premier, pour le prix entier de sa rente & des arrérages qui en sont dûs ; qu'ensuite le créancier de la dette privilegiée soit colloqué du jour de son titre, & après tous le second créancier de la rente constituée qui se trouve le dernier en hypoteque, & que ce qui aura été pris par le premier ne vienne à contribution entre lui & le dernier, ni plus ni moins que si les deniers touchés par le créancier privilegié intermédiaire avoient été reçûs par le dernier, pour par une fiction conserver au premier ce qu'il amenderoit des deniers touchés par l'intermédiaire ; parce que, disent-ils, comme c'est sur le dernier & à son préjudice que le créancier privilegié est payé, il s'ensuit, que ce qui est ainsi touché par le créancier intermédiaire, doit tourner en pure perte au dernier créancier de rente constituée, & non au premier, qui est entierement colloqué, par le moyen de ce que son hypoteque est antérieure.

27. Ce raisonnement ne me fait point changer d'opinion, parce qu'il va à faire voir qu'il seroit juste d'établir absolument l'ordre hypotequaire dans la Coutume de Senlis : si bien que le texte & l'usage autorisé par les Arrêts étant au contraire, les raisons qui vont à les détruire ne peuvent être d'aucune considération : Car quant à ce que ceux qui suivent l'avis que nous examinons, veulent imputer au dernier créancier de rente constituée, & lui faire perdre en partie le droit de contribution que lui accorde la Coutume en conséquence de ce que l'hypoteque du créancier privilegié se trouve antérieure à la sienne, il y auroit encore plus de fondement de lui opposer, que l'hypoteque de la premiere rente constituée est devant la sienne, puisqu'elle est la premiere de toutes ; & cependant c'est ce qui est détruit par la Coutume, que cet ordre de priorité & de posteriorité entre les créanciers de rentes constituées non enfaisinées ; c'est pourquoi sa disposition subsistant, nous ne pouvons pas nous empêcher de lui obéir.

28. Le même usage qui a donné aux dettes privilegiées & aux Sentences, le rang dont nous avons parlé, sans qu'il se trouve établi ni prévu par le texte de la Coutume, a produit une question, laquelle on ne peut pas résoudre, que les Grecs appellent *[illegible]*, *antiquitus crocodilites*, *à fabula crocodili, qui puerum ludentem in ripa Nili rapuerat : mater conspicata rogat ut reddat ; reddam, inquit fera, si verum dixeris : mater dixit, non reddes. Insolubile est teneatur reddere, vel possit retinere : nam si retines, verum dixit mulier, ergo ex pacto reddere tenetur : si*

reddit, mulier verum non dixit, ergo ex eodem pacto debet non reddere. L'hypothese qui se présente souvent en cette Coutume, est de trois divers créanciers : le premier, pour rente constituée non enfaisinée : le second, pour dette privilegiée, comme pour restitution de dot : & le troisieme, pour rente constituée enfaisinée. On demande comment on colloquera ces trois créanciers, chacun prétendant avoir pour lui la regle *si vinco vincentem te, multó magis te*, parce que le créancier de la rente enfaisinée étant préférable, comme premier en hypoteque à la dette pour dot, il dit au créancier pour rente enfaisinée, *vinco vincentem te* : Le rentier enfaisiné au contraire étant par la Coutume preferable au créancier de la rente non enfaisinée, dit au créancier pour dot, *vinco vincentem te* : Et enfin le créancier pour dot, étant par l'usage & à cause de son hypoteque antérieure & privilegiée, préférable à la rente enfaisinée, il se sert de la même regle contre le créancier pour rente non enfaisinée, disant qu'il préfere la rente enfaisinée, *quia vincit vincentem*. Que faire en cette rencontre ? Comme cette question est très-difficile, elle a produit plusieurs opinions.

29. I. Opinion. Les premiers, qui favorisent les rentes, s'expédient promptement de cette difficulté, en n'admettant pas cet usage introduit en faveur des dettes privilegiées. Ils se fondent pour soutenir leur avis sur l'Ordonnance de Louis XII. de l'an 1499. qui défend de recevoir la preuve des usages mis en avant, & articulés contre les dispositions des Coutumes rédigées par écrit : Et ainsi ils veulent que conformément à ce qui se trouve écrit dans cette Coutume, la rente enfaisinée marche la premiere, ensuite la non enfaisinée, & après tout, la dette prétendue privilegiée.

30. II. Opinion. Ceux qui défendent cette opinion, veulent que la dette pour dot obtienne le premier rang ; parce que, disent-ils, cette question étant de soi insoluble aux termes de cette Coutume & de ce qui s'y observe, il faut avoir recours à la disposition du droit commun, qui donne privilege à la dot, & lui fait préférer les autres, quoiqu'antérieures en hypoteque, *l. assiduis C. qui potior in pign.* Ce qui peut encore être appuyé d'une raison plus solide ; sçavoir que cette Coutume & l'usage qui y est reçû égalant le privilege de la dot à celui de la rente enfaisinée, & la rente enfaisinée préférant la non enfaisinée, dans ce concours & cette difficulté qui se présente, la rente enfaisinée prête la main à la dette pour dot, & lui fait devancer d'un degré la rente non enfaisinée dans l'ordre de leurs hypoteques entr'elles ; suivant quoi dans notre espece la dette pour dot doit être colloquée la premiere. Ce qui est conforme à la disposition du Droit Ecrit, *Novell.* 127. *cap.* 1. où il se voit que le neveu qui se trouvant seul habile à succeder en collaterale à son oncle décedé sans enfans, est absolument exclus par l'ayeul paternel : néanmoins s'il se rencontre un autre oncle du neveu qui soit frere du défunt, il rapproche son neveu, & lui fait prendre part en la succession, en laquelle il n'eût pû rien demander sans cette rencontre. Cela reçoit encore son exemple parmi nous en une autre occasion, en laquelle les neveux d'un défunt se trouvans seuls habiles à succeder avec les oncles du même défunt, ils n'ont pas le droit d'exclusion, & concourent seulement pour prendre ensemble l'hérédité : mais s'il se trouve un frere de celui de la succession duquel il

T

s'agit, il prête son privilege aux neveux, & tous concurremment excluent les oncles.

31. III. Opinion. Les troisièmes donnent gain de cause aux rentes non enfaisinées, & soutiennent, que dans cet embarras & impossibilité d'exécuter l'ordre de la Coutume, il faut avoir recours au droit commun de la France, qui nous doit être en plus grande recommandation que la Jurisprudence Romaine, que nous ne reconnoissons pas pour ce sujet : Et ainsi que ces dettes doivent être placées suivant l'ordre de leurs hypoteques, sans avoir égard à aucun privilege, puisqu'ils ne se peuvent concilier, & que la prérogative de la rente enfaisinée, qui est ce qui produit la difficulté, reçoit en cette rencontre un obstacle dans son exécution par l'interposition de la dot, qui est une espece de rempart, qui l'empêche même de pouvoir donner atteinte à l'hypoteque de la rente constituée non enfaisinée, & qui doit faire conserver l'ordre de priorité & de posteriorité, ils peuvent autoriser leur raisonnement par l'exemple de la Loi *aquissemum* 5. *D. ad S. C. Tertyll.* en l'espece d'une succession dans laquelle le Jurisconsulte décide, que quoique par l'autorité du Sénatusconsulte Tertyllien, la mere eût droit d'exclure l'ayeul qui avoit même émancipé son petit-fils : neanmoins dans le cas qui se présentoit, l'ayeul devoit être préféré à la mere, d'autant que le défunt, des biens duquel il s'agissoit, avoit aussi laissé son pere, qui se trouvoit entre l'ayeul & la mere : au moyen de ce que le Sénatusconsulte n'avoit pas dérogé au droit de l'ayeul en faveur du pere, comme il avoit fait pour la mere ; & que d'un autre côté le pere par le droit commun étoit préférable à la mere : & sur ce fondement la Loi juge que le pere se trouvant au milieu, empêche le privilege de la mere. *Mater vincit avum. Hoc est verum, quando Pater non est in medio*, disent *Joannes Faber*, & la glose sur cette Loi. On ajoute qu'il y a d'autant plus lieu de suivre cette opinion, que la raison qui avoit fait introduire le privilege des rentes & des saisines, n'est plus maintenant en vigueur, ainsi que nous avons fait voir, & même qu'il s'est trouvé de célebres Jurisconsultes dans la Province, qui vivoient peu après la réformation de la Coutume, & entr'autres Maître   Driot mon parent, qui a laissé des écrits sur différentes matieres, qui sont très-dignes de voir le jour en y mettant la derniere main, dont ses descendans qui exercent encore aujourd'hui la profession d'Avocat dans la Ville de Beauvais avec beaucoup d'honneur, sont fort capables : lesquels étoient dans ce sentiment, que les trois articles que nous examinons, ne doivent être observés que par maniere de provision, en attendant la discussion de tous les biens, & que si les biens étant discutés il n'y avoit pas assez pour payer tous les créanciers, ils devoient être colloqués suivant l'ordre de leurs hypoteques, & fondoient leur avis sur l'exemple du tiers détenteur, lequel excipant de la discussion, jouit par provision ; mais la discussion faite, il doit souffrir que les créanciers antérieurs qui n'ont pas été payés, soient colloqués auparavant lui selon l'ordre d'hypoteque ; ne pouvant souffrir, il est en effet absolument injuste, que le créancier d'une rente constituée, qui a pris une possession feinte & civile seulement par la saisine, ait plus de privilege qu'un tiers acquéreur qui a possédé actuellement l'héritage, & qui même a pris saisine, lequel après la discussion peut sans difficulté en

cette Coutume être forcé de déguerpir ou de payer par tel créancier hypotequaire que ce soit, pourvû qu'il soit antérieur à son acquisition.

32. IV. Opinion. Ceux-ci veulent, que les créanciers qui se rencontrent dans notre espece, viennent entr'eux par contribution au marc la livre ; parce que comme l'on ne peut pas préférer l'une de ces dettes à l'autre, qu'il n'y ait inconvénient, & que l'on ne contrevienne à la Coutume, on ne peut mieux, disent-ils, accommoder ce différend qu'en les faisant toucher par contribution, qui est un moyen d'équité & conforme à la regle de droit, qui dit, *quoties equitatem desiderii petit ratio moratur, justis decretis res temperanda est.*

33. V. Opinion. Les cinquièmes ont trouvé un expédient, & prétendent sortir de ce labyrinthe en voulant que le créancier de la rente non enfaisinée soit colloqué le premier, mais que le prix de sa collocation soit touché par le créancier de la rente enfaisinée jusques à concurrence de son dû, & le surplus, s'il y en a, par le créancier de la rente non enfaisinée ; que le créancier de la dette privilegiée soit ensuite mis en ordre, & après tous, le créancier de la rente enfaisinée qui touchera ce qui lui reste dû, supposé qu'il n'ait pas été entierement acquitté sur le prix de la rente constituée, pour le reste être pris par le créancier de la rente non enfaisinée, parce que, disent ils, il est juste que le créancier de la rente non enfaisinée souffre seul de sa négligence, ainsi qu'il arrive par ce moyen.

34. VI. Opinion. Dans cette derniere opinion on fait marcher le créancier de la rente enfaisinée le premier : on le fait suivre par le créancier de la rente non enfaisinée, & le créancier de la dette privilegiée est colloqué le dernier. On dit pour servir de fondement à cet avis, qu'il n'est pas vrai que les trois créanciers qui contestent la préférence dans notre espece, puissent se servir de cette regle de droit, *si vinco vincentem te, multò magis te*, tirée de la Loi *de accessionibus D. de acquis. & temp. præscript.* Et que ce qui fait que cette difficulté est si fort embarrassée que de produire cinq autres opinions différentes, est que cette maxime sur laquelle cette difficulté est fondée, n'a point été entendue à ce sujet. Et en effet, qu'il est bien vrai que le créancier de la rente enfaisinée, passant de plein droit & au desir de la Coutume, au-dessus de la rente non enfaisinée, peut dire avec raison au créancier pour dette privilegiée, *si vinco vincentem te, multò magis te*, parce que son privilege est le plus considérable, & qu'il prend cette premiere place en vertu d'un passé-droit que la loi loi accorde : mais que le créancier de la rente non enfaisinée ne peut pas combattre contre lui avec armes égales, ni le créancier de la dette privilegiée contre l'un & l'autre : d'autant que s'ils ont quelque préférence à prétendre, ce n'est que par l'ordre des tems, & non point en vertu d'un privilege qu'ils ayent l'un à l'encontre de l'autre : Ce n'est qu'un droit de concurrence, & non pas d'exclusion comme celui de la rente enfaisinée, qui par conséquent est plus fort & plus puissant. Et ainsi que quoique le créancier de la rente non enfaisinée, surmonte par l'ordre de l'hypoteque, le créancier pour dette privilegiée, & celui-ci le créancier de la rente enfaisinée, il ne s'ensuit pas pour cela qu'ils vainquent le créancier de la rente enfaisinée, parce qu'ils ne combattent pas par de mêmes moyens, & le créan-

cier de la rente enfaisinée, accordant au créancier de la rente non enfaisinée, que par cette raison il est surmonté par lui, il ne lui donne point plus d'avantage, parce que son privilege qui resulte de l'enfaisinement, est au-dessus de cet ordre hypotéquaire : Et ainsi le plus grand privilege étant celui qui l'emporte, il faut nécessairement que le créancier de la rente non enfaisinée lui cede le premier lieu : car pour faire que cette regle *si vinco*, *&c.* puisse être employée avec effet, il faut que la même raison se rencontre dans toutes les parties de l'argument, & si elle est differente, la conclusion est sans doute captieuse & demeure sans effet : comme au cas de la Loi *Claudius Felix* 17. *D. qui potiores in pign.* en laquelle un dernier créancier voulant être preferé au second par cet article, *si vinco*, *&c.* en conséquence de ce qu'il avoit surmonté le premier par faute de s'être bien défendu ; le Jurisconsulte répond que cette prétention ne doit pas être admise, & que le second créancier doit demeurer en sa place, & preferer le dernier, par cette considération, qu'il n'avoit pas de raison à employer contre ce second créancier, semblable à celle qui lui donnoit avantage au-dessus du premier : si bien qu'il est absolument necessaire pour faire que cette regle ait lieu, qu'il y ait de tout côté parité de raison, comme en cet exemple : S'il étoit question de preséance entre un Président & un Lieutenant Particulier dans un Presidial, il n'y a point de doute que le Président seroit bien fondé à dire au Lieutenant Particulier, *je marche devant le Lieutenant Général qui vous précede, & par conséquent vous me devez ceder :* parce qu'en ce cas les raisons qui accompagnent cet argument sont semblables, sçavoir la subordination des Charges : ce qui ne se trouveroit pas veritable, si le Lieutenant Particulier avoit une autre qualité, par le moyen de laquelle il voulût maintenir son rang ; car pour lors y ayant diversité de raisons, la conclusion du Président se trouveroit défectueuse : Et ainsi, bien que les créanciers de la rente non enfaisinée & pour dot, soient anterieurs en hypotéques à celui de la rente enfaisinée, cela n'empêche pas que ce dernier ne les devance en vertu d'un autre privilege qui est plus fort, & qui fait que de plein droit il marche auparavant le créancier de la rente non enfaisinée, & par une conséquence tirée de notre regle, auparavant aussi le créancier pour dot ; puisque s'il est devancé par celui pour rente non enfaisinée, que le créancier de la rente enfaisinée prefere, n'y ayant pas de milieu entre les deux : mais que le créancier pour dot ne peut point suivre, d'autant qu'il n'a pas la même raison pour devancer le créancier de la rente non enfaisinée, n'y ayant que l'ordre de leurs hipotéques qui les regle.

35. Cette doctrine est autorisée par un exemple entierement semblable, qui se trouve dans un excellent Jurisconsulte Grec nommé Harmenopule, *lib.* 3. *tit. de prærogativa muneris*, en cette espece : Par la disposition de Droit la femme pour la répétition de sa dot marchoit devant tous les autres créanciers à la reserve du fisc, qui n'ayant pas droit de devancer les autres, ne laissoit pas de marcher par concurrence avec la femme & suivant l'ordre de leurs hypoteques, lors qu'il n'y en avoit pas entr'eux deux : ce fondement supposé, un débiteur a pour créancier Titius pour une dette particuliere qui se trouve le premier en datte ; en second lieu

le fisc, & après tous la femme ; Le Jurisconsulte résoud que la femme en ce cas doit aller même devant le fisc ; parce qu'elle surmonte cet autre particulier qui le devance, *præfertur dos etiam fisco,* dit-il, *quod hæc anterioribus creditoribus anteferatur, qui quidem & fisco potiores sunt :* mais le fisc ne suit point & n'exclud pas **Titius**, d'autant qu'il n'a pas de privilege à son égard. D'où l'on peut conclure, qu'au cas par nous proposé, le créancier de la rente enfaisinée doit être colloqué le premier en ordre, ensuite le créancier de la rente non enfaisinée, & au dernier lieu le créancier pour dette privilegiée.

36. Pour prendre parti dans ces diverses opinions, je ne puis pas approuver le moyen sur lequel la premiere est fondée : parce que quoiqu'il conduise à la même resolution que la sixieme, qui est fondée en beaucoup de raisons ; néanmoins c'est sous un faux principe que je ne puis pas avoüer. Et en effet, l'Ordonnance de **Louis XII.** qui défend d'alleguer la preuve d'un usage contraire aux Coutumes qui seront écrites, s'entend lors qu'il s'agit d'un usage qui détruit la Coutume, non pas quand il est question de son interprétation seulement. Cette distinction a été autorisée par la Cour, dans les occasions qui se sont présentées à ce sujet, & même pour le fait dont est question, par les enquêtes par turbes, & par les Arrêts dont nous avons ci-dessus fait mention.

37. Le premier moyen de la seconde opinion n'est pas plus considerable, vû que nous ne reconnoissons en façon quelconque le privilege de la dot, & ne suivons pas le Droit Romain en ses dispositions : mais dans la force de ces raisons, lors qu'elles ne resistent pas aux principes de notre Jurisprudence. Le second moyen dont on se sert pour autoriser cette opinion, & qui est tiré de l'exemple des successions *ab intestat*, ne peut pas aussi servir de décision à cette difficulté, d'autant que ce concours introduit en faveur du neveu avec ses oncles, se fait par une disposition particuliere de la Loi, & par une faveur extraordinaire : sçavoir le benefice de la representation, qui ne doit pas être tiré à conséquence.

38. La troisième opinion renferme en soi beaucoup de justice & d'équité ; & paroît même d'autant plus plausible, qu'elle reduit les choses au droit commun : mais comme elle renverse l'ordre & les principes établis par cette Coutume, elle ne doit pas être reçue ; se rencontrant bien de la difficulté à resoudre notre question, mais non pas une impossibilité absolue. Et quant à l'autorité qui est tirée de la loi *æquissimum ad SC. Tertyll.* il est facile de voir par le texte même, que Joannes Faber & la Glose se sont abusés, lors qu'ils apportent pour raison de cette Loi, que l'ayeul étoit preferé à la mere, par la consideration de ce que le pere se trouvoit entre les deux : vû non seulement que le pere, aussi-bien que la mere, qui prétendoient chacun la succession contre l'ayeul, étoient assistés de la même consideration, l'ayeul se trouvant aussi entre le pere & la mere : de sorte que si l'ayeul n'eût que ce moyen, les deux autres auroient pû se servir également de notre regle, *si vinco vincentem te, à fortiori te.* Mais aussi la Loi même porte la raison de sa décision avec elle, sçavoir que l'ayeul auquel elle donne avantage, avoit de sa part un fondement & un privilege plus puissant : *Itaque rectius est uni jus suum conservare, quod & contra scriptor hæredes bonorum possessionem accipere solet ;* laquelle

raison Monsieur Cujas a estimée être si décisive, qu'il est d'avis qu'elle doit servir de regle pour résoudre toutes les questions semblables. *In L. æquissimum*, dit-il, sur la Loi 17. *D. qui potiores proponitur certissima ratio explicandi ἀναγκαιοτάτη quæ sequenda est meo quidem judicio in omnibus casibus in quibus ἀνωμαλία occurrit :* de sorte que par ce moyen cette loi sert plûtôt à établir la derniere opinion que nous avons proposée, que celle-ci.

39. La quatriéme reçoit la même réponse; puisqu'elle tend aussi à détruire absolument l'ordre de cette Coutume, & même les fondemens de la matiere des hypotéques.

40. La cinquiéme a beaucoup d'avantage sur les autres, d'autant qu'elle se trouve autorisée par l'usage; & néanmoins il faut demeurer d'accord que le créancier de la rente constituée non ensaisinée peut dire qu'il souffre par ce moyen un notable préjudice, en ce que par l'évenement sa collocation ne se trouve le plus souvent qu'imaginaire à son égard, en ne profitant qu'au créancier de la rente constituée ensaisinée, & que le créancier pour dot touche actuellement auparavant lui; quoiqu'il n'ait aucun privilege à l'encontre de lui pour exclure, & que son contrat de constitution se trouve anterieur en hypotéque au titre de la dot; ce qui fait qu'il y auroit lieu de les laisser dans le rang de leurs hypotéques entr'eux, en donnant le premier ordre au créancier de la rente ensaisinée en vertu de son privilege, conformément à l'opinion suivante, ce qui ne produit aucun inconvenient. On peut encore ajouter, que c'est sans apparence que ceux qui défendent cette opinion soutiennent, qu'il merite de souffrir ce desavantage pour sa négligence, & pour n'avoir pas eu le soin de faire ensaisiner sa rente : d'autant que cette objection seroit considerable, si à faute de prendre saisine, il étoit tenu de quelque chose envers les autres créanciers : mais n'ayant aucune action contre lui, & lui étant libre de laisser sa dette en tel état qu'il veut, sans qu'il doive décheoir de l'avantage qu'il a, pour n'avoir point donné plus de privilege à sa rente : Et ainsi que c'est sans fondement qu'on lui fait ce reproche pour l'exclure du rang qui lui est dû, & que c'est le même argument qu'improuve le Jurisconsulte *Paulus* en la Loi *Claudius Felix*, en la personne du second créancier, qui vouloit passer auparavant le premier en conséquence de sa negligence, & de ce qu'il s'étoit laissé vaincre par le troisiéme.

41. A l'égard de la derniere opinion, c'est celle qui est la plus conforme aux principes du droit commun, & c'est la raison pourquoi elle m'avoit plû davantage que les autres : Mais comme elle a aussi ses inconveniens, étant impossible de rencontrer une décision qui satisfasse à tout dans une question de cette qualité, qui est insoluble d'elle-même, & que suivant cet avis la dette privilegiée est traitée avec beaucoup de rigueur en la mettant au dernier rang, quoiqu'elle soit anterieure en hypotéque au créancier de la rente ensaisinée, & qu'il n'ait aucun privilege à son égard : C'est pourquoi ayant d'ailleurs été informé par les Officiers & les Avocats des principaux Sieges soumis à cette Coutume, que la cinquiéme opinion avoit été mise en usage depuis quelques années, & qu'elle étoit suivie sur les lieux d'un commun consentement, j'estime que dans une occasion comme celle-ci, en laquelle il faut avouer que

les principes se combattent les uns les autres, qu'il est à propos de s'attacher à cette cinquiéme opinion, par la raison que l'usage a pû servir à former une Loi entre les Habitans de la Province en cette rencontre, où la disposition de la Coutume ne peut se concilier par elle-même, ni par les veritables regles de la Jurisprudence. Joint à cela, que l'on peut dire ce qui vient d'être touché en passant, qu'il est bien plus juste de faire que le privilege de la saisine ait son effet contre la rente non ensaisinée, qu'elle surmonte aux termes de la Coutume, que non point contre la dot ou autres dettes de pareille nature, que nous appellons *privilegiées*, parce que le passe-droit que la Coutume accorde aux rentes ensaisinées, ne s'entend pas contre cette espece de dette.

42. Il resulte assez de ce que nous avons établi ci-dessus, que la résolution que nous avons prise pour ce qui concerne la dette privilegiée, doit aussi avoir son application lorsque le créancier qui a obtenu Sentence, se trouve au même lieu, puisqu'ils sont l'un & l'autre sujets à de semblables regles dans l'ordre des creanciers. Comme aussi la même difficulté se rencontrant lorsqu'il se trouve un créancier de dette pour une fois payer, le premier en hypotéque, le créancier de la rente ensaisinée le dernier; & cette question étant susceptible des mêmes raisons de part & d'autre, il n'y a point de doute qu'elle doit recevoir la même décision.

43. La disposition singuliere de cette Coutume, & sa difference avec les voisines, comme Paris & Amiens, donnent lieu à une difficulté qui se presente souvent, particulierement dans le Beauvaisis, qui se gouverne par quatre diverses Coutumes. Si un particulier qui est créancier pour differentes causes d'un même debiteur, qui a son bien situé sous plusieurs Coutumes, peut à son choix se faire payer de l'une de ses dettes sur les biens de telle Coutume qu'il voudra, dans le dessein de rendre sa condition meilleure à l'égard de ses autres dettes; ou si les autres créanciers peuvent l'obliger à toucher par contribution, ou du moins s'il peut être contraint à les subroger pour exercer ses droits sur les autres biens? Pour rendre cette question plus palpable par un exemple. *Titius* est créancier de *Mævius* de la somme de dix mille livres, en vertu d'une Sentence de l'année 1625 qui lui donne hypotéque sur deux Terres, dont l'une est située sous la Coutume d'Amiens, & l'autre sous celle de Senlis, ensemble de trois cens livres de rente par contrat de l'année 1630, non nanti ni suivi de Sentence, en conséquence de quoi il n'a point d'hypotéque sur Amiens, mais seulement sur Senlis. Ces deux Terres se décretent en même tems sur *Mævius*; *Titius* s'oppose, mais avec limitation pour sa premiere dette sur la Terre située en la Coutume d'Amiens seulement, afin de ne point diminuer le fond de sa seconde dette sur la Terre située sous Senlis, à l'égard de laquelle il forme aussi opposition pour cette seconde dette. Les autres creanciers soutiennent, que *Titius* ayant également hypotéque à cause de sa premiere dette sur les deux Terres, qui se décretent en même tems, en vertu d'une même saisie, il ne peut pas diviser son droit pour rendre sa condition plus avantageuse au préjudice des autres, & qu'en tout cas il ne peut pas s'empêcher de les subroger à la moitié des hypotéques qu'il a sur Senlis pour cette premiere dette. La question m'ayant

été proposée & à trois autres Avocats, nous demeurâmes tous d'accord que le créancier étant le maître de son action, il avoit pû la diriger comme il avoit trouvé le plus à propos pour son utilité, & que l'on ne pouvoit pas lui adjuger davantage qu'il n'avoit demandé sur la Terre située sous la Coutume d'Amiens : mais nous nous trouvâmes divisés sur la subrogation : les uns estimant que la demande en étoit juste, parce que Titius étant payé, il ne pouvoit pas, disoient-ils, refuser de subroger en sa place ceux qui pouvoient y avoir interêt. Je défendis l'opinion contraire avec un autre, & je suis encore dans le même sentiment ; parce que la subrogation ne se fait point sans action, qui naît seulement en matiere civile *ex contractu, vel ex quasi contractu,* & que dans l'espece proposée, il n'y avoit ni contrat, ni quasi contrat à l'égard des créanciers ; Titius ne touchant ce qui lui étoit dû des deniers procedans du prix de leur seul & véritable debiteur ; de sorte que comme le debiteur ne pouvoit pas demander la subrogation, ses créanciers qui en cette occasion n'ont pas plus de droit que lui, ne peuvent pas aussi le prétendre, puisqu'ils ne pourroient la requerir que comme exerçant ses droits, & qu'il y auroit même de l'absurdité de faire subsister l'action hypotéquaire, après que la personnelle est éteinte.

44. Au sujet de cette question principale, il s'en forma une autre subordonnée, pour sçavoir si lorsque la saisine est donnée par le Juge, comme nous avons dit en l'article 258, qu'il se pouvoit faire, elle produit non-seulement son effet dans la Coutume de Senlis ; mais aussi en la Coutume d'Amiens, en considérant cette saisine comme une Sentence, en consequence de ce qu'elle se trouve donnée par le Juge. Il faut répondre pour la négative ; tant parce que la saisine ne se prononce point par forme de Jugement, & ne se redige pas ordinairement dans le Registre des Sentences, n'y ayant point même de necessité, comme nous avons dit, qu'il s'en garde de minute ; que par la consideration de ce qu'elle ne porte aucune condamnation de payer, & ne contient autre chose qu'un acte de possession civile des heritages du debiteur : C'est pourquoi il y auroit plus de raison de soutenir que toutes sortes d'actes qui se font en Justice, les procès verbaux & autres attribueroient hypotéque ; ce qui est contraire à l'intention de l'Ordonnance, qui ne parle que des Sentences de condamnation : & de-là il s'ensuit, que l'on ne peut point prétendre que l'insinuation qui se fait d'une donation, par exemple, d'une rente constituée, vaille saisine, ou nantissement, à l'*instar* de ce que nous avons dit de la Sentence ; puisque l'insinuation, qui n'est qu'un simple enregistrement, qui se fait sans connoissance de cause, & sans même le ministere du Juge, ne peut pas équipoller à la Sentence.

45. Par la forme de nos saisines, l'article 121 de la Coutume de Vermandois, qui porte, qu'un acte contenant reconnoissance d'une rente, ou autre dette, se peut nantir, bien qu'il ne soit pas d'une écriture autentique, & passé pardevant Notaires, peut encore donner ouverture à une question parmi nous ; pour sçavoir si les rentes passées sous les signatures privées des parties, se peuvent aussi valablement ensaisiner, à l'effet d'acquérir hypotéque & privilege aux termes de notre Coutume ; Je n'estime pas que la disposition de la Coutume

de Vermandois puisse être étendue à la Coutume de Senlis, par la raison qu'il y a une difference notable entre les deux, laquelle resulte de ce que dans la Coutume de Vermandois, ce n'est point le contrat qui attribue l'hypotéque, mais le nantissement, qui par cette considération doit être fait dans une forme authentique, & regifté en un Registre public, comme il est prescrit par les articles 119 & 120, au lieu que dans notre Coutume, c'est le contrat passé sous scéel Royal ou authentique, qui donne hypotéque, & la saisine ne contribue que pour le privilege de la rente, & non point pour l'hypotéque ; aussi n'y a-t-il pas d'obligation, comme nous avons dit, d'en faire de Registre, ni même de faire signer les témoins ; de sorte qu'il auroit été fort perilleux de donner la vertu de l'hypotéque à une acte de cette qualité.

46. Mais l'article 119 de la même Coutume de Vermandois, contient une autre disposition, qu'il y auroit beaucoup de justice d'étendre à notre Coutume de Senlis ; sçavoir qu'*au refus des Justiciers de faire le nantissement, le Sergent leur commandera de ce faire, à quoi, s'ils ne veulent obéir, declarera que lui-même nanti de par le Roi leur fera défense que doresnavant ils n'ayent à faire autre nantissement sur lesdits heritages, que ce ne soit à la charge de ce pourquoi il fait le nantissement. Dont ledit Sergent fera rapport, qui servira d'acte audit créditeur ou acquereur. Et préjudiciera tel nantissement aux subsequens faits sur mêmes heritages.* Et sans doute qu'il y a d'autant plus de raison d'introduire cette facilité pour la saisine, que ce n'est pas ce qui donne l'hypotéque sous cette Coutume : joint que cet acte que nous voulons rendre équipollent à la saisine, comme il l'est au nantissement, se fait au nom du Roi, qui est le Seigneur suzerain médiat ou immédiat de tous les autres Seigneurs du Royaume, & qui par la considération de sa souveraineté doit rendre à ses sujets la justice que ses vassaux ou arriere-vassaux sont refusans de faire ; ceci étant une image de ce que nous disons *se faire recevoir par main Souveraine* ; Et d'ailleurs il ne seroit pas juste de reduire le créancier d'une rente à avoir un procès contre le Seigneur, pour l'obliger à lui donner saisine, & encore avec ce desavantage, que son privilege ne courroit que du jour qu'il auroit contraint le Seigneur par les voyes de la Justice à lui accorder la saisine, ou du moins du jour qu'il auroit obtenu Sentence, portant qu'elle vaudroit saisine. Certainement il importe de retrancher tant que l'on peut les frais & les longueurs de Justice, & même dans le cas qui se présente, de ne pas laisser l'autorité à un Seigneur de Fief de preferer un créancier à l'autre par l'acceleration ou le retardement de sa saisine dans cette Coutume, en laquelle nous pratiquons bien ce qui est porté par l'article 82 de la Coutume de Paris, qu'*il ne prend saisine qui ne veut* ; mais elle ne contient pas de disposition qui donne la liberté aux Seigneurs de refuser la saisine à ceux qui la demandent d'eux ; comme fait la Coutume de Clermont, qui en l'article 97 laisse la liberté reciproque pour les saisines des rentes constituées.

47. Au reste, les privileges que cette Coutume attribue à la saisine, & la difference qu'elle fait de la qualité des dettes, pour leur donner la preference les unes sur les autres, en abandonnant en quelque façon l'ordre de la priorité & posteriorité des hypotéques, n'empêchent point que les pri-

vileges qui font plus particuliers, au moyen de ce qu'ils affectent davantage la chofe, & qui font introduits par le droit commun, n'y ayent leur effet : Comme par exemple le vendeur de l'heritage & ceux même qui ont contribué pour en augmenter la valeur, comme font les Maçons & autres Ouvriers, précedent fans difficulté les rentes conftituées par l'acquereur, quoiqu'enfaifinées par les créanciers. Et même à l'egard des créanciers du vendeur, la féparation du patrimoine y eft admife : de forte que celui qui n'eft que créancier du vendeur pour une fois payer, mais dont l'hypotéque eft anterieure au contrat de vente, exclud les créanciers les plus privilegiés de l'acquereur : ce qui a été fuivi par les Arrêts d'ordre dont nous avons fait mention.

48. De plus entre les creanciers d'un même débiteur, la faifine ne doit pas produire fon effet, fi le créancier de la rente conftituée ne la prife avant que les heritages du débiteur ayent été faifis réellement : parce que les biens, par le moyen de la faifie, étant devenus *pignus prætorium*, & la Juftice les ayant pris en fa poffeffion pour la confervation des droits de tous ceux qui y peuvent avoir interêt ; les créanciers des rentes ne peuvent plus y acquerir de privilege par la faifine ou autrement, & après l'adjudication les deniers fe doivent diftribuer fuivant l'état des créanciers au tems que la faifie a été faite : ce qui eft pratiqué dans l'ufage, ainfi qu'il eft même attefté par les enquêtes par turbes, qui ont été faites pour l'interprétation de ces trois articles.

49. Lors de la premiere impreffion de ce Livre, je ne m'étois pas avifé au fujet du privilege que notre Coutume donne à la faifine prife par les créanciers des rentes conftituées, de former la queftion de fçavoir, fi le créancier d'une rente conftituée non enfaifinée, ou d'une dette pour une fois payer, peut agir en déclaration d'hypotéque contre le tiers détenteur dont le contrat eft enfaifiné. Il n'y a point de doute que cette queftion eft très importante, non pas fur les lieux, parce que ceux qui ont l'intelligence de cette Coutume ne peuvent faire aucune difficulté de condamner la négative, & de confiderer l'opinion contraire comme un paradoxe : mais dans les efprits de ceux, lefquels quoique folides, ne font pas entierement verfés dans cette matiere ; ayant vû des perfonnes fort intelligentes au Palais, où cette queftion s'eft préfentée trois ou quatre fois depuis fix ans, incliner pour le tiers détenteur ; & même la caufe ayant été plaidée en la Grand'Chambre de relevée, fur l'appel d'une Sentence des Requêtes du Palais du 21. Février 1653. qui avoit déclaré un heritage acquis par les Religieufes Carmelites de Pontoife, qui avoient fait enfaifiner leur contrat, hypotéqué à une rente conftituée par leur vendeur & non enfaifinée, au profit de Maître Jacques Ogier Procureur en la Cour, elle fut appointée, quoique Monfieur l'Avocat General Talon, eût conclu dans les regles & pour la confirmation de la Sentence : mais depuis l'inftance a été jugée fur un autre moien, & fur ce que les Carmelites ont juftifié que le prix de leur acquifition avoit été employé au payement des créanciers anterieurs à Ogier ; c'eft ce qui me donne lieu préfentement de la traiter avec quelque foin particulier ; étant d'une conféquence infinie de ne point laiffer glisser cette erreur qui feroit une feconde ouverture pour les fraudes, & une breche notable au droit commun,

aufli-bien qu'à l'œconomie de notre Coutume.

50. Ceux qui font d'avis de ne point admettre l'action en déclaration d'hypotéque dans l'efpece que nous avons propofée, fe fondent fur la difpofition particuliere des art. 201. 273. & 275. defquels il refulte, premierement, difent-ils, que la préference entre ceux qui fe préfentent pour venir en ordre fur des heritages qui leur font hypotéqués, ne fe prend point par la datte des contrats ; mais du jour de l'enfaifinement : En fecond lieu, que les créanciers qui n'ont pas été enfaifinés ne viennent que par contribution, & ainfi qu'ils ne font réputés en quelque façon que créanciers chirographaires : Et enfin, que l'on reconnoît par les mêmes articles, que les dettes mobiliaires dans cette Coutume ne viennent en ordre qu'après tous les créanciers des rentes enfaifinées ou non enfaifinées. Ils répréfentent, que cette Jurifprudence doit avoir été tirée du Droit Romain, dans lequel auparavant que l'action *quafi Serviana* eût été introduite, l'on ufoit pour les hypotéques même, de la vendication, & que comme celui qui prétendoit que la propriété de l'heritage lui appartenoit, fe fervoit de cette formule, *aio rem meam effe*, le créancier qui avoit hypotéque en propofoit une femblable, *aio jus mihi in eam rem effe* ; l'hypotéque n'étant rien qu'un droit fur la chofe, & l'action hypotéquaire une vendication de ce droit. A ce premier fondement ils en ajoutent un autre ; fçavoir, que pour acquerir le domaine d'une chofe par la tranflation de propriété, qui engendre enfuite une action en vendication, une fimple convention ou paction ne fuffit pas ; mais il faut qu'elle foit fuivie de tradition actuelle. *Non nudis pactis & conventionibus, fed traditionibus & ufucaptionibus dominia rerum transferuntur.* Que c'eft de cette maxime qu'eft tirée la difpofition de la Loi *quoties* au Code *de rei vindic.* que de deux acquereurs celui auquel la tradition a été faite le premier, eft préferable à l'autre fans confiderer la datte de leurs contrats. De-là ils concluent, que comme la faifine qui fe prend du Seigneur eft, à ce qu'ils prétendent, la veritable tradition dans cette Coutume, celui qui a fait le premier enfaifiner *in detinendo dominio eft potior*, comme parle la Loi, & que l'on ne peut pas dire que l'acquereur d'un heritage qui s'eft fait enfaifiner, ait un droit plus foible que s'il étoit créancier d'une rente conftituée enfaifinée, auquel cas la préference ne pourroit pas être revoquée en doute ; parce que, comme dit Papinien en la Loi 1. *D. de pignorib. facilior pignoris retentio quàm perfecutio*, & le propriétaire qui poffede, eft plus favorable qu'un créancier étranger qui agit contre un tiers détenteur. Que l'on ne peut pas objecter que par cette Coutume les obligations & les cedules reconnues en Juftice, emportent hypotéque : parce qu'à l'egard de la reconnoiffance faite en jugement, il a été jugé, qu'elle comprend éminemment la faifine à caufe de l'autorité des chofes jugées, & qu'une Sentence opere une efpece de tradition ; & que pour ce qui concerne l'hypotéque des obligations, elle s'entend aufli-bien que des rentes conftituées non enfaifinées, tant que l'obligé eft détenteur du fonds qu'il a affecté, mais non pas lorfque le domaine a été transféré à un autre par une faifine anterieure, & que la preuve de cette propofition fe tire de la même Loi *quoties*, par laquelle il eft certain que celui qui a acheté un fonds, a action contre fon vendeur, tant que l'heritage eft entre

ses mains, pour l'obliger à en faire la tradition : mais que si la vente s'en est faite à un autre postérieurement, auquel il soit livré avant cette action, elle demeure anéantie, & le dernier acheteur, duquel le contrat a été revêtu de la tradition, est assuré contre le premier, qui n'a point fait pareille diligence. Tellement qu'il faut dire, que si le débiteur étoit demeuré saisi de ses héritages, le créancier de la rente non ensaisinée, ou le créancier d'une dette pour une fois payer, l'auroit pû par saisie contraindre de payer : mais qu'ayant vendu à un autre qui a prévenu la tradition par l'ensaisinement, il faut dire avec l'Empereur *eum cui priùs traditio facta est in detinendo esse potiorem*. Et enfin, qu'il y a d'autant plus de lieu d'appliquer cette maxime à l'espece particuliere, que quand le créancier auroit obligé l'acquereur à déguerpir, il n'en pourroit tirer aucun fruit, d'autant que sur le prix qui procederoit de la vente de l'héritage, cet acquereur qui a pris saisine, seroit toujours préférable pour son indemnité, qui va à la juste valeur de l'héritage, au créancier, qui ne s'est point fait ensaisiner, suivant la disposition de cette Coutume.

51. Ce raisonnement est à la verité spécieux : mais il ne peut surprendre que ceux qui ignorent les véritables principes du Droit Ecrit & de la Coutume de Senlis. Car pour le regard du premier, tous les moyens que ceux qui suivent cette premiere opinion ont emprunté de la disposition du droit, étant tirés de l'autorité de la Loi *quoties*, il est fort facile de faire voir qu'elle ne peut servir qu'à leur faire prononcer leur condamnation par leur bouche : étant bien vrai que par la disposition de cette Loi le second acquereur, qui s'est mis le premier en possession, est maintenu en la propriété de l'héritage contre & au préjudice du premier acquereur, qui a été négligent de prendre possession : mais il n'en va pas de même pour le droit d'hypoteque, étant certain dans les maximes du Droit civil, que le premier acquereur peut hypotequairement exercer son action en garantie contre le second acquereur, qui a été plus diligent que lui à se mettre en possession ; parce qu'en matiere d'hypoteque la tradition n'est point nécessaire, comme elle est pour la perfection des contrats de vente, & pour la translation de la propriété d'un héritage. *Pignus contrahitur, non solùm traditione, sed etiam nuda conventione, & si non traditum est, L. 1. D. de pignorat. act.* ce qui est encore décidé dans la Loi *si balneum 9. D. qui potior. in pign.* qui revient assez à notre espece.

52. Le texte de la Coutume de Senlis n'est pas plus favorable pour la premiere opinion. Et pour le comprendre, il faut se souvenir de ce qui a été établi ci-dessus, que notre Coutume n'est pas du nombre de celles qui n'admettent pas l'hypoteque sans nantissement ou saisine : comme la Coutume d'Amiens, & quelques autres de Picardie & de Champagne, & qu'au contraire celle-ci a reçu l'hypoteque purement & simplement sans aucune formalité par les articles 164. & 192. Il n'y a aucun autre article dans la Coutume, qui ait dérogé à cette disposition pour le premier effet de l'hypoteque, qui est l'affectation, pour faire que l'héritage qui est une fois hypotequé à une dette, y demeure affecté entre les mains de quelques personnes qu'il puisse passer. Et pour ce qui est des trois articles dont ceux qui sont d'une opinion contraire à la nôtre se servent, ils ne regardent

que le second effet de l'hypoteque & l'ordre de créanciers entr'eux, sans décharger en façon quelconque le tiers détenteur des hypoteques, dont son vendeur a chargé l'héritage pendant le tems qu'il étoit entre ses mains.

53. Et en effet, pour le regard de ce que les articles 201. & 273. portent que *les rentes constituées non ensaisinées, sont réputées comme dettes mobiliaires*, la Coutume s'explique elle-même, & déclare que c'est au respect des rentes constituées ensaisinées, en conséquence de la préférence qu'elle donne à celles-ci contre celles-là : mais au surplus les rentes non ensaisinées demeurent avec leur droit d'hypoteque qui conserve son effet, non-seulement pour l'affectation, mais même pour l'ordre à l'égard des autres créanciers de dettes pour une fois payer, que les rentes non ensaisinées précedent, & ensuite ces créanciers pour une fois payer, marchent encore entr'eux suivant l'ordre de leurs hypoteques.

54. La vérité que nous défendons s'établit encore plus particulierement par le texte de notre Coutume, laquelle, après avoir dit en l'article 197. que toute personne peut constituer rentes sur les héritages tenus en fief, en censive, ou autre droit réel d'aucun Seigneur, & que telle vente & constitution de rente est bonne & valable, encore qu'elle ne soit ensaisinée ni inféodée, elle ajoute en l'article immédiatement suivant, que cette rente ainsi vendue & constituée a cours les héritages du vendeur ou constituant, quand ils sont tenus & possédés par lui ou les héritiers, ou par un tiers détenteur, ou par le Seigneur féodal à titre particulier, lequel n'est excepté des rentes non ensaisinées par l'article 199. qui suit les deux autres, que quand les héritages lui reviennent en qualité de Seigneur, & encore lorsque le créancier a été négligent de faire ensaisiner ou inféoder sa rente pendant plus de quarante jours.

55. Et enfin, quant à la derniere raison dont les premiers se servent, que l'acquereur ensaisiné seroit toujours préférable dans notre espece sur le prix de l'héritage, au créancier de la rente non ensaisinée, ou de la dette pour une fois payer, cette proposition est aussi contraire aux termes & à l'esprit de la Coutume, par laquelle la saisine ne qualifie l'hypoteque, & ne la rend privilegiée qu'à l'égard des rentes constituées : d'autant que les textes des articles 201. 273. 274. & 275. qui parlent de cet ensaisinement & de son privilege, ne comprenant que les rentes, on ne peut pas étendre leur disposition d'un cas à l'autre ; sans que le raisonnement dont les autres se servent, que l'acquereur ayant la propriété de l'héritage avec la saisine, il mérite bien d'avoir autant d'avantage qu'un simple créancier de rente ensaisinée ; vû que celui-ci n'a droit qu'en la chose, au lieu que le droit du détenteur est la chose même, puisse être d'aucune considération ; parce qu'en matiere de privilege on n'argumente point par identité de raisons, & il est nécessaire qu'une espece soit précisément comprise en la Loi, pour pouvoir participer au privilege. Et d'ailleurs il y a beaucoup de différence entre ces deux especes; parce que pour ce qui regarde le détenteur d'un héritage, la saisine ne peut être d'utilité que pour le retrait lignager, ou à l'égard du Seigneur ; ne pouvant rien ajouter à l'hypoteque de la garantie qui lui est dûe en vertu du contrat ; puisqu'il a une possession réelle & actuelle, & que la saisine n'est qu'une

possession feinte & civile ; son plus grand avantage étant d'être comparée à l'appréhension de fait, ainsi qu'il paroît par les articles 211. & 212. ci-dessus, qui concernent la donation : de sorte que c'est contre les regles de prétendre que l'image & la fiction puissent avoir plus d'effet que la vérité même. C'est pourquoi comme ceux de la première opinion sont obligés de demeurer d'accord, que si le contrat de l'acquereur n'étoit pas ensaisiné, il ne pourroit pas s'empêcher aux termes de notre espece d'être préféré par les autres créanciers, il faut aussi qu'ils avouent, que la même résolution doit avoir lieu dans le cas de la saisine : puisqu'elle ne leur donne pas un plus grand droit que celui qu'ils ont par la possession actuelle. Ce qui est décidé par les art. 197. & 198. en vertu d'un argument différent de celui que nous avons déja cité, & qui résulte de ce qu'ils portent que le créancier hypotequaire, quoique non ensaisiné du vendeur, peut agir en déclaration d'hypoteque contre le Seigneur féodal, qui a acquis à titre particulier l'héritage qui étoit tenu de lui en censive ou autrement : D'où il s'ensuit que la saisine n'empêche point l'effet de l'hypoteque contre un tiers détenteur : vû que le Seigneur qui acquiert dans sa censive, est ensaisiné de plein droit, par le seul titre de son acquisition. Aussi les Turbiers qui ont été oüis dans les enquêtes par turbes, dont nous avons fait mention, n'ont point donné d'autre rang aux créanciers pour garantie, que celui des dettes que nous appellons *privilegiées*, lesquelles, comme nous avons dit, n'ont droit d'exclure aucun autre créancier, & conservent seulement leur ordre de priorité & de postériorité avec tous les autres créanciers de quelque nature qu'ils soient : de sorte que suivant ce principe, qui n'est point susceptible de difficulté dans la Coutume, l'acquereur n'ayant aucun privilege à cause de la garantie qui lui est dûe contre les autres créanciers, qui ont contracté avec son vendeur auparavant lui, rien n'empêche qu'ils ne puissent l'obliger à les payer ou à déguerpir en vertu de l'action en déclaration d'hypoteque.

56. Il résulte assez de ce que nous avons dit ci-dessus, qu'il est de très-grande conséquence en cette Coutume de faire ensaisiner les contrats de constitution, & qu'il arrive souvent que les créanciers de rentes ne viennent pas en ordre, faute d'avoir pris cette précaution ; ce qui donne lieu à une difficulté qui se présente assez fréquemment entre le cédant & le cessionnaire d'une rente avec clause de garantie, fournir & faire valoir : On demande si le cessionnaire ayant négligé de prendre saisine sur les biens du débiteur, & en conséquence ayant été préféré par d'autres créanciers de rentes constituées, qui s'étoient fait ensaisiner postérieurement au transport, il peut exercer son recours de garantie contre son cédant, après que les biens du débiteur ont été discutés, sans qu'il ait pû être payé, & si le cédant peut lui opposer pour fin de non-recevoir sa négligen-

ce ? Maître Julien Brodeau en son Commentaire sur Monsieur Louet, lettre F. nomb. 25. traite la question fort au long, & après avoir rapporté des Arrêts contraires intervenus, tant pour le pays de nantissement, que pour les Coutumes de saisine, où les raisons de décider sont semblables, il prend le parti du cessionnaire, prétendant que le cédant ne peut pas s'empêcher de lui garantir son transport par la considération de ce qu'il ne s'est point fait nantir ou ensaisiner. J'estime aussi que cette opinion est la meilleure, & qu'il la faut suivre : parce qu'en un mot, la saisine ou le nantissement concerne le titre de la dette, que le cessionnaire n'est pas obligé de rendre meilleure qu'elle ne lui avoit été donnée ; & c'est assez pour pouvoir exercer son recours, qu'il la conserve avec les mêmes avantages qu'elle lui a été transportée, en ne laissant point périr les hypoteques & les sûretés que la rente avoit lors du transport ; & le cédant d'autant plus de mauvaise grace d'opposer le défaut de saisine, que c'est lui qui a commis la premiere faute en ne la prenant pas. e*.

A la charge desdites rentes ensaisinées.] Cela a été corrigé par un non-usage, par la raison que j'ai déja touchée plusieurs fois, que la nature de ces rentes étoit alors inconnue. Et toutefois il y en a plusieurs qui se trompent en cet endroit, & croyent que cette clause a été introduite en faveur de la rente & du créancier : ce qui n'est pas : car l'on n'a jamais douté que ces rentes ne fussent rachetables toutes fois & quantes qu'il plaisoit au débiteur : mais il ne pouvoit jamais être contraint à les racheter, parce que l'assignat de ces rentes passoit toujours sur l'héritage qui étoit leur seule assurance : de sorte que le créancier n'avoit pas sujet de se plaindre & de demander le rachat, quand les héritages qui lui étoient obligés étoient passés par decret, & le débiteur avoit interêt que son héritage fût vendu a la charge de la rente ; parce que l'argent étant pour lors rare, il eût été difficile d'en trouver un grand prix comptant, & d'ailleurs il en demeuroit déchargé *distractione pignerum*, vû que les assignats étoient lors limitatifs : mais comme on a mieux reconnu la nature de ces rentes, qu'elles ont produit des obligations pures personnelles & hypotequaires générales contre les constituans, & qu'ils n'étoient plus déchargés par la vente forcée de leurs héritages, si la rente n'étoit rachetée ; l'usage a entierement changé, & cette clause n'a plus eu de force ; de sorte que l'on ne sçait plus ce que c'est que de vendre maintenant à la charge d'une rente ensaisinée.

S'il y a aucun qui les mette à prix à la valeur de ce, non autrement.] Cette fin justifie encore ce que nous venons de dire, pour montrer qu'il ne dépendoit pas du créancier de faire prononcer cette charge : car si cela eût été, il eût en droit d'empêcher que l'héritage obligé a sa rente, n'eût été vendu par decret, sinon a la charge de sa dette. d*.

NOUVELLE OBSERVATION.

a* On ne doute plus aujourd'hui, que la femme n'ait hypoteque pour ses remplois & indemnités du jour de son contrat de mariage, encore qu'il n'y en ait aucune stipulation ; parce qu'elle est en la tutelle de son mari, qui est censé avoir profité du prix des aliénations : & ainsi à l'exemple des tuteurs, l'hypoteque a lieu du jour de son administration. Il n'en seroit pas de même si elle avoit consenti à l'aliénation pendant qu'elle étoit séparée, ou bien s'il n'y avoit point de communauté, d'autant qu'elle a dû elle-même recevoir ses deniers ; l'hypoteque n'auroit lieu aussi que du jour de l'aliénation,

tion, ſi elle y avoit conſenti au préjudice des créanciers, qui avoient fait ſaiſir réellement les biens de ſon mari.]

b* ☞ La rente conſtituée ſur laquelle il a été obtenu Sentence, égale celle ſur laquelle il a été obtenu ſaiſine, & l'une & l'autre préferent une rente conſtituée ſur laquelle il n'y a eu ni Sentence ni ſaiſine, quoique la rente ſoit anterieure en date; & la raiſon de la différence vient de ce que la Coutume ne donne cette préference qu'entre créanciers de rentes conſtituées, en ſorte que les rentes conſtituées, enſaiſinées ou non, ſuivent l'ordre de leurs dates à l'égard des dettes appellées privilegiées.

c* Un tuteur, lequel auroit donné en rente les deniers de ſon pupile, ſans prendre ſaiſine ni Sentence, auroit fait une faute dont il ſeroit tenu, de même que s'il n'avoit pas fait inſinuer une donation faite au profit de ſon mineur, comme il eſt décidé par l'article 195. de la Coutume de Clermont.]

d* Il a été jugé par pluſieurs Arrêts, que les Sentences ont le même effet que la ſaiſine en cette Coutume à l'égard des contrats de rente. L'ordre de la Terre de Muret du 21. Juillet 1657. en la cinquiéme Chambre des Enquêtes, au rapport de M. le Boults, entre Meſſire Claude de Bethune, Comte d'Orval, porte en termes généraux, que les créanciers ſeront payés du jour & date de leurs nantiſſemens & inféodations, ou actes, Sentences & Jugemens équipollens. Les biens étoient ſitués dans l'étendue des Coutumes de Vermandois, Valois, Senlis & Vitry. La même choſe a été jugée par l'ordre de la Terre de Neuvillette du 12. Mars 1668. entre Claude Boucot Secretaire du Roi, &c.

Il y a encore l'Arrêt du 18. Mai 1669. donné en la Grand'Chambre, au rapport de Monſieur Tambonneau, entre Antoinette Briſſet, veuve de M. Jean le Goix, appellante du procès-verbal d'ordre & diſtribution des deniers provenus de la vente des héritages de Maître Claude Boulet Eſû à Beauvais, & les ſieurs Durand Correcteur des Comptes, & de Malinguehen Lieutenant Général de Beauvais.

La raiſon que l'on en apporte eſt, que l'hypoteque parfaite d'une rente conſtituée, ſur laquelle l'on a pris Sentence, efface l'hypoteque imparfaite de celui qui n'a ni ſaiſine ni Sentence.

L'on obſerve la même choſe à Beauvais; mais on peut dire, que c'eſt contre l'eſprit de la Coutume, d'autant que le privilege de la ſaiſine ne doit pas être facilement étendu aux Sentences au-delà des termes de l'Ordonnance, qui leur donne ſeulement hypoteque du jour de leur datte, & non pas le droit de préferer des hypoteques acquiſes auparavant. Cette Juriſprudence n'a été introduite que dans la ſuppoſition que l'on a faite, que la Coutume de Senlis étoit une Coutume de nantiſſement, où l'on ne peut acquerir aucun droit réel ſans nantiſſement ou Sentence.

☞ Mais comme l'on a donné cet avantage aux ſaiſines, & qu'on le leur conſerve encore, quoiqu'il ne leur ait été donné que ſous un prétexte qui n'a plus lieu, qui eſt l'opinion que l'on avoit que celui qui conſtituoit une rente ſur ſon bien en aliénoit d'autant; l'on peut dire que les Sentences ſur contrats ne doivent pas avoir moins de privilege, & c'eſt un uſage qui ne ſouffre plus de contredit, nonobſtant la conſultation que l'on a fait inſerer en la premiere édition ſans notre participation.]

Tome II.

L'on prétend dans la Coutume de Valois, que le créancier en vertu d'une obligation de ſomme pour une fois payer, doit l'emporter ſur un créancier de rente non enſaiſinée poſterieure, d'autant que cette Coutume ne contient pas de diſpoſition ſemblable à celle de Senlis, qui préfere les rentes non enſaiſinées, comme étant charges réelles. C'eſt ce qui a même été jugé en la Coutume de Clermont, par l'ordre de la Terre de Conty du 7. Septembre 1645. entre Dame Louiſe de Lhôpital veuve de Meſſire Henri de Vauderart, Baron de Perſan, & autres, &c. où l'on a colloqué les créanciers des rentes non enſaiſinées, & ceux en vertu d'obligations, ſuivant l'ordre de priorité & poſteriorité de leurs contrats & obligations; de ſorte que l'on a colloqué une obligation du 14. Octobre 1588. une autre du 26. Novembre 1591. puis une rente du 29. Janvier 1592. & enſuite une autre rente du 22. Août 1694. Cet ordre n'ordonne pas la contribution entre les créanciers de rentes conſtituées non enſaiſinées, quoique l'article 65. de la même Coutume de Clermont y ſoit formel: mais la raiſon eſt, que les obligations intermédiaires empêchoient la contribution entre leſdites rentes non enſaiſinées. Les créanciers enſaiſinés y ſont mis du jour de leurs ſaiſines & non de leurs contrats, de ſorte que des créanciers de 1587. & 1590. qui avoient pris ſaiſine le 27. Octobre 1610. ont été preferés à un créancier de 1586. qui n'avoit pris ſaiſine que le 29. Décembre 1610. L'on n'y donne pas auſſi de preference aux créanciers qui avoient pris Sentence ſur des contrats de rentes, contre les créanciers de rentes non enſaiſinées ou d'obligations anterieures.

L'on peut dire même que l'intention de la Coutume de Senlis, qui ne colloque les obligations qu'après les rentes non enſaiſinées anterieures, n'eſt que d'exclure les obligations pour vin, huile & autres denrées, & non pas celles dont la cauſe ſeroit plus favorable.

Les créanciers qui ont la femme pour obligée, peuvent exercer les droits & ſont colloqués en ſous-ordre du jour de leurs privileges, Sentences, ou ſaiſines ſur les biens dotaux; d'autant que l'on obſerve pour les ſous-ordres les mêmes regles que pour les ordres; & il ne ſuffit pas qu'ils ayent pris ſaiſine ſur les biens du mari ſeulement. Néanmoins ſi les biens de la femme ne conſiſtoient qu'en repriſes & remplois, & indemnités, qui ſont des actions, leſquelles ne ſont pas ſuſceptibles de ſaiſine, il ſemble qu'ils ne doivent venir que par contribution entr'eux ſur ce qui eſt adjugé à leur débitrice commune, d'autant que l'objet de ces actions *eſt tantum ad mobile conſequendum.* Mais le contraire eſt obſervé: & l'on a colloqué en ſous-ordre les créanciers de la femme, ſuivant la datte de leurs hypoteques, ſoit qu'il y ait ſaiſine ou non: de même que l'on en uſe à l'égard des rentes conſtituées, qui ne ſont pas ſuſceptibles de ſaiſine, attendu que ces actions produiſent des fruits. Et en effet, la femme ne peut pas faire de ceſſion de ſes repriſes, même avant le decret, au préjudice des créanciers à qui elles ſont hypotequées. Suivant notre uſage, dès que le débiteur eſt dépouillé par la ſaiſine réelle enregiſtrée, un créancier ne peut plus obtenir ſaiſine ou Sentence, qui puiſſe préjudicier aux autres ſur les mêmes biens, quoique le ſaiſi n'en ſoit pas encore dépouillé.

On n'a plus auſſi aucun égard aux Sentences &

hypoteques contractées depuis, à l'effet de pouvoir préjudicier à un tiers, quoiqu'il ne soit créancier que d'une dette pour une fois payer, ou même un simple créancier chirographaire, qui est réputé n'avoir aucune date. La même chose a lieu aussi lorsqu'une faillite est ouverte, le débiteur ne peut plus en ce cas contracter aucune hypoteque qui puisse nuire aux créanciers, lesquels doivent être considérés suivant l'état dans lequel ils se trouvent: l'on a aussi jugé que la femme s'obligeant avec son mari, depuis la saisie réelle, ne pouvoit pas répéter son indemnité au préjudice des autres créanciers, & la saisie d'un seul conserve les droits des autres, pourvû qu'ils s'opposent dans le tems.

L'on peut autoriser la résolution de M. J. M. Ricard dans le cas d'absurdité qu'il propose, par le tempérament qu'a trouvé Gomès en sa question 33. dans l'espece d'un Notaire, lequel a perdu son hypoteque pour avoir reçu un contrat, où l'on avoit déclaré que le bien de son debiteur n'étoit pas hypotequé: c'est à sçavoir que ce dernier créancier doit prendre la place du Notaire qui l'a trompé par sa réticence frauduleuse, jusqu'à la concurrence de ce qui lui est dû en vertu de ce contrat, & que le Notaire doit être renvoyé au dernier rang, afin de ne pas troubler l'ordre des hypoteques, & de ne pas préjudicier aux créanciers intermédiaires: autrement ce dernier ne seroit pas désintéressé: mais l'on fait toucher au Notaire le surplus de ce qui lui est dû.

L'on a jugé à Gerberoy pour l'ordre de la Terre de Gaudechart, suivant la consultation de M. Germain Billard du 26. Juillet 1677. que lorsqu'un créancier s'étoit opposé indistinctement sur tous les biens vendus par un même decret, sur une seule saisie réelle *& unico pretio*, il ne pouvoit plus restraindre son opposition au préjudice des autres créanciers. Voici l'espece: la Demoiselle de Vierme s'étoit opposée sur tous les biens de son mari, saisis en même tems, pour ses reprises & autres conventions portées par son contrat de mariage, qui étoit de 1660. qui montoient à la somme de dix mille quatre cens livres: mais ayant reconnu depuis qu'elle étoit subrogée aux droits d'anciens créanciers, pour la somme de six mille huit cens livres, elle déclara qu'elle entendoit être colloquée sur les biens de la Coutume de Clermont pour les six mille huit cens livres, & pour le surplus sur ceux d'Amiens, du jour de son contrat de mariage de 1660. préférablement aux Religieuses du Tiers-Ordre de S. François de Granvilliers, créanciers de cent livres de rente par chacun an, à la vérité antérieurs à son contrat de mariage, mais qui n'avoient pris Sentence que depuis en 1661. lesquelles par conséquent n'avoient hypoteque en vertu de leur contrat de constitution de 1659. avant le contrat de mariage, sinon dans la Coutume de Clermont, parce qu'il étoit demeuré en pure personnalité dans celle d'Amiens, jusqu'à la Sentence obtenue en 1661.

On fit une ventilation par opinion des héritages de la Coutume d'Amiens & de ceux de Clermont, & l'on a fait porter la première & plus ancienne partie qui est celle de six mille huit cens livres à proportion de leur valeur, sur tous les héritages, & ce qui restoit du prix de ceux de Clermont, a été distribué par ordre d'hypoteque; & ce qui restoit de ceux d'Amiens par ordre de nantissement. Nous avons aussi jugé la même chose à

Beauvais pour l'ordre de Savreux, en faveur de M. Macaire, Doyen des Conseillers de notre Siege. La Demoiselle des Essarts s'étoit opposée sur tous les biens; & quoiqu'elle fût la plus ancienne créanciere, elle déclara qu'elle restraignoit son opposition sur les biens qui étoient venus d'un autre Savreux, qui étoit aussi son obligé, & où elle avoit plus d'avantage par le bénéfice de la séparation des biens, sauf à venir sur les autres, en cas qu'ils ne fussent suffisans, & depuis elle consentit de toucher aux termes de sa première opposition.

Il s'agissoit de sçavoir si le sieur de la Houssaye, qui eût été colloqué utilement sur des biens où il étoit ensaisiné, si la restriction eût eu lieu, pouvoit empêcher la créanciere de changer sa déclaration à son préjudice: mais il fut jugé que la Demoiselle des Essarts n'avoit pû limiter sa premiere opposition au préjudice des autres créanciers.

Il n'y a pas de difficulté dans cette dernière espece, le créancier étant sans intérêt: mais dans la première, je trouve bien rigoureux qu'un créancier qui s'est d'abord opposé inconsidérément & sans conseil, entre les mains d'un Sergent qui fait les criées, perde son dû à proportion des biens situés dans les lieux où il n'a pas de saisine ou de nantissement: s'il est maître de son action, & si son hypoteque est indivisible, il la peut restraindre sur tels biens qu'il juge à propos, & de la manière la plus avantageuse, à moins qu'étant hors d'intérêt, il ne veuille colluder avec quelqu'un des créanciers.

On juge tous les jours, qu'un créancier de rente constituée non ensaisinée, peut profiter de l'indemnité stipulée en faveur d'un de ses débiteurs, & exerçans ses droits, & il est colloqué du jour du contrat, pour le tout s'il y a indemnité, & pour moitié s'il n'y a que solidité. L'Arrêt pour l'ordre de Boissi du 7. Septembre 1669. est contre les regles, en ce qu'il donne aux conventions matrimoniales, le même privilege de la saisine. On prétend néanmoins, qu'il y avoit cette circonstance particuliere, que la dot devoit être employée au payement des dettes privilegiées, auxquelles la Dame de Biville étoit subrogée, outre que Dame Anne Gouffier sa belle-mere, étoit obligée solidairement avec le sieur de Biville son mari, aux conventions matrimoniales de leur bru: & ainsi les créanciers de la Dame de Biville exerçans ses droits, & ceux de sa belle-mere, pouvoient répéter leur hypoteque du jour du contrat de mariage de la belle-mere: mais il paroît au contraire, que ces raisons n'ont pas servi de motif à l'Arrêt, qui colloque seulement la Dame de Biville du jour de son contrat de mariage, sans qu'il paroisse que l'on ait répété de plus loin ses crédits.

La saisine est inutile lorsqu'il s'agit d'entrer aux droits d'un ancien créancier, en vertu d'une clause de subrogation, pourvû que le créancier auquel on est subrogé, ait pris saisine ou Sentence: mais il faut Sentence ou saisine, pour ce qui a été prêté en l'acquit des arrérages, d'autant que l'on n'a hypoteque à leur égard que du jour du prêt, si l'on en a voulu composer un principal, à cause de la novation.

Encore que l'article 201. porte, que les rentes non ensaisinées sont mobiliaires, néanmoins ce n'est que par comparaison avec les rentes ensaisinées: mais étant considérées séparément ou par rapport à d'autres dettes, elles sont toujours immobiliaires, parce que la saisine ne change point leur nature : & même dans la Coutume de Senlis elles ont toujours la qualité d'immeubles, qui se contracte par l'aliénation du principal, & elles font aussi décretées comme immeubles, quoique non ensaisinées ; & par conséquent elles ne peuvent être préférées dans l'ordre des créanciers que par les rentes ensaisinées, & non pas par la dot, ni par le douaire, ni par autre hypoteque postérieure. On a aussi jugé en la troisiéme Chambre des Enquêtes le 3. Février 1679. au rapport de M. Billard, que celui a qui l'on avoit donné des héritages pour son titre sacerdotal, ne pouvoit pas empêcher l'hypoteque, qui lui est dénoncée par un créancier non ensaisiné.

Le privilege de la saisine ne peut pas prévaloir sur l'hypoteque antérieure acquise en vertu d'un bail à surcens sur les autres biens du preneur par le moyen de la clause *de fournir & faire valoir*. Il est vrai que la préférence n'a lieu que sur l'héritage aliéné à la charge de surcens : mais l'hypoteque ne laisse pas d'avoir lieu sur les autres biens du jour du bail, sans qu'elle puisse être préférée par aucune saisine ou Sentence postérieure. Mais l'opinion de M. J. M. Ricard touchant le privilege qu'il donne au bail à surcens en faveur du bailleur, qui a pris saisine sur les biens du preneur, n'est plus suivie, d'autant que le privilége que la Coutume donne aux rentes non ensaisinées de préférer celles qui ne le sont pas, quoiqu'antérieures, ne doit être étendu à celles de bail d'héritage qui ont leur assurance sur la chose, & une hypoteque légale sur les autres biens ; il en doit être de même des rentes que le donateur a créées par contrat de mariage sur ses biens, quoiqu'elles soient ensaisinées, l'intention de la Coutume n'étant pas de donner ce privilege aux libéralites, le droit y ayant pourvû en donnant hypoteque légale, qui ne peut être préféré par aucun privilege postérieur.

A l'égard des baux de maisons, il a été jugé par Arrêt du 19 Juillet 1681. en la Coutume de Reims, que le propriétaire ne pouvoit pas prendre de nantissement sur les autres biens du locataire, d'autant qu'il ne vouloit pas vendre ses biens, & que la Coutume oblige seulement le locataire de la maison de la garnir de meubles suffisans. Voyez la huitiéme Partie du Journal du Palais, page 117. sauf l'hypoteque en vertu dudit bail.

☞ L'on peut même faire difficulté de donner hypoteque en cette Coutume pour un bail passé devant Notaires, si ce n'est pour la derniere année ; d'autant que l'on a pû se faire payer sur les meubles, & que l'on se sert souvent de ce prétexte pour frustrer les créanciers ; mais l'on observe le contraire. L'on a toujours tenu qu'un transport de rente avec promesse de garantie, n'étoit pas sujet à saisine sur les biens du cédant.

§ La Coutume ne s'entend que des rentes pour argent ou effets mobiliers, & non de celles constituées pour effets successifs ou pour cause de transaction entre cohéritiers qui doivent venir du jour de leur date sans saisine. La rente ne vaut pas moins de privilege qu'une obligation qui vient avant les rentes ensaisinées ; si elle est antérieure, si elle est pour autre cause que de prêt, d'autant qu'on revient aisément au droit commun aussi-tôt qu'on sort hors des cas de la Coutume.

J'ai soutenu aussi qu'une rente dûe par un héritier au défunt, & reconnue par le partage même sous seing-privé, s'il est au moins déposé chez un Greffier ou Notaire, ne devroit pas être préférée par une saisine postérieure.]

Nonobstant la Consultation qui a été donnée aux Libraires pour joindre aux remarques sur ces articles, il a été jugé par plusieurs Arrêts, que les Sentences sur contrats de rentes, doivent avoir le même privilege que la saisine, au préjudice des créanciers anterieurs de rentes non ensaisinées. Il seroit à la vérité à souhaiter que l'on ne donnât ce privilege ni aux uns ni aux autres ; mais le donnant à la saisine, les créanciers de rentes ne sont pas moins favorables. Nous en avons un Arrêt donné en la premiere des Enquêtes, en 1691. au mois de Juin au rapport de Monsieur Clain, pour la veuve du sieur Vigneron, Lieutenant Particulier ; & ce même Arrêt a encore jugé contre l'usage que j'avois vû observer, de colloquer les créanciers qui avoient aussi la femme pour obligée en sous-ordre, sur ces actions réputées immobiliaires suivant leurs hypoteques, sans avoir égard aux saisines ni Sentences, & on les a mis en ordre suivant leurs saisines ou Sentences sur les biens du mari ; comme s'agissant plutôt d'une préférence à l'ordre principal, que d'un sous-ordre distinct & séparé. A la vérité la même chose a été décidée pour les pays où la femme & ses descendans ont droit de préférence pour sa dot sur les créanciers qui n'ont qu'une hypoteque tacite antérieure ; où ils jugent en ce cas, que la femme perd sa préférence a l'égard de ceux envers lesquels elle est obligée, comme remarque Carpzou *consttut. c.* 28. *n.* 83. Ainsi la femme seroit perdre la préférence à ses créanciers, qui seroient colloqués à l'ordre principal sur les héritages, suivant leurs privileges & Sentences. § La même question s'est depuis peu présentée devant nous, & nous avons suivi l'usage du pays sans avoir égard aux saisines & Sentences.

On peut objecter 1°. Que l'on ne doit considérer que l'ordre des biens du mari, à l'égard desquels la femme doit perdre la préférence pour faire place à ceux envers lesquels elle s'est obligée, & partant que les créanciers qui ont la femme pour obligée, venant à l'ordre sur les héritages du mari, ont besoin de Sentences ou de saisines. Mais on répond que notre usage est de distinguer le sous-ordre qui ne doit pas être confondu avec l'ordre, & que la femme venant à l'ordre, les créanciers viennent en sous-ordre sur les actions pour lesquelles elle est colloquée.

2°. On objecte que les sous-ordres se reglent comme les ordres, mais cette raison n'a pas d'application à l'espece, d'autant que les créanciers de la femme ne viennent que suivant les qualités de leurs dettes, & touchent quelquefois par contribution sur une dette qui a été colloquée par hypoteque, d'autant plus que la femme a été elle-même mise en ordre sans saisine ni Sentence.

3°. On peut opposer que la dot est réputée consignée sur les biens du mari, & que devenant propriétaire jusqu'à concurrence, les créanciers ont eu besoin de saisines ou Sentences sur les biens du mari, mais suivant l'esprit de nos Coutumes, la femme n'a qu'une hypoteque de droit.

On objecte encore que l'action de la femme n'est qu'une fiction qui l'a fait réputer immobiliaire par la force de la clause du contrat de mariage, & qu'une fiction ne doit pas avoir un double effet ; mais il est certain que la reprise demeure immobiliaire, au moins tant que la clause a son effet, & par la même raison on ne doit pas étendre la rigueur de la saisine à des immeubles par fiction au-de-là des termes de la Coutume, qui ne parle que des héritages.

Il en est de même de l'indemnité pour rentes, quoiqu'elle ne soit pas stipulée immobiliaire, d'autant que c'est un immeuble pallif à l'égard du mari, qui devient actif à l'égard de la femme ; à la verité je crois que l'on ne viendroit que par contribution, comme exerçant les droits de la femme pour son indemnité de simples obligations.

Le créancier du mari peut agir en hypotéque sur un acquereur du bien de la communauté, qui a la femme pour obligée, & exercer ses droits pour son indemnité du jour du contrat de mariage ; car encore que l'acquereur le préfere dans l'ordre des créanciers, néanmoins tant que la communauté subsiste, le créancier du mari doit être preferé : au lieu qu'après la separation ou en cas de saisie réelle, ceux qui ont la femme pour obligée exercent ses droits sur ses actions.

Par la même raison que celui qui a une saisine outre son contrat, exclut un plus ancien contrat qui n'a ni saisine ni Sentence, il sembleroit qu'un acquereur qui a saisine outre son contrat, devroit exclure les créanciers de rentes constituées non ensaisinées anterieures ; mais la saisine ne lui donne pas ce privilege, & elle ne lui sert que pour le conserver dans son acquisition, en sorte qu'un créancier non ensaisiné ou de simple obligation anterieur, peut denoncer l'hypotéque d'autant que l'hypoteque a lieu en cette Coutume.

Il semble qu'à l'instar des rentes & des actions mobiliaires, les fruits des héritages saisis, échus pendant la saisie réelle qui sont distribués comme immeubles, doivent être colloqués suivant la date de l'hypotéque sans avoir égard aux saisines ni aux Sentences ; néanmoins nous avons toujours observé le contraire, & les créanciers les ont touchés de la même maniere que le prix des héritages.]

Un créancier aux droits d'un des coobligés solidairement à sa rente pour l'indemnité qui lui est due, vient du jour de la même indemnité sans saisine ni Sentence pour moitié, & même pour le tout si le saisi est principal obligé ; car quoique son coobligé n'ait rien payé, il a pû demander son acquit, ou son créancier le peut faire pour lui. Mais en ce cas je crois que l'opposition a dû être formée au nom du débiteur qui est le créancier d'acquit, & en ce cas le créancier vient en sous-ordre.

Titius prête à trois obligés solidairement sans saisine ni Sentence ; l'un avoit stipulé son indemnité pour sa part, & les biens de celui qui doit acquitter un des autres sont decretés : le créancier exerçant les droits, ou au moins en sous-ordre, est colloqué pour cette part ; mais à l'égard du troisième obligé solidairement, on ne peut avoir qu'une action utile pour l'acquit, supposé qu'on soit contraint de payer pour lui ; c'est pourquoi il n'a hypotéque sinon du jour du payement par acte public ou Sentence d'acquit, & non en vertu du contrat portant solidité.

Quoique l'on suive les formalités du lieu où l'on contracte, néanmoins un contrat de vente passé en Normandie & contrôlé n'auroit pas le privilege de la saisine sur les biens situés en cette Coutume : mais il est juste de colloquer le contrat contrôlé du jour de sa date, sans lui donner de privilege. C'est ce qui a été jugé à l'ordre de Boisly, au rapport de M. Hervé, au profit du Sieur Foy de la Place, Conseiller à Beauvais.

Et même lorsque le contrat est passé hors de Normandie, comme l'on n'a pas été obligé au contrôle, l'on vient par hypotéque du jour du contrat, sans Sentence ni saisine, sur les biens situés en Normandie, notre Coutume ne pouvant assujettir à cette formalité les biens situés hors de son détroit.

Le créancier de rente qui n'a ni saisine ni Sentence, dont la collocation a été touchée par un autre, ne peut venir en ordre qu'après tous les créanciers qui ont saisine ou Sentence qui l'auroient exclus. Ce qui a lieu encore que le créancier de rente non ensaisinée avant l'ordre, eût obtenu une Sentence d'hypotéque contre un créancier privilegié posterieur en hypotéque, qui l'oblige à la discussion, & lui indique les biens qui sont en saisie réelle. Car quoiqu'il allegue que n'ayant pû être colloqué utilement, son hypotéque subsiste toujours, & qu'elle est preferable à celle du second créancier, qui ne devoit venir qu'après lui, & doit être garant de son indication : l'on peut dire que son hypotéque a une fois fait sa fonction ; qu'il ne devoit être précédé que par telle hypotéque jusqu'à la concurrence de telle somme, & non au-de-là. A la verité le second créancier eût eu une Sentence d'acquit contre les créanciers posterieurs, s'il se fût opposé au décret à cet effet ; mais il n'a pas été obligé de veiller pour d'autres, & ce n'est pas sa faute, si la collocation du premier a été emportée par un autre faute d'avoir pris saisine ou Sentence.

Quoique les sous-ordres se reglent par les mêmes principes que les ordres, les oppositions en sous-ordre ne laissent pas d'être reçues depuis le decret levé & scellé, qui ne regarde pas les créanciers de l'opposant, & elles se reglent suivant les hypotéques jusqu'au jour de l'ordre ; mais après le premier saisissant anterieur est preferé quoique chirographaire.

Celui qui est colloqué par privilege sur le prix d'une partie de l'heritage vendu, ne peut venir que sur ce que ladite part est estimée, déduction faite des charges mêmes des consignations à *rata* ; c'est sa faute s'il n'a pas obtenu la distraction avant le congé d'adjuger.

Il ne suffit pas de rapporter la Sentence sur contrat si l'on n'a plus la premiere grosse ; d'autant que la Sentence n'est qu'une suite qui n'a aucune force sans la piéce sur laquelle elle est fondée ; souvent le debiteur qui rembourse neglige de retirer les Sentences, ne sçachant pas toujours si elles ont été levées : autre chose, si l'on avoit obtenu une Sentence pour servir de titre nouvel contre le debiteur ; en ce cas l'on pourroit être colloqué du jour de la Sentence, si la grosse étoit perdue.

Autrefois en certaines Provinces, comme à Amiens jusqu'environ l'an 1646. l'on n'expedioit que des extraits ; & l'on y ajoute encore foy, pourvû qu'ils soient signés de deux Notaires & scellés, & en cas de suspicion, il faut un certificat comme il n'y a pas eu d'autre grosse expediée ni extrait.

L'on ne peut pas exercer les droits d'un ancien créancier auquel l'on est subrogé, si l'on ne rapporte les originaux sur lesquels sa créance étoit fondée ; puisque le créancier même y eût été obligé, quoique dans un ordre le principal d'une rente soit le premier colloqué suivant l'ordre de l'écriture : neanmoins si le fonds venoit à manquer, l'imputation se doit faire premierement sur les arrerages.

Les opposans en sous-ordre sur le principal & arrerages d'une rente, viennent par hypotéque sur le principal & sur les arrerages échus depuis la première opposition en sous-ordre, qui conserve même à l'égard de ceux qui ne s'étoient pas opposés au decret ; & à l'égard des arrérages échus auparavant l'opposition en sous-ordre, tous les créanciers de celui qui est colloqué à l'ordre principal, viennent par contribution s'il y a déconfiture ; ou si l'on maintient que la déconfiture n'a pas lieu, l'on fait toucher au premier opposant en sous-ordre, & en donnant caution de rapporter en cas de déconfiture.

J'ai encore vû arriver une difficulté lorsque le fonds manque pour payer le principal & les arrérages du plus ancien créancier hypotequaire, venant en sous-ordre, sçavoir s'il prendra d'abord son principal sur le principal adjugé à son débiteur à l'ordre : ou si colloquant premierement sur les arrérages échus avant l'opposition en sous-ordre, le premier opposant en sous ordre ne les touchera pas comme premier saisissant ; mais je ne crois pas que l'on puisse ainsi prévenir un ancien créancier qui demande à être porté sur ce qui lui est le plus avantageux.

Il y a dans le Droit de Saxe, une espece semblable à l'absurdité qui se rencontre en cette Coutume, suivant Carpzou, sur la Constitution 28. n. 177. c'est-à-sçavoir, d'un créancier en vertu d'une hypoteque extrajudicielle, comme pardevant Notaires ; en second lieu, de celui qui a fait arrêt par autorité de Justice sur les arrérages du débiteur, sur lesquels il a par ce moyen une hypoteque réelle du jour de l'Arrêt ; & enfin d'une hypoteque judicielle qui est une espece de saisine ou nantissement, qui préfere une simple hypoteque pardevant Notaires. Ils colloquent d'abord le second comme préférant le troisiéme par lui-même, & aussi le premier par le moyen du troisiéme ; mais de telle maniere que l'on s'en tire, il y aura toujours de l'inconvénient.

S'il y avoit eu un ordre sur une licitation qui ne purge pas, celui dont la collocation a été touchée, ne peut plus dénoncer l'hipoteque sur l'acquereur qui est aux droits des créanciers posterieurs, d'autant que la place est remplie.

L'opinion sur laquelle nous avons incliné de ne donner hypoteque à celui qui a prêté pour acquitter des anciens arrérages que du jour du prêt, n'est pas si éloignée de raison ; puisque par le droit de Saxe au témoignage du même Carpzou, ils colloquent d'abord tous les capitaux, & ensuite les usures lucratoires, comme pour obligations ou contrats de rentes, suivant le même ordre des principaux : Néanmoins ils font venir avec le principal les usures compensatoires comme les arrérages de dot, ceux échus pour vente de fonds & rentes foncieres, les interêts dûs aux pupilles par le tuteur, jusqu'à la tutelle finie ; ceux que le fidejusseur a acquitté pour le principal obligé, comme tenant lieu de principal. La raison de la difference est que pour les usures lucratoires, le créancier ne risque qu'à perdre le profit ; au lieu que dans les autres *agitur de damno vitando*, ou du moins de la perte des interêts qui étoient dûs pour supporter des charges, & le créancier doit s'imputer s'il n'a pas exigé comme il a pû les usures lucratoires, sans les laisser accumuler à la ruine des derniers créanciers, contre lesquels on les fait quelquefois revivre par collusion ; mais à cause de l'Ordonnance de 1609. l'on ne peut pas se dispenser de colloquer les arrérages avec & du même jour que le principal.

La perte des deniers consignés entre les mains d'un particulier, tombent sur le saisissant qui l'a choisi, & il se doit imputer s'il n'en a pas choisi un plus fidele ou plus diligent ; l'on prétend néanmoins que la perte de ceux qui étoient entre les mains du Receveur des Consignations regarde le saisi ; parce que les créanciers n'en peuvent pas être réputés propriétaires, jusqu'à ce que les deniers leur soient adjugés par la Sentence d'ordre qui arrête le cours des interêts ; & que c'est le mauvais état de ses affaires qui est cause que les premiers colloqués ne peuvent toucher : mais l'usage est contraire, & l'on juge même que la perte tombe sur les créanciers, qui eussent touché à l'ordre, & non sur les autres, ni sur le saisi ; & même il a été jugé au Parlement de Bretagne, que la femme premiere créanciere de son mari, ayant consenti qu'un créancier envers lequel elle étoit obligée solidairement avec son mari, la préférât, la perte arrivée avant l'ordre des deniers consignés tomboit sur le créancier qui étoit devenu le premier, à qui les deniers étoient réputés appartenir ; & la femme par ce moyen liberée de son obligation. On peut voir ce qu'a dit sur ce sujet M. le Président de la Bigotiere en son Institution au Droit François, sur la Coutume de Bretagne, page 379.

L'on veut le contraire à l'égard d'un opposant en sous-ordre, lequel n'est pas réputé propriétaire des deniers qu'il arrête, sinon après la Sentence d'ordre.

¶ Quelque saisine ou Sentence qui ait été prise après le décès de l'obligé, elle ne peut pas avoir lieu sur les biens de l'obligé, à l'effet de préférer les autres créanciers du défunt non ensaisinés, attendu que le pouvoir donné par le contrat finit par la mort.

Les créanciers du défunt qui ont saisine ou Sentence, n'ont hypoteque sur les biens particuliers de l'héritier, sinon du jour de la condamnation ou titre nouvel, & ne peuvent préférer les créanciers de l'héritier qui n'ont qu'une simple hypoteque sans saisine ni Sentence, à cause que ce privilege ne peut s'étendre d'une personne à une autre personne, & qu'il y a séparation des patrimoines ; on peut dire pourtant, on colloque du jour du titre nouvel au défaut de la premiere grosse, que le titre n'a pas plus de privilege que le contrat qui est préféré par une Sentence ou saisine posterieure, à moins qu'il n'ait été passé par un défunt, auquel cas il l'emporte sur les créanciers privilegiés de l'héritier : la raison est qu'un titre reconnu pardevant Notaires, n'est que pour empêcher la prescription, & non pour établir la dette ; néanmoins ce titre joint à l'expedition tirée sur la minutte d'un ancien contrat qui est présumé avoir été ensaisiné, est colloqué du jour de la reconnoissance sans qu'il ait besoin de saisine.]

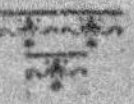

REMARQUES SINGULIERES
SUR LES TROIS ARTICLES PRE'CEDENS
données aux Libraires par Me Antoine Driot.

ABSURDI CONSUETUDINARII
DISCUSSIO.

(marg. Τῷ δοκεῖν) ILVANECTENSI consuetudine Tit. de venalium fundorum præconiis, §. 273. statutum est, quod creditores ii quibus annua pensitatura prædium aliquod est oppigneratum in ipsius prædii subhastatione cæteros antiquiores licet antecedant, quibus in idem prædium mutuata pecuniæ causa, hypoteca jus competit; rursus palam illud observatus mulierem cui dotis ergo fundus à marito est obligatus, ordinem in ipsius distractione ex eo die sumere, quo contractum apparet esse matrimonium; age vero Titius à Seio mutua 1000. Cal. Januar. accipit, atque Cornelianum fundum hypoteca summittit; pauco dein tempore interjecto, Nonis puta Martiis cum Sempronia Titius matrimonium contrahit, atque nuptialibus tabulis profitetur 1000. se à Sempronia patre in dotem accepisse, qua si priorem satis cedere Titium contigerit; Semproniæ restituta in convenit; transactis porro nuptiis magistratum uti mercaretur Titius mille bis à Mævio accepit, annua 125. in se suaque constituit, Mævio vendit, meritur tandem nec solvendo Titius, in fundum Cornelianum manus injiciuntur, præconia prosequente Seio, intercedentibus Mævio & Sempronia peraguntur, fundus distrahitur; at quoniam solutioni non sufficiebat pretium, inter hos de prælatione controversia movetur.

(marg. Absurd.) Singuli hoc nitebantur Axiomate, si vinco te vincentem, te quoque vinco, ex leg. de accessionibus §. 3. ff. de divers. temporum præscriptionibus. At, ingatebat Seius, ego Sempronia sum potior, quia prior tempore, (etenim illud concedi postulo, reclamantibus licet quibusdam dotale debitum antiquioribus hypotecis in Francia non præferri) Sempronia vero Mævium præcedit, igitur ego Seius utroque sum potior, hanc Seii argumentationem eodem jure refellebat Sempronia; scilicet ego Mævium vinco, Seium vincit Mævius, igitur utrumque vinco; denique & ipse Mævius sic sibi patrocinabatur, ego Seio consuetudinis expressa cautione præferor; Sempronia Seius præfertur, quid est cur utrique non præferar? Belli profecto, & subtiles nimium Sophistæ, & in Protagoræ illius schola non parum exercitati de quo Gellius Evathloque discipulo, noct. Attic. lib. 5. cap. 10. Erasmus, libello de Rhetoricarum argumentationum generibus cap. 1. Neque tamen rem injudicantem relinquere, causamque in longissimam differre diem, æquum censeo. Nam ut in Protagore complexione, sic in Seii & cæterorum argumentis, vitii quidquam esse non merito dixeris. Validum non erat Protago-

re argumentum, quia se ipsum natura destruebat, & ἀνασκευάζετο; seu reciprocum erat. At Rhetorica legibus subsistit argumentum, si quid reciproci infertur à, cæteris illius consuetudinis vitio procedit, item quia petebat Protagoras Evathlum qui rex erat convincere, & multo potioribus argumentis, petitionem confirmare necesse habebat; at illud non præstabat, quia quod Evathlum proferebatur, in ipsummet Protagoram retorquebatur: Atque improbatione pari potior est reus, quapropter cum à petitione Protagoram summovendum esse non liqueret, quia probabat, nec condemnandus videretur Evathlus, quia Protagoræ probationes convertebat, & suæ ipse causæ adaptabat, resque dubia propter probationem mutuam videretur, eam merito indecisam judices reliquerunt.

At in præsenti negotio par est ubique favor, quia nullus actoris præcipuas, nullus rei, possessorisve partes sustinet, singuli petunt, singuli defendunt, singulis debetur; at deest unde singulis solidum solvatur; certe in re tam dubia, aut judicium Salomonis usurpandum est, ut dividatur pretium, & in tributam eatur, aut negotium forte dirimendum prima fronte videbitur.

(marg. Absurd. difficile.) At mihi certe non ita videtur, quod enim præmissum pro fundamento est axioma, si vinco te vincentem, te quoque vinco, non est perpetuo verum, limitationes multæ proferuntur in gl. d. l. de Accessionibus, atque si tanquam fallit, profecto in hypothesi verum esse nequit, quia scilicet non possunt singuli, & vincere, & vinci, quod tamen si regulas admitteremus, necessario contingeret, quia singulis æque favet illa; scrutandum itaque cui jus, æquitas aut consuetudo maxime opituletur, ut ille demum victor habeatur, qui pluribus vincere dignoscetur.

(marg. Opinio prima.) Multis procul dubio potissima videbitur Semproniæ causa: neque abs re, quoniam civili jure mulier in dote privilegium habet, quo cæteris creditoribus etiam antiquioribus præfertur, l. assiduis C. qui potiores in pignore, neque solum tacitas ut quibusdam visum est, sed etiam expressas habentibus hypotecas gl. in l. §. 2. ff. de privil. creditor. at quoties consuetudo dubia est, aut decisioni litis idonea nequit applicari, prout nunc se res habet, ad jus civile recurri convenit, Fab. 9. ex non scripto. de jur. usim. Chopp. de morib. Paris. lib. 2. tit. 4. n. 6. Charond. resp. lib. 5. resp. 47. & C. item ratio suadet ut uxoribus faveatur, ne fornicandi occasio suggeratur: Videbamus, inquit Imperator, Auth. de æqualit. dot. coll. 7. c. 3. quia aliqui quidem fornicantibus mulieribus ex proprio corpore adveniu quæstus, & ex hoc quæstu vivunt adversantibus autem, & quia semetipsas, atque sub-

ftantiam ad vivum introducunt, non folum nullus fit quæftus, à variis malè de gentibus, fed etiam minuantur, & C. infuper publicum favorem utilitate privata potiorem effe non ambigitur; at privatum Seio & Mævio, publicum Sempronia patrocinatur, intereft enim Reipublicæ, mulieribus dotes confervari, cum dotatas effe feminas ad fobolem procreandam, replendamque liberis civitatem maximè fit neceffarium. l. 1. ff. folut. matr. unde & l. 3. ff. de privil. credit. habetur: *Intereft Reipublicæ, hanc C. puta mulierem, folidum confequi,* quapropter etiam Ripuariis legibus ita cautum erat, fi quis mulierem defponfaverit, quidquid ei per tabulam feu chartarum inftrumenta, confcripferit, perpetualiter inconvulfum permaneat, tit. 39. de dot. mulier. Ad hæc eo ufque protenditur dotalis debiti favor, cæterorumque privilegiatorum; ut cum de prioritate quæftio eft inter plures, refque dubia eft, pro privilegiato præfumatur. Rebuff. de conftit. redit. art. 1. gloff. 8. num. 47.

Opinio fecunda.

Nihilominus fortaffe non defient qui palmam Mævio deferant; nec colore carent omnino fi qui fient ii, confuetudo enim quam ad unguem fequi convenit, reditus annuos, cæteris mobilibus dediris anteponit præfato §. 273. At dotem Semproniæ debitam, non minus quam id quod Seio debetur mobile creditum effe negari non poteft, & cum non diftinguat confuetudo, nec dotem excipiat, neque nos diftinguere debemus: fruftra indultum doti jure civili privilegium, jactat Sempronia, nam fi quod fuit unquam, illud penitus cum imperio excinctum eft, nec privilegiatis à jure civili favet confuetudo, iis adftipulatur folis de quibus expreffe cavit; at de dote nihil ufquam Sylvanecti moribus, nihil vicinis, immo civitas quæ moribus reguntur provincias, creditorum quæ fuis tabulis non comprehenderint privilegia, eo repudiaffe conftat. Sic Arrefto pridem judicatum fuiffe narrat Jo. Bacquet Traité des Juftic. c. 21. n. 298. & quod ad rem propius, illo ipfo Arrefto, quod 10. Cal. Feb. latum ferunt, muliebre dotis privilegium de quo l. Affiduis. C. qui potior. in pignor. qua mulierem in dotis reftitutione cæteris præferri creditoribus fanxerat Juftinianus, in patria morima, qua in Juftiniani verba non juravit, aboleviffe judicatum. Et ne judicato non judicio contendere puter, locupletes edo defuetudinis hujufce teftes, Meffier. tit. de exe. n. 8. Chop. de morib. Parif. lib. 3. tit. 3. n. 4. Bacquet loco citato, Chenu quæft. 98. Magiftri, Traité des criées. Et alios quam plurimos quos proferre fupervacaneum effe cenfeo. Et verè Senatus incumbit, cura fæpius exorientia confuetudinum dubia folvere, declarari, Auct. Valla de Reb. dub. trati. 1. n. 4. nec planè judicato deeffe rationem arbitrandum eft. Neque quod tam religiofe dotem mulieribus confervatam iri curabant, Romani legum latores eo impellebantur, quod quando quidem lucri particeps, propter interdictam inter conjuges communionem, uxor non erat, ipfam in damno partem habere ullam pium non videbatur. At quam primum introducta eft bonorum inter conjuges focietas, ceffavit etiam indulti caufa privilegii & contraria rationis æquitas, quæ damni metum fpe lucri compenfaro notat, cæterarum provinciis fuggeffit ufum.

Refolutio.

Verum enim vero munus fe telis confodiant licet Mævias & Sempronia, & per me licebit ultro: fane quia cum larvis, & umbris luctandum, Seius facilè victorum fpolia judicio meo referet. Fultam fe dixit privilegio Sempronia, confuetudinem adeffe fibi contendit Mævius; at civile jus immo & ipfam æquitatem ego quæ legiflatorum fax eft, & fpecula, unum adfpicere Seium, demonftrare operam dabo. Primum illud veritati confentaneum eft, quod ubi confuetudo deficit, aut faltem fpeciebus adaptari nequit, ad jus civile confugiendum eft, & id à Sempronia nuper eft probatum; at ea quæ de creditorum prioritate Sylvanecti. moril. ftatuta funt, quæftioni propofitæ decifioni minimè congruunt: immo fi quantumvis irata Themyde id quod obfervatur apud nos hypothefi tentemus applicare, abfurdum illud neceffario confequetur, quod potiffimus erit idem qui fuperabitur hujufce fundamentalis regulæ beneficio fi vinco vincentem te, &c. quam fuperius jure referas eliminavimus; & quoniam abfurditas prorfus eft vitanda Nov. 61. ideo quæ ufu, & moribus hactenus obtinuerant, hic tantifper obdormire facius fuerit.

Quod itaque civili jure, quod commune non immerito vocitatur, potiffima fit Seii caufa, probatur, quia regulare eft in jure id de quo, l. fi fundam. C. qui pot. in pign. qui prior eft tempore, potior eft jure, regulare, inquam, & perpetuum nifi cum à legibus cuipiam conceffum eft privilegium; atqui reditibus annuis, nullum eft à jure attributum. Quin etfi quibus jure datum eft privilegium, mulier verbi caufa & fifcus, tacitis quidem anterioribus hypothecis præferuntur, expreffis verò cedunt nifi tempore præcedant; ita diftinguit Accurf. in d. l. Affiduis, & in l. impenfa ff. de religiof. Balduinus in §. 29. inft. de actionib. verum etiam fi à Rom. civili jure ceffante, licet confuetudine difcedere quibufdam æquius videatur: fane ipfam æquitatem nemo eft audeat adverfari; ratum enim eft apud omne quod ubicumque leges aut ftatuta deficiunt, aut non omnino fufficiunt, æquitati eft mordicus inhærendum, & ab ipfa quod defideratur mutuandum. Not. in l. ficut ff. de re. judic. quid porrò æquius quam ut præferatur is in hypotheca, cui prius ipfa res fuit obligata? planè & dotis, & fidei, & quacumque, & à jure & à confuetudine fient privilegia contra rationem juris introducta effe conftat, Gloff. in l. quæfitum §. 1. de privileg. credit. l. jus fingulare ff. de legib. quam quæfo iniquum eft, juri meo, expreffa caufa mihi acquifita effe fraudi indulgentiorem fequentis matrimonii, aut reditus annui, poftremo conftui favorem, fraudibus aditum omnem præcludere, perquam utile, & æquum effe, nemo it infcias, contra verò periculquem & publico, ne dum privatis damnofum dotis viam patefacere. At fraudandi, & in re aliena graffandi nullo pæne metu datur occafio, fi pofteriores nefcio quà de caufà, prioribus anteferri creditoribus admittimus; quanta enim facilitate debitor quivis fimulet à reditus annui venditione, aut accepta, numeratæque dotis ample confeffione, contracta jam nomina poteft eludere, juris & æqui ratio poftulat, ea quæ in fraudem creditorum facta funt revocari. Atqui fraus non præfumetur fi quando debitor multo jam ære preffus nova facit nomina, quibus tandem contractis defiturus eft folvendo effe, argumento eft §. in fraudem C. quibus ex caufis manumitt. non poffum non quæri cum Demofthene duram admodum, & miferabilem effe creditorum conditionem, & gratuiti male habitam officii gratiam quà culpà infanire debitores demus, at fane fato infanire qui mutuò dant, eventus docet,

Si male rem facere infani eft, ait *Horat. Satir.* 3. lib. 2.

Putidius multo cerebrum est, mihi crede, Perilli
Dictantis quod tu nunquam rescribere possis.

Atqué ut collato pede cum Mævio prælier, quandoquidem ille Seio laborem exhibet, præcipuam: æquitatem à causa metiri lubet. Mutuam dedit pecuniam Titio Seius, reditum annuum à Titio pecuniâ mercatus est Mævius: at negari non potest, tantò æquius esse mutuó dare, quam reditum pecuniâ coëmere: quantò magis, pium gratis credere, quam usuras quantumvis legitimas crediti stipulari? mutui sanè justitia divino jure nititur, petenti abs te dato & cupientem mutuum ne averseris, Mat. 5. Empti pecuniâ reditus injustitia Christi doctrinâ condemnatur, mutuum date nihil inde sperantes. Luc. 6. æquum gratis egendi concedere, quod à Deo nudi gratis accepimus; secus facere porro longe iniquum. Hac imbutus doctrinâ divinus ille Plato l. de legib. dixerat, ne cuiquam fænori dare mutuum liceret: Vicit quidem apud Christianos emere pecuniâ licere reditus annuos ne dum conniventibus, sed etiam approbantibus ipsis Pontificibus; at dum id statuerunt, naturalem sole illam iniquitatem quâ fructus à re prorsus sterili petuntur, velarunt, at non absterserunt quandoquidem naturalia, mutari nequeunt, quin & durior multo jam effecta est debitorum conditio, quam si jure civili permissum exercere sænus, liberum adhuc creditori esset, quia legalis usura, nunquam ultra duplum progrediebatur in quo sors inerat, nostri verò reditus in infinitum labuntur. Molin. teste, contract. usur. quæst. 70. n. 447. ex quibus clarum sit æquitate superiorem Seii quam Mævii causam evadere, & cum ritsus civili, & naturali jure vincantur Mævius, & Sempronia, repellaturque ob absurdum in hypothesi consuetudo, merito Seium ut tempore, ita & jure potissimum esse concludimus.

CAROLUS DE FEUQUIERES.

Pro secunda opinione.

UT judicium protuli ad partem Ludovicum de Feuquieres, ego rem detuli, qui sententiam interponere rogatus, respondit annui reditus creditorem Mævium vateris præferendum videri, quia præfers consuetudo, non enim illa dotale debitum excipit. At qui consuetudini, nedum contrarios, verum etiam dissimiles: in medium usus proferre nefas, prohibente Ludov. XII. lege anno 1449. lata, ne præsertim absurdo locus fiat; tu vero vir mihi plurimum observande, si diversum quid ingenio foves edere, dum vacuo es animo ne pigeat.

Decisio.

Mea sententia est in casu proposito ita judicandum, ut de pretio fundi Corneliani distracti percipiantur 1000. Titio Seio pro mutuo debita, quæ nihilominus à Mævio, annui reditus creditore acceptio ferantur in 2000. ei debita pro sorte reditus illius, quia hic Seio præferri debet, ex statuto con-

suetudinis; postea de eodem pretio Sempronia mulier, 1000. sibi debita à marito pro dote accipiat, quia prior tempore est Mævio: at quia juris prærogativa quæ Mævio datur adversus Seium Semproniæ præjudicio esse non debet, sed soli Seio, cui emne damnum ferre incumbit, ex eo quod ei Mævius debet præferri. Et postea 1000. à Semproniâ pro dote accepta Mævius reliqua 1000. pro sui reditus sorte accipiat, etsi quid de pretio residuum fuerit, Seio in 1000. illi debita pro mutuo solvatur. Qua ratione Mævius Semproniæ non potest præferri, nisi pro eis 1000. pro quibus idem Seius prior tempore erat Semproniæ, quia Semproniam Mævius vincere non potest, nisi usque ad ea 1000. quæ debita erant Seio, cui Mævius præferri debet; pro quibus ille Seius, quia prior tempore est Sempronia, potior jure etiam esse debuit.

Idem quoque judicandum est in alio casu, sed prorsus simili, quo Seius prior tempore creditor esset Titii pro 1000. sortis reditus annuis pecuniâ constituti pro quo investituram, hoc est infeodationem, aut saisinam, ut vocant, à domino directo, seu feudale fundi hypotheca submissi non acceperat, Sempronia mulier secunda, & posterior, creditori, pro 1000. eidem Titio in dotem datis, ab eo illi restituendis Mævius vero tertius, & postremus creditor pro eis 2000. hinc Titio datis in sortem annui reditus, pro quo investituram ab eo domino directo, ejusdem fundi Corneliani oppignerati acceperat. Nam illo casu Mævius, uti eadem Sylvanectensi consuetudine, & Titulo de venalium fundorum præconiis, vulgò des decrets d'héritages, §. 275. cautum est, pro illo suo annuo reditu, sic investito Seio licet priori tempore creditori alterius reditus annui, sed non à domino directo vestiti, præferri, & potior jure esse debet, quamvis postremus, & ultimus Mævius tempore sit, quia Seius damnum sua negligentia, quod patitur ex eo quod investituram super suo reditu, ab eodem domino directo fundi Corneliani non acceperit, ferre debet, & sibi imputare, nec de ea prælatione Mævii diligentioris, & qui sibi vigilavit, queri potest.

In eadem sententia est Gouget in tractatu des criées & des decrets, part. 3. quæst. 33. ubi censet eam regulam in illis, & similibus casibus esse sequendam, ut uniusquisque trium illorum creditorum in suo ordine secundum tempus hypotheca, ab eo quæsita collocetur, ea tamen conditione adjecta, ut is ex creditoribus qui licet postremus tempore sit, potior jure esse, & præferri debet, is qui primus est tempore, pro ipso aut loco ipsius primi creditoris eam summam accipiat, seu accepto ferat, pro qua ille primus creditor in ordine prior collocatus est, & reciprocè ille prior creditor in locum ejus postremi creditoris succedat, toto jure secundo creditori integro remanente.

ANTONIUS DRIOT.

CONSULTATION DE PLUSIEURS AVOCATS DE BEAUVAIS,

Sur la préférence des Saisines & Sentences entr'elles.

E Conseil soussigné, qui a vû ce Memoire envoyé pour consulter, sur les questions qui se présentent en l'ordre du prix de la Terre & Seigneurie de la Bosse, appartenante à la succession de défunt M. le Marquis du Bec, située dans le Comté de Chaumont en Vexin, de la Coutume de Senlis, avec l'état des biens de ladite succession.

Est d'avis sur les questions proposées, que l'hypoteque a lieu suivant l'art. 64. de cette Coutume, & la disposition de plusieurs de ses autres articles; & que lorsqu'il faut faire un ordre du prix d'heritages adjugés par decret ou licitation entre les créanciers hypotequaires de celui sur lequel ils ont été adjugés, debiteur de rentes constituées, dont aucunes sont infeodées ou ensaisinées, & de dettes particulieres, ou sommes de deniers pour une fois payer, suivant la disposition des articles 273 & 275 de la Coutume, les rentes constituées infeodées ou ensaisinées, quelque posterieures en datte à celles qui ne sont point infeodées ni ensaisinées, & autres dettes particulieres, ou pour une fois payer, doivent être colloquées & mises en ordre les premieres de toutes; & neanmoins entr'elles quand il y en a plusieurs, elles gardent l'ordre de priorité ou de posteriorité de la datte de leurs infeodations ou saisines, & non des contrats de leurs constitutions.

Après ces sortes de rentes doivent être colloquées & mises en ordre auparavant les dettes particulieres ou pour une fois payer, toutes les autres rentes non infeodées, ni ensaisinées, soit qu'elles soient anterieures ou posterieures en datte ausdites rentes infeodées ou ensaisinées, & ausdites dettes particulieres, ou pour une fois: mais ces rentes non infeodées, ni ensaisinées entr'elles, ne gardent aucun ordre de priorité ou posteriorité de datte, & les creanciers de ces rentes viennent tous à contribution au marc la livre, pour toucher les sommes pour lesquelles ils ont été colloqués, comme si c'étoient des dettes mobiliaires, étant reputées telles par la Coutume à l'égard des rentes infeodées ou ensaisinées.

Et après ces deux sortes de rentes, doivent être colloquées les dettes particulieres, ou pour une fois payer, lesquelles neanmoins entr'elles, & à leur égard conservent chacune leur ordre de priorité ou posteriorité de leurs dattes ou hypoteques.

Il y a une autre sorte de dettes dans cette Coutume, qui ne sont point rentes constituées, & ne passent point pour simples dettes particulieres, ou pour une fois, telles que sont les douaires, dotes, remplacemens & autres dûs par contrats de mariage, dotes de Religieuses, tutelles, curatelles, baux à ferme, baux à rente d'heritages à l'égard des biens du preneur, autres que ceux baillés, pour lesquels il y a privilege particulier, garanties pour venditions, & autres dettes de cette qualité, qui sont appellées par quelques-uns *dettes privilegiées,*

pour les distinguer des autres, lesquelles sortes de dettes gardent & conservent entr'elles, & à leur égard, comme aussi à l'égard de toutes autres sortes de dettes, soit rentes constituées, infeodées ou ensaisinées, soit dettes particulieres, ou pour une fois, leur ordre de priorité ou posteriorité de leurs dattes, suivant lesquelles elles sont colloquées & mises en ordre, à cause de quoi, & qu'elles ne viennent à contribution, qu'elles ne sont preferées, ni excluses par les rentes constituées, soit infeodées ou ensaisinées, ou autres sortes de dettes posterieures à leurs dattes, lesquelles elles ne preferent & n'excluent pas; aussi quand elles sont anterieures en datte, on les appelle *dettes privilegiées,* leur privilege consistant à garder & conserver leur rang, & ordre de dattes & hypoteques.

Mais à l'occasion de ces sortes de dettes appellées *privilegiées,* il s'est mû il y a fort long-tems une difficulté dans l'explication & interpretation desdits articles 273. & 275. de la Coutume, qui cause de grands embarras dans les ordres, lorsqu'il se trouve une rente constituée non infeodée, ni ensaisinée la premiere en datte, une dette de celles appellées *privilegiées,* par exemple une tutelle, ou autres de celles dont il a été parlé ci-dessus, la seconde en datte; & une rente constituée infeodée ou ensaisinée, la troisiéme en datte d'hypoteque. La difficulté qui se rencontre à sortir de cet embaras, vient de ce que chacune pour se preferer l'une l'autre, se sert de ce brocard commun de Droit, *Si vinco vincentem te, magis ego te vinco.* Les raisons des unes & des autres sont connues & communes, & se trouvent dans les Notes faites sur la Coutume, par Maître Jean-Marie Ricard, Avocat au Parlement, qui sur les articles 273. & 275. a traité doctement & amplement la question, qu'il a réduite à six opinions differentes; c'est pourquoi on s'abstiendra ici de les rapporter, pour éviter prolixité. Mais dans cet embaras, & question qui paroissoit insoluble, les principes & les raisons se combattans & détruisans l'un l'autre, on a trouvé aussi il y a long-temps dans la Province, un expedient & un moyen pour en sortir: Lequel y a toujours été depuis, & y est encore constamment suivi dans tous les ordres & jugemens rendus en cette matiere; qui est tel que l'on colloque ces trois sortes de dettes selon leurs dattes; sçavoir la rente constituée non ensaisinée, ni infeodée, la premiere; la dette appellée *privilegiée,* la seconde; & la rente infeodée, ou ensaisinée, la troisiéme: mais en même temps, & par le même jugement, afin que la rente infeodée, ou ensaisinée ne perde pas son droit & privilege, que la Coutume lui donne contre la rente non infeodée, ni ensaisinée, on ordonne que le creancier de la rente constituée, infeodée ou ensaisinée, touchera effectivement les deniers pour lesquels la rente non infeodée, ni ensaisinée a été colloquée & mise en ordre, jusques à la concurrence du sort principal, arrerages, frais de lettres & loyaux coûts de ladite rente infeodée, ou ensaisinée ; & le par-dessus, si aucun y a, de cette collocation, est touché & reçû utilement par le créancier de la rente non inféodée, ni ensaisinée : Mais s'il n'y a pas assez de deniers dans sa collocation, pour payer entierement la creance de ladite rente inféodée ou ensaisinée, elle prend le par-dessus sur les deniers pour lesquels elle a été colloquée en son ordre particulier, s'il se trouve assez de fonds, & s'il y en a trop, le par-dessus demeure au profit du créancier de la rente non inféodée, ni ensaisinée, lequel pour se remplacer de ce que le créancier inféodé ou ensaisiné, a pris du fonds de sa collocation, qui par ce moyen ne lui a pas été utile, prend la place de ce créancier inféodé, ou ensaisiné, comme subrogé naturellement en ses droits.

Cet expédient trouvé dans la Province, est autorisé dans une espece presque semblable à celle-ci par l'opinion de M. Gouget, Avocat en la Cour, en son Traité des Criées, partie 3. des hypotheques & nantissemens, question 33. page 733. & suivantes jusqu'à 734. & est suivi par ledit Maître Jean-Marie Ricard, en ses notes sur les susdits articles 273. & 275. où il se détermine à la cinquieme opinion de celles qu'il a rapportées, qui est celle de cet expédient, la fondant outre les raisons qu'il en rapporte, & qui ne seront aussi ici déduites, de crainte d'être trop long, sur l'usage qu'il sçavoit être introduit dans la Province depuis plusieurs années, & être observé continuellement, d'un commun consentement par tous les Officiers & Avocats des principaux Sieges, dans tous les Jugemens qui se rendent dans les ordres de très-long-tems, & qui se gardent encore à présent dans toutes les occasions qui s'en rencontrent, sans aucun contredit.

Il faut ici observer, qu'il y a quelques Arrêts rendus dans la Coutume, par lesquels il a été jugé, que des créanciers de rentes constituées non inféodées, ni ensaisinées, lesquels avoient obtenu en la Jurisdiction de leur privilege pour ceux qui en avoient aucuns, ou dans celle du domicile du débiteur, des Sentences ou Arrêts portant reconnoissance des rentes, & condamnation de les payer & continuer, devoient être colloqués, & mis en ordre sur le prix des biens de leurs débiteurs, du jour & date de ces Sentences & Arrêts, & non de celui des contrats de constitution de ces rentes, les faisant concourir avec les rentes mêmes inféodées & ensaisinées, suivant l'ordre de priorité ou postériorité desdites inféodations ou saisines, ou desdits Arrêts ou Sentences obtenues sur chacune d'elles, sans être préférées ni exclues par les rentes ni inféodées ni ensaisinées, ni venir en contribution avec les autres rentes non inféodées, ni ensaisinées, ainsi qu'elles auroient fait, cessant les Sentences obtenues sur les contrats de constitution, en vertu desquelles elles ont été réputées, comme si c'étoient des dettes appellées *privilegiées*, qui gardent leur rang & leur ordre : Mais l'on a dû depuis passé plus avant par un Arrêt rendu en la Grand'Chambre, au rapport de Monsieur Tambonneau le 13. May 1669. au profit des veuve & heritiers de Maître Jean le Goix, contre les sieurs de Malinguehen & de la Croix, en l'ordre du prix des biens de Maître Claude Boulet Elu, sois en ladite Coutume de Senlis, par lequel l'on a étendu l'effet d'une Sentence obtenue par ladite veuve & heritiers le Goix, sur le contrat de constitution passé à leur

profit par ledit Boulet, d'une rente non ensignée, en la faisant équipoller en tout à une saisine qu'ils avoient prise sur les biens, jusques à ce point du leur donner la préférence pour cette rente contre les contrats de constitution d'autres rentes passées par ledit Boulet, au profit desdits sieurs de Malinguehen & de la Croix, auparavant ledit contrat de constitution, & Sentence par lui passée au profit desdits veuve & heritiers le Goix, encore que depuis ladite Sentence, lesdits sieurs de Malinguehen & de la Croix, ainsi antérieurs en date de contrats de constitution, eussent obtenu saisine sur les mêmes biens des Seigneurs dont ils étoient mouvans : mais l'on a reclamé, & l'on reclame encore dans la Province contre cet Arrêt, que l'on ne croit pouvoir servir de reglement, comme ayant été vrai-semblablement rendu sur des considérations & circonstances particulieres, ou du moins, paroissant contraire aux termes, au sens & à l'esprit de la Coutume, qui ne donne le droit & privilege spécial de préférer & exclure les rentes constituées non inféodées ni ensaisinées, & les dettes particulieres, & pour une fois payer, les premieres en dates, qu'aux seules rentes constituées inféodées ou ensaisinées, quoique postérieures en dates, en vertu de la seule inféodation ou saisine. A l'égard des autres rentes constituées, ladite Coutume en l'article 289. ainsi que depuis l'Ordonnance de Moulins en l'art. 58. ne donnant aux Sentences & Arrêts aucun droit ni privilege de préférer & exclure aucune dette hypotéquaire, telle qu'elle soit, le seul droit qu'elle leur donne n'étant que celui d'hypotéque qu'elles n'avoient pas au précédent, & de conserver leur ordre & leur rang, qui est le même droit & effet que cette Coutume donne aux Contrats : & de plus, pour celles intervenues sur contrats de constitution de rente, d'empêcher qu'elles n'entrent en contribution avec les autres rentes, qui n'ont inféodation, ni saisine, ni Sentence ou Arrêt, pour lesquelles raisons il semble qu'il n'y ait point d'apparence de vouloir changer l'usage ancien de la Province, sous prétexte de cet Arrêt que la Cour n'a pas même ordonné être publié, ainsi qu'elle a coutume de faire, quand c'est pour servir de reglement.

Suivant tous les fondemens qui ont été établis ci-dessus de l'usage le plus certain, le plus commun & ordinaire observé dans la Province, comme le plus conforme à la Coutume, il n'y a aucune difficulté que les Sieur & Damoiselle Dagnaux, quoiqu'ils soient des derniers créanciers hypothequaires dudit défunt sieur Marquis du Bec, si l'on considere la seule date de leur contrat, qui est du 29. May 1666. se trouvant seuls de tous les créanciers rentiers dudit défunt avoir obtenu sur leur contrat, des inféodations ou saisines, le 27. Juillet 1666. des Officiers du Comté de Chaumont & de la Châtellenie de Trye, sur la Terre & Seigneurie de la Boissé & les dépendances & autres Terres & heritages mouvans dudit Comté & Châtellenie, doivent en vertu de leurs inféodations ou saisines précéder & toucher à leur profit effectivement & utilement, les deux mille livres, avec tous les arrérages qui leur en sont dûs, frais de lettres, & tous autres loyaux coûts sur la masse qui se fera de tous les deniers, pour lesquels tant Messieurs de Creil que la Dame Schombert & tous autres créanciers de rentes simples constituées non inféodées, ni ensaisinées,

& qui n'ont obtenu Arrêt & Sentence sur leurs contrats de constitution par eux ou ceux aux droits desquels ils sont subrogés, de reconnoissance ou condamnation de payement, & continuation de leurs rentes, soit les premiers ou plus anciens, ou derniers & plus nouveaux, seront colloqués & mis en ordre sur le prix de tous les biens dudit défunt sieur Marquis du Bec, tenus & mouvans dudit Comté de Chaumont & Châtellenie de Trye, tant en fief que roture, chacun suivant leurs dattes particulieres, au regard des créanciers appellés de dettes privilegiées qui se trouveront intermediaires, venans néanmoins tous ces rentiers à contribution entr'eux, & à leur égard seulement sur ce prix; tous lesquels créanciers rentiers, après que les sieur & Damoiselle Dagnaux auront touché toutes leurs créances, sur les deniers de la masse de leur collocation, prendront leur rang & leur place comme subrogés naturellement en leur lieu pour toucher au lieu d'eux, tous les deniers, pour lesquels ils auront été colloqués en leur ordre particulier, s'il y en reste assez dudit prix des biens jusqu'à la concurrence de ladite créance, qui les aura empêché d'être colloqués utilement en entier, & de recevoir effectivement tout ce qui leur restoit dû, & pourquoi ils doivent preferer les autres créanciers, & devroient même preferer lesdits sieur & Damoiselle Dagnaux, cessant leursdites inféodations qui leur donnent privilege contr'eux.

S'il se rencontroit d'autres créanciers dudit défunt, qui eussent obtenu de pareilles inféodations ou saisines que lesdits sieur & Damoiselle Dagnaux, il faudroit faire la même chose pour leurs créances, & entr'eux les mettre tous en ordre, pour toucher sur cette masse provenant des susdites collocations & contributions de ces rentiers non inféodés ou ensaisinés, suivant les jours, ou dattes de leurs inféodations ou saisines.

Délibéré a Beauvais le 15 de Décembre 1679. Ainsi signé, Leonard Driot, Louis Richard, Lecat, Lucien, Leullier, A. Driot.

Suivant ces Décision & Consultation, la question qui s'est rencontrée en l'ordre du prix de ladite Terre & Seigneurie de la Bosse, a été ainsi jugée par Maître René Garanger, Avocat en la Cour, convenu par les Directeurs & créanciers du défunt sieur Marquis du Bec, pour faire ledit ordre par la Sentence du 31. Janvier 1680. homologué au mois de Février suivant, après que ledit sieur Garanger eût vû ladite Décision & Consultation, qui furent produites par lesdits sieur & Damoiselle Dagnaux, & en avoir conféré avec des anciens Avocats des Sieges Présidiaux de Senlis & Beauvais, qui se trouverent pour lors à Paris, & s'être par lui informé de Messieurs les Presidens & Conseillers qui avoient assisté au jugement du procès de l'ordre des biens dud. Claude Boulet Élu audit Beauvais, sur lequel au rapport de mondit sieur Tambonneau a été rendu ledit Arrêt du 13. Mai 1669. rapporté dans ladite Consultation, pour sçavoir d'eux les motifs de leur Arrêt, en ce qu'ils avoient donné la preference à la Sentence obtenue par la veuve & heritiers le Goix, contre ledit Boulet sur leur rente constituée non ensaisinée, contre les contrats de constitution de rentes, par lui passés au profit des sieurs de Malinguehen & de la Croix, aupa-

ravant ledit contrat, & Sentence desdits veuve & heritiers le Goix, sur lesquels ils avoient même pris des saisines depuis ladite Sentence, en faisant par ce moyen équipoller lesdites Sentences sur contrats de rentes avec saisines & inséodations, & leur donnant le même privilege : Et après avoir appris ledit sieur Garanger de Messieurs les Juges qu'il ne falloit pas qu'il s'arrêtât à cet Arrêt, * qui ne donnoit, ni devoit servir de loi & de reglement en la question, pour avoir été rendu sur des raisons particulieres, lui disant en ces termes, que cela étoit bon pour cette fois-là, mais que si la même question se présentoit, qu'ils la jugeroient autrement, & suivant ladite décision & consultation fondée sur l'usage & Coutume de la Province; ce qui détermina ledit sieur Garanger, en faisant ledit ordre, de colloquer lesdits sieurs de Creil Maître des Requêtes, & Capitaine aux Gardes, freres, créanciers dudit sieur du Bec, de rentes constituées, non inseodées ni ensaisinées, dès les années 1644. & 1645. & la Dame de Schombert, créanciers de pareilles rentes de 1645. & les mettre en ordre du jour de leur contrat, pour toucher entr'eux à contribution, & à la charge de réserver la masse de leur collocation, pour payer les rentes inféodées & ensaisinées, postérieures en datte, & après eux de colloquer la Dame veuve dudit sieur Marquis du Bec, pour son douaire, & convention de son mariage, qui se montoient à près de deux cens mille livres, en vertu de son contrat de 1655. & autres créanciers de dettes privilegiées, même adjugées par Sentences suivant leurs dattes, & apres eux tous de colloquer lesdits sieur & Damoiselle Dagnaux créanciers de ladite rente inféodée & ensaisinée, en datte du 27 Juillet 1666. jusques à la concurrence de toute leur créance, ils toucheront effectivement & utilement en vertu du privilege de leur inseodation & saisine, suivant l'usage observé en ladite Coutume de Senlis, la masse des collocations & contributions reservées de celles desdits sieurs de Creil & Dame de Schombert anterieurs en datte, lesquels en ce faisant, comme subrogés de droit au lieu desd. sieur & Damoiselle Dagnaux, toucheront leur collocation, s'il se trouve qu'il y eût du prix restant desdits biens, ce qui n'est pas arrivé, la veuve même dudit sieur du Bec ayant perdu plus de vingt mille écus sur ses collocations, faute de fonds suffisant.

ANTOINE DRIOT.

¶ On repute à Senlis qu'une lenteur sur contrat de rente vaut saisine étant prise à cet effet, en conséquence d'une stipulation dans le contrat; mais qu'elle n'a effet que dans l'étendue de la Jurisdiction du Juge dont elle est émanée. A Beauvais on convient que celle d'un Juge de Seigneur ne s'étend pas aux biens situés hors de son territoire, à l'effet d'équipoller à saisine, mais on a toujours tenu que celle d'un Bailly Royal sur contrat de rente, valoit saisine par tout où le privilege de la saisine peut avoir lieu, & ainsi on donneroit le même avantage à celles des Baillifs d'Amiens, de Senlis & de Clermont, sur des heritages du Bailliage de Beauvais. Je ne crois pas aussi qu'on s'arrêtât au défaut de stipulation dans le contrat de rente, parce que cette clause étant de style, se doit suppléer.

Nous ne prétendons pas non plus que les Sentences qui tiennent lieu de titre nouvel & reconnoissance des rentes, puissent participer au privilege de la saisine, n'étant pas dépendante du contrat, comme celles qui s'obtiennent pour lui donner sa force & perfection. Une Sentence sur billet portant constitution de rente, ne peut préférer une obligation antérieure ; partant on peut faute de passer contrat aux termes de l'écrit contraindre au remboursement, la Sentence n'ayant pas le même effet, mais on n'y pourroit pas obliger si l'écrit ne portoit pas cette promesse.

Quoique l'on ait donné par les nouveaux Arrêts hypoteque aux Sentences des Juges des Seigneurs sur tous les biens en quelque lieu qu'ils soient situés, du jour de leur date, on ne leur a pas encore donné le privilege de la saisine, de préférer les rentes constituées non ensaisinées qui sont antérieures, ni même les obligations, comme l'on a jugé jusqu'à présent en faveur des Sentences des Baillifs Royaux, sur contrats de rentes.

Ce seroit ouvrir la porte aux fraudes si on ne faisoit venir qu'après les rentes constituées la Sentence pour effets mobiliers, d'autant que l'Ordonnance qui donne hypoteque aux Sentences du jour de leur date, ne distingue pas, & on passeroit des contrats de rentes pour nuire aux créanciers antérieurs.

Quoique le Seigneur soit réputé ensaisiné sur un contrat de rente passé à son profit, auquel des biens situés dans sa Seigneurie sont hypotequés, il ne doit pas avoir droit de préférer & d'exclure un contrat antérieur non ensaisiné ; c'est assez qu'on ne le puisse préférer à cause du défaut de saisine, d'autant qu'une saisine par fiction ne doit pas avoir les mêmes privileges.]

C C L X X V I.

Item, il convient que les créanciers desdites rentes proprietaires & rentes ensaisinées & inféodées, ou de celles qui ne sont ensaisinées, s'opposent, si bon leur semble, ausdites criées, *avant l'adjudication & scellé* du decret : ou s'ils ne s'opposent, ils perdront leur droit de rente & hypoteque, tant pour le principal, que les arrérages, sur lesdits heritages criés, & sur celui à qui ils auront été adjugés.

Avant l'adjudication & le scellé.] On observe en cette Coutume l'article cinquiéme de l'Ordonnance des criées, qui veut que les oppositions à fin de distraction ou de charge, soient faites & vuidées avant le congé d'adjuger ; autrement, & si elles sont formées après le congé d'adjuger, elles ne valent que pour conserver. *M. J. M. R.*

C C L X X V I I.

Item, quand aucun détenteur & propriétaire d'aucun heritage, soit par decret ou autres titre particulier, a acquis ou acquiert aucune rente constituée, sur ledit heritage, icelle rente est confuse & *éteinte*, & ne se peut ledit propriétaire ou détenteur aider contre les autres créanciers ayant droit de rente ou hypoteque sur iceux heritages, *posé ores qu'ils fussent subsécutifs en date desdites rentes ou rente confuse, si ce n'étoit toutefois, que la propriété desdits heritages fût évincée par Justice* dudit détenteur & propriétaire : auquel cas par ladite Coutume, ledit acquesteur de rente ou autres charges de qui seroit évincée la propriété desdits heritages, pourroit valablement demander ses droits & actions de rentes & autres charges par lui acquestées, tant sur lesdits héritages évincés, comme sur les autres non évincés, ainsi que les autres créanciers ; & tout ainsi qu'il eût pû faire auparavant l'acquisition de la propriété desdits heritages.

Eteinte.] Cet article suppose l'assignat particulier & limitatif des rentes constituées, ainsi qu'il se pratiquoit autrefois, & que nous avons expliqué en la note que nous avons faite sur l'article 206. Car maintenant que nous considerons les rentes constituées comme personnelles, il est certain qu'encore que nous acquerions un héritage hipotequé à notre rente, nous pouvons aussi la demander non-seulement au principal débiteur, mais même faire appeller en déclaration d'hypoteque les acquereurs, qui se trouveront postérieurs à nous.

Posé ores qu'ils fussent subsécutifs en date desdites rentes.] Ceci doit s'entendre d'une action directe : mais si le détenteur de l'héritage fait voir que la rente qu'il a acquise, & qui est antérieure en hypoteque aux autres créanciers, absorbe entierement la valeur de l'héritage, & qu'ainsi le déguerpissement qu'il en pourroit faire, n'apporteroit aucune utilité aux autres créanciers, & ne produiroit autre effet que de consommer une partie en frais de Justice, je crois en ce cas que *exceptione doli mali*, & par une raison d'équité, qui doit toujours être embrassée par les Juges, on doit sans difficulté conserver le détenteur en la possession de son héritage, dont le prix se trouve absorbé par sa rente qui est la premiere en hypoteque, & en ce faisant le décharger des hypoteques des autres créanciers. Et même si la valeur de l'héritage n'étoit point consommée par la rente, j'estime qu'il seroit fort juste de le dispenser de le déguerpir, en suppléant la juste estimation aux créanciers qui le suivent : puisque par ce moyen ils sont mis entierement hors d'interêt, & que la Justice n'admet point d'actions inutiles. Ce qui se pratique tous les jours dans une espece semblable, & lorsque l'acquereur d'un héritage a encore le prix entre ses mains, les créanciers étant obligés de se contenter que ce prix soit distribué entr'eux, à moins qu'ils ne fassent connoître qu'il est moindre que la juste valeur de l'héritage.

Si ce n'étoit toutefois que la propriété desdits héritages fût évincée, &c.] Ceci est conforme à la disposition de la loi *si quid possesser* 31. §. 1. *& 2.*

D. de hæredit. petit. & l. si Dominus 57. *D. de usufr.* Comme aussi à l'article 15. de l'Ordonnan- ce du Roi Charles VII. du mois de Novemb. 1441. *M. J. M. R.*

CCLXXVIII.

Item, quand aucun heritage est crié & subhasté, le droit de cens ou fonds de terre Seigneurial, doit préférer tous les autres droits de rentes constituées ou autre droit, soit proprietaire, ensaisiné ou infeodé, posé ores qu'ausdites criées, ledit Seigneur se soit opposé ou non, combien que si le Seigneur n'est opposant, il perdroit les arrérages de tel droit de cens.

NOUVELLE OBSERVATION.

L'accroissement du cens, quoique créé par un contrat différent, est de même nature, & n'est pas purgé par un decret : mais si la rente étoit distincte du cens, l'opposition seroit nécessaire, suivant Bacquet des Francs-Fiefs chapitre 7. nombre 8. C'est ce qui a aussi été jugé par Arrêt du vingt-quatriéme Mars 1677. au rapport de Monsieur Gaudart, en la premiere Chambre des Enquêtes, contre Archier Receveur de la Commanderie du Temple, rapporté au troisiéme tome du Journal des Audiences, liv. 11. chap. 34.

CCLXXIX.

Item, Droit de cens *& fonds de terre* dû à aucun Seigneur, ne se perd point par criées, & ne peut être prescrit.

** Et fonds de terre.*] *Scilicet* Seigneurial, & qui tienne lieu de censive, comme il arrive quelquefois, particulierement dans l'étendue de cette Coutume, qu'un héritage n'étant point chargé de cens doit champart, ou une autre espece de redevance Seigneuriale, qui emporte lods & ventes, & qui a pour ce regard autant de privilege que la censive. Car pour ce qui est des autres rentes foncieres & proprietaires, par la disposition de l'article 276. ci-dessus, elles se purgent par decret, comme les autres dettes, si celui qui en est le créancier, ne s'y est point opposé. *M. J. M. R.*

¶ Mais le Seigneur prescrit contre un autre Seigneur, même contre son vassal, s'il n'y a titre ou reconnoissance ancienne, comme si la censive avoit été reconnue en faveur du vassal, par un dénombrement reçû par le Seigneur ; aussi le tenancier peut prescrire le droit de cens contre son Seigneur lorsqu'il n'y a ni titre, ni ancienne reconnoissance du cens, parce qu'il y a en cette Coutume plusieurs héritages & maisons qui ne payent aucunes censives, quoiqu'il n'y en ait aucunes sans Seigneur auquel il est toujours dû aveu & des droits en cas de mutations ; ce qui distingue le cens, est quand il est dû sous le péril de l'amende.

CCLXXX.

Item, quand un heritage est mis en criées, tel heritage crié, subhasté & adjugé, est franc *de toutes autres charges*, excepté de celles des opposans, & ausquelles tel heritage est adjugé, avec les droits de censive & fonds de terre.

De toutes autres charges.] Qui soient présentes & échûes : Car si elles sont en suspens, comme le douaire & le fideicommis, avant qu'ils soient acquis à ceux qui y sont appellés, le decret ne les purge point suivant cette regle de Droit, *contra non valentem agere non currit præscriptio*, ainsi que nous avons fait voir pour le douaire par les Arrêts que nous avons rapportés sur l'article 177. Il faut pourtant observer cette différence, que quoique régulierement les fideicommissaires & les douairiers ayent droit en faisant cesser le decret de revendiquer la proprieté de l'héritage, qui leur appartient à titre de douaire ou de substitution : neanmoins si l'adjudication avoit été faite à la requête d'un créancier antérieur au douaire & au fideicommis, elle subsisteroit : & les enfans & les fideicommissaires ont seulement droit en ce cas d'appeller de l'ordre, & de se pourvoir contre les créanciers postérieurs à eux pour leur faire rapporter ce qu'ils ont touché jusques à la concurrence du douaire ou du fideicommis. *M. J. M. R.*

CCLXXXI.

Item, quand un heritage est mis en criées & adjugé par decret au plus offrant sur la charge de l'opposition d'aucun qui prétendoit y avoir droit, qui ne s'y est opposé, tel non opposant par l'adjudication du decret qui en est fait, perd le droit réel qu'il y prétendoit, & qu'il eût pû demander sur ledit heritage crié, & d'icelui droit, en est débouté, excepté le Seigneur, pour sondit droit de censive & fonds de terre, comme dessus est dit.

CCLXXXII.

Item, le creancier qui a fait faire lesdites criées d'aucun heritage, n'est tenu de faire signifier lesdites criées & l'adjudication du decret aux autres creanciers ayans droit d'hypoteque sur lesdits heritages criés, si bon lui semble, si lesdits creanciers ne s'étoient opposés ausdites criées, en la main du Sergent Exécuteur ; ou Greffier du lieu auquel se doit faire ledit decret, auquel cas leur seroit donné jour pour dire leurs causes d'opposition.

CCLXXXIII.

Item, quand aucun heritage est mis en criées, chacun est habile à soi opposer ausdites criées, & à icelui heritage rencherir, jusques à ce que ledit decret soit signé & scellé en Jugement du scel du Juge, pardevant lequel est faite l'adjudication dudit decret de l'heritage ainsi crié que dit est. Après lequel scel ainsi apposé, aucun n'est recevable à soi opposer, ni à mettre enchere, mais avant qu'icelui decret soit scellé, sera apporté en Jugement tout prêt grossoyé, & sera signifié que la huitaine ensuivant il sera scellé & expedié.

NOUVELLE OBSERVATION.

☞ On n'observe plus d'assigner les opposans, pour voir sceller le decret ; c'est une formalité inutile après que chacun a été sommé d'être présent à l'adjudication.

CCLXXXIV.

Item, pour valider & rendre valables les criées faites d'aucuns heritages pour être vendus par decret au plus offrant & dernier encherisseur, par vertu des lettres obligatoires ou condamnations sur ce faites, *convient & est requis, que les criées de tels heritages que l'on veut ainsi vendre par decret, soient faites publiquement, aux Sieges où lesdits heritages seroient vendus.* Et si les heritages criés sont assis en autre Châtellenie que celle où ils sont vendus, convient, qu'ils soient criés au Siege & Auditoire ordinaire de la Châtellenie & Prevôté où sont assis tels heritages, par Sergent ayant pouvoir de ce faire, soit par obligation ou condamnation à faute de payement, ou de garnison de meubles pour satisfaire au dû, par quatre quatorzaines sans discontinuation : & si convient qu'elles soient rapportées ou relatées par écrit au Juge, pardevant lequel le decret de tel heritage ainsi crié se doit adjuger, & aussi que le débiteur sur lequel se font lesdites criées, soit ajourné à sa personne, ou à son domicile, pour voir adjuger tels heritages par decret. Et lesdites criées faites & parfaites, & huit jours auparavant l'adjudication par decret de tels heritages criés, en seront mises attaches ou affiches par écrit, à la porte de l'Eglise & Paroisse en laquelle lesdits heritages criés seront situés & assis, & à la porte de l'Auditoire, & autres lieux publics, où telle adjudication sera faite.

Convient & est requis que les criées de tels heritages que l'on veut ainsi vendre par decret, soient faites publiquement aux Sieges où lesdits heritages seront vendus, &c.] Cette formalité de faire les criées aux Sieges & aux Auditoires, ne s'observe plus, ayant été abolie par la disposition de l'art. 2. de l'Ordonnance des criées, qui porte, *que les criées seront faites & continuées, ainsi qu'il est accoutumé de faire aux jours de Dimanches & issue de grande Messe Parochiale, tant ès Villes qu'ès Villages, sans qu'il soit besoin faire lesdites criées ès Auditoires, ainsi que l'on avoit accoutumé de faire.* M. J. M. R.

Acte de notorieté, pour les solemnités des Criées.

A TOUS ceux qui ces Présentes Lettres verront, Raoult de Foy, Seigneur de la Place, Conseiller du Roi, au Bailliage & Siege Présidial de Beauvais, SALUT. Sçavoir faisons : que l'an mil six cent quatre-vingt-sept, le Jeudi vingtième Février l'Audiance tenant, & avant l'évocation du Rôle des Causes dudit Bailliage, s'est présenté Maître Claude Caignart Procureur en ce Siege, lequel a requis à M. le Procureur du Roi, en la présence des Avocats & Procureurs dudit Siege, qu'il lui soit accordé Acte de notorieté sur aucune des formalités qui s'observent en ce Siege, dans la poursuite des criées & decrets d'héritages. NOUS, après avoir enquis lesdits Avocats & Procureurs de ce Siege, ensemble les Rapporteurs & Certificateurs de criées sur lesdites formalités, du consentement du Procureur du Roi : Avons audit Caignart, ce requerant, donné acte de ce que les Avocats & Procureurs, ensemble les Rapporteurs & Certificateurs de criées, nous ont tous unanimement dit & rapporté ; qu'en matiere de saisie-réelle & criées, en quelques Coutumes que les biens soient situés, & notamment en la Coutume de Senlis, l'on n'a jamais observé en ce Siege de mettre l'affiche de pannonceaux, ni aucunes des autres affiches qui se font pendant la poursuite du decret, depuis la saisie réelle, jusques à l'adjudication, aux Portes de la Ville de Beauvais, par lesquelles on va au lieu où étoient situés les biens saisis, quand ils sont situés hors de la Ville ; ces sortes d'affiches aux portes n'ayant jamais été jugées nécessaires, & si un poursuivant avoit observé cette solemnité, les frais lui en seroient rayés d'entre les frais ordinaires.

A l'égard des jours, qu'il est d'usage de faire

mention dans le procés-verbal de l'Huissier qu'el-les ont été faites issue de Messes Paroissiales, les Paroissiens sortant en grand nombre ; mais qu'il n'a jamais été observé dans l'étendue dudit Siege de nommer aucuns desdits Paroissiens à la fin du procès verbal, étant observé seulement que l'Huis-sier ou Sergent se fait assister de deux témoins, qui sont nommés à la fin dudit procès-verbal, & qui signent à la minute de ladite criée.

Qu'on observe aussi de faire les affiches de pan-nonceaux & celle de quarantaine ou quinzaine, en présence de deux témoins, dont l'Huissier ou Sergent se fait assister, & qui signent avec lui, tant aux copies affichées qu'aux minutes ; mais que cette formalité de se faire assister de deux té-moins, ne s'observe pas aux publications qui se font ensuite desdites affiches, les publications se faisant par l'Huissier ou Sergent qui signe seul son procès-verbal.

Qu'il est d'usage de ce Siege, lorsque l'adjudi-cation s'y doit faire, qu'incontinent après les criées faites, la partie saisie est assignée, pour voir proceder à la certification desdites criées, propo-ser moyens de nullité, & voir interposer le congé d'adjuger ; & que si sur ladite assignation la partie saisie ne comparoît à la huitaine ou autre délai de l'assignation, on leve un defaut aux présentations dans les délais de l'Ordonnance, & on differe à faire la certification jusques à ce que le defaut soit en état d'être jugé ; après quoi on procede à la certification des criées en jour d'Audience, & après ladite certification, par la même Sentence le Juge adjugeant le profit du defaut, donne con-gé de vendre, & ordonne qu'il sera procedé à l'adjudication par decret au quarantiéme jour ; ce qui s'observe pareillement lorsque la partie saisie comparoît, & que les parties sont contradictoires.

Qu'ensuite du congé d'adjuger l'on observe de mettre une affiche, portant qu'au quarantiéme jour il sera procedé à la vente & adjudication par de-cret des biens saisis réellement, à la requête d'un tel sur un tel, lesquels biens sont exprimés par *joignans & aboutissans*, dans laquelle affiche il est fait mention des charges, auxquelles se doit faire l'adjudication ; qu'il se fait ensuite une pu-blication aux Paroisses des biens saisis, le Di-manche avant l'écheance de ladite affiche de qua-rantaine ; qu'à ladite écheance il se fait pour l'or-dinaire une enchere, & l'affiche de quarantaine est lors publiquement rapporté en l'Adience par l'Huissier de service ; sur laquelle les Assistans étant sommés d'enchérir ou surenchérir, il est ordonné que l'adjudication demeurera remise à la quinzaine, & qu'il sera procedé à nouvelle affiche & nouvelles publications. Ensuite se fait ladite affiche de quinzaine avec une pareille publication, & l'on observe à ladite affiche de quinzaine pareil-le solemnité qu'à celle de quarantaine ; & au jour de l'écheance ladite affiche est pareillement rappor-tée en pleine Audience par l'Huissier de service, sur laquelle on procede à la reception des enche-res ; & après plusieurs significations ainsi faites à l'Audience, on peut faire l'adjudication, mais souvent on la remet à la huitaine ou autre jour, à la charge de faire nouvelles publications : avant

l'écheance desquelles affiches de quarantaine & quinzaine, il est d'usage d'assigner la partie saisie pour voir proceder à l'adjudication par decret, faire trouver encherisseurs, & voir continuer les assignations sans qu'il soit besoin de nouvelles assignations dans la suite : qu'après la remise & quand il y en a une sur l'affiche de quinzaine, il se fait encore une publication, qui étant la troisiéme, le Juge peut faire son adjudication à l'écheance d'i-celle ; mais qu'il est de la prudence d'accorder en-core une ou plusieurs remises, & d'ordonner qu'il sera fait nouvelles publications, ou d'ordonner lesdites remises sans autres publications, après quoi on procede à l'adjudication pure & simple.

Qu'il n'a jamais été en usage de lever les remi-ses du Greffe, ni de les faire publier en Jugement, par la raison, que lorsque les remises sont ordon-nées, c'est toujours en pleine Audience ou en Ju-gement, & après plusieurs publications par l'Huis-sier de service.

Qu'à l'égard des heritages de la campagne, il est très ordinaire & presque d'usage d'apposer dans les affiches la charge que l'adjudicataire ne pourra avoir aucun recours ni demander diminution pour defaut de mesure qui se trouveroit ausdits herita-ges ; ce qui est ainsi observé en faveur des créan-ciers, pour éviter les procès qui pourroient être faits de la part des adjudicataires, qui consume-roient partie du prix en frais.

Qu'il est d'un usage inviolablement observé, de mettre dans les affiches la charge de payer les frais ordinaires de l'adjudication ; & neanmoins il est quelquefois arrivé qu'en procedant à la re-ception des encheres, lorsque les encherisseurs n'ont voulu mettre leurs encheres qu'à la charge que l'adjudication leur seroit faite sans charge d'aucuns frais, le Juge pour le bien de la chose a reçu les encheres & fait les adjudications sans char-ge desdits frais, dont il y a plusieurs exemples en ce Siege, même en des decrets de consequence. Signé, Foy de la Place. Ce fut fait & expedié les jour & an susdits, pardevant nous Juges sus-nommés. Signé, WEREL.

[Je ne crois pas que l'on doive autoriser cette derniere clause, que l'adjudication sera sans char-ge des frais ordinaires ; d'autant qu'elle est trop à l'avantage des Procureurs, lesquels sont payés plus grassement sur la chose, qu'ils ne seroient par l'ad-judicataire, lequel examine de plus près ce qui est dû.]

¶ On a établi un usage à Beauvais, qui n'est fondé ni dans les Ordonnances, ni sur la Cou-tume, lorsque les biens sont saisis en une autre Juridiction, de mettre affiche de panonceaux Royaux à l'Auditoire du Bailliage, dans l'éten-due duquel ils sont situés. Mais je ne crois pas qu'il y ait de nullité si le decret étoit poursuivi dans un autre Tribunal, pour les biens situés dans celui de Beauvais, d'autant que pour les for-malités judiciaires, on suit ordinairement l'usage du lieu où on plaide; lorsque l'on saisit un corps de fief non uni au principal fief, l'usage est de met-tre brandons.

CCLXXXV.

Item, & l'Assignation échéant que se doit faire l'Adjudication desdites criées, sera procedé à ladite Adjudication, sans faire droit préalablement sur la priorité ou posteriorité des créanciers & opposans ausdites criées, & sauf à faire discussion après ladite adjudication faite, aussi-bien qu'au précedent.

Nous recevons sans difficulté l'appel des decrets, comme des Sentences jusqu'à trente ans, & en consequence la Cour par Arrêt donné au Rôle de Senlis, le Lundi premier Février 1621. reprouva le stile du Bailliage de Beauvais, & fit defenses de plus faire les adjudications par decret, à la charge que l'adjudicataire, ou le poursuivant ne seroit pas garant des nullités prétendues après dix ans, & ordonna que l'Arrêt seroit lû au Siege de Beauvais.

Il a été jugé par Arrêt solemnel du 29. Novembre 1650. donné en l'Audience de la Grand'Chambre, conformément aux Conclusions de Monsieur l'Avocat General Bignon, après que lecture eût été faite de quelques Arrêts que l'on prétendoit contraires, que les Receveurs des Consignations ne peuvent prendre leurs droits, ni recevoir les consignations des deniers procedans des adjudications par decret fait dans les Jurisdictions subalternes, avec defenses aux Greffiers des Justices subalternes de prendre aucun droit sur les deniers consignés, sur peine de concussion. Cet Arrêt a été donné entre M. l'Evêque de Laon & le Receveur des Consignations de la même Ville. *M. J. M. R.*

NOUVELLE OBSERVATION.

Un créancier posterieur ne peut plus offrir à l'anterieur ce qui lui est dû, si ce n'est avant l'adjudication, pour empêcher les frais : néanmoins si ce n'est qu'une simple licitation, celui qui ne se seroit pas opposé, pourroit encore après l'adjudication offrir à celui qui se seroit fait adjuger les biens pour ses crédits en lui payant tous les frais & loyaux coûts, *quia non tam acquirendi dominii causa, quam ut pignus salvum sit, cessa videtur. leg. 6. Digest. de distract. pignor.* Un créancier chirographaire n'a pas le droit d'offrir ; & s'il paye à un créancier hypotequaire, il n'est pas subrogé sans stipulation, étant réputé étranger à l'egard des biens, qui ne lui sont pas obligés.

CCLXXXVI.

Item, quand aucun a pris un heritage à rente & à ce s'est obligé *à toujours ou à tems, & promis ledit heritage entretenir*, tellement que ladite rente y puisse être perçûe, tel preneur ne se peut départir dudit contrat de prise, ni renoncer à icelle prise, sans l'exprès consentement du bailleur, ou de celui qui aura cause de lui.

A toujours ou à tems, & promit ledit heritage entretenir.] Il faut entendre cette clause conjointement ; de sorte qu'il ne suffit pas, que le preneur se soit chargé de payer la rente à toujours ou à tems, pour l'exclure du déguerpissement : mais il faut avec cela qu'il ait promis entretenir l'heritage en valeur, *ut minus idatur jus communue* ; l'effet de cette particule &, étant de joindre, ou de disjoindre, suivant la qualité de la disposition dans laquelle elle est employée, quoique dise Loyseau, liv. 4. chap. 11. nomb. 9. du deguerpissement, où il interprète autrement cet article de notre Coutume. Et en effet, si on expliquoit les termes de cette clause séparément, il s'ensuivroit que le deguerpissement n'auroit jamais lieu en matiere de rentes foncieres dans notre Coutume : vû qu'il n'y a point de contrat de bail à rente, dans lequel le preneur ne se soit obligé de payer la rente à toujours ou à temps.

A toujours ou à tems.] Les rentes foncieres & de bail d'héritages, que cette Coutume appelle en plusieurs articles *Proprietaires*, sont perpétuelles & non rachetables de leur nature, de sorte même que si le preneur a stipulé dans le contrat la faculté de rachat en sa faveur, cette faculté, comme n'étant qu'une action personnelle, & contre laquelle la qualité du contrat reclame, se prescrit par trente ans, ainsi qu'il est singulierement décidé par l'article 120. de la Coutume de Paris, qui est reçû dans les autres Coutumes, comme étant fondé sur une raison universelle. Toutefois les rentes foncieres qui sont créées sur les maisons des villes & fauxbourgs, sont rachetables à toujours, en vertu des Ordonnances de Novembre 1440. Février 1539. Janvier 1552. & May 1553. lesquelles sont en vigueur : & en consequence sont intervenus divers Arrêts, qui en ont ordonné l'execution dans la ville de Beauvais, & même la Cour l'a jugé en des termes bien forts à l'égard des villes qui sont soumises aux Coutumes de Paris & d'Orleans : Car quoiqu'elles ayent été reformées depuis les Ordonnances, & que la premiere en l'article 111. ne parle que de la ville de Paris, & l'autre en l'article 270. de la ville d'Orleans seulement, par le moyen de quoi il semble qu'elles ayent voulu exclure les autres villes : néanmoins le contraire a été jugé par les Arrêts, & particulierement par deux des 13. May 1648. & 11. Août 1657. pour les villes de Pitiviers & de Boisgency ; le premier rendu entre Jacques Vidier d'une part, & Jean Malidore d'autre, sur l'appel d'une Sentence rendue par le Prevôt de Pitiviers ; & le second entre Gabriel Langlois & les Marguilliers de la Fabrique de S. Firmin de Boisgency, sur l'appel d'une Sentence du Prevôt du même lieu. *M. J. M. R.*

NOUVELLE OBSERVATION.

☞ Cet article n'a lieu qu'à l'égard du vendeur ou de celui qui a cause de lui par la délegation acceptée ; mais si l'acquereur étoit inquieté par un créancier anterieur à celui qui est délegué, comme il peut déguerpir à son égard, l'obligation personnelle qu'il avoit contractée par le contrat s'évanouit à l'égard du délegué.

La disposition de l'article est aussi rigoureuse à l'égard de celui qui est chargé d'une rente non remboursable, qui ne peut ni se liberer, ni déguerpir.

Sij

¶ S'il a promis d'entretenir l'heritage, en s'obligeant à toujours ou à tems, de même que l'acquereur du preneur oblige aux mêmes clauses.] Je croirois même que le preneur n'est pas obligé de réédifier si la maison avoit été incendiée par cas fortuit, de même que par le droit le légataire sous condition qui est obligé d'entretenir, n'est pas tenu de retablir suivant la loi *sumptus* 34. *de legat.* 1°. & le sentiment de Peregrinus à l'égard du substitué qui est obligé d'entretenir. *Peregr. art.* 40. *num.* 40.

[Quant au rachat il se fait non pas au denier vingt, mais sur le pied porté au contrat, quand il paroît, ainsi qu'il a été jugé par l'Arrêt de Rimaugis du 24 Juillet 1660. confirmatif de la Sentence du Comté de Beauvais du 17 Décembre 1659. L. L.] ¶ Ce qui s'entend des rentes sur maisons de Villes qui ne laissent pas de se racheter au denier sort quand le prix n'est pas marqué.]

C C L X X X V I I.

Item, *un locateur de maison*, le terme dudit louage échû, pour faire executer le conducteur, & lui faire garnir la main des biens pour le dû. Et s'il s'en part hors de ladite maison louée, & transporte tous ses biens, ledit locateur peut contraindre par Justice à remettre les biens meubles en ladite maison louée, pour faire execution sur lesdits biens, ainsi remis que dit est, jusques à la concurrence du dû dudit louage.

Un locateur de Maison.] La disposition de cet article est differente de celle de l'article 171 de la Coutume de Paris, en ce que celui-ci ne parle point des Fermes des champs, & ne porte point même que le proprietaire ait privilege sur les meubles qui sont en sa maison contre un autre créancier du locataire qui les aura fait saisir le premier ; mais seulement qu'il a droit d'obliger le locataire de garnir la maison de meubles, ou du moins de remettre ceux qu'il en a ôté ; au lieu que la Coutume de Paris passe plus avant, & établit, que le proprietaire doit être payé le premier, non-seulement sur les biens de son locataire, qui sont en la maison de ville qu'il tient de lui, mais aussi sur ceux qui se trouvent en sa Ferme des champs.

Si bien que la question étant entiere dans notre Coutume, & celle de Paris, qui est si singuliere en cette occasion, n'ayant aucun empire sur les autres, on en a abandonné la disposition pour suivre la raison écrite, qui a distingué les maisons des villes d'avec les Fermes des champs, en donnant privilege aux proprietaires sur les meubles qui se trouvent dans les premieres, & non point dans les autres : *Eo jure utimur, ut quæ in prædia urbana inducta, illatave sunt, pignora esse credantur, quasi id tacitè convenerit. In rusticis prædiis contra observatur, l. eo jure 4. D. in quib. cauf. pig. l. item quia D. de pactis. & l. certé 5. C. de locat. & cond.*

Le fondement de cette Jurisprudence, & la raison pour laquelle le Droit Romain n'a accordé aucun privilege au proprietaire sur les meubles qui sont dans la Ferme, resulte de ce que regulierement les édifices construits sur une Metairie, n'entrent pas en consideration pour augmenter le prix du fermage, lequel ne se paye qu'à proportion des héritages dont la Ferme est composée : si bien que le maitre doit se contenter d'avoir son privilege sur sa chose, & sur les fruits qui proviennent de ses héritages, sans vouloir l'étendre sur les autres biens du Fermier, qui procedent de son industrie particuliere ; & quoi qu'il en soit, qui ne doivent rien pour leur occupation : d'autant que les bâtimens d'une Ferme ne sont faits principalement que pour loger les grains, & les autres fruits de la terre.

Cette raison, sur laquelle la décision des loix est établie, nous doit faire dire, que lorsque dans la Campagne il se trouve des bâtimens qui sont loués, par la consideration de ce qu'ils sont, & non point par rapport aux héritages dont ils dépendent : comme sont les Hôtelleries bâties aux champs, & tous autres édifices qui meritent un loyer particulier, les meubles du locataire qui s'y rencontrent sont affectés, avec privilege au proprietaire pour le payement du loyer qui lui est dû. Ce qui convient fort bien aux termes des Loix, & à l'esprit du Droit Civil, qui ne distinguoit point la qualité des héritages par leur situation, mais par leur matiere & leur substance : pour raison de quoi nous avons un texte qui semble fait pour confirmer notre pensée, c'est en la loi *Urbana* 198. *D. de verb. signif. urbana prædia*, dit le Jurisconsulte, *omnia ædificia accipimus, non solùm ea quæ sunt in oppidis, sed & si forte stabula sunt, vel alia meritoria in villis & vicis, vel prætoria voluptati tantùm deservientia, quod urbanum prædium non locus facit, sed materia.*

Et ainsi la décision du Droit Romain étant fondée en raison, & d'ailleurs notre Jurisprudence Françoise en ayant tiré la matiere des hypotheques, particulierement pour ce qui est des privileges ; l'hypotheque légale des dots & des tutelles, n'ayant point d'autre fondement parmi nous que l'exemple de ce Droit, nous n'avons pas dû sans doute nous en éloigner en cette occasion : & ce d'autant plus qu'il s'agit d'étendre un privilege, ce que nous ne pouvons point faire sur l'autorité seule de la Coutume de Paris, qui ne peut pas avoir force de loi dans les autres Coutumes : tellement que sa disposition étant particuliere, elle doit être renfermée dans son territoire.

Nous voyons aussi que la Cour ne s'y est pas arrêtée, quand notre question s'est présentée dans ses autres Coutumes, dont nous avons même un Arrêt pour la Coutume de Senlis, duquel Maître Antoine Mornac fait mention sur la fin *in prædiis* 6. *D. in quib. cauf. pign. sed ut translata alia coloni mobilia per se qui liceat*, ce sont ses termes, *soli Parisiensium mores admittunt c. 171. Venit enim hoc ipsum Ordo amplissimus apud Sylvanectenses ; causam agente Petro Germano, licet contemnendi sit regio.*

Je n'ignore pas que Maître Julien Brodeau en son Commentaire sur M. Louet, lettre F. nomb. 4. fait mention d'un Arrêt contraire, rendu en la cinquiéme Chambre des Enquêtes le 9 Février 1630. par lequel il dit avoir été jugé en la Coutume de Vitry, qui ne determine point cette question, non plus que la nôtre, que le proprietaire d'une Ferme des champs, devoit être préferé à un créancier saisissant sur les grains, meubles & bestiaux trouvés dans la Ferme. Mais l'Arrêt dont parle le sieur Brodeau, ayant été rendu sur un procès par écrit, il est impossible de sçavoir s'il est intervenu sur la these générale & s'il n'a pas eu pour motifs des circonstances particulieres, qui pouvoient se rencontrer dans la contestation des parties.

Et de fait, la question s'étant depuis peu présentée en l'Audience de la Grand-Chambre, la Cour s'est tenue aux principes, & à ce qu'elle avoit auparavant jugé pour la Coutume de Senlis, en décidant pareillement dans la Coutume de Reims, qui ne termine point cette difficulté, non plus que la nôtre, que le proprietaire n'avoit point de privilege sur les meubles de son Fermier pour les arrerages de fermages qu'il lui devoit, par Arrêt du Lundi 22 Novembre 1655. donné sur les conclusions de Monsieur l'Avocat Général Talon. *M. J. M. R.*

NOUVELLE OBSERVATION.

Il semble que ces mots de *sa maison ou heritage*, qui sont dans l'article suivant, décident, que le même privilege a lieu sur les meubles apportés dans la Ferme des champs, parce que le privilege suit ordinairement la gagerie; & quoique les privileges ne s'étendent pas, neanmoins il y a d'autant plus de sujet d'accorder dans les autres Coutumes le même privilege, que donne celle de Paris sur les meubles du Fermier, parce que dans les Provinces l'on ne subsiste pas des loyers de maisons des villes, mais des revenus des Fermes de la Campagne, dont l'on transporte souvent les grains aussitôt qu'ils sont séparés du fonds. L'Arrêt de Mornac parle seulement du droit de suite, qui n'a pas lieu en cette Coutume, même pour fermages, ni pour cens, sur les fruits transportés hors la Seigneurie, à moins qu'ils n'ayent été vendus étant encore sur pied. Mais cet Arrêt n'exclud pas le privilege sur les meubles trouvés dans la maison ou heritage, qui reste souvent la seule assurance du proprietaire. ¶ A Beauvais le privilege du proprietaire sur les meubles, commence à s'établir. Mais je n'ai pas encore vû distraire l'estimation du loyer de la maison qu'occupe le Fermier, pour le faire prendre par privilege sur les meubles: pour une plus grande assurance on pourroit par le bail fixer séparément le prix de la maison, ayant loué l'habitation; il y a plus de raison d'accorder le privilege sur les meubles.]

Au reste, l'on ne fait aucune difficulté de donner privilege au proprietaire sur les chevaux ou bestiaux, tant qu'ils sont nourris des fruits qui procedent de son fonds: autrement le privilege du proprietaire seroit inutile, si les autres créanciers qui ne les peuvent pas saisir, y venoient par contribution. ¶ Il semble aussi qu'il doit y avoir privilege sur les charrettes, charrues, harnois, & autres ustencilles de Ferme, *licet invecta & illata.* Le proprietaire d'un Moulin a aussi privilege sur les meubles trouvés dans le Moulin, n'ayant point d'autre sureté.

Cette préférence sur les meubles des maisons des villes, n'a lieu aussi que pour une année, & non pas pour tous les loyers; parce que l'on pourroit frustrer les créanciers par une saisie collusoire, faite sous le nom du proprietaire qui est payé, ou qui a pû se faire payer. C'est ce qui est décidé par l'article 274. de la Coutume de Vermandois. La Fond sur l'art. 275. veut qu'à l'égard des Fermes des champs le privilege ait lieu sur les fruits pour les années precedentes, suivant les Arrêts rapportés dans Monsieur Louet, lettre F. n. 4. mais on limite ce privilege à trois années, pour empêcher la collusion, à moins que les fruits ne soient transportés hors la ferme, auquel cas il n'a lieu que pour une année.

¶ Dans une succession de deux Fermiers Generaux, il semble que l'ancien Fermier ait privilege pour le tems de l'année où les chevaux & bestiaux ont été nourris des fruits de son année, & le nouveau fermier à proportion de sa jouissance jusqu'à la saisie; mais ce qui est pendant par les racines lui appartient, aussi-bien que le privilege sur les meubles; si l'usage prévaut de l'adjuger.

A l'égard des meubles qui sont dans un Moulin, je crois qu'il suffit de donner privilege pour ce qui est échu de l'année, & le quartier entier commencé avant la saisie.

Suivant notre usage celui qui a affermé des terres ou des prés sans habitation, peut saisir les chevaux & bestiaux qui sont dans la maison particuliere du Fermier; mais il ne le pourroit pas dans une autre Ferme, au préjudice du proprietaire & entre plusieurs bailleurs, ils viendroient à proportion.

Je ne crois pas que le créancier du proprietaire puisse, comme exerçant les droits de son débiteur, dégrader une Ferme en laissant les chevaux & bestiaux.]

Il semble que l'on ne doit pas saisir les chevaux & bestiaux servans au labourage pour cens ou rentes proprietaires, à moins qu'il n'y ait assignat sur le Fermier, d'autant qu'il n'y a pour ce sujet assurance sur le fonds, outre le privilege sur les fruits: c'est pourquoi c'est contre l'esprit de l'Ordonnance, que l'on commence à autoriser les stipulations des contraintes par corps dans les baux a cens & à surcens. L'on juge néanmoins souvent au contraire, pour la validité de la saisie, mais elle ne peut être faite qu'après condamnation.

Suivant le sentiment de Coquille en sa question 203. le proprietaire qui voit que son Fermier abuse des fruits en les aliénant par avance, ou en les transportant hors de sa Ferme, les peut faire saisir, soit qu'ils soient separés du fonds ou non, encore que le terme du payement de son fermage ne soit pas encore échû, si mieux il n'aime donner caution, ou consentir que les fruits demeurent sequestrés, mais si le mauvais ménage du Fermier n'est pas justifié, on lui doit adjuger des dommages & interêts pour l'injure qu'on lui a faite, d'autant que l'on a suivi sa foi, & que qui a terme, ne doit rien.

Il y a droit de suite sur les biens transportés hors la Ferme, lorsque le Fermier les a vendus, étant encore pendans par les racines, parce que l'alienation est frauduleuse: mais après qu'ils sont perçus, le proprietaire se doit imputer, s'il n'a pas empêché l'enlevement.

☞ Le privilege du proprietaire d'une maison, a lieu pour un an dans ces provinces, pourvu que ce ne soit pas au préjudice du Roi, contre lequel il n'y a que six mois; ¶ & une année en faveur du proprietaire pour fermage, ce qui a lieu sur les chevaux, grains, & ustenciles d'un Moulin; mais il n'y a pas de privilege sur les autres meubles au préjudice de la Taille.] On donne aussi privilege à l'égard des particuliers pour ce qui est échû de l'année courante, pourquoi l'on n'a pû agir: mais je ne crois pas que l'on doive étendre ce privilege aux dommages-interêts pour l'inexecution du bail à l'avenir; autrement le propriétaire absorberoit tout. Autre chose d'une ferme, où il peut user de son privilege sur les fruits. Ce privilege a lieu aussi pour les réparations de la maison, suivant la Loi 2. *in quib. cauf. pign. vel hypothec.* Pour les meubles d'une maison le privilege suit l'hypoteque tacite; à la vérité il y avoit hypoteque en vertu de la convention sur les meubles du Fermier suivant la Loi 5. *D. de locato.* Mais parmi nous les meubles n'ont pas de suite par hypoteque; car quoiqu'il y ait hypoteque en vertu du bail pour dommages-intérêts à cause de l'inexécution, ce n'est pas une suite qu'il y ait privilege sur les meubles au-delà d'une année quand il y a déconfiture.]

CCLXXXVIII.

Item, un locateur de soi, se peut gager sur les biens de son conducteur pour ledit louage, sans autre Sergent ou homme de Justice, quand il voit ledit conducteur s'en partir de sadite maison ou heritage loué avec ses biens, sans payer ledit louage par lui dû, & ce fait le dénoncer incontinent à Justice.

CCLXXXIX.

Item, une cédule privée qui portera promesse de payer, emporte hypoteque du jour de la *confession* d'icelle cédule faite en jugement, & sera le débiteur tenu garder suffisamment de biens, jusques à la concurrence du contenu en icelle, ès mains du créancier, en baillant caution suffisante par ledit créancier.

Confession.] Ou que par jugement elle soit tenue pour confessée faute d'aller reconnoître: ou du jour de la vérification, en cas qu'elle soit deniée, ce qui équipolle à confession. *M. J. M. R.*

CCXC.

Item, un répit ne peut avoir lieu contre le dû d'aucun à lui adjugé par Sentence diffinitive & contradictoire, & pour les dépens adjugés & taxés, louage de maison, arrérages de rente, *moisson de grains*, & dettes des mineurs contractées avec lesdits mineurs ou leurs tuteurs pendant leur minorité.

Moisson de grains.] Jugé en l'Audience de la Grand'Chambre par Arrêt du 24. Janvier 1607. infirmatif de la Sentence du Bailly de Senlis, que la femme d'un Fermier obligée solidairement avec son mari, & duquel elle avoit accepté la communauté, n'étoit pas recevable au bénéfice de cession. *M. J. M. R.*

CCXCI.

Item, en matiere de déconfiture, chacun créancier vient à contribution au sol la livre, sur les biens meubles du débiteur, & *n'y a point de prérogative.*

Et n'y a point de prérogative.] *Scilicet* entre les créanciers ordinaires, *secus* s'il s'en rencontre de privilegiés établis par le Droit commun, lesquels nous admettons dans cette Coutume.

Il a été jugé en cette Coutume par Arrêt donné au Rôle de Senlis le dernier Janvier 1617. que les Gardiens étrangers, en la possession desquels les meubles saisis ont été actuellement déposés, n'étoient pas déchargés après deux mois du jour d's oppositions jugées, & qu'ils sont obligés de les représenter jusqu'à ce qu'ils les ayent rendus, ou qu'ils se soient fait décharger. *M. J. M. R.*

A. GUILLARD, N. THIBAULT, N. MOREL, J. ROUSSEL.

¶ L'Auteur des Nouvelles Observations ne s'est pas étendu, comme il le pouvoit, sur la matiere de plusieurs autres articles de cette Coutume, de peur de répeter ce qu'il a déja remarqué sur la Pratique de Lange, sur les Traités de M. J. M. R. & sur la Conférence des Coutumes de Fortin, qui doit être réimprimée dans peu. Parmi ses remarques sur cette Coutume, il y en a quatre ou cinq du sieur Leullier, Procureur Fiscal de la Pairie de Beauvais, un des plus habiles de leurs Consultans, qui avoit travaillé à revoir l'Ouvrage le dernier mois de sa vie pour le bien de la paix; & il eût été à souhaiter que ses jours eussent été au moins prolongés de quelques mois, afin qu'il eût eu le loisir de pouvoir contribuer à la perfection de l'Ouvrage.

Fin de la Coutume de Senlis.

PROCÈS-VERBAL
DES COUTUMES
DU
BAILLIAGE DE SENLIS.

E Samedi seiziéme jour du mois d'Août l'an mil cinq cens trente-neuf, Nous André Guillard, Conseiller du Roi notre Sire, & Maître des Requêtes ordinaire de son Hôtel, & Nicole Thibault, aussi Conseiller & Procureur Général dudit Seigneur, Commissaires commis par le Roi, pour la réformation & rédaction des Coutumes du Bailliage de Senlis, & anciens ressorts d'icelui, partîmes de la Ville de Paris pour aller en la Ville de Senlis, pour faire publier & arrêter les Coutumes du Bailliage dudit Senlis, & anciens Ressorts d'icelui, en ensuivant le contenu des Lettres Patentes & Commission du Roi notre Seigneur à nous adressans : desquels la teneur ensuit.

François, par la grace de Dieu, Roi de France : A nos amés & féaux Conseillers, Maître André Guillard, Maître des Requêtes ordinaire de notre Hôtel, & Nicole Thibault notre Procureur Général, salut & dilection. Comme suivant le vouloir, intention & Ordonnance de nos Prédecesseurs Rois de France, Nous ayons par l'avis & délibération de plusieurs bons, grands & notables Personnages de notre Conseil Privé, tant de notre Sang, qu'autres, ordonné pour le bien & soulagement de nos Sujets, certitude & reglement d'iceux, quant aux Coutumes des Pays & Provinces où ils sont demeurans, & obvier aux frais, mises & dépens qu'il leur conviendroit faire pour la preuve & vérification desdites Coutumes, & ôter toute ambiguité & difficulté d'icelles preuves, & aussi toutes matieres de procés provenant bien souvent de l'incertitude de la preuve desdites Coutumes, & que toutes chacunes les Coutumes des Bailliages & Sénéchaussées de notre Royaume, appellés les trois Etats en chacun desdits Bailliages & Sénéchaussées, & sur ce leur avis & délibération, seroient rédigées par écrit par certains Commissaires qui à ce faire seroient par nous députés, & réformées où elles se trouveroient en aucun endroit abusives & déraisonnables au profit & utilité de nos Sujets, ou contre nos droits, prérogatives & autorités, & icelles rédigées seroient publiées par nosdits Commissaires ès Sieges tant principaux que particuliers de nosdits Bailliages & Sénéchaussées. En faisant par eux, de par nous, inhibitions & défenses à tous nos Sujets de n'alléguer autres Coutumes que celles qui seroient rédigées par écrit, & de faire dorénavant preuves d'icelles Coutumes en aucune maniere que ce soit, si ce n'est par l'extrait du Regiftre d'icelles, & que lesdites Coutumes ainsi rédigées seroient rapportées en notredite Cour de Parlement, pour en icelle être homologuées & enregistrées. Et si à la rédaction desdites Coutumes ou aucune d'icelles y avoit opposition formée, que les opposans seroient sommairement oïs par nosdits Commissaires, pour puis après en ordonner, ou en faire par eux leur rapport en notredite Cour, afin d'en être par elle ordonné, ainsi qu'il appartiendra par raison ; & ce sans la retardation de la rédaction & publication desdites Coutumes, à la charge de ladite opposition quant aux articles, pour le regard desquels ladite opposition seroit formée. Et suivant nosdits vouloir, intention & Ordonnance, ont été lesdites Coutumes rédigées par écrit en la plupart des Bailliages & Sénéchaussées de notredit Royaume, excepté notre Bailliage de Senlis, & anciens Ressorts d'icelui, & quelques autres. Pour ce est-il que Nous voulons pourvoir à la tranquillité, repos & sûreté de nos Sujets en notredit Bailliage de Senlis, & anciens Ressorts d'icelui, & ôter le plus qu'il sera possible, toute matiere & occasion de procés, dûement avertis de vos bonnes diligences, soin, providence, science & expérience : vous mandons par ces Présentes, commettons & enjoignons vous transporter en notre Ville & Cité de Senlis, lieu capital dudit Bailliage, & là faites assembler les trois Etats, ou la plus grande & saine partie d'iceux, en réformant par leursdits avis & accord ce que l'on trouvera être à réformer ès Coutumes anciennement gardées audit Bailliage, & y ajoutez & diminuez ce que vous verrez être à faire, & trouverez à propos être fait par l'avis & délibération de ladite assemblée, ou de la plus grande & saine partie, comme dit est. Et s'il y a aucunes oppositions formées à la rédaction & réformation desdites Coutumes, oïrez sommairement les opposans, & ordonnerez promptement, si faire se peut, ou réserverez à en faire votre rapport en notredite Cour de Parlement, pour être par elle fait droit sur lesdites oppositions en procedant à l'homologation & enregistrement desdites Coutumes ; sans pour ce differer de proceder à la rédaction & publication desdites Coutumes, tant aux Sieges dudit Senlis, qu'autres particuliers de notredit Bailliage, & anciens Ressorts. A la charge toutefois, & sans préjudice des oppositions qui feront formées à ladite rédaction & publication quant aux articles, pour le regard defquels lefdites oppofitions auront été formées tant feulement, & fauf à y faire droit préalablement par notredite Cour, avant que de proceder à l'homologation & rédaction defdits articles, pour le regard defquels ladite oppofition auroit été formée. Et en faifant faire ladite publication, ferez défenfes à tous nos Sujets demeurans en notre Bailliage de Senlis, & anciens Refforts d'icelui, & à tous autres d'alleguer autres Coutumes que celles qui feront rédigées par écrit, & d'en faire autre preuve que par l'extrait du Regiftre d'icelles, vous donnant au demeurant mandement & pouvoir fpécial de faire tout ce que verrez être utile & néceffaire pour la rédaction, réformation & publication defdites Coutumes, quoique la chofe requît mandement plus exprès, & de contraindre tous ceux qui pour ce feront à contraindre, à y obéir par toutes voyes dûes & raifonnables, ainfi que verrez que le cas le requerra. Car tel eft notre plaifir. Donné à Paris le deuxiéme jour de Juillet mil cinq cens trente-neuf, & de notre Regne le vingt-cinq. Ainfi figné par le Roi, de la Chenaye. Et fcellé fur fimple queue de cire jaune, &c.

Pour les Gens d'Eglife de la Châtellenie de Senlis, Révérend Pere en Dieu Monfieur l'Evêque Comte de Beauvais, Pair de France, qui eft comparu par Maître Jean le Roi fon Procureur audit Comté, affifté de Maître François Piochet Baillif dudit Seigneur, lefquels tant pour ledit Seigneur Evêque, que pour autres fes Officiers & Sujets, ont dit, qu'à caufe des droits, privileges & prérogatives de fa Pairie & de fondit Comté, qu'il tient en Pairie du Roi notredit Seigneur, il n'eft tenu plaider ni comparoir au moyen de quelques affignations à lui baillées ailleurs qu'en la Cour de Parlement, & n'eft en rien fujet du Bailliage & Châtellenie de Senlis, ni fefdits Baillifs & Officiers; mais font les appellations de fondit Baillif reffortiffantes nuement en la Cour de Parlement. Et à cette caufe n'eft ledit Révérend Pere, ni fefdits Baillifs, Officiers, ni autres fes fujets tenus d'obéir à l'ajournement & commandement à lui faits de comparoir audit Senlis & à fefdits Officiers touchant lefdites Coutumes. Mêmement qu'en ladite Comté de Beauvais il y a Coutumes locales généralement gardées en icelui Comté & Pairie, lefquelles font diftinctes & differentes des Coutumes de la Châtellenie dudit Senlis; mais néanmoins parce que ledit Révérend Pere a plufieurs Terres & Seigneuries affifes en divers lieux, doutant qu'aucune chofe ne fût faite audit Senlis au préjudice de fes droits & de fes fujets efdites Terres, il avoit envoyé audit Senlis fefdits Baillifs & Procureur, lefquels ont protefté & proteftent que ladite comparence ne puiffe nuire ni préjudicier à fefdits droits, prérogatives, ni à fefdits Officiers & Sujets de fondit Comté. Proteftant auffi que ce qui fera fait audit Senlis ne puiffe préjudicier aux Coutumes locales & particulieres de fefdits Comté & Vidamé de Gerberoy, ni à fefdits droits. Déclarant outre qu'il empêchoit & s'oppofoit à ce qu'aucune chofe ne fe faffe au préjudice de fefdits droits & prérogatives, & defdites Coutumes de ladite Comté, lefquelles il entend bailler en la Cour de Parlement; en laquelle Cour il requiert être renvoyé le débat qui pourroit être fur ce que l'on voudroit faire audit Senlis contre lefdits droits de Pairies & Coutumes locales de fondit Bailliage de Beauvais & Vidamé de Gerberoy, requerant lettre de ce. A laquelle proteftation & oppofition ledit Procureur du Roi a répondu, qu'il ne veut dénier que la Comté de Beauvais ne foit en Pairie, & que les droits, prérogatives & prééminences de Pairie ne foient gardés & entretenus à la raifon au profit de mondit Seigneur de Beauvais, & que pour les droits de fadite Pairie & de fes Domaines, il les puiffe pourfuivre en la Cour de Parlement fur la propriété, & en la Cour des Requêtes fur la poffeffion, ou devant ledit Baillif de Senlis, fi bon lui femble. Mais entant que touche la Jurifdiction ordinaire adminiftrée par fes Juges & Officiers entre fes fujets, la connoiffance & reffort par appel en a été notoirement tenue, gardée & obfervée pardevant ledit Baillif de Senlis, ou fon Lieutenant en fes affifes dudit Senlis, & ainfi en a été ufé de tout tems, & n'eft mémoire d'homme au contraire jufques à certain tems, que les prédéceffeurs dudit Evêque ont empêché le reffort ordinaire de ladite Jurifdiction, fur lefquels empêchemens fe font mûs plufieurs procès en demandant & en défendant en diverfes Inftances, & pour divers cas entre mondit Seigneur & fes Officiers, & ledit Procureur du Roi & autres parties particulieres pour leur interêt, la plupart defquels & les principaux font en la Cour de Parlement indécis & fans difcuffion du differend de la Jurifdiction. Et à ces caufes, ledit Procureur du Roi foutient, que fuppofe que le reffort de ladite Jurifdiction ordinaire dudit Baillif & autres, Officiers de Beauvais demeurât en ladite Cour de Parlement comme ils le prétendent par le privilege de Pairie; Néanmoins la chofe eft notoire, & ne le fçauroit ignorer mondit Seigneur de Beauvais ni fes Officiers, que ladite Ville & Comté de Beauvais eft affife, comprife & enclofe ès fins & limites de ladite Châtellenie de Senlis, & par conféquent dudit Bailliage, & qu'il foit ainfi, ledit Seigneur à préfent Evêque de Beauvais à fon avenement, a requis & en la main-levée du temporel dudit Evêché faifi, & étant en la main du Roi par le trépas de fon prédéceffeur, pardevant ledit Baillif de Senlis ou fon Lieutenant Général audit lieu, avec ledit Procureur du Roi & l'Avocat dudit Seigneur audit Bailliage. En quoi appert ledit Comté & Ville de Beauvais être dudit Bailliage de Senlis & de la Jurifdiction & reffort d'icelui, & eft par l'acte & connoiffance que ledit Baillif de Senlis ou fon Lieutenant, a eu de ladite main-levée, démontré que s'il eût été ou étoit autrement, ledit Evêque n'eût requis ladite main-levée ni l'enterinement des Lettres fur ce par lui obtenues du Roi pardevant ledit Baillif de Senlis, ou fondit Lieutenant, & ne fe voudroit pas avouer d'un autre Bailliage que de Senlis, ou d'une autre Châtellenie particuliere en icelui Bailliage de Senlis; & eft plus condigne & décent être fous la Châtellenie de Senlis, qui eft le chef-lieu & la plus belle Châtellenie des autres, fous laquelle Châtellenie à ces titres & moyens ledit Comte de Beauvais feroit & eft fujet refponfable ès cas Royaux réfervés au Roi. Ces chofes confiderées, il s'enfuit bien, & il n'y a point de répugnance au privilege de Pairie, ni au reffort de ladite Jurifdiction, foit en la Cour de Parlement, ou foit au Siege de Senlis, que ladite Ville & Comté de Beauvais ne foit affife & comprife en ladite Châtellenie de Senlis, & par conféquent en termes généraux, être à regler & conduire felon les Coutumes, ufages & ftiles généraux de ladite Châtellenie de Senlis, fans préjudice aux Coutumes locales defdites Villes & Comté de Beauvais, & des droits particuliers que mondit Seigneur y a, & peut avoir, dérogeans à ladite Coutume générale. Sur quoi a été par Nous ordonné que lefdits Evêque & Procureur du Roi, *hinc inde*, auront Lettres de leurfdites proteſtations, & fur l'oppoſition formée par ledit Evêque, nous l'avons renvoyé à la Cour, & neanmoins déclaré que nous paſſerons outre à tout le moins par maniere de proviſion en tant qu'à lui eſt. Révérend Pere en Dieu Monſieur l'Evêque de Senlis, par Pierre de Saint Gobert ſon Procureur. Les Doyen, Chanoines & Chapitre de l'Egliſe Saint Pierre de Beauvais, par Maître Antoine Pilan Chanoine de ladite Egliſe, & Maître Martin Thierry leurs Procureurs. Les Doyen, Chanoines & Chapitre de l'Egliſe de Notre-Dame de Senlis, par Maître Pierre Fouquet Archidiacre, & Nicole Truyat Docteur en Théologie, Chanoines de ladite Egliſe, Procureurs & délegués d'icelle. Les Doyen, Chanoines & Chapitre de l'Egliſe Collegiale S. Rieule de Senlis, par Jean Deſprez leur Procureur, en la préſence dudit Truyat, Doyen & Chanoine de ladite Egliſe. Les Doyen, Chanoines & Chapitre de S. Frambould de Senlis, par ledit Deſprez, auſſi leur Procureur. Les Religieux, Abbé & Convent de Chauillis, l'Abbé préſent, & les Religieux & Convent par Pierre de Bonvillier leur Procureur. Les Religieux, Abbé & Convent de Saint Vincent de Senlis, par Jean Deſprez leur Procureur. Les Religieux, Abbé & Convent de la Victoire lez ledit Senlis; Arnould de Ligny, Abbé préſent, & les Religieux & Convent, par Jacques Methelet leur Procureur. Les Religieux, Abbé & Convent de Royaumont par Louis Fouquet leur Procureur, en la préſence de Frere Jean Charpentier l'un defdits Religieux. Le Prieur & Convent de S. Maurice de Senlis, par Frere Lambert Hormant Prieur en perſonne. Les Religieux, Prieur & Convent de S. Nicolas Dacy lez ledit Senlis, par Pierre Lobry leur Procureur, en la préſence de Frere Andry Boucher Sous-Prieur. Le Prieur de S. Chriſtophe en Hallate en perſonne. Les Religieuſes, Abbeſſe & Convent de Cheſtes ſainte Baupraire, à cauſe d'un Fief qu'elles ont à Barron, par Jean Deſprez leur Procureur. Les Religieux, Abbé & Convent de ſainte Genéviéve à Paris, Seigneurs de Borrêts, abſens : contre leſquels audit Procureur du Roi, ce requerant, avons donné & octroyé défaut à faute de comparoir ni autre pour eux, ſauf deux jours prochains. Et neanmoins & nonobſtant ledit ſauf, nous avons dit tant pour eux que pour les autres abſens & défaillans ci-après nommés, qu'il ſera procédé au fait de la rédaction, reformation & homologation des Coutumes dudit Baillage, ſelon leſdites Lettres Patentes du Roi, auſſi-bien en leur abſence comme en leur préſence, comme il appartiendra par raiſon. Les Religieuſes, Abbeſſe & Convent de Montmartre, Dame de Barbery, abſentes. Le Commandeur de Saint Jean de Senlis & de Laigny-le-Secq, pour lequel Jean Deſprez Procureur à Senlis, a dit être Procureur en ſes cauſes, offrant comparoir pour lui, duquel il a dit ne ſçavoir recouvrer promptement procuration ſpéciale, parce qu'il dit être en l'Iſle de Malte Gouverneur des Navires des Chevaliers de l'Ordre de S. Jean de Jeruſalem, à la conſervation de la Chrétienté. Sur quoi a été donné défaut, & par vertu d'icelui a été ordonné comme deſſus. Les Religieux, Abbé & Convent de S. Denis en France, Seigneurs de Plailly, Eſtrées, S. Denis Moinillier, Goulmeux & autres Terres à eux appartenans aſſiſes au Baillage de Senlis, par ledit Deſprez leur Procureur, en la préſence de Frere Mathieu Frezon Religieux de ladite Abbaye. Les Religieuſes, Abbeſſe & Convent du Moncel, Dames uſufructuaires de Pontpoingt, par Daniel Vizet leur Procureur. Les Religieux, Prieur & Convent de S. Leu Deſſerens, par Louis Foucquet leur Procureur, en la préſence de Frere Olivier Pot, Sous-Prieur & Aumônier dudit Prieuré. Le Prieur de Freſnoy en Beauvoiſis, abſent. Le Prieur de Pont S. Maixince, abſent. Le Prieur de S. Martin lez Longueane, abſent. Contre leſquels a été donné défaut comme deſſus, ſauf deux jours ; & le xix. jour dudit mois d'Août eſt comparu ledit Prieur de S. Martin lez Longueane en ſa perſonne, qui a été relevé dudit défaut.

Pour les Nobles de la Châtellenie, y ſont comparus haut & puiſſant Seigneur Meſſire Anne de Montmorency, Chevalier de l'Ordre du Roi, Premier Baron, 1 Connétable, Grand Maître de France, Comte de Beaumont, par Yvon Pierre, Ecuyer, Seigneur de Bellefontaine, ſon Maître d'Hôtel, & Jean Deſprez ſes Procureurs. A l'évocation de laquelle comparution, par Maître Simon le Grand Baillif de Beaumont, a été dit que combien que mondit Seigneur le Connétable Comte dudit Beaumont, ſoit appellé en ce lieu de Senlis pardevant Nous, pour la réformation & rédaction des Coutumes du Baillage de Senlis, ce neanmoins ledit Comte n'eſt en rien ſujet au Baillage de Senlis ; mais c'eſt un Baillage du tout diſtinct & ſéparé, où il y a tous Officiers Royaux non ſujets au Baillif de Senlis, même étoit Baillif en chef du Comte dudit Beaumont, & tel reçu en la Cour de Parlement ſans aucun contredit. A cette cauſe ledit le Grand a proteſté que la comparence qu'il fait pardevant Nous en ce lieu ordonné & élu par le Roi pour proceder au fait de la rédaction deſdites Coutumes dudit Senlis & Beaumont par un même moyen, 2. au ſoulagement du peuple, ne lui puiſt nuire ne préjudicier, ni à ſes ſucceſſeurs Baillifs. Et par Maître Henry de Trumegine, Procureur du Roi audit Comté, ont été faites pareilles proteſtations que deſſus, & déclaré que ſadite comparence étoit ſous la Commiſſion du Roi à nous donnée, & non autrement. Par le Procureur du Roi audit Baillage de Senlis, aſſiſté de l'Avocat dudit Seigneur, a été dit que par charte dont il a fait apparoir promptement & de tous tems & ancienneté, ledit Comté de Beaumont avoit été & étoit dudit Baillage de Senlis & ancien reſſort d'icelui, & comme étant tel, étoit mandé par leſdites Lettres Patentes à Nous adreſſans pour le fait & acte de préſent, appeller les Etats dudit Comté au Siege dudit Senlis pardevant Nous : ce qui avoit été fait à juſte cauſe. Et pareillement la comparence que ledit Seigneur Connétable y faiſoit, lequel il avoit fait appeller pour ce qu'il tient ledit Comté à faculté de rachat, faiſant proteſtation contraire à celle deſdits Baillifs de Beaumont & Procureur du Roi audit lieu. Sur quoi a été par Nous ordonné que leſdits Baillif, Procureur du Roi de Beaumont, & Procureur du Roi audit Baillage de Senlis, auront lettres de leurs déclarations, remontrances & proteſtations. Noble & puiſſant Seigneur Meſſire François de Montmorency, Seigneur de la Rochepot & de Mello, 3 Conſeiller Chambellan ordinaire du Roi, Chevalier de ſon Ordre,

1 *De l'Iſle de France, depuis érigé en Duché de Montmorency.* C. M.

2 *Quia una & eadem conſuetudo.* C. M.

3 *Frere du Connétable.*

Gouverneur de Paris & Isle de France, à cause de sa Baronnie, Châtel & Châtellenie de Mello & des terres de Maisel & autres à lui appartenans en sa personne, assisté de Maître Nicole le Bled Licentié ès loix , son Baillif, & Louis Foucquet son Procureur. Jean de Maricourt, Ecuyer, Seigneur, Baron & Châtelain de Moucy le Châtel par Maître Jacques Barthelemy, Licentié ès loix , son Baillif , & Daniel Vizet son Procureur. Ledit de Montmorency Seigneur Connestable , à cause de son Châtel, terres & Seigneuries de Chantilly, Mont Espilloer , Chaverey , & autres Seigneuries assises en la Châtellenie dudit Senlis par lesdits Yvon Pierres & Jean Desprez sesdits Maître d'Hôtel & Procureur. Jacques Vauldray , Ecuyer Seigneur de Mouy sur Therain , par Jean Hubert son Procureur : Gilles du Fay, Ecuyer Seigneur de Châteaurouge, par Pierre de Bonviller son Procureur : en appellant lequel de Fay , Louis Foucquet , Procureur de Louis de Fay , Ecuyer Seigneur de Fercourt, a protesté que ladite comparence & qualité de Seigneur de Châteaurouge que prenoit ledit Gilles de Fay ne lui pût préjudicier, parce qu'il prétendoit ladite Seigneurie de Châteaurouge lui competer & appartenir en partie. Au contraire ledit de Bonviller, pour ledit Gilles de Fay, a maintenu ladite Seigneurie lui appartenir , & soutenu que ladite qualité lui devoit demeurer , faisant protestations contraires à celles dudit Louis de Fay. Sur quoi nous avons ordonné que lesdites parties auroient acte de leursdites déclarations & protestations. Louis de Fay, Ecuyer Seigneur de Fercourt , par Louis Foucquet son Procureur, à l'appellation & comparence duquel ledit Procureur du Roi audit Comté de Beaumont , a dit que le Fief & Seigneurie de Fercourt est tenu du Roi à cause dudit Comté, & pour ce ne doit ledit de Fay être appellé & comparoir sous la Châtellenie de Senlis, mais sous ledit Comté en son ordre & lieu. Le Procureur du Roi au Bailliage de Senlis , dit qu'audit de Fay appartenoient autres terres , fiefs & Seigneuries par ledit Fercourt tenues en fief tant de Mello, Moucy le Châtel, que Mouy , assis audit Bailliage & Châtellenie, & qu'en tout évenement ladite comparence doit demeurer pour le regard desdites Seigneuries assises audit Bailliage de Senlis. Sur quoi a été par nous dit qu'en ce qui touche & regarde les terres, fiefs & Seigneuries appartenans audit de Fay, Seigneur de Fercourt, assis audit Bailliage de Senlis, la présentation & comparence faite à présent par lui , demeurera sans préjudice au surplus des droits & procès des parties. Messire Adrian de Ligny , Chevalier de Rary , par François Desprez son Procureur. Louis de Saint Simon , Ecuyer , Seigneur de Rasse & du Plessier Choisel , par Robert de Bonviller son Procureur. Pierre le Maire , Ecuyer , Seigneur de Parsifontaine , par Daniel Vizet son Procureur. Denis le Boucher , Seigneur du Fayet , par ledit Vizet son Procureur. Guillaume de Marne , Ecuyer , Seigneur de Versagny , en personne. Louis de Pontaillier, Ecuyer , Seigneur de Balagny-les-Senlis absent , défaut. Jvan de la Fontaine , Ecuyer , Seigneur Donguon , par François Desprez son Procureur. Nicolas de la Fontaine , Ecuyer Seigneur de Malgenestre , par ledit François Desprez. Nobles hommes Robert Anthoins & Maître Gilles Anthoins , Seigneurs de Barron , ledit Robert en personne , & pour ledit Maître Gilles. Marc de la Fontaine , Ecuyer , Seigneur de Bachetz , par François Desprez son Procureur. Robert de Moucy , Ecuyer , Seigneur de la Montaigne en personne. Charles du Croc , Ecuyer , Seigneur d'Apremont , présent. Louis Cromain , Ecuyer , Seigneur de Fontaines-les-Cornus , par Louis Foucquet son Procureur. Pierre des Friches , Ecuyer , Seigneur de Braslenses absent , défaut. Noble homme Maître Nicole Thibault , Conseiller du Roi & son Procureur Général , Seigneur de Montagny saint-Felice , en personne , qui a constitué son Procureur Daniel Vizet à ce présent. Noble homme & sage Maître René Baillet , Conseiller du Roi en sa Cour de Parlement de Paris, Seigneur de Seilly en Meulcien absent , défaut comme dessus. A l'appellation duquel est comparu Jean Poulain , Ecuyer , pour ladite Seigneurie , de laquelle il a dit être Seigneur en partie. Sur quoi François Desprez , soi-disant Procureur aux causes dudit René Baillet , a dit au contraire icelui Baillet être Seigneur dudit lieu , & a protesté que la comparence que s'efforceroit de faire ledit Poulain en la qualité dessusdite, ne pût préjudicier audit Baillet , disant ledit Poulain n'avoir aucun droit de Justice audit Seilly. Desquelles protestations a été ordonné que lesdits Poulain & Desprez , pour ledit Baillet auront lettres. Pierre de Hagues , Seigneur du Plessier Belleville , par Jacques Liore son Procureur. Dame Marie d'Estouteville , veuve de feu Messire Gabriel d'Alegre , Dame d'Oissery & saint Patheur absente , défaut , sauf deux jours. Damoiselle Antoinette de Bosqueaux , Dame de Verderonne , Montigny & la Briere , par Pierre de Bonviller son Procureur. Christophe de Paris , Ecuyer , Seigneur de Boissy le Château , par Jean Desprez son Procureur. Messire Antoine de Prat , Chevalier , Seigneur de Nainptoullet , à cause de sa Seigneurie de Marchemorelle , absent , défaut sauf deux jours. Les Seigneurs d'Armenonville & Pontharme, par Jacques Methelet leur Procureur. Le Seigneur de Ver sous Dammartin , absent , défaut. Messire Jean de Rambures , Seigneur dudit lieu à cause de sa femme , Dame usufructuaire de Verneul sur Oise , absent , défaut. Les Religieux, Abbé & Convent de saint Pierre de Laigny sur Marne , pour leurs Seigneuries de Droizelles , Ducy & Ognes , par Pierre de saint Gubert leur Procureur. Noble homme & sage Maître Jean-Jacques de Mesmes , pour sa Seigneurie de Mallassize , par Jacques Poullet son Procureur ; à l'appel & comparence dudit de Mesmes , le Procureur du Roi en la Châtellenie de Creil audit nom , & pour la Reine de Navarre , Dame usufructuaire dudit Creeil, a empêché que ladite comparence ne fût faite ni reçue sous la Châtellenie dudit Senlis , parce qu'il a dit , ladite Seigneurie Mallassize être nuement de la Châtellenie dudit Creeil. Sur ce , le Procureur au Bailliage de Senlis, garny l'Avocat dudit Seigneur , a dit au contraire , ladite Seigneurie être de ladite Châtellenie & Bailliage de Senlis , & que ladite comparence devoit demeurer en l'état qu'elle étoit , ce qu'a denié ledit Procureur du Roi de Creeil , alleguant que pour le Relief de ladite Seigneurie , y avoit différend & Procès entre lui pour le Roi & ladite Reine de Navarre , & ledit Procureur du Roi dudit Bailliage de Senlis. Auquel procès il a dit Sentence avoir été donnée à son profit. Ce que pareillement a denié ledit Procureur du Roi à Senlis, & où aucune Sentence seroit intervenue , si n'étoit-elle telle que la prétendoit ledit Procureur du Roi à Creeil , & si avoit appel interjetté d'icelle par ledit Procureur du Roi à Senlis. Sur quoi nous par provision sans préjudicier à leurs droits & procès pour raison du ressort de Jurisdiction pour ledit lieu de la Mallassize : Avons dit & ordonné que la comparence dudit Seigneur de Mallassize à cause de ladite Seigneorie, sera enregistrée comme étant assise audit Bailliage de Senlis. Dame Jeanne de Rieux, Dame de Seurnillées & Bertherand Eoffe, par Jean Desprez son Procureur. Gilles de Fay, Yde l'Orfévre sa femme. Jean, Seigneur de Pippemont, Marie l'Orfévre sa femme, à cause desdites femmes, Seigneurs Châtelains de Pontz sainte Maixence, comparant lesdits de Fay & sa femme, par Pierre de Bonviller, & lesdits de Pippemont & sa femme, par Jean Desprez leurs Procureurs. A l'évocation desquels Seigneurs Châtelains de Pontz, ledit Procureur du Roi a empêché que les susdits ne soient reçus à comparoir ni être appellés esdites qualitez de Seigneurs Châtelains de Pontz, mais comme eux disans Seigneur Châtelains dudit lieu, parce qu'il disoit le Roi être Seigneur direct. Lesdits Desprez & de Bonviller pour lesdits de Fay, de Pippemont & leurs femmes, ont soutenu que ladite qualité devoit demeurer, parce qu'ils ont maintenu être Seigneurs Châtelains dudit Pontz ; joint qu'en l'assemblée faite pour accorder les Coutumes dudit Bailliage en l'an mil cinq cens & six, le Seigneur ou Seigneurs Châtelains dudit Pontz qui étoient audit temps, ont été appellés & reçus en ladite qualité de Seigneurs Châtelains, & sur ce ledit Desprez, comme Procureur dudit Seigneur Anne de Montmorency, Connestable de France, Seigneur de Chantilly, s'est joint avec les dessusdits pour soutenir avec eux la qualité par eux prise comme ses vassaux tenans de lui, à cause de ladite Seigneurie de Chantilly en foi & hommage ladite Châtellénie de Pontz, employant ce que par eux a été dit cy-dessus. Et par ledit Procureur du Roi a été comme dessus empêché ladite qualité, tant à l'encontre d'eux que dudit de Montmorency, alleguant que par Sentence donnée au Siege du Bailliage de Senlis, il avoit été dit que lesdits de Pippemont & de Fay, seroient dits & intentés, eux disans Seigneurs Châtelains dudit Pontz. Sur quoi veu le cayer & registre du Procès verbal de l'assemblée, faite en l'an mil cinq cens & six, pour le fait des Coutumes dudit Bailliage, par lequel appert Pierre l'Orfévre soi être présenté lors & être comparu en ladite qualité de Seigneur Châtelain de Pontz, nous avons dit par provision & sans préjudicier aux droits & Procès desdites parties sur ladite qualité prétendue par lesdits de Fay & de Pippemont, qu'icelle qualité en laquelle ont été appellés & sont comparus, demeurera, dont ledit Procureur du Roi a appellé. Dame Adriane de Launois, Dame de Baurepaire, comparant, par Jacques Methelet son Procureur. Noble homme Maître Robert Daniel, Conseiller du Roi & Président des Comptes, Seigneur de la Tour d'Araines. Noble homme & sage Maître René Brinon, Conseiller du Roi & Président en sa Cour de Parlement à Bordeaux, Seigneur de Cires-lez-Mello, par Pierre de saint Gobert son Procureur. Jean de Herlant, Ecuyer Seigneur de Villiers sous saint Leu, absent, défaut nonobstant la comparence qu'aye offert faire pour lui Daniel Vizet son Procureur aux causes à Senlis, Jean Bourgeois son Prevôt, & Jean Godart son Procureur audit Villiers, non ayans procuration speciale de lui. Les Religieux, Abbé & Convent de saint Lucian-lez-Beauvais par ledit Maître Jean le Roi leur Procureur. Les Religieux, Abbé & Convent de saint-Quentin-lez-Beauvais, par Louis Fouquet leur Procureur. Les Religieux, Abbé & Convent de saint Symphorien lez-Beauvais, par Daniel Vizet leur Procureur. Les Chanoines & Chapitre Notre-Dame au Châtel de Beauvais, par Louis Colart leur Procureur. Les Chanoines & Chapitre saint Michel de Beauvais, par Louis Foucquet leur Procureur. Les Chanoines & Chapitre saint Barthelemy dudit Beauvais comparans par ledit Colart leur Procureur. Les Chanoines & Chapitre saint Nicolas dudit Beauvais, aussi par ledit Colart leur Procureur. Les Chanoines & Chapitre saint Vaast dudit Beauvais, par Pierre de Bonviller leur Procureur. Les Chanoines & Chapitre saint Laurent dudit Beauvais, par Jacques Methelet leur Procureur. Les Maîtres freres & sœurs de l'Hôtel-Dieu dudit Beauvais, par Louis Foucquet leur Procureur. Le Maître & Administrateur de l'Hôtel-saint Ladre dudit Beauvais, par ledit Foucquet son Procureur. Frere Jean de Ronquerolles, Abbé du Gar, Seigneur de Châtillon, Trocy & Anneul, par Jean Desprez son Procureur. Les Religieux, Abbé & Convent de saint Germer de Flay, Seigneurs de Tarne, par Germain Clopin leur Procureur. Laquelle comparence faite en cette matiere par lesdits de saint Germer ledit Maître Jean le Roi pour ledit Evêque & Comte de Beauvais, Pair de France, a protesté qu'elle ne puisse préjudicier audit Seigneur Evêque, parce qu'il a maintenu lesdits de saint Germer être sujets & vassaux d'icelui Evêque à cause de ladite Seigneurie de Tardonne, par eux tenu de lui en foi & hommage à cause dudit Comté de Beauvais, & partant lesdits de Saint Germer en ladite qualité n'être en rien tenus, sujets ni responsables au Siege dudit Bailliage de Senlis, mais pardevant le Bailly de Beauvais, & delà en la Cour de Parlement à Paris à cause de sadite Pairie. Et par le Procureur du Roi audit Bailliage de Senlis, assisté de l'Avocat dudit Seigneur, a été dit que les demeurans audit Comté de Beauvais étoient responsables par appel au Siege dudit Bailliage de Senlis, comme ils avoient été & étoient de tout tems & ancienneté, faisant protestation contraire à celle dudit le Roi audit nom. Sur quoi nous avons ordonné que lesdits le Roi au nom dessusdit & Procureur du Roi auront acte de leur dire & protestations, & néanmoins qu'il sera procedé au fait de la rédaction & émologation des Coutumes dudit Bailliage, quant ausdits de saint Germer en la qualité en laquelle ils se sont présentés, comme il appartiendra. Frere Mathieu Rondin Prieur du Prieuré d'Aneul, absent, défaut. Les Maire & Pairs de la Ville de Beauvais, comparans par ledit Maître Martin Thierry leur Procureur, en laquelle comparence ledit le Roi pour ledit Evêque & Compte de Beauvais a fait pareille protestation, pour le regard desdits Maire & Pairs qu'il a dit être sujets, ayant leur Siege & Jurisdiction en la Ville de Beauvais, que ci-dessus il a fait en la comparence faite par les Religieux, Abbé & Convent de saint Germer de Flay pour leur Seigneurie de Tardonne. Et par ledit Maître Martin Thierry, pour lesdits Maire & Pairs a été fait protestation contraire à celle dudit le Roi, protestans que son dire ne pût préjudicier ausdits Maire & Pairs leurs droits, Justices, privileges, usages, franchises, libertez, autorités & prééminences, disant que ledit Evêque de Beauvais ne peut faire, n'introduire quelques Coutumes locales en ladite Ville de Beauvais, sauf toutefois où il voudroit se faire ausdits Maire & Pairs, d'eux opposer, déduire leurs causes d'opposition, & faire tout ce qu'il appartiendra en tems & lieu. Maître François Piochet Baillif de Beauvais en sa personne, qui pour lui & en ladite qualité a employé ce que ci-dessus. En la comparence dudit Evêque de Beauvais a été dit par le Procureur dudit Evêque, tant pour ledit Evêque que pour ses Officiers. Et au contraire le Procureur du Roi a employé la réponse qu'il y a faite. Et a été sur ce donné par Nous tel appointement que fait a été pour icelui Evêque audit endroit. Pour les Nobles du Comté de Beauvais, sont comparus Messire Nicolas de Moüy, Seigneur Châtelain de Beauvais, par Germain Cloppin son Procureur. Messire Adrian de Pisseleu, Chevalier, Seigneur de Saint Leger, par Jean Dole son Procureur. Messire Jean de Lisle, Chevalier, Seigneur de Marivaux, Seigneur d'un fief assis à Senesfontaine, en sa personne. Noble homme Jean de Roncherolles, Seigneur d'Anneul, par Jean Desprez son Procureur. Jean de Brunaulieu, Seigneur de la Neuville sur Anneul, par Louis Foucquet son Procureur. En tant que touche lesquels de Moüy, de Pisseleu, de Lisle, de Roncherolles & Brunaulieu, que ledit le Roi Procureur dudit Evêque de Beauvais, a dit être les vassaux d'icelui Evêque à cause de sond. Comté pour les seigneuries & fiefs dessus déclarés à eux appartenans. Ledit le Roy a fait pareille remontrance & protestation qu'aussi il a fait ci-dessus en la comparence des Religieux, Abbé & Convent de Saint Germer de Flay, & des Maire & Pairs de la Ville de Beauvais. Et a pareillement été sur ce donné semblable Ordonnance ou appointement, Nicolas d'Auvergne, Seigneur d'un fief assis à Autheul, par Nicolas Billoüet son Procureur. Marguerite le Brun, veuve de feu Antoine de Gandechart, à cause des fiefs de Villotren & Masangny, absent, défaut. Pierre le Masson Seigneur de la Neufville, Messire Guernier en sa personne, Noble homme & sage Jean Danet, Chevalier, Président en la Cour des Généraux de la Justice à Paris, Pierre le Maire & Jean de Villers, Seigneurs de Berneu, ledit Danet par Jean Desprez son Procureur, lesdits le Maire & de Villers, absens, défaut. Encore ledit de Villers, Seigneur de Vaulx, absent, défaut. Ledit du Val, Seigneur de Villers sur There, en partie, absent, défaut. La veuve de feu Messire Antoine le Ville, en son vivant Conseiller du Roi, & Président en sa Cour de Parlement à Paris, & le Seigneur de la Forest, Seigneur d'Autheul, absens, défaut. Claude de Montmorency, Seigneur d'Aumont, absent, défaut. Jean de Mailly, Seigneur d'Aumaress, Seilly & Tillart, par Philippes Thureau son Procureur. Estienne Morel, Seigneur de Crecy & Hauteville, par Jean Desprez son Procureur. Madelaine de Marigny, Dame de Frincourt, absente, défaut. Jean du Val, Seigneur de Barthecourt en partie, absent, défaut. Ledit du Val, Seigneur de Villers sur Theram, en partie, absent, défaut. Le Seigneur de Monstreul sur Theram, absent, défaut. Jean de Micault, Seigneur de Laspine & de Lavercines en partie, par Pierre de Bonviller son Procureur. Louis Detcourtois, Seigneur de Marlemont en la Châtellenie de Mello, absent, défaut. Pharaon de Hannoïlles, Seigneur du Weruis en partie, en sa personne. Noble homme & sage Maître Nicole de Hacqueville, Seigneur de Villers-Saint Barthelemy, par Jean Desprez son Procureur. Maître Guy de Cotteblanche, Seigneur de Brachen, par Louis Foucquet son Procureur. Pierre Parent, Seigneur de Bourgaignemont, par Louis Foucquet son Procureur. Le Seigneur de Dampierre & dudit Bourgaignemont en partie, absent, défaut. Messire Velpasien Carnoitin, Seigneur d'Achy, par Nicolas Laurent son Procureur. Noble homme Maître Jean Danet, Seigneur de Frocourt & Berneul, par Jean Desprez son Procureur. Robert Dambour, Seigneur de Villembray, par Germain Cloppin son Procureur. Nicolas le Seellier, Seigneur de Bizencourt, absent, défaut. Yvon de   Seigneur de Lonenzer, absent, défaut. François de la Marche, Seigneur de Blicourt, absent, défaut. Balthasar de Chantelou, Seigneur de Lihus, par Jean Desprez son Procureur. Noble Seigneur Antoine de Halayn, Seigneur de Piennes & de Lihus en partie, par Jean Desprez son Procureur. François de Launoy Ecuyer, Seigneur de Morviller, absent, défaut. Le Seigneur de Granville, à cause de la Seigneurie de Tissoy, par Jean Desprez son Procureur. Messire Jean des Monceaux, Chevalier, Seigneur dudit lieu, Grosmevillier, Hermentiers & Hannoïlles, par Germain Cloppin son Procureur. Jean de Baaleu, Seigneur dudit lieu, absent, défaut. Messire Gisbert d'Apremont, Chevalier, Seigneur de Thalin & de Troissiteulx, & Dame Antoinette de Ballipat sa femme, par Jean Desprez son Procureur. Messire François de Serens, Seigneur de Somions, absent, défaut. Jean le Veneur, Seigneur dudit Somions en partie, absent, défaut. Maître Jacques Brion, Seigneur de Sanegines, absent, défaut. Philippes Rogines, Seigneur de saint Germain, absent; Pierre le Bassier, Seigneur de Bouavant & de Grincourt, par Louis Foucquet son Procureur. Maître Jean Tristan, Seigneur de Houssoy-le-Farsy & Paroisse de Troisséreux, par Jean Desprez son Procureur. Pour les Officiers du Roi audit Bailliage sont comparus Messire de Sains, Chevalier, Seigneur de Marigny, Echanson du Roi, Baillif & Capitaine de Senlis en sa personne. Noble homme Maître Nicole Morel, Licencié ès droits, son Lieutenant Général en sa personne. Noble homme Maître Philippes le Bel, Ecuyer, Licencié ès loix, Lieutenant Particulier dudit Baillif, en sa personne. Nobles hommes & sages Maîtres Jacques Barthelemy, Avocat du Roi audit Bailliage, en sa personne. Nicolas Coulon, Procureur du Roi aussi audit Bailliage, en sa personne. Jean le Prevost, Receveur ordinaire dudit Seigneur en icelui Bailliage en sa personne. Maître Jean Greslin, Licencié ès loix, Prevôt Forain de Senlis, en garde pour le Roi, en sa personne, qui a requis ce mot & qualité de Prevôt Forain être ôté & rayé, & être mis, intitulé Prevôt de Senlis simplement, qu'il a dit être la qualité & titre qu'on eu & dont ont usé de tout tems & ancienneté jusques à présent lui & ses prédécesseurs Prevôts. Sur ce Maître Claude Thureau Prevôt de la Ville dudit Senlis, a dit que ladite qualité de Prevôt Forain devoit demeurer, & ne se devoit ledit Greslin, dire ni intituler à présent n'en autres actes, Prevôt de Senlis, parce qu'il a dit être Prevôt de la Ville dudit Senlis & banlieue d'icelle. Ledit Greslin a soutenu au contraire, joint qu'en l'Assemblée faite audit Senlis en l'an mil cinq cens & six, des trois Etats, pour accorder les Coutumes dudit Bailliage, son prédécesseur avoit été présent & reçu à comparoir en ladite Assemblée, en ladite qualité de Prevôt de Senlis. Et à cette fin a requis le cayer ou Regiſtre de l'aſſemblée dudit tems de l'an mil cinq cens & ſix, étant en Jugement été lû au paſſage & endroit de la comparence de ſondit prédéceſſeurs. Et par les Avocat & Procureur du Roi audit Bailliage a été dit qu'en la matiere & differend d'entre leſdits Prevôts pour ladite qualité, le Roi n'avoit interêt. Sur quoi par notre Ordonnance a été lû ledit cayer ſur la préſentation & comparence faite par le prédéceſſeur dudit Greffin audit Office de Prevôt, & par ce eſt apparu leſdites préſentation & comparence avoir été & être faites par ledit prédéceſſeur comme Prevôt de Senlis. Auſſi ont été ouïs le Baillif dudit Senlis, ſon Lieutenant Général & les Lieutenans dudit Baillif à Chaumont & Compiegne, en chacun deſquels lieux & Châtellenies y a deux Prevôts comme audit Senlis ſur la maniere d'uſer auſdites Villes & Châtellenies au titre de nomination des Prevôts deſdits lieux, autres que les Prevôts de Ville : Qui ont dit, c'eſt à ſçavoir, leſdits Baillif & ſon Lieutenant Général qu'en ſes aſſiſes dudit Senlis, ledit Prevôt de Senlis avoit été & étoit aucunes fois nommé & intitulé Prevôt Forain, & aucunes fois Prevôt de Senlis. Auſſi qu'en la plupart des Sentences données au Siege dudit Bailliage pour les appellations interjettées dudit Prevôt, aucunes fois il eſt auſſi nommé Prevôt de Senlis, & autres fois Prevôt Forain, & leſdits Lieutenans de Chaumont & de Compiegne ; qu'en chacun deſdits lieux avec un Prevôt de Ville, y a un autre Prevôt qui ordinairement eſt nommé Prevôt Forain, & l'autre Prevôt de la Ville. En quoi faiſant & avant qu'appointer leſdits Prevôts ont ordonné de leur differer & matiere, Maître Nicole de Croiſettes Avocat, Robert de Bonviller Procureur, Paoul de Cornuailles & Chriſtophe le Bel Marchands, Gouverneurs & Echevins de ladite Ville de Senlis à ce préſens, tant pour eux que pour les autres manans & habitans de ladite Ville, fondés du pouvoir & délégation d'eux, dont ils ont fait apparoir & qu'ils ont mis devers nous, Et pareillement ledit Thureau Prevôt de la Ville de Senlis avec eux ont fait dire & remontrer que les habitans dudit Senlis & de la Banlieue, avoient interêt à la qualité de Prevôt de Senlis, que s'efforçoit prendre & dont vouloit uſer ledit Greffin, même qu'icelui Greffin eût connoiſſance & Juriſdiction de matieres perſonnelles & réelles pour raiſon de rentes & proprieté des héritages aſſis en ladite Ville & banlieue, pource que les frais des procès pardevant ledit Greffin Prevôt, étoient plus grands que pardevant ledit Prevôt de Ville, le Greffier duquel n'avoit que deux deniers pariſis, pour un appointement, ne valoit l'amende d'un défaut & autre ſimple amende devant lui que deux ſols ſix deniers pariſis : & devant ledit Greffin ſe prenoit par le Greffier ſix deniers pariſis pour un appointement, & ſi étoit dû ſept ſols ſix deniers pariſis pour un défaut & ſimple amende, & autres cauſes alleguées par leſdits Gouverneurs. Nonobſtant leſquelles ledit Greffin a perſiſté à la correction de ladite qualité, ſoutenant qu'elle devoit être & demeurer comme Prevôt de Senlis, dont il avoit uſé juſques à préſent, requerant que ſur la poſſeſſion qu'il a dit ſes prédéceſſeurs & lui dudit titre de Prevôt de Senlis, fuſſent ouïs & enquis tous les Procureurs & Praticiens au Siege dudit Senlis à ce préſens. Sur quoi nous avons ordonné par proviſion que la qualité de Prevôt Forain en laquelle ledit Greffin a été préſentement appellé, contenu & enregiſtré ci-deſſus, demeurera quant à préſent, ſans préjudice toutefois les Droits prétendus par leſdits Prevôts, dont ledit Greffin a appellé. Sont auſſi comparus Jacques Methelet Lieutenant Général dudit Prevôt, auſſi en perſonne, Maître Pierre Pammart, Prevôt d'Angy en garde pour le Roi, en ſa perſonne ; Guillaume Englart ſon Lieutenant Général, en ſa perſonne : Maître Claude Thureau Licencié ès loix, Prevôt de la Ville dudit Senlis, en ſa perſonne ; Maître Guy de Loris, Prevôt de Pontz-Sainte-Maxence, en ſa perſonne ; Nicolas Manneſſier, Maire de Brenulle, en garde pour le Roi, en ſa perſonne ; Jean Rouſſet, Prevôt de Pontpoingt, pour le Roi, en ſa perſonne ; les Gouverneurs, manans & habitans de la Ville dudit Senlis, par Maître Jacques Chaſtelain Avocat, Daniel Vizet Procureur, Jean Goſſet, & Jacques Dupuys, Marchands élûs & délégués, par leſdits habitans pour eux & la communauté d'eux, & par Maître Nicole de Croiſettes Avocat, Robert de Bonviller Procureur, Paoul de Cornuailles & Chriſtophe le Bel Marchands, Gouverneurs & Echevins de ladite Ville de Senlis auſſi délégués par leſdits habitans, fondés de pouvoir & délégation ſpéciale : Pour les Avocats dudit Senlis, ſont comparus ledit Maître Jean Chaſtelain en ſa perſonne ; Maître Nicole le Bel en ſa perſonne ; Maître Nicole Goſſet, Jean Barthelemy, Claude Martin, Mathieu Barthelemy, Claude Martine, Nicole Guerin, Raoul Coulom Enquêteur, Eſtienne le Bel, Antoine Harfaht, Nicole de Bonvillier, Eſtienne Methelet, Nicole Potdevin, en leurs perſonnes : pour les Procureurs, Maîtres Daniel Vizet, Philippes Thureau, Jean Deſprez, Pierre Lobry l'aîné, Guillaume Sanguin, Jean Rouſſel, Michel Vizet, Louis Colas, Pierre de Bonviller, Robert de Bonviller, Louis Foucquet, François Deſprez, Daniel Guillot, Jean Dole, Jacques Poulet, Pierre de Saint Gobert, Raoulant Thureau ; Pierre Châton, Pierre Fortier, Nicolas Laurent, Jacques Vizet, Nicolas Billoüet l'aîné, Noël Poullailler, Jean de Briquegny, Jacques du Queſnoy, Nicolas Lourdet, Jean Broullart, Clement Ancquier, Pierre Poulet, Nicolas Billoüet, Pierre Cornuel, Adam Germain, Claude Leger, Philippes Seguin, Pierre Mareſcot, Jean l'Aman, Robert Vizet, Pierre Lobry le jeune, Pierre Tempe, Antoine Fenneton, Jean Truyart, Antoine Trudelle, tous préſens : Nicolas Dole, Jean de Beauvais, Noël Poullailler, Guillaume Foucquet, Rieule Methelet, Pierre Rapine, Jean Barthelemy, Simon Débonnaire, abſens, défaut : Sont auſſi comparus pour les Etats de la Châtellenie de Compiegne, & de l'exemption de Pierrefons, fortiſſant audit Compiegne ; c'eſt à ſçavoir pour les Gens d'Egliſe : les Religieux, Abbé & Convent de ſaint Cornille de Compiegne, par Daniel Vizet leur Procureur : le Prieur de ſaint Pierre dudit lieu, abſent, défaut : les Doyen & Chanoines de ſaint Clement dudit Compiegne, abſens, défaut : Les Prieur & Religieux de ſaint Nicolas au Pont de Compiegne, abſens, défaut : Le Prieur de ſaint Nicolas le Petit audit lieu, abſent, défaut : Frere Jacques de Harquembourg, Commandeur du Temple dudit lieu, abſent, défaut : Maître Jean Sabre, Maître de ſaint Jean le Petit, abſent, défaut : Maître Nicole Chapuſot, Chappellain de la Chapelle du Roi audit Compiegne, abſent, défaut : Maître Bertrand de la Vernade, Maître de la Maladerie de Compiegne, abſent, défaut : Les Religieux, Abbé & Convent de ſaint Louis de Royale lieu, par Arnaud de Ligny, Prieur, en sa personne : Les Religieux, Prieur & Convent de Saint Pierre au mont de Chastres, par Pierre de Bonviller leur Procureur : Les Religieux, Prieur & Convent de la Joye, absent, défaut. Le Prieur de Rethondes, absent, défaut. Le Prieur de Chrisy absent, défaut : Le Prieur des Bons-Hommes près Choisi, absent, défaut. Les Religieux, Prieur & Convent de sainte Croix sous Auffemont, par ledit Robert de Bonviller : Le Prieur de saint Leger au Bois absent, défaut : Les Religieux, Abbé & Convent d'Ourcamps, à cause de leur Seigneurie de Bailly & autres, absens, défaut : Le Doyen & Chapitre Notre-Dame de Thourotte, absens, défaut : Le Prieur de saint Amant près ledit Thourotte, absent, défaut : Les Religieux, Prieur & Convent d'Esslencourt sainte Marguerite, absens, défaut : Le Prieur de Vignemont, absent, défaut : Le Prieur de Moncy le Perreux, absent, défaut : Le Prieur de Notre-Dame de Bouquy, absent, défaut : Pour les gens d'Eglise de l'exemption de Pierrefons, M. l'Evêque de Soissons, à cause de sa Terre de Septemons & autres, par Louis Fouquet son Procureur : Le Chapitre de Soissons, à cause de la Terre & Seigneurie d'Amblegny & autres, absens, défaut : Les Religieux, Abbé & Convent de S. Marc de Soissons, à cause de leur Terre & Seigneurie de Vix sur Aisne & autres, absens, défaut : Les Religieux, Abbé & Convent de S. Crespin de Soissons, à cause de leur Terre & Seigneurie de Pernand & autres, absens, défaut : Les Religieuses Nôtre-Dame aux Nonnains de Soissons, à cause de leur Seigneurie de Courmilles, Ressous, le Long & autres, absentes, défaut : le Treforier de l'Eglise de Soissons, à cause de la Seigneurie qu'il a ès Fauxbourgs saint Christophe, Ressous, le Long & autres lieux, absent, défaut : Les Doyen & Chanoines saint Pierre au Parvy, à cause de leur Seigneurie qu'ils ont à Crennes, absens, défaut : Le Prieur de Vix sur Aisne, absent, défaut : Le Prevôt de la Val, absent, défaut : Pour les Nobles de ladite Châtellenie de Compiegne, comparurent ledit Messire François de Montmorency, Seigneur de Rochepot ; à cause de ses Seigneuries d'Auffemont, saint Crespin, Tracy, Hollencourt & autres, aussi en sa personne, assisté de son Baillif ésdites Seigneuries ; ledit Messire Jean de Sains, Baillif de Senlis, pour sa Seigneurie de Marigny & autres lieux, en sa personne : Le Seigneur de Coudum, absent, défaut : Noble & puissant Seigneur Messire Jean de Humieres, Chevalier de l'Ordre du Roi, Seigneur de Moncy le Perreux & autres lieux, absent, défaut : Guillaume du Hamel, Ecuyer Seigneur de Belle-Eglise & d'Eslincourt en partie, absent, défaut : Jacques de Francieres, Ecuyer, Seigneur de Jaulx & de Fresnel, absent, défaut : Jean de Belque, Ecuyer Seigneur de Bouchelles & de Moliveq en partie, absent, défaut : Nicolas de Bombers, Ecuyer, Seigneur de Bangenlieu, absent, défaut : Le Seigneur Marchateglise, absent, défaut : Le Seigneur du Lude, à cause de sa Terre & Seigneurie de Pimprez, absent, défaut : Maître Jacques de Barthelemy, Ecuyer, Seigneur de Bienville en partie, par Jean Desprez : Jean Barthelemy, Ecuyer, Seigneur d'Annel, absent, défaut : Nicolas de Ponnereux, Ecuyer, Seigneur du Plessier-Brion, absent, défaut : Robert de Broulis, Ecuyer, Seigneur de Chevrieres, absent, défaut : Damoiselle Françoise de Ferrieres, Dame de Nieul le Val, & autres lieux, par Jean Desprez son Procureur : Raoul le Feron, Seigneur de la Bruyere, absent, défaut : François de Sermois, Seigneur de Berneul en partie, absent, défaut : Le Seigneur de Tracy le Val, absent, défaut : Antoine de Bournonville, Ecuyer, absent défaut : Le Seigneur Desmoulins, nommé Gérard de Verlin, absent, défaut : Maître Jean Louvet, Avocat à Compiegne, & Damoiselle Jacqueline le Tondeur sa femme, à cause d'elle, Seigneurs du fief & Seigneurie de la Bruyere sur Oize en partie, appellé le fief Robert du Ru, par Regnaud Picard leur Procureur : Pour les Nobles de ladite exemption de Pierrefons, Charles Daumalle, Ecuyer, Seigneur de Nantel, absent, défaut. Jean Guieret, Ecuyer, Seigneur de Vitry en partie, absent, défaut : Waleran de Lignieres, Ecuyer, Seigneur dudit lieu en partie, absent, défaut : Hugues Colot Seigneur du Pont saint Marc en partie, absent, défaut : Vincent d'Asnieres, Ecuyer, Capitaine du Chateau de saint Aubin, absent, défaut : Messire Jean d'Estrées, Chevalier, Seigneur de Wiercy, absent, défaut : Nicolas de Thumery, Ecuyer, Vicomte de Billy, absent, défaut : Jean de Courtignon, Ecuyer, Seigneur de Gugny en partie, absent, défaut : Pour les Officiers du Roi en ladite Châtellenie de Compiegne : Noble homme Maître Laurent Thibaut, Lieutenant audit Compiegne dudit Baillif de Senlis, en sa personne : Maître Martin Fillion, Avocat du Roi audit lieu présent, Maître Pierre Baudet, Procureur du Roi audit lieu présent, Maître Jacques le Caron, Licencié ès loix, Prevôt Forain dudit Compiegne, Seigneur de Caulx en partie, du fief de Becquerel lez ledit Caulx en sa personne : Jean de Ruissel, Prevôt de l'exemption de Pierrefons sortissant audit Compiegne, en sa personne : Regnaut Picard Prevôt de la Ville de Compiegne, en sa personne : Antoine Meurien, Prevôt de Marigny lez ledit Compiegne, en sa personne, Bernard de Carluis, Prevôt de Joncquieres, pour le Roi en sa personne : les Attournez & Gouverneurs de la Ville de Compiegne, par le Daniel Vizet leur Procureur : Maître Jean Louvet l'aîné, Licencié ès-loix, Avocat, par Regnaut Picard son Procureur : Maître Jean Henaut, Licencié ès-loix, Elû dudit Compiegne, absent, défaut : Maître Antoine le Caron, Licencié ès-loix, Lieutenant dudit Prevôt Forain, absent, défaut : Maître Jacques de Barthelemy Avocat, par Jean Desprez son Procureur : Maître Jean Carnelle, Avocat, absent, défaut : Maître Jean le Caron Avocat, absent, défaut : Maître Nicole le Clerc Avocat, absent, défaut : Me Jacques du Clerc, présent : Me Nicole Thibault Avocat, absent, défaut : Me Helie Seroulx Avocat absent, défaut : Paul d'Aubrine Procureur, absent, défaut : Jean Neret Procureur, absent, défaut : Ysaac Lasnier Procureur, absent, défaut : Flourens Neret Procureur, absent, défaut. Antoine Coyn Procureur absent, défaut. Antoine Charmolue, Laurent Lasnier, Flourens Lasnier, Jacques Alard, Jacques Thibault, Crespin Deniset, Jean du Clerc, Jean de l'An, Procureurs, absens, défaut : Semblablement sont comparus pour les Etats de la Châtellenie de Pontoise, c'est à sçavoir pour l'Etat de l'Eglise, Reverend Pere en Dieu, Monsieur l'Archevêque de Rouen, par Louis Foucquet son Procureur : L'Abbé de S. Martin sur Bionne lez-Pontoise, & les Religieux dudit lieu, par Frere Nicole Musset l'un desdits Religieux, & Jean Desprez leur procureur : L'Abbé de l'Eglise & Abbaye du Val Nôtre-Dame, & les Religieux de ladite Abbaye, par Pierre de saint Gobert leur Procureur : Les Religieuses, Ab-

besse & Convent de Maubuisson, Dames de Bessencourt, Sognelles & Sepillon en ladite Châtellenie dudit Pontoise, absentes, défaut : Les Doyen, Chanoines & Chapitre de l'Eglise Collegiale de
S. Melon dudit Pontoise, absens, défaut : Les Doyen, Chanoines & Chapitre de l'Eglise Notre-Dame
de Paris, pour leur Seigneurie d'Andresi & Terres qu'ils ont en ladite Châtellenie de Pontoise, par
Philippes Thureau leur Procureur, qui a dit & remontré audit nom, que ledit lieu & Village d'Andresi, appartenances & dépendances d'icelui n'étoient en rien sujets au Bailliage dudit Senlis, mais
étoient de la Prevôté & Vicomté de Paris, & que pour raison de ce, étoit mû procès entre les Gens
du Roi du Châtelet de Paris, & les Officiers du Roi audit Bailliage de Senlis, pendant au Siege
de Pontoise, & par ce n'entendoient lesdits Chanoines & Chapitre, ledit Village d'Andresi, ses appartenances & dépendances être sujets ni reglez, selon les Us & Coutumes dudit Bailliage de Senlis, lesquels ne se doivent étendre, ni observer audit Village, & sesdites appartenances & dépendances. Et à ces causes déclaroit ledit Thureau audit nom, que la comparence qu'il faisoit à présent, n'étoit pour assister au fait desdites Coutumes, mais seulement pour faire la déclaration & remontrance dessusdite. Et par le Procureur du Roi audit Bailliage de Senlis, par l'instruction du
Prevôt Vicomtal de Pontoise, a été dit & maintenu ledit lieu d'Andresi être situé & assis en ladite
Châtellenie de Pontoise audit Bailliage de Senlis, & pour ce être à regler selon les Coutumes de ladite Châtellenie & Bailliage : & par conséquent ausdits Chanoines & Chapitre dûement ajournés &
appellés pardevant Nous, pour le fait de la rédaction & homologation desdites Coutumes, & pour
ladite Seigneurie être tenus comparoir, ce que néanmoins ils ne faisoient : par quoi nonobstant le
dire & remontrance dudit Thureau audit nom, requeroit défaut lui être donné contre iceux Chanoines & Chapitre, lequel défaut a été par Nous donné & octroyé ; & par vertu d'icelui, avons
ordonné qu'il sera procedé au fait & acte dessusdit comme de raison, nonobstant ladite remontrance, dont ledit Thureau audit nom a protesté appeller, ce venu à la connoissance desdits Chanoines & Chapitre : Frere François de Châtillon, Prieur de saint Pierre dudit Pontoise, absent,
défaut : Les Religieuses, Prieure & Sœurs de l'Hôtel-Dieu dudit Pontoise, absentes, défaut : Maître Nicole Chaulvin, Procureur de saint Remy de Marines, absent, défaut : Maître Nicole Musset, Prieur de Vaulmandois, en sa personne : le Prieur de Gonzengrez, le Prieur & Curé d'Anru,
le Prieur de saint Godégrand de l'Isle-d'Adam : Maître Guillaume Cossart, Curé de saint Maclou de
Pontoise : le Curé de l'Eglise Notre-Dame dudit lieu : le Curé de l'Eglise saint Pierre : Maître Per-
raulx Piedefer, Curé de Nouvard le Franc, le Curé de Damethy : Maître Pierre Boussart Curé de
Mery : Maître Jean Fouldix, Curé de saint Martin de Nogent : Messire Nicole Aucher, Curé de
Fontenelles : Maître Pierre du Val, Chapelain de la Chapelle de la Magdeleine de l'Isle-d'Adam :
Messire Antoine le Fevre Curé de Nesle : Messire Nicole Guillemin Prêtre Vicaire d'Abville : Mes-
sire Gillebert de Mesnignes : Messire Marc Cavet, Vicaire de Villencourt : Messire Jacques Alain, Vi-
caire de Joy-le-Monstier : Maître Jean le Heurteur, Curé de Rangny : le Curé de saint Ouin-lès-Pon-
toise : Maître Pierre l'Evesqueau Curé Despiez : Messire Antoine Gobelet Curé de Grisy, le Curé
de Haranvillier : Maître Louis le Watier Curé de Milly : le Curé de Heaulme : le Curé de Brançon :
Maître Nicole Laillé Curé de Geincourt : Messire Richard Lair Curé d'Ennery : Maître Michel le
Veau Curé de Geincourt : Maître Eustache Petit Curé de Cormeilles, le Curé de Doiny : Maître
Nicole Caille Curé de Boissy : Maître Simon Gruyne Curé de Mongeroult : le Curé de Courcelles :
Messire Jean Pancé Curé de Puisieulx : Messire André Guillemin Curé de Berville : Maître Thomas
Vallier Curé de Messieres : Maître Jean Tritier Vicaire de saint Maclou : Messire Henry Pellerot,
Prêtre, Administrateur de la Maladerie saint Ladre dudit Pontoise ; tous les dessusnommés absens,
contre lesquels a été donné défaut. Pour les Nobles de ladite Châtellenie sont comparus ledit Sei-
gneur de Montmorency, Connétable de France, à cause de sa Seigneurie & Châtellenie de l'Isle-
Adam, par ledit Yvon Pierres, Seigneur de Belle-fontaine sondit Maître-d'Hôtel, & Jean Desprez
son Procureur ; Messire Claude de Montmorency Chevalier, Capitaine dudit Pontoise, absent, défaut : Messire Adrian Tiercelin Chevalier, Seigneur de Marines, par Noble homme Jean de Dampont son Procureur : Messire Mery d'Orgemont, Chevalier Seigneur de Mery, par Maître Nicole de
Hallo son Procureur : Messire Jean de Rouvray, Chevalier Seigneur de Sandricourt, absent, défaut :
Messire René de Bussi, Chevalier Seigneur de Berville & Hennonville, absent, défaut : Messire Antoine de Cugnac, Chevalier Seigneur de Nesle, absent, défaut : Messire Jacques Dampieham, Chevalier Seigneur de Rosnel, absent, défaut : Messire Nicolas de Pilloix, Chevalier Seigneur d'Ablei-
ges, par Noble homme Jean de Dampont son Procureur : Messire Richard de Vaucelles, Chevalier
Seigneur de Balancourt, absent, défaut : Messire George d'Ançoy, Chevalier Seigneur de Chevan-
con, absent, défaut : Damoiselle Marie Leullier, Dame Chastelaine de Nourard le Franc, absent,
défaut ; à l'évocation ou appel de laquelle Damoiselle ledit Jean Desprez, comme Procureur dudit Seigneur de Montmorency, Connetable de France, Seigneur Châtelain de l'Isle-d'Adam, a dit, qu'audit lieu de l'Isle ledit Seigneur avoit Châtellenie & ressort, lequel droit n'avoit & n'appartenoit à aucuns des lieux, Terres & Seigneuries, & fiefs sujets & assis en ladite Châtellenie, es fins & limites d'i-
celles, ou qui en étoient tenus, même n'appartenoit tel droit à ladite Damoiselle Marie Leullier, laquelle
partant ne pouvoit soi dire & intituler Dame Chastelaine dudit Nourard, & ne devoit être à ce reçûe, requerant ladite qualité & titre de la Châtellenie être rayés : Autrement pour l'absence &
non comparence d'elle, protestoit qu'elle ne pût préjudicier audit Seigneur Connétable, Seigneur
Châtelain de l'Isle-d'Adam, ni aux droits & prééminences de sadite Châtellenie : Sur ce Jacques
Vizet Procureur à Senlis, soi disant Procureur aux causes de ladite Damoiselle, a requis être reçu à
comparoir pour elle, & assignation lui être donnée à deux jours d'hui, pour venir dire pour elle ce
qu'il appartiendra sur le dire & protestation dudit Seigneur de l'Isle-d'Adam ; sur quoi a été ordonné
que ledit défaut sera, sauf jusques à deux jours prochains, & néanmoins sera comme dit est, cependant procedé en cette matiere comme de raison, sans préjudice à la remontrance & protestation

dudit Seigneur Connétable ; Seigneur de l'Isle, dont il aura Lettres ; noble homme Barthelemy de l'Isle, Seigneur d'Andreli, par ledit Jean de Dampont son Procureur ; noble homme Pierre d'Espinay, Seigneur de Breançon, absent, défaut ; Jean de Dampont, Ecuyer Seigneur d'Us, présent ; Bertrand de Dompont, Christophe de Dampont, Guillaume de Montblaru, Ecuyer, Charles de Guery, Ecuyer, Raouland le Blanc, absent, défaut ; Jacques Poulain, Ecuyer Seigneur de Groslet, présent ; Nicolas de Conteville, par Jean Malfuzon son Procureur ; Joachim de Villers, Fleurans de Quatre-Cordons, tous Ecuyers ; Maître Jean du Val, Ecuyer Seigneur d'Estres ; Jean Chenu, Ecuyer, Maître Jean du Verger, Ecuyer ; noble homme Maître Jean Bariot, Seigneur de Moucy, André Marais, Secretaire du Roi, absens, défaut ; Damoiselle Françoise de Ferieres, Dame d'Amblainville, par Maître Claude Roze son Procureur ; Maître Jean de Soubz-le-Four, Gilles de Hangest, Ecuyer Seigneur d'Hagenlieu, Philippes de Houblieres, Seigneur de Malvoisines, absent, défaut ; les Seigneurs de Hiacrechy du fief de Gouly & du fief de Coppin, par Louis Foucquet leur Procureur ; noble homme André de Dampont, Seigneur de Corneilles, Nicolas Crespin, Seigneur de Berragny, Philippes de Veniffe, Ecuyer Seigneur de Metz, absens, défaut. Pour les Officiers & Gens du tiers-Etat de ladite Châtellenie ; nobles hommes Maître Jean d'Auvergne, Licencié ès Loix, Lieutenant dudit Baillif de Senlis, en son Siege audit Pontoise, présent ; Maître Charles Guedon, Licentié ès Loix, Prevôt Vicomtal dudit Pontoise, en sa personne ; Maître Guillaume Crespin, Prevôt, Maire dudit lieu, absent, défaut ; Maître Edmon d'Ameline, Avocat du Roi, Pierre Guerineau, Procureur du Roi en ladite Châtellenie, en leurs personnes ; Maître Nicole Deslions, Alexandre Chasteau, Jean Mesnet, Jean Habert, Simon Brepouille, Mathurin Charton, Licencié ès Loix, Avocat audit Pontoise, absens, défaut ; Toussaint Jérôme, aussi Licencié ès Loix, Avocat audit Lieu, présent ; Maître Jean Oger, Regnauld Prieur, Michel du Val, Pierre Bagin, Laurent Thibault, Philippes Jolivet, Estienne Cheroinse, Thibault du Bois, Jean du Pré, Jean Laier, Regnault Rosseri, François le Poivre, Jean Gervais Pierre Camberonne, Gilles Charton, tous Procureurs & Praticiens audit Pontoise, absens, défaut ; Jean Oger & Jean Fruchier Gouverneurs de la Ville de Pontoise, & Guillaume Regnier, Procureur d'icelle, tous absens, défaut. Pour les Etats de la Châtellenie de Chaulmont & écroissement de Maigny, sont comparus, c'est à sçavoir, Maître Jean Prieur, Prêtre Curé de Nencourt Leage, & Claude Voisin, aussi Prêtre Curé de Hardivillier, en leurs personnes, élûs & députés spécialement pour l'état de l'Eglise de ladite Châtellenie de Chaulmont ; Maître Jean Villery, Prêtre Curé de Guery, Doyen de Maigny, & Dom Jacques de Marigny, Religieux Prieur de Bourris en leurs personnes, élûs & députés spécialement pour les Gens d'Eglise dudit écroissement de Maigny. Aussi sont comparus lesdits Religieux, Abbé & Convent de saint Germer de Flay, par Germain Cloppin leur Procureur, à cause des Terres & Seigneuries qu'ils ont assises en ladite Châtellenie de Chaulmont ; noble & puissant Seigneur Louis de Seilly, Seigneur Châtellain de la Rocheguion ; Gilles de Chaulmont, Ecuyer Seigneur de Boissy ; Messire Jean de l'Isle, Chevalier Seigneur de Marivaulx, Charles Pellevé, Ecuyer Seigneur de Jouy, & Guillaume Pillavoine, Ecuyer Seigneur de Billerceaux, en leurs personnes, élûs aussi & députés, spécialement pour l'état des Nobles, & tenant fiefs desdites Châtellenies de Chaulmont & écroissement de Maigny ; en quoi faisant, Maître Philippes Fromont a dit, qu'il comparoissoit au présent acte ou negoce, comme Procureur de haut & puissant Prince Monseigneur le Duc d'Estouteville, à cause de Madame la Duchesse sa femme ; & aussi pour Dame Jacqueline d'Estouteville, à cause des Terres, Châtellenies & Seigneuries de la Rocheguion, Trie & Freine-le-Guilon, & autres Terres à eux appartenant, assises en la Châtellenie de Chaulmont & écroissement de Maigny, Prevôté & Châtellenie de Pontoise ; & protestoit pour lesdits Seigneurs & Dame d'Estouteville, que la qualité du Seigneur de la Rocheguion prise par ledit Seigneur Louis de Seilly ne leur pût aucunement préjudicier. Et que l'avis, délibération ou consentement de Seilly & autres délégués en cette partie, pour aucuns des Nobles de ladite Châtellenie de Chaulmont, pourroient être faits audit présent acte ou negoce, ne puisse rien préjudicier à iceux Seigneur & Dame d'Estouteville, ni aux droits qu'ils ont ès Terres & Seigneuries dessus déclarés ; par ledit de Seilly, Seigneur de la Rocheguion, a été dit, que ledit de Fromont n'a procuration ni mandement général ni spécial, pour comparoir en la qualité par lui prise, ni faire les protestations telles que dessus, & qu'à cette fin fussent venues les procurations par lui mises en Cour ; & quand il y auroit mandement, à cette fin il n'y auroit propos de la part dudit Fromont, parce que ledit de Seilly, Seigneur de la Rocheguion est appellé présentement, comme l'un & le principal des Délegués, par les Nobles de la Châtellenie de Chaulmont, convoqués audit lieu de Chaulmont, & en la présence dudit Fromont Procureur dessusdit, pour leurs terres & seigneuries de Trie & Freine ; mais qu'ès autres assemblées qui se sont faites audit lieu de Chaulmont & ailleurs, tant pour raison des Coutumes qu'autrement, Messire Berthin de Seilly en son vivant Chevalier, ayeul dudit Louis de Seilly, est comparu, ou Procureur pour lui, comme Seigneur dudit lieu de la Rocheguion, & feu Charles de Seilly son fils ; & la veuve dudit de Seilly, au nom & comme ayant la garde noble dudit Louis de Seilly & autres enfans, comme propriétaires & paisibles possesseurs de la terre & seigneurie de la Rocheguion, le tout sans contredit, débat ni protestation contraire à ladite qualité de Seigneur de la Rocheguion : ce néanmoins, en tant que métier seroit, fait protestation contraire à la protestation dudit Fromont, & par ledit Fromont audit nom, a été dit qu'il a pouvoir suffisant de faire les déclarations & protestations ci-devant contenues, & s'en fera avouer quand besoin sera ; & quant à ce qu'il dit qu'il a été délegué en ce présent negoce, en la présence dudit Froment, dit ledit Fromont, que jamais il ne fut présent, ni appellé à faire ladite délégation, & ne l'a consenti, & à cette cause icelui Fromont y compare ordinairement pour lesdits Seigneurs & Dame d'Estouteville, & si en autres assemblées lesdits défunts Berthin de Seilly & Charles de Seilly son fils, ont pris ladite qualité de Seigneur de la Rocheguion, en la présence de ladite Dame d'Estouteville ou de son Procureur, sans l'avoir débatu, n'en sçait rien, & ne le croit pas ; mais quand ainsi seroit, que non toutefois ; pour cela ne s'ensuivroit que ledit Seigneur & Dâme le puissent faire de présent : au moyen de quoi ledit Fromont, persiste en sesdites protestations ; sur quoi avons ordonné que lesdits de Sailly & Fromont audit nom auront Lettres desdites protestations : Aussi sont comparus honorables hommes Maître Nicole Delandres, Lieutenant dudit Baillif de Senlis, en ladite Châtellenie de Chaulmont & accroissement de Maigny, Jean Néesle Prevôt-Forain dudit Chaulmont, aussi en garde pour le Roi, André Boyer Prevôt de ladite ville dudit Chaulmont, aussi en garde pour le Roi, Jean le Couturier, Procureur du Roi en ladite Châtellenie en leurs personnes, & si sont comparus honorables hommes Simon de Gamaches, Thaulmet Petit, Pierre le Gros, Seigneur de Harchemont ; Jean de l'Espinay ; Bastian d'Avesnes, Guillaume de Bourront, Jean Iiard, Regnault Flameng, & Jean Menellier l'aîné, en leurs personnes, élus, commis & députés spécialement pour le tiers-Etat, même pour l'Etat de labour desdites Châtellenies de Chaulmont & écroissement de Maigny ; laquelle comparance desdits délegués ainsi faite, sont comparus en leurs personnes Nicolas Malard & Noël Aufouyn, Marguilliers du lieu du Couldray-saint-Germer, en ladite Châtellenie de Chaulmont, & Louis Foucquet Procureur audit Senlis, comme Procureurs des mainans & habitans dudit lieu, lesquels ont dit que lesdits habitans n'avoient été appellés audit Chaulmont, & pour ce n'étoient comparus à l'assemblée faite audit lieu, fait élection ni donné consentement à la délégation desdits délégués & comparans devant Nous, pour les trois Etats de ladite Châtellenie, pour le fait de la rédaction & homologation des Coutumes d'icelles & dudit Bailliage ; & pour ce comparoissoient à présent pour en tant qu'à eux étoit, être ouïs, accorder ou discorder lesdites Coutumes, & assister à la rédaction & homologation d'icelles, requerans y être reçus : ce qui a été ordonné faire. Encore ledit Foucquet comme Procureur des habitans de Vaulxroux en ladite Châtellenie, en vertu des Lettres de procuration d'eux, a fait pareille déclaration, remontrance & comparence pour lesdits habitans en la présence de Jean de France l'un d'iceux ; à quoi il a été aussi reçu ausdites fins. Pour le Comté de Beaumont & les Etats d'icelui, sont comparus Dom Jean Probi, Docteur en Théologie, Prieur du Prieuré dudit Beaumont, & Maître Antoine Charlet, Curé de Praesles, en leurs personnes, élus & délegués pour l'Etat de l'Eglise dudit Comté ; Messire Robert de Freshoy, Chevalier Seigneur dudit lieu, & de Nully en Thelles, Louis de Fay Ecuyer, Seigneur de Fercourt, & Guillaume de Belloy Ecuyer, Seigneur dudit lieu de Belloy en France, & de Morengles en leurs personnes, élus & delégués spécialement pour l'Etat des Nobles dudit Comté. Pour les Officiers, noble homme Maître Simon le Grand, Baillif de Beaumont, qui en cet endroit a employé la remontrance & protestation par lui & par le Procureur du Roi audit Comté, faite ci-dessus au lieu & endroit de la comparence faite par Monseigneur le Connétable de France, comme Comte dudit Beaumont, & le Procureur du Roy au Bailliage de Senlis, la réponse par lui faite au contraire ; Maître Jean de saint Leu son Lieutenant particulier, Jean le Bel Procureur dudit lieu en garde pour le Roi, Henri de Jeumegines, Procureur du Roi audit Comté, Eustache Moisnier Procureur & Echevin de la Ville de Beaumont, Noel Vaultier, Marguillier de l'Eglise & Paroisse dudit lieu, tous en leurs personnes ; & si sont comparus Antoine Deaubonne, Receveur dudit Beaumont, Nicolas de Therines Praticien audit lieu, & Jacques Thiboult Marchand, élus & delégués spécialement pour les tiers-Etats dudit Comté, aussi en leurs personnes ; après la comparence desquels délegués, Officiers & autres Etats dudit Beaumont, Maître Claude Rose Avocat, & Pierre de Trumegines, Procureur de Damoiselle Françoise de Ferieres, Dame Chastelaine de Meru, & Maître Charles Paillard, comme Procureur de Damoiselle Catherine Olivier, Dame Chastelaine de Persant ; ont dit & remontré que lesdites Damoiselles respectivement en tant qu'à elles étoit, n'avoient donné consentement, élu ni délegué aucun des Etats dudit Comté, pour comparoir & assister pardevant nous à la rédaction & homologation desdites Coutumes : pour ce protestoient pour elles chacun en son regard, que l'élection & délegation de ceux, qui à présent comparoissoient pour lesdits Etats, & ce qui pourroit être fait par eux au fait & acte dessusdit, ne leur puisse préjudicier, Requerans être reçus à comparoir pour elles pardevant Nous, pour accorder ou discorder lesdites Coutumes, & à la rédaction & homologation d'icelles être ouïs & dire ce qu'il appartiendroit : laquelle Requête ouïe par le Procureur du Roi audit Comté de Beaumont à ce présent, il a dit que ladite qualité de Châtellenie, que lesdits Procureurs s'efforçoient prendre pour lesdites Damoiselles, ne devoit être reçue, mais rayée, parce qu'elles n'avoient droit de Châtellenie de Meru & Persant, & ne leur appartenoit ledit titre : & par lesdits Procureurs a été soutenu le contraire : Sur quoi a été ordonné que lesdits Procureurs seront tenus à comparoir & assister pour lesdites Damoiselles à la rédaction & homologation desdites Coutumes, & dire en la matiere ce qu'ils verront être à faire ; & quant au different d'entre elles & ledit Procureur du Roi, aussi respectivement pour ledit droit & qualité de la Châtellenie, les avons renvoyés à la Cour pour être ouïs, & en ordonner. Pour les Etats de la Châtellenie de Creil, sont comparus noble & discrete personne Maître Jean de Moncy, Bachelier ès Droits, Chanoine & Curé dudit Creil, & Maître Gilles Sarazin Prêtre, Curé du Plessier-lez-Longueane, en leurs personnes, élus, ordonnés & députés pour l'Etat de l'Eglise de ladite Châtellenie, noble homme Maître Simon de Moussy Ecuyer, Lieutenant dudit Baillif de Senlis audit Creil, & Jean de Maigny Ecuyer, Seigneur de Moncy-saint-Eloy, en leurs personnes, élus & députés pour l'Etat des Nobles de ladite Châtellenie. Pour les Officiers, ledit Maître Simon de Moussy, Lieutenant, en la personne ; maître Noël Potdevin, Prevôt dudit Creil en garde pour le Roi, Jean de la Haye, Procureur dudit Seigneur audit lieu, & Jean Preudhomme, Receveur, en leurs personnes ; & si sont comparus ledit Preudhomme Receveur, & Blanchet Machairé Marchand, en leurs personnes, élus, ordonnés & députés pour le tiers-Etat de ladite Châtellenie de Chambly, sont comparus Maître Pierre Voyer, Prêtre, élu & délegué pour l'Etat de l'Eglise ; Maître Louis Foucquet, Procureur & Conseiller audit Senlis, élus & delégués pour l'Etat des Nobles. Pour les Officiers, honorables hommes Maître Pierre Hacherte, Lieutenant dudit Baillif de Senlis audit Chambly, Robert Hurel, Prevôt dudit lieu en garde pour le Roi : Charles Puillart, Procureur du Roi audit lieu : Et si y sont comparus, Abraham Hure, l'un des Gouverneurs de ladite Ville ; & Maître Guillaume Vaterie, Procureur d'icelle, élûs & délégués pour le tiers-Etat, tous en leurs personnes : Ce fait après que les élûs & délégués de ladite Ville de Senlis, & desdites Châtellenies de Chaumont & accruissement de Maigny, de Creil, Chambly, & du Comté de Beaumont, & pareillement les Procureurs des personnes dessus nommées, appellées pour le fait de la rédaction & homologation desdites Coutumes non comparans en personnes : Ont chacun en son regard exhibé les actes des élections, députations & procurations spéciales qu'ils avoient requises au cas & matiere : & iceux mis pardevant le Greffe, ledit Procureur du Roi audit Bailliage de Senlis garni de l'Avocat dudit Seigneur, a dit qu'en ensuivant lesdites Lettres Patentes du Roi & nos Lettres de commission, & aussi par vertu des Lettres de commission décernées sur icelles par ledit Baillif de Senlis ou son Lieutenant Général, il avoit fait signifier lesdites Lettres Patentes & de commission, d'icelle baillé copie, & dûement & compétemment fait ajourner pardevant nous à lui. A la fin contenu en icelles Lettres les Etats de la Ville de Crespy & Duché de Valois, & de la Ville & Comté de Clermont en Beauvoisis, comme chacun desdits lieux, Duché & Comté ayant été de tout tems & ancienneté, & étant de l'ancien ressort dudit Bailliage de Senlis, ainsi que le Procureur du Roi disoit être contenu & apparoît par certaines Lettres de chartre qu'il a exhibées, avec les rapports & exploits desdites significations & ajournemens faits auxdits Etats : Lesquels ce néanmoins n'étoient comparus ne comparoissoient, ni autres par eux délégués dont il apparoît. Au moyen de quoi requeroit défaut lui être donné à l'encontre d'eux & chacun respectivement : & pour y parvenir, a requis lecture être faite, tant desdites Lettres de chartres que desdits rapports & exploits : Lequel défaut en tant que touche les Etats de ladite Ville de Crespy, & Duché de Valois, à faute de comparoir par eux ni autres pour eux dont apparu nous soit, après que par notre Ordonnance lecture a été faite des rapports & exploits de significations desdites Lettres Patentes du Roi, & de nos Lettres de commission, & de l'ajournement contr'eux fait en cette matiere ; & iceux vûs, avons donné & octroyé défaut à l'encontre desdits Etats d'icelui Duché de Valois & Ville de Crespy audit Procureur du Roi : Et pour lui en adjuger le profit, lui avons ordonné produire vers nous lesdites Lettres de chartre, Lettres patentes du Roi, & ce que bon lui semblera : Et quant auxdits Etats des Ville & Comté de Clermont, lui avons déclaré, & audit Avocat du Roi, que le jourd'hui avons reçû Lettres patentes du Roi de pareille forme, pouvoir & effet que lesdites Lettres patentes à nous adressans, pour la rédaction & homologation des Coutumes dudit Bailliage de Senlis : Par lesquelles Lettres dudit jourd'hui, étoit mandé être par nous procedé à la rédaction & homologation des Coutumes dudit Comté de Clermont, particulierement sur les lieux d'icelui : & que pour ces causes le défaut requis par ledit Procureur du Roi, ne lui seroit par nous donné, sans préjudice toutefois au droit du ressort ancien dudit Bailliage de Senlis, auquel il maintenoit & prétendoit ledit Comté de Clermont être assis, sujet & responsable : & au surplus que serions mention desdites Lettres de chartre en notre proces-verbal, pour lui servir ce que de raison : Après lesquelles choses lesdits Lieutenans Particuliers dudit Baillif de Senlis auxdites Châtellenies, & ledit Prevôt d'Angy ont été par nous enquis, si dûement & suffisamment chacun en son regard, pouvoir & Jurisdiction, ils avoient fait publier par attache mise ès lieux publics d'iceux, & à son de trompe ou en public les copies & contenu desdites Lettres patentes du Roi, & de nos Lettres de commission à eux envoyées par ledit Baillif de Senlis ou son Lieutenant Général, pour le fait de la rédaction & homologation desdites Coutumes, lesdites copies dûement fait signifier aux personnes des trois Etats & lieux requis de leursdits pouvoir & Jurisdictions, avec l'assignation du jourd'hui pour ledit fait : Tous lesquels & chacun d'iceux particulierement sur le dû & serment de leurs offices ont dit, affermé & certifié l'avoir ainsi fait chacun en son regard : ce qu'a aussi affermé & certifié ledit Baillif de Beaumont, pour le regard dudit Comté & des Etats d'icelui, sous les protestations par lui faites ci-dessus : Et ce que dit est ainsi fait, avons à tous les dessusnommés comparans de chacun desdits Etats, ès noms & qualités qu'ils sont comparus, fait faire serment solemnel en tel cas accoutumé, justement & loyaument en leurs consciences & sans faveur conseiller le Roi, la chose publique desdits Etats, & nous en cette affaire, & pour l'exécution desdites Lettres : ce qu'ils ont juré & promis faire, même ledit Maître Jean le Roy Procureur dudit Evêque de Beauvais, après ce que par lui en ladite qualité, en continuant & suivant les remontrances & protestations par lui faites pour icelui Evêque ci-dessus, a été de rechef protesté que le serment & jurement fait par lui, & autres ses sujets & vassaux dudit Evêque comparans, ne lui pût aussi préjudicier, ni au droit d'exemption du ressort & Jurisdiction dudit Bailliage de Senlis par lui prétendu, tant pour lui que pour sesdits sujets du Comté de Beauvais, à cause de sa Pairie : Et qu'à ladite protestation, le Procureur du Roi audit Bailliage de Senlis, a employé la réponse par lui faite aux autres empêchemens & protestations dudit Evêque.

ET le dix-neuviéme jour dudit mois d'Août, avons commencé à faire faire lecture par ledit Roussïe Greffier, du cayer des Coutumes générales dudit Bailliage, à nous exhibé par Noble homme & sage Maître Nicole Morel, Lieutenant Général d'icelui Bailliage, & à le faire continué les autres jours ensuivans.

Et sur le premier article de la Rubriche des divisions des Duchés & Comtés, dont la teneur s'ensuit.

Audit Bailliage de Senlis est le Duché de Valois avec les Châtellenies & Prevôtés qui en dépendent, ressortissans en Jurisdiction ordinaire par appel, pardevant le Gouverneur de Valois, les appellations duquel & de ses Lieutenans ressortissent par appel en Parlement, quant à ladite Jurisdiction ordinaire : Et quant aux cas Royaux, ledit Duché demeure au Bailliage de Senlis, & lequel Duché souloit tenir en appanage de la Couronne de France, en son nouvel avénement, le Roi Louis XII. par lequel nouvel avenement icelui Duché & ses appartenances, ont été remis icelle. Et aucun tems après a été semblablement baillé icelui Duché en appanage à Monseigneur le Comte d'Angoulesme, qui encore de présent le tient & en jouit & possede : Oüi les Officiers dudit Bailliage & autres des trois Etats ; a été ordonné, qu'attendu que ledit Duché de Valois, est en la main du Roi, & de présent érigé en Bailliage, au lieu de l'article dessusdit, sera mis l'article contenu au cayer des Coutumes dudit Bailliage, cotte un.

Sur le deuxième article de la Rubriche, le Procureur du Roi en la Châtellenie de Compiegne, a protesté qu'au cas que les lieux & Châtellenies de Pierrefons, Bethisy & Verberie, étant de présent sous ledit Duché de Valois en la main du Roi, auquel ils avoient été ajointes pour l'érection dudit Duché, & pour ce faire être distraites de ladite Châtellenie de Compiegne, étoient ci-après par aucun moyen distraites dudit Duché de Valois, & baillées en appanage ou mises en autre main que du Roi, d'avoir par ledit Baillif de Senlis, ou son Lieutenant audit Compiegne, le Ressort & Jurisdiction desdits lieux quant aux cas Royaux, comme d'ancienneté, ayant été de ladite Châtellenie de Compiegne, situé & assis le plus près d'icelles : Et ledit Baillif de Senlis ou son Lieutenant audit Compiegne en étant le prochain Juge supérieur : Laquelle protestation avons ordonné être inserée en notre procès verbal.

Sur le troisiéme article de lad. Rubriche contenant : En icelui Bailliage de Senlis est encore le Comté de Clermont en Beauvoisis, avec les Châtellenies & Prevôtés qui en dependent, que tient en appanage de la Couronne de France, Monseigneur le Duc de Bourbon, Comte dudit Clermont, ressortissant quant à la Jurisdiction ordinaire en la Cour de Parlement : Et quant aux cas Royaux pardevant ledit Baillif de Senlis : Aussi oüis lesdits Officiers du Roi & autres des trois Etats, a été ordonné qu'au lieu dudit article sera mis le troisiéme article contenu audit cayer.

Sur le quatriéme article de ladite Rubriche contenant : Sous ledit Comté de Clermont, y a plusieurs Terres exemptes, réservées à la Jurisdiction du Roi devant le Baillif de Senlis en son Siege audit Senlis : Ledit Procureur du Roi en ladite Châtellenie de Compiegne, s'est opposé, à ce que ledit article ne demeure en l'état qu'il est : parce qu'il a dit & maintenu, partie desdites Terres réservées à la Jurisdiction du Roi, être ressortissans audit Compiegne d'ancienneté : sur quoi oüis le Baillif de Senlis & son Lieutenant Général, dit a été du consentement d'iceux, & dudit Procureur du Roi à Compiegne, que l'article dessusdit demeurera & sera mis par écrit, tel qu'il est contenu au quatriéme article dudit cayer.

Aussi ledit Procureur du Roi à Compiegne sur ledit article a dit, que d'ancienneté le lieu de Remy en Beauvoisis étoit de la Châtellenie dudit Compiegne, & ressortissant en Jurisdiction audit lieu : Lequel comme depuis acquis par les Comtes dudit Clermont, avoit par eux réuni & joint audit Comté, qui à présent étoit appartenant au Roi & tenu en ses mains, & conséquemment ledit lieu de Remy : Parquoi a protesté qu'au cas que si après le lieu dessusdit, fût distrait dudit Comté, mis en autre main que le Roi & la Couronne, ou baillé en appanage, d'avoir la Jurisdiction & ressort des sujets dudit lieu quant aux cas Royaux par ledit Baillif de Senlis ou son Lieutenant audit Compiegne, comme ils avoient au tems dessusdit : Oüi laquelle protestation, nous avons ordonné qu'elle sera inserée en notre procès verbal.

Sur l'onziéme article de ladite Rubriche, étant de la forme qui s'ensuit : Beaumont sur-Oise qui souloit par ci-devant tenir du Roi Louis à présent régnant en appanage de la Couronne de France, à son nouvel avenement à icelle ; par lequel ledit Comté lui a été réuni, & est demeurée Châtellenie sujette audit Bailliage, ainsi qu'elle étoit auparavant ledit appanage.

Jean Desprez, Procureur audit Senlis dudit Seigneur Anne de Montmorency, Connétable de France, Comte dudit Beaumont, a requis ledit article être intitulé, & sur icelui être mis ces mots, Comté de Beaumont, pour en faire séparation d'avec les Châtellenies dudit Bailliage, & du Chapitre ou Rubriche d'icelui, & ledit titre montrer de ladite séparation & distinction : parce que c'étoit un Comté ancien, qui comme tel devoit avoir & porter intitulation tel que dit est, & au surplus qu'audit article doit être ajouté & mis que ledit Comté appartient à héritage audit Seigneur Connétable : Les Avocats & Procureurs du Roi audit Bailliage de Senlis, ont empéché ledit titre particulier & la séparation dudit Comté, d'avec lesdites Châtellenies : parce qu'icelui Comté avoit été d'ancienneté l'une des Châtellenies dudit Bailliage de Senlis, mis & enregistrés sous le titre des Châtellenies d'icelui : Déclarant qu'ils ne vouloient empécher qu'audit article fût mis, que ledit Comté appartenoit à héritage audit de Montmorency, Seigneur Connétable, à la charge que les Officiers d'icelui Comté seront & demeureront Royaux.

Pareillement Maître Simon le Grand, Baillif dudit Beaumont, en employant les protestations par lui faites ci-dessus, a requis que ces mots de Châtellenie de Beaumont fussent ôtés & rayés du Chapitre des Châtellenies dudit Bailliage de Senlis, requerant aussi que ledit Comté de Beaumont fût mis en ordre au Chapitre des Comtés, & après le Comté de Valois, parce que le Comté de Valois & le Comté dudit Beaumont, ont été réunis & remis à la Couronne par le feu Roi Louis à son avenement à la Couronne en un même tems. Ce qui auroit aussi été empéché par ledit Procureur du Roi audit Bailliage de Senlis, pour les causes dessusdites : Sur quoi a été dit suivant les déclarations desdites parties, que ledit article demeurera & sera mis par écrit en la forme contenue en l'onziéme article dudit Coutumier.

En faisant lecture des xii. & xiv. articles de ladite Rubriche, Maître Jean d'Auvergne, Lieutenant Particulier du Baillif de Senlis à Pontoise, & Maître Charles Guedon, Prevôt Vicomtal dudit Pontoise, en ce que lesdits articles contiennent qu'audit Baillif de Senlis ou son Lieutenant en son Siege capital dudit Senlis appartient la connoissance du fait de tout le Domaine du Roi & de tout le Bailliage : Ont dit que lesdits articles étoient trop généraux, en ce regard eux opposans, tant pour eux que pour les autres Officiers de la Châtellenie dudit Pontoise, à ce qu'ils ne demeu-

rent

tent en l'état qu'ils sont, en ce qui concerne la connoissance du Domaine, au moins qu'à icelui ne foient ajoutés & mis ces mots, excepté en la Châtellenie de Pontoise : parce qu'ils ont maintenu eux & lesdits Officiers audit lieu avoir eu d'ancienneté connoissance du Domaine de ladite Châtellenie, chacun en son regard, quand le cas s'y étoit offert : même ledit Guédon, qui comme Prevôt Vicomtal avoit à cause dudit Office, charge & entremise de recette dudit Domaine en aucunes parties d'icelui en ladite Châtellenie, & de ce avoir joui comme ils disoient faire encore à présent : Lesquels correction dudit article & réservation requis par lesdits Lieutenant & Prevôt de Pontoise, lesdits Baillifs de Senlis & son Lieutenant Général, Avocat & Procureur du Roi audit Bailliage, ont empêché, deniant ausdits Officiers de Pontoise, qu'ils ayent connu & leur appartienne la connoissance dudit Domaine audit lieu : mais au contraire la connoissance leur appartenir, en avoir connu & joui audit Senlis, ensemble leurs prédécesseurs de tout tems & ancienneté. Mêmement quant aux fiefs étant de la Châtellenie & sujets à icelle, saisie, reliefs, main-levée & expédition d'iceux & autres droits concernant ledit Domaine & dépendant d'icelui : Sur lequel droit de Jurisdiction, prééminence & possession d'icelui, ils avoient n'aguères obtenu Arrêt de la Cour à leur profit contre lesdits Officiers de Pontoise, & Officiers des autres Châtellenies particulieres dudit Bailliage : Outre lequel y avoir Edit du Roi, par lequel la connoissance de tel Domaine étoit attribuée aux Juges Présidiaux, ou leurs Lieutenans en leurs Sieges principaux. Lesdits Lieutenant & Prevôt de Pontoise ont dit, que supposé qu'en la matiere fut intervenu aucun Arrêt, si en étoient les parties en procès sur l'exécution d'icelui : Et par ce même, nonobstant le dire desdits Officiers de Senlis, sur ledit Edit, ont persisté en leur Requête, remontrance & opposition dessus contenus : Sur quoi après lecture faite de l'Edit, a été dit par provision que lesdits articles demeureront selon leur forme & teneur, sans préjudice toutes fois aux droits & prééminences desdits Lieutenant & Prevôt de Pontoise, à cause de leursdits Etats & Offices. Et au principal de la maniere sur le différend d'entre lesdites parties sur le ressort, connoissance & Jurisdiction dudit Domaine du Roi, les avons renvoyés & renvoyons en ladite Cour, où ils ont dit avoir procès pendant entr'eux, sur l'exécution de l'Arrêt, allegués par lesdits Officiers de Senlis.

Sur le seizieme article de ladite Rubriche, contenant : le Prevôt de Senlis, qui est le Juge ordinaire de toute la Châtellenie.

Après qu'il a été dit en suivant la Requête, faite à cette fin par Maître Claude Thureau, Prevôt de la Ville dudit Senlis, & l'Ordonnance ou appointement donné de nous ci-dessus entre lesdits Prevôts, que ledit Prevôt de Senlis sera mis & intitulé Prevôt Forain. Le Baillif dudit Senlis & son Lieutenant Général, ont requis qu'en la fin dudit article fussent ajoutés, & mis ces mots, sans préjudice à l'Edit fait par le Roi, faisant mention des cas & matieres dont la connoissance par icelui est attribuée aux Baillifs, Sénéchaux & Juges Présidiaux : Aussi Pierre Paumart, Prevôt d'Angy en garde pour le Roi, ledit Thureau, Prevôt de la Ville de Senlis, respectivement pour leurs droits & Jurisdictions, se sont opposés, à ce que ledit article demeure en l'état qu'il est, en ce qu'il contient ledit Prevôt de Senlis être Juge ordinaire de toute la Châtellenie dudit Senlis, au moins qu'audit article fussent mis en ces mots, excepté, c'est à sçavoir, quant audit Prevôt d'Angy ladite Prevôté d'Angy, sujets & étendue d'icelle. Et quant audit Prevôt de Ville, la Ville & banlieue de Senlis, parce qu'ils ont maintenu être Juges ordinaires : sçavoir est, ledit Paumart de ladite Prevôté d'Angy sujets & étendue, & ledit Thureau de ladite Ville & banlieue, & avoir tout droit de Justice sur les habitans & sujets d'iceux, avec Jurisdiction & connoissance de tous cas & matieres d'entre lesdits habitans & sujets, pour le regard des héritages, situés & assis en dedans lesdites Prevôtés d'Angy & banlieue de Senlis, aussi respectivement : pareillement pour raison des choses immeubles & droits réels, percevables & prétendus sur iceux, sors quant au regard des Gens d'Eglise, Nobles & Communautés quant audit Prevôt d'Angy : & sur ce Maître Jean Châtelain Avocat, Daniel Vizet Procureur, Jean Gosset & Daniel Dupuys Marchands, avec les Gouverneurs & Echevins de ladite Ville de Senlis, délegués pour les autres habitans d'icelle & de la banlieue, ont fait pareille opposition & Requête, afin d'être convenus & traités ès cas dessusdits & chacun d'iceux, pardevant ledit Prevôt de la Ville de Senlis, duquel ils ont avoué & dit être sujets esdits cas, & être Juge à eux député & délegué par Lettres de chartre des Rois de France, présentement exhibées par eux, de laquelle ils ont requis lecture être faite par Maître Jean Gressin, Prevôt Forain dudit Senlis. Quant à la Requête faite par ledit Baillif de Senlis ou son Lieutenant, ladite Requête a été par lui consentie & accordée, & au fait & opposition desdits Paumart, Prevôt d'Angy, Thureau, Prevôt de la Ville de Senlis & des délegués, manans & habitans d'icelle Ville, il les a empêchés, & maintenu au contraire être Juge ordinaire de toute la Châtellenie de Senlis, à la réservation & modification dudit Edit quant audit Baillif de Senlis ou son Lieutenant, & conséquemment être Juge ordinaire desdites Prevôté d'Angy, Ville & banlieue de Senlis, qui étoient assis & compris en ladite Châtellenie de Senlis, dont la Ville de Senlis étoit le lieu principal, & chef d'icelle Châtellenie : Mêmement quant au droit de haute-Justice, connoissance & Jurisdiction des matieres, pour raison d'héritages & droits réels entr'autres droits & toutes personnes, ainsi que le contenoit même ledit seizieme article, qu'à présent lesdits Prevôts requeroient être corrigé, le contenu auquel ledit Prevôt Forain employoit pour la preuve & vérification du droit & prééminence du Juge Châtelain à lui appartenans ; entr'autre preuve alleguant par lui que sur le différent, étant pour raison de ce entre ledit Prevôt de Ville, & lui ou leurs prédécesseurs y avoir procès pendant & indécis en la Cour de Parlement : Sur quoi quant au différend d'entre lesdits Prevôts & habitans de la Ville de Senlis, les avons renvoyés & renvoyons à la Cour, en laquelle ils ont dit, ledit procès être pendant entre iceux Prevôt Forain, & de Ville ou leurs prédécesseurs, pour raison des droits & prééminences de leurs Offices, pour chacun desdits Prevôts, & parties dessus nommées, être oües en ladite Cour, & ordonner par elle desdits differends, comme elle verra être à faire. Et quant audit Baillif de Senlis, & son Lieutenant & ledit Prevôt Forain, dit a été par provision suivant leurs déclarations & confentemens que fans préjudice de l'Edit fait par le Roi pour le Reglement des Baillis & Prevôts de ce Royaume, ledit feizieme article demeurera en la forme qu'il eft contenu audit cayer fous femblable corte.

Sur le vingtiéme article de la Rubriche, étant de la forme qu'il s'enfuit : Le Juge de la Mairie de Brenouille, le tient à Rieux, qui eft un village joignant du village de Brenouille.

Le Procureur du Seigneur dudit lieu de Rieux a dit que puis certain tems en ça, il avoit acquis tel droit de Juftice & autre que fouloit avoir le Roi audit Rieux ; par quoi empêchoit que dorénavant le Siege dudit Maire de Brenouille y fût plus tenu.

Les Avocats & Procureurs du Roi au Bailliage de Senlis ont confeffé ladite acquifition : mais difent icelle être faite à la charge de faculté de rachat perpétuel, confentant que le Siege dudit Maire en fût ôté & diftrait, & tenu dorénavant à Brenouille, fur quoi en enfuivant les déclarations defdites parties & dudit Maire de Brenouille qui a été oüi, dit a été que ledit Seigneur de Rieux aura acte de la déclaration & remontrance faite par fondit Procureur : Et au furplus que le Siege dudit Maire de Brenouille fe tiendra audit Brenouille.

Sur le vingt-uniéme article de la Rubriche contenant telle forme, lefdits Prevôt d'Angy & Maire de Brenouille n'ont point de connoiffance des Gens d'Eglife, Nobles & Communautés : mais font réfervés au Prevôt Forain de Senlis, qui comme dit eft deffus, eft Juge Châtelain.

Lefdits Baillif de Senlis & fon Lieutenant Général, confideré l'Edit du Roi, par lequel la connoiffance & Jurifdiction fur les Gens d'Eglife, Nobles & Communautés leur eft attribuée, & aux autres Baillis, Sénéchaux & Juges Préfidiaux, ont requis ledit article être rayé : Sur quoi ont été oüis lefdits Prevôt d'Angy, Maire de Brenouille & Prevôt Forain de Senlis, lefquels, c'eft à fçavoir lefdits Prevôt d'Angy & Maire de Brenouille l'ont ainfi confenti ; & quant au Prevôt Forain de Senlis, il a déclaré qu'il ne veut empêcher qu'en la fin dudit article foit mis & ajouté fors & excepté les Gens nobles de la Châtellenie de Senlis, defquels ledit Baillif de Senlis & fes Lieutenans auront la connoiffance, pour le regard des cas concernans lefdits Nobles déclarés audit Edit, & felon icelui, laquelle addition lefdits Baillif & fondit Lieutenant ont auffi accordée en la forme defufdite, quant aux Nobles & autres deffus nommés és cas dudit Edit : Sur ce Maître Antoine Pilan, Chanoine & Procureur du Chapitre de Beauvais, affifté de Maître Martin Thierry, a proteffé pour lefdits de Chapitre que ce ne leur peut préjudicier fpécialement quant à leur garde gardienne & autres droits, privileges, autorités, prééminences & prérogatives d'iceux : Sur quoi dit a été que lefdits de Chapitre auront Lettres de leurdite proteftation : Et au furplus fuivant les déclarations defdits Baillif, Lieutenant, Prevôt Forain, Prevôt d'Angy & Maire de Brenouille, dit a été que ledit article demeurera & fera mis par écrit en la forme qu'il eft contenu au vingt-uniéme article dudit cayer,

En faifant lecture du vingt-quatriéme article qui étoit tel qu'il s'enfuit. Ledit Prevôt de Senlis par grande prééminence à lui appartient, & eft Juge ordinaire de toutes les appellations interjettées des Seigneurs hauts-Jufticiers, moyens & bas, & de leurs Officiers étans en toute ladite Châtellenie, en tant que touche la haute-Juftice, & au-deffous feulement ; & quant aux Seigneurs Châtelains fubalternes, ils reffortiffent & font fujets pardevant ledit Baillif de Senlis en toute ladite Châtellenie de Senlis : Et fi a, comme dit eft, ledit Prevôt Forain de Senlis connoiffance des Gens d'Eglife, Nobles & Communauté.

Après que Maître Claude Thureau, Prevôt de la Ville de Senlis, a employé le plaidoyé par lui fait ci-deffus contre Maître Jean Greffin, Prevôt Forain dudit Senlis, pour ledit titre de Prevôt Forain : Et au contraire ledit Greffin auffi fon plaidoyé, & que fur leur différend a été par nous dit que ledit Greffin fera mis & intitulé Prevôt Forain ; Meffire Jean de Sains, Chevalier, Baillif de Senlis, & Maître Nicole Morel fon Lieutenant Général, ont requis qu'avec ledit Maître Jean Greffin, Prevôt Forain dudit Senlis, il fût dit qu'audit article en ce qu'il faifoit mention de la connoiffance qu'il contient, ledit Prevôt Forain avoit fur les Gens d'Eglife, Nobles & Communautés, feroient mis & ajoutés ces mots, fans préjudice à l'Edit du Roi, fait pour les Baillifs & Sénéchaux fur la connoiffance & Jurifdiction defdits Gens d'Eglife, Nobles & Communautés : Et fi ont lefdits de Sains, Baillif de Senlis, & Morel fon Lieutenant Général, dit & remontré qu'au refte & furplus dudit article, il étoit notoirement abufif, déraifonnable, & contre toute difpofition de droit : car le Prevôt de Senlis ayant en premier lieu la connoiffance des appellations interjettées des Seigneurs hauts-Jufticiers de la Châtellenie dudit Senlis ou leurs Officiers, & du Prevôt de Ville audit lieu, l'en peut encore appeller pardevant ledit Baillif ou fon Lieutenant, & d'eux en la Cour de Parlement, qui font trois appellations diverfes, pour raifon d'une même matiere. Davantage que c'eft un circuit de Jurifdiction qui vient totalement au détriment de la chofe publique, & au grand intérêt, vexation, perte & dommage des fujets de ladite Châtellenie : parce que fi aucun en premiere inftance eft pourfuivi & mis en caufe pardevant le Prevôt ou Garde de Juftice du Seigneur haut-Jufticier, moyen & bas, & il veut fuir & délayer, comme fouvent il s'en trouve de tels, il appelle à toutes heures, ne lui chault à quelle occafion, foi confiant aufdites trois appellations, & fçachant que de long-tems partie ne peut avoir expédition de fa matiere. L'appel relevé pardevant ledit Prevôt Forain, la caufe principale eft retardée de fix ou huit mois, aucunes fois d'un an & plus. Dife ledit Prevôt ce qu'il voudra par fa Sentence, il eft de rechef appellé de lui devant ledit Baillif de Senlis ou fon Lieutenant, où le procès d'appel peut prendre encore long trait : car l'appellant pour toujours délayer, veut bailler griefs hors le procès : l'intimé, répondre à iceux, & faire quelques productions nouvelles en vertu des Lettres Royaux qu'ils obtiennent ou autrement : par ce moyen les droits des pauvres parties font longuement retardés, les procès rendus immortels, & n'y a point de fin : plus lefdites appellations relevées en Prevôté, font procès par écrit ou appellations verbales : Des appellations verbales tout volontiers, il s'en fait des procès par écrit, & font les parties appointées à être délibérées de leur faire droit fur leur caufe d'appel, & à écrite par avertissemens, additions & responsifs, qui est nouvelle pâture pour les Avocats & Procureurs du Siege. Quant au Prevôt il prend épices pour la visitation desdits procès, salaires & vacations de lui & ceux qui sont appellés au Jugement; s'il est appellé de la Sentence dudit Prevôt, soit bien ou mal, au Bailliage, pareillement le Lieutement Général prend épices pour la visitation de lui & de ceux du Conseil: ainsi oculairement les pauvres parties sont vexées & affligées de doubles épices, & de frais & mises superflues, qu'il leur convient faire à la conduite & poursuite de ces deux appellations pécuniaires, tellement qu'aucune fois attediées & de la longue demeure & dépens, ils delaissent lesdites poursuites & perdent leurs droits: Brief tout consideré au cas qui s'offre, il n'est question que du profit particulier des Juges, Avocats & Procureurs, & du bien public: à quoi toutesois principalement on doit avoir égard. D'abondant, il avient souvent que si ledit Prevôt Forain dit bien jugé, ledit Lieutenant Général par conseil dit au contraire mal jugé par ledit Prevôt, en maniere que les parties sont en perplexité telles qu'elles ne sçavent auquel jugement des deux soi arrêter: A cette cause lesdits Baillifs & Lieutenans se sont opposés & opposent, empêchant que ledit article & autres dépendans d'icelui, ou corroborant icelui écrit audit Livre Coutumier de Senlis ils n'ayent lieu; soutenant qu'ils doivent être rayes, à ce que ledit Prevôt n'ait la connoissance desdites appellations, & où promptement ne pourrions discuter dudit different que ce soit, sans préjudice à l'Edit du Roi, fait sur la Jurisdiction des Baillifs & Prevôts, publié & enregistré ès Registres de Parlement & de la Cour de céans & à la Jurisdiction desdits Baillifs de Senlis & tondit Lieutenant Général. Pareillement Jean Desprez, au nom & comme Procureur dudit Seigneur Anne de Montmorency, Connétable de France, pour les Terres & Seigneuries & Justices, que ledit Seigneur a assises en la Châtellenie dudit Senlis: Messire François de Montmorency, Chevalier de l'Ordre du Roi, Gouverneur & Lieutenant pour le Roi à Paris & Isle de France, pour les Terres & Seigneuries de Mesel, & le Fief de la grande Chaussée de Cirès-lez-Mello en sa personne; Pierre de Saint-Geobert, Procureur de l'Evêque de Senlis; Maître Martin Thierry, comme Procureur des Doyen, Chanoines & Chapitre de l'Eglise de Beauvais, pour les Terres & Seigneuries & Justices qu'ils ont assises en ladite Châtellenie de Senlis, aussi comme Procureur des Maires & Pairs de la Ville de Beauvais; François Desprez au nom & comme Procureur des Religieux, Abbé & Convent de la Victoire, aussi comme Procureur des Seigneurs de Raray, Dognon, Malegeveltre & lieu de Bachetz pour lesdites Seigneuries; Robert de Bonviller, comme Procureur de Louis de Saint Simon, Ecuyer, Seigneur du Plessier, Choisel & Yviller; Philippe Thureau, comme Procureur du Seigneur de Runescul, pour les Terres & Seigneuries & Justices qu'il a en ladite Châtellenie; Charles du Crocq, Ecuyer, Seigneur d'Apremont en sa personne; ledit Jean Desprez, comme Procureur des Doyen, Chanoines & Chapitre de l'Eglise de Senlis, aussi pour les Terres, Seigneuries & Justices qu'ils ont en ladite Châtellenie: Encore lui, comme Procureur de Dame Jeanne de Rieux, Dame de Berthernisusse; Louis Foucquet, au nom & comme Procureur des Religieux, Abbé & Convent de Royaulmont, aussi pour les Terres qu'ils ont en ladite Châtellenie, & aussi des Religieux de S. Leu; & Pierre de Bonviller, au nom & comme Procureur de Jean de Micault, Seigneur de Lespine; lesdits Procureurs fondés de Lettres de procuration, aussi par eux mises au Greffe, se sont chacun d'eux respectivement & en leur regard opposés, & ont soutenu que lesdits articles doivent être rayés, & que ledit Prevôt Forain ne devoit connoître desdites appellations pour les raisons ci-devant alleguées par lesdits Baillifs de Senlis & Lieutenant Général, qu'ils ont employées; & autres par eux respectivement deduites chacun en son égard, pour le ressort des appellations qui seront interjettées de leurs Juges & Gardes des Justices de leursdites Terres, Seigneuries & Justices, pour l'abreviation desdites appellations, soulagement d'eux, leurs sujets & de la chose publique. Et par ledit Prevôt Forain de Senlis a été dit, que la connoissance desdites appellations est de sa Jurisdiction ordinaire à lui & ses predecesseurs Prevôts attribuée par les Princes, & privilege especial de tems immémorial & de quatre cens ans & plus à l'institution & érection d'Offices de Prevôt, & par autres plusieurs moyens justes & raisonnables à alleguer ci-après pardevant Juges competans, & où il appartiendra, & dont lui & ses predecesseurs Prevôts ont toujours joui en la presence & connoissance des Baillifs dudit Senlis, & leurs Lieutenans Generaux & Particuliers, & tous autres. Et que les Lettres patentes à nous adressans, tendent effectuellement afin de voir corriger, reformer, redacter & omologuer les Coutumes dudit Senlis, les trois Etats pour ce faire appellés, & que la connoissance du droit desdites appellations n'est de notre commission & dépendance d'icelle. Par ce même ment que les articles faisant mention desdites appellations & autres droits appartenans audit Prevôt, ne sont couchés sous la Rubriche des Coutumes dudit Senlis: mais sous le titre d'une déclaration faite comme notoire & indubitable par les gens desdits trois Etats, appellés par ci-devant pour redacter lesdites Coutumes. Aussi que quand autres cas regardant le fait de la Jurisdiction dudit Prevôt de Senlis, ont été debatus en nos presences en procedant à la reformation desdites Coutumes, avons déclaré que n'en prendrons aucune connoissance. Et ont été par nous renvoyés les differends pardevant Messeigneurs de la Cour de Parlement suivant ladite Commission. A cette cause soutient ledit Prevôt que ne devons en vertu de ladite Commission connoître ne décider du droit desdites appellations, & qu'en ce regard sommes Juges incompetans. Et par ledit Procureur du Roi au Bailliage de Senlis, a été dit, que de tout tems & anciennete y a eu audit Senlis un Prevôt Châtelain, lequel par grande prééminence & prérogative, & pour la conservation de la souveraineté & droit de Châtellenie appartenant au Roi au Siege & lieu capital du Bailliage de Senlis, a connu & connoit indifferemmet & par prééminence des gens d'Eglise, Nobles & Communautés de ladite Châtellenie, desquels les hauts-Justiciers & Juges subalternes ne peuvent avoir la connoissance, & par prééminence de toutes matieres d'entre les sujets de ladite Châtellenie, & semblablement de toutes les appellations interjettées de tous les Juges subalternes d'icelle Châtellenie, tant des Juges, Maires & Pairs de la Ville de Beauvais, Saint Pierre dudit Beauvais, que generalement de tous les autres Juges subalternes de ladite Châtellenie, en signe & démonstrance de Souveraineté pour le Roi pardessus les autres Châtellenies dudit Bailliage, tellement que ladite Ville de Beauvais, le pays de Beauvoisis & autres Justices subalternes sont de ladite Châtellenie & Prevôté de Senlis; & sont responsables par appel, ressort & Jurisdiction pardevant ledit Prevôt: lesquels néanmoins par tous les moyens à eux possibles prétendent eux exempter de ladite Châtellenie de Senlis, au grand interêt & dommage du Roi, & au prejudice de sa Justice, Châtellenie & Jurisdiction ordinaire dont il a joui par tems immémorial, en ayant toujours Prevôt Châtelain audit Senlis, qui a connu & connoît entre autres choses desdites appellations par souveraineté & prééminence comme dit est, & ainsi qu'a accoutumé faire le Prevôt de Paris & le Prevôt de Melun. Laquelle connoissance desdites appellations & droit de Châtellenie appartient au Roi, & n'est ledit article compris sous le titre des coutumes du Bailliage de Senlis, lesquelles est question de reformer & accorder: mais est une prééminence & droit appartenant au Roi, qui est un degré de Jurisdiction, lequel ne doit, sauf correction, être ôté audit Seigneur ou son Prevôt, attendu qu'en ce faisant, le domaine, autorité, prééminence & prérogative du Roi, seroient grandement diminuez, tant pour les causes dessusdites, comme à cause des amendes adjugées au Roi à cause desdites appellations, que de son Greffe & autres droits à lui appartenans par le moyen de l'exercice de ladite Prevôté. Et si seroit du tout ôter ledit degré de Jurisdiction, ainsi que ledit procureur entend plus amplement déclarer en tems & lieu, empêchant à cette fin, que ledit article soit rayé. Surquoi entendu que du droit prétendu par ledit Prevôt Forain, au ressort & connoissance des appellations dont est question, est faite mention en l'article de présent qui est contenu & enregistré au cahier & livre des coutumes dudit Bailliage, duquel a été fait lecture, après que ledit Prevôt a été par nous requis & sommé de déclarer s'il avoit autre titre ou privilege dudit droit & prééminence par lui prétendu, qui a fait réponse qu'oui, étant, comme il disoit, en la Chambre des Comptes à Paris, qu'il avoit intention recouvrer & en faire apparoir pardevant le Juge competant en tems & lieu: Nous avons dit & disons que les Officiers, gens des Etats & autres comparans & assistans, seront par nous enquis & ouis sur l'utilité ou inutilité du contenu audit article quant au ressort & connoissance des appellations dont est question, pour les avis d'iceux ouis, ordonner du differend, cas & matieres desdites appellations comme il appartiendra par raison. De laquelle Ordonnance ou appointemens ledit Prevôt Forain a appellé. Auquel avons déclaré que nonobstant ledit appel & sans préjudice à icelui, suivant lesdites Lettres Patentes & le pouvoir à nous donné par icelles, sera par nous passé outre, & procedé en la matiere, dont il a de rechef appellé comme de Juge incompétant, protestant d'attempter. Et ensuivant lequel appointement, sans préjudice audit appel, ont été par nous prins & enquis les avis & opinions de chacun des Lieutenans Particuliers dudit Baillif de Senlis, Chatellenies particulieres dudit Bailliage, Avocats, procureur du Roi, Prevôts & autres Officiers desdites Châtellenies, Baillif, procureur du Roi au Comté de Beaumont, Baillif & procureur pour l'Evêque de Beauvais, Nobles desdites Châtellenies, assistans les deleguez comparans pour les trois états en ladite assemblée, & de plusieurs autres comparans. Lesquels & chacun d'eux ont été d'avis & opinion que c'étoit involution de procès & circuit trop long, & conséquemment l'interêt de la chose publique que les appellans des Juges des Seigneurs subalternes de ladite Châtellenie de Senlis fussent ressortissans pardevant ledit Prevôt, ne qu'il en eût la connoissance immédiatement, mais etoit l'abbreviation desdites appellations, diminutions de frais & dépens, & chose utile & raisonnable que lesdites appellations fussent dorénavant relevées, poursuivies & terminées directement & immédiatement, pardevant ledit Baillif de Senlis ou ses Lieutenans. Duquel avis ont été mêmement les Lieutenans & procureur du Roi à Compiégne, avec le Prevôt de l'exemption de Pierrefons; qui neanmoins ont dit sembler que la discussion & termination du different & matiere dessusdite, devoit être par nous reservée jusques à la fin de l'assemblée, ou être arbitré ou prefixé audit Prevôt Forain de Senlis, aucun tems ou délai raisonnable s'il le requeroit, pour pendant icelui recouvrer par lui, & faire apparoir d'aucun titre & privilege si aucun en avoit, fait mention du droit & prééminence par lui prétendue, & être oui plus amplement. Et après lesdits avis & opinions prins, & que par nous a été requis & demandé à tous lesdits assistans s'il y avoit aucun qui voulût dire ou alleguer aucune chose contraire à iceux, & qu'aucun n'a voulu ce faire, ledit Prevôt Forain a été derechef par nous sommé de dire & déclarer s'il prétendoit avoir aucun titre ou privilege dudit droit & prééminence, en vouloir faire apparoir & requerir délai pour ce faire. Lequel a dit & repondu qu'oui, sans préjudice à la fin à laquelle par son dire & plaidoyé ci-dessus il a tendu, & par protestation de ne s'en départir: Surquoi nous avons ordonné que le Jugement, décision & termination du cas & matiere dont est question, seront & les avons reservez & reservons jusques à Lundi prochain, en dedans lequel pour tout le jour ledit Prevôt pourra recouvrer & faire apparoir du titre ou privilege par lui prétendu si aucun il en a, & aussi dire en la matiere ce que bon lui semblera, pour ce fait ordonner de ladite matiere comme de raison. Lequel jour de Lundi lui avons donné & assigné pour toutes préfixions & délais, & sans autre forclusion, *alias*, l'avons de ce faire dès maintenant & pour lors déclaré & déclarons déchû. Et le Mardi xxvi. jour dudit mois d'Août, ledit Prevôt Forain en sa personne s'est déclaré & porté pour appellant, en adherant aux appellations par lui dessus interjettées des Ordonnances, appointement ou appointemens dessus contenus donnez de nous. Aussi Maître Nicole Gosset Avocat pour la communauté des Sergens à cheval dudit Bailliage & prevôté Foraine de Senlis, pour le Greffier du Siege de ladite Prevôté, & pour le Fermier des Exploits d'icelle: A dit que lesdits Sergens, Greffier & Fermier des Exploits, ont été n'agueres avertis que ledit Baillif de Senlis & son Lieutenant General avoient requis pardevant nous qu'il fût inhibé audit Prevôt Forain de ne plus connoître des appellations interjettées des Juges inferieurs & subalternes de la Châtellenie dudit Senlis. Et pour ce que c'étoit à la diminution des droits & profits des Offices desdits Sergens, des deniers du Roi quant audit Fermier des Exploits & Greffier; c'est à sçavoir audit Greffier pour les commissions, Actes, appointemens & Sentences en cas d'appel qui en pouvoient advenir pardevant ledit Prevôt & audit Greffe, & le profit d'iceux, & audit Fermier des Exploits pour les amendes desdites appellations qui pouvoient être adjugées & lui advenir, se sont opposés à ce que lesdites inhibitions soient faites, ne que la Requête faite par lesdits Baillifs de Senlis & son Lieutenant, par laquelle ils requeroient que l'article faisant mention de la prééminence dudit Prevôt Forain de connoître desdites appellations, leur fût adjugée, & ont lesdits Fermier & Greffier pour leur interêt, sommé audit Procureur du Roi qu'il eût à conserver les droits desdits Fermiers, & leur garantir : Qui a fait repondre qu'il se garderoit de méprendre. De laquelle opposition & sommation desdits Sergens, Fermier & Greffier, ordonné a été qu'ils auront Lettres. Laquelle opposition desdits Sergens & Greffier, ouïe par lesdits de Sains Baillif de Senlis, Morel son Lieutenant, Procureur dudit Seigneur Connétable de France, confors dessus nommés, ils ont dit en la presence de Jacques Methelet, Lieutenant & Procureur dudit Prevôt Forain, que par l'appointement donné de nous ci-dessus, il a été ordonné audit Greffin Prevôt Forain, sur la Requête par lui faite à cette fin, & s'est icelui Greffin lié & astreint de faire apparoir en dedans le jour de Lundi dernier du privilege par lui prétendu qu'il disoit être enregistré en la Chambre des Comptes à Paris, *aliàs*, dès-lors l'en aurions débouté, par quoi à faute d'avoir ce fait, requierent les dessusdits, que ledit appointement sortisse son effet. N'y fait rien de dire que par tems immémorial il a eu la connoissance desdites appellations : car il a n'y que quarante ou cinquante ans qu'audit Senlis n'y avoit Prevôt en garde ; ains se bailloit ladite Prevôté à Ferme pour deux ans comme les autres Fermes muables du Roi, & Prevôts Fermiers qui n'avoient connoissance desdites appellations : Aussi comme dessus a été déduit, c'est un abus au préjudice de la chose publique, en disant par lui que ledit article n'est de notre pouvoir & Jurisdiction, parce qu'il n'est compris, comme il dit, sous la Rubriche des Coutumes de Senlis, il n'y a propos : Car ledit article est écrit au Livre Coutumier dudit Baillage, avec autres droits baillés à plusieurs personnes par Coutume, & ont été lûs par notre Ordonnance à la requête desdits trois Etats pour Coutumes. Parquoi devions passer outre à le faire rayer avec autres concernans icelui, selon l'avis & déliberation par nous pris desdits trois Etats, lesquels tous concordablement, *nemine discrepante*, ont été d'avis qu'il se devoit ainsi faire. De dire que sur ledit differend avons renvoyé les Parties en la Cour de Parlement, il appert du contraire par le playdoyé même qu'il a fait mardi dernier pardevant Nous. Et quant au Procureur du Roi qui s'efforce seul sans conseil de l'Avocat dudit Seigneur, montrer qu'en rayant ledit article, le Roi seroit interessé pour aucunes amendes de soixante sols parisis, & la diminution du Greffe de ladite Prevôté, disent les dessusdits qu'au contraire le Roi aura grand profit. Car les appellations premierement déduites au Siege du Baillage, s'en vuidera beaucoup plus qu'en Prevôté, où souvent elles demeurent sans pourfuite au moyen de la longue demeure, vexations, frais & mises superflues des pauvres parties. Et s'il est dit mal jugé, le Roi aura son amende sur la garde de Justice ; si au contraire il aura amende sur l'Appellant, & ne peut faillir. Davantage le Greffe de la Prevôté est erigé en titre d'Office, & le tient un nommé Ginot, qui en prend seul les profits, mais le Greffe du Baillage est baillé à ferme de deux ans en deux ans sous le Roi, lequel en augmentera grandement au profit du Roi. Aussi il est vrai-semblable que le Roi désirant l'abreviation des matieres, de relever les Sujets desdites vexations, pertes & dommages, entend préferer le bien public à tel petit interêt que de soixante sols parisis d'amende, & ne se doit tolerer tel circuit de Jurisdiction. De dire par ledit Procureur du Roi que ledit Prevôt est Juge Châtelain, qui a connoissance des Nobles sur les Seigneurs hauts-Justiciers, *nihil est*. Bien peut-être Juge ordinaire ès matieres non concernans ledit Edit : mais que sous ombre de ce, il doive avoir connoissance desdites appellations, il n'y a propos, & est une répugnance qu'il soit Juge ordinaire & Juge d'appel. Aussi par ledit Livre Coutumier le Prevôt de la Châtellenie de Chaumont dépendant dudit Baillage, est bien intitulé Juge Châtelain, & les autres Prevôts pareillement, lesquels toutefois ne connoissent d'appel. De vouloir faire comparaison dudit Prevôt au Prevôt de Paris, il y a difference trop grande : car ledit Prevôt de Paris est plus que Baillif, & sortissent directement les appellations interjettées de lui en la Cour de Parlement ; & si le Prevôt de Melun a connu de telles & semblables matieres, que non, c'est allegué inconvenient, & a été par usurpation ou privilege special du Roi. Quant à l'adjonction des Sergens & Fermiers des Exploits dudit Baillage, *nihil*, impertinemment, & ne vient l'interêt par eux prétendu en consideration, mais fait ladite adjonction formellement pour ledit Baillif de Senlis, & confors pour montrer de la vexation, frais & impenses superflues dont les pauvres parties sont affligées par ledit circuit de Jurisdiction : car tout déduit, il n'est question que du profit particulier dudit Prevôt, Avocats & Procureurs, avec lesquels lesdits Sergens veulent pâturer à leur endroit, qui est un abus. A cette cause, nonobstant le dire dudit Procureur du Roi, lequel *præter omnem opinionem*, sans consideration s'efforce faire ledit empêchement, non ayant regard au bien public, & dudit Greffier, Prevôt & Sergens, soutiennent lesdits Baillifs & Consorts que lesdits articles doivent être rayés, & que par provision sans préjudice aux appellations interjettées par ledit Greffin, qui ne cherche que moyens obliques & subterfuges, ou ne voudrions discuter dudit differend principal, ils doivent être rayés, & défenses être faites audit Prevôt de ne connoître desdites appellations, employans ce que dessus a été par eux dit, requerant que l'assignation qui écheoit à lui en cette matiere entre les parties, fût continuée jusqu'à demain. Ce qui a été par nous fait avec ledit Methelet son Lieutenant & Procureur dudit Prevôt Forain. Et ledit jour de lendemain Mercredy vingt-septieme jour dudit mois d'Août, comparant ledit Lieutenant General en sa personne & pour ledit Baillif, & ledit Prevôt Forain par ledit Methelet son Procureur, a été sommé ledit Methelet audit nom de faire apparoir du titre ou privilege pretendu par ledit Prevôt Forain, de connoître des appellations interjettées des Juges subalternes de ladite Châtellenie de Senlis. A quoi ledit Methelet audit nom a repondu que ledit Prevôt Forain étoit appellant, & ne vouloit dire ne produire autre chose pour le present. Partant avons de rechef fait faire lecture dudit article en la presence de tous les assistans, & icelle lecture ouïe, avons ordonné du consentement desdits Etats, que par maniere de provision, attendu que l'article dessusdit étoit fondé seulement en Coutume, qu'il seroit rayé en ce qu'il fait mention du droit & prééminence de connoître par ledit Prevôt Forain des appellations interjettées des Juges subalternes, sans préjudice toutefois des droits prétendus par ledit Prevôt Forain au principal, pour desquels connoître & décider nous l'avons renvoyé, ensemble les parties ordinaires du Bailliage dudit Senlis, audit Parlement avenir; Et quant au surplus du contenu audit article faisant mention de la connoissance des gens d'Eglise, Nobles & Communautés; que sans préjudice de l'Edit fait par le Roi sur la limitation, déclaration & regle de la Jurisdiction & connoissance des Baillifs, Sénéchaux & Juges Présidiaux, ledit article demeurera en la forme contenue au xxiv. article dudit cahier, dont ledit Methelet audit nom a appellé, en tant que ladite Ordonnance, appointement ou Sentence fait contre ledit Prevôt.

En faisant lecture du xxv. article de ladite Rubriche commençant par ces mots:

A Senlis il y a un autre Prevôt, nommé le Prevôt de Ville, qui n'a que moyenne & basse Justice, & connoissance des matieres personnelles, les appellations duquel ressortissent pardevant ledit Prevôt Forain de Senlis, comme les appellations des Seigneurs subalternes, dont dessus est parlé.

Maître Claude Thureau Prevôt de la Ville dudit Senlis, a dit & maintenu avoir en ladite Ville & banlieue d'icelle tout droit de Justice, haute, moyenne & basse, avec connoissance de tous cas, crimes & délits, & de toutes matieres personnelles & réelles sur les héritages & choses immeubles situés & assis en iceux, requerant à cette cause ledit article être corrigé en ce qu'il fait mention du droit de moyenne Justice seulement; ce qu'ont aussi requis les Délegués pour les manans & habitans de la Ville de Senlis & les Gouverneurs d'icelle, employant par ledit Prevôt & eux ce que ci-devant a été dit en autre article, faisant mention des Prevôts Forain & de Ville dudit Senlis, empêchant aussi par eux, & pareillement par ledit Baillif dudit Senlis & son Lieutenant Général, & autres Seigneurs subalternes de la Châtellenie dudit Senlis dessus nommés, que le Prevôt Forain dudit Senlis ait la connoissance des appellations interjettées d'eux respectivement chacun en son regard pour les causes dessus alleguées. Ledit Prevôt Forain a maintenu le contraire, employant le contenu audit article à l'encontre dudit Prevôt de Ville, & autres dessus nommés pour la preuve & vérification de son fait. Sur quoi quant au differend d'entre ledit Prevôt Forain de Senlis, & ledit Prevôt de Ville pour les droits de leurs Offices & Jurisdictions en la Ville dudit Senlis, les avons suivant l'appointement donné ci-dessus renvoyés à la Cour. Et quant ausdites appellations, le Jugement & décision de la matiere a été mise en surcéance jusques à ce qu'il fût discuté de l'article précédent: ce qui a été fait & depuis ordonné par maniere de provision que ledit article seroit rayé depuis ces mots, les appellations duquel ressortissent, sans préjudice audit Prevôt Forain de soi pourvoir à la Cour.

Après lecture du vingt-sixiéme article de ladite Rubriche étant de cette forme. Sous le nom de moyenne Justice ledit Prevôt a & peut avoir connoissance de larcin commis en furt sans autre circonstance aggravante, comme crocheterie & autre effort: & pareillement a connoissance de l'homicide de chaude colle, & peut juger à mort les criminels, & les faire exécuter à la Justice de Senlis. Néanmoins telle condamnation à mort n'est réputée par la Coutume que moyenne Justice.

Ledit Prevôt Forain de Senlis d'une part, & ledit Prevôt de Ville dudit Senlis & habitans d'icelle, d'autre, ont employé l'un à l'encontre de l'autre sur ledit xxvi. article, en ce qu'en la fin d'icelui il contient que la condamnation à mort y déclarée, n'est réputée par la Coutume que moyenne Justice, les empêchemens & dires par eux faits sur le differend dont fait mention le xxv. article, qui est l'article précédent: sur quoi avons ordonné qu'en tant que ledit xxvi. article donne puissance au moyen & bas Justicier de condamner à mort naturelle, & avoir fourches patibulaires, il sera mis en surcéance, jusques à ce que la Rubriche des droits des moyens & bas Justiciers en soit discutée. Et depuis a été ordonné par maniere de provision du consentement desdits Etats, excepté aucuns de la Noblesse, que ledit article seroit corrigé en ce qu'il donne autorité au moyen & bas Justicier de condamner à mort naturelle, & avoir fourches patibulaires, sauf aux opposans d'eux pourvoir à la Cour, si bon leur semble, & sans préjudice aux droits dudit Prevôt de Ville au principal dont est procès en ladite Cour, & demeurera l'article ainsi qu'il est couché au vingt-sixiéme article dudit cahier.

Sur le xxvii. article dont la teneur s'ensuit. Les fourches des hauts-Justiciers ne sont aussi qu'à deux pilliers; mais il y a difference à asseoir lesdits fourches, c'est à sçavoir que les liens desdites fourches des hauts-Justiciers sont par dehors les pilliers, en signe que lesdits hauts-Justiciers ont regard aux champs & étendue de haute-Justice & Seigneurie; & au contraire les liens des fourches des moyens Justiciers sont par dedans les pilliers, en signifiant qu'ils ont par dessus eux, & sont liés & clos sous autrui.

Ledit article a été mis en surcéance comme l'article précédent, & depuis corrigé par provision, sans préjudice aux moyens & bas-Justiciers d'eux pourvoir devers la Cour ou ailleurs, ainsi que bon leur semblera, & a été mis en la forme contenue au xxvii. article dudit cahier.

Sur les xxviii. xxix. xxx. xxxi. xxxii. & xxxiii. articles, le Baillif & Procureur de l'Evêque, & Comte de Beauvais, ont fait protestation & opposition telle qu'elle est contenue ci-dessus en leur comparence; & le Procureur du Roi a protesté au contraire aussi comme dessus: sur quoi avons ordonné par maniere de provision que les articles demeureront en l'état qu'ils sont, & au principal se pourvoiront les parties en la Cour.

Suivant le xxxiii. article, il y avoit un article dont la teneur s'ensuit: ledit Comte de Beauvais a un autre Juge, des exempts par appel de la Comté de Beauvais, & est Juge Royal; & pour ce qu'en l'assistance il n'y a eu aucun qui ait sçû dire avoir vû le prétendu Juge des exempts par appel au Comté de Beauvais exercer ladite Jurifdiction , ni en parler , avons ordonné qu'il fera rayé.

A la lecture du xxxiv. article de ladite Rubriche , le Seigneur & Baron de Mello en fa perfonne , affifté de fon Baillif , & le Procureur du Seigneur & Baron de Mouchy - le - Châtel , ont dit que lefdites Baronnies & Châtellenies n'étoient de la Châtellenie de Senlis , par quoi ne devoient être mifes , nommées & enregiftrées fous la Châtellenie dudit Senlis , ni être dites d'icelle ; mais devoient être nommées & mifes par écrit être affifes au Bailliage de Senlis. Sur quoi Maître Jean Greffin Prevôt Forain dudit Senlis a dit qu'il ne vouloit contefter fur le dire ou remontrance defdits Barons & Seigneurs Châtelains : mais vû ledit article , confideré le contenu en icelui , & que fous le titre ou Rubriche d'icelui article lefdites Seigneuries , Baronnies & Châtellenies étoient enregiftrées & contenues : A dit que ledit article devoit demeurer comme il git. Ce qu'ont empêché lefdits Seigneurs , au moins ont requis que ce mot *auffi* étant le premier mot dudit article , foit été. Sur quoi a été ordonné du contentement defdits Seigneurs & Prevôt , qu'audit article fera mis , qu'au Bailliage de Senlis font lefdites Baronnies & Châtellenies de Mello , & Moucy.

Sur le xxxviii. article dont la teneur s'enfuit. Le Prevôt Forain de Senlis le premier , le Prevôt d'Angy , le Maire de Brenouille , le Prevôt de Pontz , le Juge des Exempts de Beauvais , le Prevôt de Pontpoing , le Maire d'Angy pour le Roi & faint Framboult. Ouïs les Officiers du Roi & autres des trois Etats , a été ordonné que ledit article feroit corrigé en tant qu'il fait mention du Juge des Exempts de Beauvais pour les caufes , & que par provifion feroit ajouté audit article le Prevôt de la Ville dudit Senlis , & ledit article mis ainfi qu'il eft contenu au xxxviii. dudit cayer.

Sur le xl. article de cette forme , ladite Prevôté de Pontz eft une Prevôté ordonnée au moyen d'une affociation que l'on dit avoir été faite au Roi par les Seigneurs Châtelains de Pontz , & a ledit Prevôt de Pontz pour le Roi , fa connoiffance & fes droits limités , fans rien entreprendre fur les droits du Seigneur Châtelain.

Le Procureur du Roi audit Bailliage de Senlis a fait quant à icelui pareil empêchement qu'il a fait en l'acte de la comparence faite en cette affemblée par les Seigneurs Châtelains de Pontz , & a dit qu'il n'y a eu aucune affociation faite du Roi par lefdits Seigneurs de Pontz , par ci-devant ou d'ancienneté en la Seigneurie & Juftice dudit Pontz ; mais qu'au Roi feul avoit appartenu & appartenoit la Seigneurie & Prevôté dudit Pontz. Parquoi proteftoit que le contenu audit article faifant mention de ladite affociation & limitation des droits & Jurifdiction du Roi , & defdits Seigneurs , ne puiffe préjudicier au Roi ni aux droits qu'il a en ladite Seigneurie & Prevôté , & par les Procureurs defdits Seigneurs a été fait proteftation contraire. Sur quoi a été ordonné que lefdites parties auront Lettres de leurfdites proteftations.

Sur le xliv. les Baillif & Procureur dudit Evêque & Comte de Beauvais ont protefté comme dit eft , & au contraire ledit Procureur du Roi , & ont été renvoyés à la Cour comme deffus.

Sur le xlviii. article , a été mis en furcéance pour le different d'entre ledit Baillif de Senlis & fon Lieutenant , & ledit Prevôt Forain , & depuis corrigé par maniere de provifion en tant que touche ledit Prevôt Forain , parce qu'il ne doit avoir la connoiffance des caufes d'appel. Et en tant que touche l'Evêque de Beauvais , il aura acte de fa proteftation , & le Procureur du Roi au contraire. Et néanmoins a été ordonné que l'article demeureroit en la forme qu'il eft contenu audit cayer.

Suivant ledit article il y avoit un autre article , dont la teneur enfuit. Les appellations reffortiffantes pardevant ledit Prevôt , fe relevent à jour ordinaire , parce qu'il n'a point d'affife en dedans xl. jours , comme deffus eft dit : lequel a été ordonné être rayé comme deffus.

Sur le xlix. article , les Officiers de l'Evêque de Beauvais ont répeté les proteftations & oppofitions ci - deffus faites , & le Procureur du Roi au contraire ; fur quoi ils ont été renvoyés à la Cour.

Sur le lvii. article , a été mis en délai & furcéance en tant qu'il fait mention des appellations reffortiffantes pardevant le Prevôt Forain ; & depuis a été corrigé par maniere de provifion , comme deffus , eft mis en la forme qu'il eft contenu audit cayer , & fous pareille cotte.

Sur le lviii. article contenant. Pour ce que le Prevôt de la Ville de Senlis n'eft pas réputé haut-Jufticier pour les caufes & ainfi que deffus eft dit , les Appellans font condamnés en deux amendes , chacune de lx fols parifis , comme les Baillis & Juges fubalternes , dont deffus eft parlé.

Le Prevôt Forain de Senlis a requis ledit article , en tant qu'à lui eft , demeurer felon fa forme & teneur , en ce qu'il fait mention que le Prevôt de Ville dudit Senlis n'eft pas réputé haut-Jufticier. Sur quoi a été fait l'empêchement dudit Prevôt de la Ville , & autres oppofans , contenus és articles ci-deffus , faifant mention des Prevôts Royaux fur le different des Jurifdictions defdits Prevôts : & en ce regard ont été renvoyées les parties à la Cour. Et quant au furplus dudit article fur ce qu'il contient que les appellans font condamnés en deux amendes quand ils fuccombent ; & que ledit Prevôt de la Ville de Senlis & Prevôts des Villes de Chaumont , Pontoife & Compiegne ont dit que lefdites amendes , quand il n'y en auroit qu'une , doivent appartenir aux Fermiers de leurs Exploits ; & non aux Fermiers des Exploits des Juges fupérieurs & d'appel ; que ledit Procureur du Roi audit Bailliage de Senlis a dit au contraire , que lefdites amendes doivent appartenir au Fermier des Exploits defdits Juges fupérieurs. Dit a été , pris les avis des Etats & de leur contentement , que ledit lviii. article fera corrigé & mis felon qu'il eft contenu au cayer fous pareille cotte.

Sur les lxv. & lxvi. articles , le Prevôt de l'exemption de Pierrefons , & le Procureur du Roi en la Châtellenie de Compiegne ont dit, que non-seulement ladite Prevôté a été ordonnée audit Compiegne pour les Eglises & Exempts de la Jurisdiction & Duché de Valois, pour ce que seulement au tems de la création de ladite Prevôté ledit Duché étoit baillé par appanage & hors la main du Roi, mais a été ladite Prevôté ordonnée avec le Siege d'icelle audit Compiegne par le Roi comme perpétuelle, par donation dudit Seigneur & privilege spécial. Et pour ce ont protesté que le contenu esdits articles, en ce qu'ils pourroient contenir chose préjudiciable audit Office & privilege, qu'il ne puisse préjudicier au Prevôt ni aux droits, Ordonnance, Siege de ladite Prevôté & situation d'icelle. Sur quoi il a été dit que de ladite protestation ils auront acte.

Sur le LXVII. article. Le Prevôt de la Ville de Compiegne a dit avoir pleine Jurisdiction, droits & prééminences de ladite Ville de Compiegne, que le Prevôt de la Ville de Senlis n'a audit Senlis, parce qu'il a maintenu avoir en ladite Ville de Compiegne droit de haute-Justice avec la connoissance de toutes matieres indifferemment entre les habitans d'icelle ; & en être en possession immémoriale jusques à présent. Ce qu'a denié le Prevôt Forain dudit Compiegne, qui au contraire a maintenu le droit de haute-Justice en ladite Ville lui appartenir avec la connoissance de toutes matieres même des matieres réelles entre les habitans d'icelle. Sur lequel differend desdits Prevôts, leur avons déclaré que n'en voulions prendre connoissance, ni en terminer, & qu'ils eussent à eux pourvoir pardevant le Baillif de Senlis ou son Lieutenant, ou en la Cour, comme ils verroient être à faire.

Sur le LXXIII. article. A été remontré par les Officiers du Roi en la Ville de Pontoise que le lieu de Villeneuve le-Roi, qui par ci-devant étoit au Roi, a été vendu par ledit Seigneur, à faculté de rachat perpétuel, à Thomas Turquan, & pour ce de présent étoit de Justice subalterne.

Sur le LXXXI. article. Maître Andry Bover Prevôt de la Ville de Chaumont, a dit qu'à cause dudit Office il a droit de haute-Justice en ladite Ville de Chaumont, & sur les sujets & habitans d'icelle. Sur quoi par Jean Neelle Prevôt Forain dudit Chaumont, à ce présent, a été déclaré qu'il consentoit, consent & accorde audit Bover Prevôt de Ville, droit de haute-Justice en icelle Ville de Chaumont & sur les habitans qui y sont demeurans & sujets. Le Procureur du Roi audit Chaumont pour ledit Seigneur & les délegués ou comparans pardevant Nous pour les Etats de ladite Ville qui ont été ouïs ; & ont déclaré qu'ils n'ont aucun interêt au consentement dudit Prevôt Forain, & rapportent aux parties de convenir entr'elles pour raison dudit droit, comme elles verront être à faire : Et sur ce Noble homme Charles Peleve du Malherbe Seigneur de Joy & de la Tour au Beigue, s'est opposé à ce que ledit Prevôt de la Ville de Chaumont ait droit de haute-Justice en ladite Ville, parce qu'anciennement ladite Prevôté n'étoit que Mairie, ayant ledit Prevôt de Ville seulement moyenne & basse Justice en icelle, ainsi que le Prevôt de la Ville de Senlis & non plus. Protestant que le consentement ci-dessus fait par ledit Prevôt Forain de Chaumont au Prevôt de la Ville dudit lieu dudit droit de haute-Justice, ne lui puisse préjudicier, parce qu'il a maintenu qu'à cause de sa Seigneurie de ladite Tour au Beigue, il a tout droit de Justice haute, moyenne & basse audit Chaumont, & en plusieurs lieux, tant sur les voiries à lui appartenantes, que sur les hôtes & sujets, & dépendances de ladite Seigneurie, même sur les vendans & achetans marchandise audit Chaumont pour le droit de Coutume dudit lieu à lui appartenant. Aussi Maître Antoine Pilan Chanoine de l'Eglise de Beauvais, & Maître Martin Thierry Procureur des Doyen, Chanoines & Chapitre de ladite Eglise, ont fait pareille protestation que ledit Peleve, pour plusieurs terres, fiefs, Seigneuries, droits, privileges, franchises & libertés qu'ils ont dit avoir & leur appartenir. Pareillement le Prevôt Forain dudit Senlis a protesté que ledit consentement fait par ledit Prevôt Forain de Chaumont au Prevôt de la Ville dudit lieu, quant au droit de haute-Justice, ne puisse préjudicier aux droits à lui appartenans à cause de sondit Office, & au differend qu'il en a à l'encontre du Prevôt de la Ville de Senlis. Lequel Prevôt de la Ville de Senlis a protesté au contraire, que le consentement desdites puisse valoir & servir aux droits de sondit Office, & sur lesdits differends. Sur quoi a été par nous ordonné que tant du consentement & déclarations faits par ledit Prevôt Forain de Chaumont au profit du Prevôt de la Ville dudit lieu, que des protestations ci-dessus contenues les parties dessus nommées auront acte.

Sur le XCIII. article. Les Procureurs des Seigneurs Châtelains de Mello, Moucy, l'Isle-Adam, de la Rocheguyon, de Meru & Persant, ont dit qu'outre les droits contenus audit article leur appartiennent plusieurs droits particuliers qu'ils ont par leurs dénombremens, anciens titres, & autrement. Requerans iceux être ajoutés audit article. Ce que le Procureur du Roi audit Bailliage de Senlis assisté de l'Avocat dudit Seigneur, a empêché pour les causes par lui alleguées. Sur quoi nous avons ordonné que les parties en auront Lettres. Aussi le Procureur du Roi en la Châtellenie de Compiegne a dit qu'es Prevôtés dudit Compiegne & exemptions de Pierrefons fortifiant audit Compiegne, au Roi seul appartient tenir & faire tenir assises par sondit Baillif de Senlis ou son Lieutenant Général, d'avoir séel autentique, & Tabellions, & de ce est en possession immémoriale, négative & exclusive à tous autres, & n'ont les Seigneurs qui se disent Châtelains, comme le Seigneur ou Seigneurs de Thorotte, les Religieux, Abbé & Convent de S. Médard-lès-Soissons, à cause de leur Terre de Vix-sur-Aisne & autres, si aucuns se disent Châtelains, assises, ressort, séel autentique, ni Tabellions. Requerans à ce moyen qu'en tant que touche lesdites Prevôtés & ressorts de Compiegne, ledit article soit restraint & limité, & proteste que la lecture faite présentement ne puisse préjudicier aux droits & possession du Roi. Et au contraire a été soutenu par Messire Jean de Sains Chevalier, Seigneur dudit Thorotte. Sur quoi les parties ont été renvoyées à la Cour pour en donner, & néanmoins cependant par provision demeurera l'article en sa forme & teneur.

Sur le XCV. Le Procureur du Roi en la Châtellenie de Compiegne a employé la déclaration & protestation par lui faite sur le XCIII. article, en ce qu'il touche la Seigneurie de Thorotte à l'encontre de Messire Jean de Sains, Chevalier Seigneur dudit Thorotte, auquel de Sains ledit Procureur du Roi a
conseillé

confessé le droit de Châtellenie & haute-Justice audit Thorotte, dont ledit de Sains a requis Lettres qui lui ont été octroyées, & ordonné que mention en sera faite en notre procès-verbal. Et par le Procureur du Roi au Bailliage de Senlis, a été dit, que les droits contenus esdits xciii. xciv. & xcv. articles appartiennent aux Seigneurs Châtelains qui ont quelque similitude aux Barons, & sont seuls Seigneurs en leurs Terres, & non aux autres Châtelains, qui ne sont seuls Seigneurs esdites Terres qui du commencement de leur érection ne sont que Gardes-Châteaux, & depuis se sont nommés Châtelains, ou Seigneurs Châtelains, à aucun desquels pourroit appartenir droit de haute Justice ; mais ils n'ont assise ni ressort, ni les autres droits esdits articles désignés. Par quoi protestoit que lesdites Châtellenies simples sous couleur desdites Coutumes, ne puissent prétendre plus grand droit qu'il leur appartient en leurs Fiefs, dont aussi il a requis Lettres qui lui ont été accordées.

Sur le xcvi. après lecture d'icelui faite, le Procureur du Roi au Bailliage de Senlis, a requis la correction dudit article en tant qu'il attribue aux hauts-Justiciers connoissance des ports d'armes de chaude colle, disant qu'au Roi seul & à ses Officiers appartenoit la connoissance du port d'armes. Ce qui a été empêché par ceux des trois Etats, Gens d'Eglise, Nobles & autres : mêmement par les Officiers de Monseigneur de Beauvais, qui ont dit qu'audit Seigneur Evêque, à cause de sa Pairie, appartient connoissance de tous ports d'armes indifferemment, & que par Arrêt de la Cour de Parlement, la connoissance desdits ports d'armes lui avoit été adjugée. Ce qui a été dénié par le Procureur du Roi au Bailliage de Senlis. Sur quoi pris les opinions des assistans quant au differend dudit Evêque, consideré l'Arrêt de la Cour allegué par son Procureur, avons renvoyé les parties en ladite Cour, & néanmoins & cependant par provision quant aux Evêques, avons ordonné que ledit article demeurera. Et quant aux autres simplement que pareillement il demeurera. Aussi sur ledit article Maître Martin Thierry, Procureur des Maire & Pairs de la ville de Beauvais, a dit que lesdits Maire & Pairs ont plusieurs beaux privileges à eux conferés par les très-Chrétiens Rois de France, confirmés par le Roi à présent régnant, & qu'en l'Hôtel de ladite ville de Beauvais de tout tems & ancienneté sont aulnes & mesures à étallonner, dont usent les habitans d'icelle ville & Banlieue, & n'est loisible à autres d'avoir lesdites aulnes & mesures pour étallonner, sinon ladite ville. Par quoi a protesté que les mots apposés audit article touchant lesdites mesures, ne puissent préjudicier ausdits Maire & Pairs, ni à leurs droits, privileges & autorités, & qu'ils se puissent pourvoir contre qui il appartiendra, selon & ainsi qu'ils verront être à faire, requerant de ce Lettres par ledit Thierry, qui lui ont été octroyées.

Sur le xcvii. article, le Procureur de l'Evêque de Beauvais & les Seigneurs Châtelains & hauts-Justiciers assistans en ladite Assemblée, ont dit, qu'outre les droits contenus audit article, leur appartienne & ont droit d'aubeine & de succession des bâtards : ce qui a été débattu par le Procureur du Roi, disant que lesdits droits appartenoient au Roi nuement. Aussi a dit que tous trésors trouvés en son Royaume, spécialement quand ils sont en or, ils lui appartiennent privativement contre tous autres, requerant l'article être corrigé en tant que touche lesdits trésors ; ce qui a été empêché par les dessusdits. Sur quoi avons ordonné par provision que ledit article demeurera sans y faire aucune addition ou correction, sauf aux parties d'eux pourvoir en la Cour si bon leur semble.

Sur le xcix. article, le Procureur de l'Evêque de Beauvais, le Procureur de l'Eglise dudit Beauvais, le Seigneur de la Rochepot, Seigneur Châtellain de Mello, le Baron & Seigneur de Moucy-le-Châtel, & plusieurs autres hauts-Justiciers, ont dit qu'ils ont connoissance du scellé Royal, mêmement entre leurs sujets, lesquels ne peuvent proroger Jurisdiction à leur préjudice, & peuvent faire & adjuger decrets sur l'obligation faite sous le scel Royal, soutenu au contraire par le Procureur du Roi audit Bailliage. Sur quoi pris l'opinion des assistans, & ouïs les Etats de l'Eglise, & autres du tiers-Etat, la plupart desquels ont dit que l'article doit demeurer. Nous avons ordonné par provision que ledit article demeurera en l'état qu'il est, & sur les oppositions des dessus nommés, les avons renvoyé à la Cour.

Sur le civ. article, les Avocat, Procureur du Roi, & délegués des Etats pour la ville de Compiegne, ont dit qu'en ladite ville y a Coutume locale communément observée, qu'ils ont dit être telle ; c'est à sçavoir qu'on peut proceder par voye d'Arrêt sur les Forains, ou faire arrêter leurs biens ou leurs corps pour chose connue & à connoître en action pure personnelle sur toutes personnes non privilegiées de Clergie ou de Noblesse, même sur les biens des Nobles. De laquelle Coutume ils ont dit avoir usé par ci-devant, & en user communément, & comme telle avoit été accordée en l'assemblée faite audit Compiegne des Etats de ladite Châtellenie dudit lieu pour le fait des Coutumes de ladite Châtellenie, & mise par écrit au cayer par eux fait desdites Coutumes suivant les Lettres patentes du Roi. De laquelle Coutume a été faite lecture, protestant que le contenu audit civ. art. ne puisse préjudicier à ladite Coutume locale, l'article de laquelle ils ont requis demeurer comme il git. Sur ce les délegués des Etats de la ville de Senlis, Gouverneur d'icelle, le Procureur de la ville de Beauvais, le Procureur du Chapitre dudit lieu, & autres Etats comparans & assistans chacun d'eux en leur regard, & pour leurs interêts & causes respectivement par chacun d'eux déduites, se sont opposés, & empêché que ladite Coutume locale de Compiegne ait lieu, n'y fût reçûe : sur quoi a été dit par provision que ledit civ. article demeurera en sa forme & teneur, sans préjudice à ladite Coutume locale de Compiegne. Et sur les oppositions des dessusdits, les avons renvoyé à la Cour.

Sur le cv. article, les Nobles de la Châtellenie de Chaumont comparans ont dit, qu'en ladite Châtellenie il y avoit plusieurs d'entr'eux ayans seulement droit de moyenne & basse Justice en leurs Seigneuries & Fiefs assis en ladite Châtellenie, à cause desquelles leur appartenoit droit de travers, avec la connoissance, punition & correction des infracteurs & transgresseurs dudit droit, eux opposans à ce que ledit article ne demeure en l'état qu'il est, mais requeroient qu'à icelui fût ajouté que ledit droit de travers appartient aux moyens & bas Justiciers, avec la connoissance & punition de l'infraction d'icelui ; & où ainsi ne seroit fait que ce qui seroit ordonné sur ledit article fût sans préjudicier à leursdits droits & Jurisdictions. Sur quoi a été ordonné que le contenu audit article, demeurera comme il gît, sans préjudice ausdits moyens & bas-Justiciers dudit droit de travers, Justice & punition des infracteurs d'icelui en leursdites Seigneuries, si aucuns droits ils en ont.

Sur le cvi. article, aucuns moyens & bas-Justiciers en la Châtellenie de Chaumont, ont dit qu'à cause de leurs moyennes & basses Justices ils ont droit de donner congé, de prendre prix pour jouer à la paulme, aux barres & autres jeux & assemblées licites & honnêtes comme les hauts-Justiciers, requerant ce que dit est, être ajouté audit article. Aussi le Procureur des Maire & Pairs de la ville de Beauvais, a dit que l'Evêque & Comte dudit Beauvais ne pouvoit faire saisir en la ville dudit lieu, les biens de ses sujets & habitans, ni en faire faire inventaire sans en être requis ou ses Officiers, & ainsi en avoit été & étoit usé en ladite ville. Et que par traité & accord appellé la grande composition faite entre l'Evêque de Beauvais & ladite ville en l'an 1176. au mois d'Août, il est prohibé & défendu aux Officiers dudit Evêque, de proceder à confection d'inventaire sans requête comme dit est ; par quoi protestoit que le contenu audit titre, ne pût préjudicier aux droits, privileges & prérogatives de ladite ville : & par Maître Jean le Roy, Procureur dudit Evêque, a été fait protestation contraire à celle desdits Maire & Pairs pour les droits dudit Evêque, en continuant & persistant ès autres protestations par lui faites dessus. Sur quoi a été dit que ledit article demeurera selon sa forme ; & au surplus que lesdits moyens & bas-Justiciers, Maire & Pairs & Evêque de Beauvais auront acte de leurs déclarations & protestations.

Sur l'article ancien suivant le cxviii. contenant ce qui s'ensuit : selon ladite coutume, le moyen Justicier a la connoissance, punition & correction totale jusqu'à la mort naturelle *inclusivè* de l'homicide fait, commis & perpetré de chaude colle & de simple larcin, & peut avoir fourches patibulaires à deux pilliers seulement pour faire l'exécution desdits délinquans. Mais quant à mort civile, comme de bannir à tems ou à toujours, abscission de membres ou autre punition publique, n'en a ledit moyen Justicier aucune connoissance, correction & punition, ains appartient aux hauts-Justiciers.

Le Procureur de l'Evêque & Comte de Beauvais, a dit que les moyens Justiciers de son Comté, tenans de lui en son fief ou arriere-fief, n'ont point de fourches patibulaires, & ne peuvent donner condamnation de mort par la coutume gardée audit Comté & Vidamé de Gerberoy, & à cette cause empêche & s'oppose à ce que ledit article ne soit reçû. Le Procureur du Chapitre de Beauvais a dit qu'ès Terres & Seigneuries où lesdits du Chapitre ont moyenne & basse Justice, ils ont les droits déclarés audit ancien article, même fourches patibulaires à trois pilliers dont il jouit, & en ont Arrêt contre le Seigneur d'Auflac, requerant l'article demeurer comme il gît. Jacques Methelet, Lieutenant du Prevôt Forain de Senlis, le Prevôt de Compiegne, Procureur du Roi audit lieu, Prevôt de Chaumont, de Pontoise, de Creil, & Procureur du Roi à Beaumont, les Procureurs des Dames de Persant de Meru, & chacun d'eux, & pareillement les Avocat & Procureur du Roi au Bailliage de Senlis, ont empêché ledit article & le contenu en icelui, en la clause contenant, que le moyen & bas Justicier a connoissance, punition & correction totale jusqu'à la mort, d'homicide, commis de chaude colle, & d'avoir fourches patibulaires, parce qu'ils ont dit ledit droit n'appartenir ausdits moyens & bas-Justiciers, requerans la correction dudit article en ce regard. Les Nobles de la Châtellenie de Chaumont & delegués comparans pour lesdits Nobles, Etat & Communauté d'iceux, ont dit qu'en ladite Châtellenie de Chaumont, qui est de grande étendue, il y a peu de hautes Justices ; & à cette cause & que les délits ne demeurassent impunis, a été délaissé aux Seigneurs moyens Justiciers, la connoissance, correction & punition totale, entr'autres droits de l'homicide commis de chaude colle & de simple larcin, à la difference du haut-Justicier auquel appartient la connoissance & punition corporelle de tous autres cas, comme le contient le Chapitre précédent ; & étoit bien raison que le moyen Justicier qui approche dudit haut-Justicier selon le degré de comparaison, participât d'aucune chose de sa puissance, & que pour le moins lui fût délaissé la punition dudit homicide commis de chaude colle & simple larcin, qui sont délits privés & simples non qualifiés, & dont lesdits moyens Justiciers ont toujours connu par toute ladite Châtellenie de Chaumont, & de ce droit ont joui eux & leurs prédécesseurs de si long tems qu'il n'est mémoire du contraire, comme de droits à eux appartenans, à cause de leurs Justices qui sont réputées héréditables & patrimoniales ; & en signe de ce, ont toujours eu fourches patibulaires érigées en leursdites Terres, esquelles ils ont fait pendre & exécuter plusieurs délinquans pour lesdits cas, au vû & sçû des Officiers du Roi & hauts-Justiciers, sans que jamais leur ait été donné contredit ni empêchement. Et si ont davantage lesdits moyens Justiciers de ladite Châtellenie de Chaumont, droit de voiries par toutes lesdites Terres : ce que n'ont les moyens Justiciers de la Châtellenie de Senlis, qui par tout l'argument qu'on veut fonder sur eux de dire qu'ils n'ayent droit de releguer ni déporter, ni aussi d'abscission de membres. Et que conséquemment ils ne doivent avoir connoissance ni pouvoir de punir à mort ni mutiler, & ne peut être pris au préjudice desdits moyens Justiciers de ladite Châtellenie de Chaumont, parce que la cause qui pourroit être que lesdits moyens Justiciers de ladite Châtellenie de Senlis, ne peuvent releguer ni déporter, est à raison de ce qu'ils n'ont voirie ni territoire, ce qui cesse ausdits Seigneurs moyens Justiciers dudit Chaumont, qui, comme dit est, sont Seigneurs Voyers, & ont territoire par toutes lesdites terres limité de tout tems pour pouvoir releguer & déporter, dudit droit de Voirie & relegation, bannissement à déportation, ont semblablement toujours joui de si long-tems qu'il n'est mémoire du contraire. Comme de toutes ces choses ils offrent faire apparoir, tant par titres & Sentences que par témoins, requerant à ce être reçûs. Et pour ces causes empêchent que lesdits droits leur soient ôtés, ni l'article faisant mention d'iceux corrigé, en tant qu'à eux touche, mais plutôt requierent qu'ils y soient ajoutés quant à eux, la connoiſſance & pouvoir de releguer & déporter hors de leurſdites Terres avec abciſſion de membres, même de pouvoir faire couper les oreilles & autres choſes faire, que déja on leur veut ôter par ledit article. Autrement qui du tout voudroit tollir la connoiſſance & punition deſdits cas, ce ſeroit les réduire & remettre à pareille condition que pourroit être un ſimple bas Juſticier, ce qui ne ſe doit faire. Le Procureur des Religieux, Abbé & Convent ſaint Germer de Flay, pour les terres, Seigneuries & Juſtice moyenne & baſſe qu'ils ont aſſiſes en ladite Châtellenie de Chaumont & Bailliage de Senlis, a employé ce que par leſdits Nobles a été dit ci-deſſus & fait pareil empêchement & Requête qu'eux. Les Avocat & Procureur du Roi en la Châtellenie de Compiegne, ont dit que les moyens & bas Juſticiers de ladite Châtellenie, n'ont aucunes fourches patibulaires. Sur le cas & matiere duquel article ont été pris les avis & opinions des Officiers du Roi, gens d'Egliſe & gens des Etats comparans, autres que leſdits Nobles de la Châtellenie de Chaumont, & ſelon leſdits avis & opinions, Nous avons dit que ledit article ſera rayé ſans préjudice aux droits deſdits Nobles, du Chapitre de Beauvais, & Religieux de ſaint Germer, qu'ils voudroient prétendre, ou leur pourroient appartenir ès cas contenus audit article & dont eſt queſtion, en quoi ils ſeroient fondez autrement que par la coutume. De laquelle Ordonnance ou appointement leſdits Nobles de la Châtellenie de Chaumont, c'eſt-à-ſçavoir, Louis de Seilly, Seigneur de la Rocheguyon, Meſſire Jean de l'Iſle, Chevalier, Seigneur de Marivaux, Gilles de Chaumont, Ecuyer, Seigneur de Boiſſy, Charles Pelevé dit Malherbe, Seigneur de Joy, & Guillaume Pillavoine Ecuyer, Seigneur de Villerceaux, tant pour eux que comme deleguez & Procureur de l'Etat des Nobles de ladite Châtellenie, ont appellé. Et pareillement en a appellé Maître Antoine Pilan, Chanoine de Beauvais, & Maître Martin Thierry Procureur deſdits de Chapitre.

Sur les cxxiv. & cxxv. articles. Le Procureur du Roi en la Châtellenie de Compiegne, a remontré qu'en la Prevôté de l'exemption de Pierrefons ſortiſſant audit Compiegne en aucuns lieux l'amende dont font mention leſdits articles eſt de lx. ſols neretz qui vallent trente-ſix ſols pariſis. Sur quoi a été ordonné que leſdits articles demeureront comme ils ſont, & que la declaration & remontrance faite par ledit Procureur du Roi ſera fait mention en notre procès verbal.

Sur le cxxvi. & autres ſubſequents juſques à cxxxi. Le Procureur du Chapitre de Beauvais a dit que de ladite Egliſe ſont de tous tems tenus aucuns fiefs appellez Mairies, qui ne ſont que Sergeantiſes qui ne ſe diviſent point, qui ne doivent être compris ſous les termes deſdits articles, & a proteſté que le contenu en iceux ne puiſſe préjudicier auſdits de Chapitre ni aux droits deſdites Mairies.

Sur le cxxxii. article. Le Seigneur & Baron de Mello en ſa perſonne aſſiſté de ſon Bailliſ. Le Procureur du Seigneur & Baron de Moucy le Châtel. Et pareillement les Procureurs de Monſeigneur le Conneſtable de France, Baron de l'Iſle-Adam, des Seigneurs de Marines, de Us & Andrely ont dit, que les fiefs tenus d'eux à cauſe deſdites Baronnies & de leurs Châtellenies & Seigneuries, relevent d'eux de toutes mains & mutations, & ont requis qu'où la coutume contenue audit article ſoit reçue, accordée & auroit lieu, que ce ſoit ſans préjudice à leurſdits droits. Auſſi le Procureur de Chapitre de Beauvais a fait le même ſur ledit article pour les Mairies & Sergentiſes d'iceux du Chapitre. Et ſi a dit qu'ils ont pluſieurs fiefs, terres & Seigneuries, à cauſe deſquels ſont tenus & mouvans d'eux en foi & hommage pluſieurs fiefs étant de nature & conditions envers eux que les puînez pour leurs parts & portions des fiefs à eux appartenans ainſi tenues d'eux ne peuvent relever leurſdites parts & portions de leur aîné, mais ſont tenus les relever & en faire la foi & hommage à eux comme leurs Seigneurs féodaux. Proteſtant pour ces cauſes que ce qui ſeroit fait & arrêté ſur ledit article ne puiſſe préjudicier au droit particulier deſſus déclaré appartenant auſdits de Chapitre. Surquoi a été ordonné que ledit article demeurera ſelon ſa forme par proviſion, ſans préjudice aux droits prétendus par les Seigneurs cy-deſſus nommez. Et ſi auront acte leſdits de Chapitre de Beauvais de leur déclaration & proteſtation.

Sur le cxxxix. article, contenant. En ſucceſſion de ligne directe & collaterale repreſentation n'a point lieu; [1] c'eſt à ſçavoir le fils ou fille du frere ne repreſenteront point leur pere trepaſſé à l'encontre de leur oncle ou tante en la ſucceſſion de leur ayeul ou ayeule, mais emporteront la ſucceſſion leſdits oncle ou tante deſdits enfans, parce qu'il eſt plus prochain en degré de ligne audit ayeul ſon pere, excepté toutes-fois en la Ville & banlieue de Beauvais, qui eſt en la Châtellenie de Senlis, auquel lieu repreſentation a lieu en ligne directe.

A été remontré que ledit article étoit déraiſonnable & contre tout droit naturel pour le regard de la directe, où repreſentation doit avoir lieu, & les petits-enfans ne doivent perdre la ſucceſſion de leur ayeul par la mort de leur pere ou mere. Ainſi a été remontré ſur ledit article y a eu pluſieurs differends. A ſçavoir ſi par contrat de mariage que pere & mere pouvoient accorder droit de repreſentation aux enfans de leurs enfans. Et ſi en accordant repreſentation à l'un, on accordoit repreſentation aux autres, ce qui ſeroit convenable éclaircir en ladite aſſemblée : Et ce fait en a été demandé aux trois Etats & Officiers du Roi aſſiſtans en ladite aſſemblée, qui ont été ſous d'avis que pour l'avenir ledit article devoit être corrigé, & qu'on devoit accorder repreſentation en ligne directe. Et neanmoins pour élucider la difficulté deſſuſdite pour le paſſé, ils ont été d'avis que par contrat de mariage on a pû accorder la dite repreſentation. Et en l'accordant à l'un des enfans, on l'accordoit à l'autre, & l'ont vû ainſi pratiquer & aucuns d'eux en ont vû donner jugement contradictoire. Parquoi nous avons ordonné que ledit article ſera corrigé pour le regard de ladite repreſentation en ligne directe, & neanmoins que de ce que dit eſt ferions mention en notre procès verbal. Et dudit article ont été faits deux articles contenus ſous la cotte du cxxxix. & cxl. article dudit cayer.

Sur le cviii. article dont la teneur enſuit. Homme & femme conjoints enſemble par mariage, par teſtament & ordonnance de derniere volonté peuvent laiſſer l'un à l'autre tous les meubles, acquets

1 Et ſic negabitur negabat in infinitum; & conſequenter ex judiciis erit nam collecta, affirmativa ſunt in infinitum, ſecundum jus commune. Et ſic fuit acquieſcere Pierre Cuslappin & conſentes appellantes du Bailief de Beaumont, qui ad ſucceſſionem directam adveniſſent promptos tunc neperibus & heres, C. &c.

& conquêts immeubles, avec le quint de leurs propres héritages à toujours, & l'ufufruit du furplus defdits propres héritages fa vie durant, au préjudice de leurs propres héritiers, foit qu'il y ait enfans ou non de leur dit mariage.

A été remontré que ledit article contenoit manifefte iniquité, en ce qu'il étoit permis au pere ou mere donner au furvivant d'eux deux tous leurs biens au préjudice de leurs enfans fans diftraire la legitime, & ne leur laiffer qu'une nuë propriété des héritages s'aucuns en y avoit fans l'ufufruit. Auffi on voit plufieurs inconveniens advenus de ladite coûtume par les fuggeftions qui fe font aux malades quand il eft queftion de faire leurs teftamens, & tellement que plus par contrainte qu'autrement font faites telles donations, & aucunes fois le mari fpolie la femme, & la femme le mari par trop grande amitié qu'ils ont l'un à l'autre, fans avoir regard à leurs enfans, & après les enfans delaiffez le furvivant fe remarie & peut avoir autres enfans. Tellement qu'on a vu fouvent les enfans de tels teftateurs, dénuez de tous biens, combien que leur pere ou mere euffent bien de quoi à l'heure de leur trepas. Et a été pris l'opinion des affiftans fur ce qu'ils font du commencement tombés en diverfité d'opinions : & depuis la plûpart d'iceux condefcendus à rayer ledit article, & à faire coutume contraire, telle & femblable qu'en la Prevôté & Vicomté de Paris. Ce qui a été ordonné être fait en la forme & maniere contenue en l'article inféré audit cayer pareille cotte de cxliii.

Ce fait Louis de Seilly Seigneur de la Rocheguyon a protefté, que la mutation qui a été faite de ladite coûtume ne lui puiffe préjudicier ni au procès pendant en la Cour entre lui & la Dame d'Eftouteville & les conforts audit procès, où il dit avoir pofé en fait ladite coûtume telle qu'elle étoit contenue audit article avant la mutation, dont par ci-devant l'on ufoit audit Bailliage de Senlis, & qu'il entendoit avoir duement prouvée & verifiée audit procès par tourbe audit procès, faifant les autres proteftations à ce pertinentes. Et par Maître Philippes Fromont, Procureur des Seigneurs Duc & Dame d'Eftouteville a été fait proteftation au contraire, difant que par la coutume de la Châtellenie de Chaumont audit Bailliage de Senlis, l'homme & la femme ne pouvoient, & ne peuvent donner l'un à l'autre que les meubles, acquêts & conquêts immeubles, & encore pourveu qu'il n'y ait enfans du mariage, & qu'ainfi en avoit-on ufé en ladite Châtellenie de Chaumont & ecroiffement de Magny. Parquoi empêchoit que ledit article eût lieu en la Châtellenie de Chaumont. Surquoi avons ordonné qu'ils auront lettres de leurs proteftations.

Sur le cxliv. contenant cette forme. Homme & femme conjoints enfemble par mariage, peuvent faire l'un à l'autre don mutuel de tous leurs biens meubles, acquêts & conquêts immeubles, enfemble du quint de leurs propres héritages au furvivant, pourvu qu'ils n'ayent aucuns enfans, & qu'iceux conjoints foient égaux en âge & chevance.

Oüi la lecture duquel article les Officiers du Roi en la Châtellenie de Pontoife, enfemble ceux des trois Etats d'icelle Châtellenie, ont dit que ladite coutume n'a lieu audit Pontoife : mais qu'en la modifiant & reftraignant ils font contens eux foûmettre en ce qui fera avifé en ladite affemblée. Surquoi nous avons pris l'opinion des affiftans, qui ont été d'avis qu'on devoit diftraire de ladite coutume le quint & ufufruit des propres d'héritages, & que le donataire devoit acquitter les héritiers du donateur des dettes mobiliaires, obféques & funérailles du donateur. Ce qu'avons ordonné être fait en la maniere contenue audit cxliv. article.

Après que ledit Louis de Seilly, Seigneur de la Rocheguyon, a dit que l'ancienne coutume de la Châtellenie de Chaumont, permettoit lefdites donations mutuelles, fuppofé qu'il y eût enfans du mariage des donateurs, & pour ce proteftoit que la correction qui en a été faite ne lui puiffe préjudicier. Et au contraire le Procureur du Seigneur Duc & Dame d'Eftouteville a dit, que par la coutume de Vexin le François, homme & femme ne peuvent faire donation l'on à l'autre que des meubles, acquêts & conquêts immeubles, & pourveu qu'il n'y ait point d'enfans nez en mariage d'eux deux, & que les conjoints foient égaux en biens, & que par tel don l'un deux ne foit point plus avantagé que l'autre, & ainfi en avoir toujours été ufé en ladite Châtellenie. Parquoi protefte que la mutation qui a été faite dans ladite coutume, ne puiffe nuire ni préjudicier aufdits Seigneur, Duc & Dame, & aux droits ja à eux acquis : Et par ledit Seigneur de la Rocheguyon, a été fait proteftation contraire : Surquoi nous avons ordonné qu'ils auront lettres de leurs proteftations.

Sur le cxlvi. Les deleguez des Etats de la Châtellenie de Compiegne, ont dit que par ci-devant par la coutume ancienne, particuliere & locale de ladite Châtellenie au cas contenu audit article, avec ce que le furvivant Noble peut prendre & appréhender les meubles demeurez du decès du trépaffé, & outre lefdits biens meubles, doivent appartenir audit furvivant les acquêts & conquêts dudit trépaffé : Et qu'en l'affemblée faite audit Compiegne defdits Etats pour le prefent fait des coutumes du Bailliage de Senlis, a été conclud que ledit furvivant ne prendroit, n'auroit, & ne lui appartiendroient lefdits acquêts & conquêts : Et néanmoins confentoient de ladite coutume particuliere être ordonné, & en ufer en ladite Châtellenie de Compiegne, felon ce que par nous en feroit deffini fur la coutume générale dudit Bailliage : Et fur ce Meffire Jean de Sains, Chevalier, Seigneur de Marigny, s'eft oppofé, à ce que lefdits acquêts & conquêts fuffent ou foient diftraits : Au moins a protefté que ce qui feroit fait & défini au contraire fur ledit article ne lui puiffe préjudicier, n'à la maniere d'ufer par le tems paffé de ladite coutume en ladite Châtellenie de Compiegne : Surquoi nous avons dit que ledit article demeurera felon fa forme & teneur : Et que néanmoins fera fait mention en notre procès verbal de la déclaration defdits de Compiegne : Et fi aura ledit de Sains lettres de ladite proteftation.

Et fuivant l'article cxlviii. étoit mis l'article qui s'enfuit : Il loift aux héritiers d'un trépaffé requerir & demander aux exécuteurs du teftament d'icelui défunt, ledit teftament pour icelui accomplir en baillant par lefdits executeurs pleige & caution fuffifante d'accomplir ledit teftament : Lequel article selon l'opinion de tous les Etats & du consentement d'iceux, Nous avons ordonné être rayé, & que dorénavant ne sera plus usé de ladite coutume y contenue.

Sur le cli. article qui étoit de telle forme : Quand aucuns enfans ont été mariez de biens communs de leur pere & mere, & l'un d'eux, soit le pere ou la mere, va de vie à trépas : Si celui enfant ou enfans ainsi mariez, veulent venir à la succession de tel trepassé, avec les autres enfans non mariez, faire le pourront, en rapportant la moitié de ce qui leur a été donné en mariage ou autrement avantagez, & si tous deux, c'est à sçavoir le pere & la mere étoient decedez, tels avantagez rapporteront le tout : Ledit article pris les opinions de tous les Etats, & de leur consentement, a été corrigé & mis en la forme contenue audit cayer sous pareille cotte.

Sur ledit article, par Maître Philippes Fromond, Procureur des Seigneur, Duc & Dame d'Estouteville, a été dit que la coutume de la Châtellenie de Chaumont, il ne loist à quelque personne que ce soit qui a enfans, avantager l'un plus que l'autre, ne donner aucune chose, sinon au traité de son mariage, laquelle coutume a de tout tems & ancienneté été gardée & observée, & en a-t-on usé en ladite Châtellenie de Chaumont & escroissement de Magny : Par quoi il s'opposoit & empêchoit que ledit article ainsi qu'il est posé au cayer des coutumes anciennes dudit Bailliage, ait lieu en ladite Châtellenie de Chaumont : Et où il en seroit par nous faite aucune correction, immutation ou modification, a protesté qu'elle ne puisse préjudicier, ni nuire ausdits Seigneur, Duc & Dame d'Estouteville, & aux droits ja à eux acquis, & requiert être expressément dit que l'usance que dorénavant l'on en pourroit avoir, si aucune correction étoit faite, sera comme nouvelle coutume, parce que de toute ancienneté elle étoit outre en ladite Châtellenie de Chaumont & escroissement de Magny : Et par ledit de Seilly, Seigneur de la Rocheguyon, en sa personne, garni de ses Conseillers a été fait protestation contraire à icelle desdits Seigneur, Duc & Dame d'Estouteville : Surquoi avons ordonné, que desdites protestations, lesdites parties auront lettres, & que par nous en sera fait mention en notre procès verbal.

Sur les clii. cliii. cliv. articles dont la teneur ensuit : Si l'un de deux Nobles, conjoints ensemble par mariage, ayans enfans mineurs, va de vie à trepas, le survivant desdits deux conjoints ou eux decedez, l'ayeul ou ayeule pourra avoir & accepter la garde noble desdits enfans, & en acceptant ladite garde, aura les meubles de tels mineurs, & si jouira de leurs heritages, sans payer quelque droit de relief, en offrant les foi & hommage au Seigneur seulement, avec le chambellage selon la nature du fief, pource que de pere à fils ou fille non mariée, n'y a que la bouche & les mains.

Item, celui qui a la garde d'aucuns mineurs Nobles, iceux gardiens sont les fruits des heritages desdits mineurs à eux, sans en rendre compte à iceux mineur ou mineurs, quand ils viendront en âge : Et en ce faisant, seront tenus de garder, nourrir & entretenir lesdits mineurs bien & honnêtement selon leur état, & entretenir les heritages desdits mineurs ou mineur, & les rendre enfin en aussi bon état qu'ils étoient, quand ils prirent ladite garde-noble, payer les dettes, testamens, obseques & funérailles, acquitter les mineurs, bien regir & gouverner les Justices desdits mineurs, & à la fin icelles Justices rendre quittes & déchargées de tous troubles & empêchemens, mis & donnez esdites Justices.

Item, si la mere qui aura ainsi pris, que dit est, la garde de ses enfans se remarie, à cause dudit mariage, sera tenu sondit mari relever & payer relief audit Seigneur féodal, pour raison de sesdits enfans mineurs.

Le Procureur du Roi, a requis la correction desdits articles, en ce que ladite garde-noble est deferée à l'ayeul ou ayeule desdits mineurs : Semblablement le Procureur dudit Seigneur de Montmorency, Connestable de France : Messire François de Montmorency, Gouverneur de Paris & Isle de France, en personne, & plusieurs autres Gentils-hommes, ont requis ladite correction : Surquoi a été mis en délibération, & pris l'avis des assistans, Officiers du Roi, & autres des trois Etats, a été accordé que lesdits trois articles seront corrigez en la maniere qu'ils sont contenus audit cayer sous pareilles cottes.

Sur le clv. article contenant cette forme.

Item, un enfant Noble, mâle, est reputé âgé à vingt ans & un jour, & une fille à seize ans & un jour. A été accordé par les assistans, que pour plus ample déclaration dudit article, seront ajoutez ces mots : Toutefois n'est permis l'aliénation d'aucun immeuble, jusques à âge de droit, qui est de vingt-cinq ans accomplis. Aussi a été accordé par tous les assistans que l'article qui s'ensuit seroit rayé, & néanmoins en seroit fait mention au procès verbal, comme de coutume ancienne. Si plusieurs mineurs n'ont parent en ligne directe, ou que tel parent en ligne directe, ne veuille prendre la garde-noble desdits mineurs, les parens en ligne collaterale pourront prendre le bail de tels enfans, entre lesquels parens sera preferé l'aîné, qui atteindra tels mineurs au plus prochain degré. Lequel bailliste sera tenu relever les fiefs desdits mineurs, entrer en foi & hommages pour iceux mineurs & payer finance : Et sera tel Bailliste les fruits de tels heritages desdits mineurs siens : desquels heritages il sera tenu user comme un bon pere de famille doit faire, sans ce qu'il soit tenu ne sujet au compte. A la charge qu'il sera tenu payer les dettes, testament, obseques & funérailles du trepassé, nourrir & entretenir lesdits mineurs, bien & suffisamment selon leur état, & rendre en la fin les heritages d'iceux en bon état, & leurs Justices dépêchées de tous troubles & empêchemens. Et si seront tenus inventorier, garder & rendre compte des meubles desdits mineurs qu'ils avoient à l'heure que le bail a été prins : Sur ce Raouland Thureau, Procureur à Senlis du Seigneur de Ravetol, garni de Maître Antoine Harsent son Avocat audit Senlis, a protesté pour ledit Seigneur que l'abrogation de ladite coutume & le contenu en l'article dessusdit, qui en fait mention, ne puisse nuire ni préjudicier audit Seigneur, au procès que lui &

sa femme, ont en demandant à l'encontre du Seigneur de Rasse, pour raison du bail noble de Mary, de saint Simon mineur, frere de la femme dudit Seigneur de Ravetoil, qui est encore indecis en la Cour de Parlement de Paris : Et par Robert de Bonvillert Procureur dudit Seigneur de Rasse, a été fait protestation contraire, dont lesdites parties auront lettres.

Sur le clvi. article dont la teneur ensuit : En ligne directe en matiere de fief, comme de pere à fils n'est dû aucune finance pour le droit de relief, mais seulement bouche & mains avec le chambellage, qui est selon la nature dudit fief : Excepté les Châtellenies de Mello, & Moucy le Châtel & les fiefs qui en dépendent, qui se relevent de toutes mains & mutations, tant en ligne directe que collaterale : Ont été faites plusieurs remontrances & protestations, tant par Monseigneur l'Evêque de Beauvais, le Seigneur de Joy, le Seigneur de Fresnoy en Thelles, la Dame d'Estouteville qu'autres dont leur a été accordé lettres hors ce procès verbal, parce qu'il n'est question que de droits particuliers, qui ne sont introduits par la coutume : & néanmoins pour accorder la coutume ci-dessus écrite, avec la coutume locale du Vexin le François, les assistans sont condescendus à la coutume, telle qu'elle est contenue audit article clvi, dudit cayer.

Sur le clxi. article dont la teneur s'ensuit : Quand aucun enfant est avantagé en mariage ou autrement par donation faite entrevifs de ses pere ou mere en ligne directe, tel avantage se peut tenir au transport à lui fait, sans ce qu'il puisse être contraint à venir à succession, & rapporter tel avantage. Les Officiers du Roi en la Châtellenie de Pontoise, adherans avec eux les deleguez des trois Etats d'icelle Châtellenie, ont dit que par la coutume ancienne de ladite Châtellenie de Pontoise, il n'étoit loisible à aucun avantager ses enfans, fors & excepté en mariage tant seulement, & neanmoins se sont condescendus être reglez selon la coutume dudit Bailliage contenue audit clxi. article pour l'avenir. Aussi le Seigneur de la Rocheguyon & le Procureur de la Dame d'Estouteville, ont repeté lesdites protestations ci-dessus par eux faites : surquoi pris les opinions des assistans, qui ont été d'avis qu'on devoit ajouter audit article la reservation de la légitime aux autres enfans du donateur : A été ordonné ainsi être fait, en la maniere qu'il est contenu audit livre coutumier en l'article sous pareille cotte, & néanmoins que mention seroit faite en ce present procès verbal de la déclaration faite par les Officiers & Etats de ladite Châtellenie de Pontoise ci-dessus, sur l'ancienne coutume locale de ladite Châtellenie de Pontoise, & des protestations faites par les susdits.

Après lecture faite des anciennes coutumes dudit Bailliage, étant sous titre & Rubriche des successions des fiefs & autres heritages roturiers & biens meubles, & les corrections & additions ci-dessus faites, lesdits Etats ont accordé les coutumes contenues ès articles clxix. clxx. clxxi. clxxii. & clxxiii. être inserées & ajoutées audit coutumier sous ledit titre & Rubriche pour être dorenavant gardées & observées audit Bailliage, comme coutumes générales & sans préjudice du passé : Excepté les Procureurs des Religieux, Abbé & Convent de Chaaliétz & de Royaulmont, qui pour le regard dudit clxxi. article & pour les autres simplement, que tous lesdits articles seront inserez audit coutumier, selon les avis & consentement desdits Etats, sans préjudice au privilege pretendu par lesdits de Chaaliétz & de Royaulmont.

Sur le clxxv. article. L'état de la Noblesse a dit & remontré, que le douaire ne devoit être acquis à la femme, sinon qu'elle eût couché avec le mary. Ce qui a été mis en délibération, & pour la diversité des opinions, a été ordonné que par provision ledit article & autres subsequens, faisans mention de l'acquisition du douaire demeureroient, sauf ausdits Nobles eux pourvoir à la Cour sur donné ladite Requête.

Sur le clxxvii. article. Les trois Etats de la Châtellenie de Compiegne, ont dit que par l'ancienne coutume de ladite Chatellenie, il n'étoit défendu d'être héritier & douarrier ensemble : mais se condescendoient être reglez selon la coutume générale dudit Bailliage pour l'avenir. Ce qui a été ordonné être fait.

Sur le clxxix. article. Les Etats de la Châtellenie de Pontoise ont dit que par l'ancienne coutume locale de ladite Châtellenie, la femme n'étoit saisie du douaire coutumier, mais le prenoit par les mains des héritiers ; néanmoins consentoient pour l'avenir être reglez selon la coutume générale dudit Bailliage ; ce qui a été aussi ordonné être fait. A été fait lecture d'un article dudit ancien coutumier contenant ce qui s'ensuit : combien que ladite femme ait été douée de douaire prefix comme dit est, néanmoins incontinent après le trepas de son mari ou que douaire aura lieu pour ladite femme de laisser le douaire prefix, & prendre le douaire coutumier : Lequel article du consentement de tous les Etats & assistans à ladite assemblée, a été rayé & abrogé, & a été dit qu'il seroit fait coutume contraire telle qu'est contenue au clxxiii. article du cayer. Et néanmoins a été ordonné qu'en ce présent procès verbal, seroit fait mention de ladite coutume ancienne dessus declarée pour le passé.

Après la lecture faite des articles anciens, étant sous la Rubriche des douaires & des corrections & additions faites sur lesdits articles, lesdits trois Etats & assistans ont accordé les clxxxvi. & clxxxvii. articles être ajoutez audit coutumier pour être observez cy-après, sans préjudice du passé. Ce qui a été ordonné être fait.

Sur le cxcix. & cc. articles contenant cette forme. Quand aucuns biens, heritages ou rentes, situez & assis en la haute Justice d'aucun Seigneur, sont dits & declarez confisquez, ledit haut-Justicier ne sera tenu payer aucune dette ni rente ni atrerages d'icelle, si telle rente n'est proprietaire ensaisinée ou infeodée, si c'est rente constituée.

Item, si lesdits heritages ainsi chargez que dit est de ladite rente constituée, non ensaisinée, ou infeodée, sont remis au domaine dudit Seigneur feodal ou censuel par faute d'homme, droits & devoirs non faits, confiscation par aubeine ou commission de fiefs, en ce cas ledit Seigneur feodal ou censuel, ne seroit tenu de ladite charge ou rente non ensaisinée ou inféodée, & en demeurera quitte. Par le Procureur du Roi, a été requis qu'audit article fût ajouté, que le Seigneur haut Justicier soit tenu des dettes du confisquant, & les payer & acquitter, ainsi qu'il disoit avoir été avisé en l'assemblée faite des Etats audit Senlis pour le fait des coutumes dudit Bailliage en l'an mil cinq cens & six. Et si a été dit par lui que le droit d'aubeine n'appartient à autre qu'au Roi, requerant en cela correction desdits articles; sur quoi la matiere mise en déliberation, & pris l'opinion des assistans Officiers du Roi & autres des trois Etats: A été accordé que lesdits articles seront rayés & ôtés dudit Livre Coutumier, & en lieux d'iceux, seront mis les deux articles cottés comme les précédens, ainsi qu'ils sont écrits audit Coutumier.

Sur le ccx. article, le Procureur du Seigneur de la Rocheguyon a protesté que le contenu audit article ne puisse préjudicier au procès d'entre lui & la Dame d'Estouteville, parce qu'il a maintenu que la donation faite du mari à la femme, ou de la femme au mari par don mutuel, étoit bonne & valable, & l'entendoit l'avoir ainsi vérifié audit procès. Le Procureur de ladite Dame d'Estouteville a dit que par la coutume de la Châtellenie de Chaumont, de tout tems & ancienneté gardée & observée, l'homme & la femme ne peuvent donner l'un à l'autre que leurs meubles, acquêts & conquêts immeubles, pourvû qu'ils n'eussent d'enfans d'eux deux, & qu'ils fussent égaux en biens, & que par tel don l'un ne fût plus avantagé que l'autre, dont il disoit avoir été usé jusques à présent, & a fait protestation contraire à celle dudit Seigneur de la Rocheguyon, desquelles protestations ils auront Lettres.

Sur le ccxiii. article, le Procureur de la Dame d'Estouteville, & le Seigneur de la Rocheguyon, ont répeté les protestations ci-dessus écrites, dont ils auront Lettres.

Sur le ccxxiv. article, Germain Cloppin, au nom & comme Procureur des Religieux, Abbé & Convent de saint Germer de Flay, Seigneurs de Gouldray-sous-Marquest, Puisieux, Railly & Tardonne; nobles personnes Messire Jean de la Marche, Chevalier de l'Ordre & Chambellan du Roi, Nicolas de Moüy Seigneur Châtelain de Beauvais, Jean de Monceaux, Seigneur dudit lieu, Houdenc, Haunouailles, Harmentieres, Germinvillers & Martincourt: Robert Aubougi, Seigneur de Neufvillette, Villembray & Lame, & de Jean le Veneur, Seigneur de Songeons, a remontré qu'ausdits Seigneurs respectivement appartenoit droit de relief sur les terres roturieres tenues d'eux à censive, lequel droit est de douze deniers parisis pour chacune mine de terre labourable, cinq sols parisis pour chacun arpent de vigne, & autant pour arpent de pré, & cinq sols parisis d'amende. A ces causes, ont protesté que les coutumes générales, posées au cayer dudit Senlis, que pourroient concerner & faire mention des droits de ventes, de relief, & autres dûs ausdits Seigneurs ne leur soient préjudiciables, & que dorénavant ils puissent, comme ils ont fait de tout tems, prendre & percevoir ledit droit: sur quoi a été ordonné que de ladite protestation lesdits Seigneurs auront Lettres.

Sur l'article qui s'ensuit, un chacun soit homme ou femme, peut laisser par testament ou ordonnance de derniere volonté à un étranger, ses meubles, acquêts & conquêts immeubles, avec le quint de son propre heritage ou à vie, a été avisé par les assistans, que ledit article seroit rayé; & au lieu d'icelui, seroient faits trois articles, lesquels lesdits assistans ont accordé; c'est à sçavoir, les deux cens dix-sept, deux cens dix-huit, & deux cens dix-neuf, qui sont couchés audit Livre Coutumier. Après la lecture des articles de coutume couchés au titre des donations, les assistans & députés des trois Etats, ont requis l'article ccxxi. être ajouté audit Coutumier pour y servir d'article de coutume: ce qu'avons ordonné être fait du consentement desdits assistans.

Sur le ccxxiii. article contenant ce qui s'ensuit. *Item*, le lignager qui requiert & demande ledit heritage, ainsi vendu que dit est, est tenu offrir à l'acheteur bourse & deniers, & à parfaire pour ledit pur sort principal & loyaux coûtemens, & continuer chacune journée & assignation procedant que ladite cause sert, ou consigner en main de Justice ledit argent, si le défendeur qui est l'acheteur ne consent lesdites offres être faites une fois pour toutes, autrement ledit retrayant décherra de sadite action en matiere de retrait; où l'acheteur acquiesceroit aux offres, le retrayant est tenu fournir à sesdites offres dedans vingt-quatre heures: *aliàs*, il décherra dudit retrait. Les assistans ont été d'avis que ledit article devoit être corrigé, & qu'il suffisoit faire & continuer lesdites offres jusques au jour de la contestation, icelui inclus, & se sont condescendus en l'article cotté de pareille cotte, écrite audit Livre Coutumier.

Sur le ccxxiv. article contenant ce qui s'ensuit. *Item*, retrait lignager n'a point de lieu, quand un héritage venu de propre est donné ou échangé but à but, sans soulte, à l'encontre d'autres héritages. Et quand ledit échange est fait d'héritages d'une même nature & sans dol ou fraude, comme d'un héritage tenu en censive à l'encontre d'un autre héritage tenu en censive. Les assistans ont été d'avis de réformer ledit article en la maniere qu'il est couché au Livre Coutumier sous pareille cotte.

Sur les ccxxvi. & ccxxvii. articles dudit Coutumier, les Gens d'Eglise & du tiers-Etat des Châtellenies de Pontoise & de Chaumont, ont dit que le Seigneur censuel ne pouvoit user de retenue des choses roturieres vendues; par quoi empêchoient que ledit ccxxvii. article eût lieu esdites Châtellenies, disant qu'esdites Châtellenies les Seigneurs censuels avoient usé dudit droit de retenue des choses tenues d'eux à censives vendues, & qu'ils en avoient eu plusieurs Sentences, mêmement le Procureur du Seigneur de Mery, a dit en avoir eu Sentence aux Requêtes du Palais, contre un nommé Deusines, habitant de Pontoise: pareillement Charles Pelevé, Seigneur de Joy en Thelles, a exhibé deux Sentences par lui obtenues contre deux particuliers en ladite matiere de retenue censuelle: lesquelles nous avons fait lire, & a été trouvé que lesdites Sentences avoient été données du consentement des parties, quoique soit icelles non contredisans; & sur ce avons interrogé par serment le Doyen de Magny, l'un des Commis & Députés pour l'Etat de l'Eglise de la

Châtellenie de Chaumont ; sçavoir, s'il avoit vû donner Sentence ou Jugement contradictoire en cette matiere, qui a dit que non, parce que jamais il n'avoit vû qu'aucun Seigneur censuel desdites Châtellenies, s'efforçât ou prétendît retenir aucuns héritages roturiers tenus de lui en censive par puissance de Seigneurie, quand ils ont été vendus : & ce fait, avons pris les opinions des assistans qui ont été de diverses opinions, & depuis avons fait lire les cahiers apportés par les Officiers de ladite Châtellenie de Chaumont & Pontoise, en ce qu'ils faisoient mention du droit de retenue attribué aux Seigneurs par puissance de Seigneurie, & avons trouvé par la lecture d'iceux, qu'és venditions des choses féodales, les Seigneurs féodaux avoient ledit droit de retenue ; mais quant aux choses censuelles & roturieres n'en étoit fait aucune mention. A cette cause avons ordonné que quant au ccxxvi. article, qui fait mention du droit de retenue desdites choses féodales, il demeureroit comme Coutume générale & non révoquée en doute par tout le Bailliage de Senlis & Comté de Beaumont. Et quant à la Coutume posée au ccxxvii. article, avons ordonné qu'elle demeureroit pour le regard des Châtellenies dudit Bailliage & Comté de Beaumont, autres que les Châtellenins de Pontoise & Chaumont ; & néanmoins avons renvoyé les Etats d'icelles Châtellenies de Pontoise & Chaumont à la Cour, pour leur être pourvû sur ledit prétendu droit de retenue en matiere de roture, comme de raison. Après lecture faite des articles étans sous la Rubriche de retrait lignager, les assistans ont été concordablement d'avis d'y ajouter les ccxxxiii. & ccxxxiv. articles, ce qui a été ordonné être fait.

Sur les ccxxv. & ccxxvi. articles desdites Coutumes, les Etats de la Châtellenie de Pontoise & Chaumont ont fait pareille remontrance que contenu est ci-dessus sur les ccxxvi. & ccxxvii. articles. Et si ont dit avoir Coutumes locales pour saisine & dessaisine, & pour les amendes que les Seigneurs peuvent prétendre. Semblablement les Etats du Comté de Beaumont, Châtellenie de Chambly, & Châtellenie de Compiegne, ont dit avoir diverses Coutumes esdites matieres de saisine & dessaisine. Et à cette fin ont exhibé leurs cahiers respectivement, lesquels vûs & lûs, avons ordonné que les Coutumes posées esdits ccxxv. & ccxxvi. articles, demeureront comme Coutumes locales des Châtellenies de Senlis & de Creil, & des Prevôtés & Châtellenies enclavées en icelles. Et que pour le regard du Comté de Beaumont & Châtellenie de Chambly, seroient leurs Coutumes locales articulées. Semblablement pour le regard, tant des Châtellenies de Chaumont & Pontoise, que pour la Châtellenie de Compiegne, ainsi qu'il est contenu és articles ccxxxvii. ccxxxviii. ccxxxix. ccxl. ccxli. ccxlii. ccxliii. ccxliv. ccxlv. ccxlvi. & ccxlvii. dudit cayer.

Sur les ccxlviii. & ccxlix. articles, le Procureur de l'Evêque & Comte de Beauvais, ensemble le Procureur du Chapitre de Beauvais, & les Nobles du Comté de Beaumont se sont opposés, & ont dit que quand il est question de saisir des héritages censuels, ils ne sont tenus de bailler mainlevée aux opposans, sinon en baillant caution ; sur quoi pris l'opinion des assistans qui ont accordé lesdits articles : A été dit que lesdits articles demeureront pour Coutume générale quant ausdits de Chapitre & Nobles du Comté de Beaumont ; & quant audit Evêque, aussi demeureront lesdites Coutumes par provision, sauf à lui de soi pourvoir sur son opposition à la Cour, si bon lui semble.

Sur le cclv article, les Procureurs dudit Evêque de Beauvais, du Chapitre de Beauvais, & de saint Cornille de Compiegne, ont dit, qu'outre la bouche & les mains que doit l'ancien vassal, il est tenu payer le droit de chambellage, & ainsi en ont usé és fiefs tenus & mouvans desdits Evêque, Chapitre & Abbé de saint Cornille : sur quoi pris l'opinion des assistans, a été dit que ledit article demeurera pour coutume générale, nonobstant l'opposition desdits de Chapitre & de saint Cornille. Et quant audit Evêque, a été dit sans préjudice à son opposition, sur laquelle il a été renvoyé à la Cour, que par maniere de provision ladite coutume demeureroit. Après la lecture faite des articles, étans en l'ancien cayer dudit Coutumier, sous le titre & Rubriche de saisine & dessaisine : les Praticiens du siege de Senlis, ont remontré que par lesdites anciennes coutumes, n'étoit déterminé quels droits seigneuriaux étoient dûs pour héritages échangés. Et si ont remontré que les Seigneurs censuels ou leurs Receveurs, bailloient Lettres de saisine, sans être témoignées ou souscrites d'autres que d'eux, dont il avenoit plusieurs querelles & procès, requerans que sur ce leur fût pourvû : sur quoi avons requis les assistans, sur la maniere d'user esdits héritages échangés, qui ont tous été d'accord qu'en héritages féodaux échangés, il étoit dû droit de relief, avec droit de chambellage : Et quant aux héritages roturiers, il n'étoit dû que le droit de saisine, sans ce qu'en fût tenu payer aucunes ventes, excepté les Etats de la Châtellenie de Compiegne, qui ont dit qu'en échange d'héritages roturiers, assis en diverses Seigneuries, étoit dû droit de ventes & de saisine, & qu'ainsi en avoient usé de tout tems, avec lesquels ont adheré aucuns des Nobles de la Châtellenie de Chaumont, disant qu'ils en avoient usé comme en ladite Châtellenie de Compiegne. Aussi les Procureurs de l'Evêque de Beauvais, & du Chapitre dudit Beauvais, qui ont dit, que tant en héritages féodaux que roturiers, étoient dûs ausdits Evêque & Chapitre droits de relief, de chambellage & des ventes, & autres droits particuliers, protestans qu'où pour raison desdits droits, seroit fait article de Coutume, qu'il ne leur puisse préjudicier : sur quoi pris les opinions des assistans, la plupart desquels ont dit, que desdits droits devoit être fait article comme de coutume ancienne, avons ordonné que sans préjudice à l'opposition faite par ledit Evêque de Beauvais, seroit fait article de coutume desdits droits seigneuriaux, dûs pour raison d'héritages échangés, selon qu'il est contenu en l'article cclvii. Et quant à la remontrance faite pour raison des Lettres de saisine qui ne sont témoignées, les assistans ont été d'avis qu'on en devoit faire article de coutume pour l'avenir : ce qui a été fait selon qu'il est contenu au cclviii. article.

Sur le cclviii. article, les Officiers du Roi à Compiegne, ont dit que par ci-devant en la coutume ancienne, observée & gardée en la ville & châtellenie de Compiegne, dont fait mention ledit article, avec vûes & égouts y avoit enclaves, qui pareillement n'acqueroient point de prescription;

tion : auſſi Regnauld Picard, Prevôt de ladite ville de Compiegne, à cauſe de ce que leſdites enclaves n'étoient contenues & compriſes audit article, a proteſté que ce ne lui puiſſe prejudicier, ni à certain procès & matiere, qui pour raiſon de ce il a dit avoir audit Compiegne ; ſur quoi a été ordonné que leſdits Officiers de Compiegne & Picardie, auront Lettres de leurs déclarations & proteſtations, & que d'icelles ſera faite mention en notre procès-verbal ; & que neanmoins ledit article demeurera comme il gît.

L'article cotté CCLXIX. a été trouvé au cayer apporté par les Etats de la Châtellenie de Pontoiſe, lequel a été lû, & ont accordé tous les aſſiſtans ledit article être enregiſtré comme coutume générale dudit Bailliage ; ce qui a été ordonné.

Après la lecture faite du CCLXXXIV. article qui contenoit cette forme.

Pour valider & rendre valables les criées faites d'aucuns héritages, pour être vendus par decret au plus offrant & dernier enchériſſeur, par vertu des Lettres obligatoires, ou condamnation ſur ce faites, convient & eſt requis que les criées de tels héritages que l'on veut ainſi vendre par decret, ſoient faites publiquement aux ſieges où leſdits héritages ſeroient vendus ; & ſi leſdits héritages criés ſont aſſis en autre Châtellenie que celle où ils ſont vendus, convient qu'ils ſoient criés au ſiege ou auditoire ordinaire de la Châtellenie ou Prevôté où ſont aſſis tels héritages, par Sergens, ayant pouvoir de ce faire, ſoit par obligation ou condamnation à faute de payemens & biens meubles trouvés pour ſatisfaire au dû par quatre quatorzaines, ſans diſcontinuation : & ſi convient qu'elles ſoient rapportées ou relatées par écrit au Juge, pardevant lequel decret de tel héritage ainſi crié ſe doit adjuger ; & auſſi que le débiteur, ſur lequel ſe font leſdites criées, ſoit ajourné à ſa perſonne pour voir adjuger tels héritages par decret : & au cas que le débiteur ne pourroit être ajourné à ſa perſonne, il convient que ſur l'ajournement qui ſeroit fait à ſon domicile, y ait procedure en cauſe pardevant ledit Juge du decret, avec Procureur fondé de procuration expreſſe pour conſentir ou empêcher telle adjudication de decret ; & là où telle ſolemnité n'y auroit été faite, y conviendroit avoir autoriſation du Roi ou de ſa Chancellerie pour valider tel ajournement, les autres ſolemnités en tel cas requiſes & obſervées. Les Praticiens ont remontré, qu'au moyen des difficultés qui advenoient eſdites criées pour les diſcuſſions des biens-meubles & autres ſolemnités introduites par ledit article, les decrets d'héritages & matieres de criées étoient immortels, & ne pouvoient les créanciers être payés de leur dû, requerant que ſur ce leur fût pourvû, & ledit article être corrigé : ſur quoi pris les opinions des aſſiſtans, ſe ſont tous condeſcendus que ledit article ſeroit corrigé ; & au lieu d'icelui, ſeroient faits deux articles, ainſi qu'ils ſont couchés ès CCLXXXIV. & CCLXXXV. articles dudit Coutumier ; ce qui a été ordonné. Après la lecture faite du cayer & livre Coutumier ancien dudit Bailliage, & les additions, corrections & diminutions ci-deſſus mentionnées faites & arrétées, les Praticiens dudit Bailliage, & aucuns deſdits Etats, nous ont remontré, qu'encore y avoit eu des omiſſions, & que pluſieurs coutumes avoient été gardées & obſervées par tout ledit Bailliage, qui n'étoient écrites ni ajoutées audit Coutumier ; c'eſt à ſçavoir, les articles parlans de preſcription, cottés audit cayer CLV. & CLVI. avoit été auſſi omis à mettre ſous le titre & Rubriche du retrait lignager, l'article cotté audit cayer CCXXXIV. avoit été auſſi omis au titre de ſaiſine & déſaiſine les Coutumes générales contenues audit cayer, & cottées CCLIV. CCLX. CCLXI. CCLXII. & CCLXIII. avoit été auſſi omis ſous ledit titre de ſaiſine & déſaiſine, les Coutumes locales des Châtellenies de Chaumont & Pontoiſe, déclerées audit cayer, cottées CCLXII. & CCLXV. Pareillement a été omis ſous le titre de donations, l'article contenu audit cayer, cotté CCXXI. Auſſi a été omis ſous le titre de ſaiſine & poſſeſſion acquérir la Coutume contenue audit cayer en l'article CCLXXII. Plus a été omis ſous le titre de decret d'héritage, les Coutumes déclarées audit cayer, ès articles CCLXXXIX. CCLC. CCLCI. A été ordonné du conſentement des aſſiſtans, que leſdites coutumes ſeroient ajoutées audit Coutumier ſous les titres, & ainſi que contenu eſt ci-deſſus, pour être gardées comme les autres coutumes dudit Bailliage. Sauf que le Procureur de Monſieur de Beauvais a dit, que ledit Evêque de Beauvais étoit Seigneur voyer, & proteſtoit que la coutume poſée en l'article cotté CCLXII. parlant des chemins royaux, ne lui puiſſe nuire ni préjudicier : Ce fait, Nous Commiſſaires deſſus nommés, avons inhibé & défendu à tous Juges, aux perſonnes deſdits Etats ainſi comparans, aux délegués d'iceux, & à tous autres, tant en général que particulier, de n'alleguer ou ſouffrir être allegué pour l'avenir autres coutumes que celles dont eſt fait mention, contenues audit Coutumier, & de faire dorénavant preuve d'icelles en aucune maniere que ce ſoit, ſi ce n'eſt par l'extrait du cayer ou regiſtre d'icelles, ſelon & ainſi qu'il nous eſt mandé faire par leſdites Lettres patentes deſſus tranſcrites. A la charge toutefois des oppoſitions formées par les perſonnes & parties deſſuſnommées, dont auſſi ci-deſſus eſt fait mention, & ſans préjudice d'icelles. En témoin de ce, Nous avons ſigné ces préſentes ; Leſquelles Nous avons auſſi fait ſigner par ledit Maître Nicole Morel, Lieutenant Général dudit Bailliage, & par ledit Jean Rouſſel Greffier.

A. GUILLARD, N. THIBAULT, N. MOREL, J. ROUSSEL.

Fin des Coutumes du Bailliage de Senlis, avec le Procès-Verbal.

AU LECTEUR.

LE texte de la Coutume de Senlis ayant été dressé avec beaucoup de confusion, jusques-là que le seul titre des Successions contient six matieres différentes, de sorte qu'il échappe souvent des articles à ceux même qui ont l'usage de la Coutume ; j'en ai fait un ordre plus méthodique, que j'ai fait inserer à la fin du véritable texte de la Coutume, & de mes Remarques. Et afin que l'on ait la facilité de trouver ensuite les articles en leurs lieux , je les ai fait mettre à la marge, si bien que le chiffre Romain qui est au-dessus de chaque article, est suivant mon ordre ; & le vulgaire qui est à la marge, est celui de l'ordre de la Coutume.

ORDRE PLUS METHODIQUE
que le précédent des Titres & Articles de la Coutume de Senlis.

TITRE PREMIER.
Du Droit des Personnes.

I.

221.
Droit de puissance
paternelle n'a lieu.

LE droit de puissance paternelle n'a point lieu au Bailliage de Senlis.

II.

111.
Enfant mâle noble
réputé âgé à 20 ans,
& la femelle noble à
seize

Un enfant noble est réputé âgé à vingt ans & un jour, & une fille à seize ans & un jour, toutefois n'est permis l'aliénation d'aucun immeuble jusques à l'âge de droit, qui est les vingt-cinq ans accomplis.

III.

170.
Femme mariée ne
peut ester en Juge-
ment sans autorité.

Femme mariée ne peut ester en Jugement sans l'autorité de son mari, ou qu'elle ne soit autorisée du Roi ou de Justice.

TITRE II.
De la différence & qualité des biens.

IV.

177.
Le douaire aux en-
fans est censé pro-
pre paternel.

LE douaire de la femme est réputé propre héritage aux enfans issus du mariage, & sera censé ledit douaire procedé du côté paternel.

V.

130.
Héritage acquis par
les conjoints d'un li-
gnager de l'un d'eux,
auquel il étoit pro-
pre, si la part du non
lignager n'est re-
traite sur lui , elle
est censée acquêt.

Si le mari durant & constant le mariage de lui & de sa femme acquiert aucun héritage qui soit propre au vendeur lignager de la femme, si après an & jour du trépas de sa femme, ledit héritage n'est retiré par retrait pour ce qui en échet au mari, il sera réputé & tenu pour son acquêt.

VI.

221.
*Subrogatum sapit
naturam subrogati.*

Quand aucun héritage est baillé par échange à autrui à l'encontre d'un autre héritage but à but sans soulte, les héritages ainsi baillés sont tenus & réputés de telle nature, comme ceux qui ont été baillez ; c'est à sçavoir s'ils étoient tenus & reputez propres, ainsi seront ceux baillez par échange.

VII.

Quand aucun heritage est donné purement & simplement à personne ou personnes conjointes ensemble par mariage (& non pas en mariage , ou en avancement d'hoirie) tel heritage ainsi donné est tenu & reputé acquêt , quand il est fait sans dol ou fraude , & ne chet en retrait (comme dit est 233.) *Item* , si un donateur donne son propre heritage à son lignager du côté & ligne dont ledit heritage est procedé , & ledit donataire vendoit ledit heritage à personne étrange , icelui heritage cherroit en retrait.

232. 233.
Donation , quand propre , quand acquêt.

TITRE III.
Des Fiefs.
VIII.

PAR la Coutume des Châtellenies de Senlis & de Creil , & des Prevôtez & Châtellenies y enclavées , quand aucun a vendu aucun heritage , terre ou Seigneurie tenue en fief , tel vendeur est tenu voir le Seigneur feodal dedans quarante jours , lui notifier la vendition , lui payer le quint , & soi désaisir d'icelui heritage , & requerir par ledit acheteur en être saisi & reçu en foy & hommage , en payant le droit de Chambellage , & Lettres d'hommage , ce qu'est tenu faire le Seigneur feodal après lesdits quarante jours passez , s'il ne veut retenir ledit heritage par puissance de fief.

100. 101. 102 233.
En ventes de fiefs ce que doivent faire & payer le vendeur & l'acheteur à Senlis & à Creil.

IX.

Par la Coutume du Comté de Beaumont , & Châtellenie de Chambly audit cas , le vendeur est tenu dans pareil tems de quarante jours de soi tirer vers le Seigneur feodal , & lui payer le quint denier de la vendition dudit fief , soi en désaisir au profit dudit acheteur , & requerir qu'il en soit revêtu , & lequel acheteur doit requerir au Seigneur feodal en être reçu en foy & hommage , en payant les droits de chambellage , & en lui faisant les foy & hommage dudit fief , ce que sont tenus faire lesdits Seigneurs feodeaux , s'ils ne veulent retenir ledit héritage par puissance de fief.

137.
A Beaumont & à Chambly.

X.

Par la Coutume des Prevôtez foraines de Compiegne & exemptions de Pierrefons sortissans audit Compiegne , quand aucun vend son fief , & il s'en désaisit , l'acheteur est tenu venir dedans quarante jours faire les droits vers le Seigneur , autrement ledit Seigneur pourra asseoir sa main & regaler ledit fief , & doit l'acheteur le quint denier avec le chambellage qui est de vingt sols parisis.

245.
A Compiegne & à Pierrefons.

XI.

Item , par lesdites Prevôtez de Compiegne , & exemption de Pierrefons , en ce qui est de la riviere d'Oize , ensemble par lesdites Châtellenies de Senlis & de Creil , & des Prevôtez & Châtellenies y enclavées , Comté de Beaumont & Châtellenies de Chambly , si la vendition est faite francs deniers , lesdits Seigneurs auront pour raison de ladite vente quint & requint , c'est à sçavoir le cinquiéme denier de ladite vente , & le cinquiéme denier audit quint denier.

235. 238. 245.
Quand la vente est faite francs deniers en tous lesdits lieux.

XII.

Les fiefs des Châtellenies de Pontoise & Chaumont , comme aussi les Châtellenies de Mello & Moucy le Châtel , & les fiefs qui en dépendent se relevent de toutes mains & mutations.

156. 241. 266.
A Pontoise & Chaumont , Mello & Moucy.

XIII.

Quand le Seigneur feodal a retenu par puissance de fief , aucun fief , tenu & mouvant de lui , & que ledit fief lui est depuis évincé par retrait , le retrayant est tenu payer audit Seigneur les droits de quints & requints , ou droit de relief , selon les Coutumes des lieux , où ledit heritage est assis , avant que ledit Seigneur soit tenu le recevoir en foy & hommage dudit fief , sauf audit retrayant son recours contre le vendeur , si la vente n'avoit été faite francs deniers.

254.
Le lignager retirant sur le Seigneur feodal qui avoit retenu , est obligé lui payer ses droits.

XIV.

En matiere d'échange en heritages feodaux, nonobstant qu'il soit fait but à but & sans soulte, est dû relief avec droit de chambellage.

XV.

En simple donation d'heritage noble & tenu en fief, n'en est dû quint ne requint, mais seulement relief avec le droit de chambellage, qui est de vingt sols parisis, 214. Mais si ledit don est recompensatif, le donataire est tenu dedans quarante jours averti, & faite apparoir à sondit Seigneur de son don, en payant le quint denier de l'estimation de la chose, & le droit de chambellage, & en faire la foy & hommage, excepté ès Châtellenies de Chaumont & de Pontoise, esquelles est dû droit de relief simplement avec le droit de chambellage.

XVI.

Pour heritage tenu en fief sujet au douaire de la femme, coutumier, ou préfix, incontinent après le trépas du mary, les héritiers ou proprietaires sont tenus d'aller vers le Seigneur relever ledit fief, & pour raison d'icelui en faire les foy & hommage, ou obtenir souffrance dudit Seigneur, afin que ladite femme puisse jouir & posseder de sondit douaire, après qu'ils en auront été sommez par ladite veuve.

XVII.

Le Gardien noble fait les fruits siens durant la garde-noble, sans payer quelque droit de relief, en offrant les foy & hommage au Seigneur seulement avec le chambellage, selon la nature du fief, parce que du pere à fils, ou fille non mariée, n'y a que la bouche & les mains, sinon ès lieux esquels reliefs sont dûs.

XVIII.

En ligne directe en matiere de fief (comme de pere à fils) n'est dû aucune finance pour Droit de relief, mais seulement bouche & mains avec le chambellage, qui est selon la nature du fief, excepté les fiefs qui se relevent de toutes mains & mutations.

XIX.

En ligne collaterale ceux à qui échéent lesdits fiefs doivent plein relief au Seigneur avec les droits de chambellage.

XX.

Les puînez peuvent relever leurs parts & portions de leur aîné ou du Seigneur principal, à leur choix pour la premiere fois sans payer finance aucune pour le rachat des fiefs, dont n'est dû finance, & des fiefs dont est dû finance, seront tenus les puînez de rembourser l'aîné au prorata pour leur contingente portion, quand ledit aîné aura relevé le tout du principal Seigneur feodal : mais si icelui fief écher à fille, & qu'elle soit mariée, pour ce que son mari est personne étrange, il payera plein relief au Seigneur feodal. 166. Ou bien, si elle vient à se marier, ne l'étant point lors, le mari est tenu relever l'heritage de sadite femme, & toutes les fois qu'elle se mariera, sera semblablement tenue ou sondit mari pour elle payer relief.

XXI.

Quand à une femme mariée est venu & échû aucun fief par succession de son pere ou autres parens, & que son mari pour & au nom d'elle comme mari & bail, ait fait les foy & hommage, payé les reliefs, droits & devoirs pour ce dûs audit Seigneur, duquel est tenu & mouvant ledit fief, & après ledit mari va de vie à trépas, la femme veuve au moyen dudit trépas ne doit plus de relief, ni autres droits & devoirs dudit fief à elle appartenant de son chef, sinon la foi & hommage.

XXII.

Si deux conjoints ensemble par mariage font acquisition d'heritage, ou rente tenu en fief, & le mari ait fait les foy & hommage, & payé les droits & devoirs après le décès dudit mari, la femme survivant n'est tenue pour sa moitié dudit conquêt payer aucuns droits Seigneuriaux tant qu'elle sera en viduité, mais seulement faire la foy & hommage au Seigneur feodal pour sa part. Et si la part & portion de son mari audit conquêt lui advenoit par donation ou autrement, elle est tenue de payer finance à son Seigneur feodal pour ladite part & portion selon la nature du fief.

XXIII.

Le mary peut recevoir les foy & hommage des Vassaux, qui tiennent un fief de la Seigneurie de sa femme, & n'est pas requis à ce faire consentement de sadite femme.

XXIV.

Droit de relief est le revenu d'une année pour une fois, & se doit offrir par un vassal au Seigneur féodal en sa personne au chef-lieu dudit fief Seigneurial en cette maniere; c'est à sçavoir une somme de deniers pour une fois, ou de trois années l'une, laquelle il choisira & déclarera, ou le dit des pairs, qui sont les vassaux du Seigneur féodal, tenant de lui fief de pareille nature & condition, au cas que ledit fief ou arriere-fief n'auroit été estimé ou apprecié pour le prix du fief, soit Esperons dorez ou autre chose, & si le Seigneur prend & choisit le dit des pairs, & les pairs par leur appointement disent que l'offre de la somme étoit raisonnable, la Sentence, appointement, & dépens desdits pairs sera aux dépens du Seigneur, *si contrà*, aux dépens du vassal.

XXV.

Par la Coutume locale des Châtellenies de Chaumont & Pontoise, tous arriere-fiefs tenus d'aucun fief quand icelui fief cher en relief, se relevent chacun de quatre livres parisis, pourvû qu'ils vaillent leur prix, & s'il ne le vaillent, d'autant qu'ils sont estimez valoir.

XXVI.

Item, par ladite Coutume locale quand un vassal laisse en la main de son Seigneur un arriere-fief, ledit Seigneur peut prendre & avoir les profits, sans en rien rendre ni avoir regard quand le vassal vient pour relever sondit arriere-fief.

XXVII.

Par la Coutume générale dudit Bailliage de Senlis, les Seigneurs féodaux après lesdits quarante jours passez depuis l'acquisition, pour être payez de leurs droits de quints, de rachats, relief ou autres droits, peuvent proceder, ou faire proceder par arrêt de leurs Justices sur lesdits héritages ainsi vendus; lequel arrêt & main-mise, tiendra jusques à ce que lesdits droits & devoirs ayent été payez, & les foy & hommage faits : ou si bon semble ausdits Seigneurs, peuvent faire adjourner lesdits vendeur & acheteur pour payer les droits & devoirs, faire les foy & hommage, & être inféodez desdits héritages acquêtez.

XXVIII.

Item, un haut-Justicier, moyen & bas, peut mettre ou faire mettre en sa main les Heritages tenus & mouvans de lui, étant en sa Seigneurie haute, moyenne & basse, par faute de titre non montré, foy & hommage, droits & devoirs pour ce dûs non payez.

XXIX.

En matiere de fief incontinent après le trépas d'un vassal le Seigneur féodal peut faire saisir & mettre en sa main & la main du Souverain, en confortant la sienne, les Fiefs, Terres & Seigneuries nobles tenues de lui par faute d'homme, droits & devoirs non faits. Et les quarante jours passez après ledit trépas peut regaler lesdits fiefs, & faire les fruits siens depuis le jour de la saisie, au cas que dedans les quarante jours après ledit trépas, le vassal n'aura fait les foy & hommage au Seigneur féodal, satisfait les droits Seigneuriaux, ou fait les offres pertinentes.

XXX.

A faute de dénombrement non baillé, peut le Seigneur féodal faire saisir & commettre Commissaire qui jouira sous la main de Justice desdits fiefs, & tiendra la saisie tant & jusqu'à ce que tel vassal ait baillé son dénombrement, & qu'il lui soit accordé, & ait la main-levée, sans que toutefois ledit Seigneur puisse faire les fruits siens.

XXXI.

Il loist au nouveau Seigneur féodal, saisir ou faire saisir les fiefs tenus de lui, par faute d'homme, Droits & Devoirs non faits, & ledit Arrêt signifié suffisamment à la personne, ou au lieu des Fiefs desdits Vassaux, & après les quarante jours

250.
Le mari peut exercer les droits honorifiques des fiefs de sa femme.

158. 215.
En quoi consiste le droit de relief.

264.
A Chaumont & à Pontoise le principal fief tombant en relief, les arriere-fiefs se relevent chacun de 4 liv. si tant valent.

265.
L'arriere-fief étant laissé en ses mains, il en jouit sans tenir compte des fruits.

248.
Comment le Seigneur se peut pourvoir pour le payement de ses droits en cas de vente.

256.
Comment le Seigneur haut-Justicier, moyen & bas, peut se pourvoir pour titre non montré, droits & devoirs dûs non faits & non payez.

259.
Comment le Seigneur féodal peut agir lorsqu'il y a mutation par mort.

252.
A faute de dénombrement non baillé comment le Seigneur se doit gouverner.

253.
Lorsqu'il y a mutation de la personne du Seigneur dominant.

passez de ladite saisie , & que lesdits vassaux ou vassal , n'auroient fait leur devoir de faire les foy & hommage , payer les droits & devoirs pour ce dûs , ledit Seigneur feodal peut derechef faire saisir lesdits fiefs , & mettre en sa main , & ladite saisie faire signer suffisamment , & les quarante jours passez peut regaler , & faire les fruits siens , supposé (comme dit est) que lesdits vassaux eussent fait les foy & hommage , & payé les droits & devoirs pour ce dûs au prédecesseur Seigneur dudit nouveau Seigneur.

XXXII.

254.
Lorsque le Seigneur dominant est Duc, Comte ou Châtelain.

Il loist aux Ducs , Comtes & Seigneurs Châtelains de faire publier leurs hommages ès lieux principaux de leurs Duchez , Comtez , & Châtellenies , où ils ont accoutumé faire cris & publications en leursdites Châtellenies , & suffit telle publication , sans autre saisie ou signification faire , & après ladite publication , & les quarante jours d'icelle passez , peuvent faire saisir lesdits fiefs de ceux qui ne seroient venus faire les foy & hommage , & faire les fruits à eux du jour de ladite saisie.

XXXIII.

L'ancien vassal ne doit que la bouche & les mains à son nouveau Seigneur.

XXXIV.

Quand un fief est mis en la main du Seigneur feodal par faute d'homme , droits & devoirs non faits , ledit Seigneur feodal doit jouir , & lui appartiennent tous les reliefs qui viennent & écheent des arriere-fiefs tenus en premiere foy dudit fief ainsi saisi pendant & demeurant ladite saisie , jusques à ce qu'il soit mis à pleine déclaration.

XXXV.

Tant que le vassal dort , le Seigneur veille , & tant que le Seigneur dort , le vassal veille.

XXXVI.

Un Seigneur ne prescrit point le fief de son vassal par quelque laps de temps qu'il l'ait tenu en sa main , ni le vassal la tenure , ni fidelité dudit fief.

XXXVII.

Un vassal ne peut démembrer son fief sans le consentement de son Seigneur par division réelle.

XXXVIII.

Un vassal ne se peut jouer de son fief jusques à démission de foy & hommage , en telle maniere qu'il peut bailler le tout ou partie d'icelui à cens ou rente , ou autres droits Seigneuriaux ; & s'il demeure toujours vassal , s'il ne se demet & dessaisit de sondit fief ès mains de sondit Seigneur feodal , duquel Seigneur est requis le consentement , avant que l'alienation sortisse aucun effet au préjudice dudit Seigneur.

XXXIX.

Un vassal ne peut charger son fief d'aucune rente ou hypoteque au préjudice de son Seigneur feodal , sinon que telle rente ou hypoteque fût ensaisinée ou infeodée par ledit Seigneur feodal.

XL.

Si tels fiefs ainsi chargez de telles rentes ou hypoteques non ensaisinées ni infeodées viennent en la main dudit Seigneur feodal , par aubaine , confiscation , ou commission de fief , ou par autre droit feodal , ledit Seigneur peut regaler , jouir ou retenir ledit fief entierement , sans payer aucune chose desdites rentes ou hypoteques non ensaisinées ni infeodées , & n'en est tenu le Seigneur feodal , sinon au cas qu'il vînt à jouir dudit fief à titre particulier , ou bien qu'il l'eût retenu par puissance de fief de l'acheteur.

TITRE IV.

Des Censives & autres Droits Seigneuriaux.

XLI.

262.
Nulle terre sans Seigneur.

AUcun ne peut tenir Terre sans Seigneur.

XLII.

Le Seigneur censuel après les quarante jours passés après l'acquisition, pour être payé de ses droits de vente, saisine ou autres droits, peut proceder ou faire proceder par arrêt de sa Justice sur lesdits héritages ainsi vendus, lequel arrêt & main-mise tiendra, jusqu'à ce que le détempteur se soit rendu opposant; ou si bon semble audit Seigneur, peut faire ajourner lesdits vendeur & acheteur pour payer les droits, & être ensaisinés desdits héritages acquêtés.

28. Le Seigneur censuel comment peut agir pour le payement de ses droits de ventes & saisine.

XLIII.

Si les redevables desdits droits de vente ne les ont payés au Seigneur censuel dedans quarante jours, & l'acheteur n'est ensaisiné dudit Seigneur, & qu'il se soit mis audit héritage acquêté sans avoir saisine du Seigneur, ils écheent chacun en amende de soixante sols parisis envers le Seigneur censuel, pour raison desquels droits de ventes & saisines, la main dudit Seigneur mise & apposée audit héritage, tiendra jusques à plein payement & satisfaction desdits droits Seigneuriaux, s'il n'y a opposition donnée (comme dit est.)

149. Amende faute de droits non payés, & saisine non prise.

XLIV.

Item, un haut Justicier, moyen & bas, peut mettre ou faire mettre en sa main les héritages tenus de lui étant en sa Seigneurie haute, moyenne & basse par faute de titre non montré, champart emporté, cens non payé, ventes recellées, droits de saisine & dessaisine, amendes pour ce dues non payées.

100. 101. 102. 103. 156 Le Seigneur haut-Justicier, moyen & bas, pour titre non montré, champart emporté, cens non payé, &c.

XLV.

Item, droit de champart & droit de vinage se doit payer sur peine de soixante sols parisis d'amende, & le droit de cens ou autre droit Seigneurial, équipollant audit cens, se doit payer au jour qu'il est dû, sur peine de sept sols six deniers parisis, ès Châtellenies de Senlis, de Compiegne, & de cinq sols parisis ès Châtellenies de Chaumont, Pontoise, Chambly, Creil & Comté de Beaumont.

112. 283. Droit de champart & vinage, se doivent payer à peine de 60 s. parif. & le droit de cens sur peine de 7 s. 6 d. p. à Senlis & Compiegne, & 5 s. p. à Chaumont, &c.

XLVI.

Avant qu'une saisine puisse préjudicier à un tiers, il est requis qu'elle soit faite en la presence de deux témoins, ou pardevant deux Notaires Royaux.

158. Ce qui est requis pour rendre une saisine valable.

XLVII.

Le mari peut bailler les saisines des héritages roturiers vendus, étant en la censive & Seigneurie de sadite femme, & n'est pas requis à ce faire le consentement de sadite femme.

150. Le mari peut exercer les droits de sa femme.

XLVIII.

Quand aucun a donné aucun héritage roturier, & ledit don est récompensatif, le donataire est tenu dedans quarante jours payer les droits de ventes, qui est pour seize sols parisis, seize deniers parisis; avec le droit de saisine, sur peine de soixante sols parisis d'amende, lequel droit de saisine est de cinq sols parisis au plus, & au-dessous selon la Coutume des lieux.

214. Quels droits sont dûs pour dons récompensatifs.

XLIX.

Mais en simple donation n'est dû ni vin ni ventes, mais le donataire doit prendre saisine du Seigneur dedans les quarante jours de la donation sur peine de soixante sols parisis d'amende.

215. Pour don simple.

L.

En matiere d'échange en héritages roturiers, soit échangé à fief, ou héritage roturier, est dû seulement le droit de saisine, supposé que les héritages ainsi échangés, soient en diverses Seigneuries, pourvû que lesdites échanges soient faites sans fraude, excepté en la Châtellenie de Compiegne, en laquelle en matiere d'échange pour héritages roturiers assis en diverses Seigneuries, est dû droit de ventes, selon la valeur & estimation des choses échangées.

257. En échange.

LI.

Quand le Seigneur censuel a pris & retenu par puissance de Seigneurie quelque héritage roturier ès lieux, où les Seigneurs censuels peuvent user de retenue, & que ledit héritage lui est dû depuis évincé par retrait, le retrayant est tenu payer audit Seigneur les droits de ventes & saisines, avant que tel Seigneur soit tenu de le recevoir, sauf audit retrayant son recours contre le vendeur, si la vente n'avoit été faite francs deniers.

154. Quand le Seigneur a retenu l'héritage tenu de lui, & que le lignager le retire, il doit payer les droits.

LII.

Par les Coutumes des Châtellenies de Senlis & de Creil, & des Prevôtés & Châtellenies y enclavées, quand aucun a vendu Terre tenue en censive, tel ven-

155. A Senlis & à Creil les droits sont dûs pour vente.

deur est tenu venir voir le Seigneur censuel dans quarante jours, lui notifier la vendition, bailler & payer les droits de ventes, c'est à sçavoir seize deniers parisis pour chacun franc, & sera tenu ledit vendeur soi dévêtir ès mains dudit Seigneur sur peine de soixante sols parisis d'amende ; & si ne peut l'acquesteur se mettre en tel heritage, sinon par la main du Seigneur, sur peine d'autres soixante sols parisis d'amende, ce qu'est tenu faire le Seigneur, s'il ne veut retenir ledit heritage par puissance de fief.

L I I I.

<table><tr><td>216.
Lorsqu'elle est faite francs deniers.</td><td>Par ladite Coutume desdites Châtellenies & Prevôtés, si la vendition est faite francs deniers, les Seigneurs auront pour raison de ladite vendition, lesdites ventes de seize deniers parisis, & les venterolles, qui est le seiziéme denier desdites ventes.</td></tr></table>

L I V.

<table><tr><td>217.
Les droits sont dûs pour ventes à Beaumont & à Chambly.</td><td>Par la Coutume du Comté de Beaumont & Châtellenie de Chambly, quand aucun a vendu aucun heritage tenu en censive, le vendeur & acheteur sont tenus en dedans les quarante jours de la vendition eux tirer vers le Seigneur, lui notifier la vente, & après la dessaisine faite par le vendeur au profit dudit acheteur, ès mains dudit Seigneur, lesdits vendeur & acheteur sont tenus chacun par moitié payer audit Seigneur les droits de ventes & saisines, sur peine pour chacun d'iceux de soixante sols parisis d'amende ; & si est tenu ledit acheteur de payer les droits de saisines, lesquels droits de ventes sont de seize sols parisis seize deniers parisis.</td></tr></table>

L V.

<table><tr><td>218.
Lorsque la vente est faite francs deniers.</td><td>Par ladite Coutume desdites Comtés & Châtellenies, si ladite vendition est faite francs deniers, ledit Seigneur aura pour raison d'icelle vendition, de seize sols parisis, seize deniers parisis, & les venterolles qui est le seiziéme denier desdites ventes.</td></tr></table>

L V I.

<table><tr><td>219.
Quels droits sont dûs pour ventes, à Pontoise, s'il y a droit de retrait censuel.</td><td>Par la Coutume de la Châtellenie de Pontoise, toutes fois qu'aucun propriétaire vend quelque heritage tenu & mouvant à droit de chef-cens, champart ou autre droit Seigneurial d'aucun Seigneur foncier, ou qu'il rachete aucune rente fonciere dont ledit heritage soit chargé & redevable, & dont ledit propriétaire n'ait été saisi par le Seigneur, lesdits vendeur & acheteur sont tenus, & doivent aller ou envoyer dedans la quinzaine du jour d'icelle vendition ou rachat, devers icelui Seigneur foncier, ou son Procureur & commis au lieu de la Seigneurie, & illec lesdits vendeur & acheteur, ou celui qui achete ladite rente sont tenus de payer audit Seigneur, & son Procureur chacun par moitié (s'il n'y a promesse ou contrat au contraire entr'eux) le droit des ventes ; lequel droit est de douze deniers un, ou de seize deniers pour franc, & si est tenu ledit acheteur, ou racheteur, de payer au Seigneur ou à son Procureur douze deniers parisis dûs pour le droit de saisine, en payant lequel droit icelui Seigneur, ou son Procureur, est tenu de mettre ledit acheteur d'icelui heritage, vendu, ou de la rente achetée de celui qui auroit droit de le percevoir en saisine du tout, sans qu'il puisse ledit heritage ou rente retenir.</td></tr></table>

L V I I.

<table><tr><td>240.
Audit Pontoise, quand le vendeur & l'acheteur sont défaillans de satisfaire au contenu en l'article précédent, quelle peine encourent.</td><td>*Item*, par ladite Coutume de Pontoise, si iceux vendeur ou acheteur, ou racheteur, & celui dont on rachete ladite rente, ou autres pour eux, étoient défaillans, ou en demeure de faire les choses devant dites, ils sont tenus & encourent (outre les droits de ventes, & saisines) envers le Seigneur foncier chacun en amende de soixante sols parisis pour lesdites ventes recellées : & icelui acheteur, ou racheteur, en autres soixante sols parisis d'amende, à cause de la saisine happée, sinon qu'icelle vendition eût été faite francs deniers au vendeur, & quand ledit acheteur prend de lui la saisine, & jouissance d'icelle rente ou heritage, sans en être saisi premierement dudit Seigneur foncier ou de son Procureur, encourt en l'amende desdits soixante sols parisis pour ladite saisine happée.</td></tr></table>

L V I I I.

<table><tr><td>241.
Au même lieu, quand la vente est faite francs deniers.</td><td>*Item*, par la même Coutume, si en faisant le contrat desdites venditions, ou rachats de rentes ou heritages, il ait été accordé, entre lesdits vendeur & acheteur, ou racheteur & celui dont on rachete ladite rente, que l'un d'eux payera toutes lesdites ventes ; en ce cas celui qui est tenu, & doit payer toutes celles</td></tr></table>

ventes

ventes , est encore tenu outre icelle vente & saisine payer audit Seigneur foncier le droit de venterolles pour celui dû , lequel droit est en effet les ventes au prix dessus déclaré de telle somme de deniers que devoit celui qui est franc de ce que dit est , pour sa part & moitié desdites ventes , si ainsi étoit qu'il n'en fût franc & quitte.

LIX.

Par la Coutume de la Châtellenie de Chaumont , quand aucun héritage tenu à cens , champart , ou autre droit Seigneurial , est vendu , ou autrement aliéné , l'acheteur avant qu'il puisse jouir de tel héritage , ou soi mettre dedans , est tenu dedans quarante jours après ladite vendition ou translation , venir devers le Seigneur duquel icelui héritage est tenu & mouvant en censive ou autrement , comme dessus , ou à ses Officiers ayans pouvoir de ce , & soi faire ensaisiner , faire & payer les droits & devoirs pour ce dûs , sur peine de payer soixante sols parisis d'amende avec les droits de saisine , & soixante sols parisis d'amende pour les ventes recellées.

241.
Quels droits sont
dûs à Chaumont.

LX.

Item , par ladite Coutume de Chaumont , si ledit héritage est tenu en censive , il en échet pour les ventes au Seigneur seize deniers parisis pour franc , avec le droit de saisine , qui est douze deniers parisis.

242.

LXI.

Par la Coutume des Prévôtez foraines de Compiegne & exemption de Pierrefons , sortissans audit Compiegne , en vendition d'héritage roturier , l'acheteur doit au Seigneur , dont tel héritage est mouvant à cens , champart , ou autre droit Seigneurial , pour seize sols parisis , seize deniers parisis , & deux deniers parisis pour les gants , avec deux sols parisis pour le scel de ladite lettre , & est ledit acheteur tenu venir en dedans quarante jours , après l'acquisition par lui faite , vers ledit Seigneur , pour de lui avoir la saisine , & satisfaire desdits droits , & à faute de ce faire , échet en amende de soixante sols parisis pour lesdites ventes forcelées.

246.
A Compiegne ,
quels droits sont
dûs pour ventes.

LXII.

Item , par la Coutume desdites Prévôtez , ledit acheteur ne se peut mettre en l'héritage , ou droit par lui acquis tenu à cens , champart , ou autre droit Seigneurial d'aucun Seigneur , soit haut-Justicier , ou Seigneur foncier , sans premier avoir satisfait desdits droits Seigneuriaux ; & s'il fait le contraire , il chet en amende de soixante sols parisis.

247.
Amende contre celui qui se met en possession sans avoir payé les droits.

TITRE V.

Que l'Eglise est incapable d'acquerir héritage.

LXIII.

Quand aucun a donné , vendu ou legué , aucun héritage à l'Eglise , soit en augmentation du divin service ou autrement , le Seigneur de qui est tenu ledit héritage ainsi donné , vendu ou legué , peut contraindre les donataires , acheteurs ou légataires , mettre hors de leurs mains ledit héritage ainsi donné & vendu que dit est dedans l'an & jour , que tel don ou transport sera venu à sa connoissance , & seront tels donataires , acheteurs ou légataires , contraints le mettre hors de leurs mains en dedans l'an & jour de la sommation & commandemens à eux faits par tels Seigneurs.

210.

TITRE VI.

De Confiscation.

LXIV.

199.
Le Haut-Justicier
confisquant com-
ment paye les det-
tes.

QUAND aucuns biens, héritages ou rentes situés & assis en la Haute-Justice d'aucun Seigneur, sont dits & déclarez confisquez, le Haut-Justicier, qui, en vertu de ladite confiscation, appréhendera les meubles, sera tenu payer les dettes personnelles, & pour une fois du confisquant, si lesdits meubles sont suffisans, & jusques à la concurrence d'iceux, & lesdits meubles discutez, ledit Haut-Justicier, qui appréhendera les héritages ou rentes dudit confisquant autrement que par félonnie, ou à faute d'homme, Droits & Devoirs non faits, sera tenu de payer le surplus, si tant iceux héritages se peuvent monter, & jusques à la concurrence d'iceux; aussi sera tenu ledit Haut-Justicier, qui appréhendera lesdits meubles, payer les rentes constituées par le confisquant non ensaisinées, ni inféodées, ensemble les arrérages d'icelles, si tant lesdits meubles peuvent monter, & jusques à la concurrence d'iceux, sans que le créancier de telle rente se puisse adresser sur les héritages confisquez, pour raison desdites rentes & arrérages, pourvû que le créancier de ladite rente non ensaisinée ni inféodée, ait été négligent de quarante jours, à compter du jour de la constitution d'icelle, de soi faire ensaisiner ou inféoder.

LXV.

200.
Les frais de Justice
pour ladite confis-
cation sont préfé-
rez.

Item, quand aucun confisquera, les frais de Justice faits en la poursuite de la déclaration de ladite confiscation, seront préalablement pris sur les biens dudit confisquant, avant tous les autres créanciers.

TITRE VII.

De Complainte.

LXVI.

166. 167.

QUICONQUE a joui par an & jour d'aucun héritage paisiblement, *non vi, non clàm, non precario*, & il est inquieté en sadite possession & jouissance après l'an & jour passé de ladite possession paisible, icelui possesseur peut valablement intenter son cas de nouvelleté, contre celui qui l'a ainsi troublé dedans l'an & jour dudit trouble & empêchement.

TITRE VIII.

De Droits réels, Hypoteque, Saisine, & de leurs effets, & du déguerpissement.

LXVII.

215.
De deux acque-
reurs ou donataires,
le premier ensaisiné
est préféré.

QUAND à diverses personnes a été donné ou vendu un héritage en fief, ou roturier, celui qui premier aura été saisi dudit héritage, mis & reçû en foy & hommage, & d'icelui héritage aura eu appréhension de fait (qui en ce équipolle à saisine) ou sçû & consentement du donateur ou vendeur, sera préféré audit héritage donné ou vendu, posé ores qu'il soit le second donataire, & acquesteur, & a le plus clair droit.

LXVIII.

Hypoteque a lieu partout le Bailliage de Senlis, & ne se divise point.

164. 192.
Hypoteque a lieu, & ne se divise point.

LXIX.

Que cédule privée, qui portera promesse de payer, emporte hypoteque, du jour de la confession d'icelle cédule faite en Jugement.

289.
Cédule reconnue en Jugement emporte hypoteque.

LXX.

Meuble n'a point de suite par hypoteque.

108.
Meubles n'ont suite par hypoteque.

LXXI.

Toute franche personne usant de ses droits, ayant le droit, gouvernement & administration de ses biens, peut vendre, aliéner & constituer sur ses héritages tenus en fief ou censive, ou autre droit réel d'aucun Seigneur, & telle vendition & constitution de rente est bonne & valable, posé ores qu'elle ne soit ensaisinée, ni inféodée.

197.
Constitution de rente sans saisine ou inféodation est bonne & valable.

LXXII.

Ladite rente ainsi vendue & constituée, a cours sur les héritages dudit vendeur ou constituant, quand ils sont tenus & possedés par ledit vendeur & constituant, ou ses héritiers, ou par un tiers détempteur, ou par le Seigneur féodal à titre particulier, autre que comme Seigneur féodal, sinon que ledit Seigneur féodal eût retenu l'héritage par puissance de fief de l'acheteur, auquel cas sera ledit Seigneur tenu de ladite rente.

198.
Et ladite rente a lieu contre le constituant, ses héritiers & tiers détempteurs de ses héritages, & non contre le Seigneur féodal, sinon qu'il le possedât à titre particulier, ou par retrait féodal.

LXXIII.

Quand aucuns biens, héritages ou rentes situés & assis en la haute Justice d'aucun Seigneur, sont dits & déclarés confisqués, le haut-Justicier, qui en vertu de ladite confiscation, appréhendera les meubles, payera les rentes constituées par le confisquant non ensaisinées ni inféodées, ensemble les arrérages d'icelles, si tant lesdits meubles peuvent monter, & jusques à la concurrence d'iceux, sans que le créancier de telle rente se puisse adresser sur les héritages confisqués pour raison desdites rentes & arrérages, pourvû que ledit créancier de ladite rente non ensaisinée ni inféodée ait été négligent de quarante jours, à compter du jour de la constitution d'icelle, de soi ensaisiner ou inféoder.

39.
Le haut-Justicier confisquant ne paye les rentes que sur les meubles jusques à concurrence, & non sur les immeubles, si elles ne sont ensaisinées ou inféodées, ou que le créancier n'ait été en demeure de 40. jours de le faire.

LXXIV.

Item, un vassal ne peut charger son fief d'aucune rente ou hypoteque au préjudice de son Seigneur féodal, duquel est tenu & mouvant ledit fief, sinon que telle rente ou hypoteque fût ensaisinée ou inféodée par ledit Seigneur féodal, au profit de celui ou de ceux à qui sont dûes telles rentes ou hypoteques.

201.
Un vassal ne peut charger son fief de rentes, ou hypoteques, au préjudice de son Seigneur, si elles ne sont inféodées.

LXXV.

Item, si tels fiefs ainsi chargés que dit est de telles rentes ou hypoteques non ensaisinées ou inféodées, viennent en la main dudit Seigneur féodal par aubeine, confiscation ou commission du fief, ledit Seigneur peut régaler & retenir ledit fief entierement, sans payer aucune chose desdites rentes ou hypoteques non ensaisinées ou inféodées, & n'en est aucunement tenu ledit Seigneur féodal, sinon comme il est dit ci-dessus.

106.
Et si le Seigneur met tel fief en la main, n'en est tenu, que comme il a été dit ci-dessus.

LXXVI.

Tous détenteurs, proprietaires ou possesseurs d'aucuns héritages, ou de partie & portion d'iceux ou autre chose censée, & réputée immeuble, chargés & redevables d'aucune rente, ou autre charge réelle & annuelle, sont tenus personnellement pour le tout payer, acquitter lesdites charges, ensemble les arrérages desdites rentes, & charges desdits héritages ainsi chargés que dit est; toutefois lesdits détenteurs, proprietaires ou possesseurs desdits héritages, incontinent lesdites charges venues à leur connoissance peuvent renoncer ausdits héritages, sans pour ce être tenus payer aucunes dettes, charges & rentes, ni les arrérages pour ce dûs.

206.
Tout détenteur d'héritage chargé de rente, est tenu personnellement la payer, s'il ne déguerpit incontinent qu'il en a connoissance, & ce faisant n'est tenu même d'aucuns arrérages.

LXXVII.

Quand aucun a pris un héritage à rente, & à ce s'est obligé à toujours, ou à tems, & a promis ledit héritage entretenir tellement, que ladite rente y puisse être perçue, tel preneur ne se peut départir dudit Contrat de Prise, ne renoncer à icelle prise, sans l'exprès consentement du bailleur, ou de celui qui aura cause de lui.

186.
Qui a pris héritage à rente, & a promis de l'entretenir en telle sorte, &c. tel preneur ne peut y renoncer.

LXXVIII.

274. 275.
Aux criées en l'ordre des créanciers sont préférés les cens, sur-cens, droits Seigneuriaux, rentes propriétaires.
275.
Ensuite les rentes ensaisinées, ou inféodées, selon l'ordre de leur saisine ou inféodation.

Item, en matiere de criées, les cens, surcens, droits Seigneuriaux, rentes propriétaires & charges foncieres ausquelles seroient baillés les héritages criés & subhastés, & les arrérages d'icelles rentes seront préferés devant toutes autres rentes constituées, inféodées ou non inféodées, & par ordre.

LXXIX.

Item, quand lesdits héritages ainsi criés que dit est, chargés de rentes constituées, qui sont ensaisinées ou inféodées, les créanciers à qui sont dûes lesdites rentes ensaisinées ou inféodées, sont préferés aux autres à qui seulement sont dûes rentes constituées non ensaisinées ou inféodées, posé ores qu'elles soient de datte subséquente de celles non ensaisinées ou inféodées: & encore précéderont les premieres ensaisinées, selon ce qu'elles sont premieres ensaisinées, & si doivent lesdits héritages ainsi criés être adjugés à la charge desdites rentes ensaisinées ou inféodées, & des arrérages d'icelles, s'il y a aucun qui les mette à prix à la valeur de ce, & non autrement.

LXXX.

201. 273.
Ensuite les rentes constituées non en-saisinées ni inféodées, qui viennent par contribution entr'elles.

Et ensuite les dettes pour une fois payer.

Et quand lesdits héritages ainsi criés sont chargés de rentes non propriétaires, non ensaisinées ni inféodées, mais de rentes constituées, lesdites rentes sont tenues & réputées pour dettes mobiliaires seulement, en telle façon que les créanciers desdites rentes, qui se seroient à ce opposés, viendroient tous à contribution aux deniers qui viendroient de la vendition desdits héritages, sans avoir regard à la priorité ou postériorité de la constitution desdites rentes, combien que par ladite Coutume, tels créanciers de telles rentes soient préférés aux autres créanciers, qui sur la propriété desdits héritages ainsi criés que dit est, auroient aucun droit d'hypoteque, pour raison de quelque dette particuliere ou somme de deniers pour une fois en espece de chose, comme de bled, vin ou autrement.

LXXXI.

201. 127.
Créancier de rente sur héritage qu'il possede, la confond en sa personne, & ne la peut faire revivre, s'il ne déguerpit.

Quand aucun détempteur ou propriétaire d'aucun heritage, soit par decret, ou autre titre particulier, a acquis ou acquiert aucune rente constituée sur ledit heritage, icelle rente est confuse & éteinte, & ne se peut ledit propriétaire ou détempteur aider contre les autres créanciers ayans droit de rente ou hypoteque sur iceux heritages, posé ores qu'ils fussent subsécutifs en datte desdites rentes ou rente confuse, si ce n'étoit toutefois que la propriété desdits heritages fût évincée par Justice dudit détempteur & propriétaire; auquel cas par ladite Coutume, ledit acquesteur de rente ou autre charge de qui seroit évincée la propriété desdits heritages, pourroit valablement demander ses droits & actions de rentes, & autres charges par lui acquestés, tant sur lesdits heritages évincés, que sur les autres non évincés, ainsi que les autres créanciers, & tout ainsi qu'il eût pû faire auparavant l'acquisition de la propriété desdits heritages évincés.

LXXXII.

258.
Quelles solemnités sont requises pour la validité d'une saisine.

Avant qu'une saisine puisse préjudicier à un tiers, il est requis qu'elle soit faite en la présence de deux témoins, ou pardevant deux Notaires Royaux.

TITRE IX.

Des Dettes.

LXXXIII.

149.
Les héritiers sont tenus des dettes pour telle part & portion qu'ils sont héritiers.
163.
Ils peuvent toutefois être poursuivis personnellement pour telle part & portion, &c. & hypotequairement pour le tout.
L'aîné n'en est plus tenu que les autres.

LEs heritiers d'un trépassé sont tenus des faits, promesses & obligations d'icelui trépassé, chacun pour telle part & portion qu'ils sont heritiers.

LXXXIV.

Item, les heritiers d'un trépassé peuvent être poursuivis personnellement des faits, promesses & obligations du trépassé, pour telle part & portion qu'ils sont heritiers, & hypotequairement pour le tout, supposé qu'aucun des heritiers pour le droit d'aînesse ait plus grande portion que les autres desdits biens de la succession, & n'en est point tenu l'aîné plus que l'un des autres.

LXXXV.

Le pere ou mere, ayeul ou ayeule, succedans aux meubles, acquêrs & conquêts immeubles de leurs enfans ou petits-enfans, sont tenus des dettes mobiliaires, & des obseques & funerailles du défunt.

LXXXVI.

Quand aucun habile à être heritier d'un trépassé, s'immisce & prend de la succession dudit trépassé, ou prend & applique à son profit, jusques à la valeur de cinq sols parisis, il est tenu & réputé vrai heritier du trépassé, & comme tel peut être valablement poursuivi par les créanciers dudit trépassé.

LXXXVII.

Les enfans après le trépas de leurs pere & mere, peuvent prendre & appréhender le douaire de ladite femme leur mere franchement, sans payer aucunes dettes, pourvû qu'ils renoncent à la succession de leur pere, parce que par la Coutume dessusdite, aucun ne peut être heritier & douairier ensemble.

LXXXVIII.

La Communauté se partageant entre le survivant de deux conjoints, & les heritiers du prédecedé, les dettes personnelles & mobiliaires doivent s'acquitter par moitié.

LXXXIX.

Mais si entre nobles le survivant prend les meubles demeurés du décès du trépassé (comme il peut faire) il paye les dettes dûes au jour du trépas, obseques & funerailles du trépassé.

XC.

Le survivant de deux conjoints, en acceptant le don mutuel, est tenu d'acquitter les dettes mobiliaires dûes au jour du trépas du prédecedé, avec les obseques & funerailles dudit défunt.

XCI.

L'un des deux nobles conjoints par mariage, survivant & acceptant la garde-noble de ses enfans mineurs, est tenu payer les dettes mobiliaires, & arrérages de rentes, testament, obseques & funerailles, acquitter lesdits mineurs.

XCII.

Seigneurs féodaux & hauts-Justiciers venans à posseder les biens de leurs vassaux, sujets ou tenanciers, comment sujets aux dettes. V. T. tit. de Confiscation & de Droits réels.

TITRE X.

D'Exécutions & Gageries.

XCIII

UN locateur de maison, le terme dudit louage échû, peut faire exécuter le conducteur, & lui faire garnir la main de biens pour le dû, & s'il s'en part hors de ladite maison louée, & transporte tous ses biens, ledit locateur le peut contraindre par Justice à remettre les biens meubles en ladite maison louée, pour faire exécution sur lesdits biens, ainsi remis que dit est, jusques à la concurrence du dû dudit louage.

XCIV.

Item, un locateur de soi se peut gager sur les biens de son conducteur pour ledit louage sans autre Sergent, ou homme de Justice, quand il voit ledit conducteur s'en partir de ladite maison ou heritage loué avec ses biens, sans payer ledit louage par lui dû, & ce fait le dénoncer incontinent à Justice.

XCV.

Une cédule privée portant promesse de payer confessée en Jugement, le detteur est tenu garnir suffisamment de biens, jusques à la concurrence du contenu en icelle ès mains du créancier, en baillant caution suffisante par ledit créancier.

D d iij

X C V I.

290.
Répit contre quelles dettes n'a lieu.

Un répit ne peut avoir lieu contre le dû d'aucun à lui adjugé par Sentence diffinitive & contradictoire, & pour les dépens adjugés & taxés, louage de maison, arrérages de rente, moisson de grain & dettes des mineurs contractées avec lesdits mineurs, ou leurs tuteurs durant leur minorité.

X C V I I.

291.
En déconfiture chacun vient par contribution.

En matiere de déconfiture, chacun créancier vient à contribution au sol la livre, sur les biens meubles du detteur, & n'y a point de prérogative.

X C V I I I.

204.
Quand on peut proceder par voye de saisie & exécution.

Item, aucun ne peut proceder ou faire proceder par voye d'arrêt ou main-mise de fait sur le corps & biens d'autrui, s'il n'a sur lui & ses biens obligation, condamnation ou chose privilegiée qui le vaille.

T I T R E   X I.

De Prescription.

X C I X.

188.
Tiers détempteur d'heritage aux titres acquiert la proprieté par dix ans entre présens & vingt ans entre absens.

QUICONQUE a joui & possedé aucun héritage à juste titre, & de bonne foy continuellement sans contredit ou empêchement aucun, par le tems & espace de dix ans entre présens, & vingt ans entre absens âgés & non privilegiés, il a acquis & acquiert par prescription la proprieté & Seigneurie de tel héritage.

C.

195.
Il acquiert aussi prescription par même tems contre rente ou autre charge.

Item, quand un tiers détempteur a joui & possedé aucun héritage, chargé de rente, ou autre charge réelle à bon & juste titre, & de bonne foy, sans payer, n'être inquieté de telle rente ou charge, par l'espace de dix ans entre présens, & vingt ans entre absens, âgés & non privilegiés, il a prescrit, & acquis par prescription la franchise & décharge de tel héritage, excepté du Droit Censuel ou Seigneurial, comme dit est.

C I.

187.
Actions personnelles se prescrivent par 30 ans.

Toutes actions personnelles sont prescrites & éteintes par le tems & espace de trente ans.

C I I.

191. 179.
Toutes actions hypotequaires se prescrivent par 40 ans, excepté le droit de censive & fonds de terre Seigneuriale,

Toutes actions en matiere d'hypoteques pour rentes & autres droits réels, sont éteintes & expirées par le tems & espace de quarante ans, excepté le Droit Seigneurial, de censive & fonds de terre qui ne se prescrit point, combien que les arrérages de ce soient prescrits par trente ans.

qui sont imprescriptibles, les arrérages toutefois se prescrivent par trente ans.

C I I I.

194.
Prescription contre l'Eglise n'est que de 40 ans.

Prescription n'a point de lieu contre l'Eglise, sinon par le tems & espace de quarante ans.

C I V.

195.
Seigneur & vassal ne prescrivent l'un contre l'autre.

Un Seigneur ne prescrit point le fief de son vassal par quelque laps de tems qu'il l'ait tenu en sa main, ne le vassal la tenure, ne la fidelité dudit fief.

T I T R E   X I I.

Des Servitudes.

C V.

208.
Vûes & égoûts ne se prescrivent.

VEUES & égoûts n'acquierent point de possession & saisine (par quelque laps de tems que ce soit) sans titre.

CVI.

Item, si entre deux maisons, jardins ou autres lieux, y a un mur mitoyen & édifice entre deux maisons, héritages, ou autres lieux appartenans à deux personnes & voisins, & le mur soutient d'une part les terres & héritages de l'une des personnes, & il advient que ledit mur ait besoin de refection & réédification de maçonnerie, la personne de laquelle lesdites terres sont par ledit mur soutenues, est tenu contribuer à ladite réédification & réfection dudit mur, depuis le fonds & bas jusques au rez de terre, pour les deux parts, & l'autre voisin est tenu pour le tiers seulement, & depuis le rez d'icelle terre en amont, ladite réédification & réfection se doit payer également par lesdites personnes & voisins, jusques à la hauteur de neuf pieds.

210.
Mur mitoyen, comment doit être entretenu.

TITRE XIII.

De Chemins.

CVII.

GRANDS chemins Royaux, passans & allans de ville en ville, comme de Compiegne à Senlis, & de Senlis à Paris, Beauvais, Meaux & autres villes semblables, doivent être & seront d'espace & distance en largeur, partout le cours d'iceux audit Bailliage de Senlis, c'est à sçavoir en bois & forêt de quarante pieds pour le moins, & en terre labourable, & autre assiette de terre, hors bois & forêts, de trente pieds aussi pour le moins.

211.

TITRE XIV.

De Retrait Lignager.

CVIII.

QUAND aucun a vendu ou autrement cedé & transporté par titre onereux, équipollent à vendition, son propre héritage à personne étrange de son lignage, du côté & ligne dont lui est venu & échu par succession ledit propre héritage ainsi vendu, il est loisible au parent lignager dudit vendeur du côté & ligne dont est venu & échu ledit héritage, de requerir & demander par retrait lignager ledit héritage, dedans l'an & jour que ledit acheteur ou acquesteur, en sera saisi (s'il est tenu en censive) ou qu'il ait été reçu en foy & hommage : (s'il est tenu en fief) en remboursant ledit acheteur du sort principal, & des loyaux coustemens.

212.
Le lignager du côté & ligne peut retirer l'héritage venu par son lignager, dans l'an & jour de la vente qui commence du jour de la saisine ou inféodation, en remboursant le sort principal & loyaux coustemens.

CIX.

Item, le lignager qui requiert & demande ledit héritage ainsi vendu, est tenu offrir à l'acheteur bourse & deniers, & à parfaire pour ledit pur sort principal & loyaux coustemens, & continuer à chacune journée, & assignation procedant que ladite cause sert jusques à contestation faite en cause ledit jour inclus, ou consigner en main de Justice ledit argent, si le défenseur qui est acheteur ne consent lesdites offres être faites une fois pour toutes, autrement ledit retrayant est déchû de sadite action en matiere de retrait, & où l'acheteur acquiesceroit aux offres, le retrayant est tenu fournir à sesdites offres dedans vingt-quatre heures, *aliàs*, il est aussi déchû dudit retrait.

213.
Formalitez qui doivent être gardées au retrait.

CX.

En matiere de retrait, n'est pas requis que le retrayant soit tenu & réputé le plus prochain en dégré de ligne au vendeur, mais suffit qu'il montre & enseigne suffisamment qu'il est parent & lignager dudit vendeur, du côté & ligne dont est venu ledit héritage vendu par succession audit vendeur, & est tel lignager préferé à un autre plus prochain, s'il n'intente sadite action de retrait le premier.

215.
Le retrait ne s'adjuge au plus proche, mais au plus diligent.

CXI.

Si un Seigneur féodal ou censuel a retenu par puissance de Seigneurie, aucun Fief

216, 217, 218.
Le retrait lignager est plus puissant que le féodal, & le lignager retire sur le Seigneur.

ou héritage tenu à censive ainsi vendu (comme dit est) par son vassal ou tenancier, ledit Seigneur est tenu délaisser par retrait lignager au parent du vendeur venu du côté & ligne dont est venu & échu par succession ledit héritage en fief, ou censive ainsi vendu, en venant dedans an & jour de ladite retenue & réunion, quand ladite réunion est faite pardevant Juge competant, ou personne publique, en appert & non en secret.

CXII.

229. 230. Héritage acquis par les conjoints d'un lignager de l'un d'eux, auquel il étoit propre, la part du non lignager n'est retrayable qu'après la dissolution du mariage.

Si le mari durant & constant le mariage de lui & de sa femme, acquiert aucun héritage qui soit propre dudit vendeur, & soit lignager à icelle femme du côté & ligne dont vient ledit héritage vendu, un autre lignager prochain dudit vendeur, ne pourra ravoir par retrait ledit héritage ainsi vendu durant & constant ledit mariage ; mais après le trépas d'elle un lignager dudit vendeur, du côté & ligne dont est venu ledit héritage dans l'an & jour du trépas d'elle, ou de la saisine, s'il n'étoit saisi devant le trepas de sadite femme, pourra ravoir par retrait la part & portion dudit héritage ainsi vendu audit mari, & dont il jouissoit, en lui remboursant la moitié desdits deniers, & lui offrant bourse & deniers pour le pur sort & loyaux coustemens, *& è contrà*, où le mari seroit lignager du vendeur, & la femme étrange.

CXIII.

224. Retrait n'a lieu en donation, & échange but à but.

Retrait lignager n'a point de lieu, quand un héritage venu de propre est donné ou échangé but à but sans soulte à l'encontre d'autre héritage, & quand ledit échange est fait sans dol & fraude.

CXIV.

231. Si le donataire vendoit l'héritage à lui donné par un lignager auquel il étoit propre, il cherroit en retrait.

Si un donateur donne son propre héritage à son lignager du côté & ligne dont ledit héritage est procédé, le donataire vendoit ledit héritage à personne étrange, icelui héritage cherroit en retrait.

CXV.

232. Héritage donné par mariage, non en avancement d'hoirie ou en mariage, est censé acquêt, & n'y a retrait.

Item, quand aucun héritage est donné purement & simplement à personne ou personnes conjointes ensemble par mariage, (& non pas en mariage ou avancement d'hoirie) tel héritage ainsi donné est tenu & reputé acquêt, quand il est fait sans dol, ou fraude, & ne chet point en retrait, comme dit est.

TITRE XV.

De Retrait féodal & censuel.

CXVI.

126. 117. 115. A Senlis & à Creil y a retrait féodal, & censuel.

PAr la Coutume des Châtellenies de Creil, & des Prévôtez & Châtellenies y enclavées, les Seigneurs féodaux ou censuels, peuvent par puissance de Fief & Seigneurie, si bon leur semble, avant que d'être payez de leurs droits, prendre & tenir lesdits fiefs & héritages roturiers, pour les mettre & réunir à leur domaine, en rendant par ledit Seigneur audit Acheteur les deniers qu'il en auroit baillé avec les loyaux coustemens, excepté que si lesdits héritages ainsi vendus, fussent propres héritages audit vendeur, & par lui vendus, & que ledit acheteur fût lignager dudit vendeur ; car en ce cas lesdits Seigneurs ne pourront prendre ne retenir lesdits héritages.

CXVII.

237. De même à Beaumont & à Chambly.

Item, par la Coutume du Comté de Beaumont & Châtellenies de Chambly, les Seigneurs féodaux ou censuels seront tenus inféoder ou investir les acquereurs d'héritages tenus en fief ou censive (après les soumissions faites dedans le temps de quarante jours ;) après lesdits quarante jours passez, si lesdits Seigneurs ne veulent retenir par puissance de fief & Seigneurie lesdits héritages, ainsi vendus que dit est, en rendant ausdits acheteurs, les deniers qu'ils en auroient baillez, (comme dit est) ce que faire pourront, si bon leur semble, excepté que si lesdits héritages ainsi vendus fussent

fussent propres héritages ausdits vendeurs, & que ledit acheteur fût lignager dudit vendeur.

CXVIII.

Par la Coutume de la Châtellenie de Pontoise, quand aucun vend aucun héritage tenu & mouvant, à droit de chef-cens, champart ou autre droit Seigneurial d'aucun Seigneur foncier, ledit Seigneur, ses droits payez, est tenu de mettre l'acheteur en saisine, sans que ledit Seigneur puisse ledit héritage retenir contre le vouloir dudit acheteur.

239.
A Pontoise le censuel n'a lieu.

TITRE XVI.

Des droits de communauté entre le mari & la femme.

CXIX.

LEs conjoints sont communs en meubles & conquêts, & d'iceux le mari est maître & en peut disposer & les aliener à sa volonté, & si jouit de l'usufruit des propres de sa femme pendant ladite communauté.

271.
Entre conjoints y a communauté. Le mari en est le maître, & jouit des fruits & propres de sa femme.

CXX.

Le mary ne peut toutefois aliener ou hypotequer le propre héritage de sa femme, ne le douaire coutumier ou préfix, sans l'exprés consentement de sadite femme & enfans, quant au douaire.

207.
Le mari ne peut aliener ni hipote-quer les propres & douaire de sa femme.

CXXI.

Femme mariée ne peut ester en Jugement sans l'autorité de son mari, ou qu'elle soit autorisée du Roi ou de Justice.

210.
Femme mariée ne peut ester en Jugement sans autorité.

CXXII.

Quand l'un des deux conjoints va de vie à trepas, les biens de la communauté se divisent également entre le survivant, & les héritiers du trépassé, à la charge de payer chacun par moitié les dettes personnelles & mobiliaires.

145.
La communauté se divise par moitié.

CXXIII.

Entre Nobles, le survivant peut prendre les meubles demeurez du decès du trépassé, en payant les dettes dûes au jour du trépas, obsèques & funérailles du trepassé.

146.
Entre nobles, le survivant peut prendre tous les meubles, en payant les dettes, obsèques & funérailles.

CXXIV.

Un noble homme allant de vie à trépas, sa femme survivant peut renoncer à la communauté incontinent, c'est-à-sçavoir dedans trois mois du jour du trépas, & ce faisant, demeurer quitte des dettes personnelles que devoit feu son mari auparavant le mariage, & qu'il avoit fait pendant le mariage, pourvû qu'elle ne s'y soit obligée.

147.
Noble femme peut renoncer à la communauté, & ce faisant s'exempter des dettes.

CXXV.

Quand l'un des deux conjoints decede & délaisse enfans mineurs dudit mariage, si le survivant ne fait faire inventaire, lesdits enfans peuvent, si bon leur semble, demander communauté en tous les biens, meubles & conquêts immeubles du survivant faits depuis la societé contractée, sans préjudicier aux priviléges des Nobles dessus déclarez, posé même que le survivant se remarie, & jusques à ce que ledit inventaire ait été fait.

169.
Continuation de communauté, à faute de faire faire inventaire par le survivant.

TITRE XVII.

De Douaire coutumier & préfix.

CXXVI.

IL y a deux manieres de douaire, l'un coutumier & l'autre préfix.

174.
Deux sortes de douaire, coutumier & préfix.

CXXVII.

Le douaire coutumier dont la femme peut être douée, est de la moitié de tous les hé-

175.
Douaire coutumier en quel cas

fiste, à l'égard de la première femme.

ritages que le mary avoit au jour de ses nôces, & de ceux qui lui sont échûs & écherront en ligne directe durant leur mariage.

CXXVIII.

A l'égard de la seconde.

Si le mari après le trépas de sa premiere femme se remarie, délaissez enfans du premier mariage, la seconde prendra pour douaire un quart sur tous les héritages sujets au douaire de la premiere, & la moitié sur tous les autres qu'il a au jour de son second mariage, & sur ceux qui lui écherront en ligne directe, durant & constant ledit second mariage, *& sic consequenter* des mariages subséquens.

CXXIX.

181.
Douaire préfix en quoi consiste.

Douaire préfix, est quand une femme est accordée en mariage, & que son mari ou les parens & amis d'icelui lui baillent ou assignent aucun héritage, rente ou argent.

CXXX.

183.
Douaire préfix exclud le coutumier.

Femme douée de douaire préfix, ne peut demander le coutumier, s'il ne lui est permis par son traité de mariage.

CXXXI.

179. 184. 185.
Le douaire coutumier saisit, & non le préfix.

Le Douaire coutumier saisit, & non le préfix, qui est dû jusqu'à ce qu'il soit demandé par la veuve ou enfans aux héritiers du trépassé.

CXXXII.

177. 181. 185. 207.
Le douaire est le propre héritage des enfans.

Le douaire de la femme, soit coutumier soit préfix, est réputé propre héritage aux enfans issus du mariage, en telle maniere que le survivant n'en jouit que quant à l'usufruit seulement, & lesdits enfans en sont vrais Seigneurs & propriétaires. 207. Et ne peut le mari l'aliener ni l'hypotequer, sans l'exprès consentement de sa femme & enfans.

CXXXIII.

177.
Et est censé procéder du côté paternel. 178.
Les douaires ne sont sujets aux dettes.
On ne peut être héritier & douairier.

Et sera ledit douaire censé procedé du côté paternel.

CXXXIV.

Les enfans desdits conjoints peuvent prendre ledit douaire franchement, sans payer aucune dette, pourvû qu'ils renoncent à la succession, parce qu'aucun ne peut être héritier & douairier ensemble.

CXXXV.

186.
Si aucuns sont douairiers, aucuns héritiers, les douairiers n'ont plus grande part que si tous étoient douairiers.
187.
Les enfans mourans auparavant leur pere, le douaire demeure éteint.

Si desdits enfans aucun renonce à la succession du pere, & accepte le douaire, & les autres se portent héritiers, il n'aura plus grande part au douaire, que si tous se fussent déclarez douairiers.

CXXXVI.

Si au précedent, ou après le trépas de la mere, les enfans issus du mariage, alloient de vie à trépas sans hoirs de leur corps leur pere vivant, le douaire préfix, ou coutumier sera éteint, & en demeurera le pere propriétaire, comme il étoit auparavant, sans toutefois faire préjudice à l'usufruit de la femme, survivant sondit mari.

TITRE XVIII.

De Gardenoble.

CXXXVII.

151. 154.
Pere ou mere nobles peuvent accepter la gardenoble de leurs en ans mineurs.
Moyennant ce jouira des fruits des héritages, & si fera les meubles siens.
A la charge de nourrir & entretenir les mineurs, payer leurs dettes mobiliaires, testamens, obseques & funerailles du défunt, entretenir les heritages;

SI l'un des conjoints nobles ayans enfans mineurs va de vie à trépas, le survivant peut accepter la gardenoble desdits enfans, & non l'ayeul, ou ayeule, qui pourront toutefois être tuteurs. Et audit survivant, au moyen de cette gardenoble appartiendront les meubles des mineurs, & si jouira de leurs héritages, & sera les fruits siens. A la charge de garder, nourrir & entretenir lesdits mineurs, iceux faire instruire selon leur qualité, payer les dettes mobiliaires, & arrérages de rentes, testamens, obseques & funérailles, acquitter lesdits mineurs, bien régir & gouverner leurs Justices, & soutenir le procès aux dépens dudit gardien, entretenir leurs maisons & héritages, & les rendre en aussi bon état qu'ils étoient lors que ladite garde a commencé. 154. Et à cet effet, après l'acceptation sera tenu en dedans trois mois faire visiter bien & duement, par gens experts, qui en feront rapport en Jugement, lesdites maiſons & édifices ; pour reconnoître s'il les rend en pareil état ; & néanmoins ſera tenu faire les réparations dont eſt tenu un uſufruitier durant ladite gardenoble , & ce ſur peine de ſoi rendre comptable des fruits & levées des héritages deſdits mineurs.

CXXXVIII.

Gardenoble ſe doit accepter en Jugement.

CXXXIX.

Ladite gardenoble finit par le mariage du Gardien. 155. Un enfant noble mâle eſt réputé âgé à vingt ans , & une fille à ſeize ans & un jour.

& à cet effet faire viſiter les lieux.

113.
Gardenoble ſe doit accepter en Jugement,

152. 155.
Gardenoble finit par remariage du gardien.

Mâle noble eſt réputé âge à 20 ans, & une fille à ſeize.

TITRE XIX.

De Donation.

CXL.

PLUSIEURS ſont eſpeces de dons ; il y a dons entre-vifs , dons par teſtament & ordonnance de derniere volonté.

209.
Il y a dons entre-vifs & par teſtament.

CXLI.

Donation faite entre-vifs vaut, quand elle eſt faite par perſonne âgée de vingt-cinq ans, uſant de ſes droits , ayant le gouvernement de ſes biens , à perſonne autre qu'à ſa femme ſi ce n'eſt par don mutuel.

210.
Agé de 25 ans peut donner par donation entre-vifs à autre qu'à ſa femme.

CXLII.

Donner & retenit ne vaut rien , poſé ores que le donateur ait de ſoi retenu l'uſufruit, de maniere que ſi aucun a donné une maiſon , rente ou autre héritage à ſon parent ou autre , avant que tel don ſortiſſe ſon effet , il convient que le donateur ſe déſaiſiſſe de tel héritage ou rente donnée ès mains du Seigneur de qui il eſt tenu & mouvant , & que le donataire en ſoit ſaiſi du vivant du donateur , autrement le don ſeroit nul , & rechetroit en la ſucceſſion ; ou que du vivant & conſentement dudit donateur , il y ait appréhenſion de fait de ladite choſe donnée qui vaut ſaiſine , au préjudice du donateur & de ſes héritiers.

210. 211.
Donner & retenir ne vaut, non pas même retention d'uſufruit, mais faut ſaiſine ou apprehenſion de fait, qui vaut ſaiſine, à l'egard du donateur & de ſes héritiers.

CXLIII.

Quand à deverſes perſonnes a été donné un héritage en fief ou roturier , celui qui le premier en aura été ſaiſi ou mis & reçu en foi , ou d'icelui héritage aura eu appréhenſion de fait (qui en ce équipolle à ſaiſine) au ſçû & conſentement du donateur , ſera preferé audit héritage donné , poſé ores qu'il ſoit le ſecond donataire , & a le plus clair droit.

216.
De deux donataires, le premier en ſaiſine , ou qui auroit apprehenſion de fait , eſt preferé.

TITRE XX.

De Don mutuel.

CXLIV.

HOMME & femme conjoints enſemble par mariage , n'ayans aucuns enfans & égaux en âge & chevance , peuvent faire l'un à l'autre don mutuel de tous leurs biens meubles , acquêts ou conquêts immeubles , à la charge que le ſurvivant ſera tenu de payer & acquitter les dettes mobiliaires dûes au jour du trépas du défunt , avec les obſeques & funérailles dudit défunt en acceptant ledit don mutuel.

144.

TITRE XXI.

De Testamens.

CXLV.

171.
Ce qui est requis pour la solemnité d'un testament.

AVant qu'un Testament soit réputé solemnel, il est requis qu'il soit écrit & signé de la main & seing manuel du testateur, ou signé de sa main, & à lui lû, & par lui entendu en la présence de trois témoins, ou qu'il soit pardevant deux Notaires, ou pardevant le Curé de sa Paroisse ou son Vicaire general, & un Notaire, ou dudit Curé ou Vicaire, & deux témoins, ou d'un Notaire ou deux témoins, ou de quatre témoins, iceux témoins idoines, suffisans, & non légataires dudit testateur, fors & excepté en tant que touche les légs pitoyables, obseques & funerailles d'icelui testateur, esquels toutefois, & pour le moins sera gardé la solemnité du Droit Canon.

CXLVI.

183.
Institution d'héritier n'a lieu.

Institution d'héritier n'a point de lieu.

CXLVII.

217. 218. 219.
De ce que l'on peut disposer par testament.

Le testateur peut disposer par Testament, au profit de quelque personne que ce soit, qu'il aye enfans ou non, de ses meubles, acquêts & conquêts, réservé toutefois la légitime aux enfans, si aucuns y a, s'il à ce l'héritage propre ne peut fournir, & s'il n'y a enfans, peut pareillement disposer du quint de ses propres, & s'il y a enfans, il peut disposer dudit quint, au profit de l'un ou de plusieurs de ses enfans, renonçans à la succession, pourvû toutefois qu'aux autres enfans la légitime demeure.

CXLVIII.

143. 218. 219.
Mari & femme ne se peuvent leguer.

Homme & femme conjoints ensemble, ne peuvent par Testament ou ordonnance de derniere volonté, leguer aucune chose l'un à l'autre, soit qu'il y ait enfans, ou non.

CXLIX.

1. 8
Les executeurs sont saisis des meubles pendant l'an.

Les Executeurs d'un Testament sont saisis des biens meubles du testateur jusques à concurrence du Testament, pour icelui accomplir dedans l'an & jour.

TITRE XXII.

De Succession.

CL.

142.
Le plus prochain habile à succeder est saisi.

LE mort saisit le vif, son plus prochain héritier habile à lui succeder.

CLI.

139. 140.
En ligne directe représentation a lieu, non en collaterale.

En ligne directe descendante, représentation a lieu, non en collaterale.

CLII.

172.
Religieux ne succedent.

Religieux ou Religieuses, ni leurs Monasteres ne succedent.

CLIII.

170.
A un Prêtre on succede.

A un Prêtre beneficié ou non, ses parens succedent, ores qu'il n'eût aucun propre ni acquêr.

CLIV.

150.
Habile à succeder qui prend jusques à cinq sols, est réputé héritier.

Quand aucun habile à succeder, s'immisce & prend de la succession, jusques à la valeur de cinq sols parisis, il est réputé vrai héritier.

CLV.

111. 161. 213.
Avantage par pere ou mere en renonçant à la succession, peut se tenir à son don.

Quand aucun est avantagé par Donation entre-vifs par ses pere ou mere ou autre en ligne directe, tel avantagé se peut tenir à son don, & renoncer à la succession de celui ou ceux qui lui ont fait tel avantage; & néanmoins en ce faisant, sera tenu de suppléer à ses autres freres & sœurs, jusques à concurrence de leur Légitime, si

le

le reste des biens n'est suffisant, & quant à ce, seront les biens donnez dès-lors affectez & hypotequez. Mais s'il veut venir à la succession, il le pourra faire, en rapportant les choses données ou moins prenant : Et si tel avantage a été fait pendant la communauté, il en rapportera la moitié à la succession de chacun des deux conjoints.

CLVI.

Aucun ne peut être héritier & legataire ensemble.

CLVII.

Aucun ne peut être héritier & douairier ensemble.

CLVIII.

En succession (à la reserve des Fiefs) on succede également sans prérogative d'aînesse, tant en ligne directe que collatérale, & sans avoir égard au double lien, ni à la masculinité, quand on est en parité de degré.

CLIX.

Toutefois les propres heritages retournent aux plus prochains du côté & ligne dont ils viennent, supposé qu'ils ne soient si prochains que ceux de l'autre ligne.

CLX.

Le pere ou mere, ayeul ou ayeule, succedent à leurs enfans ou petits-enfans decedez sans enfans pour ce qui est des meubles, acquêts & conquêts immeubles. Et aux propres succedent les plus prochains du côté & ligne, parce que propres ne remontent pas, à la charge de payer par celui qui aura les meubles, acquêts & conquêts, les dettes mobiliaires, les obseques & funérailles du défunt.

CLXI.

En succession en ligne directe le mâle aîné aura les deux tiers des Fiefs pour sa part avec un principal manoir seulement en chacune succession, & le jardin, si le jardin y a, jusques à deux arpens, si tant y en a, & s'il n'y a manoir ni jardin, aura le vol d'un chapon, estimé à un arpent de terre en fief. 127. Toutefois ès fiefs étant de deça la riviere d'Oise, lorsqu'il y a plus de deux enfans, le mâle aîné ne pourra prétendre que la moitié au lieu desdits deux tiers, avec le manoir comme dessus 129. Mais en la Châtellenie de Pontoise, sans distinction du nombre des enfans, le mâle aîné emportera les deux tiers avec le maitre manoir, & le clos du jardin, s'il est au pourpris du manoir. 130. Et s'il n'y a jardin, aura le vol d'un chapon, estimé à un arpent de terre.

CLXII.

Entre femelles n'y a droit d'ainesse, tant en ligne directe que collaterale.

CLXIII.

En ligne collaterale, entre mâles n'y a aussi droit d'ainesse.

CLXIV.

Mais les mâles en collaterale excluent les femelles en fiefs, lorsqu'ils sont en pareil degré.

TITRE XXIII.

De Criées.

CLXV.

POur rendre valables les criées faites d'aucuns heritages pour être vendus par decret, au plus offrant & dernier encherisseur, par vertu des Lettres obligatoires, ou condamnations sur ce faites, est requis que les criées de tels heritages soient faites publiquement aux Sieges où lesdits héritages seroient vendus. Et si les heritages criez sont assis en autre Châtellenie que celles où ils sont vendus, convient qu'ils soient criez au Siege & Auditoire ordinaire de la Châtellenie & Prevôté où sont assis tels héritages, par Sergent ayant pouvoir de ce faire, soit par obligation ou condamnation, & à faute de payement ou de garnison de meubles pour satisfaire au dû par quatre quatre quatre-zaines sans discontinuation ; & si convient qu'elles soient rapportées ou relatées par écrit au Juge pardevant lequel le décret de tel heritage ainsi crié se doit adjuger, & aussi que le detteur sur lequel se font lesdites criées soit adjourné à sa personne ou à son domicile, pour voir adjuger tels heritages par décret; & lesdites criées faites & parfaites, & huit jours auparavant l'adjudication par décret de tels heritages criez, en seront mises attaches ou affiches par écrit à la porte de l'Eglise & Paroisse, en laquelle lesdits heritages criez sont situez & assis, & à la porte de l'Auditoire, & aux lieux publics où telle adjudication se fera.

CLXVI.

285.
L'ordre doit être fait après l'adjudication.

Et l'assignation échéant que se doit faire l'adjudication desdites criées, sera procedé à ladite adjudication, sans faire droit préalablement sur la priorité ou postériorité des créanciers & opposans ausdites criées, & sauf à faire discussion après ladite adjudication faite aussi-bien qu'au précedent.

CLVII.

283.
Les encheres sont reçues jusques au scellé, & auparavant que de sceller, le decret doit être apporté en Jugement, huitaine auparavant que d'être scellé, & en être publié le scellé.

Quand aucun héritage est mis en criées, chacun est habile à soi opposer ausdites criées & à icelui héritage rencherit jusques à ce que ledit decret soit signé & scellé en Jugement du scel du Juge, pardevant lequel est faite l'adjudication dudit décret de l'héritage ainsi crié que, dit est. Après lequel scel ainsi apposé aucun n'est recevable à soi opposer, ni à y mettre enchere: mais avant qu'icelui decret soit scellé, sera apporté en Jugement, tout prêt & grossoyé, & sera signifié que la huitaine ensuivant il sera scellé & expedié.

CLXVIII.

281.
Le saisissant n'est tenu signifier les criées aux créanciers, mais doivent s'opposer d'eux-mêmes, & l'ayant fait doivent être assignez pour fournir des moyens & causes d'opposition.
277. 278. 279.
280. 281.
Le decret purge toutes sortes de dettes à la reserve des droits Seigneuriaux, dont les arrerages sont aussi purgez.

Le créancier qui fait faire lesdites criées, n'est tenu de faire signifier lesdites criées & l'adjudication du decret aux autres créanciers ayant droit d'hypoteque sur lesdits heritages criez (si bon ne lui semble) si lesdits créanciers ne s'étoient opposez ausdites criées en la main du Sergent executeur ou Greffier du lieu auquel se doit faire ledit decret, auquel cas leur seroit donné jour pour dire leurs causes d'opposition.

CLXIX.

Quand aucun héritage est mis en criées, tel heritage crié, subhasté & adjugé, est franc de toutes autres charges, excepté de celles des opposans, & ausquelles tel héritage est adjugé avec les droits de censive, ou fonds de terre Seigneurial, posé ores que le Seigneur ne se soit opposé, & toutefois ne s'étant opposé, il perd les arrerages de tel droit de cens.

TABLE
DES TITRES

CONTENUS DANS LE TEXTE METHODIQUE
des Articles de la Coutume de Senlis.

TABLE
DES MATIERES

CONTENUES EN LA COUTUME DE SENLIS,
où les nouvelles Additions sont distinguées par une
marque de cette maniere ¶.

E

F

G

H

I

P

PAYEMENT, comment s'en fait l'imputation sur le principal des arrérages à l'égard des rentes, reprises & remplois, des sommes mobiliaires & des intérêts qui en sont dûs, 87

Preuve

Fin de la Table des Matieres de la Coutume de Senlis.

ENsuivent les Châtellenies & Seigneuries dépendantes du Comté de Beauvais, ensemble des vassaux & sous-vassaux dudit Comté, les appellations des Juges desdites Seigneuries, se relevent en l'assise du Bailly de Beauvais, ou hors assise, par anticipation & font les sujets desdites seigneuries bien convenus pardevant ledit Bailly de Beauvais, sauf le renvoy quand il sera légitimement demandé & requis par les Seigneurs desdites Seigneuries relevantes dudit Comté, ayant haute-Justice.

A
Aumaretz.
Autheuil.
Aumont.
Allonne pour deux fiefs.
Anneuil, toute la Paroisse.
Auchy la montagne, proche Francastel.
Achy.
Abbecourt, en partie à raison de deux fiefs.
Armentiere, en ce qui appartient au Sr de S. Sanlon, le surplus du Vidamé de Gerberoy.
Audiville, pour le fief de la place.

B
Beauvais, & autres fiefs étans au dedans de la ville, à la réserve de ce qui est aux Chanoines dudit Beauvais.
Bois d'Argis.
le Bois du Mont.
Bonqueboul.
Bresses.
Bailleval.
Bury Angy.
Berthecourt.
Berneuil.
Bizencourt.
Brachuix.
Bourguinemont.
Bicourt.
Borqueteaux.
Boicamps.

C
Castenoy.
Cuigny en partie, le reste est du Vidamé de Gerberoy.
Crecy.
Canteville, en la tenue du fief d'Achy Songeons.
Courcelles prés Castenoy.
Coivrel.

E
Effuillé.
Espaubourg tenu de S. Germer.

F
la Fresnoie Paroisse de Savegnies.
Fouqueroles.

Flambermont.
Frocourt.
Fay S. Quentin, en partie.
Fay sous le bois, tenu d'Aumaretz.
Friencourt, Paroisse d'Auneuil.
Framicourt, Paroisse de Ponchon.
le Faiel, à la réserve de ce qui est tenu de Mouchy.

G
Goullencourt.
Grocourt.
Grand-camp.
Gomesnil.
Goincourt.

H
Houssoy le Parcy.
Houssoy & Roye, proche Ponchon.
Haute rousse.
Haulcourt en partie, l'autre partie au Vidamé de Gerberoy.
Hanvoisies.
Haulteville.
Hodene l'Evêque.
Hucqueville.
le Haut-silly.
Harmes en ce qui appartient au Chapitre de Beauvais.

I
Imbercourt.

L
La Fraye pour deux fiefs appartenans au Chapitre de Beauvais.
L'Espine, Paroisse de Vvarluis.
La Neufville d'Aumont.
Lesglentier.
Le val de Molle.
Le Tresorier du Beauvais.
Leraulle.
La Neufville Messire Garnier.
La Châtellenie de Beauvais.
Lihus.
Le Plessier sous saint Just.
Le Plessier saint Usoye.
Lavercines.
Luchy lés Castenoy.
Lesquippée.

La Houssoye.
Le marché Godart.
La Neufville sur Anneul.

M
Marconville.
Morlaines l'Hospital.
Montaterre.
La Maladerie de Beauvais, & les tenues du fauxbourg S. Jacques depuis la maison du Controlleur la Croix, jusques aux trois bourdons où commence Toisin lieu.
Morlaines les Catigniers.
Moimont proche S. Usoye.
Maritiel.
Malafisse.
Mesenguy.
Merart proche Bury.
Marivaux en Bray.
Motvillier, sauf ce qui y appartient au Chapitre.
Montiers.
Marché Godart.

N
Nivillier.
Noiresmont.

O
Oudeul, en ce qui est du Seigneur d'Esclainville, du nef Hennequin arriere fief de Lihus.

P
Ponchon.
Ponceaux.
Plessier sur saint Just.
Panthemont.

R
Renonval.
Rueuil en partie, relevant de Noiresmont.
Rainvillier.
la rue S. Pierre, en ce qui est tenu d'Aumaretz.
Ruisseloy.
Ribauville.

S
Silly, tant le haut que le bas.
Seneffontaines.
Songeons pretendu de Gerberoy, y a procés en la Cour.
Sinancourt.

Saint Souplix, toute la Paroisse, à la réserve de ce qui est tenu de Balagny & de Troussencourt.
Saint Lazare.
Saint Juste Desmarets.
Senentes.
Sarron.
Saint Leger.
Savegnies, toute la Paroisse.
Saint Paul, en ce qui est du petit fief de Corbie, le surplus du Vidamé de Gerberoy.
Saint Quentin.
Le Fauxbourg Saint Jean, au delà la montagne, tenant au terres de la vallée Damequin, tirant vers Panthemont.

T
Tillart & Silly de Clermont, pour un fief appellé Bazintin.
Toissereulx.
Thillels.
Thilloy.
There, sauf ce qui appartient au Chapitre de Beauvais, & à saint Lucien.
Troussenres en partie.
Tardonne prétendu mouvant du Roi.
Tierfontaines.
Tricot.
Thiers & neuf-moulin, proche Senlis.

V
Villembray.
le Wault, en ce qui dépend du fief de la Cousture.
Villotran.
Warluis, à la réserve de ce qui est tenu de S. Lucien.
Villers S. Barthelemy.
Wagicourt.
Voisinlieu, à la réserve de ce qui est tenu de S. Lucien.
Villers sur There.
Vaux sur Barneal.
Viverots.

Il y a plusieurs de ces Villages qui peuvent être indépendans du Comté, quant à la Jurisdiction, quoiqu'ils en soie ne mouvans quant au fief.
Plusieurs Lettres d'amortissement des biens acquis par les Evêques ont conservé, n'ont pas réservé la Jurisdiction.
Il y a aussi plusieurs amortissemens anterieurs au regne de Charles le Simple.
L'on a pris aussi souvent la partie pour le tout.

F I N.